Michael Düringer

Corporate Responsibility

Treiber · Akteure · Werkzeuge

Versus · Zürich

Der Autor bedankt sich herzlich beim Team des Versus Verlags, das die Begeisterung für das Thema teilte und das Buchprojekt in sehr angenehmer Zusammenarbeit und mit grosser Fachkunde realisierte.

Bibliografische Information der Deutschen Nationalbibliothek

Die Deutsche Nationalbibliothek verzeichnet diese Publikation in der Deutschen Nationalbibliografie; detaillierte bibliografische Daten sind im Internet über http://dnb.dnb.de abrufbar.

Das Werk einschliesslich aller seiner Teile ist urheberrechtlich geschützt. Jede Verwertung ist ohne Zustimmung des Verlags unzulässig. Dies gilt insbesondere für Vervielfältigungen, Übersetzungen, Mikroverfilmungen und die Einspeicherung und Verarbeitung in elektronischen Systemen.

Informationen über Bücher aus dem Versus Verlag unter
www.versus.ch

© 2022 Versus Verlag AG, Zürich

Umschlagbild: Michael Düringer
Satz und Herstellung: Versus Verlag · Zürich
Druck: CPI books GmbH · Leck
Printed in Germany

ISBN 978-3-03909-315-1

Vorwort

Der fortschreitende Klimawandel sowie die globalen sozialen und gesellschaftlichen Herausforderungen waren für mich Anlass, das vorliegende Sachbuch zu verfassen. Die Klimajugend angeführt von Greta Thunberg, die Black-Lives-Matter-Bewegung und die Coronaviruspandemie sind bloss die äusseren Anzeichen eines gegenwärtig stattfindenden, tiefgreifenden Wertewandels. Nach Jahrzehnten der Fokussierung auf Wachstum, grösstmögliche Freiheit und Individualismus erhalten der verantwortungsbewusste Umgang mit den natürlichen Ressourcen, das Gemeinwohl, die Generationengerechtigkeit sowie eine ausgeglichene Lebensführung neue Bedeutung. Diese Entwicklungen erfassen auch die Unternehmen und lenken den Blick auf die Wahrnehmung ihrer Verantwortung gegenüber der Gesellschaft.

Die Herausforderungen der Gegenwart erfordern ein verstärktes Zusammenrücken und einen geteilten Fokus auf die Wohlfahrt aller Menschen. Gesellschaft, Politik und Wirtschaft bilden letztlich eine Schicksalsgemeinschaft. Entsprechend bestehen in einer solidarischen Gesellschaft enge Wechselwirkungen zwischen einer intakten Umwelt, sozialer Gerechtigkeit und wirtschaftlicher Prosperität. Das Handeln und die Wahrnehmung der Interessen öffentlicher und privater Institutionen wie auch des Einzelnen müssen deshalb aufeinander abgestimmt erfolgen.

Vor diesem Hintergrund erlangt die unternehmerische Verantwortung, in die Corporate-Social-Responsibility- und Governance-Aspekte gleichermassen eingeschlossen sind, neue Aktualität und Relevanz. Unternehmen werden nicht allein auf der Grundlage ihres finanziellen Leistungsausweises bewertet. Neue Massstäbe zum Umwelt-, Sozial- und Governance-Verhalten gewinnen an Gewicht. Allein das Erwirtschaften von Gewinnen und Renditen vermittelt keine Langfristperspektiven.

Vielmehr werden heute von den Unternehmen Fürsorge und Förderung ihrer Mitarbeitenden, Leistungen zugunsten des Gemeinwohls und Lösungsbeiträge an die gesellschaftlichen Herausforderungen erwartet. Entsprechend nehmen viele Unternehmen über die blosse Gesetzeskonformität hinaus gesellschaftliche Verantwortung wahr und führen einen engen Dialog mit ihren Stakeholdern. Dabei verstehen sie ihr ökologisches und soziales Engagement als Investition in die Zukunft zur Gewährleistung einer nachhaltigen Unternehmensentwicklung sowie zur Sicherung von Wettbewerbsvorteilen und Reputationsgewinnen.

Die Themen der Corporate Responsibility sind angesichts des sich akzentuierenden Klimawandels und der sich daraus ableitenden Bedrohungen für die Gesellschaft und Wirtschaft allgegenwärtig und äusserst breitgefächert. Die hohe Dringlichkeit des Handlungsbedarfs führt zu einer Betroffenheit nahezu aller Lebensbereiche und Wirtschaftsvorgänge. Der Struktur und Auswahl der Inhalte dieses Sachbuchs liegt das Anliegen zu Grunde, einen Überblick zu den eng verwandten Themenbereichen Corporate Social Responsibility und Corporate Governance zu vermitteln, den Stand der aktuellen Bemühungen und Massnahmen aufzuzeigen sowie Hintergrundinformationen bereitzustellen. Ergänzende «Seitenblicke» und Fallbeispiele nehmen Bezug auf relevante Entwicklungen und die Unternehmenspraxis. Materialien und Rechtsgrundlagen im Rahmen der Bestrebungen der Vereinten Nationen, in der Europäischen Union und der Schweiz sind bis Ende Juli 2021 berücksichtigt. Die angeführten Personen-, Unternehmens- und Forschungsinformationen sind nach bestem Wissen und Gewissen aus öffentlich zugänglichen Quellen recherchiert und zusammengestellt.

Ziel der Veröffentlichung ist es, das Wissen einer breiten, an Nachhaltigkeitsfragen interessierten Leserschaft zum Thema Corporate Responsibility zu erweitern und sie zu motivieren, sich in den öffentlichen Diskurs einzubringen. Schliesslich will das Buch einen Beitrag zum gegenwärtigen gesellschaftlichen Wertewandel mit Blick auf ein kollektives und individuelles nachhaltiges Verhalten zugunsten des Erhalts der Umwelt und der lebensnotwendigen natürlichen Ressourcen sowie der Förderung der existenziellen Lebensgrundlagen und Wohlfahrt aller Menschen leisten.

Hinweis: In der vorliegenden Publikation wird unter Verzicht einer doppelten Anführung weiblicher und männlicher Schreibweisen, wo möglich, als Grundsatz eine neutrale Bezeichnung verwendet.

Inhaltsverzeichnis

Einleitung 13

Kapitel 1	**Begriffe**	**17**
1.1	Nachhaltigkeit	17
1.2	Corporate Social Responsibility (CSR)	19
1.3	Corporate Governance	21
1.4	Environmental, Social und Governance (ESG)	24

Kapitel 2	**Hintergründe und historische Entwicklung**	**27**
2.1	Umweltbelastungen	28
	2.1.1 Erdölrausch	31
	▶ Seitenblick: Boom bei den Elektrofahrzeugen 35	
	2.1.2 Umweltverschmutzung	36
	2.1.2.1 CO_2	36
	▶ Seitenblick: Technologiewettbewerb zur Kohlenstoffabscheidung 44	
	▶ Seitenblick: Emissionsfreier Stahl aus Schweden 46	
	2.1.2.2 Abfälle	47
	2.1.2.3 Wasserknappheit und -verschmutzung	50
	2.1.2.4 Chemische Abfälle	53
	2.1.2.5 Plastik	55
	▶ Seitenblick: Kompostierbarer Bio-Plastik 56	
	▶ Seitenblick: Anthropogene Masse übersteigt Biomasse 60	
	2.1.2.6 Lichtverschmutzung	60
	2.1.3 Klimawandel	61
	2.1.3.1 Erderwärmung	65
	▶ Seitenblick: Die Arktis gerät aus der Balance 65	

       ▶ Seitenblick: Climeworks 69
       ▶ Seitenblick: Hitze im Norden Sibiriens 71
    2.1.3.2   Eisschmelze und steigender Meeresspiegel 72
       ▶ Seitenblick: Schmelzendes Eis gefährdet das Überleben von Eisbären
         in der Arktis 72
       ▶ Seitenblick: Sturzflut nach Gletscherabbruch in Indien 75
    2.1.3.3   Extremwetterereignisse 76
  2.1.4   Grosse menschverursachte Umweltkatastrophen 79
    2.1.4.1   Dioxin-Unfall von Seveso 79
    2.1.4.2   Reaktorkatastrophe Tschernobyl 80
    2.1.4.3   Reaktorkatastrophe Fukushima 82
    2.1.4.4   Deepwater Horizon 83
    2.1.4.5   Exxon Valdez 84
    2.1.4.6   Dieselkatastrophe in Norilsk 85
    2.1.4.7   Aralsee 86
    2.1.4.8   Great-Barrier-Korallenriff 87
  2.1.5   Artenvielfalt und Biodiversität 89
       ▶ Seitenblick: Signifikant schrumpfende Bestände
         von Süsswasserfischarten 94

2.2 Gesundheitsnotstände 94
  2.2.1   Pest 96
  2.2.2   Cholera 98
  2.2.3   Grippe 99
  2.2.4   Poliomyelitis/Kinderlähmung 103
  2.2.5   Pocken 104
  2.2.6   Tuberkulose 105
  2.2.7   Malaria 106
  2.2.8   HIV/AIDS 107
  2.2.9   SARS-CoV-1 108
  2.2.10 Ebola 109
  2.2.11 MERS-CoV 110
  2.2.12 SARS-CoV-2 110

2.3 Wirtschaftskrisen 113
  2.3.1   Grosse Depression 1929–1941 113
  2.3.2   Erdölkrisen 115
    2.3.2.1   Erste Ölpreiskrise von 1973 115
    2.3.2.2   Zweite Ölpreiskrise von 1979 116
  2.3.3   Finanzkrise 2008/2009 117

2.4 Ausgewählte Exzesse 119
  2.4.1   Fall Pierin Vincenz 119
  2.4.2   Postauto-Affäre 121
  2.4.3   Wirecard 121
  2.4.4   Greensill 124
  2.4.5   Archegos 127

Kapitel 3 Materialien und Rechtsgrundlagen **129**
3.1 Globale Ebene 129
    3.1.1 UN-Klimakonferenzen 130
        ▶ Seitenblick: World Earth Day 132
    3.1.2 UN Sustainable Development Goals 133
    3.1.3 UN Global Compact 140
    3.1.4 UN-Leitprinzipien für Wirtschaft und Menschenrechte 142
    3.1.5 Principles for Responsible Investments 142
    3.1.6 ILO-Kernarbeitsnormen 143
    3.1.7 OECD-Leitlinie für Multinationale Unternehmen 144
    3.1.8 G-20/OECD-Grundsätze der Corporate Governance 144
    3.1.9 Global Reporting Initiative 146
    3.1.10 ISO 26000 147
3.2 Europäische Union 149
    3.2.1 Grünbuch der Europäischen Kommission 149
    3.2.2 EU-Strategie (2011–14) 150
    3.2.3 European Green Deal 151
    3.2.4 Richtlinie zur Nachhaltigkeitsberichterstattung 155
    3.2.5 Shareholder Rights Directive II 157
    3.2.6 Aktionsplan Sustainable Finance 158
    3.2.7 Network for Greening the Financial System 159
3.3 Schweiz 160
    3.3.1 Aktionspläne zur Corporate Social Responsibility sowie
           zu Wirtschaft und Menschenrechten 160
        ▶ Seitenblick: WEF Competitiveness-Report zur Erholung
                von der Pandemie 162
    3.3.2 Energiestrategie 2050 163
        ▶ Seitenblick: Axpo investiert in Solar-Grossprojekt am Muttsee 166
    3.3.3 CO_2-Gesetz 167
        ▶ Seitenblick: Aktionsplan der Schweizer Klimastreikbewegung 168
        ▶ Seitenblick: ETH Spin-off Synhelion ganz vorne mit dabei 170
        ▶ Seitenblick: Erste Wasserstoff-Serien-Lastwagen
                auf Schweizer Strassen 172
        ▶ Seitenblick: Erste Konzepte für Wasserstoff-betriebene Flugzeuge 174
    3.3.4 Konzernverantwortung 175
        ▶ Seitenblick: Herkunft und Ursprung von Gold 177
    3.3.5 Kriegsmaterial 178
    3.3.6 Aktienrechtsrevision 179
        3.3.6.1 Neuerungen bei der Generalversammlung 180
        3.3.6.2 Umsetzung der VegüV auf Gesetzesstufe 180
        3.3.6.3 Vertretung der Geschlechter in Verwaltungsräten
                und Geschäftsleitungen 181
        3.3.6.4 Transparenz bei Rohstoffunternehmen 182
    3.3.7 Agrarpolitik 183
        ▶ Seitenblick: Hohe Subventionen für umweltbelastende,
                tierische Nahrungsmittel 183
        ▶ Seitenblick: Preisabhängiger Absatz von Bio-Produkten 185

	3.3.8	Volksinitiativen	186
		3.3.8.1 Gletscher-Initiative	186
		3.3.8.2 Biodiversitätsinitiative	187
		3.3.8.3 Trinkwasser- und Pestizidinitiativen	188
		3.3.8.4 Massentierhaltungsinitiative	189
		▶ Seitenblick: Fleischersatzprodukte auf dem Sprung zum Massenmarkt 190	
		3.3.8.5 Tierversuchsverbots-Initiative	192
		3.3.8.6 Fair-Preis-Initiative	192
		3.3.8.7 Transparenzinitiative	194
		3.3.8.8 99%-Initiative	195
		3.3.8.9 Renteninitiativen	195
	3.3.9	Selbstregulation des Finanzmarkts	196
		▶ Seitenblick: Sustainable Finance in der Schweiz 199	

Kapitel 4 Corporate Social Responsibility 201

4.1	Spezifische Themen		201
	4.1.1	Bekämpfung von Armut und Hunger	201
		4.1.1.1 Armut	201
		▶ Seitenblick: Xi Jinping erklärt die absolute Armut in China für besiegt 203	
		4.1.1.2 Hunger	204
	4.1.2	Kinderarbeit und soziale Missstände	205
		▶ Seitenblick: Schokolade 207	
	4.1.3	Diskriminierungsverbot	209
		4.1.3.1 Gleichstellung von Frau und Mann, einschliesslich Lohngleichheit	209
		4.1.3.2 Gleichstellung von Behinderten	211
		4.1.3.3 Schutz der Persönlichkeit und Gesundheit	212
		4.1.3.4 Kündigungsschutz	212
		4.1.3.5 Berufliche Vorsorge	213
	4.1.4	Achtung der Privatsphäre und Datenschutz	213
		4.1.4.1 Achtung der Privatsphäre	213
		4.1.4.2 Datenschutz	214
		▶ Seitenblick: Cambridge-Analytica-Skandal 218	
	4.1.5	Digitale Dienste	219
	4.1.6	Geldwäscherei	220
		4.1.6.1 Internationale Bekämpfung	220
		4.1.6.2 Regeln in der Schweiz	221
		4.1.6.3 FinCEN-Files	225
	4.1.7	Handelsabkommen und Menschenrechts- und Umweltstandards	227
		▶ Seitenblick: Palmöl 231	
	4.1.8	Bepreisung von CO_2	233
		▶ Seitenblick: Sauberer Treibstoff 234	
		▶ Seitenblick: Porsche und Siemens Energy entwickeln E-Fuel für Verbrennungsmotoren 235	
		4.1.8.1 Emissionshandel	236
		▶ Seitenblick: Satter Gewinn dank Katalysatoreinbau? 238	
		4.1.8.2 CO_2-Grenzausgleichssystem	239

	4.1.9	Kreislaufwirtschaft	240
		▶ Seitenblick: Grüner Beton 241	
		▶ Seitenblick: Zweites Leben von Elektroauto-Antriebsbatterien 245	
		▶ Seitenblick: Umdenken in der Textilindustrie 246	
	4.1.10	Gesundheitsförderung	247
		4.1.10.1 Betriebliche Gesundheitsförderung	247
		▶ Seitenblick: Direkthilfe an Kakaobauern im peruanischen Dschungel 248	
		4.1.10.2 Flexible Arbeitszeiten	249
		4.1.10.3 Home-Office	250
		4.1.10.4 Elternzeit	252
	4.1.11	Altersvorsorge	254
4.2	Akteure und Anspruchsgruppen		259
4.3	Organisation und Werkzeuge		263
	4.3.1	Nachhaltigkeitspolitik	264
	4.3.2	Materialitätsanalyse	264
	4.3.3	CSR-Managementsystem	266
	4.3.4	Abgleich mit Risikomanagement	267
4.4	Berichterstattung		268
	4.4.1	Berichterstattungspflicht	268
	4.4.2	CSR-Reporting-Standards	270
	4.4.3	Integrierte Berichterstattung	272
4.5	CSR-Fallbeispiele		273
	4.5.1	Adidas	273
	4.5.2	BMW Group	274
	4.5.3	BP	277
	4.5.4	Nestlé	279
	4.5.5	Swiss Re	281

Kapitel 5 Corporate Governance **283**

5.1	Spezifische Themen		285
	5.1.1	Verwaltungsratsorganisation und -tätigkeit	285
		5.1.1.1 Zusammensetzung, Unabhängigkeit und Diversität	285
		5.1.1.2 Trennung der Funktionen des Verwaltungsratspräsidenten und des Vorsitzenden der Geschäftsleitung	288
		5.1.1.3 Ämterkumulation	289
		5.1.1.4 Interessenkonflikte	290
		5.1.1.5 Transaktionen mit nahestehenden Personen	291
		5.1.1.6 Beurteilung der eigenen Tätigkeiten und Leistungen	292
		5.1.1.7 Risikomanagement	293
	5.1.2	Diversität und Inklusion	295
	5.1.3	Whistleblowing	297
	5.1.4	Vergütungssysteme	298
		5.1.4.1 Transparenz	299
		5.1.4.2 Struktur der Vergütungen	300
		5.1.4.3 Kompetenzen bei der Festlegung der Vergütungen	304

5.2	Akteure und Hauptaufgaben		305
5.3	Organisation und Werkzeuge		310
	5.3.1	Statuten	310
	5.3.2	Organisationsreglement	311
	5.3.3	Governance-Policies	311
5.4	Berichterstattung		313
	5.4.1	Corporate-Governance-Bericht	313
	5.4.2	Vergütungsbericht	314
5.5	Governance-Fallbeispiele		315
	5.5.1	BASF	315
	5.5.2	Georg Fischer	317
	5.5.3	IKEA	320
	5.5.4	Holcim	322
	5.5.5	UBS	324

Anhang **327**
Abkürzungen 327
Websites 332
Literatur 334

Einleitung

Naturkatastrophen, soziale Tragödien ausgelöst durch bewaffnete Konflikte und Krankheiten sowie Wirtschafts- und Unternehmensmiseren sind keine Phänomene der Neuzeit. Sie treffen die Gesellschaft und die allgemeine Wohlfahrt seit jeher schmerzlich und zeigen die Grenzen von technischen Errungenschaften, gewonnenen wissenschaftlichen Erkenntnissen sowie fortwährendem Wachstum auf. Gleichzeitig verdeutlichen sie die beschränkte Beherrschbarkeit der Natur sowie die Verletzlichkeit der Gesellschaftsordnung. Zentrale ökologische und soziale Strukturen geraten aus dem Gleichgewicht und gefährden die Ressourcen- und Artenvielfalt, den sozialen Frieden sowie das Gesundheits- und Wirtschaftssystem mit teilweise unabsehbaren Auswirkungen auch für spätere Generationen.

Die Dimensionen, der Schweregrad und die Kadenz dieser Ereignisse erreichen neue Ausmasse. Dadurch akzentuiert sich der Nord-Süd-Konflikt, der Graben zwischen den Industriestaaten und den Entwicklungsländern wächst, eine wirksame, weltweite Hungerbekämpfung versagt. Trotz Fortschritten in der Armutsbekämpfung rücken die 2030-Agenda-Ziele der Vereinten Nationen in weite Ferne, die massiven Migrationsbewegungen halten an, die Treibhausgasemissionen steigen kontinuierlich, der Klimawandel und die Erderwärmung bleiben ungebremst, die Meeresverschmutzung nimmt weiter zu, Pandemien fordern weltweit rekordhohe Todesfälle und lähmen die Konjunktur und Wirtschaft.

Dieses düstere Bild zeigt unmissverständlich auf, die Zeit wird knapp. Noch haben die Staatenlenker dieser Welt es in der Hand, die Grundlagen für eine effektiv nachhaltige Entwicklung, für offene und funktionierende Gesellschaften sowie für die Wohlfahrt aller Menschen zu schaffen. Notwendig ist ein langfristiger Strukturwandel des Gesellschafts-, Wirtschafts- und Wertesystems mit dem Ziel, den Umwelt- und Ressourcenverbrauch unter Wahrung des sozialen Zusammenhalts und einer hohen wirtschaftlichen Leistungsfähigkeit auf ein dauerhaft tragbares Niveau zu senken. Die bisherigen Anstrengungen ausgehend von den Resolutionen der Vereinten Nationen einschliesslich der nationalen Umsetzungsinitiativen genügen nicht. Vielmehr sind Massnahmen zu ergreifen, welche auf dem Erreichten aufbauen und den politischen und gesellschaftlichen Willen bekräftigen, die eingegangenen Versprechen zu halten und bei deren Umsetzung einen oder sogar zwei Gänge höher zu schalten.

In der Verantwortung stehen nicht nur die Staatenlenker, sondern jeder Einzelne. Von allen Teilen der Gesellschaft sind ein Zusammenstehen und solidarische Beiträge zur Lösung der gewaltigen Herausforderungen der Gegenwart gefordert. Von öffentlicher und privater Seite sind in kohärenter Zusammenarbeit Initiativen für ineinandergreifende Strategien zu entwickeln. Dabei hat jede Institution, jedes Organ, jedes Unternehmen, jeder Einzelne zuerst das eigene Handeln und den eigenen Konsum zu hinterfragen und darüber hinaus zu prüfen, welchen Nutzen er oder sie zusätzlich für die nachhaltige Entwicklung der Gesamtgesellschaft erbringen kann.

Ein radikales Umdenken ist gefordert, auch von den Unternehmen als qualifizierte Mitglieder und «Good Citizens» der Gesellschaft. Sie sind zur aktiven Verantwortungsübernahme aufgefordert und ihr Verhalten steht vermehrt unter Beobachtung der Stakeholder. Von verschiedener Seite hinterfragt werden beispielsweise die trotz Protestrufen nach wie vor weitverbreiteten, ungleichen Löhne für gleiche Arbeit. Weitere Kritikpunkte sind die Untervertretung von Frauen in den Führungsgremien oder die kontinuierlich anwachsenden Saläre von Topmanagern und das damit steigende soziale Gefälle zwischen den Chefetagen und den Werkhallen. Zudem wurden in Krisenzeiten wiederholt Unternehmensverluste mittels staatlicher Interventionen sozialisiert und an die Steuerzahlenden delegiert, während die darauffolgenden Gewinne über Dividendenausschüttungen ausschliesslich an die privaten Eigner verteilt wurden.

Vor diesem Hintergrund wächst der Stellenwert der Corporate Responsibility als fester Bestandteil eines ganzheitlichen Unternehmensführungsverständnisses mit direkter Wirkung auf die Ausrichtung des Geschäftsmodells, der Strategie, der Organisation und des Marktauftritts. Der Einbezug und die stärkere Gewichtung von Nachhaltigkeitsaspekten unterstützen zudem ein wirksames Risikomanagement. Sie schärfen den Blick für die Herausforderungen und Veränderungen im Markt sowie auf potenzielle und versteckte Risiken und deren Einfluss auf die zukünftige Geschäftsentwicklung.

Gleichzeitig verändert sich das Verhalten vieler Konsumenten. In deren Augen gewinnen ökologische und soziale Aspekte sowie verantwortungsbewusstes Wirtschaften an Bedeutung und wirken sich auf ihren Konsum und ihre Kaufentscheide aus.

Unternehmen erfahren heute eine vielseitige Motivation, sich als qualifizierter Teil der Gesamtgesellschaft zu verstehen, umso mehr als sie für die Herstellung ihrer Produkte oder beim Anbieten ihrer Dienstleistungen auch auf die Verfügbarkeit von öffentlichen Gütern zurückgreifen. Eine leistungsfähige und sichere Infrastruktur, ein funktionierendes Bildungswesen sowie eine wirksame Gesundheitsversorgung sind Beispiele dafür.

Selbstredend müssen Unternehmen Gewinne erwirtschaften. Bleiben die Renditen aus, überleben sie nicht. Gleichzeitig stellen heute der Klimawandel, soziale Spannungen und die gesundheitlichen Gefahren in einer stark globalisierten Welt grosse Risiken für den Leistungsausweis vieler Unternehmen dar. Sie verursachen hohe Kosten und bewirken teilweise jahrelang andauernde Konjunkturrückschläge und Produktivitätseinbussen. Gemäss einer im Oktober 2020 veröffentlichten Prognose des University College London und der Nichtregierungsorganisation Carbon Disclosure Project (CDP) kumulieren sich die Kosten des Klimawandels und der damit verbundenen drohenden Umweltschäden und Naturkatastrophen auf der Basis eines Weiter-wie-bisher-Szenarios bis zum Jahr 2070 auf 5,4 Billionen US-Dollar. Gemäss diesem Szenario würde die Erderwärmung bis zum Ende dieses Jahrhunderts 4,4 Grad Celsius erreichen und somit würden die Ziele des Pariser Klimaabkommens von deutlich unter 2 Grad bei weitem verfehlt. Bei einem Erreichen der Pariser Ziele lägen die Kosten bis zum Jahr 2070 bei 1,8 Billionen US-Dollar, also rund dreimal tiefer. Entsprechend sollten die Gesetzgeber, Unternehmen und die Finanzbranche, welche einen entscheidenden Einfluss auf die Allokation des Kapitals hat, proaktiv in die Bekämpfung des Klimawandels und die Förderung einer nachhaltigen New Economy investieren.

Die Wirtschaft und die Unternehmen haben ein grosses Interesse an einer intakten Umwelt und einer lebendigen Zivilgesellschaft. Entsprechend liegt die Erwartung nahe, dass sich Unternehmen für Regeln einsetzen, welche die Gesellschaft als Ganzes voranbringen. Auf dieser Einsicht ist in den letzten Jahren die ESG-Orientierung gewachsen. Über die finanziellen Kennzahlen hinaus bewertet sie Unternehmen nach ihrem Umwelt-, Sozial- und Governance-Verhalten als Indikator und Messstab für eine langfristig ausgerichtete, erfolgreiche Unternehmensentwicklung. Firmen sind aufgefordert, sich klare Ziele zu setzen, die über die reine Gewinnmaximierung hinausgehen. Passen ihre Produkte und Dienstleistungen nicht mehr zu einer nachhaltigen Gesellschaft, müssen sie zwangsläufig ihr Know-how und ihre Ressourcen in die neue Welt übertragen. Aus Veränderungen eröffnen sich immer auch Chancen: Innovative Geschäftsmodelle wie diejenigen von Tesla, First Solar, Valeo oder Beyond Meat und vielen mehr sind Beispiele dafür.

Kapitel 1
Begriffe

Das Streben nach verantwortungsbewusstem Umgang mit der Umwelt und den natürlichen Ressourcen, nach in sozialer, gesellschaftlicher und wirtschaftlicher Hinsicht ethischem Verhalten sowie nach guter Unternehmensführung wird im deutschen und englischen Sprachgebrauch mit verschiedenen Begriffen umschrieben, die in ihrer Auslegung und Tragweite unterschiedlich verstanden werden und sich inhaltlich teilweise überdecken. Das Konzept der Corporate Responsibility, auch Unternehmensverantwortung oder unternehmerische Verantwortung genannt, umfasst die Themen Corporate Social Responsibility, Corporate Governance und Corporate Citizenship. Corporate Responsibility erfasst somit alle Aspekte der Geschäftstätigkeit, die Auswirkungen auf die Umwelt, die Gesellschaft und die Wirtschaft haben. Über die Unternehmensführung unter ausgewogener Berücksichtigung von ökologischen, sozialen und ökonomischen Faktoren hinaus schliesst der Begriff Fragen der Unternehmensführung und -kontrolle und des gesellschaftlichen Engagements von Unternehmen mit ein. Die vorliegende Publikation konzentriert sich auf die Themenbereiche Corporate Social Responsibility und Corporate Governance.

1.1 Nachhaltigkeit

Nachhaltigkeit ist ein in der Wissenschaft, Politik und der Unternehmenspraxis verwendeter normativer Zielbegriff. Der Begriff Nachhaltigkeit umschreibt die Handlungsmaxime, wonach die Möglichkeit zur Bedürfnisbefriedigung durch Erhaltung der natürlichen Regenerationsfähigkeit der beteiligten Individuen, Arten und Ökosysteme dauerhaft bewahrt werden soll. Das heisst, die gegenwärtigen Bedürfnisse dürfen nur so weit bedient werden, dass sie die Perspektiven zukünftiger Generationen nicht beeinträchtigen. Zentrale Elemente des ursprünglich aus der Forstwirtschaft hervorgegangenen Begriffs sind Langfristigkeit, verantwortungsbewusste, ausgeglichene Nutzung und Regeneration oder Wiederbereitstellung von Ressourcen, dauerhafte Wirksamkeit, Erhaltung oder nach neuerem Verständnis und Sprachgebrauch auch die Sinnstiftung oder Verbesserung eines Zustandes.

Nachhaltigkeit fordert dazu auf, die kurz- und langfristigen Auswirkungen des eigenen Denkens und Handelns sorgfältig und gleichrangig untereinander abzuwägen. Dieser Interessenabgleich bezieht sich auf den Umgang mit der Natur und den natürlichen Ressourcen, gleich wie auf das soziale, gesellschaftliche, politische und wirtschaftliche Beziehungsumfeld. Zum Beispiel geht es darum, die Erlangung von kurzfristigen Vorteilen zu unterlassen, wenn sich diese in einer langfristigen, ganzheitlichen Betrachtung negativ auf die eigene Position oder die Umwelt auswirken. Darüber hinaus umfasst der Begriff Nachhaltigkeit in seiner Grundidee auch einen Nutzen für alle Beteiligten, einschliesslich sich selber und/oder die Um- und Nachwelt.

Über das rein beschreibende Verständnis hinaus gewann über die Jahre die normative Wahrnehmung des Begriffs an Bedeutung, weshalb heute Nachhaltigkeit vielfach mit nachhaltiger Entwicklung synonym verwendet wird. Aufbauend auf dem Bericht der Brundtland-Kommission der Vereinten Nationen (UN) aus dem Jahr 1987 und der darauffolgenden UN-Konferenz für Umwelt und Entwicklung in Rio de Janeiro im Jahr 1992 entstand das Drei-Säulen-Modell der Nachhaltigkeit, das auf die Komponenten ökologische, soziale und ökonomische Nachhaltigkeit baut. Das Konzept betont die Vernetzung der Dimensionen Umwelt, Gesellschaft und Wirtschaft. Demnach soll die gleichrangige Verfolgung von ökologischen, sozialen und ökonomischen Zielen dauerhafte stabile Gesellschaften gewährleisten. Die Generalversammlung der UN verabschiedete auf dem Weltgipfel für nachhaltige Entwicklung im September 2015 in New York die «Agenda 2030 für nachhaltige Entwicklung». Sie umfasst 17 sogenannte Sustainable Development Goals (SDGs) der UN zur Sicherung einer nachhaltigen Entwicklung weltweit auf ökologischer, sozialer und ökonomischer Ebene. Am 1. Januar 2016 traten die SDGs mit einer Laufzeit von 15 Jahren bis 2030 in Kraft.

Inhaltlich wird der Begriff nachhaltige Entwicklung vielfach von den drei Leitstrategien Suffizienz, Effizienz und Konsistenz geprägt. Suffizienz steht für Verringerung von Produktion und Konsum, Effizienz für ergiebigere Nutzung von Material und Energie sowie schliesslich Konsistenz für naturverträgliche Stoffkreisläufe, Wiederverwertung, Abfallverminderung.

In der Wirtschaftswelt setzen sich vor dem Hintergrund der verstärkten Wahrnehmung und des grösseren Bewusstseins der Klima- und Umweltproblematik unter vielen Konsumenten verschiedene, individuell auf das jeweilige Businessmodell abgestimmte Konzepte für ein effektives Nachhaltigkeitsmanagement durch. Sie zielen darauf ab, unter Berücksichtigung sozialer und ökologischer Aspekte den unternehmerischen Erfolg zu mehren. Mittels der Adaption von Megatrends in Verbindung mit guten Führungs- und Kontrollprinzipien bezwecken sie eine langfristig prosperierende Unternehmensentwicklung sowie die Sicherung von Wettbewerbsvorteilen und Reputationsgewinnen.

Der Ausdruck Nachhaltigkeit ist im Sinne eines Sammelbegriffs in der heutigen Wahrnehmung und dem aktuellen Sprachgebrauch mit Unschärfe behaftet. Erweiternde Begriffe, die über die ursprüngliche Systemfunktion hinausgehen, sind unter anderen Zukunftsverträglichkeit, Generationengerechtigkeit, Zivilisationsökologie oder globale Gerechtigkeit.

1.2 Corporate Social Responsibility (CSR)

Der Begriff Corporate Social Responsibility (CSR) steht für verantwortungsbewusstes unternehmerisches Handeln. Dieses bezieht sich auf die Geschäftstätigkeit, also auf das Geschäftsmodell, die Unternehmensstrategie und deren Umsetzung, auf den Umgang mit der Umwelt und den natürlichen Ressourcen, auf den Schutz und die Förderung der Mitarbeitenden sowie den Dialog mit den weiteren Stakeholdern, einschliesslich der Eigner und der externen Anspruchs- und Interessensgruppen. Die Übernahme von Verantwortung bezieht sich zudem über das Unternehmen hinaus auch auf die Lieferkette (Supply Chain) im In- und Ausland. Die Einhaltung hoher, eigener Ambitionen und Ziele kann nur gewährleistet werden, wenn sich diese Standards auch auf die eingesetzten Produktionsmittel ausdehnen. Hohe Transparenz, ein offener Dialog sowie regelmässige Auditierungen und Zertifizierungen unterstützen diese Bemühungen.

Zur Bezeichnung der Rolle und Verantwortung von Unternehmen in der Gesellschaft wird in der Praxis auch der Begriff Corporate Citizenship verwendet. In einem engeren Sinn verstanden bezieht sich der Begriff Corporate Citizenship auf die Beiträge und das Engagement von Unternehmen zur Bewältigung sozialer Aufgaben und Herausforderungen im lokalen Umfeld zum Beispiel in Form von Spenden, Sponsoring, Corporate Volunteering und Stiftungsaktivitäten.

Ausgehend von den Begriffsdefinitionen unter anderen im Grünbuch der Europäischen Kommission aus dem Jahr 2001 fordert das moderne Verständnis von CSR von den Unternehmen ein aktives Selbstverständnis als Teil der Gesellschaft sowie die Übernahme der Verantwortung für die Auswirkungen ihres Handelns. CSR wird als ein ganzheitliches, alle drei Nachhaltigkeitsdimensionen umfassendes Konzept aufgefasst. Es schliesst das ökologische, soziale und ökonomische Engagement zur Übernahme gesellschaftlicher Verantwortung über die Einhaltung der gesetzlichen Bestimmungen (Compliance) mit ein.

In der Umgangssprache werden die Corporate Social Responsibility und die Corporate Sustainability oft gleichbedeutend verwendet. Hingegen unterscheiden sich die Begriffe, indem sich Corporate Social Responsibility auf alle Unternehmensaktivitäten bezieht, während Corporate Sustainability in erster Linie auf die Ausrichtung und Umsetzung der Unternehmungsstrategie fokussiert, die durch ihre ökologischen, sozialen, ethischen und wirtschaftlichen Dimensionen einen positiven Einfluss auf die Umwelt und Gesellschaft bewirken und langfristige Werte für die Stakeholder schaffen soll. Ein zentrales Element von Corporate Sustainablility ist zudem der zeitliche Aspekt und die Generationengerechtigkeit. Als nachhaltig wird in diesem Sinn eine Entwicklung verstanden, welche die Bedürfnisse der Gegenwart befriedigt, ohne die Aussichten zukünftiger Generationen zu beeinträchtigen.

Als Beweggrund für ein freiwilliges CSR-Engagement wird zwischen dem normativ und dem ökonomisch motivierten Ansatz unterschieden. Der normative Ansatz hält fest, dass die Unternehmen unentgeltliche Leistungen aus der Gesellschaft unter anderen in den Bereichen Sicherheit, Infrastruktur, Sozial- und Bildungssysteme beziehen. Als Gegenleistung wird von den Unternehmen eine aktive Wahrnehmung ihrer gesellschaftlichen Verantwortung erwartet. Die Bereitstellung dieser Grundversorgungsleistungen legitimiert den Anspruch der nationalen Gesetzgeber und staatenübergreifenden Institutionen, die Unternehmen mittels Regulierungen in die Verantwortung miteinzubeziehen. Der ökonomische Ansatz gründet in der Überzeugung, dass verantwortungsbewusstes Handeln gegenüber der Umwelt und allen Stakeholdern mit einem Nutzenzuwachs verbunden ist. Die Unternehmen versprechen sich von der Überprüfung und Ausrichtung des Geschäftsmodells und der Unternehmensstrategie an CSR-Kriterien eine Begünstigung der langfristigen Entwicklungsperspektiven sowie immaterielle Vermögenswerte wie Reputationsgewinne, Kundenvertrauen und -zufriedenheit, Steigerung der Attraktivität als Arbeitgebende und Mitarbeitermotivation. Die verstärkte Wahrnehmung der Klimaproblematik und sozialen Diskrepanzen in Zusammenhang mit einzelnen Unternehmensskandalen und Vergütungsexzessen führte in den letzten Jahren zu einer genaueren Betrachtung der Rolle von Unternehmen im gesellschaftlichen Kontext und zu entsprechenden Protesten und Anpassungen des Konsumentenverhaltens. Die Klimajugend und Boykotte wie zum Beispiel der Entzug von Werbeaufträgen gegenüber Facebook wegen rassistischer Inhalte im Frühsommer 2020 sind Beispiele dafür. Vor diesem Hintergrund wächst die Erkenntnis, dass die Integration von CSR-Kriterien in die Unternehmensorganisation und -führung mittel- und langfristig zur Steigerung des Erfolgs und des Leistungsausweises beiträgt.

Von einem konsequent umgesetzten CSR-Managementsystem und einer entsprechenden Berichterstattung zu unterscheiden, sind sogenannte Greenwashing-Avancen von Unternehmen, die einzelne punktuelle ökologische und soziale Engagements unter grossem Public-Relations-Aufwand aufblasen und schönfärben.

1.3 Corporate Governance

Corporate Governance umfasst die gesetzlichen und faktischen Grundsätze und Regeln, welche die Leitung und Überwachung der Unternehmensführung sowie deren Abläufe und Prozesse bestimmen. Ziel ist die Gewährleistung der Einhaltung aller gesetzlichen Vorgaben (Compliance) und ein darüber hinausgehendes ethisch einwandfreies und korrektes Verhalten und Handeln. Im Zentrum guter Governance steht das Wohlwollen aller internen und externen Anspruchsgruppen. Mit der umfassenden Stakeholder-Orientierung geht Corporate Governance über den Shareholder-Ansatz hinaus und verpflichtet sich einer ganzheitlichen Betrachtung. Instrumente von Corporate Governance sind sämtliche Führungs- und Verhaltensgrundsätze sowie -leitlinien, Kodizes, Policies und interne Gewohnheitsregeln und faktische Abläufe zur Leitung und Überwachung der Unternehmensführung.

Wesentliche Elemente guter Corporate Governance sind die Sicherung und Steuerung einer effizienten und funktionsfähigen Führungsstruktur, Managemententscheide, die unter Berücksichtigung der Interessen aller Stakeholder auf langfristige Wertschöpfung ausgerichtet sind, Vermeidung von Befangenheit und Interessenskonflikten, Gewährleistung von Chancengleichheit und Diversität in allen Unternehmensbereichen und Führungsstufen, transparente Kommunikation sowie zielgerichtete Kontrollmechanismen und angemessener Umgang mit Risiken, ohne dadurch die Innovationskraft und die Motivation der Mitarbeitenden zu beeinträchtigen. Ein zentraler Aspekt in der Praxis liegt in der Schaffung, Ausgestaltung und Umsetzung effizienter und gleichzeitig wirksamer Leitungs- und Kontrollstrukturen sowie der dazugehörigen Prozesse.

In Anlehnung an die Prinzipal-Agent-Theorie bezweckt gute Corporate Governance, Delegations-, Koordinations-, Informations- und Anreizdivergenzen unter den einzelnen internen und externen Akteuren zu identifizieren und zu entschärfen respektive zu lösen. Ausgehend von den eigenen Standpunkten bestehen zwischen den unterschiedlichen Anspruchsgruppen naturgemäss Interessenkonflikte und Informationsasymmetrien. Diese beziehen sich nicht nur auf die Kapitalgeber/Eigner (Prinzipal) und das Management (Agent) sowie darüber hinaus auch auf die weiteren Stakeholder wie Mitarbeitende, Gewerkschaften, Lieferanten, Standortgemeinden,

Anwohnende, Konsumenten etc. Mittels Offenlegung, Transparenz und der Definition von Regeln im gegenseitigen Umgang sowie der Schaffung ausgleichender Anreizsysteme lassen sich die verschiedenen Standpunkte und Interessen angleichen, Wissensasymmetrien abbauen sowie das natürliche Streben des Einzelnen nach Maximierung des Eigen- auf Kosten des Gesamtnutzens aller Beteiligten eindämmen.

Zum Thema Corporate Governance im Sinne von verantwortungsvoller Unternehmensführung und -kontrolle gibt es kein international anerkanntes, einheitliches Regelwerk. Neben gemeinsamen, international geltenden Grundsätzen handelt es sich primär um national und teilweise auch branchenspezifisch geprägte Verhaltensrichtlinien. In der Schweiz sind neben aktienrechtlichen Bestimmungen wie zum Beispiel zu den Aufgaben des Verwaltungsrats (OR 716a), Sorgfalt und Treuepflicht (OR 717), Internes Kontrollsystem (OR 728a) sowie Vergütungen (neues Aktienrecht, OR 732ff.,) die Corporate-Governance-Richtlinien der Schweizer Börse SIX Swiss Exchange (SIX) massgeblich. Deren Beachtung gilt als eine Voraussetzung für die Aufrechterhaltung der Kotierung. Daneben findet der Leitfaden des Wirtschaftsdachverbands Economiesuisse, der Swiss Code of Best Practice for Corporate Governance, als sogenanntes Soft Law grosse Beachtung. Während die SIX-Richtlinie börsenkotierte Gesellschaften anspricht, richtet sich der Swiss Code an alle Aktiengesellschaften. Die Themen überschneiden sich grösstenteils (▶ Abb. 1).

SIX Exchange Regulation **Richtlinie betreffend Informationen zur Corporate Governance (RLCG)**	Economiesuisse **Swiss Code of Best Practice for Corporate Governance (SCBP)**
▪ Konzernstruktur und Aktionariat ▪ Kapitalstruktur ▪ Verwaltungsrat – Mitglieder, Interessenbindungen, Organisation, Kompetenzen ▪ Geschäftsleitung – Mitglieder, Interessenbindungen, Managementverträge ▪ Entschädigungen, Beteiligungen und Darlehen ▪ Mitwirkungsrechte der Aktionäre ▪ Kontrollwechsel und Abwehrmassnahmen ▪ Revisionsstelle – Amtsdauer, Honorare, Informationsinstrumente ▪ Informationspolitik	▪ Rolle, Rechte und Pflichten Aktionäre ▪ Aufgaben des Verwaltungsrats ▪ Zusammensetzung ▪ Unabhängigkeit ▪ Arbeitsweise und Vorsitz des Verwaltungsrats ▪ Umgang mit Interessenkonflikten und Wissensvorsprüngen ▪ Vorsitz von VR und GL: Personalunion oder Doppelspitze ▪ Umgang mit Risiken und Compliance, internes Kontrollsystem (IKS) ▪ Ausschüsse des Verwaltungsrats ▪ Unabhängigkeit und Aufgaben Externe Revision ▪ Offenlegung im Geschäftsbericht ▪ Empfehlungen zu Vergütungen

▲ Abb. 1   Themen der Corporate Governance

Im Jahr 1970 sorgte Milton Friedman mit einem im «New York Times Magazine» veröffentlichten Artikel mit dem Titel «The Social Responsibility of Business Is to Increase Its Profits» für Aufsehen. Darin legte Milton Friedman, dem 1976 der Wirtschaftsnobelpreis zugesprochen wurde, dar, dass der Zweck eines Unternehmens in der Steigerung des Gewinns und nicht im Verfolgen sozialer Ziele liege. Mit dieser Doktrin zur Corporate Governance widersprach er der damaligen Mehrheitsmeinung und hob hervor, das Management solle sich nicht um die Belange der Allgemeinheit kümmern, sondern einzig und allein um das Wohl der Aktionäre. Unter den namhaften Ökonomen herrschte damals die Meinung vor, grosse Unternehmen hätten einen Einfluss auf das gesellschaftliche Leben und seien dazu verpflichtet, gesellschaftliche Verantwortung zu übernehmen. Bereits 1926 hielt John Maynard Keynes in einem Aufsatz mit dem Titel «The End of Laissez-faire» fest, dass Aktiengesellschaften eines gewissen Alters und einer gewissen Grösse mehr den Status einer öffentlichen Korporation als eines individuellen Privatunternehmens haben. 1953 forderte Howard R. Bowen, der oft als Vater der Corporate Social Responsibility (CSR) bezeichnet wird, in seiner Schrift «The Social Responsibilities of the Businessman», dass bei unternehmerischen Entscheiden auch die sozialen Folgen in Betracht zu ziehen seien. Er betonte, Firmenführer hätten eine Verantwortung gegenüber der Allgemeinheit, die weiterreiche als ihre Pflichten gegenüber den Aktionären. Allein mit dem Gewinnstreben würden die Firmen noch keinen Beitrag zur Wohlfahrt der Gesellschaft leisten. Um der gesellschaftlichen Verantwortung nachzukommen, bedürfe es eines zusätzlichen Engagements. In den späteren 1950er und den 1960er Jahren entstand eine Fülle von Literatur zu den Themen Corporate Social Responsibility und Governance. Die Antworten auf die Fragen, worin die soziale Verantwortung von Unternehmen besteht, welches die Kriterien einer sogenannten «Good Citizenship» sind und wie der Staat zu diesen Pflichten steht, blieben darin jedoch weitgehend offen oder wurden kontrovers diskutiert.

Milton Friedman beabsichtigte 1970 mit seiner Replik an die CSR-Vertreter, die Diskussion um Corporate Governance auf ein theoretisches Fundament zu stellen. Er bezog sich auch auf die Agency-Theorie. Dieses Modell, auf die Unternehmensebene angewendet, schränkt den Handlungsspielraum des Agenten, das heisst die Unternehmensführung, ein. So schrieb Friedman: «The executive is an agent serving the interest of his principal.» Daraus folgerte er, der Fokus auf den «principal» untersage es dem Manager, über die erfolgreiche Führung des Unternehmens hinaus soziale Verantwortung zu übernehmen. Friedman postulierte hingegen kein Gewinnstreben um jeden Preis. Verfolge ein Unternehmen einen wohltätigen Zweck, sei dieses nach der Qualität der erbrachten Dienstleistung und nicht nach der Profitabilität zu messen. Auch akzeptierte er Beiträge an die allgemeine Wohlfahrt, vorausgesetzt das Unternehmen mehre dadurch den Goodwill und sichere sich Reputations- und Wettbewerbsvorteile. Insoweit handle das Management im Rahmen seines geschäftlichen Kompetenzbereichs. Auch sollen die Unternehmensführer zwar die Gewinne steigern, dabei jedoch gleichzeitig die Grundregeln der Gesellschaft einhalten. Neben gesetzlichen Normen schloss er auch die ethischen Regeln mit ein. Unternehmen sollen sich auf faire Weise dem Wettbewerb stellen und ihre Geschäftspartner weder täuschen noch betrügen.

Kritiker von Friedman stellen seinen Principal-Agent-Ansatz in Frage und räumen ein, die Aktionäre seien nur eine von mehreren Anspruchsgruppen, die das Management zufriedenzustellen habe. Sie betonen, neben den Shareholdern stünden auch den Stakeholdern Ansprüche zu. Das schweizerische Obligationenrecht (OR) beantwortet die Eigentumsfrage pragmatisch. Es verpflichtet den Verwaltungsrat, die Interessen der Gesellschaft in guten Treuen zu wahren. Mit den Interessen der Gesellschaft meint das Gesetz in erster Linie das Aktionariat. Die Abdeckung der Interessen der Stakeholder, das heisst der Angestellten, Lieferanten, Kunden, Standort-Communities und der Kreditgebenden, betrachtet das Obligationenrecht als selbstredend und als Voraussetzung für den kommerziellen Erfolg. Profitabilität ist denn auch eine unabdingbare Voraussetzung für den Fortbestand eines Unternehmens. Auch leisten die Gewinne Beiträge an die Wohlfahrt der Gesellschaft, indem sie Arbeitsplätze sichern, die Lieferketten erhalten, den Fiskus mit Gewinnsteuern alimentieren und Dividenden an die investierten Pensionskassen zur Rentenfinanzierung auszahlen. Die weiterführende CSR-Doktrin hat sich insofern durchgesetzt, als dass heute Kriterien wie zum Beispiel Klimaverträglichkeit, Nichtdiskriminierung, Diversität oder die Zusammenarbeit mit und die Unterstützung von Bildungsinstitutionen wesentliche Reputationstreiber darstellen und auf die Wettbewerbsposition entscheidend einwirken.

1.4 Environmental, Social und Governance (ESG)

Wie dargestellt sind Corporate Social Responsibility und Corporate Governance eng zusammenhängende Themenbereiche. Die Begriffe werden hauptsächlich in der Betriebswirtschaft, der Finanzbranche und der Politik verwendet und unter dem Terminus ESG-Aspekte zusammengefasst. ESG steht für die englischen Ausdrücke Environmental, Social und Governance. Sie entsprechen den deutschen Bezeichnungen Umwelt, Soziales und verantwortungsvolle Unternehmensführung und -kontrolle. ESG löst heute erweitert um die Dimension Governance die Schlagwortbezeichnung CSR ab und wird oft als Synonym für nachhaltiges Wirtschaften verwendet.

Die Einbeziehung von ESG-Aspekten in die Unternehmensführung zielt darauf hin, ein besseres, langfristigeres Bild der Organisation und der Perspektiven des Geschäftsmodells und der Unternehmensstrategie zu erhalten. In dieser Betrachtung eingeschlossen sind Fragen, inwieweit ein Unternehmen für die Herausforderungen der Zukunft gerüstet ist, wo neue Geschäftsentwicklungschancen bestehen, genauso wie die Prüfung, in welchen Geschäftsbereichen potenzielle und versteckte Risiken stecken und welchen Einfluss diese auf die zukünftige Geschäftsentwicklung haben können. Die Integration von ESG-Kriterien bezweckt, die langfristige Unternehmensentwicklung und den Leistungsausweis bei gleichzeitiger optimierter Kontrolle der Risiken zu unterstützen. Der konsequente Einbezug von ESG-Aspekten in die Führung unterstreicht zudem hohe Ansprüche an die Organisation und Transparenz sowie die Qualität der Entscheidungsfindungsprozesse.

In der Vermögensverwaltung zeigen jüngere Untersuchungen auf, darunter die Metastudie der Universität Hamburg aus dem Jahr 2015 mit über 2200 untersuchten Unternehmen, dass die Berücksichtigung von ESG-Kriterien das Potenzial aufweist, die langfristigen Rendite-Risiko-Eigenschaften von Anlageportfolios zu verbessern. Die überwiegende Mehrheit der Studien widerlegt das Argument, dass die Berücksichtigung von ESG-Kriterien im Anlageprozess die Rendite schmälert. Vielmehr konstatieren sie einen positiven Zusammenhang zwischen der Nachhaltigkeit eines Unternehmens und dessen Finanzperformance. Der positive Effekt trifft auf alle Anlageklassen zu und zeigt sich bei Anlagen aus Industrie- und in ausgeprägter Form auch aus Schwellenländern. Entscheidend zur Verbesserung der Performance von sogenannten grünen und ethischen Anlagen haben die Möglichkeiten der modernen Datenanalyse beigetragen. «Big Data» erlaubt heute, die in den Jahres- und Nachhaltigkeitsberichten publizierten Informationen zu erfassen, wesentliche Zusammenhänge zu erkennen und deren Entwicklung über die Zeit zu analysieren. Die Herausforderung liegt allerdings darin, die wesentlichen Datenpunkte zu identifizieren und mit der adäquaten Gewichtung in ein Bewertungssystem zu integrieren.

Noch fehlen heute allgemein akzeptierte und angewendete System- und Klassifizierungskriterien (siehe dazu 3.2.6 «Aktionsplan Sustainable Finance»). Auch verfolgen die Finanzinstitute unterschiedliche Ansätze bei der Zusammenstellung und Gewichtung ihrer Portfolios. Sie reichen von Ausschlusskriterien, aktiver Einflussnahme auf die Unternehmensführung bis hin zum sogenannten Impact Investing und zur Philanthropie, bei denen die Sinn- und Nutzenstiftung stärker in den Fokus rückt. Der Mangel an einer einheitlichen Taxonomie sowie die unterschiedlichen Investitionsansätze verunmöglichen weitgehend die Vergleichbarkeit von grünen Anlagen und wirken sich negativ auf die Transparenz dieser Anlageinstrumente aus.

Um die langfristigen Erfolgschancen eines Geschäftsmodells, der Unternehmensstrategie und -organisation sowie die Qualität der Führung beurteilen zu können, sind über finanzielle Kennzahlen hinaus weitere Aspekte von Bedeutung (nicht abschliessend, siehe ▶ Abb. 2).

E – Environmental Umwelt	S – Social Soziales	G – Governance Verantwortungsvolle Unternehmensführung und -kontrolle

▪ Klimaverträglichkeit des Geschäftsmodells
▪ CO_2-Fussabdruck und CO_2-Emissionen
▪ Förderung/Anwendung moderner, emissionsarmer Technologien
▪ Verantwortungsbewusster Umgang mit natürlichen Ressourcen
▪ Minimierung von Umweltverschmutzung und Abfall
▪ Rücksicht auf und Förderung der Artenvielfalt und Biodiversität
	▪ Achtung und Mehrung des Humankapitals
	   ◦ Respekt für Grundrechte
	   ◦ Verbot von Diskriminierung aufgrund Alter, Geschlecht, Nationalität, Hautfarbe, sexueller Orientierung oder Religion
	   ◦ Bann von Kinderarbeit
	   ◦ Ausbildung und Berufsförderung
	   ◦ Arbeitsbedingungen und -sicherheit sowie Gesundheitsförderung
	▪ Produktsicherheit
	▪ Wahrung der Privatsphäre und Datenschutz
	▪ Beitrag zur Armutsbekämpfung und Ernährungssicherheit
	▪ Unterstützung von (lokalen) sozialen Initiativen und Projekten
		▪ Ethisches Verhalten
		   ◦ Integrität und Glaubwürdigkeit
		   ◦ Transparenz
		   ◦ Fairer Wettbewerb
		   ◦ Chancengleichheit/Willkürverbot
		   ◦ Korruptionsbekämpfung
		▪ Führung
		   ◦ Integrität und Glaubwürdigkeit
		   ◦ Klar definierte Organisation
		   ◦ Zuweisung/Abgrenzung Kompetenzen sowie gesetzes- und statutenkonforme Zusammenarbeit der Organe
		   ◦ Diversität in der Zusammensetzung der Führungsgremien
		▪ Umfassendes Risikomanagement
		▪ Vergütungssystem
		▪ Stakeholderbeziehungen, Wahrung von deren Rechten und Einbezug von deren Bedürfnissen

▲ Abb. 2   ESG-Aspekte

Kapitel 2
Hintergründe und historische Entwicklung

Trends sind oft eine Antwort auf vorangegangene Ereignisse. Deshalb lohnt sich ein Blick in die jüngere Vergangenheit und auf Geschehnisse, welche ihre Zeit prägten und neue Entwicklungen begründeten. Diese Ereignisse zeigen Zustände und Krisensituationen auf, deren Ursachen einen Einblick in den Zeitgeist und das Denken und Handeln der damals taktangebenden politischen, gesellschaftlichen und wirtschaftlichen Kräfte ermöglichen.

Fortwährendes Wachstum, Globalisierung, uneingeschränkte Mobilität, Informationsflut, Beschleunigung aller Lebensbelange, Geldschwemme, Niedrigstzinsen, grösstmöglicher Individualismus zulasten des Gemeinsinns sind Schlagwörter für Entwicklungen, die in den zurückliegenden Jahrzehnten hoch im Kurs standen und unser heutiges Wertesystem stark beeinflusst haben. Der «American Dream», wonach alles möglich ist, wurde zum Mainstream und gesellschaftlichen Vorbild. Doch wie hoch das Pendel auch ausschlägt, irgendwann setzt die Gegenbewegung ein und mahnt zur Vernunft und zu einem verantwortungsbewussten Umgang mit dem sozialen Umfeld, der Natur und ihren endlichen Ressourcen sowie nach einem massvollen und ausgewogenen Lebensstil. Die Geschichte der Nachhaltigkeit und der verantwortungsbewussten Unternehmensführung und -kontrolle baut auch auf den Übertreibungen und Exzessen der Vergangenheit.

2.1 Umweltbelastungen

Der Mensch hat die Erde in den zurückliegenden Jahrzehnten irreversibel verändert. Einschneidende Faktoren waren insbesondere das fortwährende Wirtschaftswachstum, uneingeschränktes Mobilitätsbedürfnis und der damit verbundene unbändige Energiekonsum. Gemäss einer Mitte Oktober 2020 veröffentlichten Studie im Fachmagazin «Nature Communications Earth & Environment» schätzen Wissenschaftler, dass der Energieverbrauch der Menschheit seit Mitte des 20. Jahrhunderts höher ist als der gesamte Energieverbrauch seit Ende der letzten Kaltzeit vor rund 11 700 Jahren bis zum Beginn der Nachkriegszeit um 1950. Gleichzeitig wirkten sich die Urbanisierung und die intensive, globalisierte Landwirtschaft auf die Erdoberfläche stark aus. Die Bodenerosion nahm zu und menschliche Eingriffe veränderten den natürlichen Transport von Sedimenten von den Bergen in das Meer. Weltweit gibt es rund 58 000 grosse Dämme mit Staumauern, die 15 Meter übersteigen und grosse Volumen von Bodenmaterial zurückhalten. Weltweit sind mehr als vier Fünftel aller Flüsse mit einer Länge von mehr als 1000 Kilometern bis zur Meeresmündung mit Bauwerken unterbrochen. Gleichzeitig finden sich Substanzen wie Blei, Quecksilber, Cadmium oder Plastik im arktischen Eis.

Vor siebzig Jahren begann der Mensch, das Ökosystem Erde hemmungslos auszubeuten, die Weltbevölkerung und mit ihr die Produktivität und der Energiekonsum stiegen massiv an. Sechs Parameter unterstreichen diese Entwicklung: Bevölkerungswachstum, globales Wirtschaftswachstum, Konsum fossiler Energie, CO_2-Emissionen, immatrikulierte Motorfahrzeuge sowie die Nachfrage nach Zement als zentralem Baustoff.

Nach dem Zweiten Weltkrieg nahm die Weltbevölkerung stark zu (▶ Abb. 3), während mit dem Fortschritt in der Medizin und der Technologie die Lebenserwartung weltweit kontinuierlich ansteigt. Das Bevölkerungswachstum erreicht gemäss der Studie im Durchschnitt jährlich rund 70 Millionen Menschen. 2020 lebten knapp 7,8 Milliarden Menschen auf der Erde. Die Vereinten Nationen schätzen, dass bis Ende des Jahrhunderts 10,9 Milliarden Menschen ernährt werden müssen. Allerdings weisen die Bevölkerungsprojektionen grosse Unsicherheiten auf, vor allem was die Geburtenentwicklung anbetrifft.

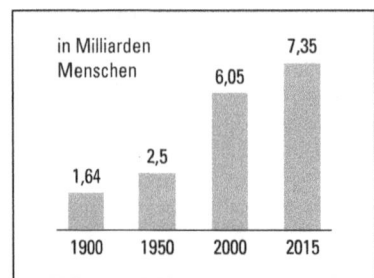

▲ Abb. 3: Weltbevölkerung

Quelle: Nature, Communications Earth & Environment, 16. Oktober 2020

Das technologische Wissen erweiterte sich nach 1950 mit direkter Auswirkung auf das Wirtschaftswachstum und die Produktivität rasant. Letztere beschleunigten sich ab 1850 mit der industriellen Revolution und stiegen nach 1950 steil an (▶ Abb. 4). Der Gesamtwert von Gütern, Waren und Dienstleistungen wird im Bruttoinlandprodukt ausgedrückt. 2020 betrug es etwa 12 500 US-Dollar pro Kopf und ist weltweit sehr ungleich verteilt. China weist als grösste Volkswirtschaft weltweit die höchste Wirtschaftsleistung aus, gefolgt von den USA, der Europäischen Union und Indien. In Afrika hingegen erreicht die Wirtschaftsleistung nur gerade einen Bruchteil derjenigen der Industriestaaten.

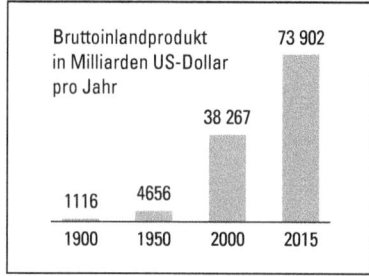

▲ Abb. 4: Wirtschaftsleistung
Quelle: Nature, Communications Earth & Environment, 16. Oktober 2020

Das rasante Bevölkerungswachstum und der technologische Fortschritt führten seit 1950 zu einem enormen Anstieg des Energieverbrauchs (▶ Abb. 5). Während der industriellen Revolution bis zum Zweiten Weltkrieg waren Kohle, Erdöl und Wasserkraft die Hauptenergiequellen. In den 1950er-Jahren entstanden dann die ersten Atomkraftwerke. 2020 entstammten gemäss der Studie immer noch rund 80 Prozent der für die Wirtschaftsleistung benötigten Energie aus fossilen Quellen. Klimaforscher fordern einen schnellen Umstieg auf erneuerbare Energien.

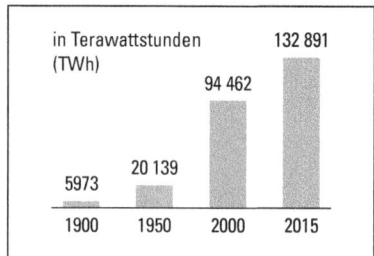

▲ Abb. 5: Konsum fossiler Energie
Quelle: Nature, Communications Earth & Environment, 16. Oktober 2020

Der unbändige Konsum fossiler Energie führte zu einem markanten Anstieg der Treibhausgasemissionen seit 1950 (▶ Abb. 6). Wie Berechnungen der Weltorganisation für Meteorologie (WMO) aufzeigen, versechsfachten sich die CO_2-Emissionen. Dadurch erwärmte sich laut einer Mitte Januar 2021 in der Fachzeitschrift «Nature Climate Change» veröffentlichten Studie eines internationalen Forscherteams die Erdoberfläche im globalen Durchschnitt um 0,9 bis 1,3 Grad Celsius. Die Konsequenzen für die Erde sind drastisch: Das Meereisvolumen in der Arktis und die alpinen Gletscher schmelzen dramatisch, der Meeresspiegel steigt kontinuierlich an und bedroht Agglomerationen sowie Naturschutzgebiete in Küstennähe, was die weltweiten Migrationsströme weiter vergrössert. Zudem nehmen die Anzahl sowie die Schadenausmasse von Extremwettersituationen, einschliesslich Dürren, Starkniederschläge, Wirbelstürme, Überschwemmungen und Erdrutsche, stark zu.

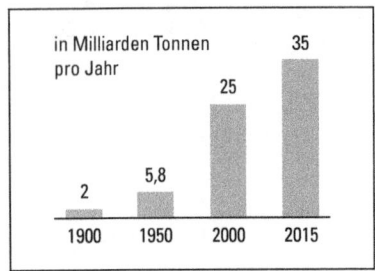

▲ Abb. 6: CO_2-Emissionen weltweit
Quelle: Nature, Communications Earth & Environment, 16. Oktober 2020

Rund ein Drittel der globalen CO_2-Emissionen geht auf den Verkehr zurück. 2020 waren rund 1,2 Milliarden Fahrzeuge zugelassen, fast dreimal mehr als noch im Jahr 2000 (▶ Abb. 7). Gleichzeitig wurde die Verkehrsinfrastruktur massiv ausgebaut. Weltweit erstreckt sie sich auf rund 64 Millionen Kilometer Autobahnen und Strassen. Dafür wurden schätzungsweise 200 Milliarden Tonnen Sand und Kies verbaut. Im Vergleich dazu führt die Studie die Chinesische Mauer an, welche aus etwa 400 Millionen Tonnen Stein besteht.

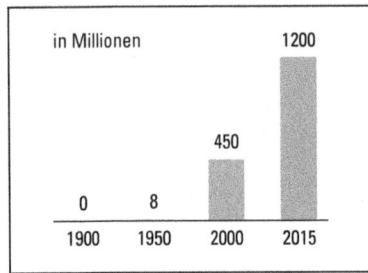

▲ Abb. 7: Anzahl Motorfahrzeuge
Quelle: Nature, Communications Earth & Environment, 16. Oktober 2020

Generell entwickelt sich die Bautätigkeit nicht nur in den grossen Industriestaaten ungebremst. Die Studie geht von der Herstellung von zirka 4 Milliarden Tonnen Zement pro Jahr aus (▶ Abb. 8), die zu etwa 27 Milliarden Tonnen Beton als wichtigstem Baustoff der Moderne verarbeitet werden. Mit dem Einsatz von Zement gelangen verschiedene Stoffe, darunter Fasern aus Stahl, Glas, Kunst- und Kohlenstoff sowie Nanopartikel zum Beispiel aus Graphen oder Titan, in die Umwelt, deren Langzeitwirkung auf die Organismen zu Land und im Meer vielfach noch nicht bekannt sind. Zudem werden bei der Herstellung von Zement grosse Mengen CO_2 in die Atmosphäre freigesetzt.

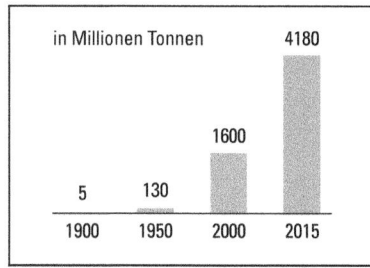

▲ Abb. 8: Zementproduktion

Quelle: Nature, Communications Earth & Environment, 16. Oktober 2020

2.1.1 Erdölrausch

Die ersten Erdölfunde waren unspektakulär. Doch das schwarze Gold veränderte in der Folge die Gesellschaft und Wirtschaft wie kein anderer Rohstoff. Seine Weltkarriere startete das Öl anfänglich als Brennstoff für Lampen in Form von Petroleum, als Ersatz für Pottwalfett, dessen Preis sich im Gleichschritt mit den schrumpfenden Walbeständen in unerschwingliche Höhen verteuerte. Nachdem die Welt zuerst kaum wusste, was mit dem Erdöl anzufangen sei, wandelte es sich zu einem der am breitesten eingesetzten Werkstoffe. Erdöl ist nach wie vor einer der wichtigsten Energieträger und treibt einen Grossteil der Motoren weltweit an. Produkte mit Erdölanteilen sind im Alltag allgegenwärtig, darunter Farben, Dünger, Medikamente, Kosmetika, Kunststoffe, Plastikfolien und synthetische Kleiderstoffe.

In Titusville in den Hügeln von Pennsylvania, USA, glückte die erste mit modernen Mitteln realisierte Bohrung nach Öl. Das Kapital für das Projekt war beinahe aufgebraucht. Anstelle einer neuen Geldspritze schickten die Auftraggeber rund um den New Yorker Rechtsanwalt George Bissell die Kündigung an Edwin Drake. Dieser sollte die Maschinen verkaufen und seinen Mitarbeiter William Andrew Smith entlassen. Die Kündigung war noch nicht in Titusville angekommen als die mit Dampf betriebene Bohrmaschine am Nachmittag des 27. August 1859 eine Tiefe von 21 Metern erreichte und der Bohrer in eine Spalte rutschte und nochmals 15 Zentimeter tiefer sank. William Andrew Smith stellte darauf die Maschine ab und beendete den Arbeitstag. Als er am nächsten Morgen zur Bohrstelle zurückkam, sah er Wasser am Grund des Lochs, darauf eine dunkle Flüssigkeit. Mit diesem Fund brach über Nacht ein neues Zeitalter an.

1870 gründete in Cleveland im US-Bundesstaat Ohio der Gemischtwarenhändler John Rockefeller die Standard Oil Company. Zuvor verkaufte er Leuchtpetroleum und hielt eine Beteiligung an einer Erdölraffinerie. Die Standard Oil Company wuchs schnell zu einer der ersten multinationalen Aktiengesellschaften und darauf zur mächtigsten Firmengruppe der Welt. 1879 kontrollierte das Unternehmen 90 Prozent der Raffineriekapazitäten in Amerika. 1910 umfasste der Rockefeller Trust

62 Unternehmen in den USA und 53 im Ausland und setzte immer stärker auf die vertikale Integration, um die gesamte Lieferkette unter einem Dach zu kontrollieren. Bald gab es weltweit nur noch zwei Mitbewerber: die Ölunternehmen von Alphonse de Rothschild und der Gebrüder Nobel. Sie waren mit Öl aus dem Kaukasus vor allem in Europa und Asien aktiv. Doch der Fund von immer neuen Ölvorkommen öffnete den Markt allmählich wieder und erlaubte neuen Gesellschaften, am Erdöl-Boom zu partizipieren. Bevor ab 1945 die Golfregion zum Zentrum der Ölwelt aufstieg, wurden um 1900 in den USA neue Ölfelder erschlossen, darunter in Oklahoma, Texas und Kalifornien. Es folgten Quellen in Burma, Sumatra, Mexiko und Venezuela.

Mit dem Stromanschluss kam ab dem letzten Viertel des 19. Jahrhunderts die Glühbirne in die Haushalte. Sie war der Öl- und Gasbeleuchtung überlegen und benötigte keinen Nachschub. Die Gasversorger fokussierten in der Folge auf den Heizbedarf, die Öllieferanten zogen sich in die ländlichen Gegenden zurück, wo es noch keinen Elektrizitätsanschluss gab. Neuen Schwung erhielt der Siegeszug des Öls durch die Präsentation des Patent-Motorwagens Nr. 1, den Carl Benz 1886 in Mannheim, Deutschland, vorstellte. Der Verbrennungsmotor öffnete dem Erdöl in Form von Benzin und Diesel neue Märkte und ungeahnte Perspektiven. Als Antrieb für Automobile setzte er sich um 1900 gegenüber den damaligen Alternativen Dampfantrieb und Elektromotor durch. Eigentlich schien bereits damals dem Elektromobil die Zukunft zu gehören, doch der lärmende und rauchende Benzinwagen fand insbesondere bei Rennfahrern grossen Anklang. Die wilden Maschinen begeisterten das Publikum im Vergleich zu den summenden Elektromobilen um ein Mehrfaches. 1910 war die Systemfrage bei den Herstellern entschieden. 1914 rollte das Modell T von Henry Ford vom Fliessband und leitete die Massenmotorisierung in der Zwischenkriegszeit in den USA ein. In Europa folgte diese nach dem Zweiten Weltkrieg.

Anfang des 19. Jahrhunderts kam mit dem Cracking zudem eine neue Methode auf, mit der im Vergleich zum herkömmlichen Destillieren entscheidend mehr Benzin aus dem Rohöl gewonnen werden konnte. Die Ausbeute aus dem Rohöl verdreifachte sich auf bis zu 45 Prozent. Der neue Rohstoff veränderte auch die Kriegsschauplätze und wurde in den beiden Weltkriegen mit dem Aufkommen von Autos, Lastwagen, Panzern und Flugzeugen zu einem kriegsentscheidenden Faktor. 1945 beschleunigte die Treibstoffnot die deutsche Kapitulation.

Das Erdöl und die damit verbundene Mobilität veränderten das Selbstverständnis des Menschen und dessen Alltag, in dem das Auto zunehmend eine zentrale Funktion einnahm. 1928 erhob in der Schweiz der Bund erstmals einen Treibstoffzoll. Zuerst wurden 19 Prozent der Treibstoffzolleinnahmen für den Strassenbau verwendet, in den 1950er-Jahren wurde der Anteil auf 50 und schliesslich auf 60 Prozent erhöht. Damit begann sich das Karussell zu drehen und der Autoverkehr sorgte für noch mehr Automobilismus.

Eine weitere Revolution, die auf Erdöl basiert, stellte ab Mitte des 20. Jahrhunderts die Entwicklung von Kunststoff und Plastik dar. Sie imitierten wertvolle Stoffe wie Kautschuk, Horn, Schildpatt, Perlen, Bernstein, Elfenbein und Seide und erlaubten dem aufstrebenden Mittelstand, der sich das Original nicht leisten konnte, sich gleichwohl nach unten abzugrenzen. Kunststoff ermöglichte jedoch auch die Herstellung völlig neuartiger Gegenstände mit zusätzlichen oder entscheidend verbesserten Merkmalen oder Funktionalitäten, sei dies in der Industrie, der Medizinaltechnik oder bei synthetischen Materialien. Erdöl ist zudem ein wichtiger Grundstoff bei Medikamenten und Kosmetika.

Erste Dämpfer bewirkten die einsetzende Umweltwende ab 1970 und geopolitische Spannungen, die zugleich die Macht des Öls über die moderne Gesellschaft bewusst werden liessen. 1973 eröffneten Ägypten und Syrien den Krieg gegen Israel. Die Organisation erdölexportierender Länder (Organization of the Petroleum Exporting Countries, OPEC) drosselte die Fördermengen, erhöhte die Preise und stoppte die Erdöllieferungen an die USA und die Niederlande, die Israel unterstützten. Als Folge stieg der Preis für ein Barrel Rohöl, es wurde 1872 mit knapp 159 Liter als Standardmass der Branche definiert, im Oktober 1973 von 1.40 US-Dollar auf 5 US-Dollar und im Januar 1974 auf beinahe 12 US-Dollar an. Die Erdölkrise (siehe 2.3.2.1 «Erste Ölpreiskrise von 1973») stürzte die Weltwirtschaft in eine Rezession, und breite Bevölkerungsschichten entwickelten eine neue Sicht auf die Auswirkungen des billigen Öls, auf die ab 1950 gewachsene Konsumgesellschaft und auf die damit einhergehenden Umweltbelastungen.

Mehr als ein Jahrhundert stieg der Verbrauch des Erdöls an. Bis zum Ersten Weltkrieg erreichte er bis zu 1 Million Barrel pro Tag. Nach dem Zweiten Weltkrieg stand er bei 6 Millionen Barrel. Im Sommer 1973, am Vorabend der Krise, betrug der Verbrauch bereits 50 Millionen Barrel pro Tag. Unterdessen nährte das Öl auch Zentralheizungen und die Wärmegewinnung in der Industrie zur Fertigung von Papier oder zur Herstellung von Zement. Weiter trieb das Öl Schiffe und Kraftwerke an. Das Erdöl beflügelte den Glauben an unerschöpfliche Möglichkeiten und unbegrenztes Wachstum. Bis in die 1970er Jahre beherrschten Esso, Royal Dutch Shell, British Petroleum (BP), Mobil, Chevron, Gulf Oil und Texaco den globalen Erdölmarkt. Diese «Oil Majors» zählten zu den Giganten der Weltwirtschaft.

Demgegenüber formulierte der Club of Rome 1972 erstmals die Grenzen des Wachstums, welche sich mit der Erdölkrise bereits 1973 manifestierte. Vorübergehend kamen neue Themen wie Energiesparen und die Förderung erneuerbarer Energie auf. Zudem wurde in die Atom- und Wasserkraft investiert. Hauptsächlich ging es jedoch fossil weiter. Neue Ölfelder wurden erschlossen, zum Beispiel in der Nordsee.

Angesichts der Klimadebatte und der schädlichen Treibhausgase, welche fossile Brennstoffe verursachen, stellt sich die Frage, wie lange die Ära des Öls andauern wird. Wie bei dem Pottwalöl und der Kohle braucht es Alternativen zum Erdöl. Aus heutiger Sicht fokussieren die Alternativen vor allem auf mehr Wind-, Sonnen- und Wasserkraft sowie grösserer Effizienz und schlankerem Verbrauch. Dazu kommen weitere Ressourcen wie Wasserstoff, die heute erst eine Nische abdecken und darauf warten, gezielt gefördert zu werden.

Verschiedene Stimmen sehen in dem Covid-19-bedingten wirtschaftlichen Abschwung und dem Zerfall des Erdölpreises aufgrund von Überkapazitäten die ersten Anzeichen einer Zukunft ohne fossile Brennstoffe. Laut den Angaben der Erdölgesellschaften Royal Dutch Shell und BP sank aufgrund des pandemiebedingten Lockdowns und des deutlichen Rückgangs des Individual- und Geschäftsverkehrs die Nachfrage nach Benzin, Diesel und Kerosin weltweit in den Frühlingsmonaten 2020 um über einen Drittel. Inwieweit und wie schnell sich die Nachfrage wieder ganz erholen wird, hängt vom Verhalten der Konsumenten ab und von der Frage, ob neue Arbeitsformen wie Home-Office und Videokonferenzen auch zukünftig stärker genutzt werden.

Die Klimadebatte und die Covid-19-Pandemie bestärken den Trend, wonach der Höhepunkt der Erdölnachfrage vor allem in westlichen Industrienationen überschritten ist. Dieser Trend führte auch zu einer Senkung der mittel- und langfristig erwarteten Erdölpreise, welche die Erdölproduzenten wiederum zu milliardenschweren Wertberichtigungen zwang. Gleichzeitig werden die «Big Oil»-Firmen von aktivistischen Investoren und nachhaltig orientierten Finanzinstituten bedrängt. Weiter passt es in das Bild, dass die Wertpapiere der Windenergie- und Solarunternehmen diejenigen der Produzenten fossiler Brennstoffe überflügeln und der Elektromobilhersteller Tesla 2020 an der Börse zum wertvollsten Autobauer aufstieg.

Ein Umdenken in der Branche ist angesagt, zumal der Druck auf die europäischen und amerikanischen Erdölunternehmen stetig wächst, bis spätestens 2050 netto keine CO_2-Emissionen mehr zu verursachen. Im Mai 2021 entschied erstmals ein Gericht in den Niederlanden in erster Instanz, dass der Konzern Royal Dutch Shell seine Emissionen ambitionierter als bisher geplant reduzieren muss. In den USA setzte sich im gleichen Monat ein aktivistischer Aktionär an der Generalversammlung des Branchenriesen Exxon Mobil gegen das Management durch und erreichte die Wahl von zwei klimafreundlichen Kandidaten in den Verwaltungsrat. Dadurch könnte Exxon gezwungen werden, die Geschäftsstrategie stärker am Klimawandel auszurichten. Zudem stimmten die Chevron-Aktionäre dafür, dass sich der US-Konzern strikte Ziele für die Emissionen setzt, die durch das Verbrennen der eigenen Produkte entstehen. Weiter sorgte die Internationale Energieagentur (IEA) im Mai 2021 mit der Aussage für grosses Aufsehen, wonach, falls weltweit das Ziel der Klimaneutralität im Jahr 2050 erreicht werden soll, ab sofort keine Investitionen mehr in neue Erdöl-, Erdgas- oder Kohlefelder fliessen sollen.

Trotz entsprechender Ankündigungen schreitet der Wandel des Energiesystems vorerst nur langsam voran, umso mehr als 2020 die Rentabilität der traditionellen Erdölförderung im Durchschnitt bei rund 10 Prozent lag und sich damit aus kurz- und mittelfristiger Perspektive lukrativer als Investitionen in erneuerbare Energien und entsprechende Infrastrukturprojekte präsentierte. Die zukünftige Entwicklung wird somit stark vom Erdölpreis und den absehbar deutlich steigenden Kosten von CO_2-Emissionen abhängen. In absoluten Zahlen ist nach der Überwindung der Coronakrise mit einer weiter steigenden Nachfrage nach Erdöl zu rechnen. Um diese Nachfrage decken zu können, werden die Erdölproduzenten bei einer jährlichen Erschöpfungsquote von rund 8 Prozent neue Investitionen in die Erschliessung von Öl- und Gasfeldern tätigen müssen. Parallel sind sie hingegen auch gezwungen, im Geschäft mit neuen Energien Fuss zu fassen, ihre Geschäftsmodelle neu zu erfinden und sich mit Elektrifizierung, der Speicherung von Treibhausgasen und Biotreibstoffen, Wasserstoff oder beispielsweise Algenkraftstoffen zu befassen. Ob sie mit dieser dualen Strategie Erfolg haben werden und sich im Wettbewerb mit den Clean-Tech-Firmen durchsetzen können, die sich vollumfänglich auf erneuerbare Energie fokussieren, wird sich weisen.

Seitenblick: Boom bei den Elektrofahrzeugen

Die Wachstumsraten von Autos mit Antriebsbatterie (Battery Electric Vehicle, BEV) und kombinierter aufladbarer Batterie und Verbrennungsmotor (Plug-in Hybrid Electric Vehicle, PHEV) steigen stark an. Im Pandemiejahr 2020 verzeichneten die Elektroautos auch in der Schweiz ihren Durchbruch, während der Gesamtmarkt für Personenfahrzeuge um 23,7 Prozent rückläufig war. Die Zahl der 2020 in der Schweiz neu zugelassenen reinen Elektrofahrzeuge stieg um 49,8 Prozent, diejenige der Plug-in-Hybride sogar um 225,7 Prozent.

2018 brachte Tesla mit dem Model 3 auch in Europa ein elektrisch angetriebenes Fahrzeug auf den Markt, das mit erstaunlicher Fahrleistung, guter Reichweite und einem marktverträglichen Preis überzeugte. Dieses Fahrzeug zwang die europäischen Hersteller, ihre Lethargie gegenüber Batterieautos abzulegen und ihre Fahrzeugpalette mit elektrischen Modellen zu erweitern.

Nachdem der Elektro-Boom in europäischen Ländern mit starken Fördergeldern für BEV und PHEV wie Norwegen und den Niederlanden bereits vor einigen Jahren einsetzte, ist er inzwischen auch in Ländern mit geringeren Subventionen für emissionsarme Fahrzeuge angekommen. In Deutschland, wo im Sommer 2020 die sogenannte Innovationsprämie, also die staatliche Subventionierung von 3000 auf 6000 Euro erhöht wurde, erreichten BEV und PHEV 2020 bei den Neuzulassungen einen Marktanteil von 12,6 Prozent, rund eine Vervierfachung gegenüber dem Vorjahr. Für das Jahr 2025 rechnen die Experten des Center of Automotive Management für elektrifizierte Fahrzeuge an der Fachhochschule der Wirtschaft Bergisch Gladbach mit einem Marktanteil von 27 Prozent. Zukünftig dürfte der von Volkswagen nach längerer Vorankündigung im zweiten Halbjahr 2020 im Markt eingeführte Kompaktwagen ID.3 die Verkäufe in Deutschland weiter beflügeln. In der Schweiz erreichte der Marktanteil von Elektroautos im Jahr 2020 14,3 Prozent. 2019 lag er noch bei 4,2 Prozent. Im Vergleich zu Norwegen, wo neben Subventionen auch Park- und Fahrspurprivilegien für elektrifizierte Autos geschaffen wurden, ist dieser Anteil noch klein. Laut Berechnungen des European Alternative Fuels Observatory stieg der Anteil von Elektroautos in Norwegen 2020 auf 74,5 Prozent an.

Ausgeglichener präsentiert sich die Situation in Nordamerika, wo der US-Gesamtmarkt 2020 dank wieder ansteigenden Abverkäufen im dritten und vierten Quartal bloss um 14,5 Prozent zurückging und die Elektrofahrzeuge gegenüber 2019 um rund 4 Prozent zulegen konnten. In China, dem grössten Automobilmarkt der Welt, begann der Elektroauto-Boom unterstützt durch staatliche Vorgaben und Subventionen bereits 2014 und erreichte 2018 mit einem Gesamtvolumen von 1,256 Millionen verkauften BEVs und PHEVs seinen vorübergehenden Höhepunkt. Seither kürzte China die Subventionen und hinkt seinen selbstgesteckten Zielen hinterher. Zudem gelingt den chinesischen Herstellern der Sprung nach Nordamerika und Europa nur zögerlich. Zu gross ist die Skepsis in die Qualität der Marken wie Nio, Byton und Aiways, nachdem zuvor Hersteller von konventionellen Fahrzeugen mit Verbrennungsmotoren wie Landwind und Brilliance scheiterten.

Die weitere Verbreitung von Elektrofahrzeugen stützt sich auf die Verbesserung der technischen Merkmale ab. So wurden insbesondere bei der Reichweite grosse Fortschritte erzielt. Laut einer Marktanalyse von Touring Club Schweiz (TCS) hat sich die durchschnittliche Reichweite von BEV seit 2015 bis 2020 von 127 auf 331 Kilometer mehr als verdoppelt. Entscheidend ist zudem der gezielte Ausbau der Ladeinfrastruktur. In Deutschland wurde gemäss dem Bundesverkehrsministerium der Ausbau der Ladepunkte bis Ende 2020 mit 300 Millionen Euro unterstützt. Die Schweiz fördert den Ausbau im Rahmen der Roadmap 2022. Ein Blick auf die drei grössten Automobilmärkte China, die USA und Europa zeigt, dass die Ausbreitung der Elektrofahrzeuge hauptsächlich von der staatlichen Förderung und weniger von technischen Merkmalen abhängt. Besonders in Märkten mit Subventionen steigt der Absatz von Elektroautos schnell an.

Verwendete Quellen: European Automobile Manufacturers' Association; European Alternative Fuels Observatory; Center of Automotive Management; Touring Club Schweiz; Neue Zürcher Zeitung, 2. Oktober 2020 und 23. Dezember 2020

2.1.2 Umweltverschmutzung

2.1.2.1 CO_2 CO_2 ist die chemische Summenformel für das aus Kohlenstoff und Sauerstoff bestehende Molekül Kohlenstoffdioxid, auch als Kohlendioxid bekannt, ein nicht brennbares, farb- und geruchsloses sowie gut in Wasser lösliches Gas. CO_2 ist neben Stickstoff, Sauerstoff und sogenannten Edelgasen ein natürlicher Bestandteil der Luft und ein wichtiges Element des globalen Kohlenstoffzyklus. Kohlenstoffdioxid entsteht als ein natürliches Nebenprodukt der Zellatmung vieler Lebewesen sowie durch die Verbrennung von Holz, Kohle, Öl oder Gas. Zudem wird Kohlenstoffdioxid beim Zerfall toter Organismen oder durch natürliche CO_2-Quellen wie beispielsweise Vulkangase freigesetzt. Einmal abgesondert verbleibt CO_2 in der Erdatmosphäre im Gegensatz zu anderen Stoffen mit kürzerer Verweildauer. Das freigesetzte CO_2 wird entweder durch Gewässer physikalisch gespeichert oder durch Grünpflanzen, insbesondere Bäume und Wälder, mittels Photosynthese abgebaut. Dabei wird mit Hilfe von Sonnenlicht Kohlenstoffdioxid in Glucose und Sauerstoff umgewandelt. Während Glucose als kohlenhydrathaltige Biomasse als Grundstoff für alle Organismen dient, wird der Sauerstoff an die Umgebung abgegeben. Vereinfacht gesagt bindet ein Baum im Verlauf seines Wachstums das in der Luft vorhandene CO_2. Er benötigt Kohlenstoff (C) für sein Wachstum und gibt Sauerstoff (O_2) an die Umgebung ab. Bei der Verbrennung von Holz läuft die umgekehrte Reaktion ab. Der im Holz gebundene Kohlenstoff verbindet sich mit dem Sauerstoff in der Luft, wodurch CO_2 in die Atmosphäre abgegeben wird. Dieses wiederum wird vom Wachstum eines neuen Baums gebunden, womit sich der natürliche Kreislauf schliesst. Werden nun hingegen grosse Waldflächen gerodet, ohne die Flächen wieder aufzuforsten, erhöht sich die CO_2-Konzentration in der Atmosphäre. Bei der Verbrennung von fossilen Brennstoffen wie Benzin, Diesel, Heizöl, Erdgas oder Kohle wird ebenfalls CO_2 freigesetzt, allerdings existiert hier kein natürlicher Kreislauf, der diese Brennstoffe wieder neu bildet.

CO_2 macht mit etwa 0,038 Prozent nur einen geringen Teil der Luft aus, nimmt jedoch aufgrund seiner Funktion als eines der bedeutendsten Treibhausgase eine entscheidende Rolle für das Klima ein. CO_2 absorbiert einen Teil der von der Erde in die Atmosphäre abgegebenen Wärme und strahlt diese zurück auf die Erde. Dieser Vorgang wird als natürlicher Treibhauseffekt bezeichnet und bestimmt das gemässigte Klima, welches auf der Erde Flora und Fauna gedeihen lässt.

Durch die Verbrennung von Kohle, Erdöl oder Erdgas oder beim Heizen hinterlässt der Mensch weltweit seit dem Beginn der Industrialisierung einen immer grösseren CO_2-Fussabdruck. Allein seit der Mitte des 20. Jahrhunderts hat sich der globale Kohlenstoffdioxid-Ausstoss fast versechsfacht (siehe 2.1 «Umweltbelastungen»). Dadurch ist der natürliche Kohlenstoffzyklus aus dem Gleichgewicht geraten und der durch den Menschen verursachte Überschuss führt zu einer kontinuierlich ansteigenden Sättigung der Atmosphäre mit Kohlenstoffdioxid. Laut der Weltorganisation für Meteorologie (WMO) stieg der durch menschliche Aktivitäten, allen voran die Verbrennung fossiler Energieträger, verursachte CO_2-Anteil in der Erdatmosphäre von zirka 280 parts per million (ppm) zu Beginn der Industrialisierung auf 410,5 ppm im Jahr 2019 an. Für 2021 rechnet die WMO mit einem Anstieg der CO_2-Konzentration im globalen Durchschnitt auf 414 ppm. Am 3. April 2021 verzeichnete die meterologische Messstation der National Oceanic and Atmospheric

Administration (NOAA) des US Departments of Commerce auf dem Vulkan Mauna Loa auf Hawaii mit 421,2 ppm einen neuen Rekordwert. Die Tendenz ist abgesehen von dem vorübergehenden Covid-19-Pandemie-Effekt weiter steigend. Der Anstieg bewirkt eine Verstärkung des Treibhauseffekts, was wiederum die Ursache für die globale Erderwärmung ist. Pro Tag wurden 2020 zirka 100 Millionen Tonnen Kohlenstoffdioxid durch menschliche Aktivitäten in die Atmosphäre freigesetzt.

Neben Kohlenstoffdioxid sind auch Methan (CH_4), Lachgas (N_2O) oder F-Gase (fluorierte Treibhausgase) bedeutende Treibhausgase. Sie unterscheiden sich in ihrer Klimaschädlichkeit, die in der Regel in CO_2-Äquivalenten (CO_2e) angegeben wird: CO_2 = 1 CO_2e, Methan = 28 CO_2e, F-Gase = 100 bis zu 24 000 CO_2e. Wenn von CO_2 oder CO_2-Emissionen gesprochen wird, sind oft CO_2-Äquivalente gemeint. Bei einem Flug zum Beispiel wird nicht nur CO_2 freigesetzt, sondern auch klimawirksamer Wasserdampf und Ozon, die zusammengefasst als eine bestimmte Menge CO_2e deklariert werden.

Vor der Covid-19-Pandemie im Jahr 2020 stiegen in der letzten Dekade die jährlichen CO_2-Emissionen um durchschnittlich 1 Prozent an, wobei die weltweiten Reduktionsbestrebungen 2019 zu einer Stagnation führten. Aufgrund der sehr langen Verweildauer von Kohlendioxid erhöht sich der CO_2-Gehalt in der Atmosphäre somit kontinuierlich. Ozeane und die Landregionen nehmen etwas mehr als die Hälfte des von der Menschheit ausgestossenen CO_2 auf, der Rest verweilt für ungefähr ein Jahrhundert in der Luft.

China ist das Land mit dem weltweit höchsten CO_2-Ausstoss. Er erreicht rund 11,5 Milliarden Tonnen CO_2 und knapp ein Drittel der Emissionen weltweit pro Jahr (▶ Abb. 9).

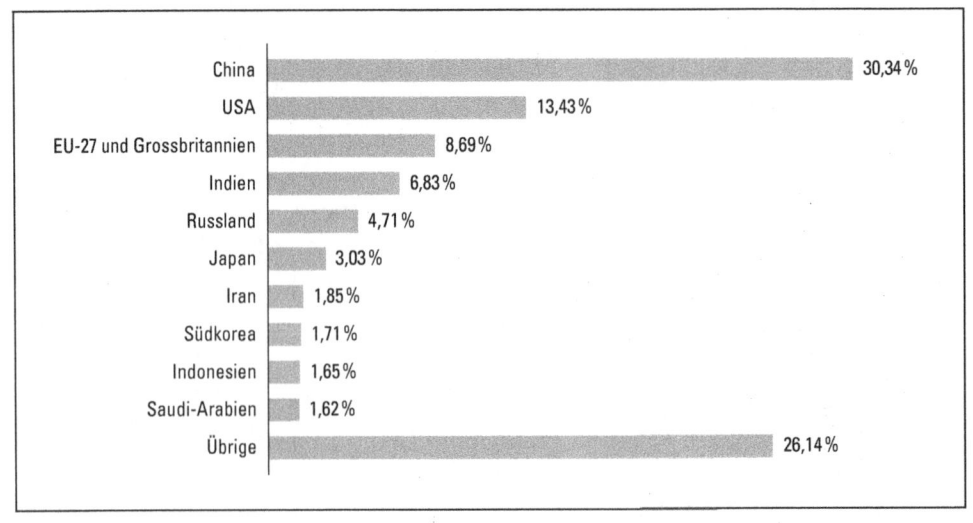

Land	Anteil
China	30,34 %
USA	13,43 %
EU-27 und Grossbritannien	8,69 %
Indien	6,83 %
Russland	4,71 %
Japan	3,03 %
Iran	1,85 %
Südkorea	1,71 %
Indonesien	1,65 %
Saudi-Arabien	1,62 %
Übrige	26,14 %

▲ Abb. 9　Anteil an globalen CO_2-Emissionen 2019
Quelle: EU-Kommission, EDGAR-Emissionsdatenbank für globale Atmosphärenforschung

Während China neue Kohlekraftwerke auch im Ausland baut, investiert das Land Milliardenbeträge in erneuerbare Energien, mehr als Japan, die USA und die Europäische Union zusammen. Beim Pro-Kopf-Ausstoss rangiert China zudem deutlich hinter den Vereinigten Staaten oder auch Deutschland. Anlässlich der Generalversammlung der Vereinten Nationen (UN) im September 2020 kündigte der Präsident Chinas Xi Jinping an, sein Land wolle den Höchststand des Ausstosses von Kohlendioxid vor 2030 und Klimaneutralität vor 2060 erreichen. Damit legte China erstmals einen zeitlichen Fahrplan für den Übergang zu einer schadstofffreien Zukunft vor. Um die CO_2-Emissionen ab 2030 zu senken, will Peking die erneuerbaren Energiequellen einschliesslich der Kernenergie ausbauen. In dem vom Nationalen Volkskongress im März 2021 verabschiedeten 14. Fünfjahresplan bekannte sich die chinesische Regierung zu einem grünen Wachstumsmodell und zum Umweltschutz. Der Plan sieht unter anderem vor, bis 2025 den Anteil nichtfossiler Energiequellen an der Energieversorgung auf einen Fünftel zu steigern. Dabei soll die Kapazität der Kernenergie bis 2025 von 52 auf 70 Gigawatt ausgebaut werden. Mit Blick auf das Erreichen der angekündigten Klimaneutralität bis 2060 sind insbesondere in der Landwirtschaft und im Bereich der Mobilität grosse Anstrengungen und strukturelle Veränderungen notwendig.

Bereits früher im September 2020 kündigte die Präsidentin der Europäischen Kommission (EU-Kommission) Ursula von der Leyen an, das Treibhausgasreduktionsziel für 2030 auf mindestens minus 55 Prozent unter den Wert von 1990 zu erhöhen. Die Staats- und Regierungschefs der EU bestätigten Mitte Dezember 2020 dieses Ziel. Ende Oktober 2020 zog Japan, die drittgrösste Volkswirtschaft weltweit, nach. In einer Grundsatzrede kündigte der Regierungschef Yoshihide Suga an, Japan setze sich zum Ziel, den CO_2-Ausstoss bis 2030 um rund 26 Prozent und bis 2050 auf null zu reduzieren. Um diesen Zielen gerecht zu werden, wird Japan seine Industriestruktur grundlegend verändern müssen. Insbesondere muss der Anteil erneuerbarer Energien, der deutlich niedriger ist als in den grossen europäischen Ländern, erhöht und die Zusammensetzung der Energiequellen überprüft werden. Zentrale Diskussionspunkte werden die Abkehr von der Kohle und die Rolle der Kernkraft sein. Anfang Dezember 2020, kurz vor dem fünften Jahrestag des Pariser Klimaabkommens und rund eine Woche vor dem Beginn des ursprünglich geplanten und wegen der Coronapandemie auf November 2021 verschobenen UN-Weltklimagipfels im schottischen Glasgow, kündigte auch die britische Regierung an, ihre Klimaziele zu erhöhen. Demnach sollen bis 2030 die Treibhausgasemissionen im Vergleich zum Niveau von 1990 um 68 Prozent gesenkt werden. Grossbritannien will damit nach eigenen Angaben nach dem EU-Austritt seine globale Vorreiterrolle im Kampf gegen die Klimaerwärmung unter Beweis stellen. Bereits im Jahr 2019 hatte sich die Vorgängerregierung von Theresa May das Ziel gesetzt, bis 2050 die Klimaneutralität zu erreichen. Schliesslich kündigte auch der neue amerikanische Präsident Joe Biden noch vor seinem Amtsantritt im Dezember 2020 einen ambitionierten Wandel im Energie- und Transportwesen an. Sein Ziel ist es, die amerikanische Wirtschaft bis 2050 klimaneutral zu machen. Dazu beabsichtigt er, in seiner Amtsperiode rund 2 Billionen US-Dollar in die Förderung erneuerbarer Energiequellen sowie den Bau energieeffizienterer Gebäude und Autos zu investieren. Gleichzeitig sollen diese Massnahmen 10 Millionen neue Arbeitsplätze schaffen. Zudem leitete er an seinem ersten Amtstag die Rückkehr in das Pariser Klimaabkommen per Dekret ein. Den früheren Aussenminister John Kerry ernannte er zum Sonderbeauftragten für den Klimaschutz. Am 23. Februar 2021 schliesslich bekräftigten der amerikanische Präsident Joe Biden und der Premierminister von Kanada Justin Trudeau an einem virtuellen Gipfeltreffen ihre Absichten, bis 2050 die Klimaneutralität zu erreichen.

Die Ankündigungen von China, der EU, Japan, Grossbritannien, den USA und Kanada lösten auch im Hinblick auf die nächste UN-Weltklimakonferenz, die nun vom 31. Oktober bis 12. November 2021 in Glasgow, Schottland, stattfinden wird (siehe 3.1.1 «UN-Klimakonferenzen»), Signalwirkung aus und vermittelten den Bestrebungen zur Erreichung der globalen Klimaziele neue Dynamik. Bereits am 22. und 23. April 2021 lud der amerikanische Präsident Joe Biden zu einem zweitägigen virtuellen Klimagipfel ein, an dem rund 40 Staats- und Regierungschefs weltweit teilnahmen und gemeinsam vier Fünftel der globalen Emissionen vertraten. Während der Gespräche bekannten sie sich zu einem energischeren Vorgehen gegen die Klimaerwärmung. Die USA bemühten sich dabei, glaubhaft darzulegen, dass sie nach dem Ausstieg aus den internationalen Bemühungen unter der Ära Donald Trump wieder als verlässlicher Partner im Kampf gegen den Klimawandel zurück am Tisch sind. Joe Biden erhöhte entsprechend die freiwilligen Klimaziele der USA und kündigte an, die Treibhausgasemissionen bis 2030 um 50 bis 52 Prozent gegenüber dem Stand von 2005 als Etappenziel auf dem Weg zu einer klimaneutralen Wirtschaft bis 2050 senken zu wollen. Auch Grossbritannien und Japan verschärften anlässlich der Konferenz ihre Klimaziele weiter. Grossbritannien will neu den Ausstoss von klimaschädlichen Treibhausgasen bis 2035 um 78 Prozent im Vergleich zum Niveau von 1990 reduzieren. Japan beabsichtigt bis 2030 den Ausstoss von Treibhausgasen um 46 Prozent zu senken. Anfang Mai 2021 kündigte Deutschland mit der Bekanntgabe der Eckpunkte für die Reform des Klimaschutzgesetzes an, den CO_2-Ausstoss bis zum Jahr 2030 gegenüber dem Jahr 1990 um 65 Prozent reduzieren zu wollen. Bisher lag das Ziel in Einklang mit der EU bei 55 Prozent (siehe 3.2.3 «European Green Deal»). Bis zum Jahr 2040 sollen die Treibhausgasemissionen um 88 Prozent sinken und bis 2045 soll das Land klimaneutral werden. Das bedeutet, dass nur noch so viele Treibhausgase ausgestossen werden, wie auch wieder gebunden werden können, etwa durch Wälder oder neue unterirdische Speichertechnologien. Kernelemente zum Erreichen dieser ambitionierten Ziele sollen die Erhöhung des CO_2-Preises, der schnellere als bisher geplante Ausbau der erneuerbaren Energien, Investitionen in neue Technologien und Infrastrukturprojekte, wie etwa in Ladesäulen für Elektroautos, sowie Reformen des Strommarktes sein.

Über die erwähnten Staaten hinaus haben sich bis Ende Juli 2021 rund 125 Länder, darunter die Hälfte der G-20-Staaten, dazu verpflichtet, das Netto-Null-Ziel bis Mitte des Jahrhunderts zu erreichen. Die Schweizer Energieministerin Simonetta Sommaruga präsentierte am 28. Januar 2021 die langfristige Klimastrategie der Schweiz. Diese soll die Schweizer Klimapolitik bis in das Jahr 2050 leiten und formuliert für jeden Sektor Emissionsziele. Während Restemissionen für Zement, Kehrichtverbrennung oder die Pharma-Industrie vorgesehen sind, sollen in den Sektoren Gebäude und Landverkehr bis 2050 keine Treibhausgase mehr ausgestossen werden. Die Industrie soll ihre Emissionen bis 2050 im Vergleich zu 1990 um 90 Prozent absenken. Von der Landwirtschaft wird eine Reduktion von 40 Prozent erwartet, dafür soll sie mindestens 50 Prozent der Nahrungsmittel der Schweiz produzieren. Emissionen durch den Flugverkehr sollen gleich den Restemissionen einzelner Sektoren im Jahr 2050, welche das Eidgenössische Departement für Umwelt, Verkehr, Energie und Kommunikation (UVEK) auf rund 12 Millionen Tonnen CO_2-Äquivalente schätzt, zum Beispiel mittels Einlagerungstechnologien kompensiert werden (siehe «Seitenblick: Climeworks» auf Seite 69). Zudem soll die Klimabilanz auch mit Projekten im Ausland aufgebessert werden. Unter dem Strich braucht die Schweiz deutlich mehr Elektrizität, um den Wegfall von Gas, Öl oder Diesel zu kompensieren. Deshalb soll laut den Plänen des Bundes weit mehr Strom in Wind- und Solaranlagen oder durch Wasserkraft produziert werden.

Die CO_2-Emissionen teilen sich hauptsächlich auf die Stromerzeugung, den Agrarsektor, die Industrie sowie den Transport auf (▶ Abb. 10). Beim Transport, der rund 20 Prozent des CO_2-Ausstosses weltweit verursacht, entfallen je knapp 3 Prozent auf die Aviatik und die internationale Schifffahrt. Der Rest stammt vor allem aus dem Individualverkehr.

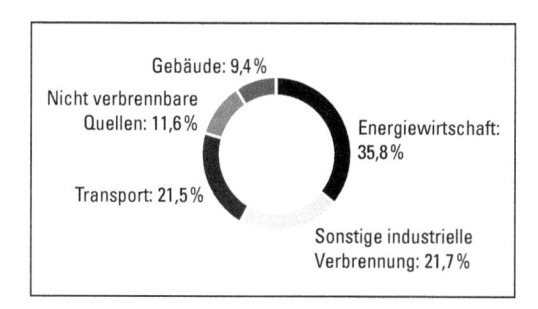

Gebäude: 9,4 %
Nicht verbrennbare Quellen: 11,6 %
Energiewirtschaft: 35,8 %
Transport: 21,5 %
Sonstige industrielle Verbrennung: 21,7 %

▲ Abb. 10: Anteil an globalen CO_2-Emissionen nach Sektoren 2019

Quelle: EU-Kommission, EDGAR-Emissionsdatenbank für globale Atmosphärenforschung

Ein grosser Anteil der CO_2-Emissionen wächst direkt aus der Infrastruktur heraus. Das individuelle Konsumverhalten oder Konjunkturschwächen verbunden mit einem temporären Rückgang oder gar Stillstand der Wirtschaft wirken sich somit nur geringfügig auf den global gesamthaften CO_2-Ausstoss aus. Auch wenn jeder Beitrag zählt, setzt die effektive Bekämpfung der Klimaerwärmung vor allem einen radikalen Umbau der Infrastruktur voraus. Massgebende Faktoren sind dabei die Energieerzeugung und -effizienz.

Die Coronapandemie führte 2020 zum grössten Einbruch der Treibhausgase seit Messbeginn. Innert weniger Monate legte das Virus das gesellschaftliche Leben, die Wirtschaft und den Handel lahm. Milliarden von Menschen wurden in Quarantäne und ins Home-Office geschickt. Schulen, Geschäfte und Restaurants blieben im Frühjahr während mindestens zwei Monaten geschlossen. Die Flugzeuge standen am Boden und das Verkehrsaufkommen auf den Strassen nahm um mehr als 30 Prozent ab. Gemäss der Internationalen Energieagentur (IEA) führte das Herunterfahren von Industrie und Gewerbe trotz des Mehrkonsums in den Privaträumen zu einem Rückgang des Energieverbrauchs um rund einen Viertel. Als Folge verminderten sich der Verbrauch von fossilen Brennstoffen und der Ausstoss der CO_2-Emissionen markant.

Die IEA errechnete für das Jahr 2020 eine Verminderung des CO_2-Ausstosses um rund 2,6 Milliarden Tonnen (▶ Abb. 11). Diese Abnahme stellte einen Rekordwert dar und übertraf die Rückgänge anlässlich des Zweiten Weltkriegs 1945 und der Erdölkrise 1981 um mehr als das Doppelte. Der Rückgang während der Finanzkrise im Jahr 2009 bewirkte eine Abnahme von bloss einem Siebtel.

Laut der von der IEA veröffentlichten «Global Energy Review: CO_2-Emissionen im Jahr 2020» reduzierte sich der CO_2-Ausstoss 2020 als Folge der Covid-19-Pandemie und des Rückgangs der Wirtschaftsleistung im Vergleich zu 2019 um rund 6 Prozent. Besonders ausgeprägt war die Abnahme in den USA und in Europa. Wie nachhaltig dieser Rückgang sein wird, ist gegenwärtig unklar, umso mehr als er keine strukturellen Veränderungen im Wirtschafts-, Verkehrs- oder Energiesystem widerspiegelt. Erste Untersuchungen zeigen, dass die CO_2-Emissionen mit der Erholung der wirtschaftlichen Lage rasch wieder auf die alten Niveaus ansteigen und diese in

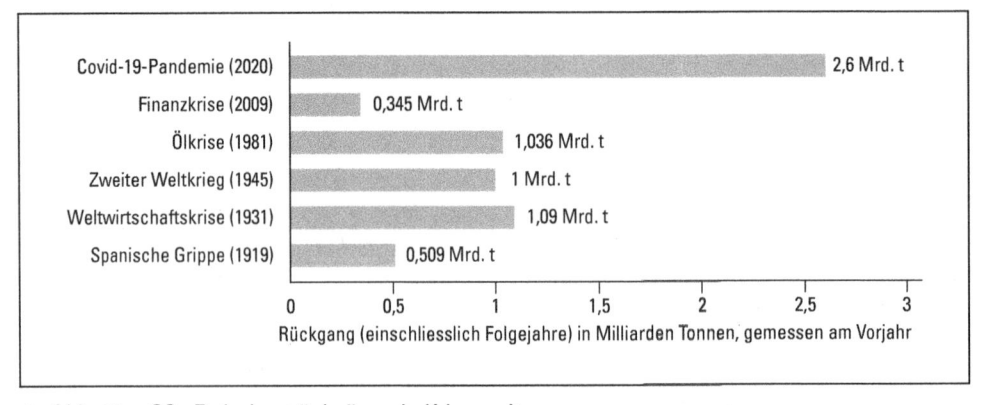

Ereignis	Rückgang
Covid-19-Pandemie (2020)	2,6 Mrd. t
Finanzkrise (2009)	0,345 Mrd. t
Ölkrise (1981)	1,036 Mrd. t
Zweiter Weltkrieg (1945)	1 Mrd. t
Weltwirtschaftskrise (1931)	1,09 Mrd. t
Spanische Grippe (1919)	0,509 Mrd. t

Rückgang (einschliesslich Folgejahre) in Milliarden Tonnen, gemessen am Vorjahr

▲ Abb. 11 CO_2-Emissionsrückgänge in Krisenzeiten
Quelle: Neue Zürcher Zeitung, 6. Mai 2020 (basierend auf Daten von Our World in Data, Global Carbon Project (GCP), Carbon Dioxide Information Analysis Centre (CDIAC) und NZZ-eigenen Berechnungen)

grossen und aufstrebenden Volkswirtschaften wie China, Indien und Brasilien sogar übertreffen. Der mit der Covid-19-Pandemie verbundene Konjunkturrückschlag unterscheidet sich insofern deutlich von früheren Wirtschaftskrisen, als er stärker mit individuellen persönlichen Verhaltensänderungen verbunden war, die auch nach einer Erholungsphasen wirksam bleiben könnten. Beispiele dafür sind Home-Office und Mobilitätskonzepte, die überfüllte Züge und verstopfte Strassen auch zu den Stosszeiten umgehen. Während früherer Wirtschaftskrisen war der Rückgang der Emissionen in der Regel von kurzer Dauer. Eine Ausnahme bildeten Krisen, die durch Energiefaktoren wie die Ölkrisen der 1970er und 1980er Jahre ausgelöst wurden und einen Förderungsschub alternativer Energiequellen oder erhebliche Verschiebungen bei der Energieeffizienz bewirkten. Die globale Finanzkrise 2008/09 führte beispielsweise zu einem Rückgang der weltweiten CO_2-Emissionen um rund 1,5 Prozent im Jahr 2009, gefolgt von einem Emissionswachstum von rund 5 Prozent im Jahr 2010.

Im Mittelpunkt des World Energy Outlook 2020 stehen unterschiedliche Szenarien zum Energiemix der Zukunft und zu den Auswirkungen auf die Klimaerwärmung. Um die Klimaziele zu erreichen, ist ein Umbau des gegenwärtigen Energiesystems unumgänglich, der von einem Energiekonsum vorab von Kohle, Öl und Gas geprägt ist. Notwendig ist eine starke Zunahme von erneuerbaren Energien. Dabei rechnet die IEA bis auf weiteres, dass die Wasserkraft die grösste erneuerbare Energiequelle für Strom bleiben wird, sieht jedoch in der Sonnenkraft den grössten Wachstumstreiber. Positiv wertet die IEA die deutlich gesunkenen Kosten für Solarpanels, sodass neue Projekte mit geplanten Erdgas- oder Kohlekraftwerken konkurrieren können. Grosse Bedeutung kommt jedoch der Flexibilität und Zuverlässigkeit der Stromnetze zu, umso mehr als die Sonne nicht immer dann und dort scheint, wo Nachfrage besteht. Solange keine Kapazitäten existieren, welche ermöglichen, Strom für längere Zeit im grossen Massstab zu speichern, sind weiterhin andere Energieformen, darunter Wasserstoff und Kernkraft, notwendig, um die Grundlast zu tragen.

Der CO_2-Emissionsrückgang von rund 6 Prozent im Jahr 2020 als Folge der Covid-19-Pandemie steht den Berechnungen des Weltklimarates gegenüber, wonach in den nächsten zehn Jahren eine jährlich wiederkehrende Reduktion von 7,6 Prozent Voraussetzung ist, um die erwartete Erderwärmung mit einer Wahrscheinlichkeit von 66 Prozent auf 1,5 Grad zu begrenzen. Die Begrenzung der Erderwärmung auf 2 Grad erfordert eine jährliche Abnahme von 2,7 Prozent. Anlässlich der Pariser Klimakonferenz 2015 einigten sich die teilnehmenden Staaten auf das vage Ziel «weit unter zwei Prozent». Gehen die Regierungen über die bisher kommunizierten Klimaziele nicht hinaus, wird die globale Mitteltemperatur bis 2100 gemäss dem Climate Action Tracker der gemeinnützigen Organisationen Climate Analytics und NewClimate um rund 2,4 Grad Celsius über das vorindustrielle Niveau steigen (Stand Mai 2021). Der durch die Covid-19-Pandemie bedingte, voraussichtlich vorübergehende Rückgang der Treibhausgasemissionen wird daran kaum etwas verändern. Die Autoren eines vom United Nations Environment Programme (UNEP) verfassten Emissionsberichts sehen in den Hilfspaketen zur ökonomischen Bewältigung der Covid-19-Pandemie eine grosse, bisher kaum genutzte Chance, den Klimaschutz voranzubringen. Von den G-20-Staaten haben bisher nur fünf Mitglieder (Deutschland, Grossbritannien, Frankreich, die Europäische Union und Südkorea) einen Teil ihrer Hilfsgelder explizit für kohlenstoffarme Wirtschaftsförderungsmassnahmen zur Verfügung gestellt. Die UNEP-Spezialisten empfehlen unter anderem die Förderung von Null-Emissions-Technologien und den Abbau von Subventionen für fossile Brennstoffe. Dringlicher Handlungsbedarf sehen die Wissenschaftler insbesondere in der globalen Schifffahrt, im Luftverkehr und im persönlichen Konsumverhalten.

Parallel postulierte die Pariser Klimakonferenz das Ziel, Technologien zu entwickeln, um bereits ausgestossene Klimagase aus der Atmosphäre zurückzugewinnen und zukünftig anfallende Emissionen zu kompensieren.

▶ Seitenblick: Technologiewettbewerb zur Kohlenstoffabscheidung

Anfang Februar 2021 veröffentlichte Elon Musk, Eigentümer des Raumfahrtunternehmens SpaceX und CEO des Elektroautoherstellers Tesla, die Details zu dem von ihm ausgeschriebenen Wettbewerb mit einer Gesamtpreissumme von 100 Millionen US-Dollar für die Entwicklung von Technologien zur Kohlenstoffentfernung aus der Atmosphäre. Die Wettbewerbsteilnehmer sind aufgefordert, funktionierende Pilotanlagen zu bauen und darzulegen, wie die Technologie skaliert werden kann, um wirtschaftlich wettbewerbsfähig grosse Mengen von CO_2 aus der Luft auszuscheiden. Ziel des Wettbewerbs ist es, eine Reihe von neuen Technologien zu fördern, die zusammen über das Potenzial verfügen, bis Mitte des Jahrhunderts der Atmosphäre 10 Gigatonnen Kohlenstoff pro Jahr zu entziehen, was in etwa dem CO_2-Ausstoss des jährlichen Energieverbrauchs weltweit entspricht. Während sich die Forschung bisher vor allem auf die Eindämmung der CO_2-Emissionen konzentrierte, fokussiert der Wettbewerb auf die Ausscheidung und Speicherung bereits emittierter Emissionen und fördert damit einen zusätzlichen Ansatz in der Bekämpfung des Klimawandels und der Erderwärmung. Die XPRIZE Foundation, eine gemeinnützige Organisation, die vorab privat finanzierte Preiswettbewerbe für innovative technische und wissenschaftliche Entwicklungen ausschreibt, überwacht den Wettbewerb. XPRIZE setzt sich zum Ziel, Anreize für den Aufbau und Umbau von Industrien zu schaffen, um radikale Technologiesprünge zum Wohl der Menschheit herbeizuführen.

Der Wettbewerb startete offiziell am 22. April 2021 und dauert vier Jahre. Nach den ersten 18 Monaten werden die 15 vielversprechendsten Projekte ausgewählt. Jedes Team wird 1 Million US-Dollar zur Finanzierung der Pilotanlage erhalten. Nach Ablauf der vier Jahre und Beendigung des Wettbewerbs erhält der Sieger eine Preissumme in Höhe von 50 Millionen US-Dollar. Der zweite Platz ist mit 20 Millionen US-Dollar und der dritte Rang mit 10 Millionen US-Dollar dotiert. Parallel werden 25 Stipendien im

Wert von 200 000 US-Dollar an ambitionierte akademische Forscherteams vergeben. Die eingereichten Prototypen müssen pro Tag mindestens 1 Tonne bereits freigesetztes CO_2 für mindestens 100 Jahre sicher binden können.

Verwendete Quelle: Frankfurter Allgemeine Zeitung, 23. April 2021

Die Schweiz hat sich mit ihrer Klima- und Energiepolitik hohe Ambitionen gesetzt. Im Zentrum steht der geplante Ausstieg aus der Nukleartechnologie bis 2050. Dieses Ziel soll primär mit der Senkung des Energieverbrauchs sowie der Förderung von Technologien zur Steigerung der Energieeffizienz und erneuerbaren Energiequellen aus Solar-, Gas- und Wasserkraft umgesetzt werden. Bei den Energieeffizienzmassnahmen ist das Land insbesondere in den Sektoren Verkehr, Gebäude und Industrie gefordert, wenn es seine Klimaschutzziele erreichen will. ▶ Abb. 12 zeigt die Aufteilung der CO_2-Emissionen in der Schweiz nach Sektoren in den vergangenen Jahren auf.

Gemäss einer umfassenden Studie der Beratungsunternehmen TEP Energy und Ecoplan im Auftrag der Wärmeinitiative Schweiz, einem Zusammenschluss bestehend aus Unternehmen, Forschung und Verbänden aus den Bereichen erneuerbare Energien und Energieeffizienz, verbraucht die Schweiz rund 100 Terawattstunden Energie, um Wärme zu erzeugen. Davon stammen zirka 70 Prozent aus fossilen Energiequellen. Dieser Bedarf lässt sich laut der Studie mittels besserer Dämmung von Häusern und dem Einsatz effizienterer Technologien auf rund 80 bis 90 Terawattstunden reduzieren, die bis 2050 zudem mit erneuerbaren Energien klimafreund-

Sektor	2017	2018	2019
Verkehr	15,04	15,05	15
Gebäude	12,36	11,2	11,2
Industrie	11,4	11,19	11,21
Übrige (Landwirtschaft, Synthetische Gase, Abfall)	9,17	9,04	8,81

Millionen Tonnen CO_2-Äquivalente

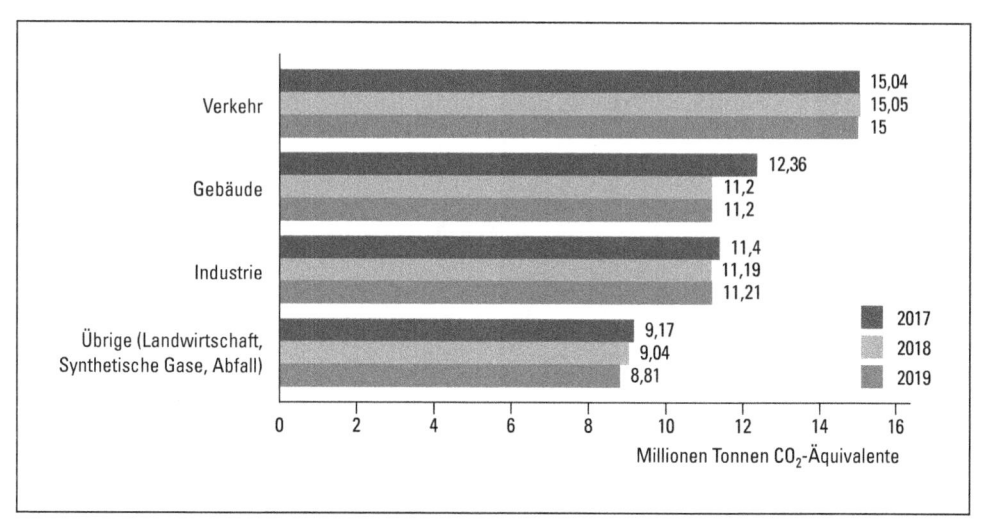

▲ Abb. 12　CO_2-Emissionen in der Schweiz nach Sektoren
Quelle: Bundesamt für Umwelt, Treibhausgasinventar

licher erzeugt werden sollen. Voraussetzung, um dieses Potenzial zu nutzen, sind eine Vielzahl von Ansätzen, darunter die effiziente Verbrennung von Holz aus heimischen Wäldern in modernen Anlagen, die Verwertung von Grünabfällen zur Produktion von Biogas sowie die Gewinnung von Wärme aus Seen, Flüssen, dem Boden, der Luft und aus Wasserreinigungsanlagen. Die Studie berücksichtigt auch die mitteltiefe Geothermie, die aus einer Tiefe von bis zu 3000 Metern Wärme an die Erdoberfläche transportiert. In der Schweiz wird diese Technologie im Gegensatz zu Frankreich und Deutschland noch wenig genutzt. Eine wichtige Rolle wird insbesondere in den Städten und den Agglomerationen der Fernwärme beigemessen. Sie schliesst eine Vielzahl von Gebäuden an einen Verteiler an, zum Beispiel an Kehrichtverbrennungsanlagen, Industrieunternehmen oder Wärmezentralen, die Energie aus Seen, Flüssen, Grundwasser oder Geothermie nutzen. Diesbezüglich besteht rascher Handlungsbedarf, geeignete Gebiete für Fernwärmenetze zu identifizieren und Konzessionen zu erteilen. Denn Hausbesitzer, die kürzlich eine umweltfreundliche Heizung installierten, werden auf Jahrzehnte hinaus kein Interesse zeigen, sich einem Fernwärmenetz anzuschliessen. Die Studie fordert Gemeinden und Energieversorger auf, bei Bedarf Übergangslösungen wie Occasionsheizungen oder den Anschluss an ein Nachbargebäude anzubieten. Um diese Herausforderung zu meistern, empfiehlt die Studie eine Reihe von politischen Anreizmassnahmen. Unter anderem soll der Bund die CO_2-Abgabe bis in das Jahr 2030 von 96 Franken (Stand Juli 2021) auf 300 Franken anheben. Dadurch würde auch der Preis von Erdöl um rund 50 Franken pro 100 Liter teurer, was einem Anstieg im Vergleich zum Jahr 2020 um rund 70 Prozent entspräche. Der Gaspreis würde um zirka 3,5 Rappen pro Kilowattstunde, einem Plus von etwa 35 Prozent, ansteigen. Laut der Studie wäre eine weitere Erhöhung der CO_2-Abgabe danach unnötig. Hingegen würde der notwendige Umbau des Wärmesystems zwischen 2020 und 2050 zusätzliche jährliche Investitionen von 1,5 Milliarden Franken in Hausrenovationen, Fernwärmenetze, Speicherkapazitäten und Geothermie-Bohrungen erfordern. Ein Teil davon würde bei Privaten für die Wärmedämmung von Gebäuden und bei Unternehmen für den Umbau der industriellen Fertigungsprozesse anfallen. Der Rest und allfällige Anreizentschädigungen müsste von der öffentlichen Hand finanziert werden mit dem Ziel, bis 2050 ein klima- und CO_2-neutrales Wärmesystem in der Schweiz zu realisieren.

▶ **Seitenblick: Emissionsfreier Stahl aus Schweden**

Die Stahlindustrie hat in Schweden eine lange Tradition, nun bricht sie in ein neues Zeitalter auf mit dem Ziel, mittelfristig Eisen aus Erz zu gewinnen, ohne die Umwelt mit CO_2-Emissionen zu belasten. Im November 2020 nahm eine Pilotanlage des Eisenerz-Bergbaukonzerns Luossavaara-Kiirunavaara (LKAB) in der nordschwedischen Stadt Lulea den Betrieb auf. LKAB kooperiert in diesem Projekt eng mit Svenskt Stal (SSAB) und dem Energieversorger Vattenfall. Der Fahrplan von SSAB sieht vor, bis 2025 den Standort Oxelösund südlich von Stockholm von Kohle auf Wasserstoff-Technologie umzurüsten. Zwischen 2030 und 2040 sind dann die Produktionsanlagen in Lulea und Raahe, Finnland, an der Reihe.

Die Innovation hinter dem Null-Emissions-Stahl liegt in der Verwendung von Wasserstoff anstelle von Kohle als Reduktionsmittel, um den Sauerstoff aus dem Eisenerz zu extrahieren und Roheisen zu erhalten. Mit der sogenannten Hydrogen Breakthrough Ironmaking Technology (Hybrit) kann die Freisetzung von grossen CO_2-Mengen vermieden werden, als Nebenprodukt fällt Wasserdampf statt Kohlendioxid an.

Das Verfahren der Eisenerz-Direktreduktion durch Wasserstoff erscheint simpel und ist auch nicht neu. Studien dazu gibt es seit der Mitte des 20. Jahrhunderts. Auf industrieller Basis kam das Verfahren erstmals 1999 bei einer Anlage auf Trinidad zur Anwendung. Unter den damaligen Umständen erwies sich das Projekt jedoch als preislich nicht konkurrenzfähig und es wurde 2016 eingestellt. Schweden weist für einen neuerlichen Anlauf günstige Voraussetzungen auf. Das Land verfügt über erstklassige Eisenerzressourcen in den Minen von Kiruna und Malmberget, reichlich Biomasse, aus der klimaneutraler Brennstoff für die Pelletisierung von Eisenerz gewonnen werden kann, sowie grosse Mengen emissionsfreier Elektrizität aus Wasser- und Windkraft.

Laut den Analysen der Projektpartner dürfte der Null-Emissions-Stahl unter schwedischen Verhältnissen und bei voller Produktionsauslastung in einer ersten Phase rund 20 bis 30 Prozent teurer sein als klassischer Stahl aus den mit Kohle befeuerten Hochöfen. Entscheidend für den kommerziellen Erfolg der Eisenherstellung durch Wasserstoff-Direktreduktion sind die Preise für grünen Strom sowie für die Herstellung und Lagerung von Wasserstoff. Weiter dürfte die Kostenwahrheit im Energiesektor und damit ein zu erwartendes Preisschild für Treibhausgase die Kostenentwicklung zugunsten des schwedischen Wegs beeinflussen. Hybrit setzt damit auf sinkende Preise für emissionsfreien Strom und neue Wasserstoff-Technologien bei gleichzeitiger Verteuerung von CO_2-Verschmutzungsrechten.

Verwendete Quelle: Neue Zürcher Zeitung, 4. November 2020

2.1.2.2 Abfälle

International widmen sich die Organisation für wirtschaftliche Zusammenarbeit und Entwicklung (OECD) oder das Basler Übereinkommen mit der Herausgabe von detaillierten Abfallkatalogen und -richtlinien dem Thema Abfall. Das 1989 abgeschlossene Basler Übereinkommen regelt die Kontrolle der grenzüberschreitenden Verbringung gefährlicher Abfälle und ihrer Entsorgung. Dem Übereinkommen und den entsprechenden Regeln im Umgang mit Abfall haben sich rund 160 Staaten angeschlossen, jedoch nicht die USA. Auch die Europäische Union (EU) ist Vertragsstaat des Basler Übereinkommens. In der EU gelten zudem die Unterscheidungen und Bezeichnungen des Europäischen Abfallartenkatalogs (EAK), ein über 800 Positionen umfassendes Abfallverzeichnis.

Abfälle entstehen während allen Produktionsstufen eines Produkts (Herstellung, Vertrieb, Lagerung). Grosse Mengen fallen weltweit insbesondere in der Industrie, auf dem Bau, im Handel, bei Grossverbrauchern sowie in den privaten Haushalten an. Zu den grössten Herausforderungen im Umgang mit Abfällen zählen die jährlich ansteigenden Abfallberge, die unsachgerechte Entsorgung, oftmals in Deponien oder Gewässern, sowie die Verseuchung der Umwelt mit Problemstoffen.

Gemäss dem Bundesamt für Umwelt (BAFU) entstehen in der Schweiz jährlich rund 80 bis 90 Millionen Tonnen Abfall. Die Entsorgung dieser Abfälle kostet die Schweiz insgesamt gut 3 Milliarden Franken pro Jahr. Der weitaus grösste Anteil entfällt mit 84 Prozent auf die Bautätigkeit, die sich auf grosse Mengen an Aushub- und Ausbruchmaterial (65 Prozent) und Rückbaumaterialien (19 Prozent) aufteilt. Insgesamt 7 Prozent machen die Siedlungsabfälle aus. Aufgrund des hohen Lebensstandards, insbesondere des hohen Pro-Kopf-Einkommens und des damit verbundenen grossen Rohstoffverbrauchs und umfangreichen Konsums, weist die Schweiz mit 716 Kilogramm Abfall pro Person eines der höchsten Siedlungsabfallaufkommen der Welt auf. Davon werden knapp 53 Prozent rezykliert. Anzumerken bleibt, dass die Umweltbelastung aus der Bereitstellung der Rohstoffe aufgrund des hohen Importvolumens zu 75 Prozent im Ausland anfällt. Die biogenen Abfälle, das heisst Holzabfälle, Lebensmittel, landwirtschaftliche Abfälle und Klärschlamm, stellen mit rund 6 Prozent die drittgrösste Abfallkategorie dar. Neben der steigenden Menge verändert sich auch die Zusammensetzung des Abfalls und stellt eine umweltschonende Entsorgung vor zusätzliche Herausforderungen. Mit zunehmend komplexen und technischen Produkten wie Verbundpackungen oder hochentwickelte Elektronikanwendungen kommen vermehrt technische Metalle wie Seltene Erden, Gallium, Indium, Cobalt zur Anwendung, deren Abbaueigenschaften oftmals erst wenig erforscht sind und deren aufwändige Gewinnung in Minen hohe spezifische Umweltbelastungen verursachen.

Mit dem Ziel, die Abfallmengen zu vermindern, will der Bund sämtliche Material- und Stoffflüsse entlang der Wertschöpfungskette optimieren und Kreisläufe, wo möglich, schliessen. Bereits heute liegt der Verwertungsanteil beim Aushub- und Ausbruchmaterial bei 75 Prozent, bei den Rückbaumaterialien, darunter hochwertige Sekundärrohstoffe, bei rund 70 Prozent. Trotz dieser beachtlichen Quoten ist das Baustoff-Recycling weiter optimierbar. Eine Herausforderung dabei ist die Eliminierung von Schadstoffen zum Beispiel Asbest oder polychlorierte Biphenyle (PCB).

Bei den Siedlungsabfällen konnte die Recyclingquote von 45 Prozent im Jahr 2000 auf 53 Prozent im Jahr 2016 verbessert werden, womit die Schweiz im internationalen Vergleich eine Spitzenposition einnimmt. Das Recycling konzentriert sich heute vor allem auf Glas (Sammelquote 2016: 96 Prozent), PET (82 Prozent), Alu (90 Prozent), Papier (81 Prozent) oder Stahl (95 Prozent). Neu werden zunehmend auch komplexere, aus unterschiedlichen Materialien bestehende Produkte wie Elektronikschrott, Sonderabfälle, Schlacke oder Filterstäube separat gesammelt. 2016 wurden in der Schweiz zudem rund 2,3 Millionen Tonnen Sonderabfälle speziell aufbereitet oder unter strengen Auflagen zur umweltverträglichen Entsorgung exportiert. Diese Sonderabfälle stammen zu einem grossen Teil aus der Sanierung von belasteten Standorten. Rund ein Viertel der Sonderabfälle wird rezykliert.

Ein hohes Potenzial besteht bei den Biogenen Abfällen. Gemäss dem Anfang März 2021 vom UN-Umweltprogramm (UNEP) veröffentlichten Food Waste Index Report 2021 werden rund 17 Prozent aller Lebensmittel in den Privathaushalten, Restaurants und Läden weggeworfen. Zusammen mit den Abfällen in den landwirtschaftlichen Produktionsbetrieben und den Lieferketten werden insgesamt rund ein Drittel aller Lebensmittel nicht gegessen. Ethisch bedenklich ist dieser Abfallberg insbesondere, da rund 700 Millionen Menschen an Hunger leiden und rund 3 Milliarden Menschen sich keine ausgewogene und gesunde Ernährung leisten können. Laut dem jüngsten UN-Welternährungsbericht nimmt der Hunger nicht ab, sondern wächst (siehe 4.1.1.2 «Hunger»). Zudem verursacht der Food Waste rund 8 bis 10 Prozent der globalen Treibhausgasemissionen und führt zu Biodiversitätsverlust sowie unnötigem Land- und Wasserverbrauch.

Der Gesamtbetrag der weggeworfenen Lebensmittel erreicht in der Schweiz jährlich rund 2,6 Millionen Tonnen, davon entfällt der grösste Anteil auf die Privathaushalte gefolgt von der Lebensmittelindustrie, Gastronomie, Landwirtschaft und dem Detailhandel (▶ Abb. 13). Diese Lebensmittelverluste, die gemäss dem BAFU zu rund 70 Prozent vermeidbar wären, machen rund 25 Prozent der Umweltbelastung der Ernährung in der Schweiz aus. Dies entspricht etwa der halben Umweltbelastung des motorisierten Individualverkehrs.

Die Lebensmittelverluste im Detailhandel machen nur einen kleinen Anteil am Food Waste aus, rund 100 000 Tonnen oder 4 Prozent der Gesamtverluste. Meistens geht es um Lebensmittel, die nicht verkauft werden, jedoch noch geniessbar sind. Das BAFU erachtet 95 Prozent dieser Abfälle als vermeidbar.

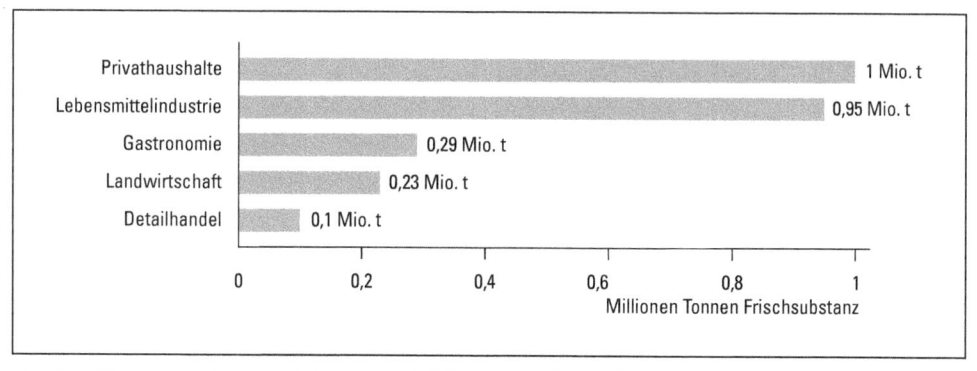

	Millionen Tonnen Frischsubstanz
Privathaushalte	1 Mio. t
Lebensmittelindustrie	0,95 Mio. t
Gastronomie	0,29 Mio. t
Landwirtschaft	0,23 Mio. t
Detailhandel	0,1 Mio. t

▲ Abb. 13   Gesamtmenge Lebensmittelabfälle in der Schweiz
Quelle: Bundesamt für Umwelt, Lebensmittelverluste in der Schweiz vom Acker bis auf den Teller

Im Rahmen der Agenda für nachhaltige Entwicklung beschloss die Schweiz, die Lebensmittelabfälle bis 2030 halbieren zu wollen. Entsprechend beauftragte das Parlament den Bundesrat, einen Aktionsplan gegen Lebensmittelverschwendung zu erarbeiten. Noch vor der Präsentation dieses Plans, nahm der Ständerat in der Herbstsession im September 2020 eine Motion des CVP-Ständerats Peter Hegglin an, den Food Waste mittels Steuererleichterungen für Detailhändler zu verringern. Demnach sollen Abzüge bei der Bundessteuer Anreize schaffen, Lebensmittel an gemeinnützige Organisationen weiterzugeben, statt sie zu entsorgen. Der Vorstoss nimmt Bezug auf Regelungen in EU-Ländern, darunter Frankreich und Spanien, wo bei der Berechnung der Gewinnsteuer bis zu 60 Prozent des Wertes von gespendeten Lebensmitteln abgezogen werden können. Falls der Nationalrat der Vorlage ebenfalls zustimmt, was aufgrund der politischen Kräfteverteilung als wahrscheinlich gilt, muss der Bundesrat die Motion umsetzen, obwohl er sie den Räten wegen der Gefahr drohender Überproduktion zur Ablehnung empfohlen hatte.

Mit der 2016 in Kraft getretenen Verordnung über die Vermeidung und Entsorgung von Abfällen (VVEA) will der Bund weitere Potenziale zur Schonung der natürlichen Ressourcen erschliessen. Zudem beabsichtigt er, wie in dem Mitte Juni 2020 vorgelegten Bericht an den Bundesrat «Massnahmen des Bundes für eine ressourcenschonende, zukunftsfähige Schweiz (Grüne Wirtschaft)» beschrieben, in Zusammenarbeit mit der Wirtschaft sicherzustellen, dass Abfälle möglichst vermieden und noch offene Stoffkreisläufe wie zum Beispiel der Phosphor-Kreislauf geschlossen werden. Mit gezieltem Recycling sollen möglichst viele wichtige Sekundärrohstoffe aus Abfällen gewonnen und in den Wirtschaftskreislauf zurückgeführt werden. Weiter haben in einem breit abgestützten Dialog Vertreter aus Politik, Behörden, Wirtschaft und Gesellschaft im sogenannten Ressourcen-Trialog elf Leitsätze erarbeitet, welche die Weiterentwicklung der Schweizer Abfall- und Ressourcenwirtschaft wegweisend bestimmen soll. Darüber hinaus ist die Schweiz auch international in verschiedenen Abkommen und Konventionen aktiv, darunter die Minamata-Konvention (siehe 2.1.2.4 «Chemische Abfälle»), das Basler Übereinkommen sowie im EU-Netzwerk Implementation and Enforcement of Environmental Law (IMPEL) oder in der Interest Group Plastics des European Network of the Heads of Environment Protection Agencies. Im Rahmen der Basler Konvention lancierte die Schweiz unter anderem die Mobile Phone Partnership Initiative und die Partnership on Computing Equipment. Sie fördern den nachhaltigen Umgang mit nicht mehr gebrauchten Mobiltelefonen und Computern.

2.1.2.3 Wasserknappheit und -verschmutzung

Wasser ist eines der wertvollsten und gleichzeitig knappsten Güter der Welt. Entsprechend wird Wasser auch als das blaue Gold bezeichnet. Mehr Wasser wird vor allem für die wachsende Landwirtschaft gebraucht, während mit dem Klimawandel die Dürreperioden immer zahlreicher werden. Laut den Vereinten Nationen (UN) sollen bis 2050 gegen 7 Milliarden Menschen unter Wasserknappheit leiden.

Trinkwasser ist ein rares Gut. Weltweit sind nur 2,5 Prozent der globalen Wasservorkommen Süsswasser. Der weitaus grössere Anteil ist mit 97,5 Prozent Salz- respektive Meerwasser. Von den Süsswasservorkommen sind rund 70 Prozent gefroren, also in Eis und Schnee gebunden. 30 Prozent sind Grundwasser und nur 0,3 Prozent fliesst aus Flüssen oder Seen. Laut dem UN World Water Development Report (WWDR) 2020 mit dem Titel «Water and Climate Change» sind die weltweiten Wasservorkommen bereits ohne Klimawandel stark unter Druck. Einerseits benötigt die intensive Nutzung durch die Landwirtschaft enorme Mengen von Wasser, zum anderen sind viele Wasserläufe vor allem in Asien stark verschmutzt und nicht mehr für andere Zwecke, einschliesslich der Trinkwasserversorgung, nutzbar. Sie sind mit Pestiziden, Düngemitteln und Abwasser zu stark belastet. Das verbleibende nutzbare Wasser wird mit dem Klimawandel noch knapper. In Ländern wie Australien oder Südafrika bleibt der Regen zeitweise über Monate aus. Schon jetzt verbrauchen die rund 7,9 Milliarden Menschen die Hälfte des Trinkwassers. Laut Schätzungen wird im Jahr 2040 die gewachsene Weltbevölkerung bereits rund 70 Prozent der Wasservorkommen nutzen. Der grösste Anteil davon geht mit 70 Prozent auf das Konto der Landwirtschaft. Der Industriesektor verbraucht 22 Prozent, die Haushalte dagegen nur rund 8 Prozent. So ist beispielsweise der Aralsee in Usbekistan ausgetrocknet, weil die Wasserzuflüsse für die Landwirtschaft umgeleitet wurden (siehe 2.1.4.7 «Aralsee»). Vergleichbare menschliche Eingriffe bedrohen die Trinkwasserversorgung auch in zahlreichen anderen Gebieten weltweit. Der ungehemmte Durst der Landwirtschaft lässt das Grundwasser in den Great Plains südöstlich der Rocky Mountains in Nordamerika durch übermässige Nutzung versiegen und Teile der Brotkammer der Welt vertrocknen, wo bisher rund 20 Prozent der Weizenproduktion geerntet werden konnte. Auch Gletscherregionen wie die Schweiz müssen sich umstellen. Ohne die Speicherfunktion der Gletscher fliesst im Sommer kein Schmelzwasser mehr in die Flüsse und Seen. Wenn die Erderwärmung sich weiter fortsetzt, wobei die Temperaturen in den Bergregionen rund doppelt so stark wie im Flachland ansteigen, dann geht immer mehr Schnee verloren, der teilweise bereits im Winter schmilzt, und im Sommer wird dieses Wasser für die Landwirtschaft und die Trinkwasserversorgung fehlen.

Anfang Dezember 2020 verpflichteten sich 14 Küstenländer, das sogenannte Ocean Panel, zu einem stärkeren Schutz der Meere, die durch den Klimawandel, Verschmutzung, illegale Fischerei und den Verlust der biologischen Vielfalt bedroht sind. Die Regierungschefs der 14 Länder verpflichteten sich mit ihrer Zustimmung zu einem Aktionsplan, der bis 2025 in Gang gesetzt werden soll, ihre nationalen Gewässer nachhaltig zu bewirtschaften. Der Aktionsplan soll dazu beitragen, den weltweiten Bedarf an Nahrungsmitteln, Energie und Transport zu decken und die

Reduzierung der Treibhausgasemissionen zu unterstützen. Zudem sieht der Plan vor, bis 2030 30 Prozent der Meere unter Schutz zu stellen. Mitglieder des Ocean Panel sind Australien, Kanada, Chile, Fidschi, Ghana, Indonesien, Jamaika, Japan, Kenia, Mexiko, Namibia, Norwegen, Palau und Portugal. Deren Meeresflächen zusammen erreichen 30 Millionen Quadratkilometer, ein Gebiet von der Grösse Afrikas. Weitere Länder können sich dem Ocean Panel anschliessen.

Umso grössere Bedeutung kommt der Reinheit des verbleibenden Wasseraufkommens einschliesslich des Grundwassers zu. Dessen Verunreinigung durch Abfälle gilt es zu minimieren. Durch feste, flüssige und/oder gasförmige Stoffe, die als häusliche, gewerbliche, industrielle und landwirtschaftliche Abfälle in das Wasser gelangen, wird das pflanzliche und tierische Leben beeinträchtigt und das ökologische Gleichgewicht auch als Grundlage des menschlichen Lebens gestört. Betroffen ist insbesondere das Trinkwasser. In Afrika und in vielen Entwicklungsländern stellt die Verseuchung des Wassers mit Krankheitserregern eine grosse Gefahr dar. In den grossen Industrieländern ist vor allem die Verschmutzung des Wassers mit Chemikalien ein grosses Problem. Zusätzlich gelangen jährlich Tausende Tonnen Stickstoffverbindungen und Schwermetalle aus Heizungsanlagen, Schornsteinen und Auspuffgasen über die Atmosphäre in die Meere und Binnengewässer. Bedenklich sind weiter radioaktive Stoffe, die zum Beispiel bei der Aufbereitung von Brennstäben aus Kernkraftwerken anfallen und in die Gewässer eingeleitet werden. Weitere schwere Schädigungen der Wasserorganismen und des Grundwassers verursachen die übermässige Düngung und schwer abbaubare Pestizide in Gebieten mit landwirtschaftlichen Intensivkulturen, der saure Regen aus der Luft sowie Verschmutzungen durch Ölpesten und Altmülldeponien mit giftigen Industrieabfällen.

Die Schweiz verfügt als Wasserschloss Europas über umfangreiche Wasserressourcen. Trotz insgesamt guter Wasserqualität beeinträchtigen vor allem Rückstände aus Dünge- und Pflanzenschutzmitteln, Mikroverunreinigungen sowie Verbauungen und künstliche Hindernisse die ober- und unterirdischen Gewässer. Seit den 1970er Jahren verbesserte sich die Wasserqualität der Fliessgewässer mit Bezug auf die Belastung mit Nährstoffen stark. Mikroverunreinigungen sind heute die grösste Herausforderung. Sie gelangen mit dem gereinigten Abwasser und aus verschiedenen Quellen, unter anderen der Landwirtschaft, in die Gewässer. Der Ausbau der Abwasserreinigung, die Anwendung neuer Abwassertechnologien, das 1985 eingeführte Phosphatverbot für Textilwaschmittel sowie Massnahmen in der Landwirtschaft haben die Wasserqualität in den Seen stark verbessert. In Gebieten mit intensiver Viehmast oder mit vielen offenen Ackerflächen weisen einzelne Seen jedoch noch immer zu hohe Phosphor-Werte auf. Allgemein nimmt die Belastung mit Rückständen von künstlichen und meist langlebigen, schwer abbaubaren Substanzen zu. Beeinträchtigt wird die Grundwasser-Qualität zudem durch Nitrat und Rückstände von Pflanzenschutzmitteln.

Gemäss einer im März 2021 veröffentlichten Studie des Bundesamtes für Umwelt (BAFU) dürften sich die Gewässer der Schweiz in den nächsten Jahrzehnten massiv verändern. Die Studie prognostiziert, dass sich je nach Region und Jahreszeit Überschwemmungen und Trockenperioden häufen werden. Besonders in den Sommermonaten wird das Wasser zukünftig vor allem zwischen Basel und dem Bodensee, in Bern und in grossen Teilen der Westschweiz knapp. Darunter wird auch die Landwirtschaft leiden, weshalb es wichtig ist, dass die Landwirtschaft ihren Wasserverbrauch senkt. Laut der BAFU-Studie ist das Grundwasser, das vielerorts die Trinkwasserreservoire speist, weniger empfindlich gegen Trockenheit. Trotzdem kann es regional ebenfalls knapp werden. Grund für die Verknappung des Wassers sind die zurückgehenden Gletscher, die im Winter weniger Wasser in Form von Eis und Schnee speichern und im Sommer abgeben sowie der mit der Klimaerwärmung verbundene Anstieg der Schneefallgrenze. Laut den Berechnungen des BAFU werden die Schweizer Flüsse ohne wirksame Klimaschutzmassnahmen gegen Ende des Jahrhunderts im Winter im Schnitt 30 Prozent mehr Wasser führen, im Sommer hingegen 40 Prozent weniger. Gleichzeitig dürften Naturgefahren wie Überschwemmungen zunehmen und im Hochgebirge der Permafrost auftauen, was steile Gebirgsflanken destabilisiert und die Gefahr von Murgängen und Bergstürzen erhöht. Auch auf Tiere und Pflanzen wird sich der Klimawandel auswirken. Weil sich Bäche und Flüsse im Sommer um bis zu 5,5 Grad erwärmen und kleinere Gewässer komplett austrocknen, wird sich der Lebensraum für Fische und Reptilien stark verkleinern. Kälteliebende Tiere wie Bachforellen müssten in kühles Wasser ausweichen können. Das BAFU sieht deshalb auch die Biodiversität im und am Wasser durch den Klimawandel bedroht.

2.1.2.4 Chemische Abfälle Das Spektrum chemischer Abfälle ist vielfältig und gefahrenreich. Besonders problematisch sind Stoffe, die persistent sind, das heisst, sich in der Umwelt nicht abbauen, sondern dort verbleiben. Äusserst gefährlich sind auch Stoffe, die sich aus der Umgebung oder über die Nahrungskette in Lebewesen anreichern und sich schädlich auf Organismen auswirken. Dabei können toxische Konzentrationen erreicht werden, auch wenn die Verschmutzungen in der Umwelt niedrig sind.

Auf internationaler Ebene kommen vor allem das «Global harmonisierte System für die Einstufung und Kennzeichnung von Chemikalien» (GHS) sowie die globale Initiative «Strategic Approach to International Chemicals Management» (SAICM) zum Tragen. Das GHS ist ein internationales Regelwerk zur Einstufung, Kennzeichnung und Verpackung von Chemikalien, das im nationalen Recht der Unterzeichnerstaaten umgesetzt werden muss. In der Schweiz erfolgte die Umsetzung in mehreren Schritten durch Änderung bestehender Verordnungen. Seit dem 20. Januar 2009 werden Chemikalien für gewerblich-industrielle Verwendungen in der Schweiz nach

GHS eingestuft und gekennzeichnet. Das Regelwerk geht auf den Weltgipfel der Vereinten Nationen (UN) für nachhaltige Entwicklung in Rio de Janeiro, Brasilien, im Jahr 1992 zurück. Dort wurde beschlossen, ein weltweit einheitliches Kennzeichnungssystem für Chemikalien zu entwickeln, das langfristig Erleichterungen im globalen Handel sowie eine Verbesserung der Kommunikation über gefährliche Eigenschaften von Chemikalien ermöglicht. Beim SAICM handelt es sich um eine im Jahr 2006 von Regierungen und Nichtregierungsorganisationen aus den Bereichen Umwelt und Entwicklung sowie von der chemischen Industrie in Dubai, Vereinigte Arabische Emirate, verabschiedete Rahmenvereinbarung. Sie bezweckt, das nachhaltige Management von Chemikalien zu fördern. Weiter setzte sie sich für das 2002 anlässlich des UN-Weltgipfels für nachhaltige Entwicklung in Johannesburg, Südafrika, vereinbarte Ziel ein, Chemikalien ab 2020 nur noch so zu produzieren und zu verwenden, dass die Auswirkungen auf die Umwelt und die menschliche Gesundheit minimiert werden. Gemeinsam mit zahlreichen weiteren Staaten engagiert sich die Schweiz in einem internationalen Prozess dafür, dass die Aktivitäten der SAICM-Vereinbarung auch nach 2020 weitergeführt werden.

Die Schweiz unterzeichnete zudem am 11. September 1998 zusammen mit rund 60 weiteren Staaten das Rotterdamer PIC-Übereinkommen. Es regelt das Verfahren für bestimmte gefährliche Chemikalien sowie Pestizide im internationalen Handel. Das heisst, die Vertragsparteien verpflichten sich, andere Vertragsparteien über den Erlass von Verboten und strengen Beschränkungen der Anwendung von Chemikalien zu informieren und Exporte von in der Konvention genannten Chemikalien dem Empfängerland zu melden. Dieses entscheidet, ob und unter welchen Bedingungen die Einfuhr dieser Chemikalien gestattet wird. Die Einfuhr ist somit nur zulässig bei vorheriger Zustimmung nach Inkenntnissetzung (Prior Informed Consent, PIC). Das völkerrechtlich verbindliche Abkommen bezweckt die Begrenzung von Umwelt- und Gesundheitsrisiken, die durch bestimmte gefährliche Chemikalien entstehen können. Es schützt die Umwelt und insbesondere auch Verbraucher in Entwicklungs- und Schwellenländern. Mit der Ratifizierung der PIC-Konvention am 10. Januar 2002 unterstrich die Schweiz ihre Verantwortung als grosse Chemienation und ihre Solidarität mit Entwicklungsländern. Die Konvention trat am 24. Februar 2004 in Kraft.

Weiter ratifizierte die Schweiz am 30. Juli 2003 das Stockholmer Übereinkommen über persistente organische Schadstoffe (Persistent Organic Pollutants, POP-Konvention). Die Konvention trat am 17. Mai 2004 in Kraft und hat zum Ziel, die Umweltbelastungen solcher Stoffe zu minimieren. POPs sind organische Verbindungen, die toxisch und in der Umwelt äusserst schwer abbaubar sind. Sie können sich in Menschen und Tieren anreichern und nach ihrer Freisetzung über Luft, Wasser oder Nahrungsketten global verbreitet werden und fernab ihres Ursprungs Menschen und die Umwelt belasten. Konkret können sie zum Beispiel die Fortpflanzung beeinträchtigen, zu hormonellen Störungen führen oder Krebs erregen. Ein klassisches

Beispiel ist Asbest. Der Einsatz dieser krebserregenden Faser wurde in Europa anfangs der 1990er Jahre verboten, dennoch tauchen asbesthaltige Produkte insbesondere bei Sanierungen und Umbauten auf.

Unter der Schirmherrschaft des Umweltprogramms der Vereinten Nationen (UNEP) unterzeichneten im Nachgang zur nachgewiesenen Zerstörung der Ozonschicht durch Fluorchlorkohlenwasserstoffe (FCKW) alle Mitgliedstaaten der Vereinten Nationen das Wiener Übereinkommen von 1985 und das Montrealer Protokoll von 1987 zum Schutz der Ozonschicht. In der Schweiz ist das Übereinkommen seit dem 22. September 1988 in Kraft. Ziel des Wiener Übereinkommens ist der Schutz der menschlichen Gesundheit und der Umwelt vor den schädlichen Auswirkungen des Abbaus der Ozonschicht. Ziel des Montrealer Protokolls ist die Erhaltung der Ozonschicht durch die Verminderung und letztlich die vollständige Eliminierung des Ausstosses von ozonschichtabbauenden Stoffen auf weltweiter Ebene. Die letzte Erweiterung des Montrealer Protokolls von 2016, das sogenannte Kigali-Amendment, schliesst auch die teilhalogenierten Fluorkohlenwasserstoffe ein. Sie werden als Ersatz für die ozonschichtabbauenden Stoffe genutzt und wirken als starke Treibhausgase.

Die Schweiz ratifizierte zudem das Minamata-Quecksilber-Übereinkommen am 25. Mai 2016. Die Konvention trat am 16. August 2017 in Kraft. Mit dem Beschluss zur Ausarbeitung eines neuen Abkommens zum Schutz von Mensch und Umwelt vor den negativen Auswirkungen von Quecksilber legte der UNEP-Verwaltungsrat im Jahr 2009 einen wichtigen Baustein für einen umfassenden, kohärenten und effektiven Umgang mit gefährlichen Chemikalien und Sonderabfällen. Die Verhandlungen zur Konvention konnten im Januar 2013 in Genf erfolgreich abgeschlossen werden. Quecksilber ist ein hoch giftiges Schwermetall mit weitreichenden schädlichen Auswirkungen auf die menschliche Gesundheit. Es kann weiträumig verfrachtet werden, ist in der Umwelt sehr persistent und kann sich in Organismen und Ökosystemen anreichern.

2.1.2.5 Plastik Kunststoffe und Plastik kommen aufgrund ihrer vielseitigen Eigenschaften in zahllosen Produkten, darunter Gehäusen von unterschiedlichsten Geräten, Fahrzeugen, Kleidung und Verpackungen, zur Anwendung. Sie finden sich in sehr langlebigen Anwendungen wie Baumaterialien und Einrichtungsgegenständen, aber auch in vielen kurzlebigen Produkten, die nach einmaligem Gebrauch entsorgt werden, wie Essensverpackungen oder Plastikbesteck.

Mit dem steigenden Umweltbewusstsein der Konsumenten rückt beim Design und der Herstellung eines Produkts die Frage immer stärker in den Vordergrund, ob Kunststoffe oder alternative Materialien verwendet werden sollen. Als biobasierte, nachwachsende Rohstoffe können unter anderem Mais-, Weizen- oder Kartoffelstärke eingesetzt werden. Davon zu unterscheiden sind biologisch abbaubare Kunststoffe, die durch natürlich auftretende Mikroorganismen vollständig abgebaut werden und sowohl erdöl- als auch biobasiert sein können. Ausschlaggebend für den Materialeinsatz sind die gewünschte Funktionalität, der geplante Einsatz sowie die Analyse der Ökobilanz über den gesamten Lebenszyklus eines Produkts. Kunststoffe können durchaus wertvolle und effiziente Werkstoffe sein und schneiden punkto Ökobilanz nicht immer schlechter ab. So belasten gemäss dem Bundesamt für Umwelt (BAFU) beispielsweise Versandhüllen von Zeitschriften aus Kunststoff die Umwelt tendenziell weniger als Papiercouverts. Mit Blick auf die Schliessung von Stoffkreisläufen ist es zudem wichtig, Entsorgungsfragen bereits bei der Herstellung eines Produkts einzubeziehen. Stichworte dafür sind Ecodesign oder Design for Recycling.

Seitenblick: Kompostierbarer Bio-Plastik

Das Zürcher Unternehmen Fluidsolids hat eine Technologie entwickelt, die Reststoffe aus der Nahrungsindustrie und der Industrie als Rohstoff nutzt, um einen Bio-Kunststoff herzustellen. Die Verrottung etwa von Nussschalen, Maiskolbenresten und Haferhülsen auf dem Feld oder deren Entsorgung in Mülldeponien macht ökologisch wenig Sinn. Fluidsolids verarbeitet solche Abfälle mit biologischen Zusatzstoffen zu einem Granulat, das anschliessend maschinell zu Bio-Plastik in beliebigen Formen für verschiedenste Anwendungen gepresst wird. Würden nur 10 Prozent des in der Schweiz gebrauchten Kunststoffs mit kompostierbarem Bio-Plastik ersetzt, könnte eine CO_2-Menge eingespart werden, die 375 000 Economy-Class-Flügen von Zürich nach New York entspricht. Über die Herstellung von Bio-Plastik-Produkten hinaus bietet Fluidsolids ihre mehrfach ausgezeichnete Technologie auch anderen Unternehmen an, welche in Kreislaufwirtschaftsprozessen ihre Abfälle zum Beispiel für Bio-Plastik-Behälter oder -Verpackungen verarbeiten, die dann nach Gebrauch eingesammelt und rezykliert wiederum als Rohstoff für neue kompostierbare Produkte dienen.

Die Idee, Abfälle zu verwerten, besticht und wirkt äusserst positiv auf die Ökobilanz. Allerdings eignet sich der Bio-Kunststoff nicht für alle herkömmlichen Plastikanwendungen, zum Beispiel langlebige Plastikkomponenten für die Verwendung in der Automobilindustrie, die zusätzlich der Witterung ausgesetzt sind. Doch es gibt unzählige Verpackungen oder Single-Use-Gegenstände, für die Bio-Plastik eine vollwertige Alternative darstellt, die es erlaubt, den CO_2-Ausstoss um 60 bis 80 Prozent zu verringern.

Verwendete Quellen: Schweizer Radio und Fernsehen, SRF 1, 10vor10, 4. Dezember 2020; Neue Zürcher Zeitung, 19. Juni 2021

Laut einer im Oktober 2019 veröffentlichten Studie des Beratungsunternehmens Conversio Market & Strategy verschmutzen jährlich rund 14 Millionen Tonnen Plastik die Meere und Flüsse. Dies entspricht rund 4 Prozent der globalen Kunststoffproduktion von 360 Millionen Tonnen. Laut einer Anfang Juni 2021 in der Fachzeitschrift «Environmental Research Letters» veröffentlichten Studie des Oeschger-Zentrums für Klimaforschung der Universität Bern treibt rund 80 Prozent des schwimmenden Plastikmülls nach fünf Jahren nicht weiter als zehn Kilometer von der Küste weg im offenen Meer und beeinträchtigt dort die küstennahen Ökosysteme. Mindestens ein Drittel der in das Meer gespülten Plastikmenge strandet nach der Studie wieder. Der nicht schwimmende oder an die Küsten zurückgeschwemmte Plastikmüll sinkt in tiefere Gewässer oder auf den Meeresboden. Nach Schätzungen des World Wide Fund for Nature (WWF) erreichen die Ablagerungen rund 80 Millionen Tonnen. Besonders belastet ist gemäss der Berner Studie das Mittelmeer, da insbesondere durch den Nil sehr viel Plastik angeschwemmt wird und das Mittelmeer relativ klein und abgeschlossen ist. Zudem kommt die Studie zum Schluss, dass dort, wo lokal viel Plastik in das Meer gelangt, auch viel davon lokal strandet. Gebiete mit einem hohen Anteil von lokal dem Meer überlassenem Plastik sind unter anderen die Küsten von China, Indonesien und Brasilien. Daneben spielen Meeresströmungen für die Verteilung des Abfalls eine grosse Rolle. Gebiete, in denen ein überdurchschnittlich grosser Plastikanteil hinaus aufs Meer verfrachtet wird, sind der Osten der USA, der Osten von Japan und Indonesien.

Die Hersteller von Kunststoffprodukten vereinen sich zunehmend, um gegen das Imageproblem anzukämpfen. Die Konsumenten haben genug von verunreinigten Gewässern, der Gesundheitsbedrohung vieler Tierarten, verschmutzten Stränden und wilden Deponien. Dabei wird jedoch oft ausgeblendet, dass der Einsatz von Plastik auch sinnvoll sein kann. Bei Autos hilft der Werkstoff, Gewicht und damit Treibstoff zu reduzieren. Bei Lebensmitteln verhindern Verpackungen aus Plastik vorzeitiges Verderben und damit das Wegwerfen von Esswaren (Food Waste, siehe 2.1.2.2 «Abfälle»).

Die Fertigung von Massenprodukten wie Plastikfolien oder anderem Verpackungsmaterial erfolgt hauptsächlich in Asien. In der Schweiz werden meist nur noch Spezialprodukte zum Beispiel für die Pharmaindustrie oder Maschinenteile mit komplexen Anforderungen hergestellt. Die Nachfrage nach Plastik ist in der Schweiz jedoch nach wie vor gross. Laut dem BAFU macht sie rund 40 Prozent des jährlichen Kunststoffverbrauchs aus. Dabei entfallen knapp 60 000 Tonnen auf PET-Flaschen und 80 000 Tonnen auf Folien für die Verwendung in Industrie und Gewerbe.

Insgesamt fällt mehr als die Hälfte der rund 250 Millionen Tonnen Plastikabfälle jährlich in Asien an. In Europa erreicht der Anteil 17 Prozent und in Nordamerika 15 Prozent. In vielen asiatischen Ländern, in Afrika und in den meisten Ländern Lateinamerikas besteht keine Infrastruktur für ein geregeltes Einsammeln und Entsorgen von Kunststoffabfällen. Entsprechend werden nur rund 173 Millionen Tonnen oder knapp 70 Prozent der Kunststoffabfälle geordnet durch Recycling, Verbrennen oder auf Deponien entsorgt. Was die Verwendung von Plastik betrifft, liegen die Westeuropäer vorne. Ihr Plastikgebrauch liegt etwa dreimal über dem globalen

Schnitt. Gemäss einem Ende Januar 2021 veröffentlichten Bericht der Europäischen Umweltagentur (EEA) wurden 2018 in Europa insgesamt 61,8 Millionen Tonnen Plastik gebraucht. Dieser Wert stabilisiert sich laut der Behörde seither, während er in anderen Erdteilen stark ansteigt. Die Umweltexperten skizzieren drei Wege, mit denen dem Plastikproblem begegnet werden kann. Erstens fordern sie einen klügeren Gebrauch von Kunststoffen, zweitens einen Wechsel hin zu einem zirkulären und nachhaltigen Plastikeinsatz und drittens die vermehrte Verwendung von erneuerbaren Rohmaterialien.

Die Anbieter aus der Kunststoffindustrie, Konsumgüterhersteller und Detailhandelskonzerne wollen das Imageproblem von Plastik gemeinsam angehen und entwickeln Gegenmassnahmen. Viele Initiativen zielen darauf ab, in Entwicklungs- und Schwellenländern Strukturen für ein geordnetes Einsammeln und Verwerten von Plastikabfällen zu schaffen. Weiter einigten sich im Mai 2019 unter der Schirmherrschaft des Umweltprogramms der Vereinten Nationen (UNEP) die Vertragspartner der Basler Konvention (siehe 2.1.2.2 «Abfälle») auf eine Verschärfung der Vorschriften zu den Plastikmüll-Exporten. Damit stimmten sie neuen Regeln für die Entsorgung und den Export von Kunststoffen zu. Die Ergänzung zum Basler Übereinkommen schützt die Entwicklungsländer und insbesondere Südostasien, wo grosse Mengen von Plastik und anderen Kunststoffen aus den Industrienationen verarbeitet werden. Die Verpackungsindustrie unternimmt zudem grosse Anstrengungen, umweltfreundlichere und rezyklierbare Materialien zu entwickeln. Weiter werden neuartige Konzepte getestet, die ganz ohne Verpackungen auskommen und bei denen die Konsumenten zum Beispiel Nahrungsmittel und Tierfutter in mitgebrachte Behälter abfüllen können. Auch verschiedene Unternehmen engagieren sich für eine verminderte Verwendung von Kunststoffen. So eröffnete der Schweizer Nahrungsmittelkonzern Nestlé am Hauptsitz in Lausanne ein Forschungsinstitut, das sich auf die Entwicklung von neuen Verpackungen fokussiert. Ziel ist es, vor allem Verpackungen aus mehrschichtigen Laminaten zu vermeiden, da Verpackungen aus diversen Kunststoffarten sowie anderen Materialien wie Papier und Aluminium sich nicht fachgerecht und sortenrein entsorgen lassen. Bis 2025 will Nestlé nur noch Verpackungen verwenden, die zu 100 Prozent wiederverwertbar sind oder sich als Mehrwegverpackung für einen erneuten Gebrauch eignen. 2020 erreichte der Anteil der Verpackungen von Nestlé, die rezyklier- oder wiederverwendbar sind, 87 Prozent.

In der Schweiz werden jährlich etwa eine Million Tonnen Kunststoffe verbraucht. Rund 250 000 Tonnen verbleiben als dauerhafte Produkte über längere Zeit in Gebrauch. Die jährlichen Kunststoffabfälle erreichen rund 780 000 Tonnen. Davon werden über 80 Prozent in Kehrichtverbrennungsanlagen und gut 6 Prozent in Zementwerken energetisch verbrannt. Da die Schweiz im Gegensatz zu vielen anderen Ländern bereits seit dem Jahr 2000 keine brennbaren Abfälle mehr deponiert, müssen alle Kunststoffabfälle umweltverträglich stofflich oder energetisch verwertet werden. Dabei prüft die öffentliche Hand zusammen mit Kunststoffherstellern, der Abfallwirtschaft sowie dem Detailhandel, welche Verwertungs- und Entsorgungsoptionen ökologisch und ökonomisch zweckmässig sind. Insbesondere beim Recycling von Kunststoffen bestehen noch Potenziale. So sind verschiedene europäische Länder der Schweiz beim Kunststoff-Recycling einen Schritt voraus. Bei grossen länderspezifischen Unterschieden erreicht die Recycling-Quote durchschnittlich 31 Prozent. 42 Prozent der Kunststoffabfälle werden Verbrennungsanlagen zugeführt. Der Rest landet auf Deponien. Vor allem in südosteuropäischen Staaten wird fast der gesamte Plastikmüll deponiert.

In der Europäischen Union (EU) trat am 3. Juli 2021 die Richtlinie über die Verringerung der Auswirkungen bestimmter Kunststoffprodukte auf die Umwelt, die ein Verbot von Plastikgeschirr verlangt, in Kraft. Betroffen sind Wegwerfprodukte wie Einmalbesteck und -teller, Trinkhalme, Rührstäbchen, Wattestäbchen und Luftballonstäbe aus Plastik. Auch To-go-Behälter sowie Getränkebecher aus Styropor dürfen nicht mehr verkauft werden. Die Richtlinie verbietet zudem Wegwerfteller, -becher oder -besteck aus biobasierten oder biologisch abbaubaren Kunststoffen. Das Gleiche gilt für Einweggeschirr aus Pappe, das nur zu einem geringen Teil aus Kunststoff besteht oder mit Kunststoff überzogen ist.

In der Schweiz bejahte der Ständerat in der Frühjahrssession im März 2021 einen Vorstoss des St. Galler FDP-Nationalrats Marcel Dobler, der vom Bundesrat die Festlegung von gesetzlichen Grundlagen für ein schweizweites Sammelsystem für Kunststoffabfälle fordert. Unter dem Dach von Swiss Recycling trieb eine Allianz aus Vertretern von Industrie, Detailhändlern und öffentlicher Hand die Einführung des Systems voran, die im Jahr 2022 erfolgen soll. Die Pläne von Swiss Recycling sehen vor, dass bald landesweit auf den Sammelplätzen und Recycling-Höfen der Gemeinden Rückgabebehälter zur separaten Sammlung von Plastikverpackungen aufgestellt werden, neben den Containern für PET, Glas und Alu. Swiss Recycling beabsichtigt, rund 100 000 Tonnen Plastikabfälle pro Jahr einzusammeln. Weil ein beträchtlicher Teil der Verpackungen aus Verbundstoffen besteht, die verschiedene Plastikarten enthalten, kann davon nur die Hälfte der Kunststoffe rezykliert werden. Der Rest wird auch zukünftig verbrannt. Trotzdem rechnet Swiss Recycling mit einer Einsparung von mindestens 200 000 Tonnen CO_2 pro Jahr. Der ökologische Nutzen dürfte aufgrund der Anstrengungen der Konsumgüterindustrie, die Verpackungen an eine Kreislaufwirtschaft anzupassen, nach und nach wachsen.

Die jährlichen Kosten für die separate Sammlung von Kunststoffverpackungen werden von Swiss Recycling mit bis zu 70 Millionen Franken veranschlagt. Finanziert werden soll das Sammelsystem – ähnlich wie bei den PET-Getränkeflaschen – durch einen vom Inverkehrbringer zu entrichtenden Beitrag pro Verpackung, welche die Konsumenten letztendlich in Form eines höheren Produktpreises bezahlen. Für kreislauffähige Verpackungen soll der Beitrag dabei geringer ausfallen, um einen Anreiz zu schaffen, wiederverwertbare Verpackungen zu verwenden.

▶ **Seitenblick: Anthropogene Masse übersteigt Biomasse**

Gemäss einer im Dezember 2020 im Wissenschaftsjournal «Nature» veröffentlichten Studie ist es wahrscheinlich, dass die Masse der von Menschen hergestellten Dinge 2020 erstmals die Masse aller Lebewesen übertroffen hat. Die Forscher des israelischen Weizmann-Instituts wiesen darauf hin, dass bei einer Schätzungsunsicherheit von plus oder minus sechs Jahren 2020 der Wendepunkt in einer längeren Entwicklung darstellen könnte. Laut der Studie betrug die Masse von Menschenhand hergestellter Objekte zu Beginn des 20. Jahrhunderts etwa 3 Prozent der Biomasse und habe sich seither rund alle zwanzig Jahre verdoppelt. Die Ergebnisse des Berichts veranschaulichen den wachsenden Einfluss der Menschen auf die Umwelt und Natur.

Beispiele für von Menschen hergestellte Dinge sind Plastik, Gebäude, Strassen und Maschinen. Als Biomasse ordnet die Studie, alles was lebt ein, darunter zum Beispiel auch Pilze und Bakterien. Der Bericht hält fest, dass der Mensch von 1900 bis zur Gegenwart die pflanzliche Biomasse als Folge der landwirtschaftlichen Nutzung der Böden und durch die Entwaldung von 2 auf rund 1 Teratonne reduziert hat. Parallel wuchsen die Warenproduktion und die Anhäufung von Objekten weltweit, was zu einer markanten Verschiebung des ursprünglichen Gleichgewichts zwischen der lebenden und der von Menschen geschaffenen Masse geführt hat. Während also die Biomasse schrumpft, wächst die anthropogene Masse immer schneller an. Wenn der gegenwärtige Trend sich fortsetzt, schätzen die Experten, dass die Masse der von Menschen hergestellten Objekte im Jahre 2040 rund 2 bis 3 Teratonnen erreichen wird. Besonders erschreckend ist die massive Produktion von biologisch nicht abbaubarem Plastik. Davon gelangt jedes Jahr geschätzt rund 8 Millionen Tonnen unkontrolliert in die Meere, wo dieses Material über 800 am und im Meer lebende Tierarten bedroht.

Eine andere Studie der Universität Leicester, England, aus dem Jahr 2016 gelangte zum Schluss, dass die Vielfalt technologischer Dinge, von Alltagsgegenständen bis Infrastrukturbauten, die Zahl der Arten von Lebewesen auf der Erde übersteigt. Die Forscher schätzten die Artenzahl der Technosphäre auf über eine Milliarde, womit sie die Anzahl der lebenden Organismen-Arten auf der Erde übertrifft.

Verwendete Quellen: Weizmann Institute of Science; Nature Research, 9. Dezember 2020; Neue Zürcher Zeitung, Briefing-Newsletter, 10. Dezember 2020

2.1.2.6 Lichtverschmutzung Als Lichtverschmutzung wird die dauernde Abwesenheit von vollständiger Dunkelheit in betroffenen Gebieten der Erde bezeichnet. Dabei hellen Lichtemissionen, meist künstliche Lichtquellen, den Nachthimmel auf. Dieses Licht wird in den Luftschichten der Erdatmosphäre gestreut und überlagert die natürliche Dunkelheit. Bei permanenten Lichtemissionen über Städten spricht man auch von sogenannten Lichtglocken oder Lichtkuppeln. Der Mangel an Dunkelheit wirkt sich auf die biologischen Tag-Nacht-Zyklen vieler Tiere aus und hat einen negativen Einfluss auf die Artenvielfalt, nicht zuletzt weil Insekten an den Lichtquellen verbrennen. Zudem kann sich die Lichtverschmutzung auch negativ auf den

Schlaf beim Menschen auswirken und beeinträchtigt die astronomische Beobachtung des Nachthimmels. Die Einführung von Lampen basierend auf Licht emittierenden Dioden (LED) kann dazu beitragen, unerwünschte Lichtemissionen zu vermindern.

2007 verabschiedeten unter anderen die Organisation der Vereinten Nationen für Erziehung, Wissenschaft und Kultur (UNESCO), die Internationale Astronomische Union (IAU) und die Internationale Beleuchtungskommission (CIE) die «Declaration in Defence of the Night Sky and the Right to Starlight» (La Palma Declaration, Initiative Starlight 2007). Sie umfasst ein umfangreiches Massnahmenprogramm zur Vermeidung von Lichtverschmutzung. Der Katalog bezieht sich auf die Beleuchtung des öffentlichen Raums sowie auf Privatbeleuchtungen und umfasst die Begrenzung der Beleuchtungszeiten von Aussenbeleuchtungen, Werbung und Dekorationsbeleuchtungen (Starlight Saving Time), die Reduzierung unnötiger Lichtquellen sowie die Ausrichtung und Abschirmung von Lichtern, um eine Abstrahlung nach oben und zu den Seiten zu verhindern. Zudem postuliert er einen völligen Verzicht auf nur nach oben strahlende Leuchtkörper wie Skybeamer, Laser-Flutlichteffekte und Bodenleuchten. Seit 2009 beschäftigt sich zudem eine Arbeitsgruppe der International Union for Conservation of Nature and Natural Resources (IUCN), die IUNC Dark Skies Advisory Group (DSAG), mit der Ausweisung und Klassifizierung von bisher über 50 Lichtschutzgebieten.

In der Schweiz setzt sich der Bund für die Begrenzung des unerwünschten Lichts in der Umwelt ein. Eine Vollzugsempfehlung des Bundesamtes für Umwelt (BAFU), die allgemeine planerische und technische Grundsätze umfasst, unterstützt die Kantone und Gemeinden sowie Normungsorganisationen bei der Vermeidung von Lichtemissionen.

2.1.3 Klimawandel

Der Klimawandel ist ein globales Phänomen, das regional und lokal unterschiedlich stark ausgeprägt ist. Diese räumlichen Unterschiede führen auch zu regional und lokal verschiedenen Risiken und Bedrohungen. Festzuhalten gilt es, dass sich das Klima und das Klimasystem schon immer verändert haben. Dafür sind viele verschiedene Faktoren ausschlaggebend, darunter natürliche Entwicklungen wie Vulkaneruptionen, Veränderungen der Sonnenaktivität und der Umlaufbahn der Erde um die Sonne, Veränderungen der chemischen Zusammensetzung der Atmosphäre, Vegetationsentwicklung und viele mehr. Die natürlichen Faktoren führen in der Regel zu sehr langfristigen Veränderungen des Klimas. Dies im Gegensatz zu den menschgemachten Ursachen wie der Treibhausgas- und Aerosolausstoss sowie die veränderte Landnutzung, die sich seit Beginn der Industrialisierung und insbesondere in den letzten 70 Jahren immer stärker und einschneidender auswirken.

Seit der Industrialisierung hat die globale Durchschnittstemperatur mit wissenschaftlich nachgewiesenen, negativen Auswirkungen für natürliche Ökosysteme, die Gesellschaft und die Wirtschaft zugenommen. Durch globale Anstrengungen zur Emissionsverminderung kann der Klimawandel, der sich in absehbarer Zukunft fortsetzen wird, eingedämmt werden. Wie stark, hängt von den Emissionsszenarien für Treibhausgase und Aerosole ab.

Am 12. Dezember 2015 verabschiedeten die Vertragsstaaten der Klimarahmenkonvention der Vereinten Nationen (UNFCCC) das Abkommen von Paris zur weltweiten Reduktion der Treibhausgasemissionen in der Nachfolge des Kyoto-Protokolls (siehe 3.1.1 «UN-Klimakonferenzen»). Es verpflichtet erstmals alle Staaten und hob die Unterscheidung zwischen Industrie- und Entwicklungsländern weitgehend auf. Das Übereinkommen von Paris hat zum Ziel, die durchschnittliche globale Erwärmung im Vergleich zur vorindustriellen Zeit auf deutlich unter 2 Grad Celsius zu begrenzen, wobei ein maximaler Temperaturanstieg von 1,5 Grad Celsius angestrebt wird. Als Unterziele werden die Ausrichtung von staatlichen und privaten Finanzflüssen auf eine treibhausgasarme Entwicklung sowie die Verbesserung der Anpassungsfähigkeit an das veränderte Klima angestrebt. Das Abkommen verpflichtet alle Staaten, alle fünf Jahre ein national festgelegtes Reduktionsziel einzureichen und zu erläutern. Dabei sollen die Reduktionsziele klar und verständlich sein und eine Quantifizierung zulassen. Zudem sollen die neuen Reduktionsziele jedes Staates über das vorangegangene hinausgehen. Das Übereinkommen gesteht den ärmsten Ländern in der Umsetzung eigenes Ermessen zu. Die Industrieländer andererseits verpflichtet das Abkommen, die Entwicklungsländer bei deren Emissionsreduktions- und Anpassungsmassnahmen zu unterstützen. Dabei ist es das gemeinsame Ziel der Industrieländer, jährlich 100 Milliarden US-Dollar an öffentlichen und privaten Finanzmitteln zu mobilisieren. Dieses Ziel wurde bis 2025 bestätigt und für die Zeit danach ein neues, vergleichbares Ziel in Aussicht gestellt. Das Übereinkommen trat am 5. Oktober 2016 in Kraft, nachdem das im Vertrag festgehaltene, erforderliche Quorum einer Ratifikation durch 55 Staaten, welche 55 Prozent der globalen Emissionen verursachen, erreicht wurde. Die Schweiz ratifizierte das Übereinkommen von Paris am 6. Oktober 2017.

Mit der Ratifizierung verpflichtete sich die Schweiz auf das Ziel, die Treibhausgasemissionen unter teilweiser Verwendung von ausländischen Emissionsminderungen bis 2030 gegenüber 1990 um 50 Prozent und bis 2050 als indikatives Gesamtreduktionsziel um 70 bis 85 Prozent zu reduzieren. Mit ihrer im Januar 2021 präsentierten Klimastrategie erhöhte die Schweiz ihr Ziel bis 2050 auf 100 Prozent (siehe 2.1.2.1 «CO_2»). In Bezug auf die Klimafinanzierung muss die Schweiz ihre Mittel aus öffentlichen und privaten Quellen weiter erhöhen, um einen angemessenen Beitrag an die jährliche Verpflichtung der Staatengemeinschaft von 100 Milliarden US-Dollar zu leisten. Die öffentlichen Mittel sollen hauptsächlich aus den Rahmenkrediten für «Internationale Zusammenarbeit» und zu einem kleineren Teil für die «Globale Umwelt» fliessen. Für eine verstärkte Mobilisierung von privaten Mitteln für Klimaschutzaktivitäten in Entwicklungsländern erarbeitet die Schweiz derzeit ein Konzept.

In der Schweiz hat sich das Klima seit Messbeginn 1864 um etwa 2 Grad Celsius erwärmt und die Anzahl Hitzetage ist deutlich angestiegen. Detaillierte Informationen zum Klimawandel und den prognostizierten Szenarien für die Schweiz stellt das National Center for Climate Services (NCCS) zur Verfügung, eine Webplattform des Bundes für Klimainformationen und -dienstleistungen.

Die signifikante Verminderung der weltweiten CO_2-Emissionen setzt einen radikalen Umbau der Energieinfrastruktur voraus. Notwendig ist eine markante Veränderung des Energiemix. 2019 wurden weltweit rund 84 Prozent der verbrauchten Energie aus den umweltschädigenden, fossilen Ressourcen Erdöl, Kohle und Gas erzeugt, während der Anteil der erneuerbaren Energie aus Sonne, Wind, Biogas und Hydro bloss rund 12 Prozent erreichte. Die restlichen 4 Prozent steuerte die Nukleartechnologie bei (▶ Abb. 14).

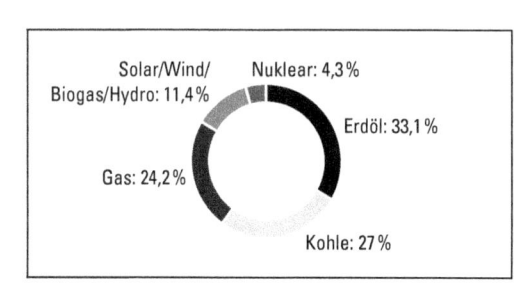

▲ Abb. 14: Energieverbrauch nach Quellen 2019

Quelle: Our World in Data, Energy Consumption by Source, World

Gemäss dem Sustainable Development Goal (SDG) 7 «Bezahlbare und saubere Energie» soll bis 2030 der Anteil erneuerbarer Energie am globalen Energiemix deutlich erhöht und die Energieeffizienz weltweit verdoppelt werden (siehe 3.1.2 «UN Sustainable Development Goals»), um den Infrastrukturumbau effektiv voranzutreiben. Vor allem westliche Länder setzten 2019 im Zuge der von der Klimajugend, angeführt von Greta Thunberg, initiierten Fridays-for-Future-Bewegung und dem Erstarken grüner Parteien den Infrastrukturwandel auf ihre politische Agenda. In einer Umfrage des World Economic Forums (WEF) im Januar 2020 erklärten die Entscheidungsträger aus aller Welt die Umweltprobleme und den Klimawandel als die grössten Risiken der modernen Gesellschaft. Die Coronapandemie veränderte diese Wahrnehmung und ordnete die Rangliste neu. Die Sorge um die Gesundheit der Bevölkerung und die Konjunkturentwicklung drängten den Klimaschutz vorübergehend aus dem primären Fokus. Auch musste die ursprünglich für November 2020 in Glasgow, England, geplante Klimakonferenz COP26 auf November 2021 verschoben werden.

Mit dem Ziel, den pandemiebedingten Konjunkturabschwung abzufedern, stellten die Staaten massive Hilfsprogramme bereit. Einzelne politische und wissenschaftliche Kräfte forderten die Verknüpfung von staatlichen Unterstützungsgeldern mit Klimaschutzauflagen, insbesondere die forcierte Umstellung auf erneuerbare Energie. Diese Anliegen unterlagen hingegen mit wenigen Ausnahmen dem wirtschaftlichen Druck. Parallel führten der gesellschaftliche und wirtschaftliche Lockdown zu Überkapazitäten an den Energiemärkten mit dem Effekt, dass das billige Erdöl den Anreiz hemmte, verbrauchsarme Autos zu fahren, Gebäude zu isolieren oder generell Energie zu sparen. Im April 2020 kippte der Preis für amerikanisches Öl erstmals in der Geschichte vorübergehend in das Negative. Weiter minderte die hohe Dringlichkeit der Entwicklung eines Impfstoffes zur Bekämpfung des SARS-CoV-2-Virus die Forschungsgelder für Technologien wie Wasserstoff oder Kohlendioxid-Entnahme aus der Atmosphäre. Eine Chance hingegen kann die Kopplung von Umweltauflagen an die Unterstützungsleistungen zur wirtschaftlichen Linderung der Covid-19-Krise darstellen. Sie könnte den Verlauf der CO_2-Emissionen in den kommenden Jahrzehnten massgeblich beeinflussen und somit entscheidend zur Erreichung der bis in das Jahr 2050 anvisierten Netto-Null-Emissionsziele beitragen.

Mit Bezug auf zukünftige Verhaltensänderungen hat Covid-19 die Bereitschaft eines Grossteils der Bevölkerung aufgezeigt, die eigenen Freiheiten und den Lebensstil in akuten Bedrohungssituationen zumindest für eine beschränkte Zeit der Wohlfahrt und den Zielen der Allgemeinheit unterzuordnen. Klimaaktivisten fordern entsprechend eine Anpassung der Klimapolitik, umso mehr als die Erderwärmung für die Menschheit längerfristig die viel grössere Bedrohung darstellt.

Im Vergleich zur Covid-19-Pandemie ist beim Klima der kausale Zusammenhang zwischen der Ursache und den Folgen nicht sofort und unmittelbar ersichtlich. Zwar gilt die Erderwärmung als ein gesicherter Faktor, der Dürren und Unwetterereignisse in ihrer Häufigkeit und Stärke wahrscheinlicher macht, aber die einzelnen Ereignisse sind nicht direkt und ausschliesslich darauf zurückzuführen. Auch der Zeitfaktor ist völlig unterschiedlich. Das SARS-CoV-2-Virus verbreitete sich innert weniger Wochen weltweit und legte die Wirtschaft lahm. Die Klimaerwärmung erstreckt sich über Jahrzehnte und ist markant schwieriger als unmittelbar bedrohende Gefahr zu identifizieren. Schliesslich kann jedes Land die Pandemie weitgehend eigenständig bekämpfen. Beim Klima wirken sich die Einsparungen und Versäumnisse stets global aus und treffen über die Verursacher hinaus alle, eingeschlossen die nachfolgenden Generationen.

Als Gemeinsamkeit bleibt dem Klimawandel und der Pandemie die Erkenntnis, dass die Natur nicht nach Belieben beherrschbar und das Wirtschaftssystem gegenüber natürlichen Gefahren äusserst verletzlich ist. Für beide Bedrohungen gilt zudem, wer die Gefahr ernst nimmt und in die Vermeidung von Risiken investiert, mindert die Auswirkungen, rettet Menschenleben und spart letztendlich Kosten.

2.1.3.1 Erderwärmung

Die gegenwärtige Erderwärmung bezeichnet den Anstieg der Durchschnittstemperatur der erdnahen Atmosphäre und Meere seit Beginn der Industrialisierung. Diese setzte ausgehend von England ab der zweiten Hälfte des 18. Jahrhunderts ein. Der Übergang vom Agrar- zum Industriestaat ging mit der Entwicklung von wirtschaftlich effizienteren Prozessen und industriellen Produktionsweisen einher, bei denen sich die maschinelle Erzeugung von Produkten und Dienstleistungen immer stärker durchsetzte. Dieser Paradigmenwechsel führte zu einer vermehrten Freisetzung von Treibhausgasen in der Industrie durch Verbrennung fossiler Energie sowie in der Forst- und Landwirtschaft. Die kontinuierliche menschgemachte Anreicherung der Erdatmosphäre mit Treibhausgasen wiederum, darunter Kohlenstoffdioxid, Methan und Distickstoffmonoxid, ist der Hauptgrund für die Erderwärmung.

Im September 2020 warnte der von der World Meteorological Organization (WMO) unter Mitwirkung verschiedener weiterer UN-Organisationen herausgegebene Weltklimabericht «United in Science» vor der gefährlich raschen Annäherung an die 1,5 Grad Erwärmung, die im Pariser Abkommen als anzustrebendes Begrenzungsziel für 2100 formuliert wurde. Der «Sixth Assessment Report, Climate Change 2021: The Physical Science Basis» des Intergovernmental Panel on Climate Change (IPCC) präzisierte im August 2021, dass die durch menschliche Aktivitäten verursachten Treibhausgasemissionen bis zu diesem Zeitpunkt zu einer Erwärmung von etwa 1,1 Grad gegenüber dem Niveau der Jahre 1850 bis 1900 geführt hätten und mit dem Erreichen einer durchschnittlichen globalen Erwärmung um 1,5 Grad bis in 20 Jahren zu rechnen sei. In der gleichen Zeitperiode ist der CO_2-Gehalt der Luft um mehr als 40 Prozent gestiegen. Die Treibhausgaskonzentration erreichte auch 2020 trotz dem wirtschaftlichen Abschwung infolge der Coronapandemie einen neuen Höchstwert (siehe 2.1.2.1 «CO_2»). Die Folgen der rapiden Erhitzung zeigen sich überall auf der Welt in allen Klimazonen. Eisflächen schmelzen, das arktische Meereis weist das ganze Jahr über Rekordniedrigstände auf. Die Weltmeere, die bisher 90 Prozent der zusätzlichen Erwärmung geschluckt haben, steigen immer schneller an, Hitzewellen in den Ozeanen bedrohen Tiere und Pflanzen. Schmelzendes Gletschereis gefährdet langfristig die Wasserversorgung etwa in Zentralasien und Mitteleuropa.

▶ Seitenblick: Die Arktis gerät aus der Balance

Ein rund 150-köpfiges Forscherteam von 118 Institutionen aus 17 Ländern hat die vielfältigen Bewegungsdaten arktischer Tierarten in einer grossen Datenbank zusammengeführt. Das Arctic Animal Movement Archive (AAMA) umfasst die Bewegungsdaten von 8000 Tieren aus mehr als 200 Tracking-Studien. Insgesamt sind 86 Arten repräsentiert, die von 1991 bis 2020 beobachtet wurden. Das AAMA ist Teil der sogenannten

Movebank am Max-Planck-Institut für Verhaltensbiologie in Radolfzell und der Universität Konstanz, Deutschland. Die Datenbank zeigt auf, wie unterschiedlich die arktischen Tierarten auf den dramatischen Wandel ihres Lebensraums reagieren.

Seit Jahrzehnten bestücken Verhaltensbiologen Bären, Rentiere, Elche, Steinadler und viele weitere Vertreter anderer arktischer Tierarten mit Sendern und Datenloggern, um deren Bewegungsmuster aufzuzeichnen. Bisher waren die Bewegungsdaten der arktischen Tiere nur regional von einzelnen Arten verfügbar. Keine Region der Welt erwärmt sich so stark wie die Arktis. Die Bewegungsdaten zeigen auf, wie die Tiere auf die besonders starken Klima- und Umweltveränderungen in der Nordpolarregion reagieren und wie sich deren Lebensräume nach Norden verschieben. Eisflächen gehen verloren, die Schneeschmelze im Frühjahr setzt immer früher ein, das Nahrungsangebot und der Bedarf der Tiere klafft auseinander. Grosse Datenbanken mit Aufzeichnungen über lange Zeiträume helfen, den Einfluss der Klimaveränderung besser zu verstehen und liefern damit die wissenschaftlichen Grundlagen, um auf den schnellen Wandel reagieren zu können.

Das Forscherkollektiv veröffentlichte verschiedene Bewegungsdaten-Studien im Fachmagazin «Science». Die Analysen auf Basis des AAMA zeigen, dass eine Grosszahl der untersuchten Arten auf sich verändernde sommerliche oder winterliche Temperaturen, auf Schneefall oder Regen reagieren. Die einzelnen Arten passen sich jedoch sehr unterschiedlich an. Bei höheren Temperaturen bewegen sich zum Beispiel Elche agiler, während Schwarzbären und Wölfe langsamer werden. Die Auswertungen der Bewegungsdaten zeigen auch Auswirkungen auf die Hierarchie unter den Tieren und deren Jäger-Beute-Schema.

Die Studien verdeutlichen, dass die Klimaerwärmung zu Veränderungen bei einer Vielzahl von Komponenten des Ökosystems führt, wobei die diversen Faktoren unterschiedlich reagieren. Das werten die Forscher als ein Anzeichen dafür, dass das Ökosystem aus der Balance gerät und sich an einen neuen Zustand anpassen muss. Einige Arten werden von dem neuen Zustand profitieren, andere Arten werden darunter leiden oder die Veränderung nicht überleben. Die veröffentlichten Resultate der Studien tragen wesentlich zum Schutz bedrohter Arten bei. Deshalb arbeiten die Forscher intensiv an der Erweiterung der AAMA und der Movebank, um das Archiv lebendig zu halten und den Nutzen für Forscher rund um den Globus sowie die Gesellschaft zu erhöhen.

Verwendete Quellen: Max-Planck-Institut für Verhaltensbiologie; Science Magazine, November 2020; Neue Zürcher Zeitung, 5. November 2020

Nach Angaben des Weltklimarates (IPCC) und der Weltwetterorganisation (WMO) war 2016 das wärmste Jahr seit Beginn der systematischen Messungen 1880 gefolgt von 2019 und 2020. Die Werte dieser beiden Jahre liegen gemäss der WMO so dicht beieinander, dass nicht gesagt werden kann, welches das wärmere Jahr war. Laut den jüngsten Messungen der amerikanischen Klimabehörde National Oceanic and Atmospheric Administration (NOAA) setzt sich der ansteigende Trend unvermindert fort: So war der September 2020 weltweit der wärmste September seit Messbeginn. Die Durchschnittstemperatur über den Land- und Ozeanflächen lag um 0,97 Grad Celsius über dem Durchschnittswert des 20. Jahrhunderts von 15 Grad. Damit übertraf der September 2020 die bisherigen Rekordhalter, die September in den Jahren 2015 und 2016, um 0,02 Grad. Besonders warm war es in Europa, Asien und Südamerika. Die Aufzeichnungen der NOAA wurden durch den europäischen Copernicus-Klimawandeldienst bestätigt. Dessen im Januar 2021 veröffentlichten Berechnungen zeigen, dass 2020 das Jahr 2016 als wärmstes Jahr egalisierte. Besonders warm war es 2020 vor allem im Norden Sibiriens und in der Arktis. Im nördlichen Eismeer lagen die Temperaturen 2020 6 Grad über dem langjährigen Mittel. Auch in Europa wurde ein neuer Rekord verzeichnet. Die Temperaturen lagen 2020 um 0,4 Grad über dem bisherigen Rekordjahr 2019. Gemäss Copernicus sind die rekordhohen Temperaturen von 2020 umso bemerkenswerter, als sie ohne einen kräftigen El-Niño-Effekt im Vorjahr zustande kamen, wie dies 2016 der Fall war. Zwar gab es auch 2019 einen schwachen El-Niño-Effekt, der jedoch im Verlauf des Jahres 2020 von seinem kühlen Pendant, La Niña, abgelöst wurde. Bei dem natürlichen Wetterphänomen El Niño erwärmt sich der tropische Pazifik über Monate hinweg. Ein paar Monate danach steigt dann die globale Mitteltemperatur um ein paar Zehntelgrad. Wegen der Nachwirkungen des La-Niña-Effekts im Pazifik ist 2021 nicht mit neuen Rekordwerten zu rechnen. Die CO_2-Konzentration wird hingegen ansteigen. Laut einer Prognose des Met Office des Vereinigten Königreichs (UK) wird der CO_2-Gehalt im Durchschnitt des Jahres 2021 um rund 2,3 ppm höher liegen. Obwohl der Anstieg auch aufgrund von La Niña geringer als 2020 ausfallen wird, geht das Met Office davon aus, dass die CO_2-Konzentration erstmals für ein paar Wochen 50 Prozent über dem vorindustriellen Wert von 278 ppm Ende des 18. Jahrhunderts liegen wird. Bei Negierung des Klimawandels und dem Verzicht auf Schutzmassnahmen rechnen Forscher mit einem Temperaturanstieg zwischen Ende des 20. und 21. Jahrhunderts von 4 bis 5 Grad. Mit den bis Mai 2021 beschlossenen Massnahmen befindet sich die Weltgemeinschaft gemäss den Prognosen des Analyseprojekts Climate Action Tracker der gemeinnützigen Organisationen Climate Analytics und NewClimate Institute auf einem Erwärmungskurs von 2,4 Grad. Um das 2015 vereinbarte Pariser Klimaziel einer Beschränkung des Temperaturanstiegs von «deutlich unter 2 Grad» zu erreichen, sind entsprechend noch grosse Anstrengungen und ein schnelles Absenken der Emissionen notwendig. Bis 2021 sind bereits mehr als zwei Drittel der 2-Grad-Ziel-Emissionen verbraucht. Aufschrecken lässt zudem die heutige Ungewissheit, ob das 2-Grad-Ziel ausreichen wird, um lebensfeindliche Bedingungen und Entwicklungen auf der Erde zu verhindern. Ohne den gegenwärtigen menschlichen Einfluss auf das Klimasystem würde sich laut IPCC der seit einigen Jahrtausenden herrschende, leichte Abkühlungstrend mit hoher Wahrscheinlichkeit weiter fortsetzen.

Ende Juni 2021 erlebte die Bevölkerung im kanadischen British Columbia sowie in Washington und Oregon in den USA eine beispiellose Hitzewelle, deren Intensität selbst Fachleute erstaunte. Mehrere Temperaturrekorde in der Region wurden um fünf Grad Celsius überboten, darunter in Lytton, wo die gesundheitsgefährdend hohe Temperatur einen kanadischen Allzeitrekord von 49,6 Grad Celsius erreichte. Gemäss einem Forscherteam der World Weather Attribution Initiative, die sich unter anderem mit der raschen klimatologischen Einordnung von Wetterextremen befasst, handelt es sich bei der nordamerikanischen Hitzewelle um ein extrem seltenes Ereignis, das im gegenwärtigen Klima nur ungefähr alle tausend Jahre auftritt. Die neue Studie, an der 27 Wissenschaftler mitwirkten, kommt zum Schluss, dass die Wahrscheinlichkeit für den Eintritt einer solchen Hitzewelle im Vergleich zum Klima vor der Industrialisierung als Folge des menschengemachten Klimawandels mindestens 150 Mal grösser geworden ist. Weiter prognostiziert die Studie, dass solche Hitzewellen schon in wenigen Jahrzehnten, wenn sich die Erde zwei Grad über das vorindustrielle Niveau erwärmt hat, alle fünf bis zehn Jahre zu erwarten sind. Die Forscher fordern deshalb schnellere Anpassungen an das wärmere Klima.

Auch in der Schweiz erreichten die Temperaturen im September 2020 Rekordwerte. Hingegen zeigten die Daten von Meteo Schweiz, dass die Sommerdurchschnittstemperaturen 2020 unter den Werten aus den Vorjahren lagen. Der langjährige Trend verdeutlicht jedoch einen kontinuierlichen Anstieg der Temperaturen, eine Häufung der Gluthitze und Extremsommer. Einige der wärmsten Sommer fielen in die letzte Dekade, sie bewegten sich weit über dem langjährigen Durchschnitt. Betrug die Sommerdurchschnittstemperatur, berechnet als Durchschnitt über die zehn letzten Sommer, vor hundert Jahren in Zürich noch bei 16 Grad, so lag sie 2020 bei knapp 19 Grad. Geografisch bilden die Städte St. Gallen und Lugano die beiden Extreme in der Schweiz. In St. Gallen sind die Sommermonate im Vergleich zu anderen Städten deutlich kühler. In Lugano sind sie aufgrund der südlichen Lage wesentlich heisser. Der Anstieg der Sommerdurchschnittstemperaturen innerhalb der letzten hundert Jahre erreichte in St. Gallen und Lugano rund 3 Grad. Auch die Anzahl der Hitzetage, das heisst Tage mit einer Höchsttemperatur von über 30 Grad, stieg in allen Schweizer Städten massiv an. Zwischen 1961 und 1970 gab es in Zürich 24 und in Basel 25 Sommerhitzetage, zwischen 2011 und 2020 erhöhte sich die Anzahl auf 116 beziehungsweise 124 Tage. Spitzenreiterin ist Sitten mit 299 Hitzetagen. In St. Gallen sind Hitzetage aufgrund der hohen Lage ein noch seltenes Phänomen und stiegen auf 19 Tage an. Demgegenüber herrschen im deutlich südlicher und tiefer gelegenen Lugano geradezu tropische Verhältnisse, welche möglicherweise das Temperaturniveau in hundert Jahren auch in den anderen Schweizer Städten aufzeigen.

Um die globale Erwärmung stoppen zu können, wird realistischerweise das Absenken der Treibhausgasemissionen allein nicht ausreichen. Notwendig sind die Entwicklung von neuen Technologien, die ermöglichen, der Erdatmosphäre das emittierte CO_2 wieder zu entziehen. Erste Ansätze sind: Bioenergy with Carbon Capture and Storage (BECCS), Direct Air Capture with Carbon Storage (DACCS) oder die Bindung von Kohlenstoff im Boden.

▶ Seitenblick: Climeworks

Climeworks, ein 2009 gegründetes Spin-off der ETH Zürich, zählt zu den Technologieführern im Bereich der Rückgewinnung von Treibhausgasen aus der Atmosphäre. Das Unternehmen betreibt seit 2018 in Hinwil, Schweiz, eine erste kommerzielle Anlage, die auf grosses internationales Interesse stösst und der am 11. März 2020 auch die schwedische Umweltaktivistin Greta Thunberg einen Besuch abstattete. Mit der sogenannten Direct-Air-Capture-Technologie (DAC) filtriert die Anlage CO_2 aus der Umgebungsluft heraus und führt das Treibhausgas einer industriellen Verwendung zu, zum Beispiel für die Getränkeherstellung oder die Ankurbelung des Pflanzenwachstums in Gewächshäusern. Im August 2020 schloss Climeworks mit zwei isländischen Firmen Verträge ab, um 4000 Tonnen CO_2 pro Jahr aus der Luft zu filtern und mittels der Imitation natürlicher geologischer Prozesse dauerhaft im Boden zu speichern. Dabei wird das CO_2 in Wasser gelöst und unter Hochdruck in das Basaltgestein im Untergrund gepresst. Gemäss Studien versteinern innerhalb von zwei Jahren 95 Prozent des Kohlendioxids und dieses wird somit dauerhaft gebunden. ON Power als weiterer Projektpartner beliefert die Climeworks-Anlage mit erneuerbarer Energie und ermöglicht damit eine positive Emissionsbilanz. Die geplante, neue DAC-Anlage auf Island, die grösste ihrer Art weltweit, ersetzt eine Testanlage, die bereits seit 2017 jährlich 50 Tonnen CO_2 aus der Luft entfernt.

Das Geschäftsmodell von Climeworks richtet sich an Firmen und Private, die das gebundene CO_2 kaufen und aus ideellen Gründen bereit sind, einen hohen Preis für den Ausgleich und Elimination ihrer Emissionen zu zahlen. Climeworks ist optimistisch, die Anlage auf Island über die geplante Lebenszeit von zehn Jahren auslasten zu können. Dabei stimmen Climeworks Unternehmen wie Microsoft zuversichtlich. Der führende Software-Anbieter kündigte an, bis 2050 die gesamten CO_2-Emissionen seiner Firmengeschichte kompensieren zu wollen.

Die Technik ist heute noch vergleichsweise teuer. Die Rückgewinnung einer Tonne CO_2 inklusive Versteinerung verursacht Kosten von rund 1000 Franken. Es ist das erklärte Ziel von Climeworks, den Preis mittelfristig auf weniger als 200 Franken und bis 2030 auf 100 Franken zu senken. Im Vergleich dazu verrechnet myclimate, um eine beim Fliegen emittierte Tonne CO_2 zu kompensieren, nur 28.60 Franken (Stand: Mitte Mai 2021). Auch im europäischen Emissionszertifikate-Handel lagen die Notierungen Mitte Mai 2021 bei 57 Euro pro Tonne CO_2. Allerdings reduziert die Climeworks-Technologie den CO_2-Gehalt in der Atmosphäre und kompensiert ihn nicht nur, was den höheren Preis teilweise rechtfertigt.

Verwendete Quellen: Climeworks; Neue Zürcher Zeitung, 27. August 2020; NZZ am Sonntag, 13. Dezember 2020

Zu den erwarteten und teils bereits beobachteten Folgen der globalen Erderwärmung zählen je nach Region die Meereis- und Gletscherschmelze, das Ansteigen des Meeresspiegels, das Auftauen von Permafrostböden, die Ausbreitung der Dürrezonen und zunehmende Extremwetterereignisse mit Rückwirkungen auf die Lebens- und Überlebenssituation von Menschen und Tieren einschliesslich dem Artensterben. Das Ausmass der Folgen ist abhängig von der Höhe und Dauer der Erwärmung. Es ist zu erwarten, dass einige Folgen irreversibel sein werden und ihrerseits den Klimawandel beschleunigen, wie zum Beispiel die Freisetzung von Methan aus den aufgetauten Permafrostböden.

Ein zentraler Faktor, um die Erderwärmung zu stoppen, ist die Erhaltung und der Wiederaufbau der weltweiten Waldflächen. Sie tragen zur natürlichen Bindung und dem Abbau von freigesetzten Treibhausgasen bei (siehe 2.1.2.1 «CO_2»). Gemäss dem Waldzustandsbericht 2020 der Ernährungs- und Landwirtschaftsorganisation der Vereinten Nationen (FAO) ist noch knapp ein Drittel der Landfläche der Erde mit Wäldern bedeckt. Dabei verteilt sich die Hälfte des Waldvorkommens auf die fünf Länder Russland, Brasilien, Kanada, die USA und China. Insgesamt ist die Waldfläche weltweit in den vergangenen dreissig Jahren um zirka 178 Millionen Hektaren geschrumpft. Dies entspricht etwa der Hälfte der Flächen von Deutschland. Immerhin flacht die Rückgangskurve ab. Zwischen 1990 und 2000 betrug der jährliche Verlust 7,8 Millionen Hektaren, von 2010 bis 2020 verringerte sich diese Zahl auf 4,7 Millionen Hektaren pro Jahr. In Afrika, der Kontinent beheimatet 16 Prozent der Waldvorkommen weltweit, nahm die Waldfläche in den letzten zehn Jahren am stärksten ab. Von 2010 bis 2020 erreichte der jährliche Rückgang des Waldes in Afrika durchschnittlich 3,9 Millionen Hektaren. Dies entspricht beinahe der Fläche der Schweiz. Betroffen sind vor allem die Regenwälder in Kongo-Kinshasa, Tansania, Angola und Moçambique. Diese Länder zählen zu den zehn Staaten mit den grössten Waldverlusten im vergangenen Jahrzehnt. Damit hat Afrika Südamerika an der Spitze der Rangliste abgelöst. In Südamerika sanken die Rodungen im vergangenen Jahrzehnt von jährlich 4 Millionen auf rund 1,5 Millionen Hektaren. Laut den Verfassern des UN-Berichts liegen die Gründe für den Positionswechsel in dem hohen Bevölkerungswachstum in Afrika, ausländischen Investitionen und den von 2010 bis 2020 in Brasilien massiv verringerten Rodungen. Brasilien und insbesondere das Amazonasgebiet bleibt jedoch weltweit die Region mit den grössten jährlichen Waldverlusten. In keinem anderen Land wird so viel Wald abgeholzt, durch Brände zerstört oder nicht wieder aufgeforstet. Bei den Zuwächsen schneidet Asien mit 1,2 Millionen Hektaren am besten ab. Vor allem in China wird viel Wald wieder aufgeforstet. Im Vergleich zu 2000 bis 2010 hat sich der Zuwachs im letzten Jahrzehnt jedoch halbiert. In Australien, das auf dem zweiten Platz folgt, erreicht der neu aufgeforstete Wald gerade noch ein Viertel der Zuwachsfläche in China.

Seitenblick: Hitze im Norden Sibiriens

Zwischen Anfang Januar und Ende Juni 2020 lag die Durchschnittstemperatur im Norden von Sibirien mehr als 5 Grad Celsius über dem Mittelwert in den Jahren 1951 bis 1980. Sibirien ist im Laufe des Jahres extremen Temperaturschwankungen unterworfen. Sie schwanken in normalen Jahren zwischen minus 40 und plus 20 Grad Celsius. Die jüngsten wissenschaftlichen Berichte zeigen hingegen deutlich auf, dass die Zahl der extremen Hitzephasen zunimmt und aussergewöhnliche Kältephasen abnehmen. Gemäss den Erläuterungen von Sonia Seneviratne von der Eidgenössischen Technischen Hochschule (ETH) in Zürich, Schweiz, verstärkt sich die Erwärmung in Sibirien durch die frühe Schneeschmelze. Dadurch nimmt der Boden, das Eis auf dem Ozean und das Meerwasser mehr Sonnenstrahlung auf, was die Temperaturen zusätzlich in die Höhe treibt. In der Kleinstadt Werchojansk wurde am 20. Juni 2020 nach inoffiziellen Angaben eine Temperatur von 38 Grad Celsius gemessen. Damit wurde der bisherige Rekord innerhalb des arktischen Polarkreises aus dem Jahr 1915 in Alaska um wenige Zehntelgrade übertroffen. Mitte Mai 2021 stiegen die Temperaturen im hohen Norden am Polarkreis erneut auf 30,5 Grad Celsius an.

Die anhaltenden Hitzeperioden haben gravierende Folgen für die Umwelt und führen zum Auftauen des Permafrostbodens. Unter anderen Schäden stürzte Ende Mai 2020 ein Treibstofftank in der Nähe der nordsibirischen Industriestadt Norilsk ein und verschmutzte die umliegenden Böden und Gewässer mit rund 20 000 Tonnen Diesel (siehe 2.1.4.6 «Dieselkatastrophe in Norilsk»). Die Hitze wirkt sich auch auf die Fauna aus. Die Fische leiden unter den hohen Wassertemperaturen; Mückenschwärme und Seidenmotten vermehren sich extrem. Die Motten beschädigen die Nadelbäume und erhöhen damit die Gefahr von Waldbränden, welche infolge der Hitze und Dürre ohnehin schon gross ist. Bis Ende Juni 2020 verbrannte im Norden Russlands eine Fläche von mehr als 20 000 Quadratkilometern Wald, beinahe 3000 Quadratkilometer mehr als in der ersten Jahreshälfte 2019. Die Entwicklung passt in das globale Bild: Das Jahr 2020 ging als eines der heissesten Jahre seit Beginn der modernen meteorologischen Messungen in die Geschichte ein.

Eine Studie des britischen Wetterdienstes Met Office berechnete die Wahrscheinlichkeit des Eintretens von solchen aussergewöhnlichen Temperaturen vor und während dem voranschreitenden Klimawandel. Das Forscherteam um Andrew Ciavarella beobachtete vor dem Klimawandel solche Hitzeperioden alle 80 000 Jahre. Gegenwärtig erwartet das Team extreme Hitzetemperaturen von gegen 40 Grad Celsius auch im hohen Norden alle 130 Jahre, also eine Beschleunigung rund um den Faktor 600. Studien mit vergleichbaren Resultaten führte auch die Initiative World Weather Attribution bereits mehrfach durch.

Verwendete Quellen: Met Office; Neue Zürcher Zeitung, 16. Juli 2020, Tages-Anzeiger, 22. Mai 2021

2.1.3.2 Eisschmelze und steigender Meeresspiegel

Gemäss dem letzten grossen Bericht des UN-Klimarats setzte der weltweite Gletscherschwund Mitte des 19. Jahrhunderts ein und akzentuiert sich seither. Laut einem im September 2020 veröffentlichten Bericht des Alfred-Wegener-Instituts in Bremerhaven, Deutschland, ging die Fläche des arktischen Meereises im Sommer 2020 auf eine Ausdehnung von 3,8 Millionen Quadratkilometern zurück. Dies ist der zweitkleinste Wert seit Beginn der Beobachtung mit Satelliten im Jahr 1979. Der tiefste Wert wurde 2012 mit 3,3 Millionen Quadratkilometern gemessen. Im Zeitraum von 1991 bis 2000 lag das Meereisminimum im Durchschnitt noch bei rund 6,5 Millionen Quadratkilometern. In den letzten zwanzig Jahren kam es aufgrund ungewöhnlich hoher Temperaturen zu grossen Schwankungen bei der sommerlichen Eisschmelze. In diesem Zeitraum gerieten der Eisverlust im Sommer und der Eiszuwachs im Winter aus dem Gleichgewicht.

Der starke Rückgang ist auf den menschgemachten Klimawandel bei ungünstigem Zusammentreffen verschiedener Faktoren zurückzuführen. Im Winter 2019/2020 bildete sich nördlich von Sibirien nur sehr dünnes Meereis. Die Schollen wurden vom Wind immer wieder von der Küste auf das Meer hinausgetrieben. Im Mai und im Juni 2020 folgte eine Hitzewelle im Norden Sibiriens, im Juli 2020 eine Warmphase mitten in der Arktis. Die Lufttemperaturen lagen zeitweise bis zu 6 Grad Celsius über den erwarteten Mittelwerten. Zudem übertrafen die Temperaturen des Meerwassers in einzelnen Randmeeren bis zu 4,5 Grad die erwarteten Werte.

Die Rekordjahre 2020 und 2012 verstärken den voranschreitenden Rückgang der Meereisfläche. Nachdem der Petermann-Gletscher nordwestlich von Grönland in den letzten Jahren viel Eis verlor, ist der Nioghalvfjerdsfjord nordöstlich der Insel heute der grösste Eisschild in der Arktis. Wie Satellitenbilder des europäischen Umweltüberwachungsdienstes Copernicus zeigen, zerbricht nun auch der Nioghalvfjerdsfjord. Der in das Meer abgebrochene Teil ist etwa 110 Quadratkilometer gross. Für die Klimaforscher ist dieser grosse Eisabbruch ein weiteres Indiz für den raschen Klimawandel in der Arktis. Simulationen prognostizieren ein erstmaliges komplettes Abschmelzen in den Sommermonaten ab Mitte dieses Jahrhunderts.

▶ Seitenblick: Schmelzendes Eis gefährdet das Überleben von Eisbären in der Arktis

Gemäss einem Bericht des Forscherteams um Péter Molnár von der University of Toronto gefährdet das schmelzende Eis in der Arktis das Überleben von Eisbären bis 2100. Die schwindenden Eisflächen, auf denen Eisbären sich hauptsächlich von Robben ernähren, drängen die Tiere an Land, wo sie bei der Futtersuche Nachteile haben. Dort finden die Eisbären nicht das passende Futter, um ihren Energiebedarf zu decken. Die Berechnungen der Forscher basieren unter anderen Parametern auf der anhaltend steigenden Anzahl Tage pro Jahr, an denen sich die Eisfläche vermindert, sowie auf Schätzungen, wie lange Eisbären ohne Nahrung auskommen können, bis das Überleben von Jungtieren und Erwachsenen gefährdet ist.

Auf der Grundlage bereits vorliegender Klimawandel-Szenarien bis 2100 analysierten die Forscher die Situation der Eisflächen am Nordpol. Parallel errechneten sie ausgehend vom Energiebedarf von säugenden Müttern oder männlichen Tieren, wie lange Eisbären ohne Nahrung auskommen können. Am stärksten gefährdet ist das Leben von Jungtieren. Die besten Überlebenschancen bei schmelzenden Eisflächen haben alleinlebende Weibchen. Im Gegensatz zu den Männchen können sie Energie besser speichern. Grossen Einfluss auf die Prognosen hat laut der Studie der zukünftige Treibhausgasausstoss der Menschen. Bei pessimistischen Klimaszenarien geben die Forscher den Eisbären mit Ausnahme von Populationen in den Gebieten der Hoch-Arktis kaum Überlebenschancen bis 2100. Moderatere Treibhausgas-Konzentrationen können das Überleben der Eisbären verlängern. Gemäss den Aussagen der Forscher ist es jedoch wenig wahrscheinlich, dass das Aussterben vieler der 13 in der Studie betrachteten Eisbär-Populationen in diesem Jahrhundert verhindert werden kann.

Verwendete Quelle: Nature Climate Change, Neue Zürcher Zeitung, 21. Juli 2020

Die Folgen des Rückgangs der Meereisfläche und des Klimawandels im Arktischen Ozean sind laut dem Alfred-Wegener-Institut vielfältig. Ist kein Eis mehr vorhanden, wird der Wind höhere Wellen verursachen, welche die Erosion an den Küsten der Arktis verstärkt. Davon betroffen werden auch Permafrostböden sein. Zudem wird sich im Meer die Zusammensetzung der Arten verändern. Der Lebensraum für Spezies im Nordatlantik wird grösser, derjenige für arktische Arten wird aufgrund der Umweltbedingungen schrumpfen. Schliesslich eröffnen sich für die Schifffahrt nördlich der sibirischen Küste neue Wege. Die heute noch kaum benutzte Nordostpassage wird die Länge des Seewegs zwischen Rotterdam und Tokio halbieren. Zudem wird es Russland möglich sein, Flüssigerdgas von der Jamal-Halbinsel in Sibirien per Tankschiff vorab nach Asien zu exportieren.

Die Gletscher schrumpfen gemäss dem World Glacier Monitoring Service (WGMS) immer schneller. Der WGMS beobachtet Gletscher in fast zwanzig verschiedenen Bergregionen der Welt und zeigt die Auswirkungen des Klimawandels auf die Gletscher auf. Gemäss dem WGMS nimmt die Eisdicke der beobachteten Gletscher jedes Jahr zwischen einem halben und einem ganzen Meter ab. Das ist zwei- bis dreimal mehr als der entsprechende Durchschnitt im 20. Jahrhundert. Gemäss einer im Juni 2020 im Fachmagazin «Nature Communications» veröffentlichten Studie von Geografen der Universität Erlangen-Nürnberg, Deutschland, verloren die alpinen Gletscher in Frankreich, der Schweiz, Österreich und Italien von 2000 bis 2014 etwa ein Sechstel ihres Eisvolumens, also rund 17 Prozent. Der grösste Gletscher der Alpen, der Grosse Aletschgletscher im Kanton Wallis, Schweiz, schmolz in den unteren Lagen um mehr als fünf Meter pro Jahr. Die kontinuierlichen Beobachtungen des WGMS verdeutlichen, dass es sich bei dem langfristigen Zurückschmelzen der Gletscherzungen um ein globales Phänomen handelt. Die norwegischen Gletscherzungen etwa haben sich seit ihrem letzten Hochstand im 19. Jahrhundert um einige Kilometer zurückgezogen. Selbst die Gletscher im asiatischen Himalaja-Gebirge in grosser Höhe schmelzen. Laut einer Anfang November 2020 im Fachmagazine «Nature» erschienenen Studie sind dafür auch Staub- und Russpartikel verantwortlich. Sie lagern sich gerade in höheren Lagen auf dem Gletschereis ab und färben es dunkel, wodurch die Gletscher mehr Sonnenenergie als Wärme speichern. Die Autoren dieser Studie fürchten, dass bei einem Verfehlen der internationalen Klimaziele die Temperaturen in den Gebirgsgegenden bis zu 5 Grad steigen werden und damit bis zu zwei Drittel des Gletschereises verloren gehen könnten. Selbst bei Erreichen der Klimaziele könnten die Himalaja-Gletscher bis zum Jahr 2100 ein Drittel ihres Eises verlieren. Davon direkt oder indirekt betroffen wird etwa ein Zehntel der Weltbevölkerung vorab in Zentralasien und Südamerika sein, die in irgendeiner Form, sei dies für Bewässerungen oder Nutzung als Wasserkraft, vom jährlichen Schmelzwasser profitieren. Diese Entwicklungen bestätigte eine im Wissenschaftsmagazin «Nature» Ende April 2021 veröffentlichte und von Forschern der ETH Zürich und der Universität Toulouse geleitete Studie, gemäss der sich der Eisverlust zuletzt vor allem in Nordamerika verstärkte. Die Studienresultate basieren auf Satellitenaufnahmen und zeigen auf, dass während im Zeitraum von 2000 bis 2004 alle Gletscher weltweit rund 227 Milliarden Tonnen Eis pro Jahr verloren, dieser Wert im Zeitraum von 2015 bis 2019 um 31 Prozent auf 298 Milliarden Tonnen anstieg. Knapp die Hälfte der Beschleunigung führt die Studie auf die Gletscher im Westen von Nordamerika zurück, wo die Niederschläge teilweise markant zurückgingen.

Die Gletscherschmelze hat schwerwiegende Konsequenzen für die Natur. Das Gletscherwasser fliesst in das Meer und trägt dazu bei, dass der Meeresspiegel steigt. Bedroht sind insbesondere Länder wie Bangladesch, Pakistan, Thailand, Indonesien und Ägypten, wo Millionen Menschen in Gebieten leben, die unter Wasser stehen werden, wenn der Meeresspiegel nur um einen halben bis ganzen Meter ansteigt. Forscher der ETH Zürich, Schweiz, haben im April 2019 eine Studie veröffentlicht, die mittels Satellitendaten und Beobachtungen vor Ort aufzeigt, dass der Meeresspiegel in den letzten Jahren durchschnittlich um einen Millimeter pro Jahr gestiegen ist. Dazu trugen besonders die Gletscher in Alaska, in Patagonien und in den arktischen Regionen rund um den Nordpol bei. Schrumpfende Gletscher sind auch für ihre Umgebung eine Gefahr. Das Wasser in darunterliegenden Gletscherseen staut sich, bis der Druck so hoch wird, dass die Wände aus Geröll brechen und das Wasser ins Tal stürzt. Dies kann der Auslöser für verheerende Katastrophen in Form von Erdrutschen oder Überschwemmungen sein. Kritisch ist auch, wenn in Gletschergebieten der Permafrostboden auftaut. Zudem führt der Verlust von Gletschermasse langfristig zu weniger Schmelzwasser, das abfliesst. Diese Entwicklung bedroht insbesondere die Bewohner der Anden und des Himalajas sowie angrenzende Regionen in ärmeren Regionen der Welt, wo die Gletscher zeitweise die wichtigste Quelle für Trinkwasser sind. Darüber hinaus droht auch der dortigen Landwirtschaft und den Industriebetrieben Wasserknappheit.

▶ Seitenblick: Sturzflut nach Gletscherabbruch in Indien

Am 7. Februar 2021 löste im nordindischen Gliedstaat Uttarakhand ein Gletscherabbruch eine Flutkatastrophe mit verheerenden Folgen aus. Sie forderte mindestens 50 Menschenleben und über 160 verletzte Personen. Eine Woche nach dem Ereignis wurden noch mehr als 150 Personen vermisst. Die Sturzflut richtete auf dem Gelände eines Wasserkraftprojekts grosse Schäden an. Als Ursache der Flut gilt ein Teilabbruch des Himalaja-Gletschers, der den Wasserpegel im engen Tal darunter plötzlich schnell ansteigen liess. Die Himalaja-Gletscher befinden sich als Folge der steigenden Temperaturen auf dem Rückzug. Experten waren sich uneinig, ob das Anschwellen des Pegelstandes durch die ausfliessenden Wassermassen eines Gletschersees nach einem Teilabbruch des Gletschers oder durch eine von einem Gletscherbrocken ausgelöste Steinlawine verursacht wurde. Auf jeden Fall sind Gletscherabbrüche mitten im Winter ungewöhnlich.

Die meisten Vermissten waren Arbeitende, die in zwei Wasserkraftwerken im Tal beschäftigt waren. Insbesondere die Arbeitenden am oberen Kraftwerk wurden wie die Kraftwerke selber fortgespült. Die Personen weiter unten im Tal konnten gewarnt werden. Mindestens 34 Mitarbeitende waren über Tage in einem der Kraftwerke im Tal eingeschlossen. Sie mussten in einem rund 2,5 Kilometer langen Tunnel ausharren, dessen Zugang durch Geröllmassen zugeschüttet war. Rund 300 Grenzpolizisten standen zur Rettung der Arbeitenden und der betroffenen Zivilbevölkerung im Einsatz. Zusätzlich entsandte das Militär Helikopter und Soldaten.

Indien strebt bis zum Ende des Jahrzehnts an, 40 Prozent seines Energiebedarfs mit nicht-fossilen Quellen zu decken. Der Ausbau der Wasserkraft spielt dabei eine zentrale Rolle. Umweltexperten kritisierten in der Vergangenheit mehrmals die Wasserkraftprojekte in heiklen Gebieten, darunter im Himalaja-Gebirge, wo es immer wieder zu unvorhersehbaren Naturereignissen kommt. Nach der Flut Anfang Februar 2021 forderten sie einen endgültigen Stopp der Bauarbeiten. Der Teilstaat Uttarakhand ist immer wieder von Überschwemmungen betroffen. Allerdings ereignen sie sich in der Regel während des Monsunregens im Sommer. 2013 sorgten Monsunregen für starke Überschwemmungen, die rund 6000 Menschen das Leben kosteten.

Verwendete Quellen: Neue Zürcher Zeitung, 8. und 15. Februar 2021

2.1.3.3 **Extremwetterereignisse**   Die Häufigkeit und Ausprägung von Extremwetterereignissen wie Wirbelstürmen, Starkniederschlägen, Fluten, Erdrutschen, Dürren, Feuersbrünsten oder Hitzewellen nehmen zu. Dies hat Folgen für die Wirtschaftsentwicklung und die Bevölkerung der betroffenen Regionen. Die Zerstörung von Wohnhäusern, Gewerbeliegenschaften und Infrastruktur, Energie-, Wasser- und Nahrungsmittelknappheit sowie Ernteausfälle richten menschliches Leid und grosse Schäden an. Ein im Oktober 2020 veröffentlichter Bericht der UN-Weltorganisation für Meteorologie (WMO) zeigt auf, dass die Zahl und Schwere wetter- und klimabedingter Naturkatastrophen in den vergangenen fünfzig Jahren stark angestiegen ist. Der Bericht spricht von rund 11 000 klima- oder wetterbedingten Naturkatastrophen seit 1970. Die Betrachtung nach Jahrzehnten verdeutlicht die Häufung solcher Ereignisse in jüngster Zeit. Der Bericht zählt insgesamt 711 Ereignisse in den 1970er Jahren, in den letzten zehn Jahren waren es 3165. Insgesamt sind seit 1970 durch wetter- und klimabedingte Naturkatastrophen mindestens zwei Millionen Menschen umgekommen. Vor allem dank Frühwarnsystemen verringerte sich jedoch die Zahl der Todesopfer von 556 000 auf 185 000 Betroffene im letzten Jahrzehnt. Die WMO betont die Wichtigkeit und das weitere Potenzial neuer Technologien und sozialer Medien, um noch mehr Menschen rechtzeitig warnen und schützen zu können. Im Folgenden sind ausgewählte Beispiele solcher Extremwetterereignisse angeführt.

Ein unterseeisches Erdbeben mit einer Magnitude von 9,1 und dem Epizentrum rund 85 Kilometer vor der Nordwestküste der indonesischen Insel Sumatra forderte am 26. Dezember 2004 eine bisher unerreichte Anzahl Todesopfer und richtete unermessliche Zerstörungen und Schäden an. Das drittstärkste je aufgezeichnete Beben löste eine Reihe von Tsunamis an den Küsten des Indischen Ozeans aus. Insgesamt starben an dem Erdbeben und seinen Folgen rund 230 000 Menschen, davon rund 165 000 in Indonesien. Über 110 000 Menschen wurden teilweise schwer verletzt, geschätzte 1,7 Millionen Küstenbewohner verloren ihr Obdach sowie ihre Habe.

Immer häufiger zerstören Feuersbrünste ganze Landstriche und mit Schadstoffen durchsetzte Rauchwolken gefährden die Gesundheit der betroffenen Bevölkerung. So zuletzt in Australien und im Westen der USA. In Australien forderten die verheerenden Buschbrände zwischen August 2019 und März 2020 den Tod von mehr als 30 Menschen sowie gemäss den Schätzungen des World Wide Fund for Nature (WWF) von fast drei Milliarden Tieren. Das Feuer wütete in sechs der insgesamt acht Bundesstaaten und zerstörte Territorien von mehr als zwölf Millionen Hektar Land. Von Oktober bis Dezember 2020 verwüsteten erneute Flammen rund die Hälfte der australischen Sandinsel Fraser Island und im Januar 2021 verursachten heisses und extrem trockenes Wetter mit Temperaturen von über 40 Grad sowie starke Winde neue Brände nördlich der Stadt Perth in Westaustralien, die Tausende von Hektaren Buschland zerstörten. In den drei amerikanischen Westküstenstaaten Kalifornien, Oregon und Washington erreichten Hunderte Waldbrände im September 2020 bisher unerreichte Ausmasse. Die mehr als 900 Feuer wurden zumeist von Blitzeinschlägen bei grosser Hitze und Trockenheit ausgelöst und zerstörten eine Rekordfläche von über 16 000 Quadratkilometern Land. Die Brände forderten seit Ausbruch Mitte August 2020 mindestens 31 Todesopfer. Während Wochen mussten zeitweise über 100 000 Menschen auf der Flucht vor den Flammen ihre Wohnungen verlassen, eine mehrfach höhere Anzahl Menschen wurde angewiesen, sich auf eine Evakuierung vorzubereiten. Zudem stuften die Umweltbehörden die Luft in weiten Landesteilen als gesundheitsschädigend ein.

«Laura» traf als erster Wirbelsturm der Saison, die jeweils im August beginnt und mit Ablauf des Novembers endet, am 27. August 2020 mit Windgeschwindigkeiten von bis zu 240 Kilometern pro Stunde und einer meterhohen Sturmflut in Louisiana auf die amerikanische Küste. Als Vorsichtsmassnahme ordneten die Behörden die Evakuierung von mehr als einer halben Million Einwohner an. Der Sturm forderte 30 Menschenleben, hunderttausende Haushalte waren während Tagen ohne Strom und laufendes Wasser. Die Windgeschwindigkeit von Laura egalisierte diejenige des «Last Island Hurricane» im Jahr 1856. Laura traf im Gegensatz zu «Katrina» im Jahr 2005 auf ein vergleichsweise dünn besiedeltes Gebiet und nicht auf eine Metropole wie New Orleans. Zudem zog Laura nicht wie «Harvey» im Jahr 2017 rasch weiter, sodass sich die Regenfälle weitflächig verteilten. Dennoch beziffern Hurrikan-Experten die Schäden auf über zehn Milliarden US-Dollar. Die National Oceanic and Atmospheric Administration (NOAA) des US Department of Commerce und das National Hurricane Center (NHC) verzeichneten 2020 ein Rekordjahr für Wirbelstürme. In durchschnittlichen Jahren erreichen rund zwölf Stürme die Atlantikküste der USA, davon drei Hurrikane der Kategorie drei, vier oder fünf. Bis Anfang Oktober 2020 ereigneten sich im Atlantik bereits so viele Wirbelstürme, dass die für die ganze Saison vorgesehenen 21 Namen in alphabetischer Reihenfolge aufgebraucht waren und die Meteorologen auf das griechische Alphabet zurückgreifen mussten, was letztmals 2005 notwendig war.

Im Oktober 2020 führten wochenlang andauernde, heftige Unwetter in Vietnam zu grossen Überschwemmungen und Erdrutschen. Allein der Taifun «Molave», der am 28. Oktober 2020 von den Philippinen über Vietnam nach Laos zog, kostete mehr als 30 Personen das Leben, darunter zwölf Fischer, deren Boote sanken. Molave war seit zwanzig Jahren der schwerste Tropensturm in Vietnam. Er riss mit Geschwindigkeiten von bis zu 135 Kilometern pro Stunde die Dächer von rund 90 000 Häusern herunter, entwurzelte Bäume und überflutete Strassen. Anfang November 2020 forderte der Hurrikan «Eta» in Mittelamerika mehr als 150 Todesopfer. Eta traf als Hurrikan der zweitstärksten Kategorie vier in Nicaragua auf Land und schwächte sich auf dem Weg nach Honduras zu einem tropischen Tiefdruckgebiet ab, das jedoch in der ganzen Region für heftigen Regen und verheerende Überschwemmungen sorgte. Mitte November 2020 traf der Wirbelsturm «Iota» als Hurrikan ebenfalls der Kategorie vier mit anhaltenden Windgeschwindigkeiten von 250 Stundenkilometern die gleiche Gegend wie zwei Wochen zuvor Eta. Iota verursachte eine lebensbedrohliche Sturmflut, katastrophale Windschäden, sintflutartigen Regen, Überschwemmungen und weitere Erdrutsche. Iota war der 30. Sturm im Jahr 2020, der bisherige Rekord lag bei 28 Stürmen. Mitte Dezember 2020 fegte der Zyklon «Yasa» mit Windböen von bis zu 345 Kilometern pro Stunde über die Inselgruppe Fidschi im Südpazifik. Der Sturm der Kategorie fünf war neben «Winston» im Jahr 2016 einer der schwersten überhaupt, die jemals über die Inselgruppe zogen, und forderte gemäss dem Nationalen Katastrophenschutz mindestens zwei Todesopfer. Im März 2021 schliesslich löste tagelanger Starkregen im Osten Australiens, wo es von Oktober 2019 bis Februar 2020 lichterloh brannte, die schlimmsten Überschwemmungen seit Jahrzehnten und die Evakuierung ganzer Ortschaften aus. Die Behörden stuften die Lage in Teilen des Gliedstaats New South Wales als Naturkatastrophe ein, wie es sie nur einmal in hundert Jahren vorkommt.

Die heftigen Überschwemmungen in Vietnam standen mit dem Wetterphänomen «La Niña» in Zusammenhang. Es kündigte sich seit Monaten an. Bereits Ende Oktober 2020 stellte die WMO fest, dass die Wassertemperaturen an der Oberfläche des tropischen Ostpazifiks niedriger als im langjährigen Durchschnitt waren – ein Umstand, der allgemein im Pazifikgebiet und auch in grösserer Entfernung zu verheerenden Unwettern führen kann. La Niña (spanisch für das Mädchen) ist das kühle Gegenstück zur noch bekannteren Wärmeanomalie El Niño (der Knabe), die letztmals 2015 bis 2016 und 2018 bis 2019 zu rekordhohen Temperaturen weltweit beitrugen. Mit La Niña ging es nun wieder in die kalte Richtung. Fallen die Temperaturen im tropischen Ostpazifik, dann klettern sie im Westpazifik. Dadurch verschieben sich die Regengebiete und im Westen steigt die Luft vermehrt auf, was zu zahlreicheren und kräftigeren Schauern und Gewittern in der Region führt. Im Gegensatz zu den Überschwemmungen in Vietnam trug La Niña 2020 im Südwesten der USA und in Mexiko zu grosser Trockenheit und Dürre bei. Wie in einer im Oktober 2020 im Wissenschaftsmagazin «Nature» veröffentlichten Studie der University of California in Santa Barbara, USA, veröffentlichten Studie angekündigt, war auch der Osten Afrikas, vor allem Äthiopien und Kenya, von einer schwächeren Regenzeit und Trockenheit betroffen, was die Ernährungsknappheit verschärfte. Zu den weiteren Fernwirkungen von La Niña zählte auch die im Jahr 2020 verzeichnete Rekordanzahl von tropischen Wirbelstürmen im Atlantik. Die von La Niña verursachten, schwachen Winde in höheren Luftschichten begünstigten die Bildung von tropischen Wirbelstürmen. Nachdem 2020 neben 2016 als das wärmste Jahr seit Messbeginn in die Annalen einging, dürfte La Niña 2021 zu einem temporären leichten Temperaturrückgang führen. Das kühlere Pazifikwasser wird mehr Wärme aufnehmen und somit eine Abkühlung der Erdatmosphäre bewirken. Ungefähr ein halbes Jahr nach La Niña sinkt dann die globale Mitteltemperatur erfahrungsgemäss um ein bis zwei

Zehntelgrad. Laut Experten erreichte La Niña im Winter 2020/21 ihren Höhepunkt und dauerte bis in den Frühling 2021 an.

In der zweiten Julihälfte 2021 forderten in Nordrhein-Westfalen und Rheinland-Pfalz, Deutschland, im indischen Gliedstaat Maharashtra sowie in der zentralchinesischen Provinz Henan heftige Niederschläge und darauffolgende schwere Überflutungen Hunderte von Todesopfern und richteten immense Schäden an. Zur gleichen Zeit wüteten im Nordosten der USA in den Bundesstaaten Washington, Oregon und Montana, im kanadischen British Columbia sowie in Südeuropa, insbesondere in Italien, Griechenland und der Türkei, verheerende Waldbrände und zerstörten ausgedehnte Waldflächen. Extreme Hitze, Dürre und Wind erschwerten die Arbeit der Löschkräfte.

Am 30. August 2021 traf Hurrikan «Ida» im amerikanischen Gliedstaat Louisiana auf Land und verursachte in den Folgetagen starke Niederschläge und verheerende Überschwemmungen in New York, New Jersey, Delaware und Pennsylvania. Der Sturm, der anfänglich die Stärke vier auf der fünfstufigen Hurrikan-Skala erreichte, forderte über 60 Menschenleben und richtete Schäden in Milliardenhöhe an. Ida erinnerte an Hurrikan «Katrina», der 16 Jahre zuvor den Süden der USA traf. Nach den massiven Investitionen in Schutzmassnahmen hielten die Dämme des Hochwasserschutzsystems in New Orleans Ida stand, womit eine noch grössere Katastrophe vermieden werden konnte.

2.1.4 Grosse menschverursachte Umweltkatastrophen

Umweltkatastrophen sind von Menschen verursachte, plötzliche Beeinträchtigungen der Umwelt mit schwerwiegenden Folgen, die den Tod von vielen Menschen und Tieren sowie die Zerstörung von Ökosystemen verursachen. Demgegenüber gründen Naturkatastrophen in rein natürlichen Ereignissen und Entwicklungen, ohne direktes menschliches Verschulden. Zu den grössten Umweltkatastrophen zählen der Dioxin-Unfall von Seveso, Italien, 1976, die Reaktorkatastrophen von Tschernobyl, Ukraine, 1986, und von Fukushima Daiichi, Japan, 2011, die Explosion auf der Ölbohrplattform Deepwater Horizon im Golf von Mexiko, 2010, der Öltankerunfall Exxon Valdez vor der Küste Alaskas, 1989, die Dieselkatastrophe in Norilsk, Russland, 2020, oder als Beispiele von schleichenden Verschmutzungen der Aralsee in Zentralasien oder das Great-Barrier-Korallenriff in Australien.

2.1.4.1 Dioxin-Unfall von Seveso
Am 10. Juli 1976 platzte in der Chemiefabrik Icmesa im norditalienischen Seveso, einer Gruppengesellschaft des damaligen Pharmakonzerns Hoffmann-La Roche, bei der Herstellung des Desinfektionsmittels Hexachlorophen ein Überdruckventil. Explosionsartig entwich eine hochgiftige

Dioxin-Gaswolke in die Umwelt und richtete in der Umgebung grossen Schaden an. Teile der betroffenen Bevölkerung zeigten entzündliche, verhornende Hautverätzungen, die später als Chlorakne diagnostiziert wurden. Schwangeren rieten die Ärzte zur Abtreibung. Langzeitstudien zeigten zudem eine erhöhte Krebs-Mortalität. Weiter verdorrte die Vegetation auf einer Fläche von rund 1800 Hektaren innerhalb weniger Tage. 3300 Tiere verendeten, 77 000 mussten notgeschlachtet werden. Aufgrund der Verseuchung des Bodens waren Ackerbau und Viehzucht im betroffenen Gebiet für viele Jahre nicht mehr möglich. Die Evakuation der betroffenen Bevölkerung erfolgte nur zögerlich, da grosse Ratlosigkeit betreffend Schutz der Menschen und dem Vorgehen zur Entgiftung des Geländes bestand. Erst am 26. Juli 1976 verliessen die ersten rund 200 Personen das verseuchte Gebiet, am 2. August folgten 500 weitere Personen. Die ersten Entgiftungsarbeiten starteten im Herbst 1976. Viele Gebäude im engsten Umkreis waren jedoch so stark vergiftet, dass sie abgerissen werden mussten. Zudem musste in der innersten Zone rund um die Fabrik das Erdreich entfernt werden. Erst Ende 1977 konnten rund 500 Personen ihre Häuser wieder beziehen.

Das Unglück von Seveso steht nicht nur für die gesundheitliche Katastrophe vieler Menschen, sondern auch für die Vertuschungen und das zu späte Handeln der Verantwortlichen. Aus Untersuchungsberichten geht hervor, dass der Konzernleitung von Hoffmann-La Roche die Tragweite des Unglücks bereits am 12. Juli bekannt war. Dennoch lief die Produktion mit Ausnahme der Abteilung B, wo das Unglück geschah, bis zum 16. Juli ungehindert weiter. 1983 wurden fünf Mitarbeitende erstinstanzlich zu Freiheitsstrafen von bis zu fünf Jahren verurteilt. Im Berufungsprozess entschieden die Richter dann auf fahrlässiges und nicht vorsätzliches Handeln und setzten die Strafen zur Bewährung aus. Erst viele Jahre später entschädigte das Unternehmen die durch die Katastrophe betroffenen Menschen und Gemeinden. Für den Rückbau des Werks und für Schadenersatz an die umliegenden Dörfer zahlte Hoffmann-La Roche 197 Millionen Euro. Auf eine Entschuldigung des Konzerns warteten die Betroffenen jahrelang. 2005 war Jörg Sambeth, der technische Direktor des Werks, der Erste. Er äusserte sich bereits zuvor mehrfach öffentlich und kritisierte das Verhalten der Konzernleitung von Hoffmann-La Roche.

2.1.4.2 **Reaktorkatastrophe Tschernobyl** Am 26. April 1986 explodierte der Reaktor-Block 4 des Kernkraftwerks Tschernobyl, Ukraine, und geriet in Brand. Die Nuklearkatastrophe wurde auf der von einer internationalen Expertengruppe, bestehend aus Spezialisten der Internationalen Atomenergieorganisation (IAEA) und der Kernenergiebehörde der Organisation für wirtschaftliche Zusammenarbeit und Entwicklung (OECD), erarbeiteten Skala in der höchsten Kategorie (INES 7) eingestuft. Bei einer am 25. April 1986 begonnenen Simulation eines vollständigen Stromausfalls kam es aufgrund schwerwiegender Verstösse gegen die Sicherheitsvorschriften sowie baulicher Eigenschaften der Anlage zu einem unkontrollierten Leistungsanstieg und anschliessender Explosion des Reaktors. In den ersten zehn Tagen nach dem Katastrophenereignis wurde eine Radioaktivität von mehreren Trillionen Becquerel in die Erdatmosphäre freigesetzt. Radioaktive Stoffe, darunter Isotope und Caesium mit einer Halbwertszeit von rund 30 Jahren kontaminierten in Form von radioaktivem Niederschlag vor allem die Region nordöstlich von Tschernobyl und durch Windverfrachtungen weite Teile Russlands, Weissrusslands und der Ukraine. Die radioaktive Wolke zog bis nach Mitteleuropa und zum Nordkap. Bis November 1986 wurde unter der Leitung des Kurtschatow-Instituts ein aus Stahlbeton bestehender, provisorischer Schutzmantel errichtet, der für eine Haltedauer von 20 bis 30 Jahren ausgelegt war. Doch bereits nach wenigen Jahren zeigten sich schwerwiegende Schäden. 1997 beschlossen die G-7-Staaten, Russland, die Ukraine und die Europäische Union den Bau einer neuen Hülle, die den zerstörten Reaktor für mindestens 100 Jahre sicher umgeben soll. 2015 wurde die neue Schutzhülle fertiggestellt.

Die Verantwortlichen kümmerten sich vor allem um die Eindämmung der Katastrophe, obwohl ihnen die Gefahr für die umliegende Bevölkerung bewusst war. Es vergingen anderthalb Tage, bevor die Gegend um den Reaktor von Tschernobyl evakuiert wurde. Allein in der wenige Kilometer vom Unglücksort entfernten Stadt Prypjat lebten fast 50 000 Menschen, die überwiegend in dem Kraftwerk arbeiteten. Insgesamt wurden 135 000 Menschen von den Behörden umgesiedelt. Weitere 300 000 Einwohner der Gegend schlossen sich an, da die mit einem Zirkel gezogene 30-Kilometer-Sperrzone mitten durch Dörfer verlief und Gemeinschaften und Wirtschaftseinheiten zerschnitt. Doch auch ausserhalb des 30-Kilometer-Radius waren viele Gebiete hoch verstrahlt.

Die Zahl der durch den schweren Zwischenfall geforderten Menschenleben sowie Langzeiterkrankungen ist umstritten. Die Weltgesundheitsorganisation (WHO) schätzt in einem gemeinsam mit den Vereinten Nationen (UN) und der IAEA erstellten Bericht die direkt der Katastrophe infolge akuter Strahlenkrankheit zugeschriebenen Todesfälle auf unter 50 Betroffene. Die Zahl der indirekten, vor allem durch Krebserkrankungen bedingten Todesopfer, liegt gemäss diesem Bericht bei rund 4000 Personen. Strahlenmediziner, darunter die Organisation Internationale Ärzte für soziale Gerechtigkeit und Verhütung eines Atomkriegs (IPPNW), gehen jedoch auf der Basis von statistischen Berechnungen von hunderttausenden Todesfällen aus, umso mehr als die für die Aufräumarbeiten und Errichtung der ersten Schutzhülle eingesetzten, sogenannten Liquidatoren völlig unzureichend gegen die hohe Strahlenbelastung geschützt waren. Wissenschaftlich nachgewiesen wurde in den stark kontaminierten Gebieten um Tschernobyl ein markant vermehrtes Auftreten vor allem von Schilddrüsenkrebs.

2.1.4.3 Reaktorkatastrophe Fukushima Im März 2011 zerstörte ein Tsunami im Pazifischen Ozean die Kühlsysteme des Atomkraftwerks Fukushima Daiichi (Fukushima I). Es kam zu mehreren Explosionen und in drei Reaktoren zur Kernschmelze. Der Atomunfall in Fukushima war der schlimmste Vorfall seit dem Unglück in Tschernobyl 1986. Die eigentliche Unfallserie begann am 11. März 2011 mit einem Erdbeben unter dem Ozeanboden mit Epizentrum 163 Kilometer nordöstlich von Fukushima, dessen Folgen vier von sechs Reaktorblöcken des Kraftwerks zerstörten. In den Böcken 1 bis 3 kam es zu Kernschmelzen, bei denen grosse Mengen an radioaktiven Stoffen freigesetzt wurden und Luft, Böden, Wasser und Nahrungsmittel in der land- und meerseitigen Umgebung kontaminierten. Der Schweregrad erreichte rund 10 bis 20 Prozent der radioaktiven Emissionen der Nuklearkatastrophe von Tschernobyl. Rund 100 000 bis 150 000 Einwohner mussten das Gebiet vorübergehend oder dauerhaft verlassen. Hunderttausende in landwirtschaftlichen Betrieben zurückgelassene Tiere verendeten. Unmittelbare menschliche Todesopfer durch die Strahlungseinwirkung wurden keine bekannt.

Die japanische Atomaufsichtsbehörde ordnete das Unglück aufgrund ihrer Abschätzung der Gesamtradioaktivität der freigesetzten Stoffe auf der internationalen Bewertungsskala für nukleare Ereignisse als Vorfall der Höchststufe 7 (katastrophaler Unfall) ein und die japanische Regierung beschloss nach wenigen Tagen, das gesamte Kraftwerk stillzulegen. Die Katastrophe führte in vielen Ländern zu gesellschaftlichen und politischen Debatten über die Sicherheit und Zukunftsfähigkeit der Kernenergie und veranlasste zahlreiche Staaten, darunter auch die Schweiz, den Ausstieg aus der Kernenergie zu erklären.

Die Stilllegung des Atomkraftwerks Fukushima Daiichi nimmt rund 30 bis 40 Jahre in Anspruch und allein der Rückbau verursacht Kosten von geschätzten 73 Milliarden US-Dollar. Einschliesslich anderen Folgekosten und Entschädigungszahlungen muss Japan insgesamt rund 200 Milliarden US-Dollar aufwenden. Seit der Katastrophe 2011 müssen die zerstörten Reaktoren konstant mit Wasser gekühlt werden, weil das radioaktiv verseuchte Material weiterhin Wärme abgibt. Somit müssen täglich rund 180 Tonnen kontaminiertes Wasser aus den beschädigten Reaktoren abgepumpt werden. Insgesamt lagern mittlerweile auf dem Gelände über 1,2 Millionen Tonnen Abwasser in über tausend riesigen Tanks. Laut dem Betreiber Tokyo Electric Power Company Holdings stossen die Lagerkapazitäten auf dem Gelände ab 2022 an ihre Grenzen. Diskutiert werden deshalb verschiedene Szenarien, um das kontaminierte Wasser zu entsorgen, darunter die Ableitung in das Meer, die Verdampfung des Wassers oder der Bau neuer Lagermöglichkeiten. Nach der Konsultation eines Expertengremiums entschied die japanische Regierung im Oktober 2020, das radioaktiv verseuchte Wasser in den Pazifischen Ozean ableiten zu wollen, was einer in der Atomindustrie heute weltweit verbreiteten Praxis entspricht. Im April 2021 präzisierte die japanische Regierung ihre Pläne, indem sie bekannt gab, dass die Entsorgung des Wassers im Meer ab 2023 beginnen und der Prozess voraussichtlich dreissig Jahre andauern soll. Die konsultierten Wissenschaftler argumentieren, dass sich das kontaminierte Wasser im Pazifischen Ozean sehr schnell verdünnen und kein Risiko für die Umwelt darstellen würde. Dies umso mehr als das Wasser bereits ein komplexes Filterverfahren durchläuft, bevor es in die Tanks gelangt. Hochradioaktive Isotope können so entfernt werden, nicht jedoch Tritium, eine leicht radioaktive Form von Wasserstoff, die gemäss den Wissenschaftlern nur in sehr hohen Dosen ein Risiko für Mensch und Tier darstellt. Dieses Isotop kann nicht in die Haut eindringen, jedoch kann es sich im Körper ablagern, wenn es geschluckt oder eingeatmet wird. Deshalb empfiehlt die Internationale Atomenergieorganisation (IAEA), mit Tritium kontaminiertes Wasser noch einmal stark mit Meerwasser zu verdünnen und die Ableitung zeitlich über Jahre zu erstrecken. Japan wäre somit nicht das einzige Land, das kontaminiertes Wasser in die Weltmeere abfliessen lässt. Einzig die Menge des Wassers ist im Fall von Fukushima aussergewöhnlich. Die Regierung in Tokio plant deshalb einen gestaffelten Prozess, der mehrere Jahrzehnte dauern soll. Zudem beteuert die japanische Regierung, dass weltweit geltende Richtlinien eingehalten werden.

In Japan und in den angrenzenden Regionen erwächst der geplanten Entsorgungslösung für das kontaminierte Wasser zunehmender Widerstand. Umweltorganisationen befürchten, dass die Auswirkungen auf die umliegenden Meeresgebiete entgegen den Behauptungen der involvierten Wissenschaftler nicht so harmlos sind und die Meeresfauna und -flora rund um das Gebiet schweren Schaden nehmen könnten. Sie argumentieren, die negativen Folgen für das maritime Leben würden oft unterschätzt und erst nach Jahren sichtbar. Auch die von der Atomkatastrophe schwer getroffenen japanischen Fischer kämpfen gegen die Ableitung des Wassers in den Pazifischen Ozean. Südkorea äusserte ebenfalls Kritik an den Plänen und liess verlauten, dass ein entsprechendes Vorgehen die bereits angespannten Beziehungen zwischen den Nachbarstaaten beeinträchtigen wird. Südkorea hält weiterhin an dem Importverbot für Fische und Meerestiere aus der Region um Fukushima fest und verschärfte erst kürzlich die Radiation-Tests für Produkte aus Japan.

2.1.4.4 **Deepwater Horizon** Deepwater Horizon war eine Ölbohrplattform für die Erkundung von neuen Erdölfeldern im Golf von Mexiko, USA. Sie wurde von der Firma Transocean im Auftrag des Leasingnehmers BP, ehemals British Petroleum, betrieben. Am 20. April 2010 kam es bei Ölbohrungen in rund 1500 Meter tiefen Gewässern aufgrund einer Vielzahl schwerer menschlicher und technischer Versäumnisse zu einem Blowout, bei dem die Plattform in Brand geriet. Eine Fontäne von Bohrschlamm, Gas und Öl trat aus, wobei das in grosser Menge und unter hohem Druck ausströmende Erdgas sich entzündete und zum Brand der Bohrplattform führte. Die für diesen Fall vorgesehene Schutzvorrichtung direkt am Meeresboden, ein mehrfach redundant konzipiertes Ventilsystem, wurde zwar betätigt, funktionierte jedoch nicht. Zwei Tage später versank die Plattform im Atlantischen Ozean. 115 Arbeiter konnten gerettet werden, elf wurden vermutlich unmittelbar durch die Explosion getötet. Während 87 Tagen strömten rund 800 Millionen Liter Öl in das Meer, bevor das Leck versiegelt werden konnte. Die Folge war eine verheerende Ölpest im Golf von Mexiko, die neben dem Blowout der Ixtoc-I 1979/80, eine im Auftrag der mexikanischen Erdölgesellschaft PEMEX im südlichen Golf von Mexiko betriebene Ölplattform, sowie der Ölpest im Persischen Golf während dem Zweiten Golfkrieg 1990/91 zu den schwersten Umweltkatastrophen dieser Art zählt. Die Küsten der US-Staaten Louisiana, Texas, Florida, Alabama und Mississippi wurden auf einer Länge von 2100 Kilometern verschmutzt. Der Ölteppich dehnte sich auf einer Fläche von viereinhalb Mal der Schweiz aus.

An der Katastrophe massgeblich beteiligt waren drei Unternehmen: Transocean, spezialisiert auf Tiefseebohrungen, das Mineralölunternehmen BP als Leasingnehmer und Auftraggeber und das Dienstleistungs- und Wartungsunternehmen Halliburton. Während einer Anhörung im Mai 2010 durch den US-Senat machten sich die Vertreter der beteiligten Unternehmen gegenseitig für die Katastrophe verantwortlich. Der daraus resultierende jahrelange Rechtsstreit wurde im April 2016 mit Straf- und Gerichtszahlungen in bisher unerreichter Höhe beigelegt. Allein BP muss wegen der Umweltverschmutzung 20 Milliarden US-Dollar an verschiedene US-Staaten über einen Zeitraum von 16 Jahren zahlen. Die Strafzahlungen umfassen Kosten für die Wiederherstellung der Umwelt sowie einen Ausgleich für wirtschaftliche Nachteile. Bereits 2012 erzielte BP eine Einigung mit privaten Anwälten von Unternehmen und Anwohnenden, die angeführt hatten, dass sie durch die Ölpest geschädigt worden waren.

2.1.4.5 **Exxon Valdez**   Am 24. März 1989 lief der unter der Flagge der Vereinigten Staaten fahrende Öltanker Exxon Valdez vor Alaska auf Grund. Das Schiff befand sich auf dem Weg von der Öl-Verladestation der Trans-Alaska-Pipeline in der Hafenstadt Valdez nach Süden. Zum Zeitpunkt des Unglücks war der Tanker trotz seines Fassungsvermögens von 210 000 Tonnen nur mit 163 000 Tonnen Rohöl beladen. Kurz nach Mitternacht lief das Schiff in rund 45 Kilometer Entfernung vom Ablegehafen auf das Bligh-Riff im Prinz-William-Sund vor Südalaska auf. Die Havarie löste eine der grössten Umweltkatastrophen der Seefahrt aus. Der auf der Brücke verantwortliche und vermutlich übermüdete Dritte Offizier versäumte es nach einer Abweichung vom geplanten Kurs, das Schiff auf eine sichere Route zurückzuführen. Der Kapitän des Schiffs lag zum Zeitpunkt der Havarie alkoholisiert in seiner Kabine. Auch die Küstenwache, die organisatorisch und hilfetechnisch nicht auf ein solches Unglück vorbereitet war, musste sich Versäumnisse vorwerfen lassen. Bei einer Radarüberwachung des Kurses der Exxon Valdez hätte die Besatzung rechtzeitig vor der Nähe des Riffs gewarnt werden können.

Bei dem Unfall liefen knapp 38 000 Tonnen Rohöl aus und verschmutzten das umliegende Gewässer. Der Ölteppich erstreckte sich auf einer Fläche von 4200 Quadratkilometer, die Küste wurde auf einer Länge von mehr als 1300 Kilometer verschmutzt. Die ausgelaufene Menge Rohöl war zwar im Vergleich zu anderen Tankerunfällen nicht besonders gross, jedoch baute sich das Öl in dem kalten Wasser nur sehr langsam ab. Zudem war der Prince-William-Sund bis dahin von der Zivilisation weitgehend unberührt und wies eine besonders reichhaltige Flora und Fauna auf. Das Unglück beeinträchtigte die Ökosysteme drastisch, als direkte Folge starben hunderttausende Fische, Seevögel und weitere Tiere.

Die Reinigungsarbeiten gestalteten sich enorm aufwendig. Exxon heuerte nach eigenen Angaben in den ersten sechs Monaten nach dem Unglück rund 12 000 Mitarbeitende an. Eingesetzt wurden mehr als 1300 Schiffe verschiedenster Art sowie Flugzeuge und Helikopter. Etwa ein Viertel des ausgelaufenen Rohöls konnte wieder aufgesogen werden. Für die Aufräumarbeiten wandte Exxon innerhalb von drei Jahren mehr als 2 Milliarden US-Dollar auf. Die Klärung der Haftungsfrage nahm fast zwei Jahrzehnte in Anspruch und kostete Exxon eine weitere Milliarde US-Dollar. Der Kapitän des Tankers wurde 1990 von einem Geschworenengericht in Anchorage weitgehend freigesprochen. Ob und wie stark er unter Alkoholeinfluss stand, konnte aufgrund der verspäteten Blutprobe nicht einwandfrei nachgewiesen werden.

Die USA erliessen 1990 als Reaktion auf die Katastrophe den Oil Pollution Act, wonach alle neu gebauten Tanker über eine Doppelhülle verfügen müssen, um US-amerikanische Häfen anlaufen zu dürfen. Nach einer 30 Millionen US-Dollar teuren Reparatur wurde die Exxon Valdez unter dem Namen Exxon Mediterranean wieder in Betrieb genommen und war noch bis 2012 im Dienst, zuletzt als Erzfrachter unter dem Namen Oriental Nicety.

2.1.4.6 Dieselkatastrophe in Norilsk Am 29. Mai 2020 liefen in der nordsibirischen Industriestadt Norilsk aus einem Tanklager eines Heizkraftwerks, das zum Energiekonzern des Bergbauunternehmens Norilsk Nickel gehört, mindestens 21 000 Tonnen Diesel aus. Den lokalen Umweltschutzeinheiten gelang es nicht, den Abfluss von grösseren Mengen des Treibstoffs in die Flüsse Daldykan und Ambarnaja zu verhindern, die in den Pjasino-See und weiter in die Kara-See, einen Teil des Arktischen Ozeans, münden. Erschwert wurden die Arbeiten von der Topographie des schwer zugänglichen, hügelig-sumpfigen Tundragebiets sowie dem saisonbedingt eintretenden Eisgang, der errichtete Schwimmsperren beschädigte. Zirka 15 000 bis 18 000 Tonnen Diesel sind in die Gewässer abgeflossen, rund 6000 in den Boden. Das Unglück entwickelte sich zur schlimmsten Umweltkatastrophe in der russischen Arktis. Umweltorganisationen vergleichen den Vorfall mit dem 1989 vor Alaska leckgeschlagenen Erdöltanker Exxon Valdez.

Der Kraftwerkbesitzer Norilsk Nickel begründete die Unfallursache im Klimawandel. Demnach brachen die Stützpfeiler des dreissig Jahre alten Reservoirs im auftauenden Permafrostboden ein.

Greenpeace bezifferte die unmittelbaren Kosten mit rund 16 Milliarden Rubel oder 225 Millionen Franken. Die russische Umweltschutzbehörde Rosprirodnadsor nannte Berechnungen zur bestmöglichen Beseitigung der Folgen von bis zu mehreren hundert Milliarden Rubel.

2.1.4.7 Aralsee Der Aralsee war einst der viertgrösste Binnensee der Erde, ein grosser, abflussloser, in den zentralasiatischen Staaten Kasachstan und Usbekistan gelegener Salzsee. Durch jahrelange Austrocknung, die ab 1960 stark zunahm, zerfiel der See um die Wende in das 21. Jahrhundert in mehrere, erheblich kleinere Gewässer. Mit einer Ausdehnung von rund 68 000 Quadratkilometern entsprach die Grösse des Aralsees ursprünglich mehr als der eineinhalbfachen Fläche der Schweiz. Überreste bilden seither der Nördliche Aralsee, der Westliche Aralsee, der dazwischen liegende Barsakelmessee und die Wüste Aralkum. Der weiter südlich in Turkmenistan liegende, ursprünglich mit dem Aralsee verbundene Aibugirsee wurde schon vor 1960 infolge Austrocknung und Desertifikation abgetrennt.

Einst versorgten die Flüsse Amudarja von Süden und Syrdaria von Osten aus den niederschlags- und schmelzwasserreichen Hochgebirgen Pamir und Tian Shan herkommend den Aralsee mit ausreichend Wasser. Seit der Stalin-Ära (1929 bis 1953) wurden den Flüssen grosse Wassermengen für die künstliche Bewässerung der Landwirtschaft sowie der Baumwollanbauflächen in Kasachstan und Usbekistan entnommen. Durch den geringeren Wasserzufluss sank seither der Spiegel des Aralsees kontinuierlich. Bis zur Jahrtausendwende sank der Wasserspiegel um 18 Meter von 53 Meter auf 35 Meter und die Fläche des Sees ging um rund 45 Prozent auf zirka 29 500 Quadratkilometer zurück, gleichzeitig reduzierte sich das Wasservolumen um 90 Prozent und der Salzgehalt vervierfachte sich. Zwischen November 2001 und Juni 2002 bildete sich die Wosroschdenijeinsel zur Halbinsel zurück. Sie war noch im 19. Jahrhundert die drittgrösste, gegen 1960 die zweitgrösste Insel des Aralsees. Die Insel Barsakelmes, vor 1960 das zweitgrösste Eiland des Aralsees, verlandete um 1995. Die im Norden gelegene Insel Kokaral, vor 1960 die grösste Insel, verlandete Ende der 1960er Jahre im Westteil und 1989 auch im Osten, was zur Teilung in Grossen Aralsee und Kleinen Aralsee führte. Die noch 1960 am Ufer gelegenen Städte Aral am Nordufer und Muynak am Südufer sowie zahlreiche weitere ehemalige Hafenstädte und Badeorte liegen heute teilweise über 100 Kilometer vom Ufer entfernt mitten in der Wüste. Im Sommer 2016 war das östliche Becken des Aralsees erstmals seit dem Mittelalter vollständig ausgetrocknet. Die entstandene

Wüste wird Aralkum genannt. Das am Seeboden zurückgebliebene und ausgetrocknete Salz wird durch heftige Winde aufgewirbelt und macht die Menschen anfällig für schwere chronische Krankheiten. Gleichzeitig beeinträchtigt das Salz die Ernten auf den Baumwollfeldern entlang der Zuflüsse. Unmengen Tonnen Sand fördern zudem die Wüstenbildung in der gesamten Region.

Mit der Austrocknung des Sees entstanden weitere Probleme. Lange konnte das Wasser Teile der Chemikalien, darunter Düngemittel, Pestizide und Industrie-Chemikalien von den Anbauflächen und umliegenden Fabriken, binden. Mit dem Rückzug des Wassers lagerten sich die Schadstoffe am Wüstenboden ab, von wo sie als Feinstaub in die Luft gelangen und von den Sandstürmen weit verfrachtet werden. Zudem stritten sich die Anrainerstaaten auf diplomatischer Ebene um den Zugang zu Trinkwasser und für die Sanierung des Sees bestimmte internationale Hilfsgelder. Schliesslich testete die ehemalige Sowjetunion jahrzehntelang Biowaffen im Aralsee. Zu den Stoffen, mit denen die Forscher experimentierten, zählen Erreger von Milzbrand, Pocken, Tularämie und Pest. Gemäss Experten soll das Gelände um das nach dem Zerfall der Sowjetunion geschlossene Geheimlabors Aralsk-7 noch heute mit Giften kontaminiert sein.

Die jeweils aktuelle Grösse des Aralsees ist abhängig von der Witterung und den Niederschlagsmengen. Daher variieren die zu verschiedenen Zeitpunkten erhobenen Messwerte zu seiner Flächenausdehnung und Tiefe erheblich. Unbestritten ist, dass die Austrocknung des Aralsees eine der grössten, menschgemachten Umweltkatastrophen mit unermesslichen Auswirkungen auf die lokale Flora und Fauna sowie die angrenzenden Ökosysteme darstellt.

2.1.4.8 Great-Barrier-Korallenriff   Das Great-Barrier-Riff vor der Nordküste Australiens ist die weltweit grösste zusammenhängende Ansammlung von über 2900 Korallenriffen. Es bietet Lebensraum für eine Vielzahl verschiedener Arten, darunter je über 1500 Fisch- und Schwammarten und 5000 Arten von Weichtieren. 1981 wurde es von der Organisation der Vereinten Nationen für Erziehung, Wissenschaft und Kultur (UNESCO) zum Weltnaturerbe erklärt. Das Great-Barrier-Riff wird auch als eines der sieben Weltwunder der Natur bezeichnet.

Das Great-Barrier-Riff verläuft am östlichen Rand des australischen Kontinentalsockels und erstreckt sich über 2300 Kilometern nordöstlich an der Ostküste des Bundesstaates Queensland von der Torres-Strasse bis zur Lady-Elliot-Insel, 75 Kilometer nordöstlich von Bundaberg. Es liegt zwischen 30 Kilometer bei Cairns und rund 250 Kilometer bei Gladstone von der parallel verlaufenden australischen Ostküste entfernt. Die Fläche des Great-Barriers-Riffs, die von zahlreichen Inseln und Sandbänken durchsetzt ist, beträgt rund 347 800 Quadratkilometer. Als erste Europäer erblickte 1770 die Besatzung der HMS Endeavor unter dem Kommando des britischen Seefahrers James Cook das Riff, als er während seiner ersten Südseereise

(1768 bis 1771) von der Botany Bay herkommend mit seinem Schiff entlang der Ostküste Australiens segelte und auf der Höhe des Cape Tribulation auf Grund lief.

Korallenriffe sind empfindliche Ökosysteme, die nur unter bestimmten Bedingungen in einem limitierten Temperaturbereich von 18 bis 30 Grad Celsius gedeihen können. Steigt die Wassertemperatur über einen längeren Zeitraum an, so wird der Algenbewuchs abgestossen. Es kommt zur sogenannten Korallenbleiche und die Korallen sterben ab. Laut einer im Oktober 2020 veröffentlichten Studie in der Fachzeitschrift «Proceedings of the Royal Society B: Biological Sciences» hat das Great-Barrier-Riff aufgrund hoher Wassertemperaturen als Folge der globalen Erderwärmung mehr als die Hälfte seiner Korallen verloren. Besonders ausgeprägt waren die Rückgänge in den nördlichen und zentralen Regionen des Great-Barrier-Riffs nach den Massenkorallenbleichen in den Hitzejahren 1998, 2002 und 2016. Im letzten Hitzejahr 2020 waren erstmals alle Regionen des Riffs betroffen. Das Potenzial für die Erholung älterer beeinträchtigter Korallen ist angesichts der sich häufenden und ansteigenden Extremtemperaturen, die den Korallenpopulationen und deren Widerstandsfähigkeit zusetzen, ungewiss.

Wenn Korallenriffe wie das Great-Barrier-Riff auch in Zukunft weiter existieren sollen, sind sehr schnell wirksame Klimaschutzmassnahmen für eine rasche Bekämpfung der globalen Erderwärmung notwendig. Doch auch bei gemässigten Wassertemperaturen wird es Jahrzehnte dauern, bis sich das Riff von den Schäden wieder vollständig erholt. Weiter wird das Great-Barrier-Riff durch den Tourismus, namentlich durch unachtsame Taucher, Souvenir-Jäger und Sonnenöle sowie durch Pestizide und Düngemittel, die über den Regen in das Meer gespült werden, bedroht.

1975 hat die australische Regierung eine spezielle Umweltschutzbehörde, die «Great Barrier Reef Marine Park Authority» eingesetzt. Ihre Arbeit fokussiert sich auf die Begrenzung und Kontrolle des Tourismus und der Fischerei sowie die Aufklärung über die Bedrohung des Riffs gegenüber Touristen und Einheimischen. Die Parkverwaltung begrenzte die Tauchmöglichkeiten und erlaubte das Campen nur noch auf sehr wenigen Inseln des Riffs. Seit 2003 gilt für ein Drittel des Riffs, also rund 100 000 Quadratkilometer, die höchste Schutzstufe. Dies bedeutet, dass die Fischerei dort verboten und die Schifffahrt stark eingeschränkt ist. In den Jahren zuvor erreichten die Gebiete mit höchster Schutzstufe gemessen an der Gesamtfläche des Riffs nur knapp fünf Prozent. 2015 erweiterte die australische Regierung mit dem Reef-2050-Plan die Schutzmassnahmen und setzte unter anderem ein Verbot der Entsorgung von Baggerschlamm, der vom Ausbau der umliegenden Häfen stammte, im Gebiet des Welterbes durch. Hinter diesen Schutzmassnahmen stehen nicht nur umweltpolitische Erwägungen. Das Great-Barrier-Riff ist eine der grössten touristischen Attraktionen Australiens und bringt der Ostküste jährlich Einnahmen in Höhe von weit über einer Milliarde US-Dollar. Zudem hängen über 10 000 Arbeitsplätze, vor allem in der Fischerei und der Tourismusbranche, an dem Riff.

Die UNESCO sorgt sich allerdings weiterhin um die Zukunft des Riffs und kritisiert Australien, zu wenig konsequent gegen den Klimawandel vorzugehen. Im Juni 2021 wurde bekannt, dass die UN-Organisation in einem Entwurf erwägt, das Great-Barrier-Riff auf die Liste der gefährdeten Weltnaturerbestätten zu setzen, um ihren Empfehlungen grösseres Gewicht zu verleihen. Das zuständige UNESCO-Komitee entschied am 23. Juli 2021 nach umfangreichen diplomatischen Interventionen von Seiten Australiens, erst 2023 wieder über das weltgrösste Riff zu beraten. Australien soll mehr Zeit bekommen und bis Dezember 2022 einen neuen Bericht über die Erhaltung des Great-Barrier-Riffs vorlegen. Unter Naturschützern löste dieser Entscheid heftige Kritik aus.

2.1.5 Artenvielfalt und Biodiversität

Gemäss dem im September 2020 von den Vereinten Nationen (UN) veröffentlichten «Global Biodiversity Outlook» verfehlt die Weltgemeinschaft weitgehend ihre selbst gesteckten Ziele zum Erhalt der Artenvielfalt. Von den anlässlich der 10. Vertragsstaatenkonferenz der Biodiversitätskonvention (Convention on Biological Diversity, CBD) 2010 in Nagoya, Japan, festgelegten zwanzig Zielen, die sogenannten Aichi-Ziele, konnten in der von den UN ausgerufenen Dekade der Biodiversität in den Jahren 2011 bis 2020 nur gerade bei sechs Punkten Teilerfolge erreicht werden. Fortschritte erzielten die Länder der Erde insbesondere beim Rückgang invasiver Arten, der Schaffung von Naturschutzgebieten und Ausdehnung dieser Flächen auf 17 Prozent der Erdoberfläche, bei der Initiierung von nationalen Strategie- und Aktionsplänen sowie beim verbesserten Zugang zu Ressourcen und deren gerechterer Verteilung. Weiter konnten das Wissen und die erhobenen Daten zur Biodiversität gemehrt werden. Auch wurden mehr finanzielle Mittel gesprochen. Nicht erreicht wurden die Ziele in den Bereichen Senkung der Luftverschmutzung und die Umsetzung der Pläne zur Verhinderung des Artensterbens. Insgesamt hängt die Weltgemeinschaft ihren Zielen beim Schutz der Arten weit hinterher.

Weil sich die beiden Entwicklungen Klimawandel und Schwund der Artenvielfalt und Biodiversität gegenseitig verstärken, schlossen sich der UN-Klimarat (Intergovernmental Panel on Climate Change, IPCC) und der UN-Biodiversitätsrat (Intergovernmental Science-Policy Platform on Biodiversity and Ecosystem Services, IPBES) zusammen und veröffentlichten im Juni 2021 erstmals einen gemeinsamen Bericht.

Er hält fest, dass Massnahmen vor allem bei Ökosystemen sinnvoll und vordringlich sind, die sowohl artenreich als auch reich an gespeichertem Kohlenstoff sind. Zu solchen Ökosystemen zählen neben Wäldern auch Moore, Salzsümpfe und Savannen sowie im Meer Seegraswiesen und Lebensräume von Seetang. Auch der nachhaltigen Land- und Forstwirtschaft wird ein Doppelnutzen zugeschrieben. Der Bericht übt zudem Kritik an verschiedenen Massnahmen gegen den Klimawandel wie zum Beispiel das unbedachte Pflanzen von Bäumen. So werde in Brasilien und Äthiopien die Wiederaufforstung mit Monokulturen ortsfremder Arten finanziell gefördert, was zwar der Aufnahme von Kohlendioxid diene, sich jedoch negativ auf die biologische Vielfalt auswirke.

Besorgniserregend sind insbesondere die Regenwälder in Brasilien, die immer stärker unter Druck geraten, hohe Fischfangquoten in den Meeren sowie der Zustand von sensiblen Lebensräumen wie Korallenriffe. Zukünftig braucht es deshalb gemäss dem UN Global Biodiversity Outlook zusätzliche Anstrengungen in mehreren Bereichen. Dazu zählen die Bewahrung von intakten Wäldern anstelle der Abholzung zur Landgewinnung, besserer Zugang zu sauberem Wasser, mehr nachhaltigere Fischerei und Schutz der Ozeane, mehr innovative und nachhaltige Landwirtschaft, diversifiziertere Nahrung mit weniger Fisch- und Fleischkonsum, grünere Städte und Infrastrukturen sowie einen schnellen Ausstieg aus der fossilen Energie.

Die Auswertung flächendeckender Daten unter anderen durch das Deutsche Zentrum für integrative Biodiversitätsforschung in Halle-Jena-Leipzig, die im Dezember 2020 in der Fachzeitschrift «Global Change Biology» veröffentlicht wurde, zeigt seit 1960 einen deutlichen Rückgang der pflanzlichen Biodiversität in Deutschland bei 70 Prozent der Arten auf. Dabei vermögen die neu eingeführten Arten den Verlust nicht zu kompensieren. Der Artenschwund in der Pflanzenwelt wirkt sich auch auf Vögel, Reptilien und Fische aus, da die Pflanzen das unterste Glied in der Nahrungskette sind. Sie nehmen eine entscheidende Rolle in Ökosystemen ein. Veränderungen in deren Biodiversität können sich durch die Nahrungsketten fortsetzen und damit das Gleichgewicht auch auf anderen Ebenen verändern. So kann weniger Nektar zum Beispiel ein möglicher Grund für den markanten Insektenschwund darstellen.

Trotz dieser alarmierenden Signale aus der Wissenschaft erfährt die Biodiversität im öffentlichen Diskurs im Vergleich zum Klimaschutz deutlich weniger Aufmerksamkeit. Laut einem Bericht der UN sind rund 1 von geschätzten 8 Millionen Tier- und Pflanzenarten weltweit vom Aussterben bedroht. Gleichzeitig erfüllen praktisch alle Länder einschliesslich der Schweiz die meisten der international vereinbarten Ziele nicht. In der Schweiz sind gemäss dem Bundesamt für Umwelt (BAFU) knapp die Hälfte der Lebensraumtypen und ein Drittel aller einheimischen Arten gefährdet. Die Hauptgründe sind die Zersiedelung, die intensive Nutzung von Böden und Gewässern sowie die Ausbreitung invasiver gebietsfremder Tier- und Pflanzenarten.

Die Bedrohungslage erfordert eine rasche und entschlossene Reaktion auf internationaler Ebene. Geplant war, dass die Staatengemeinschaft im Oktober 2020 in Kunming, China, ein Biodiversitätsabkommen verabschiedet. Vergleichbar zum Pariser Klimaabkommen im Jahr 2015 sollte es verbindliche Ziele für den Schutz der Ökosysteme und zur Bekämpfung des Artensterbens festschreiben. Aufgrund der

Coronapandemie musste die 15. Vertragsstaatenkonferenz «COP15» auf den 11. bis 24. Oktober 2021 verschoben werden. Am 11. Januar 2021 fand zudem der One Planet Summit 2021 in Paris statt. An dem Treffen nahmen unter anderen der französische Präsident Emmanuel Macron, die deutsche Bundeskanzlerin Angela Merkel, der britische Premier Boris Johnson, UN-Generalsekretär Antonio Guterres und die EU-Kommissionspräsidentin Ursula von der Leyen sowie hochrangige Vertreter internationaler Organisationen teil. Wegen der Covid-19-Pandemie wurden sie hauptsächlich per Video zugeschaltet. Die Konferenz hatte auch zum Ziel, nach dem Fokus im Jahr 2020 auf die Pandemiebekämpfung den Themen Klimawandel, Erhaltung der biologischen Vielfalt sowie Schutz von Ökosystemen wieder mehr internationale Gewichtung beizumessen. Frankreich engagierte sich zudem für die Finanzierung der Grossen Grünen Mauer in der Sahara zur Eindämmung der Wüstenbildung. Das Projekt sieht die Anpflanzung von Bäumen über Tausende von Kilometern sowie ein grünes Band in der Sahelzone vor. Damit soll gleichzeitig auch gegen Hungersnöte und Dürre in der Region angekämpft werden. Der One Planet Summit wurde von Frankreich, der Weltbank und den Vereinten Nationen initiiert. Bisher fanden Treffen 2017 in Paris, 2018 in New York und 2019 in Nairobi statt.

Die Staats- und Regierungschefs der sieben grössten westlichen Industrienationen (G-7) anerkannten an ihrem Gipfeltreffen vom 11. bis 13. Juni 2021 in Cornwall, England, ihre eigene Verantwortung für die Naturzerstörung und verpflichteten sich, zum Schutz von Ökosystemen und der Artenvielfalt bis 2030 jeweils mindestens 30 Prozent der Land- und der Meeresfläche des Planeten zu schützen.

Die Schweiz verfügt wie international gefordert über eine Strategie und einen Aktionsplan zur Biodiversität. Allerdings sind die bisher ergriffenen Massnahmen zu wenig breit gefasst und mit zu wenigen Ressourcen ausgestattet, um die angestrebte Trendwende zu schaffen. Bei den Schutzgebieten kommt die Schweiz zum Beispiel auf rund 13,4 Prozent (Stand Ende März 2021, siehe auch 3.3.8.2 «Biodiversitätsinitiative») und hinkt hinter den international erreichten 17 Prozent nach. Für das Erreichen der Biodiversitätsziele optimal wäre laut Markus Fischer, Universität Bern und Mitglied des Weltbiodiversitätsrats, eine Schutzfläche von rund 30 Prozent. Weiter ist die Landnutzung in der Schweiz weiterhin zu intensiv. Ein Ansatz hier ist die vermehrte Abkehr von Monokulturen zugunsten von sogenannten Permakulturen, das heisst der Anbau von verschiedenen Pflanzen auf der gleichen Fläche und damit der Schaffung von Ökosystemen in Kleinformaten.

Der Bundesrat verabschiedete am 6. September 2017 den «Aktionsplan zur Strategie Biodiversität 2017–2023». Die Massnahmen des Aktionsplans Biodiversität umfassen die direkte Förderung der Biodiversität mittels der Artenförderung und der Schaffung einer entsprechenden Infrastruktur, den Brückenschlag zwischen der Biodiversitätspolitik des Bundes und anderen Politikbereichen, insbesondere der Landwirtschaft, Raumplanung, Verkehr und der wirtschaftlichen Entwicklung, sowie die

Sensibilisierung von Entscheidungsträgern und der Öffentlichkeit für die Wichtigkeit der Biodiversität als zentrale Lebensgrundlage. Im Rahmen der ersten Umsetzungsphase des Aktionsplans wurden Sofortmassnahmen zur dringenden Stärkung des Naturschutzes und der Waldbiodiversität realisiert. Am 26. Juni 2019 beschloss der Bundesrat, die dringlichen Sofortmassnahmen 2017–2020 um vier Jahre zu verlängern und die dafür vorgesehenen Gelder aufzustocken. Damit kann der Bund in den Jahren 2021 bis 2024 insgesamt 232 Millionen Franken in dringliche Massnahmen zugunsten der besonders sensiblen Biotope von nationaler Bedeutung sowie für die Waldbiodiversität investieren. Die Kantone werden sich im Rahmen der Programmvereinbarungen im Umweltbereich in ähnlichem Umfang an der Finanzierung dieser Massnahmen beteiligen. Die Ausgaben des Bundes sollen von der Bundesversammlung jeweils Ende Jahr im Rahmen ihrer Budgetdebatte bewilligt werden. Laut dem BAFU nehmen die Kosten des Biodiversitätsschwunds in der Schweiz zu: In dreissig Jahren dürften die dadurch verursachten Verluste der Ökosystemleistungen rund 4 Prozent des Bruttoinlandprodukts betragen. Das sind geschätzt etwa 28 Milliarden Franken.

Die Schweiz strebt in den Verhandlungen über den neuen globalen Zielrahmen für die Biodiversität eine Vorreiterrolle an. Im Gleichschritt mit der EU setzt sie sich dafür ein, dass bis 2030 etwa ein Drittel der Landfläche aus Naturräumen besteht und die biologische Vielfalt ein wichtiges Kriterium der nationalen Politik wird. Im Fokus stehen insbesondere die Landwirtschaft, der Bau der Verkehrsinfrastruktur und die Wirtschaftspolitik.

Einzelnen Bestimmungen des zukünftigen Abkommens erwachsen hingegen auch aus der Schweiz Opposition. So spricht sich der Schweizer Wirtschaftsverband Economiesuisse gegen Regeln für den Zugang zu digitalen Gensequenzen aus. Diese neuen Regeln, für die sich vor allem die Schwellenländer einsetzen, sehen vor, dass Pharmaunternehmen zukünftig den Ursprungsländern von genetischen Ressourcen für den Zugang zu digitalen Gensequenzen einen sogenannten Vorteilsausgleich bezahlen müssen. Economiesuisse weist darauf hin, dass die Abkehr von dem bisher freien Zugang zu solchen Gen-Informationen negative Auswirkungen auf den Forschungsplatz Schweiz haben wird. Dadurch würde der freie Austausch von Informationen über die Ländergrenzen hinweg erschwert und den Pharmafirmen würde über die Entschädigungszahlungen für die Verwendung der digitalen Sequenz-Informationen hinaus ein erheblicher Mehraufwand entstehen, da in vielen Forschungsgebieten Hunderte oder sogar Tausende von Gensequenzen aus Datenbanken geladen und analysiert werden müssen.

Eine Herausforderung stellt auch die klare Definition und Formulierung der Verbindlichkeit der Ziele dar. Biodiversität ist eine vieldimensionale und komplexe Materie, bei der die Festlegung von weit akzeptierten Bewertungskriterien für die biologische Vielfalt viele offene Fragen begründet. Verschiedene Kreise, darunter Economiesuisse, kritisieren das heute vorherrschende Konzept, Biodiversität allein quantitativ anhand der Artenzahl zu messen. Sie fordern eine stärkere qualitative Gewichtung der Tragweite und Leistungsfähigkeit der Strategien und zu treffenden Massnahmen in Bezug auf die Funktionsfähigkeit und Gewährleistung der Biodiversität für die Umwelt, Gesellschaft und Wirtschaft.

Eine im August 2020 veröffentlichte Studie des Forums Biodiversität der Akademie der Naturwissenschaften Schweiz (SCNAT) und der Eidgenössischen Forschungsanstalt für Wald, Schnee und Landschaft (WSL) zeigt auf, dass der Bund, die Kantone und Gemeinden die Biodiversität mit verschiedenen Subventionen indirekt unterlaufen. Die Studie nennt insgesamt 162 Subventionen mit einem Volumen von mindestens 40 Milliarden Franken pro Jahr, welche die Artenvielfalt beeinträchtigen. Als umweltschädigende Subventionen sind über Direktzahlungen und Mindereinnahmen etwa durch Steuerreduktionen hinaus auch gewährte Vergünstigungen zu werten, die den natürlichen Ressourcenverbrauch erhöhen und Lebensräume sowie die darin lebenden Organismen zum Beispiel aufgrund von Bodenversiegelung, Lärmemissionen oder Überdüngung beeinträchtigen. Begünstigte Sektoren sind die Energieproduktion, der Verkehr, die Landwirtschaft und die Siedlungsentwicklung. Die Studie hebt hervor, dass rund ein Drittel dieser identifizierten Subventionen innerökologische Konflikte auslösen. Sie verfolgen Umweltschutzziele, aber bewirken Nebeneffekte, welche die Artenvielfalt schädigen. Ein Beispiel ist die Wasserkraft, die allgemein als umweltschonend und klimafreundlich eingestuft wird. Dies trifft im Vergleich zu fossiler oder nuklearer Energie zu. Mit Bezug auf die Biodiversität in den Gewässern hat sie hingegen zahlreiche negative Effekte, darunter zu geringe Restwassermengen, grosse Abflussschwankungen und Hindernisse für Fische. Als Lösung empfehlen die Autoren, 40 Prozent der Subventionen abzuschaffen, etwa Steuererleichterungen und Vergünstigungen. Parallel dazu soll die Hälfte der Subventionen umgestaltet werden, indem sie an Biodiversitätsförderrichtlinien geknüpft oder die Zusprachen zeitlich befristet werden. Der Bundesrat hat 2017 im Rahmen des Aktionsplans Strategie Biodiversität Schweiz das BAFU beauftragt, bis 2023 eine Gesamtevaluation zu den Auswirkungen der Bundessubventionen und weiterer Anreize mit Folgen für die Biodiversität vorzulegen. Auch der Bund hat ein immanentes Interesse an der Umgestaltung biodiversitätsgefährdender Subventionen. Sie sind ökonomisch ineffizient, da die Behebung der Schäden neue öffentliche Mittel beansprucht.

Die Schweizer Naturschutzorganisationen Pro Natura, BirdLife Schweiz, die Stiftung Landschaftsschutz und der Schweizer Heimatschutz reichten am 8. September 2020 die Biodiversitätsinitiative mit 108 112 beglaubigten Unterschriften und die Landschaftsinitiative mit 105 234 beglaubigten Unterschriften bei der Bundeskanzlei ein. Die Begehren fordern mehr Flächen für die Natur und mehr Geld für den Naturschutz respektive einen Stopp der zunehmenden Verbauung des Kulturlandes und die Begrenzung des Baubooms ausserhalb der Bauzonen (siehe 3.3.8.2 «Biodiversitätsinitiative»).

> **Seitenblick: Signifikant schrumpfende Bestände von Süsswasserfischarten**
>
> Gemäss einem im Juli 2020 veröffentlichten Bericht der World Fish Migration Foundation, der Zoologischen Gesellschaft London und der Umweltstiftung WWF sind die Bestände von zahlreichen wandernden Süsswasserfischarten, darunter Aalen und Strören, in den vergangenen Jahrzehnten deutlich zurückgegangen. Laut WWF sind wandernde Arten, die zum Laichen weite Strecken in Flüssen zurücklegen, um geeignete Gewässer vorzufinden, besonders betroffen. Manche dieser Arten leben zeitweise auch im Meer. Die Untersuchung berücksichtigte knapp 250 Fischarten und insgesamt 1400 Bestände in Europa, Lateinamerika, der Karibik und Nordamerika. In der Zeitperiode von 1970 bis 2016 betrug die Abnahme weltweit durchschnittlich 76 Prozent, in Europa erreichte der Rückgang sogar 93 Prozent. Diese Entwicklung ist gerade in Europa auf die weit fortgeschrittene Verbauung und Veränderung der Flüsse zurückzuführen. In Europa hindern gemäss Angaben von WWF mindestens eine Million Barrieren die Flüsse am freien Fliessen. Es ist zu erwarten, dass der massive Rückgang der Fischbestände das Ökosystem nachhaltig verändern wird. Ökosysteme sind sehr komplexe Kreisläufe mit vielen unterschiedlichen Elementen, die ineinandergreifen. Fallen einzelne dieser Lebewesen oder Pflanzen weg, hat dies auch Auswirkungen auf die anderen Elemente des betroffenen Lebensraums.
>
> Verwendete Quellen: World Fish Migration Foundation; Zoological Society of London; WWF

2.2 Gesundheitsnotstände

Bis Ende 2019 gingen die Öffentlichkeit und zahlreiche Gesundheitsbehörden weltweit von einem weitgehenden Rückgang der Infektionskrankheiten aus. Ein differenzierender Blick zeigt allerdings, dass dieser Rückgang regional begrenzt war und sich vor allem auf die industrialisierten Gesellschaften, die in relativem Wohlstand leben, wie Europa, Japan und Nordamerika konzentrierte. Die Seuchen, welche früher die ganze Gesellschaft bedrohten, wandelten sich zu Erkrankungen einzelner Menschen, welche die Gesundheitssysteme in diesen Regionen in der Regel gut behandeln und bewältigen konnten. Entsprechend nahm die Bedeutung von Infektionskrankheiten in der Gesamtsterblichkeit industrieller Gesellschaften deutlich ab. Krebs, Kreislauferkrankungen, Demenz und andere chronisch-degenerative Leiden traten an die Stelle der Infektionskrankheiten. Zudem kam es zu einer demografischen Umverteilung der Sterbefälle. Die Sterblichkeit in den jungen Altersgruppen, vor allem der Säuglinge, ging zurück. Gleichzeitig stieg die Lebenserwartung. In der Forschung ist dieser Prozess als epidemiologischer Übergang beschrieben worden. Entsprechend verschoben sich in den Industrieländern die Aufgaben des öffentlichen Gesundheitswesens. Um 1900 dominierte die Bekämpfung von Volksseuchen wie Tuberkulose, Typhus oder Diphterie. Im Jahr 2000 richtete sich der Fokus auf Krebs, koronare Herzkrankheiten und Altersdemenz. Das gleiche Bild zeigt sich bei den grossen Themen der Gesundheitsaufklärung. Während um 1900 der Infektionsschutz, das heisst die persönliche Hygiene, einschliesslich Händewaschen, kein Spucken in der Öffentlichkeit und die regelmässige Hausreinigung im Zentrum standen, adressierten die Ratschläge hundert Jahre später vermehrte Bewegung, ausgewogene Ernährung und Risikoverhalten wie das Rauchen.

Ein Blick auf die Geschichte von Gesundheitsnotständen und Pandemien zeigt die grosse Bedeutung des Gleichgewichts im Gefüge von Mensch, Tier und Umwelt auf. Menschen und Tiere dienen zahlreichen Krankheitserregern, darunter auch Viren, als Wirte. Häufig sind sie völlig harmlos. Ändern sich die Umgebungsbedingungen, entwickeln Viren neue Eigenschaften, indem sie mutieren oder sich neu rekombinieren, sodass sie vom Tier auf den Menschen und in der Folge, was seltener vorkommt, von Mensch zu Mensch überspringen können. Ein solcher Vorgang kann den Ursprung einer Epidemie oder Pandemie darstellen. Die meisten neu auftretenden Infektionskrankheiten sind zoonotisch, das heisst tierischen Ursprungs, wobei wissenschaftliche Daten aufzeigen, dass die Häufigkeit von Ausbrüchen neuer Infektionskrankheiten mit der wachsenden Anzahl von Kontakten zwischen Mensch und Tier in den letzten Jahrzehnten deutlich angestiegen ist. So erhöht das Vordringen des Menschen in zuvor abgeschirmte Ökosysteme wie den Regenwald die Chancen für Kontakte mit exotischen Tieren und Mikroben. Auch das enge Zusammenleben von Schweinen, Hühnern und Menschen, wie es insbesondere in asiatischen Ländern häufig vorkommt, wirkt als Brutstätte für Krankheitserreger.

Weltweit verengen und überschneiden sich die Lebensräume von Menschen, Nutz- und Wildtieren immer stärker. Sie verursachen Risse im ökologischen Gefüge, die es Krankheitserregern erleichtern, auf den Menschen überzuspringen. Seit der Mitte des 20. Jahrhunderts ist die weltweite städtische Bevölkerung um 600 Prozent gewachsen, während grosse Waldflächen abgeholzt wurden. Rund 75 Prozent der Erdoberfläche gelten 2020 als stark durch menschliche Aktivitäten verändert. Die intensivierte Landnutzung führt zu einer massiven Verkleinerung der globalen Wildtierpopulationen. Gleichzeitig werden die Kontakte von Menschen und Haustieren mit Wildtieren immer enger, während der globale Handel und der Reiseverkehr rapide anwachsen. In diesem Kontext stellt der Handel mit Wildtieren eine gefährliche Schnittstelle dar. Die grossen Wildtiermärkte bieten ideale Gegebenheiten für das Auftreten und die Übertragung von neuartigen Viren. Hotspots sind vor allem kommerzielle Wildtiermärkte in grossen Städten, wo Tiere und deren Fleisch teilweise als Luxusgut oder gar Statussymbol verkauft werden, im Gegensatz zur Nutzung von wilden Tieren durch indigene Völker im Rahmen ihrer Ernährungssicherheit.

Neu auftretende Infektionskrankheiten haben massive Auswirkungen auf die öffentliche Gesundheit und die wirtschaftliche Stabilität. Allein Covid-19 verursacht über die grosse Todesopferzahl hinaus von weltweit rund 4,1 Millionen bis Ende Juli 2021 wirtschaftliche Schäden in bisher unvorstellbaren Grössenordnungen im zweistelligen Billionen-US-Dollar-Bereich. Die jüngste Pandemie macht schmerzhaft deutlich, wie sehr die weltweit immer komplexer werdenden Interaktionen zwischen Mensch, Tier und Umwelt eine Ethik erfordern, welche die grundlegende Bedeutung eines intakten und widerstandsfähigen natürlichen Umfelds für die Gesundheit und das Wohlergehen der Menschen weltweit anerkennt.

2.2.1 Pest

Die Pest ist eine hochgradig ansteckende Infektionskrankheit. Sie kann in verschiedenen Formen auftreten, hauptsächlich als Beulenpest und Lungenpest. Die Krankheit wurde ursprünglich von Nagetieren wie Murmeltieren, Ratten und Eichhörnchen auf den Menschen übertragen und ist auch umgekehrt infektiös. Die Übertragung erfolgte klassischerweise über den Biss eines infizierten Insekts, zumeist Flöhe, oder unter den Menschen mittels Tröpfcheninfektion.

Der Verlauf von Epidemien folgt einem für die Pest typischen Muster. Der Tod von Ratten setzt nach Befall einer Kolonie mit der Zeit immer schneller ein. Nach 10 bis 14 Tagen ist die Rattenkolonie so stark dezimiert, dass die Flöhe, welche den Erreger übertragen, kaum noch Wirte finden. Nach weiteren drei Tagen ist der Drang der Flöhe nach Blut so gross, dass sie den Menschen anfallen. Die Inkubations- und Krankheitsperiode dauern je zirka drei bis fünf Tage. Die im Spätmittelalter übliche Krankenwache und Totenwache sowie Begräbnisfeiern und Erbteilungen standen am Anfang der epidemischen Ausbreitung. Typisch war auch, dass sich Beulenpest-Epidemien im Winter entschärften. Grund dafür ist die geringere septische Bakteriendichte bei Ratten und kleinere Vermehrung von Ratten bei Kälte. So fiel das Ende von Pestepidemien regelmässig auf die Wintermonate. Wurde die Pest erst im Spätherbst eingeschleppt, brach sie in der Regel erst im Frühjahr aus. Unbehandelt führte die Pest bei der Mehrzahl der Befallenen zum Tod.

Die Pest wütete ab der Bronzezeit in weiten Teilen der Welt und während des ganzen Mittelalters und der Neuzeit in Europa als Dauerphänomen. In Europa durchlief die Krankheit wiederholt ganze Landstriche, richtete immenses Leid in der Bevölkerung an und leitete manchen politischen Umsturz ein. Zu den grössten Ereignissen zählten die Justinianische Pest im 6. Jahrhundert, die Pest im 14. Jahrhundert in Europa, der sogenannte Schwarze Tod, und die Pestpandemie in Indochina ab Mitte des 19. Jahrhunderts. Zuletzt kam es in Madagaskar ab 2008 zu einem grösseren Pestausbruch, der bisher über 600 Todesfälle forderte. In Europa ereignete sich der letzte dokumentierte Pestausbruch im Zweiten Weltkrieg.

Weltweit registriert heute die Weltgesundheitsorganisation (WHO) zirka eintausend bis dreitausend Pesterkrankungen pro Jahr, in der Regel in Form kleinerer, örtlich begrenzter Epidemien. Die Krankheit wird mit Antibiotika behandelt, zudem ist ein Impfstoff gegen den Erreger verfügbar, der allerdings nur eine Immunität von drei bis sechs Monaten für die Beulenpest gewährt. Die WHO empfiehlt nur Risikogruppen eine Impfung. Weitere Schutzmassnahmen sind verbesserte Hygiene und die Eindämmung von Rattenpopulationen. Der Pesterreger wird von der WHO zu den zwölf gefährlichsten biologischen Kampfstoffen gezählt. Zu diesem sogenannten dreckigen Dutzend zählen auch der Milzbrand, Tularämie, die Pocken, Ebola, das Marburg-Virus und Rizin. In der Schweiz, Österreich und Deutschland ist die Pest eine meldepflichtige Erkrankung.

Antoninische Pest
Zeitperiode   165–180
Verbreitung   Römisches Reich
Todesopfer   zirka 7 bis 10 Millionen
Lange Zeit gingen die Historiker davon aus, dass es sich bei der Antoninischen Pest um eine Pockenerkrankung handelte. Täglich fielen ihr bis zu 2000 Bürger Roms zum Opfer. Die Sterblichkeitsrate erreichte verheerende 25 Prozent.

Justinianische Pest
Zeitperiode   541–588
Verbreitung   Byzantinisches Reich
Todesopfer   zirka 50 Millionen
Bakterium   Yersinia pestis
Herkunftstier Ratten, Flöhe
Es wird vermutet, dass flohverseuchte Ratten auf Getreideschiffen die Pest nach Konstantinopel brachten. Von dort verbreiterte sich die Krankheit in die gesamte mediterrane Welt. Auf ihrem Höhepunkt tötete die Justinianische Pest täglich Tausende von Menschen.

Schwarzer Tod
Zeitperiode   1347–1351
Verbreitung   Global, insbesondere Europa
Todesopfer   zirka 50 Millionen
Bakterium   Yersinia pestis
Herkunftstier Ratten, Läuse
Als eine der verheerendsten Krankheitsausbrüche in der Geschichte der Menschheit raffte die Seuche 30 bis 50 Prozent der europäischen Bevölkerung dahin. In schriftlichen Berichten war oft von Dörfern, Burgen und Städten die Rede, in denen nur noch wenige Menschen am Leben verblieben.

Dritte Pestpandemie
Zeitperiode   1894–1922
Verbreitung   Global, insbesondere Asien
Todesopfer   zirka 15 Millionen
Bakterium   Yersinia pestis
Herkunftstier Ratten, Flöhe

Die Pandemie brach im Südwesten von China aus, wurde von dort nach Hongkong verschleppt, wo sie sich auf weitere Hafenstädte ausbreitete. Indien, China und Indonesien verzeichneten die grössten Opferzahlen.

Verwendete Quellen: WHO, Johns Hopkins University, University of Virginia, National Geographic

2.2.2 Cholera

Cholera ist eine schwere bakterielle Infektionskrankheit vorwiegend des Dünndarms, die durch das Bakterium Vibrio cholerae erregt wird. Die Ansteckung erfolgt zumeist über verunreinigtes Trinkwasser, welches mit Fäkalien oder Erbrochenem von erkrankten Personen verschmutzt ist, oder über verunreinigte Lebensmittel. Die Bakterien lösen starken Durchfall, Erbrechen und einen erheblichen Flüssigkeitsverlust aus, der zu Kreislaufkollapsen, Muskelkrämpfen und in schweren Fällen zu Nierenversagen oder dem Tod führen kann. Die meisten Infektionen, rund 85 Prozent, verlaufen ohne Symptome, bei Ausbruch erreicht die Letalität bei ausbleibender Behandlung zwischen 20 bis 70 Prozent. Durch die sofortige Zufuhr von Wasser und Salzlösungen lässt sich die Sterblichkeit auf unter 1 Prozent senken. Rasches Handeln ist vor allem bei Säuglingen und älteren Menschen geboten. Die Impfung bietet lediglich einen beschränkten Schutz.

Die erste grosse globale Cholera-Pandemie trat im Zeitraum von 1817 bis 1824 auf und betraf vor allem Teile Asiens sowie Ostafrika und Kleinasien. In der Folge breitete sie sich auf Russland und Europa aus. 1830 wurde eine Häufung der Fälle in Ostgalizien und Ungarn sowie im Juni 1831 in Wien verzeichnet. Der Nachweis durch den Arzt John Snow 1855, dass eine Choleraepidemie im Londoner Stadtteil Soho in Zusammenhang mit verunreinigtem Trinkwasser stand, gilt als Geburtsstunde der modernen Epidemiologie. Die Cholera-Epidemie von 1892 in Hamburg war der letzte schwere Ausbruch der Krankheit auf dem europäischen Kontinent. Sie forderte über 8600 Menschenleben. Besonders verheerend wütete die weltweite Cholera-Pandemie von 1899 bis 1923. Sie forderte insgesamt rund 1,5 Millionen Menschenleben, allein in Indien wurden in nur einem Jahr über 800 000 Todesopfer gezählt. 2016 (erste Welle) und 2017 (zweite, weitaus stärkere Welle) brach im Jemen die weltweit schlimmste Cholera-Epidemie aus, die je dokumentiert wurde. Laut der Weltgesundheitsorganisation (WHO) betrug per Ende Januar 2020 die Zahl der Verdachtsfälle über 2,3 Millionen und die bestätigten Todesfälle über 3900.

Nach Schätzungen der WHO treten weltweit jährlich 3 bis 5 Millionen Cholera-Fälle auf. Davon enden 100 000 bis 120 000 tödlich. In den Industrieländern, darunter auch der Schweiz, gibt es nur vereinzelt importierte Erkrankungen. Vor allem auf Reisen in warmen Ländern mit niedrigen Hygienestandards ist es deshalb vordringlich, auf eine gute persönliche Hygiene zu achten und nur abgekochtes oder chemisch behandeltes Wasser zu trinken sowie gut gekochte Speisen zu essen. Zudem empfiehlt sich, für den Notfall Rehydratationssalze im Reisgepäck bereitzuhalten.

2.2.3 Grippe

Die Grippe oder Influenza ist eine durch die Influenzaviren A oder B ausgelöste Infektionskrankheit, die beim Menschen zu Fieber führt. Von der Grippe abzugrenzen ist trotz teilweiser ähnlicher Symptome eine Erkältung oder ein grippaler Infekt, da es sich nach den Erkenntnissen der modernen Medizin bei den verursachenden Viren nicht um den gleichen Typus handelt.

Die Grippe ist besonders im Winter weit verbreitet. Die Viren dringen über die Schleimhaut der Atemwege, des Mundes und der Augen in den Körper ein. Sie werden besonders in geschlossenen Räumen durch direkten Kontakt infolge Niesen, Husten, Sprechen, Atmen oder indirekt über den Speichel erkrankter Personen sowie sogenannten Schmierkontakten auf Gegenständen, Haltestangen oder Türgriffen übertragen. Bis zum Ausbruch der Krankheit und dem Auftreten von Symptomen dauert es in der Regel von wenigen Stunden bis drei Tage. Betroffene können allerdings, bereits bevor sie sich krank fühlen, die Viren auf Dritte übertragen. Typische Symptome einer Grippe sind plötzlich auftretendes hohes Fieber (über 38 Grad Celsius), Schüttelfrost, Husten, Hals- und Schluckweh, Kopfschmerzen, Schmerzen in Muskeln und Gelenken sowie Schnupfen, Schwindelgefühl und Appetitverlust. Bei Kindern können zudem Übelkeit, Erbrechen und Durchfall auftreten. Die Grippeerkrankung kann bis zu zwei Wochen dauern; verläuft sie mild und komplikationslos, wird sie oft mit einer Erkältung verwechselt. Mögliche Komplikationen sind Hals-, Nasennebenhöhlen- und Mittelohr-Entzündungen, eine Lungen- oder Herzmuskelentzündung oder neurologische Komplikationen, welche durch die Influenzaviren selbst oder durch eine bakterielle Sekundärinfektion entstehen. Das Risiko von schweren Komplikationen ist bei Schwangeren, Frühgeborenen, Menschen mit bestimmten chronischen Erkrankungen und bei älteren Personen deutlich erhöht.

Die Grippe tritt vor allem in der kalten Jahreszeit im Winter auf. Die Intensität und der Schweregrad variieren von Jahr zu Jahr. Nach Schätzungen der Weltgesundheitsorganisation (WHO) sind jährlich zwischen 10 und 20 Prozent der Weltbevölkerung betroffen. In der Schweiz kommt es jährlich vor allem unter Risikopatienten aufgrund von Komplikationen zu mehreren Tausend Hospitalisationen und zu mehreren Hundert Todesfällen.

Neben dem Einhalten der Hygienemassnahmen, darunter dem regelmässigen gründlichen Händewaschen, ist die Grippeimpfung die wirksamste und kostengünstigste Vorbeugung, um sich und zugleich seine Mitmenschen vor einer Grippeerkrankung zu schützen. Empfohlen ist die Impfung insbesondere für Personen mit erhöhtem Komplikationsrisiko sowie ihre engsten Kontakte, das heisst für Menschen ab 65 Jahren, schwangere Frauen, frühgeborene Kinder bis zwei Jahre sowie Personen mit chronischen Erkrankungen. Die Wirksamkeit der Impfung hängt vom Alter und vom Gesundheitszustand sowie von den zirkulierenden Influenzaviren-Stämmen ab. In der Regel ist eine jährliche Auffrischung der Immunisierung erforderlich, weil Influenza-A-Viren sehr wandlungsfähig sind.

Der Grippevirus weist eine grosse genetische Vielfalt auf, die sich rasch verändern kann. Seit Jahren suchen die Forscher nach einem gemeinsamen molekularen Nenner, welcher die Entwicklung einer universellen Grippeimpfung ermöglicht. Die WHO müsste dann nicht mehr jedes Jahr die wahrscheinlichsten Grippeviren bestimmen, gegen welche die Vakzine wirken sollen. Mit einer universellen Grippeimpfung wären alle saisonalen Influenzavirusstämme und idealerweise auch noch die neuen pandemischen Grippeviren abgedeckt.

Russische Grippe 1889/1890
Zeitperiode   1889–1895
Verbreitung   Global
Todesopfer   zirka 1 Million
Virus   Influenza-Virus A/H3N8

Forscher bezeichnen die Russische Grippe 1889/1890 als erste Pandemie, die in der stark vernetzten Neuzeit auftrat, begünstigt durch den aufblühenden Handel sowie die wachsende Mobilität der Zivilbevölkerung als Folge des ausgedehnten Netzes europäischer Eisenbahnen und Schiffsrouten. Die Pandemie begann im Sommer 1889 in Zentralasien, von wo aus sie den Handelsrouten folgend sich nach Russland, China und von Russland aus nach Europa und dann weltweit ausbreitete. Die Ausbreitung erfolgte in drei Wellen unterschiedlicher Ausprägung.

Spanische Grippe
Zeitperiode   1918–1919
Verbreitung   Global
Todesopfer   zirka 50 Millionen
Virus   Influenza-Virus A/H1N1
Herkunftstier Wasservögel, Schweine

Die Pandemie wurde durch einen ungewöhnlich virulenten Abkömmling des Influenza-Virus A/H1N1 verursacht und forderte rund 50 Millionen Menschenleben. Sie übertraf damit die Zahl der 17 Millionen Todesopfer während des Ersten Weltkriegs deutlich. In absoluten Zahlen war die Spanische Grippe vergleichbar verheerend wie die Pest von 1348. Eine Besonderheit der Spanischen Grippe war, dass ihr kriegsbedingt vor allem 20- bis 40-jährige Menschen zum Opfer fielen. Sonst gefährden die Influenza-Viren in der Regel besonders Kleinkinder und ältere Menschen. Spanisch wurde die Pandemie genannt, weil die ersten Nachrichten über die Krankheit aus Spanien kamen, während die kriegsführenden übrigen europäischen Länder ihre Medien zensurierten. Mit hoher Wahrscheinlichkeit brach das Virus jedoch 1918 im Militär-Notfallkrankenhaus im Camp Funston in Kansas, USA, erstmals aus, wo sich im Sommer 1918 amerikanische Soldaten auf ihre Einsätze im Ersten Weltkrieg in Europa vorbereiteten.

Asiatische Grippe

Zeitperiode	1957–1958
Verbreitung	Global
Todesopfer	zirka 1 bis 2 Millionen
Virus	Influenza-Virus A/H2N2
Herkunftstier	Geflügel

Diese Asiatische Grippe war nach der Spanischen Grippe die schwerwiegendste Influenza-Pandemie des 20. Jahrhunderts. Die Asiatische Grippe brach 1957 aus und hatte ihren Ursprung vermutlich in der Volksrepublik China. Besonders die zweite Welle forderte zahlreiche, auch jüngere Todesopfer.

Hongkong-Grippe

Zeitperiode	1968
Verbreitung	Global
Todesopfer	zirka 1 Million
Virus	Influenza-Virus A/H3N2
Herkunftstier	Geflügel

Die Hongkong-Grippe verursachte die letzte grosse Influenza-Pandemie des 20. Jahrhunderts. Sie verbreitete sich von Hongkong aus weltweit. Von Veteranen aus dem Vietnamkrieg wurde sie in die USA eingeschleppt. Es ist immer noch ein wiederkehrendes Virus, das sich anpasst, um die Wirtsimmunität zu umgehen. Ausgelöst wurde die Hongkong-Grippe durch eine Infektion mit dem Influenza-Virus A/H3N2, einer Kombination von Geflügelpest auslösenden Viren und bereits unter Menschen zirkulierenden Influenza-Viren. Im Vergleich zur verwandten Asiatischen Grippe verlief die Hongkong-Grippe milder, da die Immunabwehr der meisten Menschen Antikörper gegen das Influenza-Virus A/H2N2 enthielten, das 1957 die Asiatische Grippe ausgelöst hatte und dem Influenza-Virus A/H3N2 ähnelte.

Russische Grippe 1977/1978

Zeitperiode	1977–1978
Verbreitung	Global
Todesopfer	zirka 700 000
Virus	Influenza-Virus A/H1N1
Herkunftstier	Wasservögel, Schweine

Die Russische Grippe 1977/1978 wurde durch den Influenza-Virus A/H1N1 verursacht, dem gleichen Erreger, der 1917 die Spanische Grippe auslöste. Das Virus wurde erstmals im Mai 1977 in Nordchina isoliert. Die Pandemie breitete sich bis Januar 1998 weltweit aus. Betroffen waren vor allem Kinder, Jugendliche und junge Erwachsene unter 25 Jahren. Viele unter ihnen entwickelten während ihrer Erkrankung nur milde Symptome. Die Namensgebung beruht auf einer These, wonach das Virus einem sowjetischen oder chinesischen Labor entwichen sei, wo es zuvor jahrzehntelang eingefroren gewesen war.

Vogelgrippe
Zeitperiode   2004 bis 2016, danach abklingend
Verbreitung   Global
Todesopfer   über 450
Virus   Influenza-Virus A/H5N1, A/H5N8 und A/H7N9
Herkunftstier   Vögel

Die Vogelgrippe ist eine Viruserkrankung vor allem bei Vögeln, hervorgerufen durch die Influenza-Viren A/H5N1, A/H5N8 und A/H7N9. Sie trat bei in Gefangenschaft gehaltenen Vögeln und bei Wildvögeln in zahlreichen Ländern auf. In Einzelfällen werden die Viren auf Säugetiere und den Menschen übertragen.

Anfang Februar 2021 wurde bei einer Möwe im Kanton Schaffhausen das Vogelgrippevirus nachgewiesen. Zuvor datierte der letzte Fall in der Schweiz auf den September 2017 zurück. Die Einschleppung der Vogelgrippe in die Schweiz war erwartet worden. Das Virus breitete sich seit Anfang 2021 in Osteuropa aus. Im Januar 2021 registrierten die deutschen Behörden am Bodenseeufer zwei Fälle.

Im Februar 2021 vermeldeten die Gesundheitsbehörden in Russland erstmals eine Übertragung der Vogelgrippe vom Subtyp H5N8 auf Menschen. Sieben Mitarbeitende einer Geflügelfarm in der Nähe der Grossstadt Wolgograd im Süden des Landes erkrankten mit milden Verläufen im Dezember 2020. Den Betroffenen gehe es aber gut, die Krankheit sei mild verlaufen. Nach Ausbruch der Vogelgrippe wurde das Gelände um die betroffene Farm unter Quarantäne gestellt und anschliessend desinfiziert, die Tiere getötet sowie Eier und gefrorenes Fleisch vernichtet.

Schweinegrippe
Zeitperiode   2009–2010
Verbreitung   Global
Todesopfer   über 18 000
Virus   Influenza-Virus A/H1N1 2009
Herkunftstier   Wasservögel, Schweine

Der auslösende Erreger der umgangssprachlich Schweinegrippe genannten Pandemie H1N1 2009/2010 wurde erstmals Mitte April 2009 bei zwei Patienten gefunden, die Ende März unabhängig voneinander in den USA erkrankt waren. Eine weitere Häufung der Fälle trat darauf in Mexiko auf. Anfang Juni 2009 wurden die wachsenden und anhaltenden Virus-Übertragungen von Mensch zu Mensch von der WHO als Pandemie eingestuft. Trotz der geringen Pathogenität lag die grosse Aufmerksamkeit und der Umfang der getroffenen Massnahmen darin begründet, dass ein früherer H1N1-Subtyp 1917 die Spanische Grippe verursacht hatte.

Die umgangssprachliche Bezeichnung Schweinegrippe birgt die Gefahr einer Verwechslung mit einer Tierseuche wie sie beispielsweise bei Hausschweinen auftreten kann. Diese werden jedoch durch Influenzaviren hervorgerufen, die unter Schweinen zirkulieren. Solche Virusvarianten können zwar Ausgangspunkt einer Reassortierung neuer, auch auf den Menschen übertragbarer Varianten sein, sind selbst aber nicht Erreger einer Erkrankung beim Menschen.

Verwendete Quellen: WHO, National Geographic

2.2.4 Poliomyelitis/Kinderlähmung

Poliomyelitis (Kinderlähmung) ist eine hoch ansteckende Viruserkrankung, die durch Polioviren ausgelöst wird. Zu Beginn der Infektion wird das Virus während rund einer Woche im Nasen-Rachen-Sekret ausgeschieden. Während weiteren drei bis sechs Wochen erfolgt die Virusausscheidung zudem im Stuhl. Die Polioviren werden zumeist über Schmierinfektionen durch schmutzige Hände, kontaminiertes Wasser oder Lebensmittel übertragen.

Bei 90 Prozent der infizierten Personen verläuft eine Poliovirus-Infektion ohne Symptome. Erkrankungen äussern sich meist mit Grippe- oder Magen-Darm-Beschwerden. Weniger als 1 Prozent der Infizierten entwickeln schlaffe Lähmungen, meist einseitig, wobei die Beine öfter als die Arme betroffen sind. Seltener kommt es zu Atemlähmungen. Der Verlauf der schlaffen Lähmungen reicht von vollständiger Rückbildung bis zu einem lebenslangen Weiterbestehen.

Poliomyelitis stellte noch am Ende des letzten Jahrhunderts eine Bedrohung für Hunderttausende von Menschen dar. 1996 erlitten allein in Afrika 75 000 Kinder Lähmungen. Das Poliovirus trifft vor allem Kinder unter fünf Jahren und kann innerhalb von Stunden zu irreversiblen Lähmungen führen. Die Vereinten Nationen (UN) intensivierten seither mit der unter der Führung der Weltgesundheitsorganisation (WHO) gegründeten «Globalen Initiative zur Ausrottung von Polio» ihre Anstrengungen im Kampf gegen das Virus deutlich. Insgesamt flossen knapp 20 Milliarden US-Dollar in die Bekämpfung von Polio, über 9 Milliarden Schluckimpfungen wurden verabreicht. 2016 meldete letztmals auch Nigeria, das bevölkerungsreichste Land des Kontinents, eine Infektion. Dank dem persönlichen Engagement des südafrikanischen Präsidenten Nelson Mandela gelang es, die Wilde Polio trotz zeitweise starker Behinderung der Impfpläne durch die islamistische Terrormiliz Boko Haram auch in Nigeria auszurotten. Weltweit fiel die Zahl der Infizierten dank den grossangelegten Impfkampagnen von jährlich mehreren hunderttausend auf 143 Ansteckungen im Jahr 2019, wobei sich die Fälle auf die letzten betroffenen Länder Afghanistan und Pakistan beschränkten. Am 25. August 2020 erklärte die WHO auch Afrika zur poliofreien Zone.

In der Schweiz gibt es seit 1982, mit Ausnahme eines Polio-Falles im Jahr 1989, welcher durch ein verändertes Impfvirus ausgelöst wurde, keine neuen Fälle von

Kinderlähmung mehr. Da ein fortwährendes Risiko besteht, dass das Poliovirus wieder in Polio-freie Zonen eingeschleppt wird, ist eine Impfung die einzige Möglichkeit, sich vor dieser Krankheit zu schützen. Säuglinge sollten drei Impfdosen im Alter von 2, 4 und 12 Monaten erhalten, gefolgt von einer letzten Dosis zwischen 4 bis 7 Jahren. Eine Auffrischung wird insbesondere bei Aufenthalten in Risikogebieten alle zehn Jahre nach der letzten Impfung empfohlen.

2.2.5 Pocken

Die Pocken sind eine der für den Menschen gefährlichsten und lebensbedrohlichsten Infektionskrankheiten. Die für die Erkrankung typischen und namensgebenden Hautblasen werden als Pocken bezeichnet. Die Pockenviren werden ausschliesslich über Menschen übertragen, ursprünglich wurde der Erreger gleich wie die Coronaviren wahrscheinlich von Nagetieren auf den Menschen übertragen. Pocken sind vermutlich schon seit Jahrtausenden bekannt und Auslöser zahlreicher Pandemien.

Die Inkubationszeit beträgt in der Regel 12 bis 14 Tage. Zu Beginn der Krankheit treten Kopf- und Rückenschmerzen mit hohem Fieber (Pockenfieber), Schüttelfrost und Rachenentzündungen auf. Zu diesem Zeitpunkt ist der Patient hochansteckend. Nach ein bis fünf Tagen sinkt das Fieber, steigt in der Regel nach einem Tag wieder an, dann bilden sich auch die Hautblasen. Sie treten fast am gesamten Körper auf. Kopf, Hände und Füsse sind am stärksten, Brust, Bauch und Oberschenkel nur schwach betroffen. Ausgenommen sind die Achselhöhlen und Kniekehlen. Die eitrige Flüssigkeit in den Blasen verbreitet einen unangenehmen Geruch. Bei leichten Krankheitsverläufen trocknen die Blasen etwa zwei Wochen nach Ausbruch der Krankheit ein. Sie hinterlassen jedoch bleibende Narben. In schwereren Fällen können Erblindung, Gehörlosigkeit, Lähmungen, Hirnschäden sowie Lungenentzündungen auftreten. Die Letalität bei unbehandelten Pocken liegt bei rund 30 Prozent. In vielen Ländern weltweit ist eine vorbeugende Impfung empfohlen. Sie entfaltet ihre Schutzwirkung, wenn sie spätestens bis etwa fünf Tage nach der Infektion vorgenommen wird. Erste Impfstoffe waren ab Beginn des 19. Jahrhunderts verfügbar.

Gegen Pocken gab es lange Zeit kein Heilmittel. Obwohl die Erkrankung im Mai 1980 von der Weltgesundheitsorganisation (WHO) als ausgerottet erklärt wurde, erteilte die amerikanische Zulassungsbehörde Food and Drug Administration (FDA) im Juli 2018 und im Juni 2021 bisher drei Zulassungen für Pockenmedikamente. Hintergrund der Zulassung von Medikamenten ist die Befürchtung eines möglichen Einsatzes des hochansteckenden und gefährlichen Erregers als Biokampfstoff. Zudem könnte auch die Klimaerwärmung zu einem Horrorszenario führen, wenn beispielsweise der tauende sibirische Permafrost Leichen freigibt, die mit bisher gefrorenen Erbgutschnipseln von Pockenviren kontaminiert sind.

Noch Mitte des 20. Jahrhunderts forderten die Pocken hunderttausende von Menschenleben. Zu Beginn der 1960er Jahre startete die WHO eine globale Kampagne, um die Krankheit zurückzudrängen und zu eliminieren. Dank dieser Kampagne erhielten Laboratorien weltweit die finanziellen Mittel, um Impfstoff in grosser Menge herzustellen. Ab 1967 wurde die Pockenimpfung auf Beschluss der WHO weltweit Pflicht. 1977 wurde der letzte Fall weltweit bekannt, in der Schweiz gab es seit 1963 keinen Erkrankungsfall mehr. Für die WHO stellte die Ausrottung der Pocken einen grossen Erfolg dar, den die Organisation auch heute noch als Referenz heranzieht, wie grosse Probleme der Menschheit wie Hunger, Krieg, Armut und Krankheit trotz geopolitischen Widerständen und der teilweise unkoordinierten Arbeiten verschiedener Institutionen erfolgreich bewältigt werden können.

Neben den Pocken beim Menschen gibt es auch eine Vielzahl von Tierpocken, darunter die sogenannten Säugerpocken bei Kühen, Affen, Katzen und Kamelen. Sie sind auch auf den Menschen übertragbar, lösen hingegen meist nur leichte Erkrankungen aus. Durch Pockenviren hervorgerufene Tierkrankheiten bei Schweinen, Schafen, Ziegen und Vögeln sind dagegen für den Mensch ungefährlich.

2.2.6 Tuberkulose

Die Tuberkulose ist eine weltweit verbreitete bakterielle Infektionskrankheit, die durch verschiedene Arten von Mykobakterien verursacht wird. Mit 80 Prozent am häufigsten befällt sie beim Menschen die Lunge. Typische Symptome sind Husten, oft mit Auswurf, Fieber und Gewichtsabnahme. Die Tuberkulose, an der weltweit etwa 10 Millionen Menschen pro Jahr erkranken, führt die weltweite Statistik der tödlichen Infektionskrankheiten an. Gemäss der Weltgesundheitsorganisation (WHO) starben 2015 rund 1,4 Millionen Menschen an Tuberkulose. Dazu kamen noch rund 400 000 Todesfälle von zusätzlich HIV-Infizierten. Der weltweite Rückgang der Tuberkulose wurde vielerorts durch die HIV-Epidemie verlangsamt.

Nur etwa 5 bis 10 Prozent der Infizierten erkranken tatsächlich im Laufe ihres Lebens, am ehesten innerhalb von zwei Jahren nach der Ansteckung. Besonders betroffen sind Menschen mit geschwächtem Immunsystem wie HIV-Betroffene oder mit genetisch bedingter Anfälligkeit. Die Übertragung erfolgt in der Regel durch Aerosole von erkrankten Menschen. Für eine Infektion ist ein Aufenthalt im gleichen Raum über Stunden erforderlich. Sind Keime im Auswurf nachweisbar, spricht man von offener Tuberkulose. Da Rinder ebenfalls an der Tuberkulose erkranken können, war in Westeuropa früher nicht pasteurisierte Rohmilch eine verbreitete Infektionsquelle.

Die frühzeitige Diagnose und Behandlung von Erkrankten verhindern weitere Ansteckungen. Zur Behandlung stehen spezielle Antibiotika, sogenannte Antituberkulotika, zur Verfügung. Diese müssen zur Vermeidung von Resistenzentwicklungen und Rückfällen unbedingt in Kombination und nach Vorgabe der WHO während mindestens eines halben Jahres über das Bestehen der Beschwerden hinaus eingenommen werden. Es existiert eine Impfung, die aber nur in Ländern mit hohen Tuberkuloseraten gespritzt wird. Sie sorgt für einen gewissen Schutz vor allem in den ersten Lebensjahren. In der Schweiz wird nur ausnahmsweise geimpft und auch dann nur im ersten Lebensjahr.

In der Schweiz gibt es pro Jahr rund 550 Erkrankungen. Sie treten in der Mehrzahl bei Migranten insbesondere aus Afrika und Asien auf. Bei in der Schweiz wohnhaften Personen sind zur Hälfte Menschen im Pensionsalter betroffen, die sich noch als Kinder angesteckt hatten.

2.2.7 Malaria

Malaria ist eine potenziell tödliche Infektionskrankheit, die hauptsächlich in den Tropen und Subtropen durch Parasiten der Gattung Plasmodium bei weiblichen Stechmücken (Moskito) der Gattung Anopheles übertragen wird. Ausserhalb dieser Gebiete lösen verschiedentlich eingeschleppte Moskitos Erkrankungen aus, die umgangssprachlich als «Flughafen-Malaria» bezeichnet werden. Gefährdet sind dabei insbesondere Personen im direkten Umfeld von Flughäfen wie Flughafenbedienstete oder Anwohnende. Bis auf eine Übertragung durch Bluttransfusionen und Laborunfälle ist eine Mensch-zu-Mensch-Ansteckung nur in seltenen Fällen von der Mutter auf das ungeborene Kind möglich, wenn die Plazenta insbesondere während der Geburt verletzt wird. Die Zeit zwischen dem Mückenstich und dem Auftreten von Symptomen variiert zwischen sechs Tagen bis zu mehreren Jahren. Die übertragenen Parasiten vermehren sich zuerst in der Leber und später in den roten Blutkörperchen, die sie dadurch zerstören.

Die Malaria ist gemäss der Weltgesundheitsorganisation (WHO) mit etwa 210 Millionen Erkrankten und zirka 435 000 Todesfälle pro Jahr die häufigste Infektionskrankheit der Welt. Für etwa die Hälfte der Weltbevölkerung besteht ein Infektionsrisiko. Am stärksten betroffen ist Afrika südlich der Sahara mit rund 94 Prozent der Fälle. Der Rest der Fälle verteilt sich auf Asien, Zentral- und Südamerika sowie gewisse Inseln im Pazifik. Laut dem Welt-Malaria-Bericht 2020 der WHO gab es 2019 weltweit 229 Millionen Malariafälle gegenüber 228 Millionen Fällen im Jahr 2018. Die geschätzte Zahl der Malariatoten belief sich 2019 auf 409 000, verglichen mit 411 000 Todesfällen im Jahr 2018. Die Symptome der Malaria sind hohes, wiederkehrendes Fieber, Schüttelfrost, Kopf- und Muskelschmerzen, Krämpfe sowie gelegentlich Erbrechen und Durchfall. Insbesondere bei Kindern kann die Krankheit rasch zu Koma und Tod führen. Am 30. Juni 2021 erklärte die WHO China als malariafrei. Das bevölkerungsreichste Land der Welt reihte sich damit unter die rund 40 Staaten ein, die nach den Angaben der WHO bislang den Kampf gegen Malaria gewonnen haben.

Gegen Malaria existiert keine Impfung. Bei Reisen in von Malaria betroffene Gebiete sind je nach Destination präventive Medikamente einzunehmen oder Medikamente für die Selbstbehandlung im Notfall mitzuführen. Weiter empfiehlt sich ein guter Schutz vor Moskitos, das heisst Anwendung von Mückenspray, Tragen von langärmliger, eher heller Kleidung und Socken sowie Schlafen unter einem imprägnierten Moskitonetz.

2.2.8 HIV/AIDS

Das Human Immunodeficiency Virus (HIV) gehört zur Familie der Retroviren und zur Gattung der Lentiviren. Es wird durch ungeschützten Geschlechtsverkehr sowie Spritzentausch bei Drogenkonsum übertragen. Zudem kann es während der Schwangerschaft von der infizierten Mutter auf das Kind und später durch das Stillen übertragen werden. Weiter besteht insbesondere in Ländern mit tiefen technischen Medizinstandards ein erhöhtes Risiko für eine Übertragung während Bluttransfusionen.

Kurz nach der Infektion vermehrt sich das Virus sehr stark. Dabei treten oft milde, grippeähnliche Symptome auf. Als Abwehrreaktion werden Antikörper gegen das HIV gebildet. Eine HIV-Infektion kann mit den kombinierten Antigen-Antikörper-Tests der neusten Generation spätestens sechs Wochen nach der Ansteckung im Blut nachgewiesen werden. Eine unbehandelte HIV-Infektion führt nach einer meist mehrjährigen symptomfreien Latenzzeit in der Regel zum Acquired Immune Deficiency Syndrome (AIDS). Dieses ist durch das Auftreten von charakteristischen Infektionskrankheiten oder Tumoren gekennzeichnet.

Die modernen medizinischen Therapiemöglichkeiten bewirken, dass sich die Immunschwäche gar nicht entwickelt oder sich zurückbildet. Zudem unterdrücken sie bei konsequenter Anwendung die Weitergabe des Virus. Nach wie vor ist eine HIV-Infektion jedoch, wenn die Therapien nicht konsequent und lebenslang angewendet werden, eine lebensbedrohliche Krankheit. Trotz 40-jähriger intensiver Forschung gibt es keine Schutzimpfung gegen HIV. Laut Experten hat dies mit der genetischen Instabilität des Virus zu tun. Das Virus verändert sich so rasend schnell, dass jeder Infizierte praktisch seinen eigenen Virusmix in sich trägt. Das macht eine Immunisierung schwierig.

Die Verbreitung von HIV hat sich seit Anfang der 1980er Jahre zu einer Pandemie entwickelt, die nach Schätzungen des Joint United Nations Programme on HIV/AIDS (UNAIDS) bisher etwa 32,7 Millionen Menschenleben gefordert hat. In der Schweiz leben gemäss neueren Schätzungen rund 16 700 mit HIV infizierte Menschen, der grösste Teil von ihnen kann dank wirksamer Therapie das Virus nicht mehr weitergeben. Um sich vor einer Infektion zu schützen, gilt es, die Safer-Sex-Regeln zu beachten und auf den gemeinsamen Gebrauch von Spritzen und Injektionsnadeln zu verzichten. Mit der Präexpositionsprophylaxe PrEP existiert mittlerweile auch eine medikamentöse Schutzmöglichkeit.

2.2.9 SARS-CoV-1

Das Schwere Akute Respiratorische Syndrom (SARS) ist eine gravierende Infektionskrankheit, die Ende 2002 in China neu auftrat und sich 2003 zu einer weltweiten Epidemie, auch als SARS-CoV-1 bezeichnet, ausbreitete. Der Erreger gehört zur Spezies Severe Acute Respiratory Syndrom-related Coronavirus in der Untergattung Sarbecovirus in der Gattung Betacoronavirus. Ein weiteres Virus dieser Virenspezies, SARS-CoV-2, ist der Auslöser der Covid-19-Pandemie seit 2019 (siehe 2.2.12 «SARS-CoV-2»). Forscher gehen aufgrund genetischer Untersuchungen von einer Abstammung und evolutionären Entwicklung des Virus von mutierten Viren bei Fledermäusen in Südostasien aus. Es wird angenommen, dass der Erreger beim Handel mit wildlebenden Tieren erstmals auf den Menschen übertragen wurde. Das SARS-assoziierte Coronavirus war bis 2002 unbekannt und kann vom Tier auf den Menschen übertragen werden, wie dies auch 2021 bei dem Middle-East Respiratory Syndrome-Coronavirus (MERS-CoV, siehe 2.2.11 «MERS-CoV») und 2019 bei SARS-CoV-2 geschah. An SARS-CoV-1 erkrankten mehr als 8000 Personen in 32 Ländern, hauptsächlich in China und Hongkong, aber auch in Kanada, Taiwan, Singapur, Vietnam und in den USA. Die weltweite Epidemie forderte über 800 Menschenleben. In der Schweiz wurden im Frühjahr 2003 rund 30 SARS-Verdachtsfälle gemeldet. Sämtliche Labortests waren jedoch negativ. Seit Mitte 2004 bis Ende 2019 wurden weltweit keine SARS-Fälle mehr verzeichnet.

Im Unterschied zu SARS-CoV-2, das schon in der Inkubationszeit hochansteckend ist, überträgt sich SARS-CoV-1 erst ab Beginn der Erkrankung und dem Auftreten von Symptomen von Mensch zu Mensch. Das Virus wird vorwiegend durch Aerosole (Tröpfcheninfektion) übertragen. Von der Ansteckung bis zur Erkrankung dauert es in der Regel zwei bis zehn Tage. Die ersten Symptome ähneln denen einer saisonalen Grippe. Schwere Fälle können sich zu einer Lungenentzündung entwickeln, gefolgt vom Tod durch das Versagen lebenswichtiger Organe. Bei SARS-CoV-1 war gemäss in der Fachzeitschrift «Nature» veröffentlichten Untersuchungen der Charité Berlin, Deutschland, die Viruslast aus dem Rachen im Vergleich zu SARS-CoV-2 vergleichsweise gering. Daher war es eher möglich, die SARS-CoV-1-Epidemie unter Kontrolle zu bringen und zu beenden.

2.2.10 Ebola

Ebolafieber ist eine schwere virale Infektionskrankheit, die durch Viren der Gattung Ebolavirus verursacht wird. Das Virus wurde erstmals 1976 in der Demokratischen Republik Kongo in einem Dorf nahe dem Fluss Ebola nach einem Kontakt mit einem infizierten Wildtier unter Menschen registriert. Der natürliche Wirt des Virus ist eine fruchtfressende Fledermaus aus der Familie Pteropodidae, die vor allem in Afrika verbreitet ist. Affen und bestimmte Antilopen können als Zwischenwirte wirken. Menschen infizieren sich direkt durch die Berührung von Fledermäusen und ihrem Kot oder indirekt durch den Verzehr von infizierten Früchten. Das Virus überträgt sich zudem durch Kontakt zu Körperausscheidungen, darunter auch Blut und Erbrochenes, von infizierten Menschen und Tieren. Eine Infektion durch Berührung von infizierten Objekten ist möglich, hingegen gibt es keine Hinweise auf eine Übertragung über Aerosole.

Die Inkubationszeit dauert üblicherweise zwischen 2 und 21 Tagen. Zu Beginn der Krankheit treten hohes Fieber, Hals-, Muskel-, Bauch- und Kopfschmerzen auf, begleitet von Durchfall und von einem schlechten Allgemeinzustand. Bei einem schweren Verlauf kommen starke Blutungen, daher die Bezeichnung hämmorrhagisches Fieber, sowie das Versagen von lebenswichtigen Organen wie zum Beispiel der Leber und der Nieren oder ein Herz-Lungen-Schock vor. Das Ebolafieber verläuft je nach Virusart sehr unterschiedlich und kann in 0 bis 90 Prozent aller Fälle zum Tod führen, wobei die durchschnittliche Fallsterblichkeit bei zirka 50 Prozent liegt. Die Behandlung fokussiert bislang auf Massnahmen zur Bekämpfung oder Linderung einzelner Krankheitssymptome. Zurzeit sind offiziell keine Impfstoffe verfügbar und in der Schweiz zugelassen. Während der Epidemie in Westafrika in den Jahren 2014 bis 2016 wurden jedoch experimentelle Impfstoffe erfolgreich eingesetzt.

Ebolaerkrankungen kommen hauptsächlich in Zentral- und Westafrika vor. Vor der Epidemie in Westafrika waren seit 1976 2500 Fälle und 1500 Todesopfer registriert worden. Während der Epidemie wurden gemäss den Angaben der Weltgesundheitsorganisation (WHO) rund 28 600 Erkrankungen und zirka 11 300 Todesfälle gezählt. In anderen Ländern traten bei Reisenden vereinzelte Fälle auf. In der Schweiz erholten sich 1995 und 2014 zwei Personen von der Krankheit, die sich zuvor in Afrika infiziert hatten. Zu den Risikogruppen zählen insbesondere Pflege- und Laborpersonal sowie Mitarbeitende von Hilfsorganisationen wie das Internationale Komitee vom Roten Kreuz (IKRK) oder Ärzte ohne Grenzen, die in den Epidemiegebieten arbeiten.

2.2.11 MERS-CoV

Das Virus MERS-CoV gehört zur Familie der Coronaviridae und unterscheidet sich genetisch von den SARS-Coronaviren. MERS-CoV wurde 2012 bei einem Patienten in Vorderasien entdeckt. Weder das Virusreservoir noch der Übertragungsweg sind eindeutig bekannt. Aufgrund der epidemiologischen Muster der Ausbreitung werden Fledertiere als primäre Wirtsorganismen angenommen. Über Dromedare als Zwischenwirte und deren Produkte wie zum Beispiel unpasteurisierte Milch wird das Virus auf den Menschen übertragen. Von Mensch zu Mensch überträgt sich das MERS-Virus über Aerosole, häufig in Spitälern oder in der Familie.

Die Inkubationszeit beträgt in der Regel weniger als eine Woche, kann aber gelegentlich bis zu 14 Tagen andauern. Zu Beginn der Erkrankung treten Symptome wie Fieber, Husten, Schüttelfrost, Muskelschmerzen und Magen-Darm- sowie Atembeschwerden auf. In schweren Fällen kommt es zu einer Lungenentzündung, die eine Lungeninsuffizienz nach sich ziehen kann. Patienten, die bereits an einer chronischen Erkrankung wie Diabetes, Immunschwäche oder Krebs leiden, weisen eine erhöhte Sterblichkeit auf.

Das MERS-Virus ist im Vergleich zu SARS-CoV-1 und SARS-CoV-2 weniger ansteckend, jedoch viel aggressiver. Gemäss der Weltgesundheitsorganisation (WHO) wurden bisher weltweit rund 2500 MERS-CoV-Infektionen bei zirka 840 Todesfällen registriert, womit jede dritte Erkrankung tödlich verlief. Die nicht importierten Fälle traten ausschliesslich in Ländern des Mittleren Ostens auf: Saudi-Arabien, Vereinigte Arabische Emirate, Iran, Jordanien, Kuwait, Libanon, Oman, Katar und Jemen. Die meisten Erkrankungen ereigneten sich mit 85 Prozent der bestätigten Fälle auf der Arabischen Halbinsel, insbesondere in Saudi-Arabien. Die Patienten werden gemäss ihrem Gesundheitszustand symptomatisch behandelt, ein Impfstoff ist bis heute nicht verfügbar.

2.2.12 SARS-CoV-2

Die Existenz von SARS-CoV-2 wurde erstmals am 30. Dezember 2019 in Wuhan, China, identifiziert. Die ersten Fälle wurden von einem Markt gemeldet, auf dem Wildtiere verkauft wurden. Woher das Virus ursprünglich stammte, ist Gegenstand von wissenschaftlichen Untersuchungen. Auch ein Missionsteam der Weltgesundheitsorganisation (WHO), das Wuhan Anfang 2021 besuchte und Ende März 2021 einen Bericht vorlegte, konnte die Frage nicht abschliessend beantworten. Ein im Juni 2021 in der Fachzeitschrift «Scientific Reports» publizierte Studie zeigte allerdings auf, dass den Mitgliedern der WHO-Mission kein vollumfänglicher Einblick in die vorhandenen Daten und Erkenntnisse gewährt wurde. Verschiedene Punkte in dieser Publikation widersprechen dem WHO-Bericht, wonach zum Beispiel der Verkauf von lebenden Tieren im Jahr 2019 nicht habe verifiziert werden können und es zudem keine Anzeichen für illegalen Tierhandel gab. Vielmehr belegte der Bericht, dass auf dem Tiermarkt günstige Zustände für einen möglichen Übersprung von tierischen Viren auf den Menschen herrschten. Als mögliche Träger gelten unter anderem Fledermäuse und Flughunde, die in einzelnen Regionen Asiens von Menschen gegessen werden. Forscher gehen davon aus, dass das Virus zuerst bei Fledermäusen auftauchte, dann mutiert und über bislang noch unbekannte weitere Träger etwa Mitte November 2019 erstmals auf Menschen übertragen wurde.

Das Virus breitete sich im Januar 2020 zunächst in China rasch aus. Zwischen Ende Januar und Mitte Februar dehnten sich die Ansteckungsfälle auf Südkorea, Japan, Europa (hauptsächlich Italien, Frankreich und Spanien) und die Vereinigten Staaten aus, bevor die Krankheit globale Ausmasse erreichte und die WHO Covid-19 am 11. März 2020 zu einer globalen Pandemie erklärte. Von den Regierungen der betroffenen Staaten wurden immer strengere Massnahmen ergriffen, um zunächst die Fälle zu isolieren, die Übertragung des Virus zu stoppen und später die Ausbreitungsrate zu verlangsamen. Die verhängten Massnahmen reichten von der Isolierung von Erkrankten und Einzelpersonen mit Symptomen über das Verbot von Massenversammlungen, Grenzabriegelungen und der Schliessungen von Schulen und Einkaufsläden mit Ausnahme von Lebensmittelgeschäften und Apotheken. Die Bevölkerung wurde aufgerufen, sofern dadurch die Grundversorgung nicht eingeschränkt wurde, von zu Hause aus zu arbeiten. Die ergriffenen Schutzmassnahmen führten vor allem in den Monaten März und April 2020 und nach Ausbruch der zweiten Welle in den ersten Monaten 2021 zu massiven Einschränkungen der persönlichen Freiheitsrechte und der Bewegungsfreiheit. Aufgrund der eingeschränkten Mobilität blieben die Passagierflugzeuge von Ende März bis Anfang Juni 2020 am Boden, der öffentliche Verkehr ging während der ersten Welle zeitweise um mehr als 30 Prozent zurück, die Gesellschaft und die Wirtschaft standen weitgehend still. Die neudeutschen Begriffe Social Distancing, Lockdown, Home-Office prägten das öffentliche Leben. Um die wirtschaftlichen Folgen der Pandemie zu mildern, insbesondere die rasch ansteigende Arbeitslosigkeit zu bremsen und den Konkurs von Unternehmen in hart getroffenen Sektoren abzuwenden, sprachen die Regierungen weltweit milliardenschwere Unterstützungsprogramme. Ab Mai 2020 erlaubten die abgeflachten Fallzahlen eine schrittweise Lockerung der Massnahmen und die Rückkehr in eine neue Normalität unter Einhaltung der Abstandsregeln und Hygieneschutzmassnahmen, bis gegen Ende des Jahres 2020 die zweite Welle neuerliche Einschränkungen notwendig machten.

Im Oktober 2020 mit den kühleren Temperaturen und dem vermehrten Aufenthalt in geschlossenen Innenräumen breitete sich die zweite Welle mit unerwarteter Heftigkeit rasch aus. Die Fallzahlen in den meisten europäischen Ländern überstiegen

Anfang November die Infektionen im Frühjahr deutlich. Die Regierungen weltweit sahen sich gezwungen, erneut drastische Einschränkungen des gesellschaftlichen Lebens zu beschliessen und durchzusetzen, um das weitere Ansteigen der Fallzahlen einzudämmen und ein Abflachen der zweiten Welle zu bewirken. In der Schweiz wurde bewusst auf einen vollständigen Lockdown verzichtet, um die Wirtschaft zu schützen.

Die zweite Welle wurde durch neue Virusvarianten verschärft, die sich in ihren Erregereigenschaften wie beispielsweise der Übertragbarkeit und der Virulenz als gefährlicher erwiesen, darunter die britische (B.1.1.7, Alpha), die südafrikanische (B.1.351, Beta), die brasilianische (P.1, Gamma) sowie die indische (B.1.617, Delta) Virusvarianten.

Am 9. November 2020 vermeldete das Pharmaunternehmen Biontech mit Sitz in Mainz, Deutschland, gemeinsam mit dem amerikanischen Partner Pfizer mit der Veröffentlichung einer Zwischenanalyse der klinischen Studie der Phase 3 den ersten Durchbruch bei der Entwicklung eines Impfstoffes gegen Covid-19. Gemäss dieser Studie reduziert der Biontech/Pfizer-Impfstoff die Infektionsgefahr um mehr als 90 Prozent gegenüber ungeimpften Menschen. Schwere Nebenwirkungen wurden nicht registriert. Am 16. November 2020 publizierte als zweiter Anbieter eines Vakzins das US-Biotech-Unternehmen Moderna Therapeutics erste Informationen aus seiner abschliessenden Phase-III-Studie. Die Wirksamkeit dieses Impfstoffs erreicht hohe 94,5 Prozent. Ein weiterer Vorteil des Moderna-Impfstoffs ist die Lagerungsmöglichkeit auch in Kühlschränken im Gegensatz zum Wirkstoff von Biontech/Pfizer, der nur tiefgekühlt aufbewahrt werden kann.

Am 2. Dezember 2020 liess die britische Arzneimittelbehörde mit einer Notfallverfügung den Einsatz des Corona-Impfstoffs von Biontech/Pfizer für Erwachsene zu. Dabei handelte es sich um die erste Genehmigung eines Vakzins für SARS-CoV-2 weltweit, noch vor der Zulassung des Corona-Impfstoffs in der Europäischen Union (EU) und den Vereinigten Staaten. Als erstes Land weltweit begann Russland am 5. Dezember 2020 mit dem in Russland entwickelten Vakzin Sputnik V mit Massenimpfungen. Am 19. Dezember 2020 gab Swissmedic als erste Arzneimittelbehörde weltweit die reguläre Zulassung des Corona-Impfstoffes von Biontech/Pfizer bekannt, noch zwei Tage bevor die Europäische Arzneimittelbehörde (EMA) dem Impfstoff die bedingte Zulassung in allen 27 EU-Mitgliedstaaten erteilte. Während Israel, Grossbritannien und die USA frühzeitig hohe Mengen an Impfstoffdosen bestellten und mit der Impfung der besonders gefährdeten Menschen und danach der breiten Bevölkerung bereits in den ersten Monaten 2021 schnell vorangingen, kamen die Impfkampagnen in den europäischen Ländern aufgrund der Knappheit der Impfstoffe und Lieferengpässen einzelner Hersteller wie Astra-Zeneca nur schleppend voran und konzentrierten sich im ersten Quartal 2021 auf die Risikogruppen. In Europa starteten die Impfungen für die breite Bevölkerung ab Mitte April/Anfang Mai.

Gemäss dem Coronavirus Resource Center der Johns Hopkins University wurden bis Ende Juli 2021 weltweit rund 191 Millionen Menschen positiv auf das Virus getestet, 4,1 Millionen der Infizierten starben. In Deutschland erreichte die Zahl der Infektionen nach den Angaben des Robert Koch Instituts knapp 3,8 Millionen und die Todesfälle rund 91 000, in der Schweiz waren es gemäss dem Bundesamt für Gesundheit (BAG) rund 715 000 positive Fälle und 10 900 Todesopfer. Länder, die in der ersten Welle verhältnismässig spät Schutzmassnahmen ergriffen und der Gesellschaft und Wirtschaft tiefgreifende Einschränkungen auferlegten, wurden von der Pandemie besonders hart getroffen, darunter insbesondere Spanien, Grossbritannien, Russland, die USA und Brasilien. Nach frühen Öffnungen und der ungeschützten Teilnahme breiter Bevölkerungsschichten an religiösen Festen führte die zweite Welle insbesondere in Indien zu einer völligen Überlastung des Gesundheitssystems und einem landesweiten Mangel an Sauerstoff. Der afrikanische Kontinent wurde hingegen mit Ausnahme von Südafrika, wo die Infektionszahlen in der ersten Welle explosionsartig anstiegen, von der Covid-19-Pandemie weniger stark erfasst als befürchtet. Allerdings führten die indirekten Folgen der Coronakrise vor allem in Entwicklungsländern zu vielen Opfern. So schätzt das Welternährungsprogramm der Vereinten Nationen (UN), dass sich als Folge der Pandemie die Zahl der Hungernden in der Welt verdoppeln und bis zu 400 Millionen Menschen wieder in die extreme Armut zurückfallen werden. Zudem bewirkten viele Massnahmen zur Eindämmung von Covid-19 Einschränkungen bei der Bekämpfung anderer Krankheiten, darunter Malaria, HIV und Tuberkulose.

2.3 Wirtschaftskrisen

2.3.1 Grosse Depression 1929–1941

Als Grosse Depression wird die Zeit zwischen 1929 und 1941 bezeichnet. Sie begann am 24. Oktober 1929 mit dem Schwarzen Donnerstag (Black Thursday), prägte die 1930er Jahre und war der Ursprung der Weltwirtschaftskrise. Nachdem der Dow-Jones-Index bereits in den Vorwochen einen deutlichen Rückgang seit seinem Höchststand am 3. September 1929 mit 381 Punkten verzeichnete, brach der Index unter Panik der Anleger an der New York Stock Exchange markant ein und ging nach Stützungsmassnahmen mit einem Minus von 2,1 Prozent aus dem Handel. Am darauffolgenden Schwarzen Montag stürzte der Dow Jones neuerlich von knapp 300 auf 260 Punkte ab. Am Schwarzen Dienstag kam es dann zum Kollaps, als die Banken ihre Stützungsmassnahmen nicht mehr aufrechterhalten konnten und alle Investoren gleichzeitig versuchten, ihre Aktien zu verkaufen. Der Börsencrash erreichte nach zwischenzeitlichen Korrekturen seinen Tiefpunkt mit 41 Punkten erst im Sommer 1932, der gleiche Wert wie bei der Erstpublikation des Dow-Jones-Index am 26. Mai 1986.

Die darauffolgende Wirtschaftskrise führte zu einem starken Rückgang der Industrieproduktion, des Welthandels und der internationalen Finanzströme und resultierte in einer bisher unübertroffenen Deflationsspirale, Schuldendeflation sowie schweren Bankenkrise. Viele Unternehmen wurden zahlungsunfähig und die Arbeitslosigkeit stieg markant an, was grosses soziales Elend und zahlreiche politische Krisen weltweit verursachte. Die Weltwirtschaftskrise dauerte in den einzelnen Ländern je nach den spezifischen volkswirtschaftlichen Voraussetzungen mit variierender Intensität unterschiedlich lange an und war zu Beginn des Zweiten Weltkrieges noch nicht in allen Regionen ausgestanden. Im Gegensatz zu anderen Ländern konnte in den USA die demokratische Ordnung während der Weltwirtschaftskrise bewahrt werden. Präsident Franklin D. Roosevelt gab mit den Wirtschafts- und Sozialreformen des New Deal zur Linderung der Not und Ankurbelung der Wirtschaft der Nation neue Hoffnung. Die Vollbeschäftigung wurde jedoch erst 1941 mit der Rüstungskonjunktur nach Eintritt der USA in den Zweiten Weltkrieg wiedererlangt. Im nationalsozialistischen Deutschland wurde die Vollbeschäftigung dank umfangreichen Arbeitsbeschaffungsmassnahmen, allgemein niedrigen Löhnen, welche auf dem Niveau von 1932 eingefroren wurden, sowie der Einführung der Wehrpflicht im Jahr 1935 bereits 1936 erreicht.

Gemäss einer These von Milton Friedman und Anna J. Schwartz, die ansatzweise auf Überlegungen von John Maynard Keynes baute und auf einen breiten wissenschaftlichen Konsens gestossen ist, hätte die Weltwirtschaftskrise entschärft werden können, wenn die Zentralbanken die Kontraktion der Geldmenge verhindert und die Bankenkrisen durch Zurverfügungstellung von Liquidität gelindert hätten. Parallel verschlimmerte die durch die Krise hervorgerufene protektionistische Handelspolitik vieler Länder die Weltwirtschaftskrise. In jüngerer Zeit stiessen zudem auch nichtmonetäre Erklärungsansätze wie zum Beispiel der Goldstandard als Transmissionsmechanismus, der auch die Regierungen und Zentralbanken anderer Länder, die von der Bankenkrise weniger betroffen waren, zu einer Deflationspolitik zwangen, auf grosse positive Resonanz in der Wissenschaft.

In der Schweiz verspürten zuerst die Banken, die in den 1920er-Jahren ihr Geschäft immer stärker international ausrichteten, die Weltwirtschaftskrise. Sie verloren insgesamt 1,7 Milliarden Franken oder sieben Prozent der Gesamtbilanzsumme. Der Bund musste zahlreiche Banken sanieren, darunter die Schweizerische Volksbank und die Genfer Diskontbank, und wendete dafür 200 Millionen Franken auf. 1931 brachen die Exporte um mehr als einen Drittel ein. Betroffen waren vor allem die Textil-, Metall- und Maschinenindustrie, aber auch der Tourismus. Während 1929 die Arbeitslosigkeit in der Schweiz noch bei 0,5 Prozent lag, stieg sie fortan kontinuierlich an. Sie erreichte 1936 mit rund 10 Prozent oder 180 000 Betroffenen ihren Höhepunkt. Im internationalen Vergleich kam die Schweiz damit glimpflich weg. In den USA waren 25 Prozent, in Deutschland sogar 30 Prozent der Beschäftigten ohne Arbeit. Damals verfügte nur rund ein Viertel der Arbeitnehmer in der Schweiz über eine Arbeitslosenversicherung, ein Obligatorium wurde erst 1982 eingeführt. Noch 1935 lehnte das Volk die Initiative der SP und Gewerkschaften ab, die den Staat zu Arbeitsbeschaffungsmassnahmen und einer aktiven Konjunkturpolitik verpflichten wollte und ein garantiertes Minimaleinkommen vorsah. 1936 gab der Bundesrat mit der Auflage der Wehranleihe seine Sparpolitik auf. Er stellte 235 Millionen Franken für die Aufrüstung bereit und wertete den Franken um 30 Prozent ab, um die Exporte zu fördern und die Wirtschaft wieder zu beleben.

2.3.2 Erdölkrisen

Als Erdölkrisen werden Phasen bezeichnet, in denen ein starker Anstieg der Ölpreise sich signifikant auf die Gesamtwirtschaft und die Konjunkturentwicklung auswirkt. Die Erhöhungen der Rohölpreise 1973 und 1979/1980 führten in den Industrieländern zu schweren Rezessionen, welche die Krisen in den 1950er Jahren ausgelöst durch den Putsch im Iran 1953 und die Suezkrise 1956 bei weitem übertrafen. Auch die historischen Ölkrisen der 1970er Jahre waren nicht auf Befürchtungen einer möglichen Austrocknung der globalen Ölreserven, sondern auf politische oder ökonomische Hintergründe zurückzuführen.

2.3.2.1 Erste Ölpreiskrise von 1973 Die erste Ölpreiskrise wurde im Herbst 1973 anlässlich des Jom-Kippur-Krieges ausgelöst, der vom 6. bis 26. Oktober 1973 andauerte. Mit dem Ziel, die westlichen Länder unter Druck zu setzen, welche Israel unterstützten, drosselte die Organisation der arabischen Erdöl exportierenden Staaten (OAPEC) die Fördermengen bewusst um etwa 5 Prozent. An dem Embargo nahmen Algerien, Irak, Katar, Kuwait, Libyen, Saudi-Arabien und die Vereinigten Arabischen Emirate teil. Bereits zuvor erklärte die Arabische Liga gegen Israel einen umfassenden Wirtschaftsboykott, dem allerdings wenig Erfolg beschieden war. Am 17. Oktober 1973 stieg der Ölpreis von rund 3 US-Dollar auf über 5 US-Dollar pro Barrel, ein Anstieg um etwa 70 Prozent. 1974 erhöhte sich der Ölpreis weltweit auf über 12 US-Dollar pro Barrel.

Die Ölpreiskrise von 1973 zeigte die Abhängigkeit der Industriestaaten von fossiler Energie, insbesondere von fossilen Treibstoffen, auf. Die höheren Ölkosten begründeten eine Wirtschaftskrise und führten zu einem deutlichen Anstieg von Kurzarbeit, Arbeitslosigkeit und Unternehmenskonkursen. Als Reaktion wurden in vielen westlichen Ländern Massnahmen zur Einsparung von Öl ergriffen, darunter die Einführung von autofreien Sonntagen oder Geschwindigkeitsbeschränkungen. Bei geringen effektiven Einsparungen ging es den Regierungen auch darum, die Bevölkerung zu sensibilisieren. In der Schweiz wurde ab dem 25. November 1973 für drei aufeinanderfolgende Sonntage ein allgemeines Fahrverbot erlassen.

Die Ölkrise von 1973 führte zu verschiedenen Entwicklungen zur breiteren Abstützung der Verfügbarkeit von Energie als zentrales Elixier der Wirtschaftsentwicklung. Aufgrund der gestiegenen Preise wurden zum einen Offshore-Ölförderungen und die Entwicklung entsprechender Technologien wieder rentabel. Dadurch erhielt insbesondere die Erschliessung unterseeischer Ölfelder in der Nordsee neuen Aufschwung. Weiter rückten auch alternative Treibstoffe wie Pflanzenöl, Biodiesel und die Abfallverbrennung in das öffentliche Interesse. Zudem wurde verstärkt in Kernenergie, erneuerbare Energie, in die Wärmedämmung von Gebäuden sowie die Effizienzsteigerung von Motoren und Heizungen investiert.

2.3.2.2 **Zweite Ölpreiskrise von 1979** Die zweite Ölpreiskrise wurde durch die Islamische Revolution im Iran im Jahr 1979 und den darauffolgenden Ersten Golfkrieg verursacht, der acht Jahre andauerte und rund eine Million Menschenleben forderte. Bereits vor dem Kriegsausbruch zwischen Iran und Irak, den beiden Kontrahenten im Ersten Golfkrieg, prägten innenpolitische Konflikte die beiden Länder. Der Irak war bis zur Revolution 1958 eine Monarchie. Nach der Ausrufung der Republik folgten trotz verschiedener Putschversuche soziale und demokratische Reformen. 1979 kam Saddam Hussein als Präsident an die Macht. Um seine Macht zu konsolidieren, ging er gegen den innerparteilichen Widerstand vor und liess zahlreiche führende Parteimitglieder hinrichten. Seine Ambitionen gingen jedoch weit über die eigenen Landesgrenzen hinaus, der Irak beanspruchte die Führungsrolle in der Region. Im Iran regierte seit 1941 Schah Mohammad Reza Pahlavi mit der Duldung des Westens als Alleinherrscher. Er veranlasste verschiedene Reformen, mit denen er bei den Geistlichen und der Bevölkerung auf Widerstand stiess. Ab 1978 kam es zu Massenprotesten und landesweiten Streiks, die den Schah am 16. Januar 1979 zur Flucht ins Ausland trieben. Darauf kehrte der religiöse Führer Ayatollah Ruhollah Khomeini als Anführer der Opposition aus dem Exil in den Iran zurück. Er etablierte eine schiitische Theokratie im Iran und berief sich selbst zum religiösen Anführer mit umfassenden Befugnissen.

Am 22. September 1980 griff der Irak den Iran an. Die Hauptstossrichtung der irakischen Truppen lag auf der erdölreichen iranischen Provinz Khuzestan. Aufgrund von heftigem Widerstand kam die Offensive jedoch bis Dezember etwa 80 bis 120 Kilometer hinter der iranischen Grenze zum Erliegen. Ab 1981 folgte die Wende im Krieg und die iranischen Streitkräfte drängten die Iraker aus den eroberten Gebieten zurück. Es folgte ein langwieriger Stellungskrieg mit wenigen Terraingewinnen, jedoch hohen Verlusten auch unter der Zivilbevölkerung auf beiden Seiten.

Mit dem Ziel, den Gegner auch wirtschaftlich zu schwächen, zerstörten beide Regime Schiffe, die Erdöl beförderten. Der Iran griff dabei auch Tanker von anderen Golfnationen an, die Rohöl für den Irak transportierten. Zudem wurde ein US-amerikanisches Schiff versehentlich von einem irakischen Flugzeug attackiert. Als Reaktion auf die Gefährdung der Öltransporte entsandten die USA und später auch Frankreich und Grossbritannien Marinetruppen in den Persischen Golf. Die Auseinandersetzung führte zu einer drastischen Abnahme der Ölexporte aus dem Irak und Iran, deren ökonomische Entwicklung weitgehend zum Stillstand kam. Während der Irak auf finanzielle Unterstützung von Saudi-Arabien und Kuwait sowie taktischen Beistand von Seiten der USA und der Sowjetunion zählen konnte, war der Iran international stark isoliert, seine grössten Verbündeten waren Syrien und Libyen. Die erdrückende politische Isolation, die schwere Wirtschaftskrise im eigenen Land und militärische Erfolge des Iraks bewogen Khomeini, die vom Sicherheitsrat der Vereinten Nationen verabschiedete Waffenstillstandsresolution 598 zu akzeptieren, womit der Krieg am 20. August 1988 endete.

Die kriegerischen Auseinandersetzungen führten zur Destabilisierung der Golfregion, zu politischen Unsicherheiten und damit verbundenen Einschränkungen der Wirtschaftsleistung und des Handels. Die Verknappung der Fördermengen wirkte sich zudem markant auf die Konjunkturentwicklung insbesondere in den westlichen Industrienationen aus, deren Volkswirtschaften einen hohen Energiebedarf für die Aufrechterhaltung des Wachstums und Wohlstandes aufwiesen. Die beiden Ölpreiskrisen trugen wesentlich zur Entwicklung erster alternativer Konzepte zu einer ausreichenden und das weitere Wirtschaftswachstum ermöglichenden Energieversorgung bei. Zur Reduzierung der unmittelbaren Abhängigkeit und der damit verbundenen Erpressbarkeit bauten die Staaten weltweit ihre strategischen Ölreserven markant aus.

2.3.3 Finanzkrise 2008/2009

Die Finanz- und Wirtschaftskrise in den Jahren 2008/2009, die weltweit zu einer markanten realwirtschaftlichen Abschwächung von einem Ausmass führte, das die Krisen in den vorangegangenen Jahrzehnten deutlich übertraf, fand ihren Ursprung im amerikanischen Immobilienmarkt. Das Zusammenspiel zwischen politischen Rahmenbedingungen, lascher Kreditvergabe und intransparenten Finanzprodukten förderte eine Spekulationsblase, von der zunächst viele Akteure profitierten.

Ab 2004 stiegen die Zinsen nachhaltig an. Vor allem einkommensschwache Kreditnehmer gerieten zusehends in finanzielle Schwierigkeiten. Die daraus resultierenden Zwangsverkäufe von Eigenheimen führten zu einem Preiszerfall auf dem Immobilienmarkt. Parallel reduzierten sich die Sicherheiten für die Hypothekarforderungen. Anfang 2007 erreichten die Zahlungsausfälle auf Subprime-Krediten einen

Höchststand. Aufgrund der Verbriefung und den neuen Finanzprodukten waren davon auch Anbieter und Anleger strukturierter Produkte betroffen. Zudem zeigte es sich, dass viele Banken selbst stark in solchen «toxischen», strukturierten Finanzanlagen investiert waren. Noch im Jahr 2007 mussten verschiedene Hedge Funds liquidiert werden. Zudem mussten die ersten Hypothekeninstitute Gläubigerschutz beantragen und die Investment- und Grossbanken verbuchten enorme Abschreiber. Die Zentralbanken reagierten mit Finanzspritzen, die Bedingungen für Kredite wurden gelockert, die Laufzeiten erhöht und Notkredite gewährt. Dennoch verschärfte sich die Situation und zahlreiche Banken und Kreditinstitute kamen in substanzielle Schwierigkeiten. Es folgte eine Reihe von Übernahmen vor allem von kleineren Banken. Im September 2008 übernahm die Federal Housing Finance Agency die Kontrolle über die beiden staatsnahen Hypothekenbanken Fannie Mae und Freddie Mac. Gemeinsam hatten sie 2,4 Billionen US-Dollar an Anleihen ausstehend. Am 15. September 2008 sah sich die viertgrösste amerikanische Investmentbank Lehman Brothers gezwungen, Insolvenz anzumelden. Ebenfalls am 15. September wurde Merrill Lynch von der Bank of America übernommen und einen Tag später, am 16. September, wurde der amerikanische Versicherungskonzern AIG unter staatliche Aufsicht gestellt. Im Gegensatz zu Lehman Brothers unterstützte die US-Notenbank die AIG mit 85 Milliarden US-Dollar. Diese Ereignisse lösten einen Schock an den Finanzmärkten aus und rissen weitere Banken in die Krise. Am 22. September liessen sich die Investmentbanken Morgan Stanley und Goldman Sachs in normale Geschäftsbanken umwandeln. In der Folge gerieten auch verschiedene Banken in Europa in Liquiditätsprobleme, insbesondere in England, Irland und Island. In der Schweiz musste am 16. Oktober 2008 die UBS eine Pflichtwandelanleihe vom Bund im Umfang von 6 Milliarden Franken zeichnen lassen. Gleichzeitig errichtete die Schweizerische Nationalbank eine Zweckgesellschaft, in der die UBS nicht handelbare Wertpapiere in Höhe von maximal 60 Milliarden US-Dollar auslagern konnte.

Die Finanzkrise 2008/2009 liess Teile der Finanzbranche, die ihre Bilanzen mit geliehenem Geld aufgebläht und bei der Kreditvergabe ihrerseits nicht auf genügend Sicherheiten gepocht hatten, wie ein Kartenhaus zusammenfallen. Erst umfangreiche staatliche Interventionen konnten den Abwärtssog stoppen. Das Epizentrum der Krise lag im Unterschied zu den vorausgegangenen Wirtschaftskrisen in der dominierenden Volkswirtschaft USA. Aufgrund der starken internationalen Finanzverflechtung wirkte sich die Krise weltweit aus. Schnell wurden die Schuldigen ausgemacht, darunter hauptsächlich die Konsumenten in den USA mit ihrem überzogenen Lebensstil, die modernen Finanzprodukte und die risikofreudigen Banker. Doch das blinde Renditestreben war ein gesamtgesellschaftliches Phänomen: Die Aktionäre forderten höhere Eigenkapitalrenditen, die Arbeitnehmer höhere Pensionskassenerträge, die Kleinanleger höhere Sparzinsen und der Staat profitierte von höheren Unternehmenssteuererträgen. Als Reaktion auf die Krise wurde zudem schnell der

Ruf nach stringenter Regulierung der Finanzmärkte laut. Doch auch eine stärkere Regulierung wird das Problem nicht lösen und zukünftig die gefährliche Bildung von Spekulationsblasen verhindern. Das Kapital wird um die bestehenden Verbote herum neue Wege finden, um sich zu vermehren. Vielmehr müssen die Aufsichtsbehörden zukünftig den Fokus auf die Systemrelevanz legen und sicherstellen, dass das Finanzsystem durch das Platzen von Blasenbildungen nicht gefährdet wird und Insolvenzprobleme einzelner Banken nicht zu einem erneuten Systemkollaps führen.

2.4 Ausgewählte Exzesse

2.4.1 Fall Pierin Vincenz

Während der Amtszeit von Pierin Vincenz als Vorsitzender der Geschäftsleitung der Raiffeisen Schweiz in den Jahren 1999 bis 2015 war die Bankengruppe von starkem Wachstum geprägt. Er entwickelte die Genossenschaft zur Nummer drei auf dem Schweizer Bankenplatz. Die Bilanzsumme stieg von 92 Milliarden Franken im Jahr 2002 auf 205 Milliarden, die Hypothekarausleihungen von 76 Milliarden Franken auf 159 Milliarden Franken. Im Sommer 2014 signalisierte Pierin Vincenz, damaliger CEO von Raiffeisen, der mittlerweile drittgrössten Bankengruppe der Schweiz, gegenüber dem Verwaltungsrat erstmals seine Absicht, von seiner Funktion zurückzutreten. Ausgehend von einer Vereinbarung aus dem Jahr 2000 forderte er trotz eines 2013 neu abgeschlossenen Arbeitsvertrags, der sämtliche frühere Ansprüche ablöste, eine Abgangsentschädigung von rund 5 Millionen Franken. 2015, noch immer in seiner Funktion als CEO des Genossenschaftsinstituts, leitete Pierin Vincenz mit der Zustimmung des Verwaltungsrats eine private, 15 Prozent umfassende Beteiligung an dem bankeigenen Private-Equity-Vehikel Investnet ein. Der Wert seiner Investnet-Beteiligung wurde bei einem Eigenkapitaleinsatz von 1,5 Millionen Franken bis 2030 auf über 60 Millionen Franken prognostiziert. Dieses Vorgehen wie auch die Besetzung der Raiffeisen-Rechtsabteilung, welche von der damaligen Ehefrau von Pierin Vincenz geführt wurde, widersprach den Regeln guter Corporate Governance und warf Fragen betreffend Wahrnehmung der Aufsichts- und Kontrollpflichten durch den Verwaltungsrat auf.

Erst 2017 und mitunter auf Druck der Eidgenössischen Finanzmarktaufsicht (FINMA) gab Raiffeisen eine interne Untersuchung bei einer Anwaltskanzlei in Auftrag. Die Experten untersuchten die Machenschaften während der Ära Pierin Vincenz und vor allem die Beteiligung an Investnet. Im Frühling 2018 eröffnete die Staatsanwaltschaft eine Strafuntersuchung gegen Pierin Vincenz und setzte ihn in Untersuchungshaft. Der Vorwurf lautete unter anderem auf ungetreue Geschäftsbesorgung,

Bestechung und möglicherweise Betrug. Pierin Vincenz und weitere Personen im Umfeld der Raiffeisen-Führung, darunter sein Berater und frühere Chef des Kreditkartenunternehmens Aduno Beat Stocker, wurden verdächtigt, sich verdeckt an Firmen beteiligt zu haben, um nach einer Übernahme durch Raiffeisen privat zu profitieren. Bei der Kreditkartenfirma Aduno amtete Pierin Vincenz jahrelang als Präsident des Verwaltungsrats und Beat Stocker zeitweise als Geschäftsführer, Verwaltungsrat und Berater. Später im Jahr 2018 trat auch der damalige Präsident des Verwaltungsrats von Raiffeisen Johannes Rüegg-Stürm zurück, nachdem die FINMA eine Vernachlässigung der Aufsichtspflichten des Verwaltungsrats feststellte.

Derweil forderten gemäss einem Artikel des «Tages-Anzeiger» vom 19. September 2020 die Raiffeisen-Bankengruppe und die Kreditkartenfirma Aduno als Zivilkläger von Pierin Vincenz und Beat Stocker Schadenersatz. Gemäss «Tages-Anzeiger» standen bei Aduno konkret die Zukäufe der Kleinstfirmen Commtrain Card Solutions, Eurokaution und Genève Credit & Leasing im Fokus der Untersuchungen. Sie sollen direkt oder indirekt zuerst von Beat Stocker und Pierin Vincenz gekauft und dann an Aduno weiterverkauft worden sein, wodurch für Aduno ein Schaden von rund 20 Millionen Franken entstanden sei. Gemäss den Quellen des «Tages-Anzeiger» fordert Aduno von Beat Stocker rund 12 Millionen und von Pierin Vincenz rund 8 Millionen Franken zurück. Um markant grössere Beträge geht es im Fall von Investnet. Anfang 2019 gab die Raiffeisen-Gruppe unter anderem in Zusammenhang mit ihrer Beteiligung an Investnet einen Sonderabschreiber von 201 Millionen Franken bekannt.

Eine angestrebte Einigung zwischen den Parteien scheiterte bislang. Die Staatsanwaltschaft lotete eine mögliche Einigung zwischen den Parteien aus, um den Weg für ein abgekürztes Verfahren zu ebnen. Gemäss «Tages-Anzeiger» wiesen Pierin Vincenz und Beat Stocker hingegen ein Schuldeingeständnis von sich.

Anfang November 2020 schloss die Zürcher Staatsanwaltschaft die Strafuntersuchungen ab und erhob Anklage in Zusammenhang mit mehreren Übernahmen der Raiffeisen-Gruppe beziehungsweise der Kreditkartenfirma Aduno in den Jahren 2006 bis 2015. Angeklagt sind der damalige Raiffeisen-Chef Pierin Vincenz und der frühere Aduno-Chef Beat Stocker. Ihnen wird gewerbsmässiger Betrug, Veruntreuung einschliesslich Spesenexzesse, Urkundenfälschung und passive Bestechung zum Nachteil von Raiffeisen Schweiz und von Aduno vorgeworfen. In den Fällen Pierin Vincenz und Beat Stocker fordert die Staatsanwaltschaft ein Strafmass von sechs Jahren Gefängnis und die Rückzahlung von zusammen 25 Millionen Franken. Mitangeklagt sind weitere fünf Personen, darunter zwei Gründungsmitglieder der Private-Equity-Firma Investnet sowie ein Kommunikationsberater. Mit einem Strafbefehl wurde zudem ein in mehrere Transaktionen involvierter Anwalt belegt. Der lang erwartete Prozess ist für die Zeitspanne vom 25. bis 28. Januar 2022 traktandiert, erstinstanzlich vor dem Bezirksgericht Zürich. Es gilt die Unschuldsvermutung für alle Angeklagten.

2.4.2 Postauto-Affäre

Im Herbst 2017 stellte das Bundesamt für Verkehr (BAV) anlässlich der ordentlichen Revision der Jahresrechnungen der Postauto Schweiz AG fest, dass das Unternehmen mutmasslich seit 2007 Gewinne im regionalen Personenverkehr in andere Geschäftsfelder umgebucht und vor dem Bund und den Kantonen versteckt hatte. Dadurch erlangte die Postauto Schweiz AG zu Lasten der Steuerzahler Subventionen in der Höhe von mindestens 78,3 Millionen Franken.

Ende August 2020 schloss das Bundesamt für Polizei (Fedpol) das Verwaltungsstrafverfahren ab und erhob Anklage in mehreren Fällen, unter anderen gegen den ehemaligen Finanzchef des Post-Konzerns und den ehemaligen Chef von Postauto sowie dessen Finanzchef. Nicht unter den Angeklagten befinden sich die ehemalige Postchefin sowie die Mitglieder des Verwaltungsrats. Gemäss den Ermittlungen des Fedpol haben die Beschuldigten mittels Verfälschung von Rechnungen oder deren Duldung das BAV hinsichtlich der effektiven Höhe der Gewinne getäuscht, um Abgeltungskürzungen in den Folgejahren zuvorzukommen. Die Ermittler stiessen bei ihren Untersuchungen zudem auf Hinweise auf Bestechung. Das Fedpol reichte darauf im Frühjahr 2019 eine Strafanzeige bei der Bundesanwaltschaft ein, die wenig später ein Strafverfahren gegen Unbekannt eröffnete. Das Wirtschaftsstrafgericht des Kantons Bern wies Mitte Dezember 2020 die Anklage wegen schwerwiegender Mängel an die Bundesanwaltschaft zurück. In der Begründung hielt das Gericht fest, dass für die Einsetzung von Alt-Bundesrichter Hans Mathys und Kantonsrichter Pierre Cornu als externe Verfahrensleiter durch das Fedpol keine formelle gesetzliche Grundlage bestanden habe. Dieser Entscheid hat die Nichtigkeit aller bisherigen Untersuchungshandlungen und die Rückweisung des Verfahrens in das Untersuchungsstadium zur Folge. Dadurch wurden die Verfahren gegen die früheren Post-Manager verzögert, und die Frage, ob die Buchungspraxis von Postauto rechtswidrig war, bleibt für Jahre ungeklärt.

Finanziell wurde die Affäre geregelt, indem die Postauto Schweiz AG dem Bund, Kantonen und Gemeinden die fraglichen Subventionen zurückerstattete. Zudem traten alle Geschäftsleitungsmitglieder von Postauto von ihren Funktionen zurück und eine neue Geschäftsleitung wurde aufgebaut, wobei sich die früheren Mitglieder neu bewerben konnten.

2.4.3 Wirecard

Wirecard wurde 1999 als Fintech-Startup und Anbieter von Zahlungsdienstleistungen auf dem Höhepunkt des New-Economy-Booms gegründet. Nach einer fulminanten Unternehmensentwicklung und als Aushängeschild der New Economy stieg

Wirecard im September 2018 in den Deutschen Aktienindex DAX auf. Das Unternehmen erreichte eine Marktkapitalisierung von rund 24 Milliarden Euro und übertraf alteingesessene Finanzinstitute wie die Deutsche Bank oder die Commerzbank mit einem Börsenwert von 20 Milliarden respektive 10 Milliarden Euro. Letztere musste zugunsten von Wirecard aus dem DAX weichen. Doch so schnell und hell strahlend der Komet am Finanzmarkthimmel aufstieg, so schnell verglühte er auch wieder.

Am 18. Juni 2020 weigerte sich die Revisionsgesellschaft EY endgültig, die Bilanz des Zahlungsdienstleisters für das Jahr 2019 zu testieren. Es wurde öffentlich, dass rund 1,9 Milliarden Euro, die das Unternehmen in seinen Büchern aufführte und angeblich auf Treuhandkonten in den Philippinen liegen sollten, nicht existierten. Dieser Betrag entsprach rund einem Viertel der damaligen Bilanzsumme. Einen Tag später trat Markus Braun als Konzernchef von Wirecard zurück. Er war mit einem Aktienanteil von 7 Prozent zugleich grösster Einzelaktionär. Seit dem 22. Juli 2020 sitzen er und zwei weitere beschuldigte Manager in Untersuchungshaft. Jan Marsalek, ein weiteres Mitglied des operativen Vorstands, entschied sich für die Flucht. Sein Aufenthaltsort wird in Weissrussland oder Russland vermutet, er wird per internationalen Haftbefehl gesucht. Am 25. Juni 2020 stellte Wirecard Insolvenzantrag, worauf das Amtsgericht München am 25. August 2020 das Insolvenzverfahren über Wirecard eröffnete.

Damit ging die Verfügungsgewalt über die verbliebenen Mittel auf den Insolvenzverwalter über. Ende August 2020 betrug der Börsenwert von Wirecard noch zirka 100 Millionen Euro. 26 Millionen Euro an frei verfügbaren Mitteln standen Verbindlichkeiten von etwa 3,2 Milliarden Euro gegenüber. Der Insolvenzverwalter führte nur noch Vermögenswerte in Höhe von 428 Millionen Euro an. Die Zahlen präsentierten sich so erdrückend, dass keine Aussicht auf ein Überleben und einen entsprechenden Sanierungsplan bestand. Die verbleibenden Assets von Wirecard wurden somit veräussert. Den europäischen Kernbereich sicherte sich die spanische Banco Santander, während Wirecard North America, der werthaltigste Teil des zusammengebrochenen Konzerns, vom Konkursverwalter an Syncapay verkauft wurde, eine von Finanzinvestoren finanzierte Holding mit Sitz in Dallas, Texas, an der unter anderem Bain Capital beteiligt und die bereits im Besitz des Zahlungsabwicklers daVinci Payments ist. Das brasilianische Wirecard-Geschäft ging an PagSeguro, ein an der amerikanischen Technologiebörse Nasdaq kotierter Zahlungsdienstleister. Den Zuschlag für das Asien-Geschäft schliesslich erhielt der niederländische Investor Finch Capital. Die erste Gläubigerversammlung fand am 18. November 2020 in München statt. Rund 11 500 Gläubiger, darunter die geschädigten Banken, Geschäftspartner und viele Aktionäre, meldeten Forderungen in Höhe von über 12 Milliarden Euro an. Damit übersteigen die angemeldeten Forderungen die bisher erzielten Erlöse um ein Vielfaches.

Der Vorwurf der Staatsanwaltschaft an die Angeklagten lautete auf gewerbsmässigen Bandenbetrug über 3,2 Milliarden Euro, Untreue, unrichtige Darstellung und Marktmanipulation in mehreren Fällen. Von insgesamt 1300 Beschäftigte erhielten 730 die Kündigung ihrer Arbeitsverträge im August 2020. Die übrigen 570 Angestellten, darunter Mitarbeitende der von der Insolvenz verschonten Wirecard Bank, werden vorerst weiter beschäftigt.

Bereits 2008 machte die «Financial Times» (FT) auf Ungereimtheiten in der Geschäftstätigkeit und der Buchführung aufmerksam und forderte die Deutsche Bundesanstalt für Finanzdienstleistungsaufsicht (Bafin) auf, tätig zu werden. Das Bafin ging in der Folge jedoch nicht primär gegen Wirecard vor, sondern reichte Strafanzeige gegen die Journalisten ein. Dies obwohl Wirecard verschiedentlich mit undurchsichtigen Bilanzen, aggressivem Auftreten nach Kritiken sowie mehrfach höheren Margen im Vergleich zu den Mitbewerbern aufgefallen war. Wirecard gelang es stets, Anschuldigungen der Bilanzkosmetik, von Scheingeschäften und der Geldwäscherei abzuwehren. Bei der weiteren Aufarbeitung des Falls wird sich zudem die Frage stellen, wie ein DAX-Konzern über Jahre die Investoren, Aufsichtsbehörden und Prüfgesellschaften täuschen konnte. Diese Frage beschäftigte auch die deutsche Politik. Am 7. Oktober 2020 kündigten der deutsche Finanzminister Olaf Scholz und die Justizministerin Christine Lambrecht einen Aktionsplan an, der sich die Stärkung der Unabhängigkeit von Wirtschaftsprüfern und Reformen bei der Bilanzkontrolle zum Ziel setzt.

Mitte Dezember 2020 legte die deutsche Regierung einen Gesetzesentwurf zur Stärkung der Finanzmarktintegrität vor. Der Gesetzentwurf zielt darauf hin, die Bilanzkontrolle zu stärken, die Wirtschaftsprüfung zu reformieren und härter gegen kriminelle Machenschaften vorzugehen. Zu den wichtigsten Elementen des Gesetzesentwurfs gehören Reformen beim Bilanzkontrollverfahren, stärkere Haftung und Gewährleistung der Unabhängigkeit von Abschlussprüfern, härtere Strafen, ein Verbot von privaten Finanzgeschäften von Bafin-Mitarbeitenden sowie die Stärkung der Corporate Governance durch wirksame interne Kontroll- und Risikomanagement-Systeme. Zudem müssen die Aufsichtsräte von Unternehmen von öffentlichem Interesse zwingend einen Prüfungsausschuss einrichten. Gemäss Olaf Scholz strebt die Regierung an, dass das Gesetz noch vor der Bundestagswahl von Ende September 2021 vom deutschen Parlament verabschiedet wird. Am 29. Januar 2021 kündigte Olaf Scholz zudem die Notwendigkeit einer Neuaufstellung des Bafin an. Sie beinhaltet neben organisatorischen Veränderungen auch einen personellen Neustart an der Spitze der Behörde. Mit dem bisherigen Leiter der Eidgenössischen Finanzmarktaufsicht, Mark Branson, ernannte die Bundesregierung Ende März 2021 einen neuen Chef für die Behörde. Ihm obliegt es, ab seiner Tätigkeitsaufnahme Mitte 2021 die notwendigen strukturellen Veränderungen voranzutreiben und umzusetzen. Unter anderem soll das Bafin eine Fokusaufsicht erhalten, um besser hinter die Fassade von komplexen Geschäftsmodellen schauen zu können. Hinzu kommen eine schnelle Eingreiftruppe, um kritische Fälle inklusive forensischer Analysen vor Ort zu prüfen, die Erweiterung der Kompetenzen bei der Bilanzkontrolle sowie eine Data Intelligence Unit für die quantitative Analyse von grossen Datenmengen. Auch die Europäische Union (EU) kündigte Ende Mai 2021 an, Konsequenzen aus dem milliardenschweren Wirecard-Bilanzskandal ziehen und bis Ende 2022 einen Vorschlag zur Reform der Unternehmensbilanzierung und deren Überprüfung vorlegen zu wollen.

Am 22. Juni 2021 legte der Wirecard-Untersuchungsausschuss des Deutschen Bundestags seinen Abschlussbericht vor. Er ortet die politische Verantwortung vor allem beim Finanzminister Olaf Scholz und spricht aufgrund eines folgenschweren Zusammenspiels von Fehlern mehrerer Behörden und deren ungenügender Kommunikation untereinander von einem kollektiven Aufsichts- und Behördenversagen. Der Bericht übt zudem Kritik gegenüber dem Aufsichtsrat von Wirecard und der Wirtschaftsprüfungsgesellschaft EY. Die straf- und zivilrechtliche Aufarbeitung des Falles dürfte auch nach Abschluss der politischen Folgerungen noch für Jahre andauern.

2.4.4 Greensill

Am 3. März 2021 verhängte die Deutsche Bundesanstalt für Finanzdienstleistungsaufsicht (Bafin) aufgrund einer drohenden Überschuldung ein Moratorium über die Bremer Greensill Bank, eine Gruppengesellschaft der britisch-australischen Greensill Capital, und stoppte sämtliche Ein- und Auszahlungen. Zudem schloss das Bafin die Bank für den Kundenverkehr und untersagte ihr die Entgegennahme bestimmter Zahlungen. Zuvor hatten am 1. März 2021 die Muttergesellschaft Greensill Capital in Australien und wenige Tage später die Greensill Niederlassung in Grossbritannien Gläubigerschutz beantragt. Diese Vorgänge zogen die Greensill Bank mit in den finanziellen Strudel und am 16. März 2021 eröffnete das Amtsgericht Bremen das Insolvenzverfahren auch für die Greensill Bank. Die Verbindlichkeiten der Bremer Greensill gegenüber den Kunden betrugen Ende 2019 fast 3,3 Milliarden Euro. Etwa ein Drittel davon erhielt das Institut von Privatanlegern vor allem über Zinsvergleichsportale wie Weltsparen und Zinspilot, hinter denen die Start-ups Raisins aus Berlin und Deposit Solutions aus Hamburg stehen. Zusätzlich kamen Gelder auch über allgemeine Vergleichsportale wie Check 24.

Die deutschen Zinsvergleichsportale vermitteln über das Internet Tages- und Festgelder von in der Europäischen Union (EU) domizilierten, meistens kleinen und wenig bekannten Banken. In der Regel bieten diese Institute im Vergleich zu den grossen deutschen Privatbanken, Sparkassen und Volks- und Raiffeisenbanken einen geringfügig höheren Zinssatz an. Der höhere Zinssatz geht mit einem etwas höheren Risiko einher, das allerdings aufgrund der Einlagensicherung für Privatanleger in

Deutschland auf die Allgemeinheit übergeht. Daher waren die Einlagen von Privatanlegern und rechtsfähigen Stiftungen weitestgehend gesichert. In Deutschland greift die in der gesamten EU geltende staatliche Einlagensicherung von 100 000 Euro je Kunde und Bank, in besonderen Fällen sogar von 500 000 Euro. Darüber hinaus war die Bremer Greensill auch Mitglied im privaten Einlagensicherungssystem des Privatbankenverbandes. Dieser Pool schützt laut dem Verband bis gegen 75 Millionen Euro pro Kunde. Schweizer Privatanleger dürften über die genannten Vergleichsportale ohnehin nicht oder kaum betroffen gewesen sein, da deren Kunden beispielsweise eine deutsche Melde- und Steueradresse haben müssen. Über die in der Schweiz aktive Zinsplattform Savedo, die zu Deposit Solutions gehört, wurden nach Auskunft des Start-ups keine Produkte der Greensill Bank vermittelt.

Der Grossteil der Kundengelder der Greensill Bank stammte hingegen von institutionellen Anlegern wie Unternehmen, Finanzgesellschaften oder auch Städten und Gemeinden. Ihre Gelder sind seit einer Reform im Oktober 2017 im Nachgang zu den früheren Einlagensicherungsfällen wie Lehman Brothers und Maple Bank nicht geschützt. Prominente Opfer des Greensill-Finanzskandals sind unter anderen die Schweizer Grossbank Credit Suisse sowie zahlreiche deutsche Länder, Städte und Kommunen wie der Freistaat Thüringen, die nordrhein-westfälische Kleinstadt Monheim am Rhein, Eschborn in der Nähe von Frankfurt und die hessische Landeshauptstadt Wiesbaden. Ihnen drohen erhebliche Verluste oder sogar der Totalausfall. Die Credit Suisse musste vier Fonds mit einem Volumen von 10 Milliarden US-Dollar schliessen, für die Greensill Titel verbrieft und versichert hatte. Bei der Abwicklung der Fonds arbeitete die Credit Suisse eng mit dem Greensill-Insolvenzverwalter zusammen. Zudem setzte die Eidgenössische Finanzmarktaufsicht (FINMA) einen unabhängigen Untersuchungsbeauftragten ein, um die Strukturen und Prozesse des Risikomanagements der Bank zu überprüfen. Bis Anfang Juli 2021 erfolgten Auszahlungen in der Höhe von insgesamt 5,6 Milliarden US-Dollar.

Laut Medienberichten waren rund 1000 sehr reiche Kunden, die mit einer durchschnittlichen Anlagesumme von 10 Millionen US-Dollar in die Fonds investiert waren, von möglichen Verlusten betroffen. Zwischen 400 und 500 dieser Kunden stammen aus der Schweiz, die restlichen Fondsopfer sollen in den USA, Grossbritannien, Asien und dem Nahen Osten beheimatet sein. Die Credit Suisse zog organisatorische und personelle Konsequenzen aus der Affäre. Die betroffene Sparte Asset-Management, das Geschäft mit professionellen Anlegern, wurde aus der Division International Wealth Management ausgegliedert und wird seither als separate Division geführt. Zudem wechselte die Bank den Chef des Asset-Managements aus. Auch die Schweizer Fondsgesellschaft GAM musste einen Greensill-Fonds mit einem Volumen von 700 Millionen Euro abwickeln. Der Freistaat Thüringen legte bei der Greensill Bank rund 50 Millionen Euro, die Stadt Monheim am Rhein rund 38 Millionen Euro und Eschborn rund 35 Millionen Euro an. Auf Einladung der Stadt Monheim berieten sich Mitte März 2021 rund 20 betroffene Kommunen über ein gemeinsames Vorgehen, wie die drohenden Millionenverluste abgewendet werden können.

Bereits Monate vor dem Einschreiten der Bafin war die Greensill Bank im Visier der Prüfer der privaten Einlagensicherung des Bankenverbandes (BDB) sowie der Finanzaufsicht. Vor allem das enorme Wachstum des Instituts sorgte bereits 2020 für Aufsehen. 2017 übernahm die Greensill Capital die frühere Bremer Nord-Finanz Bank und nannte sie in Greensill Bank um, die der direkten Aufsicht der Bafin untersteht. Die Bilanzsumme der Bank stieg seit der Übernahme von 665 Millionen Euro im Jahr 2018 auf über 3,8 Milliarden Euro im Jahr 2019 und 4,5 Milliarden Euro Ende 2020 rasant an, was einer Steigerung um fast 700 Prozent entspricht. Das Bafin erstattete im März 2021 bei der Staatsanwaltschaft Bremen Strafanzeige. Sie wirft dem Vorstand der Greensill Bank falsche Bilanzierung vor. Bereits Anfang 2021 setzte das Bafin einen Sonderbeauftragten für das Bremer Institut ein, um zu verhindern, dass Gelder an die Muttergesellschaft Greensill Capital oder an Firmen von Sanjeev Gupta abfliessen. Zuvor konnte die Bremer Bank keine Nachweise über die Existenz von bilanzierten Forderungen erbringen, die sie von der Gupta Family Group (GFG) Alliance gekauft hatte.

Die Unregelmässigkeiten bei der Bremer Greensill Bank dürften durch die Schieflage der Muttergesellschaft Greensill Capital zusätzliche Aufmerksamkeit erweckt haben. Greensill Capital wurde 2011 vom Australier Lex Greensill gegründet und war schwerpunktmässig ein global tätiger Anbieter von kurzfristigen Lösungen für die Lieferketten-Finanzierung von Industriefirmen. Beim Rechnungsvorgang stellte sich Greensill Capital zwischen die Unternehmen und ihre Zulieferer. Das Finanzinstitut bezahlte für die Unternehmen die Rechnungen der Zulieferer zu einem früheren Zeitpunkt und erhielt dafür von den Zulieferern einen Rabatt auf die Rechnung. Später trieb Greensill von den Unternehmen die volle Summe ein und erzielte so jeweils einen kleinen Gewinn. Darüber hinaus verpackte Greensill Capital Forderungen an die Unternehmen in Wertpapiere, die sie Anlegern zum Investieren anbot. Ein grosser Teil dieser Forderungen soll auf das indische Unternehmen Liberty Steel des britisch-indischen Stahlmagnaten Sanjeev Gupta entfallen sein. Liberty Steel bekundete Interesse an der Übernahme des Stahlgeschäfts von ThyssenKrupp. Mitte Februar beendete ThyssenKrupp allerdings die Gespräche überraschend. Nach der Insolvenzanmeldung von Greensill Capital in Australien stellte das Finanzinstitut seine Geschäfte mit GFG ein. Im Gegenzug stoppte GFG die Begleichung der eigenen Ausstände bei Greensill, um den Abfluss von Kapital einzudämmen. GFG soll allein gegenüber Greensill offene Schulden von rund 3 Milliarden Pfund haben.

Nach Einstufung der Bafin ist die Bremer Greensill Bank nicht systemrelevant. Auch die Insolvenz der Greensill Bank stellt somit keine Bedrohung für die Finanzstabilität in Deutschland oder der EU dar. Als Konsequenz aus der Affäre regte die Bafin bei der zuständigen Abschlussprüferaufsichtsstelle (APAS) beim Bundesamt für Wirtschaft und Ausfuhrkontrolle ein Verfahren gegen die Abschlussprüfer der Greensill Bank an und äusserte erhebliche Zweifel am korrekten Ablauf der Prüfung der Bank.

2.4.5 Archegos

Archegos Capital Management, ein Finanzinstitut mit Sitz in New York, das sich als Family-Office bezeichnete und verschiedene eigene Fonds verwaltete, verfolgte mit sogenannten Swaps und grossen Fremdkapitalanteilen eine Hochrisikostrategie. Swaps basieren auf vertraglich vereinbarten Tauschgeschäften zwischen zwei Vertragsparteien, bei denen zukünftige Zahlungsströme ausgetauscht werden. Sie ermöglichen den Vertragspartnern, spezifische Risiken einzugehen beziehungsweise abzusichern. Archegos wettete mittels individuell mit verschiedenen grossen Bankkunden ausgehandelten Terminkontrakten unter geringem Einsatz von Eigenkapital auf Kursveränderungen an den Finanzmärkten. Dabei weisen Swaps im Vergleich zu anderen derivativen Finanzinstrumenten wie Optionen den Nachteil auf, dass der Anleger zur Absicherung seiner Broker unter Umständen weitere Finanzmittel einschiessen muss, wenn die Kursentwicklung nicht den Erwartungen entspricht. Über diese Finanzmittel verfügte Archegos jedoch nicht, als die Notierungen der von dem Finanzinstitut favorisierten Wertpapiere plötzlich nicht mehr stiegen, sondern deutlich fielen. Als die Broker des Family-Office Archegos Capital Management realisierten, dass dieses mit ihnen simultan riskante Swap-Geschäfte abgeschlossen und sich dabei übernommen hatte, reagierten die amerikanischen Investmentbanken Morgan Stanley und Goldman Sachs Ende März 2021 rasch und radikal und warfen die Papiere von Archegos auf den Markt. Ihre ebenfalls stark exponierten Konkurrenten Credit Suisse und Nomura dagegen blieben auf Milliardenverlusten sitzen, nachdem die Lieblingsaktien von Archegos wie zum Beispiel die Wertpapiere des Medienunternehmens Discovery und des Multimediakonzerns ViacomCBS enorme Kurseinbussen erlitten hatten.

Am 29. März 2021 warnte die Credit Suisse vor möglichen signifikanten Verlusten. Gleichzeitig teilte die Bank mit, dass ein bedeutender Hedge-Fund aus den USA der Aufforderung der Credit Suisse und anderer Banken, weitere Sicherheiten nachzureichen, nicht nachgekommen sei. Zu diesem Zeitpunkt nannte die Credit Suisse Archegos Capital Management zwar noch nicht explizit, allerdings wiesen die Umstände klar auf den Hedge-Fund hin. In der Folge begann die Credit Suisse die Positionen des Hedge-Fund aufzulösen, wobei sie im ersten Quartal 2021 Abschreibungen von 4,4 Milliarden Franken und im zweiten Quartal 2021 von weiteren 600 Millionen Franken verbuchen musste. Der Kollaps des Hedge-Fund Archegos Capital zog auch personelle Konsequenzen nach sich. Die Bank berief die Risikomanagement-Chefin, den Chef des Investmentbanking sowie die Co-Chefs des zuständigen Bereichs Prime Brokerage ab. Zudem verzichteten die Mitglieder der Credit-Suisse-Geschäftsleitung nach dem Archegos-Debakel auf Boni in der Höhe von 41 Millionen Franken, was knapp einem Prozent des erlittenen Verlusts entspricht. Schliesslich leitete die Eidgenössische Finanzmarktaufsicht (FINMA) wie bereits im vorausgegangenen Greensill-Debakel ein Enforcement-Verfahren durch einen unabhängigen Untersuchungsbeauftragten ein, um abzuklären, ob Verstösse gegen aufsichtsrechtliche Vorgaben vorliegen. Neben der Credit Suisse führte der Archegos-Kollaps auch bei der UBS zu einem Verlust in der Investmentbank-Sparte von rund 800 Millionen Franken.

Als Reaktion auf die Finanzkrise (siehe 2.3.3 «Finanzkrise 2008/2009») weitete das Dodd-Frank-Gesetz aus dem Jahr 2010 die Kompetenzen der amerikanischen Börsenaufsicht (United States Securities and Exchange Commission, SEC) im Umgang mit Hedge-Funds und anderen Fonds-Beratern aus, hielt aber Ausnahmen für Family-Offices aufrecht, solange deren Fonds in vollem Besitz und unter exklusiver Kontrolle von Familieninvestoren bleibt. Entsprechend müssen Hedge-Funds der SEC Daten liefern, wenn ihre Anlageberater selber bei der SEC registriert sind, wenn sie einen oder mehrere private Fonds betreiben und wenn sie Vermögenswerte in der Höhe von mindestens 150 Millionen US-Dollar verwalten. Kleinere Hedge-Funds rapportieren einmal im Jahr an die Börsenaufsicht, solche mit mindestens 500 Millionen US-Dollar quartalsweise. Archegos und deren Gründer Bill Hwang galten dabei als Ausnahmefall und waren von der Meldepflicht befreit. Tatsächlich wurde die Umsetzung entscheidender Teile des Dodd-Frank-Gesetzes, das die exzessive Risikobereitschaft im Derivatemarkt zügeln sollte, immer wieder verschoben. Wie die Marktturbulenzen im Zusammenhang mit dem Fall Gamestop im März 2021 aufzeigten, beschränken sich zudem der hohe Risikoappetit und die Spekulation auf Kredit nicht nur auf institutionelle Investoren, sondern erfassen auch die Privatanleger. Neuerdings signalisierten die amerikanischen Aufsichtsbehörden, bei Bankgeschäften mit Hedge-Funds und Family-Offices zukünftig für grössere Offenlegung und Transparenz sorgen zu wollen.

Kapitel 3
Materialien und Rechtsgrundlagen

3.1 Globale Ebene

Die Gewährleistung funktionierender Gesellschaften, Sicherheit und Frieden sowie internationale Stabilität setzen in einer globalisierten Wirtschaft einen gemeinsamen Rahmen für ökologische Nachhaltigkeit und soziale Verantwortung voraus. Dabei besteht zwischen dem Wohlergehen der Gesellschaft und der Wirtschaft ein unmittelbarer Zusammenhang, der eine Angleichung von politischen und wirtschaftlichen Interessen und Zielen erfordert. Auf der Grundlage dieser Erkenntnis prägen Institutionen wie die Vereinten Nationen (UN) und die Organisation für wirtschaftliche Zusammenarbeit und Entwicklung (OECD) in enger Abstimmung untereinander sowie mit den nationalen Regierungen die Bemühungen um eine Balance und ein Rahmenregelwerk. Eine stetig wachsende Anzahl von Unternehmen legt diese politischen Versprechen und insbesondere die darauf bauenden Sustainable Development Goals (SDGs) ihrer verstärkten nachhaltigen Ausrichtung und der ESG-Berichterstattung als Richtschnur zu Grunde.

3.1.1 UN-Klimakonferenzen

Im Mai 1992 verabschiedeten die UN-Mitgliedstaaten in New York eine Klimarahmenkonvention, mit der sich die Weltgemeinschaft zum Ziel setzte, gemeinsam und koordiniert eine gefährliche Störung des Klimasystems durch den Menschen zu verhindern. Das Rahmenübereinkommen wurde in demselben Jahr auf der Umwelt- und Entwicklungskonferenz in Rio de Janeiro von 154 Staaten unterzeichnet.

Seither treffen sich die Vertragspartner jährlich auf Konferenzen, um sich auf konkrete Massnahmen zu einigen. Die bekanntesten Treffen waren die UN-Klimakonferenzen von Kyoto 1997 und Paris 2015. In Kyoto beschlossen die entwickelten Staaten erstmals quantitative Ziele zur Verminderung von Treibhausgasen. Seit 1997 wuchsen die Emissionen auch von China und Indien stark an. Mit dem Pariser Übereinkommen verpflichteten sich 2015 alle Staaten der Konvention zur Minderung der Treibhausgase, um die Erderwärmung auf deutlich unter 2 Grad Celsius, möglichst auf 1,5 Grad, im Vergleich zum vorindustriellen Niveau zu beschränken. Um das gesteckte 1,5-Grad-Ziel erreichen zu können, müssen die Treibhausgasemissionen zwischen 2045 und 2060 bis auf null abgesenkt und anschliessend ein Teil des zuvor emittierten Kohlenstoffdioxids der Erdatmosphäre wieder entzogen werden. Ohne den Einsatz von CO_2-Ausscheidung und Speicherungstechnologien muss zudem die Verbrennung fossiler Energieträger bis zirka 2040 komplett eingestellt und die Energieversorgung insbesondere für Strom, Wärme und Verkehr vollständig auf erneuerbare Energien umgestellt werden. Da diese Klimaziele angesichts der bisherigen Entwicklung sehr ambitioniert sind, erweist es sich als Schwachpunkt, dass die Vertragsparteien sich bis heute auf keine Sanktionsmechanismen einigen konnten.

Das Montreal-Protokoll von 1987 zur Schliessung des Ozonlochs wird oft als Vorbild für den koordinierten Klimaschutz angeführt. Dieser Erfolg war allerdings mit bedeutend kleineren Herausforderungen verbunden. Die erfolgreiche Schliessung des Ozonlochs konnte mit der Reduktion einzelner Chemikalien wie Halogenkohlen- und Fluorkohlenwasserstoffe erreicht werden, die das Ozon in der Stratosphäre zerstören. Deren Verminderten von der Gesellschaft und Wirtschaft bedeutend kleinere Veränderungsprozesse als die CO_2-Reduktion, bei der unter anderen Bereichen die Mobilität, die Lebensmittelproduktion und der Energiesektor betroffen sind.

Die nächste UN-Klimakonferenz (englisch United Nations Framework Convention on Climate Change, UNFCCC) war ursprünglich für den 9. bis 19. November 2020 in Glasgow, Schottland, geplant. Sie wurde infolge der Covid-19-Pandemie auf den 31. Oktober bis 12. November 2021 verschoben. Sie wird die Folgekonferenz der 25th Conference of the Parties (COP) in Madrid sein, die im November 2019 stattfand. Nachdem in Madrid nur Minimalkompromisse erreicht wurden und Natur-, Umwelt- und Klimaschutzorganisationen die Konferenz als Nullrunde bezeichneten, werden in Glasgow 2021 von der Staatengemeinschaft klare Fortschritte und verbindliche Regeln erwartet, wie das Pariser Regelwerk in die Praxis umgesetzt werden kann. Notwendig ist eine intensivierte Zusammenarbeit zwischen Regierungen, Unternehmen und der Zivilgesellschaft. Die Unterzeichnerstaaten des Pariser Abkommens müssen insbesondere den Ausstieg aus der Kohle beschleunigen, die Abholzung von Wäldern einschränken, den Umstieg auf Elektrofahrzeuge beschleunigen sowie Investitionen in erneuerbare Energien fördern. Ein zentrales Thema wird dabei die Bepreisung von CO_2-Emissionen sein, welche von Ökonomen weltweit als eine der effizientesten und wirksamsten Methoden zur Minderung der Treibhausgase bezeichnet wird (siehe 4.1.8 «Bepreisung von CO_2»). Zudem sollen die Länder die Entwicklung von neuen Technologien zur Dekarbonisierung der Industrie konsequent fördern, etwa in den Bereichen energieeffiziente Gebäude, Transport, internationale Luftfahrt und Seeverkehr. Ein weiteres Ziel der Konferenz ist es, die Anpassungsfähigkeit an das veränderte Klima und seine Auswirkungen zu erhöhen. Zum einen gilt es, die Ökosysteme zu schützen und, wo sie bereits Schaden genommen haben, wiederherzustellen. Es sind Schutzmassnahmen zu ergreifen, Warnsysteme zu errichten und die Widerstandsfähigkeit der Infrastruktur und Landwirtschaft zu erhöhen. Von den Industrieländern wird zudem die Bekräftigung ihrer Versprechen erwartet, jährlich mindestens 100 Milliarden US-Dollar zur Bekämpfung des Klimawandels bereitzustellen. Neben den Staaten und den öffentlichen Institutionen ist zudem der Finanzsektor gefordert, der als ein entscheidender Hebel gilt, die Finanzflüsse klimafreundlich auszurichten und die Umgestaltung der Volkswirtschaften in Richtung «netto null» zu unterstützen.

Im Vorfeld der Glasgow-Konferenz bekannten sich die Staats- und Regierungschefs der sieben grössten westlichen Industrienationen (G-7) an ihrem Gipfeltreffen vom 11. bis 13. Juni 2021 in Cornwall, England, zum Ziel, gemeinsam bis 2050 die Klimaneutralität erreichen zu wollen. Die Aussen- und Entwicklungsminister der G-20-Staaten bestätigten an ihrem Treffen in der süditalienischen Stadt Matera am 29. Juni 2021 das gemeinsame Ziel, bis 2050 die Klimaerwärmung zu stoppen. Hingegen lehnten die Umweltminister der G-20-Staaten an ihrem Treffen vom 23. Juli 2021 in Neapel, Italien, das von den fortschrittlichen Industrienationen vorgeschlagene, ehrgeizigere Ziel ab, bis 2030 die Klimaerwärmung bei durchschnittlich 1,5 Grad Celsius über dem vorindustriellen Temperaturniveau zu begrenzen. Indien, China und Russland wehrten sich gegen die vorzeitige Abschaltung ihrer Kohlekraftwerke. Die zwanzig grössten Volkswirtschaften erbringen zusammen rund 80 Prozent der globalen Wirtschaftsleistung und verursachen dabei etwa 85 Prozent der Treibhausgasemissionen.

▶ **Seitenblick: World Earth Day**

Der World Earth Day wird seit 1970 alljährlich am 22. April begangen. Er bezweckt, die Wertschätzung einer intakten Umwelt und den verantwortungsbewussten Umgang mit den natürlichen Ressourcen zu stärken. Weiter regt er zu einem nachhaltigen Konsumverhalten an. Als Initiator des World Earth Day gilt der damalige US-Senator von Wisconsin Gaylord Nelson. Er rief zusammen mit Denis Hayes, der die Organisation der Aktionspläne übernahm, zu einem nationalen Umweltaktionstag mit dem ursprünglichen Namen Environmental Teach-in oder Earth Day auf. Die Bewegung stiess anfänglich vor allem in den USA auf grosse Resonanz, wo an zahlreichen Universitäten und Colleges jährlich grosse Veranstaltungen mit Tausenden von Teilnehmern stattfanden. Am ersten Earth Day im Jahre 1970 beteiligten sich rund 20 Millionen Menschen an Aktionen. Grosse Unterstützung fand der World Earth Day auch durch den ehemaligen US-Vizepräsidenten Al Gore.

2020 jährte sich der World Earth Day zum 50. Mal. Er ist heute als weltweit grösster Umweltaktionstag und weltumspannende Umweltorganisation zur Änderung des menschlichen Verhaltens und zur Schaffung globaler, nationaler und lokaler politischer Veränderungen anerkannt. Jährlich engagieren sich mehrere hundert Millionen Menschen in über 190 Ländern gegen die inkonsequente Umsetzung der Ziele des Pariser Abkommens und die verbreitete Umweltlethargie. Das Earth Day Network fokussiert seine Arbeit auf positive Veränderungen zum Erhalt des Planeten und der Wohlfahrt der Menschen mit den Schwerpunktthemen: Klimaschutz, Wissenschaft und Bildung, Menschen und Gemeinschaften, Erhaltung und Restaurierung sowie Plastik und Verschmutzung.

2020 fand der World Earth Day Covid-19-bedingt weitgehend digital statt. Die Plattform earthday.org vermittelt anhand einer digitalen Weltkarte, auf der einzelne Regionen und Länder herangezoomt werden können, einen Einblick in den umfassenden weltweiten Aktionsplan. Parallel sind auf der Webseite Massnahmenkataloge und Berichte zu umgesetzten Initiativen und Veranstaltungen abrufbar. Sie zeigen die weltweite Verankerung der Organisation auf und unterstreichen den entschlossenen Willen zu dringlichen Veränderungen einer Grosszahl von Weltbürgern. Nach 50 Jahren sieht sich die World-Earth-Day-Bewegung an ihre Anfänge erinnert. Mit der Klimajugend formiert sich, vergleichbar mit der Studenten-Antikriegsbewegung Ende der 1960er-Jahre in den USA, eine neue Generation von Aktivisten, welche die grossen globalen Herausforderungen angehen und die Welt und ihre Perspektiven zum Positiven verändern wollen.

Verwendete Quelle: Earth Day Network

3.1.2 UN Sustainable Development Goals

Die Diskussionen um die Entwicklung und Umsetzung von globalen Nachhaltigkeitszielen der Vereinten Nationen führten zur Formulierung der Sustainable Development Goals (SDGs). Sie umfassen 17 ökologische, gesellschaftliche und ökonomische Ziele mit insgesamt 169 Unterzielen und wurden in Anlehnung an den vorangegangenen Entwicklungsprozess der Millenniums-Entwicklungsziele (MDGs) entworfen. Die MDGs umfassten insgesamt 48 Indikatoren, die sich die UN-Staaten im Jahr 2000 setzten, um die Millenniums-Entwicklungsziele bis 2015 messbar zu machen. Die SDGs traten am 1. Januar 2016 mit einer Laufzeit von 15 Jahren in Kraft. Bis 2030 sollen sie global und von allen UN-Mitgliedstaaten erreicht werden. Sie fordern alle Staaten gleichermassen auf, die drängenden Herausforderungen der Welt gemeinsam zu lösen. Die SDGs sollen auch Anreize schaffen, damit nichtstaatliche Akteure, insbesondere die Wirtschaft und die Unternehmen, aktive Beiträge zu einer nachhaltigen Entwicklung leisten. Inhaltliche Schwerpunkte sind die Bekämpfung von Hunger und Armut, Gesundheitsvorsorge, gute Arbeitsbedingungen, Klimaschutz, Gleichberechtigung oder auch nachhaltiger Konsum.

Die SDGs lauten im Einzelnen:

Beseitigung der Armut in allen ihren Formen weltweit
Die Beseitigung der Armut in allen ihren Formen und Dimensionen, einschliesslich der extremen Armut, stellt die grösste globale Herausforderung und eine unverzichtbare Voraussetzung für eine nachhaltige Entwicklung dar. Die Armutsbekämpfung verfolgt die Ziele, die extreme Armut aller Menschen, die mit dem gegenwärtigen Richtwert von weniger als 1,25 US-Dollar pro Tag auskommen müssen, überall zu beseitigen, den Anteil der in Armut lebenden Männer, Frauen und Kinder jeden Alters um mindestens die Hälfte zu verringern und national angemessene Sozialschutzsysteme und -massnahmen für alle umzusetzen. Gerade arme Menschen sind von wirtschaftlichen und politischen Krisen, dem Verlust von Biodiversität und Ökosystemleistungen, Naturkatastrophen und Gewalt besonders betroffen. Zu diesem Zweck und damit die betroffenen Menschen der Armut entfliehen können, ohne wieder zurückzufallen, sind auch Massnahmen zur Stärkung ihrer Widerstandsfähigkeit und zum Aufbau von sozialen Sicherungssystemen notwendig.

Beendigung des Hungers, Ernährungssicherheit und verbesserte Ernährung, Förderung einer nachhaltigen Landwirtschaft
Trotz einer Verbesserung in zahlreichen Ländern hungern weltweit nach wie vor viele Menschen oder leiden unter Mangelernährung. Das Ziel ist die Beendigung aller Formen von Unterernährung auf der Welt. Angesichts der stark steigenden Nachfrage nach Nahrungsmitteln muss dazu die weltweite Lebensmittelproduktion markant ausgebaut werden. Dadurch soll sichergestellt werden, dass alle Menschen, insbesondere die Armen und Menschen in prekären Situationen, einschliesslich Kleinkindern, ganzjährig Zugang zu sicheren, nährstoffreichen und

ausreichenden Nahrungsmitteln haben. Die Überwindung des Hungers umfasst darüber hinaus die Beendigung aller Formen von Mangelernährung. Neben der Quantität liegt das Augenmerk somit auch auf der Qualität der Nahrung. Zentral sind dabei auch ökonomische und ökologische Aspekte wie die Steigerung der Produktivität, die Sicherung der Einkommen auch von kleinen Produzenten und die nachhaltige Ausrichtung der Nahrungsmittelerzeugung.

Gewährleistung eines gesunden Lebens und Förderung des Wohlergehens aller Menschen jeden Alters

Das Ziel umfasst die Bekämpfung von übertragbaren Krankheiten wie zum Beispiel AIDS, Tuberkulose und Malaria, von nichtübertragbaren Krankheiten wie Diabetes und die Prävention von Verkehrsunfällen und Suchtmittelmissbrauch sowie die Reduktion der Kinder- und Müttersterblichkeit. Alle Menschen sollen Zugang zu hochwertigen Gesundheitsdiensten und zu Arzneimitteln haben und gegen finanzielle Risiken abgesichert sein. Zudem sollen allen Menschen sexual- und reproduktionsmedizinische Versorgung, einschliesslich der Familienplanung, sowie Information und Aufklärung zugänglich sein. Bei der Prävention liegen Schwerpunkte beim schädlichen Gebrauch von Alkohol und der Eindämmung des Tabakgebrauchs. Die bisherigen Bemühungen zeigen die grosse Bedeutung einer gesamthaften Betrachtungsweise von Gesundheitsproblemen einschliesslich somatischer Belastungsstörungen auf. So beeinflussen erwiesenermassen Bildung und Ernährungssicherheit den Erfolg von Gesundheitsprogrammen.

Gewährleistung einer integrativen und gleichwertigen Bildung und Förderung der Möglichkeiten des lebenslangen Lernens für alle

Eine hochwertige Grund- und Berufsbildung ist zentral für die Verbesserung der Lebensbedingungen des Einzelnen, der Gemeinschaften und der Gesellschaft als Ganzes. Das Ziel fordert den Zugang zu einer hochwertigen Grund- und Berufsbildung für alle (Kinder, Jugendliche, Erwachsene). Eingeschlossen in dieser Ambition sind die Beseitigung der geschlechtsspezifischen Disparitäten in der Bildung und die Gewährleistung des gleichberechtigten Zugangs der Schwachen in der Gesellschaft, namentlich von Menschen mit Behinderungen, Angehörigen indigener Völker und Kindern in prekären Situationen, zu allen Bildungs- und Ausbildungsebenen. Zu diesem Zweck sollen das Angebot an qualifizierten Lehrkräften erhöht und Bildungseinrichtungen gebaut werden, die kinder-, behinderten- und geschlechtergerecht sind und eine sichere, gewaltfreie, inklusive und effektive Lernumgebung für alle bieten.

Geschlechtergleichstellung und Befähigung aller Frauen und Mädchen zur Selbstbestimmung

Die Ungleichheit zwischen den Geschlechtern ist eines der grössten Hindernisse für eine nachhaltige Entwicklung, ökonomisches Wachstum und die Armutsreduktion. Das Ziel fordert die Beendigung aller Formen der Diskriminierung und Ausbeutung gegenüber Frauen und Mädchen überall auf der Welt. Zentrale Themen sind die Gewalt gegen Frauen, wirtschaftliche Ungleichheit und die Teilhabe und Übernahme von Führungsrollen von Frauen auf allen Ebenen der Entscheidungsfindung im politischen, wirtschaftlichen und öffentlichen Leben. Zu diesem Zweck sollen Reformen durchgesetzt werden, welche die gleichen Rechte von Frauen gewährleisten, und die modernen Informations- und Kommunikationstechnologien sollen genutzt werden, um die Selbstbestimmung der Frauen zu fördern.

Gewährleistung der Verfügbarkeit und nachhaltigen Bewirtschaftung von Wasser und Zugang zu sanitären Einrichtungen für alle
Die Verfügbarkeit von Trinkwasser und der Zugang zu sanitären Einrichtungen stellen einen wichtigen Faktor für alle Aspekte der sozialen, wirtschaftlichen und ökologischen Entwicklung dar. Zentral ist dabei die Verbesserung des Wasserressourcen-Managements, einschliesslich der Abwasserentsorgung, Wasserwiederaufbereitung und Schutz der Wasserkreisläufe. Das Ziel verfolgt einen gerechten Zugang zu einwandfreiem und bezahlbarem Trinkwasser sowie Sanitärversorgung und Hygiene für alle, unter besonderer Beachtung der Bedürfnisse von Frauen und Mädchen und von Menschen in prekären Situationen. Zu diesem Zweck sollen die internationale Zusammenarbeit und die Unterstützung der Entwicklungsländer beim Auf- und Ausbau der Wasser- und Sanitärversorgung gefördert werden, einschliesslich der Wassersammlung und -speicherung, Entsalzung, effizienten Wassernutzung und Abwasserbehandlung.

Sicherung des Zugangs zu erschwinglicher, bezahlbarer, nachhaltiger und moderner Energie für alle
Energie ist eine unerlässliche Voraussetzung für die Verwirklichung von Zielen in allen Wirtschafts- und Lebensbereichen. Das Ziel fordert den allgemeinen Zugang zu bezahlbaren, verlässlichen und modernen Energiedienstleistungen. Dabei soll der Anteil erneuerbarer Energie am globalen Energiemix deutlich erhöht und die Energieeffizienz weltweit verdoppelt werden. Zu diesem Zweck sollen die internationale Zusammenarbeit verstärkt, die Forschung in den Bereichen erneuerbare Energie und Energieeffizienz gefördert und die Investitionen in saubere Technologien und die Energieinfrastruktur erhöht werden.

Förderung eines nachhaltigen, integrativen Wirtschaftswachstums, produktiver Vollbeschäftigung und menschenwürdiger Arbeit für alle
Die Schaffung von genügend Arbeitsplätzen, unter Achtung der Menschenrechte und der Umwelt, sind für die Entwicklungs-, Schwellen- und Industrieländer von zentraler Bedeutung für die Wohlfahrt der Menschen. Heute sind insbesondere junge Menschen von Arbeitslosigkeit betroffen. Das Ziel umfasst die Förderung von Wirtschaftswachstum mittels Diversifikation, technologische Modernisierung und Innovation zur Steigerung der Produktivität und zur Schaffung von menschenwürdigen Arbeitsplätzen. Dies schliesst die Beendigung von Zwangsarbeit, moderner Sklaverei und Menschenhandel mit ein. Ein nachhaltiges Wirtschaftswachstum darf zudem nicht zulasten der Umwelt gehen. Zu diesem Zweck soll die Ressourceneffizienz in Produktion und Konsum erhöht und das Wirtschaftswachstum von der Umweltzerstörung entkoppelt werden.

Förderung einer integrativen und nachhaltigen Industrialisierung sowie Stärkung von Innovationen und einer widerstandsfähigen Infrastruktur
Investitionen in eine nachhaltige Industrie, Infrastruktur und Forschung schaffen Arbeitsplätze, steigern das Wirtschaftswachstum und fördern den Wohlstand. Das Ziel umfasst die Förderung einer nachhaltigen Industria-

lisierung, einer hohen Innovationskraft und widerstandsfähiger Infrastrukturen. Entscheidend ist dabei, dass verfügbare Ressourcen effizienter eingesetzt sowie saubere, umweltverträgliche Technologien und Industrieprozesse angewendet werden. Zu diesem Zweck sollen die einheimische Technologieentwicklung, Forschung und Innovation auch in den Entwicklungsländern unterstützt und der Zugang zu modernen Informations- und Kommunikationstechnologien wie das Internet weltweit ermöglicht werden.

Verringerung der Ungleichheit innerhalb und zwischen Staaten
Ungleichheiten erschweren einzelnen Menschen und gesellschaftlichen Gruppen die Teilnahme am sozialen, kulturellen, politischen und wirtschaftlichen Leben. Damit sind auch die Möglichkeiten eingeschränkt, sich mit aktiven Beiträgen einzubringen. Das Ziel verfolgt deshalb die Reduktion von Ungleichheiten innerhalb und zwischen Staaten. Konkret soll das Einkommenswachstum für die ärmsten 40 Prozent der Bevölkerung nachhaltig erhöht und die Selbstbestimmung aller Menschen sowie ihre soziale, wirtschaftliche und politische Inklusion gefördert werden. Die Abschaffung diskriminierender Gesetze, Politiken und Praktiken soll die Chancengleichheit gewährleisten und eine verantwortungsvolle Migrationspolitik, die sichere Migration und Mobilität von Menschen erleichtern. Zu diesem Zweck sollen speziell die öffentliche Entwicklungshilfe und Finanzströme einschliesslich ausländischer Direktinvestitionen in diejenigen Staaten gefördert werden, in denen der Bedarf besonders gross ist, darunter die afrikanischen Länder, die kleinen Inselentwicklungsländer und die Binnenentwicklungsländer.

Förderung einer inklusiven, sicheren, widerstandsfähigen und nachhaltigen Städte- und Siedlungsplanung
Mehr als die Hälfte der Bevölkerung weltweit lebt in Städten, wobei ein Anstieg auf bis zu 70 Prozent bis im Jahr 2050 erwartet wird. Städte sind Haupttreiber und Drehscheiben der lokalen und nationalen Wirtschaft sowie des Wohlstands. Mehr als 80 Prozent der globalen Wirtschaftsaktivität konzentriert sich in Städten. Gleichzeitig haben Städte einen enormen ökologischen Fussabdruck. Sie machen zwar nur drei Prozent der Weltoberfläche aus, verbrauchen hingegen drei Viertel der globalen Ressourcen und sind für 75 Prozent der globalen Emissionen verantwortlich. Die Umweltbelastung pro Kopf soll gesenkt und die Luftqualität verbessert werden. Das Ziel verfolgt den Zugang zu angemessenem, sicherem und bezahlbarem Wohnraum, die Grundversorgung für alle und die Sanierung der Slums. Zudem sollen die Verkehrssysteme und die Sicherheit im Strassenverkehr durch den Ausbau des öffentlichen Verkehrs verbessert werden. Weiter soll sich die Städteentwicklung stärker an inklusiven und nachhaltigen Kriterien orientieren und die Kapazitäten für eine partizipatorische, integrierte und nachhaltige Siedlungsplanung und -steuerung in allen Ländern schaffen. Zu diesem Zweck soll eine verstärkte nationale und regionale Entwicklungsplanung positive wirtschaftliche, soziale und ökologische Verbindungen zwischen städtischen, stadtnahen und ländlichen Gebieten unterstützen.

Gewährleistung nachhaltiger Konsum- und Produktionsmuster

Die Produktion und der Konsum von Gütern übersteigen gegenwärtig die Tragfähigkeit der Ökosysteme und erfordern deshalb Anpassungen von Seiten der Gesellschaft. Das Ziel fordert eine nachhaltige Bewirtschaftung und effiziente Nutzung der natürlichen Ressourcen. Dringlich sind zudem ein umweltverträglicher Umgang mit Chemikalien und allen Abfällen, deren Volumen durch eine erhöhte Wiederverwertung deutlich vermindert werden soll. Zudem soll die Nahrungsmittelverschwendung halbiert und die Unternehmen zu einer nachhaltigen Unternehmensführung ermutigt werden. Ein weiterer Schwerpunkt liegt in der Förderung von Nachhaltigkeitskriterien im Beschaffungswesen. Zu diesem Zweck sollen auch die ineffiziente Subventionierung fossiler Brennstoffe oder Nahrungsmittel, die zu verschwenderischem Verbrauch verleiten und zu Marktverzerrungen führen, Umstrukturierungen weichen, welche den Umweltauswirkungen Rechnung tragen.

Ergreifung umgehender Massnahmen zur Bekämpfung des Klimawandels und seiner Auswirkungen

Der Klimawandel bedroht das Gleichgewicht der Ökosysteme wie zum Beispiel Wälder, landwirtschaftliche Kulturflächen, Berggebiete und Ozeane sowie die darin lebenden Pflanzen, Tiere und Menschen. Der Klimawandel führt zudem zu erhöhten Risiken für die Gesellschaft und Wirtschaft, zum Beispiel als Folge der Erderwärmung, ansteigender Meeresspiegel sowie klimabedingter Naturkatastrophen. Das Ziel fordert die Staaten auf, Klimaschutzmassnahmen in ihre nationalen Politiken einzubeziehen und sich gegenseitig bei den Herausforderungen zu unterstützen. Konkret sollen die Widerstandskraft, Anpassungsfähigkeit und Früherkennung gegenüber klimabedingten Gefahren und Naturkatastrophen in allen Ländern gestärkt sowie die Aufklärung, Sensibilisierung und Reformbereitschaft zur signifikanten Verminderung der Treibhausgasemissionen gefördert werden. Zu diesem Zweck bekräftigen die entwickelten Länder ihr Versprechen, gemeinsam jährlich 100 Milliarden US-Dollar aufzubringen, um die Entwicklungsländer bei der Anpassung an den Klimawandel zu unterstützen.

Erhaltung und nachhaltige Nutzung der Ozeane, Meere und Meeresressourcen für eine nachhaltige Entwicklung

Die Verschmutzung und Übernutzung der Meeresressourcen sowie der Klimawandel gefährden die Ökosysteme und Artenvielfalt in den Ozeanen. Probleme stellen insbesondere die industrielle Fischerei sowie der Plastikmüll dar, umso mehr als die weiterwachsende Weltbevölkerung in Zukunft noch verstärkter auf die Ressourcen aus den Meeren angewiesen sein wird. Das Ziel umfasst die markante Verringerung aller Arten der Meeresverschmutzung, namentlich des Meeresmülls und der Nährstoffbelastungen. Zudem sollen die Meeres- und Küstenökosysteme nachhaltig bewirtschaftet und die Versauerung der Ozeane auf ein Minimalmass reduziert werden. Zu diesem Zweck sollen die wissenschaftlichen Kenntnisse vertieft, die Forschungskapazitäten ausgebaut und moderne Meerestechnologien gefördert und an die Entwicklungsländer weitergegeben werden. Weiter müssen die Erhaltung und nachhaltige Nutzung der Ozeane nach Massgabe des Völkerrechts erfolgen.

Schutz und Wiederherstellung der Landökosysteme sowie Förderung von deren nachhaltiger Nutzung

Biodiversität ist für die soziale und wirtschaftliche Entwicklung sowie für das Überleben der Menschen von grosser Bedeutung. Biodiversität und Wälder sorgen für saubere Luft und sauberes Wasser, speichern CO_2-Emissionen und tragen zur Armutsreduktion bei, indem sie Ernährungssicherheit und Gesundheit ermöglichen. Der andauernde Verlust von Waldflächen bedroht das menschliche Wohlergehen. Betroffen ist insbesondere die arme Landbevölkerung, darunter indigene Bevölkerungsgruppen. Das Ziel verfolgt den Erhalt, die Wiederherstellung und nachhaltige Nutzung von Ökosystemen. Die Entwaldung soll beendet und die geschädigten Wälder durch beträchtliche Wiederaufforstung weltweit wiederhergestellt werden. Ebenso soll die Wüstenbildung bekämpft und die betroffenen Flächen saniert werden. Schliesslich sind Massnahmen zur Beendigung von Wilderei und dem Handel mit geschützten Pflanzen- und Tierarten zu ergreifen. Zu diesem Zweck sollen die Staaten die finanziellen Mittel für die Erhaltung und nachhaltige Nutzung der biologischen Vielfalt und der Ökosysteme deutlich erhöhen.

Förderung friedlicher und inklusiver Gesellschaften

Gute Regierungsführung, die Wahrung respektive die Wiederherstellung von Frieden und rechtstaatliche Strukturen und Institutionen tragen massgeblich zu einer nachhaltigen Entwicklung und Wohlfahrt der Gesellschaft bei. Das Ziel umfasst die Verringerung aller Formen von Gewalt, die Beendung von Folter und die Bekämpfung aller Formen organisierter Kriminalität. Zudem sollen Korruption und Bestechung sowie illegale Waffen- und Finanzströme deutlich verringert werden. Weiter sind Rechtstaatlichkeit und partizipative Institutionen zu fördern und der gleichberechtigte Zugang zur Justiz für alle auf allen Ebenen zu gewährleisten. Zu diesem Zweck sollen die nationalen Institutionen und die internationale Zusammenarbeit zur Verhütung von Gewalt und zur Bekämpfung von Terrorismus und Kriminalität gestärkt und diskriminierende Rechtsvorschriften und Politiken verboten werden.

Stärkung der finanziellen Umsetzungsmittel sowie Belebung der globalen Partnerschaft

Zur Umsetzung der SDGs sind ausreichende finanzielle Mittel notwendig, welche über die Gelder der öffentlichen Entwicklungshilfe hinausgehen. Im Juli 2015 einigte sich die Staatengemeinschaft in der sogenannten Addis-Abeba-Aktionsagenda auf ein neues Rahmenwerk zur Finanzierung und Umsetzung einer nachhaltigen Entwicklung. Darin erneuerten die entwickelten Länder ihre Zusagen, 0,7 Prozent ihres Bruttonationaleinkommens für öffentliche Entwicklungshilfe aufzuwenden. Über die Mobilisierung einheimischer Ressourcen soll die internationale Zusammenarbeit im Bereich Wissenschaft, Technologie und Innovation verstärkt sowie ein gerechtes multilaterales Handelssystem gefördert werden. Zu diesem Zweck sollen auch die makroökonomische Stabilität und die Politikkohärenz zugunsten einer nachhaltigen Entwicklung speziell in den Entwicklungsländern gefördert werden.

Verwendete Quellen: United Nations, Department of Economic and Social Affairs; Eidgenössisches Departement für auswärtige Angelegenheiten EDA (einschliesslich Piktogramme in Deutsch)

Den von der UN beschlossenen Entwicklungszielen kommt weitreichende Bedeutung zu. Staaten und internationale wie nationale Organisationen orientieren sich daran. Zudem sind auch Budgets und Fördergelder an die schrittweise Erreichung der Ziele gebunden. Im Jahr 2020 führte – gemessen am SDG-Index eines unabhängigen Expertenteams des Sustainable Development Solutions Network (SDSN) und der Bertelsmann-Stiftung – Schweden das Ranking mit einem Erfüllungsgrad-Score von 84,7 bei der Umsetzung aller Ziele an, Deutschland lag mit einer Punktzahl von 80,8 auf Platz fünf, die Schweiz mit einer Punktzahl von 79,4 auf Platz 15. 100 Punkte würde die Erreichung aller Ziele anzeigen. Der Blick auf ausgewählte, zu den reichsten Ländern weltweit zählenden Staaten darf jedoch nicht über die Gesamtentwicklung hinwegtäuschen. Wie die UN-Mitgliedstaaten im September 2019 auf dem Gipfeltreffen in New York zur Erörterung der Fort- und Rückschritte bei der Umsetzung ihrer Ziele für nachhaltige Entwicklung anerkannten, reichen die bisherigen globalen Anstrengungen nicht aus, den nötigen Wandel herbeizuführen. Dies gefährdet die Erfüllung des Versprechens der Agenda 2030 für die heutigen und die kommenden Generationen.

Entsprechend verdeutlichte der Mitte 2020 veröffentlichte SDG-Fortschrittsbericht 2020, dass die bisherigen Bemühungen auch vor der Covid-19-Pandemie ungleichmässig und unzureichend für das Erreichen der 2030-Ziele ausfielen. Weder das Tempo noch der Umfang der Veränderungen waren ausreichend. Zwar sank der Anteil der Kinder und Jugendlichen, die keine Schule besuchen, viele übertragbare Krankheiten entwickelten sich rückläufig, der Zugang zu einer sicheren Trinkwasserversorgung verbesserte sich und Frauen waren in Führungspositionen stärker vertreten. Gleichzeitig litten hingegen mehr Menschen unter Ernährungsunsicherheit, setzte sich die Zerstörung der natürlichen Umwelt rasant fort und in allen Regionen herrschten weiter enorme Ungleichheit.

Seit Ausbruch der Covid-19-Pandemie im ersten Quartal 2020 gefährdet die gesundheitliche, wirtschaftliche und soziale Krise Menschenleben und Existenzgrundlagen. Bis Ende Juli 2021 forderte das Virus über 4,1 Millionen Menschenleben und die Zahl der Todesopfer steigt weiter an. Kaum ein Land weltweit blieb verschont. Die Gesundheitssysteme vieler Länder kamen an den Rand des Zusammenbruchs. Die Existenzgrundlagen der Hälfte aller Beschäftigten weltweit wurden schwer in Mitleidenschaft gezogen. Mehr als 1,6 Milliarden Schülerinnen und Schüler konnten über Monate die Schule nicht besuchen, und Millionen von Menschen droht der Rückfall in extreme Armut und Hunger. Damit wurden die bescheidenen Fortschritte der letzten Jahre zunichtemacht.

Zwar sind alle Menschen und Gemeinschaften vom Coronavirus betroffen, manche trifft es jedoch stärker als andere. Die Krise deckte die bestehenden Ungleichheiten und Ungerechtigkeiten schonungslos auf und verschärfte sie. Hochentwickelte Volkswirtschaften verzeichneten bei marginalisierten Gruppen die höchste Sterblichkeit. In den Entwicklungsländern sind die verwundbarsten Menschen am stärksten betroffen, darunter die in der Schattenwirtschaft Beschäftigten, ältere Menschen, Kinder, Menschen mit Behinderungen, Angehörige indigener Bevölkerungsgruppen, Migrantinnen und Migranten und Flüchtlinge. Weltweit traf die Pandemie junge Menschen unverhältnismässig hart, insbesondere auf dem Arbeitsmarkt. Frauen und Mädchen sahen sich neuen Barrieren und Gefahren gegenüber, die von einer Schattenpandemie der Gewalt zu zusätzlicher Belastung durch unbezahlte Pflegearbeit reichen. Die tieferen Ursachen und die ungleichmässigen Auswirkungen von Covid-19 zeigen die hohe Dringlichkeit der Umsetzung der Agenda 2030, des Übereinkommens von Paris über Klimaveränderungen und der Aktionsagenda von Addis Abeba auf. Zudem müssen vor dem Hintergrund der Covid-19-Pandemie die Gesundheitssysteme der exponiertesten Länder dringend gestärkt und die Kapazitäten für Tests, Kontaktverfolgung und Behandlung ausgebaut werden. Es ist zudem unerlässlich, allen den Zugang zu Behandlungen und Impfstoffen zu gewähren. Durch grossangelegte, multilaterale Massnahmen muss sichergestellt werden, dass die Entwicklungsländer die nötigen Ressourcen erhalten. Schliesslich müssen die Massnahmenpakete den Übergang zu einer kohlenstoffarmen und klimaresilienten Wirtschaft unterstützen.

Zu Beginn der Aktionsdekade 2020 bis 2030 zur Erreichung der Nachhaltigkeitsziele ruft die UN deshalb die Staatengemeinschaft zur Erneuerung der Ambitionen, zu Mobilisierung, Führungsstärke und kollektivem Handeln auf. Es gilt, nicht nur Covid-19 zu besiegen und gestärkt aus der Krise hervorzugehen, auch muss das Rennen gegen den Klimawandel gewonnen und entschieden gegen Armut und Ungleichheit vorgegangen werden. Zudem sind alle Frauen und Mädchen zu echter Selbstbestimmung zu befähigen und es sind überall die Basis und Grundstrukturen für inklusivere und gerechtere Gesellschaften zu legen.

3.1.3 UN Global Compact

Der UN Global Compact (UNGC) ist die weltweit grösste Vereinbarung zur Förderung und Gewährleistung einer verantwortungsvollen Unternehmensführung. Die UN rief 1999 den Globalen Pakt mit dem Ziel ins Leben, die Wirtschaft sozialer und ökologischer zu gestalten und den aktiven Beitrag der Unternehmen zu einer nachhaltigen globalen Entwicklung zu fördern. Dabei handelt es sich um eine Selbstverpflichtung der teilnehmenden Unternehmen gegenüber der UN zur Einhaltung von zehn Prinzipien, die Menschenrechte, Umweltschutz und Korruptionsbekämpfung betreffen. Sie orientieren sich an vier zentralen internationalen Abkommen: Allgemeine Erklärung der Menschenrechte, Erklärung über die grundlegenden Prinzipien und Rechte bei der Arbeit der Internationalen Arbeitsorganisationen (ILO), die

Grundsätze der Erklärung von Rio über Umwelt und Entwicklung aus dem Jahr 1992 sowie die UN-Konvention gegen Korruption. Die zehn Prinzipien sind in ▶ Abb. 15 aufgeführt.

Insgesamt zielen die Prinzipien langfristig darauf ab, Veränderungsprozesse in den Unternehmen zu initiieren und Nachhaltigkeitskriterien entlang der gesamten Wertschöpfungs- und Lieferkette zu verankern. Im Beschaffungsmanagement zum Beispiel sollen menschenrechtliche Aspekte ebenso ausschlaggebend sein wie termingerechte Lieferung, Produktqualität, Korruptionsprävention und Schadstoffemissionen.

Der UN Global Compact hat zu grossen Fortschritten bei der nachhaltigen Ausrichtung von Unternehmen beigetragen. Mit Stand Juli 2021 sind bereits über 13 500 Unternehmen und Organisationen aus Politik, Gesellschaft und Wissenschaft in 162 Ländern der Initiative beigetreten.

Nr.	Prinzip
1.	Unternehmen sollen den Schutz der internationalen Menschenrechte unterstützen und achten.
2.	Unternehmen sollen sicherstellen, dass sie sich nicht an Menschenrechtsverletzungen mitschuldig machen.
3.	Unternehmen sollen die Vereinigungsfreiheit und die wirksame Anerkennung des Rechts auf Kollektivverhandlungen wahren.
4.	Unternehmen sollen für die Beseitigung aller Formen von Zwangsarbeit eintreten.
5.	Unternehmen sollen für die Abschaffung von Kinderarbeit eintreten.
6.	Unternehmen sollen für die Beseitigung von Diskriminierung bei Anstellung und Erwerbstätigkeit eintreten.
7.	Unternehmen sollen im Umgang mit Umweltproblemen dem Vorsorgeprinzip folgen.
8.	Unternehmen sollen Initiativen ergreifen, um grösseres Umweltbewusstsein zu fördern.
9.	Unternehmen sollen die Entwicklung und Verbreitung umweltfreundlicher Technologien beschleunigen.
10.	Unternehmen sollen gegen alle Arten der Korruption eintreten, einschliesslich Erpressung und Bestechung.

▲ Abb. 15   Die zehn Prinzipien des UN Global Compact

3.1.4 UN-Leitprinzipien für Wirtschaft und Menschenrechte

2011 verabschiedete der Menschenrechtsrat der Vereinten Nationen die Leitprinzipien für Wirtschaft und Menschenrechte. Die UN Guiding Principles on Business and Human Rights bauen auf den drei Säulen staatliche Schutzpflicht, unternehmerische Verantwortung sowie Zugang zu Abhilfe. Sie umfassen 31 grundlegende und operative Prinzipien sowie Empfehlungen an die Regierungen und Unternehmen zu deren Umsetzung. Die Leitprinzipien machen deutlich, dass auch Unternehmen eine gesellschaftliche Verantwortung zur Achtung der Menschenrechte tragen. Unternehmen sind deshalb aufgefordert, Managementprozesse zu etablieren, um ihren Sorgfaltspflichten gerecht zu werden, Verletzungsrisiken zu minimieren und trotzdem eintretenden Verletzungen wirksam entgegenzuwirken. Die Staaten sind angehalten, günstige Rahmenbedingungen zu schaffen, damit die Unternehmen ihre Sorgfaltspflichten wahrnehmen und in der Praxis umsetzen können. Alle Länder, die Vertragspartei der UN-Leitprinzipien sind, verpflichten sich, nationale Aktionspläne zu ihrer Umsetzung zu erarbeiten, so auch die Schweiz (siehe 3.3.1 «Aktionspläne zur Corporate Social Responsibility sowie zu Wirtschaft und Menschenrechten»).

Die UN-Leitprinzipien sind ein zentraler globaler Standard zur Unternehmensverantwortung und zu menschenrechtlichen Sorgfaltspflichten und unterstreichen die Verantwortung und Pflicht von Unternehmen zum Menschenrechtsschutz. Sie finden Anwendung auf alle Staaten und transnationale sowie sonstige Wirtschaftsunternehmen, ungeachtet ihrer Grösse, ihrer Tätigkeit und ihres Marktsegments, ihres Standorts, ihrer Eigentumsverhältnisse und ihrer Struktur. Seit ihrer Verabschiedung haben sich die UN-Leitprinzipien zu einer wichtigen Referenz im Bereich Wirtschaft und Menschenrechte entwickelt.

3.1.5 Principles for Responsible Investments

Die UN Principles for Responsible Investments (UNPRI) sind ein von den Vereinten Nationen unterstütztes Rahmenwerk, das Investoren verpflichtet, dem Thema Nachhaltigkeit Gewicht beizumessen und ESG-Informationen bei Anlageentscheidungen zu berücksichtigen. Mit der Integration von ESG-Kriterien in den Anlageentscheid wird das Ziel verfolgt, zu einem nachhaltigeren Finanzsystem beizutragen sowie die langfristige Rendite von Portfolios zu maximieren bei gleichzeitiger Kontrolle und Minimierung der Risiken. Bei den UNPRI handelt es sich um eine Investoreninitiative in Partnerschaft mit der Finanzinitiative des UN-Umweltprogramms (UNEP) und dem UN Global Compact. Sie umfassen sechs Prinzipien für verantwortungsvolle Investments mit dem Fokus auf die Integration von ESG-Kriterien in den Investmentanalyse- und -entscheidungsfindungsprozess, aktive Eigentümerpolitik und -praxis, Offenlegung von ESG-Themen bei den Unternehmen, Zusammenarbeit, Förderung der Akzeptanz und Umsetzung der Grundsätze sowie regelmässige Berichterstattung zu den Aktivitäten und Fortschritten bei der Umsetzung der Grundsätze. Die Einhaltung der Ziele beruht auf freiwilliger Basis und ist unverbindlich. Der Initiative sind seit ihrem Start 2006 mehr als 3800 institutionelle Investoren beigetreten, die insgesamt rund 120 Billionen US-Dollar an Anlagevolumen verwalten.

3.1.6 ILO-Kernarbeitsnormen

Die 1919 anlässlich der Friedenskonferenz in Versailles gegründete Internationale Arbeitsorganisation (International Labour Organization, ILO) verfolgt das Ziel, den Weltfrieden auf der Grundlage sozialer Gerechtigkeit zu sichern und weltweit geltende soziale Mindeststandards einzuführen. Die ILO, zu deren Gründungsmitgliedern auch die Schweiz zählt, war ursprünglich eine ständige Einrichtung des Völkerbundes. Seit 1946 ist die ILO eine UN-Sonderorganisation mit Sitz in Genf. 1969 wurde ihr der Friedensnobelpreis verliehen.

Die Bestrebungen der ILO basieren auf vier Grundprinzipien: Vereinigungsfreiheit und das Recht auf Kollektivverhandlungen, Beseitigung der Zwangsarbeit, Abschaffung der Kinderarbeit sowie Verbot der Diskriminierung in Beschäftigung und Beruf. Die ILO konkretisierte ihre Grundprinzipien in acht Übereinkommen, den Kernarbeitsnormen. 1998 wurde die Erklärung über die grundlegenden Prinzipien und Rechte bei der Arbeit von allen Mitgliedsstaaten verabschiedet. Die Erklärung enthält insgesamt 68 Regeln zu den Themen Beschäftigung, Ausbildung, Arbeits- und Lebensbedingungen sowie Arbeitsbeziehungen. Handlungsgrundlage für die Mitgliedsstaaten ist die letztmals 2017 revidierte dreigliedrige Grundsatzerklärung über multinationale Unternehmen und Sozialpolitik. Sie ist als Leitlinie für multinationale Unternehmen, Regierungen und Arbeitgeber- und Arbeitnehmerverbände in den Bereichen Beschäftigung, Ausbildung, Arbeits- und Lebensbedingungen und Arbeitsbeziehungen zu verstehen. Die Leitlinien basieren auf den wesentlichen Grundsätzen, die in internationalen Arbeitsübereinkommen und -empfehlungen enthalten sind, einschliesslich der Erklärung der ILO über grundlegende Prinzipien und Rechte bei der Arbeit und ihre Folgemassnahmen. Sie werden weltweit als unabdingbar für die Verwirklichung des Ziels der menschenwürdigen Arbeit für alle anerkannt.

3.1.7 OECD-Leitlinie für Multinationale Unternehmen

Die 1960 gegründete Organisation für Internationale Zusammenarbeit und Entwicklung (Organization for Economic Co-operation and Development, OECD) nahm die Themen und Ziele der UN SDGs, des UN Global Compact und der UN-Leitprinzipien für Wirtschaft und Menschenrechte in ihrer Arbeit auf und glich ihre eigenen Leitlinien mit diesen ab, darunter auch die weit beachtete OECD-Leitlinie für Multinationale Unternehmen. Sie ist neben dem UN Global Compact und den ILO-Kernarbeitsnormen weltweit das wichtigste Instrument zur Förderung von verantwortungsvoller Unternehmensführung. Die Leitlinie stellt einen umfassenden Verhaltenskodex mit dem Ziel dar, global tätigen Unternehmen Orientierung und Unterstützung mit Bezug auf den Umweltschutz, den Umgang mit Gewerkschaften, die Korruptionsbekämpfung und die Wahrung von Konsumenteninteressen zu bieten. Die Leitsätze enthalten zudem Empfehlungen für Auslandsinvestitionen sowie die Zusammenarbeit mit ausländischen Lieferanten. Die Unterzeichnerstaaten verpflichten sich, alle auf ihrem Gebiet tätigen Unternehmen zur Einhaltung der Leitsätze anzuhalten. Diese Verpflichtung dehnt sich auch auf Tätigkeiten in Drittstaaten aus.

Die OECD-Mitgliedstaaten entwickelten die Leitsätze als Empfehlungen für Unternehmen in Zusammenarbeit mit Unternehmen, Gewerkschaften und Vertretern der Zivilgesellschaft. Sie beruhen auf dem Prinzip der Freiwilligkeit. Sie wurden erstmals 1976 publiziert. 2000 erfolgte eine umfassende Überarbeitung und Erweiterung. Die letzte Aktualisierung 2011 ergänzte die Themen Menschenrechte und Sorgfaltspflichten und hebt mit Due-Diligence-Empfehlungen die Verantwortung der Unternehmen auch für das Handeln ihrer Lieferanten und Geschäftspartner hervor. Zur Umsetzung der OECD-Leitlinien benennen die unterzeichnenden Staaten eine nationale Kontaktstelle. In der Schweiz nimmt diese Aufgabe das Ressort Internationale Investitionen und multinationale Unternehmen im Staatssekretariat für Wirtschaft SECO wahr.

3.1.8 G-20/OECD-Grundsätze der Corporate Governance

Die G-20/OECD-Grundsätze der Corporate Governance unterstützen politische Entscheidungsträger bei der Evaluierung und Verbesserung des gesetzlichen, regulatorischen und institutionellen Rahmens der Corporate Governance. Zudem dienen sie als Orientierungshilfe für Börsen, Investoren, Verbände und sonstige Akteure, die an der Entwicklung einer guten Corporate Governance beteiligt sind. Die 1999 erstmalig veröffentlichten Grundsätze sind zum internationalen Massstab für Corporate Governance geworden. Ausserdem wurden sie in die Kernstandards für solide Finanzsysteme des Finanzstabilitätsrats aufgenommen und bilden die Grundlage für das Corporate-Governance-Modul der Weltbank-Berichte über die Einhaltung von Standards und Kodizes. Die erste Überarbeitung der Grundsätze im Jahr 2004 hob das anzustrebende hohe Niveau an Transparenz, die Rechenschaftspflicht, Aufsicht durch das Board und Achtung der Aktionärsrechte sowie die Rolle wichtiger Stakeholder als Grundlage für ein gut funktionierendes Corporate-Governance-System hervor. Die aktuelle Fassung von 2015 trägt zudem den jüngsten Entwicklungen im Finanz- und Unternehmenssektor Rechnung.

Beim G-20-Treffen der Finanzminister in Ankara 2015 wurden zudem neue Richtlinien für öffentliche Unternehmen (State-Owned Enterprises, SOEs) verabschiedet. Diese wurden erstmals im Jahr 2005 veröffentlicht. Sie basieren auf der Vorgabe, dass der Staat als Eigentümer stets die Interessen der Bevölkerung zu vertreten hat. Die Richtlinien betonen die zentrale Rolle von Transparenz und der Offenlegung der Ziele der Eigentümerschaft. Entsprechend sollen zum Beispiel die Kostenstrukturen bei öffentlichen Unternehmen, die Gewinne erzielen, offengelegt werden. Zudem sollen SOEs faire Wettbewerbsbedingungen auf den Märkten garantieren, in denen sie in Konkurrenz zu Privatunternehmen stehen. Konkret bedeutet dies einen Verzicht der Staaten, regulierend auf die Märkte zu wirken.

Die OECD regt in ihren allgemeinen Corporate-Governance-Grundsätzen an, dass Verwaltungs- und Aufsichtsräte von Unternehmen, SOEs inbegriffen, Verantwortung für das Risikomanagement, die Steuerplanung sowie über interne Audits übernehmen und darüber regelmässig informieren sollen. Zudem empfiehlt die OECD die Einführung von Trainings und die regelmässige Durchführung von Selbstevaluationen, zum Beispiel zum Thema Qualifikation oder zur Eignung der Bildung von spezialisierten Ausschüssen innerhalb des Gremiums. Beide Richtlinien enthalten Empfehlungen und haben keinen verbindlichen Charakter.

Am 1. Juli 2021 verabschiedeten die 131 in der OECD vertretenen Länder gemeinsame Grundsätze, wonach die Besteuerung für internationale Grossunternehmen umgestaltet werden soll. Die Verabschiedung der Grundsätze folgte der Einigung der G-7-Finanzminister am 5. Juni 2021 auf eine Mindeststeuer für Grosskonzerne von 15 Prozent. Konzerne mit einem weltweiten Jahresumsatz von mindestens 750 Millionen Euro sollen in jedem Land, in dem sie steuerpflichtig sind, einer Gewinnsteuerbelastung von mindestens 15 Prozent unterliegen. In der Schweiz sind laut Bundesangaben rund 200 Schweizer Unternehmen sowie eine grössere Zahl von Schweizer Tochterfirmen ausländischer Konzerne betroffen, die bis zu diesem Zeitpunkt von einer Steuerbelastung zwischen 11 und 13 Prozent profitierten. Bei den allergrössten Firmen mit einem jährlichen globalen Umsatz von mindestens 20 Milliarden Euro ist zudem eine Umverteilung der Steuergelder von den Sitzstaaten zu den Absatzmärkten geplant. In der Schweiz erreichen unter Einbezug der Erträge im Finanzsektor gut zwanzig Unternehmen diese Umsatzschwelle. Ausgenommen von der Umverteilung sind Banken und Versicherungen und Rohstoffabbau-Unternehmen, nicht jedoch der Rohstoffhandel. Allerdings soll gemäss den globalen Plänen die Umverteilung nur Steuergelder auf Gewinnen erfassen, die über 10 Prozent des Umsatzes liegen. Da die Rohstoffhändler typischerweise Margen von deutlich unter 10 Prozent ausweisen, dürften auch sie nicht direkt betroffen sein. Gemäss den Schätzungen von Steuerexperten dürften nur drei bis sieben Schweizer Grossunternehmen von der Umverteilung von Steuergeldern in die Absatzmärkte betroffen sein, darunter Nestlé, Novartis und Roche. Es ist zu erwarten, dass die Zahl nach sieben Jahren leicht ansteigen wird, da nach Ablauf dieser Übergangsperiode die Umsatzschwelle auf 10 Milliarden Euro sinken soll.

3.1.9 Global Reporting Initiative

Die Global Reporting Initiative (GRI) ist eine unabhängige internationale Organisation, welche Unternehmen, Regierungen und NGOs in ihrer Nachhaltigkeitsberichterstattung unterstützt. GRI stellt diesen Organisationen im Sinne einer gemeinsamen Sprache Standards für die Wahrnehmung von Verantwortung über die eigene Tätigkeit zur Verfügung. Die GRI verfolgt einen Multi-Stakeholder-Ansatz und bezweckt einen kontinuierlichen und offenen Dialog mit dem Ziel, auf der Grundlage von Transparenz eine Standardisierung und Vergleichbarkeit der Nachhaltigkeitsberichterstattung zu erreichen. In einem freiwilligen Rahmen bietet die GRI Unternehmen und Organisationen Entscheidungs- und Orientierungshilfen an und erhöht anhand der Definition von Kennzahlen und Indikatoren zu wirtschaftlichen, ökologischen und gesellschaftlichen Aspekten der Tätigkeiten, Produkte und Dienstleistungen die Vergleichbarkeit der Berichte als Ergänzung zum betrieblichen beziehungsweise institutionellen Nachhaltigkeitsmanagement und -controlling. Die Richtlinien und Standards sind weltweit breit anerkannt und werden heute unter anderen zum Beispiel vom UN Global Compact seinen Mitgliedern zur Anwendung empfohlen.

Die Gründung geht auf die Aufarbeitung der Exxon-Valdez-Ölkatastrophe vor Alaska im Jahr 1989 zurück (siehe 2.1.4.5 «Exxon Valdez») und erfolgte 1997 in Boston, USA. Die Initianten waren die damalige Coalition of Environmentally Responsible Economies (CERES) und das Tellus Institute in Partnerschaft mit dem UN-Umweltprogramm (UNEP). Die erste Fassung des GRI-Leitfadens (G1) wurde im Jahr 2000 veröffentlicht und bildete den ersten globalen Rahmen für die Nachhaltigkeitsberichterstattung. Die erste Aktualisierung (G2) folgte 2002. Im gleichen Jahr verlegte die GRI als unabhängige gemeinnützige Institution ihren Sitz nach Amsterdam, Niederlande. Die Richtlinien wurden mit der wachsenden Nachfrage und Akzeptanz bei Unternehmen und Organisationen weltweit kontinuierlich erweitert. 2006 veröffentlichte die GRI die G3- und 2013 die G4-Richtlinien. Eine wesentliche Neuerung in G4 ab 2014 war die Einführung des Prinzips der Materialität, welches den Unternehmen und Organisation ermöglicht, Schwerpunkte in denjenigen Bereichen zu setzen, die für sie relevant sind und in denen sie entsprechend Wirkung erreichen. 2016 ging die GRI dazu über, nicht mehr Leitfäden bereitzustellen, sondern verpflichtende globale Standards für die Nachhaltigkeitsberichterstattung und zu Governance-Fragen zu setzen – die GRI-Standards. Sie beschreiben das Unternehmen, dessen Leistung und den Bericht selbst und setzen sich aus drei universellen Standards (Grundlagen, Allgemeine Angaben und Managementansatz) sowie 33 themenspezifischen Standards zusammen. Letztere sind nach den drei Dimensionen der Nachhaltigkeit Ökonomie, Ökologie und Soziales strukturiert. Die GRI-Standards werden laufend mit neuen Themenstandards wie zu Steuern (2019) oder Abfall (2020) ergänzt. Zusätzlich existieren sogenannte Sector Guidances, die auf die Besonderheiten spezifischer Branchen eingehen. Ein Unternehmen oder eine Organisation, die einen Bericht in Übereinstimmung mit den GRI-Standards erstellt, kann eine der zwei Optionen Core oder Comprehensive wählen, je nachdem, bis zu welchem Grad die GRI-Standards angewendet werden.

Die GRI hat ihren Hauptsitz in Amsterdam, Niederlande, und verfügt über ein Netzwerk von sieben regionalen Zentren in Brasilien (eröffnet 2007), China (2009), Indien (2010), USA (2011), Südafrika (2013), Kolumbien (2014) und Singapur (2019).

3.1.10 ISO 26000

Die 1946 gegründete Internationale Organisation für Normung (International Organization for Standardization, ISO, abgeleitet von griechisch «isos» für «gleich») ist eine unabhängige, nichtstaatliche internationale Organisation mit Sitz in Genf. Ihr gehören 165 nationale Normungsgremien an. Die ISO versteht sich als eine Plattform für die Entwicklung praktischer Instrumente durch gemeinsames Verständnis und Zusammenarbeit mit allen Beteiligten. Sie stellt Herstellern, Käufern und Verkäufern, Kunden, Wirtschaftsverbänden, Konsumenten und Regulatoren Standards in den Bereichen Qualitätsmanagement, Umweltmanagement, Gesundheits- und Sicherheitsmanagement, Energiemanagement, Lebensmittelsicherheit und IT-Sicherheit mit dem Ziel einer vereinfachten und verantwortungsbewussten Zusammenarbeit unter der Berücksichtigung der Interessen aller Stakeholder zur Verfügung.

Die nicht zertifizierungsfähige ISO-Norm 26000 «Guidance on Social Responsibility» richtet sich an Unternehmen und Organisationen, die sich zu einer ökologisch und sozial verantwortungsbewussten Ausführung ihrer wirtschaftlichen Tätigkeit verpflichten. Der Leitfaden bindet bereits vorhandene Ansätze für ökologische und soziale Verantwortung (ILO-Kernarbeitsnormen, Global Reporting Initiative – GRI, UN Global Compact etc.) ein und enthält viele CSR-Best-Practices-Beispiele. Der

Norm	Thema	Beschreibung
ISO-9000-Familie	Qualitätsmanagement	Die ISO-9000-Familie ist die weltweit bekannteste Qualitätsmanagementnorm für Unternehmen und Organisationen jeder Grösse.
ISO-14000-Familie	Umweltmanagement	Die ISO-14000-Familie richtet sich an Unternehmen und Organisationen jeder Art, die praktische Instrumente für das Management ihrer Umweltverantwortung wünschen.
ISO 20121	Nachhaltiges Eventmanagement	Der Standard vermittelt Empfehlungen und Anleitung zur verantwortungsbewussten Ausgestaltung der sozialen, wirtschaftlichen und ökologischen Auswirkungen von Veranstaltungen.
ISO 22000	Lebensmittelsicherheit	Der Standard richtet sich an Lebensmittelhersteller und unterstützt sie bei der Wahrnehmung ihrer Verantwortung für die Sicherheit ihrer Produkte und das Wohlbefinden der Konsumenten.
ISO 31000	Risikomanagement	Der Standard unterstützt Unternehmen in der Identifikation und im Umgang mit Risiken, welche die Umwelt und den eigenen Leistungsausweis gefährden könnten.
ISO 37001	Anti-Korruptions-management	Der Standard unterstützt Unternehmen, Korruption aufzudecken, anzugehen und zu verhindern, mittels der Formulierung einer Policy, der Regelung der Verantwortlichkeiten, Schulungen, Risikobewertungen sowie Due-Diligence-Prüfungen.
ISO 37002	Whistleblowing-Managementsysteme	Der Standard enthält Richtlinien für die Implementierung, Verwaltung, Bewertung und Verbesserung eines robusten und effektiven Managementsystems für Whistleblowing.
ISO 37007	Corporate-Governance-Effizienzmessung	Dieser Standard bietet Unternehmen Leitlinien für die Bewertung von Corporate-Governance-Leistungen.
ISO 45001	Gesundheit und Sicherheit am Arbeitsplatz	Der Standard unterstützt Unternehmen in der Verbesserung der Sicherheit der Mitarbeitenden, der Reduzierung von Risiken am Arbeitsplatz und der Schaffung besserer und sicherer Arbeitsbedingungen.
ISO 50001	Energiemanagement	Der Standard unterstützt Unternehmen in allen Sektoren im schonenden Verbrauch von Energieressourcen sowie effizientem Energiemanagement.

▲ Abb. 16   ISO-Normen im Bereich Corporate Responsibility

Standard soll den Unternehmen als Anleitung dienen und ihnen aufzeigen, dass die Berücksichtigung von Umwelt- und Sozialkriterien im Sinne eines strategischen Erfolgsfaktors auch die Chance eröffnet, sich Wettbewerbsvorteile und Reputationsgewinne zu verschaffen. Der Standard unterstützt die Unternehmen, unabhängig von ihrer Tätigkeit, Grösse oder ihrem Standort zu klären, was soziale Verantwortung ist und wie wirksame Prinzipien und Massnahmen in Bezug auf die Wahrnehmung ökologischer und sozialer Verantwortung umgesetzt werden können. Kernthemen des ISO-26000-Standards sind Menschenrechte, Arbeitspraktiken, Umwelt, faire Betriebspraktiken, Konsumentenfragen sowie Engagement für und Entwicklung der Gesellschaft. Zudem stellt die ISO Unterstützungsmaterial zur Implementierung der Standards zur Verfügung, darunter Vorgehensanleitungen, Kommunikations- und Schulungsprotokolle, Powerpoint-Präsentationen sowie Referenzdokumente zu den OECD-Richtlinien für Multinationale Unternehmen und zur SDGs-Agenda 2030 der Vereinten Nationen.

ISO 26000 wurde 2010 in enger Zusammenarbeit mit rund 500 Experten aus Industrie, Arbeitnehmerverbänden, Konsumentenorganisationen, NGOs sowie von Seiten der Regulatoren nach fünfjähriger Entwicklungszeit weltweit eingeführt. Die Norm beruht auf freiwilligem, dem spezifischen Umfeld angepasstem Engagement und kann im Gegensatz zu anderen bekannten ISO-Normen nicht zertifiziert werden.

Weiter plant die ISO für das vierte Quartal 2021 die Veröffentlichung des neuen ISO-37000-Leitfadens für die Governance von Organisationen. Das Dokument umfasst Schlüsselprinzipien und relevante Praktiken, um die Governance von Organisationen bei der Erfüllung ihrer Verantwortung zu leiten.

Andere Normen im Zusammenhang mit dem Thema Corporate Responsibility sind in ◄ Abb. 16 aufgeführt.

3.2 Europäische Union

3.2.1 Grünbuch der Europäischen Kommission

In Europa lancierte 2001 das Grünbuch der Europäischen Kommission «Rahmenbedingungen für die soziale Verantwortung von Unternehmen» das Thema Nachhaltigkeit als zentralen gesellschafts- und wirtschaftspolitischen Brennpunkt. Die Grünbücher der Europäischen Union (EU) bezwecken als Positionspapiere, weiterführende Diskussionen in der Öffentlichkeit und Wissenschaft anzuregen. Sie liefern Ansatzpunkte und zeichnen mögliche Lösungswege vor.

Das Grünbuch postulierte die soziale Verantwortung von Unternehmen als eine freiwillige Selbstverpflichtung und forderte die Führungsgremien auf, bei der Ausrichtung der Unternehmensstrategie ökologische und soziale Ziele miteinzubeziehen. Auch wenn die primäre Aufgabe eines Unternehmens darin bestehe, Gewinne zu erzielen, sollen sie gleichzeitig einen Beitrag zur Erreichung sozialer und ökologischer Ziele leisten, indem sie die soziale Verantwortung in die Ausrichtung ihrer Unternehmensstrategie, Managementinstrumente und Unternehmensaktivitäten einbeziehen. Weiter konstatierte das Diskussionspapier, dass sozial verantwortliches Handeln über reine Gesetzeskonformität (Compliance) hinausgeht und ein freiwilliges Zusatzengagement beim Umgang mit der Umwelt sowie bei der Pflege und Förderung des Humankapitals, einschliesslich der Beziehungen zu den internen und externen Stakeholdern, mit beinhaltet. Das Grünbuch unterschied diesbezüglich zwischen direkten und indirekten wirtschaftlichen Auswirkunken. Positive direkte Auswirkungen ergäben sich zum Beispiel aus der Verbesserung der Arbeitsorganisation und des Betriebsklimas, die zu einer Steigerung der Motivation und Produktivität führe. Einen weiteren direkten Nutzen würden die Unternehmen aus der effizienten Nutzung der natürlichen Ressourcen ziehen. Indirekte Auswirkungen resultierten aus dem wachsenden Interesse an nachhaltigen Produkten und Dienstleistungen von Seiten der Konsumenten und Investoren. Die nachhaltige Positionierung von Unternehmen führe entsprechend zu Reputationsgewinnen und Wettbewerbsvorteilen.

Die Autoren des Grünbuchs erklärten Corporate Social Responsibility (CSR) als einen Prozess, indem sie die Bemühungen und konkreten Massnahmen vergleichbar zum Qualitätsmanagement nicht als Kosten, sondern als Investitionen betrachteten. Das Grünbuch rief die Politik auf, die Unternehmen zu einer verstärkten sozialen Verantwortung zu ermutigen und einen Rahmen für Anreize zu schaffen, umweltpolitische und soziale Überlegungen bei der Ausgestaltung und Umsetzung der wirtschaftlichen Tätigkeit zu berücksichtigen.

3.2.2 EU-Strategie (2011–14)

Im Oktober 2011 veröffentlichte die EU-Kommission ihre Mitteilung «Eine neue EU-Strategie (2011–14) für die soziale Verantwortung der Unternehmen (CSR)». Sie richtete sich an das Europäische Parlament, den Rat, den Europäischen Wirtschafts- und Sozialausschuss und den Ausschuss der Regionen. Sie betonte den Nutzen von CSR für die Unternehmen und die Gesellschaft. Die in dem Strategiepapier überarbeitete Definition von CSR hob die Verantwortung von Unternehmen für ihre Auswirkungen auf die Gesellschaft zulasten des bisherigen Elements Freiwilligkeit hervor, welches keine Erwähnung mehr fand. Damit näherte sich die EU-CSR-Strategie den internationalen Rahmenwerken «UN-Leitprinzipien für Wirtschaft und Menschrechte» und den überarbeiteten «OECD-Leitsätzen für multinationale Unternehmen» an. Weiter unterstrich die Strategie von 2011 die federführende Rolle der

Unternehmen bei der Wahrnehmung gesellschaftlicher Verantwortung. Den Behörden ordnete die Strategie eine unterstützende Funktion zu, indem sie vorschlug, freiwillige Massnahmen und nötigenfalls ergänzende Vorschriften zur Förderung von Transparenz intelligent zu kombinieren. Dabei sollte den Unternehmen die nötige Flexibilität gewährt werden, um innovative Lösungen und spezifisch auf ihr Geschäftsmodell und Marktumfeld abgestimmte Konzepte entwickeln zu können. Insgesamt zielte die Strategie der EU-Kommission darauf hin, die Sichtbarkeit von CSR und die Vermittlung von Good Practices zu fördern sowie das Vertrauen in die Wirtschaft und die Selbstregulierung von Unternehmen zu verbessern. Ein entsprechender Aktionsplan umfasste Verpflichtungen für die Kommission selbst sowie Anregungen für Unternehmen, Mitgliedstaaten und weitere Stakeholder-Gruppen. Über die genannten Ziele hinaus fokussierte der Aktionsplan auf die Schaffung von Marktanreizen, die stärkere Integration von CSR-Themen in die Forschung und Bildung, die Hervorhebung der Bedeutung von CSR-Strategien auf nationaler und subnationaler Ebene sowie auf die bessere Abstimmung der europäischen und globalen CSR-Konzepte.

Die EU-Kommission setzte ihre CSR-Strategie (2011–2014) mit den Richtlinien zur CSR-Berichterstattung und zum europäischen Vergaberecht um. Letztere dokumentierte die Absicht der Kommission, ökologische und soziale Kriterien im öffentlichen Auftragswesen stärker zu gewichten. Gleichzeitig schuf sie damit auch das Bewusstsein, dass sich die Wahrnehmung der eigenen Verantwortung auch auf die Produktions- und Lieferketten erstreckt und dort die Einhaltung von internationalen Standards zur Unternehmensverantwortung wie zum Beispiel der Kernarbeitsnormen der Internationalen Arbeitsorganisation (ILO) von Bedeutung ist.

In der Folge überarbeitete die EU-Kommission ihre CSR-Strategie von 2011. Ziel war es weiterhin, die Umsetzung internationaler Prinzipien voranzutreiben, um global vergleichbare Wettbewerbsbedingungen zu schaffen und die Vorreiterrolle der europäischen Unternehmen im nachhaltigen Wirtschaften zu fördern. Grundlegende Anliegen, um international gleiche Wettbewerbsbedingungen zu schaffen, waren die Entwicklung eines gemeinsamen europäischen Verständnisses von unternehmerischen Sorgfaltspflichten entlang der Lieferkette und die Unterstützung effektiver Beschwerdemechanismen.

3.2.3 European Green Deal

Der European Green Deal ist ein von der EU-Kommission am 11. Dezember 2019 vorgestelltes Konzept mit dem Ziel, bis 2050 in der EU die Netto-Treibhausgasemissionen auf null zu reduzieren und somit als erster Kontinent weltweit klimaneutral zu werden. Ab diesem Zeitpunkt sollen aus Europa netto keine neuen Treibhausgase mehr in die Atmosphäre gelangen. Der European Green Deal ist eine der sechs Prioritäten der Kommission unter der Präsidentschaft von Ursula von der Leyen und soll zentraler Bestandteil der Klimapolitik der EU werden. Die Kommissionspräsidentin Ursula von der Leyen sprach anlässlich der Ankündigung des Deals von einer neuen Wachstumsstrategie, die Emissionen senkt und Arbeitsplätze schafft.

Ursprünglich setzte sich die EU zum Ziel, die CO_2-Emissionen im Vergleich zu 1990 bis 2030 um 40 Prozent zu reduzieren. Anlässlich ihrer Rede zur Lage der EU am 16. September 2020 kündigte die Kommissionschefin Ursula von der Leyen eine Verschärfung des Ziels auf mindestens 55 Prozent an. Am 6. Oktober 2020 sprach sich das Europäische Parlament (EU-Parlament) sogar für eine Erhöhung des Ziels auf 60 Prozent aus. An ihrem Gipfeltreffen Mitte Dezember 2020 in Brüssel folgten die 27 Staats- und Regierungschefs der EU der Kommissionspräsidentin und beschlossen, die Treibhausgase bis 2030 um 55 Prozent reduzieren zu wollen, wobei darin auch sogenannte CO_2-Senken wie Wälder mitberücksichtigt sind, die Treibhausgase absorbieren. Dieses Reduktionsziel floss in das neue EU-Klimagesetz ein, auf welches sich die EU-Institutionen am 21. April 2021 einigten. Demnach sollen die EU-Mitgliedstaaten ihre Klimapläne bis 2023 anpassen. Länder wie Polen, Tschechien und die Slowakei, die nach wie vor stark von Kohle als Energieträger abhängig sind, setzten sich für wirtschaftliche Hilfen ein, um die ökonomischen und sozialen Folgen der Umstellung auf eine grünere Wirtschaft abzufedern. Dafür wurde ein Fonds für den gerechten Übergang geschaffen, der aus dem mehrjährigen Haushalt und aus dem Aufbaufonds mit insgesamt 17,5 Milliarden Euro gespeist wird. Polen drängte zudem darauf, ausreichend Mittel aus den Einnahmen des europäischen Emissionshandelssystems (EU-ETS, siehe auch 4.1.8.1 «Emissionshandel») für die Modernisierung des Energiesektors zu erhalten.

Umstritten war vor allem die Frage, wie das ambitionierte 55-Prozent-Reduktionsziel erreicht werden soll. So pochte unter anderen Staaten Frankreich darauf, dass die Kernenergie als grün anerkannt wird. Atomkraft verursacht zwar keine CO_2-Emissionen, sie wird jedoch aufgrund der Sicherheitsrisiken und der ungelösten Abfallproblematik von Kritikern nicht als nachhaltig bezeichnet. Die Schlussfolgerungen des Treffens überlassen es den Mitgliedstaaten, den aus ihrer Sicht richtigen Energiemix zu wählen. Einen weiteren Streitpunkt stellt die Frage dar, ob die Erdgasproduktion mit öffentlichen Fördergeldern unterstützt werden soll. Befürworter betonen, dass Erdgas für den Übergang zu einer grüneren Energieproduktion unerlässlich ist und weniger CO_2 freisetzt als etwa Kohle. Die Gegner wollen überhaupt keine Technologien fördern, die zu CO_2-Emissionen führen. Als Kompromiss bezeichnen die Schlussfolgerungen Erdgas als Übergangstechnologie, die zur Erreichung des Klimaziels bis 2030 beiträgt.

Der European Green Deal soll die Wirtschaft in der EU reformieren und sämtliche Sektoren miteinbeziehen. Der Deal umfasst rund 50 Massnahmen in den Bereichen

Energieversorgung, Mobilität, Handel, Industrie, Land- und Forstwirtschaft sowie Finanzmarktregulierung (siehe 3.2.6 «Aktionsplan Sustainable Finance»). Geplant sind neue Strategien für saubere Luft, sauberes Wasser und einen Schutz der Artenvielfalt, eine Anpassung der Landwirtschaftspolitik und eine massive Aufforstung. Zudem sollen das Emissionshandelssystem ausgeweitet, eine moderne Kreislaufwirtschaft zur Verringerung von Müll und Verschmutzungen eingeführt sowie die EU-Industrie, welche zukünftig ambitionierte Umweltauflagen erfüllen muss, mittels eines sogenannten Carbon Border Mechanism und allfälligen Zöllen vor klimaschädlich produzierten Billigimporten geschützt werden. Konkret will die EU-Kommission die EU-Batterien-Richtlinie von 2006 aktualisieren. Durch bessere und leistungsfähigere Batterien soll die Verbreitung von Elektrofahrzeugen vorangetrieben werden. Zudem betont die Kommission, dass dank grossen Batterien der Anteil der erneuerbaren Energiequellen am Energiemix der EU erhöht werden kann. Vorschriften sind für sämtliche Batterien geplant, von der Knopfbatterie im Hörgerät über die Energiespeicher in Elektroautos bis zur industriell genutzten Grossbatterie. Für Letztere müssen die Hersteller ab Juli 2024 eine Erklärung zum CO_2-Fussabdruck mitliefern, welche die bei der Produktion anfallenden Treibhausgasemissionen ausweist. Ab 2026 sollen die Batterien dann in Leistungsklassen, je nach CO_2-Intensität, eingeteilt werden. Ab Mitte 2027 schliesslich soll ein Höchstwert für diesen Fussabdruck eingeführt werden, der nicht überschritten werden darf. Dazu kommt ein ganzer Katalog an weiteren Vorgaben. So sollen Grossbatterien für die Industrie und für Autos ab 2030 einen Mindestgehalt an rezyklierten Rohstoffen enthalten. 12 Prozent des Kobalts, 85 Prozent des Bleis sowie je 4 Prozent des Lithiums und des Nickels sollen aus Abfällen gewonnen werden. Die Kommission will ferner, dass die Haushalte in der EU bis 2030 mindestens 70 Prozent ihrer Batterien sammeln. Dieser Anteil lag 2020 bei rund 45 Prozent. Von den Grossbatterien darf die Industrie keine einzige wegwerfen. Geplant ist eine Art Batteriepass mit Angaben zur Rückverfolgbarkeit und zur Entwicklung der Leistung über den Lebenszyklus. Diese Daten will die Kommission in einer EU-weiten Datenbank sammeln und der Öffentlichkeit zur Verfügung stellen. Weiter statuiert die Kommission eine Sorgfaltspflicht bezüglich der Einhaltung der Menschenrechte bei der Beschaffung der Rohstoffe.

Die Umsetzung des European Green Deal ist mit einem Investitionsprogramm in Höhe von einer Billion Euro bis 2030 verbunden. Zudem sollen die Regionen, die besonders stark von dem Wandel betroffen sind, zum Beispiel Gegenden, wo fossile Energie und Kohle gefördert wird, mit insgesamt 100 Milliarden Euro aus einem «Fonds für den gerechten Wandel» sowie durch Gelder aus dem Investitionsprogramm und der Europäischen Investitionsbank unterstützt werden. Die Hilfsprogramme für diese europäischen Regionen umfassen zum Beispiel Umschulungen oder die Ansiedlung neuer Unternehmen. Die EU-Kommission spricht von 108 besonders betroffenen Regionen und mehr als 250 000 Beschäftigten.

Am 14. Juli 2021 präsentierte die EU-Kommission ihr «Fit-for-55»-Klimapaket zur Umsetzung des European Green Deal. Es konkretisiert den Weg zur Erreichung des Treibhausgas-Reduktionsziels um 55 Prozent bis 2030 und der Klimaneutralität bis 2050. Das Paket verdeutlich die Einschätzung der Kommission, dass ein rasch wirksamer Klimaschutz nicht ohne Lenkung und zum Nulltarif möglich ist. Als Grundprinzip der vorgeschlagenen Massnahmen und Gesetzesrevisionen sollen zukünftig umweltschädliche Optionen mehr kosten und grüne Alternativen billiger sein. 40 Prozent der notwendigen Schadstoffreduktion will die EU-Kommission dabei über den Emissionshandel (ETS) als zentrales Instrument ihrer Klimapolitik erreichen. Die restlichen 60 Prozent sollen über eine Lastenteilung zwischen den Mitgliedstaaten abgebaut werden, darunter fallen Emissionsminderungen insbesondere in der Landwirtschaft, der Abfallentsorgung und in den Teilen der Industrie, die nicht vom ETS reguliert werden. Um die Wettbewerbsfähigkeit der betroffenen Unternehmen in der EU zu schützen und um zu verhindern, dass diese ihre schadstoffintensiven Aktivitäten auslagern, will die Kommission eine Art Klimazoll auf ausgewählten Produkten, darunter Stahl, Zement, Aluminium, Dünger und Elektrizität, einführen (siehe 4.1.8.2 «CO_2-Grenzausgleichssystem»).

Als eine der wichtigsten Neuerungen beabsichtigt die EU-Kommission, zukünftig auch die Emissionen des Verkehrs und von Heizungen in ein neu zu schaffendes, separates Handelssystem, eine Art «ETS light», einzubeziehen. Ab 2025 sollen die Mineralölhändler ihre Verkäufe rapportieren und ab 2026 für die verursachten Emissionen Zertifikate erwerben. Höhere Preise für ihre Emissionen sollen auch die Schifffahrt und der Flugverkehr zahlen. Mit den Erträgen aus dem Emissionshandel will die EU-Kommission einen neuen Klima-Sozialfonds äufnen und den bestehenden Innovationsfonds sowie den Modernisierungsfonds ausbauen. Für den Zeitraum von 2025 bis 2032 sollen insgesamt 144 Milliarden Euro zur Verfügung stehen, um die Erhöhungen der Benzin- und Heizölpreise für ärmere Bürger abzufedern und ihnen Investitionen in neue Autos und Heizungen zu erleichtern. Weiter sind Rückzahlungen der Schulden aus dem 750-Milliarden-Euro-Aufbaufonds nach der Pandemie vorgesehen.

Über den Einbezug des Verkehrs in den Emissionshandel will die Kommission zudem strengere Vorgaben bezüglich des CO_2-Ausstosses von Neufahrzeugen erlassen. Diese sollen im Vergleich zu 2021 bis 2030 im Durchschnitt 37,5 Prozent weniger CO_2 freisetzen. Ab 2035 ist darüber hinaus ein faktisches Verbot von konventionellen Benzin- und Dieselmotoren vorgesehen, da ab diesem Zeitpunkt die in der EU verkauften Neuwagen keine Emissionen mehr verursachen dürfen. Erlaubt werden nur noch klimaneutrale Verbrennungsmotoren sein, die mit Wasserstoff oder synthetischen Kraftstoffen betrieben werden. Der Umstieg auf emissionsfreie Elektrofahrzeuge soll mit dem Aufbau eines Netzes von Ladestellen gefördert werden. Entlang der Hauptverkehrsachsen in der EU sollen alle 60 Kilometer Lade-Stationen für

Elektroautos, alle 150 Kilometer Wasserstoff-Tankstellen entstehen. Beim Energiemix will die EU den Anteil erneuerbarer Energien bis 2030 auf 40 Prozent des Endverbrauchs erhöhen. Weiter müssen die Mitgliedstaaten ihren Energieverbrauch durch höhere Effizienz senken und jedes Jahr 3 Prozent des Gebäudebestandes sanieren. Schliesslich sieht eine Wald-Strategie das Pflanzen von jährlich 3 Milliarden neuen Bäumen vor.

Unausweichlich wird das «Fit-for-55»-Programm zu höheren Preisen für Benzin, Diesel, Heizöl, die Schifffahrt, für Flüge und für weitere Produkte führen. Für Kontroversen im EU-Parlament und unter den Mitgliederstaaten dürfte hingegen nicht nur die Belastung der Portemonnaies der Bürgerinnen und Bürger führen. Polen befürchtet zum Beispiel, dass der Verzicht auf Kohlekraftwerke für seine Wirtschaft zu teuer und zu belastend sein wird. Generell wollen die ärmeren osteuropäischen Länder sich den Klimaschutz von den reicheren Staaten wie Deutschland teuer bezahlen lassen.

3.2.4 Richtlinie zur Nachhaltigkeitsberichterstattung

2014 veröffentlichte das Europäische Parlament und der Europäische Rat die «Richtlinie zur Angabe nichtfinanzieller und die Diversität betreffender Informationen durch bestimmte grosse Unternehmen und Gruppen» (Corporate-Sustainability-Reporting-Richtlinie, CSR-Richtlinie, auch NFRD: Non Financial Reporting Directive). Sie verpflichtet alle Unternehmen von öffentlichem Interesse, darunter börsenkotierte Gesellschaften und Firmen ab 500 Mitarbeitenden, einem jährlichen Umsatz von über 40 Millionen Euro oder einer Bilanzsumme von über 20 Millionen Euro, einschliesslich Banken und Versicherungen, in ihren Lageberichten Informationen über ihr ökologisches und soziales Verhalten offenzulegen. Die Richtlinie schreibt den EU-Mitgliedstaaten die Umsetzung in nationales Recht mit Gültigkeit für die Unternehmen ab dem Geschäftsjahr beginnend am 1. Januar 2017 und später vor. Da die Grossunternehmen zur Erfüllung ihrer Berichterstattungspflichten viele Daten ihrer Zulieferer benötigen, betrifft die Richtlinie zur Nachhaltigkeitsberichterstattung indirekt auch zahlreiche kleinere Unternehmen in und ausserhalb der EU.

Der erste Abschnitt der Richtlinie erläutert die grundlegenden Prinzipien der CSR-Berichterstattung. Zunächst sollen die Auswirkungen der Unternehmenstätigkeit auf die Gesellschaft bekannt gemacht werden. Dies erfordert eine Ausrichtung der Berichterstattung an der spezifischen Unternehmenssituation und der jeweiligen Branche. Zudem zielt die Richtlinie auf eine Harmonisierung und damit eine Vergleichbarkeit des Aussagegehaltes unter verschiedenen Unternehmen hin. Grosse Bedeutung misst die Richtlinie auch der Vernetzung, das heisst der Verknüpfung und Darstellung der Wechselwirkungen, von Informationen finanzieller und nichtfinanzieller Natur bei. Die angeführten sechs wichtigsten Grundsätze lauten: Offenlegung wesentlicher Informationen; den tatsächlichen Verhältnissen entsprechend; ausgewogen und verständlich; umfassend, aber prägnant; strategisch und zukunftsorientiert; Ausrichtung auf die Interessenträger sowie konsistente und kohärente Berichterstattung.

Der zweite zentrale Abschnitt der CSR-Richtlinie betrifft die inhaltliche Ausgestaltung der nichtfinanziellen Berichterstattung. Die Berichtspunkte umfassen den Umweltschutz, Achtung der Menschenrechte, soziale und mitarbeiterbezogene Themen, Bekämpfung von Korruption, Diversität in den Führungs- und Kontrollorganen sowie Risiken zu den Auswirkungen der Geschäftätigkeit und Massnahmen zu deren Eindämmung. Ausdrücklich erlaubt ist die Anlehnung an internationale Standards wie den UN Global Compact (UNGC) oder die Global Reporting Initiative (GRI). Darunter fällt auch das Materialitätsprinzip, wonach sich die Berichte auf die Aspekte der Unternehmensaktivität fokussieren sollen, die einen wesentlichen Einfluss auf den Umwelt-Fussabdruck und die CSR-Performance haben. Dieser Ansatz ermöglicht es den Unternehmen, ihre Berichte substanziell zu straffen und gezielt auf die Informationsbedürfnisse ihrer Stakeholder auszurichten. Die Richtlinie empfiehlt zudem die regelmässige Überprüfung der Materialitätsanalyse (siehe 4.3.2 «Materialitätsanalyse»). Dadurch soll sichergestellt werden, dass die Berichterstattung den sich verändernden Rahmenbedingungen Rechnung trägt.

Im Februar 2020 startete die EU-Kommission die Konsultation zu einer überarbeiteten Richtlinie zur Offenlegung von nichtfinanziellen und die Diversität betreffenden Informationen. In der zweiten Jahreshälfte 2020 beauftragte der EU-Kommissions-Vizepräsident Valdis Dombrovskis die European Financial Reporting Advisory Group (EFRAG) mit der Aufgabe, Umfang, Inhalt und Struktur eines nichtfinanziellen Reporting Standards zu erarbeiten. Dieser soll auf bestehenden Standards aufbauen und die im Rahmen der Konsultation geäusserten Sichtweisen aller Anspruchsgruppen berücksichtigen. Am 21. April 2021 legte die EU-Kommission ihren Vorschlag zur Änderung der CSR-Richtlinie vor. Die wichtigsten Neuerungen sind die Ausweitung der zur Berichterstattung verpflichteten Unternehmen, die zwingende Integration der Nachhaltigkeitsberichterstattung in den Lagebericht sowie die Einführung der externen Prüfungspflicht. Gleichzeitig will die Richtlinie eine Angleichung mit den parallel laufenden Regulierungen bezüglich des European Green Deal (siehe 3.2.3 «European Green Deal») und des EU Action Plan on Sustainable Finance (siehe 3.2.6 «Aktionsplan Sustainable Finance») gewährleisten. Zukünftig soll die Richtlinie grundsätzlich alle an einer europäischen Börse kotierten Unternehmen (mit Ausnahmen für Kleinstunternehmen) sowie grosse nicht kapitalmarktorientierte Unternehmen, einschliesslich Banken und Versicherungen, verpflichten. Dazu soll das Grössenkriterium der Anzahl Mitarbeitenden von 500 auf 250 gesenkt werden. Die zwingende Integration in den Lagebericht bedeutet zudem, dass zukünftig eine zeitlich nachgelagerte Veröffentlichung des Nachhaltigkeitsbericht nicht mehr zulässig ist. Der Vorschlag soll noch im Jahr 2021 vom EU-Parlament und dem Rat verabschiedet werden. Bei der Einhaltung dieses Zeitplans müssen die Mitgliedsstaaten bis Ende 2022 die Vorgaben in ihr nationales Recht umsetzen. Damit könnten die Änderungen für die Berichtsperiode 2023 wirksam werden.

3.2.5 Shareholder Rights Directive II

Am 17. Mai 2017 erliess die EU die Shareholder Rights Directive II (SRD II). Sie stellt eine grundlegende Überarbeitung und Ergänzung zur Vorgängerrichtlinie aus dem Jahr 2007 dar. Die Verordnung zielt darauf hin, die Mitwirkung und Einflussnahme der Aktionäre sowie die Kommunikation zwischen börsenkotierten Gesellschaften mit Sitz in der EU oder im EWR und ihren Aktionären zu verbessern.

Die vier wesentlichen Themenfelder sind: Anforderungen an die Identifizierung der Aktionäre; Ermöglichung einer direkten Kommunikation zwischen dem Unternehmen und seinen Aktionären; Recht der Hauptversammlung auf Abstimmung über die Vergütungspolitik und den Vergütungsbericht sowie über die Besetzung der Unternehmensleitung (Vorstand und Aufsichtsrat); Transparenz von und Zustimmung zu Geschäften mit nahestehenden Unternehmen oder Personen sowie gesteigerte Transparenzpflichten für institutionelle Anleger, Vermögensverwalter und Stimmrechtsberater. Institutionelle Anleger und Vermögensverwalter sollen künftig nach dem Comply-or-Explain-Ansatz ihre Mitwirkungspolitik veröffentlichen und den Unternehmen, in die sie investieren, ihre Standpunkte offenlegen. Darin eingeschlossen sind Stellungnahmen zu finanziellen und nichtfinanziellen Leistungen und Risiken, zur Kapitalstruktur, zu den ökologischen und sozialen Auswirkungen der Unternehmenstätigkeit sowie zur Corporate Governance. Aufgezeigt werden soll insbesondere auch, wie die institutionellen Anleger und Vermögensverwalter in einen regelmässigen Dialog mit den Unternehmen treten, wie sie Stimmrechte und weitere mit dem Aktienbesitz verbundene Rechte ausüben und wie sie mit anderen Aktionären zusammenarbeiten respektive nach welchen Kriterien sie anvertraute Vermögen von dritten Finanzinstituten verwalten. Die regulatorischen Vorgaben hinsichtlich der Transparenz- und Offenlegungspflichten von institutionellen Anlegern, Vermögensverwaltern und Stimmrechtberatern sowie die Anforderungen an das Mitspracherecht der Aktionäre traten am 10. Juni 2019 in Kraft.

Die SRD II ist eine europäische Richtlinie, sie nimmt jedoch auch Finanzintermediäre wie Banken von Drittstaaten in die Pflicht, wenn sie für ihre Kunden Aktien börsenkotierter Gesellschaften mit Sitz in der EU oder im EWR verwahren beziehungsweise verwalten.

3.2.6 Aktionsplan Sustainable Finance

Der EU-Aktionsplan «Sustainable Finance» wurde im März 2018 von der Europäischen Kommission verabschiedet. Er verfolgt die drei Ziele Kanalisierung und Förderung von Kapitalflüssen in nachhaltige Anlagen, verbesserter Umgang und Kontrolle mit Risiken, die sich aus dem Klimawandel, den Umweltbedingungen und sozialen Themen ergeben, sowie erhöhte Transparenz und langfristige Ausrichtung der ökonomischen Aktivitäten. Der Aktionsplan soll einen Beitrag zum übergeordneten Ziel der internationalen Staatengemeinschaft leisten, die Erderwärmung auf 1,5 bis 2,0 Grad Celsius gegenüber dem vorindustriellen Stand zu begrenzen. Dazu soll er mit Blick auf die europäische Privatwirtschaft Anreize schaffen, bis zum Jahr 2030 jährlich 180 Milliarden Euro in die Bereiche Energie und Transportwesen zu investieren, um erneuerbare Technologien zu fördern und die Freisetzung von Treibhausgasen zu reduzieren.

Eine zentrale Massnahme des Aktionsplans ist die am 18. Juni 2020 vom Europäischen Parlament und Rat vorgelegte Verordnung über die Einrichtung eines Rahmens zur Erleichterung nachhaltiger Investitionen (Taxonomie-Verordnung). Sie enthält Kriterien für nachhaltige Wirtschaftstätigkeiten und definiert Vorgaben für nachhaltige Anlagen insbesondere mit Blick auf die Energieeffizienz, erneuerbare Energien und die Klimaentwicklung. Insgesamt soll die Verordnung Investoren in ihren Anlageentscheiden unterstützen und die Standardisierung und Vergleichbarkeit von nachhaltigen Finanzprodukten erhöhen. Zudem leistet die Verordnung durch die Förderung privater Investitionen in grüne und nachhaltige Projekte einen wichtigen Beitrag zur Umsetzung des Europäischen Green Deal (siehe 3.2.3 «European Green Deal»). Mit der Verordnung werden Finanzmarktteilnehmer, darunter Investmentfonds, verpflichtet, über den Anteil an ökologisch nachhaltigen Investitionen zu berichten. Unternehmen, die zur nichtfinanziellen Berichterstattung nach Massgabe der CSR-Richtlinie (siehe 3.2.4 «Richtlinie zur Nachhaltigkeitsberichterstattung») verpflichtet sind, müssen zukünftig offenlegen, wie und in welchem Umfang die Aktivitäten des Unternehmens mit ökologisch nachhaltigen Wirtschaftstätigkeiten verbunden sind. Am 17. Juni 2021 verabschiedete die EU-Kommission die Delegierte Verordnung der Kommission zur Ergänzung der Taxonomie-Verordnung über den Klimaschutz und die Anpassung an den Klimawandel. Der delegierte Rechtsakt enthält eine Reihe von technischen Screening-Kriterien, welche die wirtschaftlichen Aktivitäten definieren, die zu den in der Taxonomie-Verordnung festgelegten Umweltzielen beitragen. Damit können die Bestimmungen am 1. Januar 2022 in Kraft treten.

Weitere zentrale Punkte des Aktionsplans sind die Schaffung von nachhaltigen Benchmarks mit tiefen Treibhausgasemissionen (climate-transition benchmarks) und Benchmarks mit einem positiven Impact auf Treibhausgase (Paris-aligned benchmarks), die Ausarbeitung von Standards und Definition von Labels für grüne, nachhaltige Finanzprodukte, die Klarstellung der treuhänderischen Pflichten von Vermögensverwaltern, die Entwicklung und Förderung von nachhaltigen Infrastrukturprojekten, die Integration von Nachhaltigkeitsaspekten in der Finanzberatung von Anlage- und Versicherungskunden in Abstimmung mit der Markets in Financial Instruments Directive (MiFID II) und der Insurance Distribution Directive (IDD) sowie die erhöhte Einbindung von Nachhaltigkeitsratings in die Finanzmarktrecherche. In diesem Zusammenhang ist auf die Verordnung über nachhaltigkeitsbezogene Offenlegungspflichten im Finanzdienstleistungssektor (Offenlegungsverordnung) hinzuweisen. Sie wurde bereits am 9. Dezember 2019 im Amtsblatt der EU veröffentlicht und verfolgt das Ziel, Informationsasymmetrien bei Finanzprodukten im Binnenmarkt abzubauen. Die Verordnung soll weiter grössere Transparenz schaffen, wie Finanzmarktteilnehmer und Finanzberater Nachhaltigkeitsrisiken in ihre Investitionsentscheide sowie in die Anlage- oder Versicherungsberatung einbeziehen. Inhaltlich nennt die Verordnung neue Offenlegungspflichten zum Beispiel betreffend Unternehmensstrategien im Umgang mit Nachhaltigkeitsrisiken, nachteilige Nachhaltigkeitsauswirkungen auf Ebene des Unternehmens, Vergütungspolitik sowie Berücksichtigung von Nachhaltigkeitsrisiken. Schliesslich dient der Rechtsakt auch dem Kundenschutz und soll einen Beitrag zur Unterbindung der Irreführung durch sogenanntes Greenwashing leisten. Die Inkraftsetzung der Verordnung erfolgte am 10. März 2021.

3.2.7 Network for Greening the Financial System

Das Network of Central Banks and Supervisors for Greening the Financial System (NGFS) wurde anlässlich des Pariser «One Planet Summit» im Dezember 2017 von acht Zentralbanken und Aufsichtsbehörden lanciert. Seither sind das weltumspannende Netzwerk und deren Mitglieder stark gewachsen. Heute umfasst das NGFS die Zentralbanken und Aufsichtsbehörden der wichtigsten Industrieländer und verfolgt das Ziel, die finanziellen Risiken des Klimawandels zu verstehen und langfristig zu steuern. Darüber hinaus fördert das NGFS die Allokation von Kapital für grüne und kohlenstoffarme Investitionen im breiteren Kontext einer ökologisch nachhaltigen Entwicklung. Seine Aktivitäten hat das NGFS im Wesentlichen in fünf Workstreams zu den Themen Mikroprudenz/Aufsicht, Makrofinanzen, Auf- und Ausbau grüner Finanzierungen, Datenerhebung und Schliessen von Lücken sowie Forschung unterteilt.

Seit 2019 beteiligen sich auch die Schweizerische Nationalbank (SNB) und die Eidgenössische Finanzmarktaufsicht (FINMA) an dem Erfahrungsaustausch und den Arbeiten des NGFS.

3.3 Schweiz

Der Schweizer Bundesrat verabschiedete am 1. April 2015 ein Positionspapier mit einem dazugehörigen Aktionsplan 2015–2019 zur gesellschaftlichen Verantwortung der Unternehmen. Das Corporate-Social-Responsibility-Positionspapier wurde in einem interdepartementalen Prozess unter der Leitung des Staatssekretariats für Wirtschaft (SECO) und gestützt auf eine Konsultation der Interessengruppen erarbeitet. Dem Papier lagen die vier strategischen Stossrichtungen Mitgestaltung der CSR-Rahmenbedingungen, Sensibilisierung und Unterstützung der Schweizer Unternehmen bei der Umsetzung der CSR, Stärkung der CSR in Entwicklungs- und Transitionsländern sowie Förderung der Transparenz von CSR-Aktivitäten zugrunde. Die dazugehörigen Massnahmen wurden in einem Aktionsplan 2015–2019 festgehalten, der Bestandteil des Positionspapiers war. Mit insgesamt achtzig Aktivitäten vermittelte der Aktionsplan eine umfassende Übersicht über die CSR-Bundesaktivitäten. Die Engagements zielen darauf ab, die Positionierung der Schweizer Unternehmen als verantwortungsvolle und wettbewerbsfähige Akteure und damit den Standort Schweiz langfristig zu stärken.

Am 18. August 2021 beschloss der Bundesrat die Eckwerte zu einer zukünftigen verbindlichen Klimaberichterstattung von grossen Schweizer Unternehmen und beauftragte das Eidgenössische Finanzdepartement zusammen mit weiteren Bundesstellen, bis im Sommer 2022 eine Vernehmlassungsvorlage zu erarbeiten. Bereits heute publiziert die Schweizer Börse eine Liste mit den Unternehmen, die freiwillig eine Opting-in-Verpflichtung zur Veröffentlichung eines Nachhaltigkeitsberichts nach einem anerkannten internationalen Standard eingehen, darunter der UN Global Compact (UNGC, siehe 3.1.3 «UN Global Compact») und die Global Reporting Initiative (GRI, siehe 3.1.9 «Global Reporting Initiative»). Die Aufstellung umfasste Ende Juli 2021 30 Gesellschaften, davon gehören sieben Unternehmen dem SMI-Index an.

3.3.1 Aktionspläne zur Corporate Social Responsibility sowie zu Wirtschaft und Menschenrechten

Der Bundesrat verabschiedete am 15. Januar 2020 die aufeinander abgestimmten, revidierten Aktionspläne zur Corporate Social Responsibility (CSR) sowie zu Wirtschaft und Menschenrechten (NAP) für die Periode 2020–2023 und bestätigte damit sein Engagement für die verantwortungsvolle Unternehmensführung. Mit den beiden Aktionsplänen unterstützt der Bundesrat Unternehmen, international abgestimmte Normen und Standards einzuhalten und umzusetzen. Dazu gehören die OECD-Leitsätze für multinationale Unternehmen (siehe 3.1.7 «OECD-Leitlinie für

Multinationale Unternehmen») und die UN-Leitprinzipien für Wirtschaft und Menschenrechte (siehe 3.1.4 «UN-Leitprinzipien für Wirtschaft und Menschenrechte»).

Der CSR-Aktionsplan zeigt die Fortschritte im Bereich CSR wie sie auch aus dem Länderbericht der Schweiz zur Umsetzung der 17 Ziele der Agenda 2030 hervorgehen (siehe 3.1.2 «UN Sustainable Development Goals»). Die zur Umsetzung der Ziele erforderlichen Massnahmen sind in der Schweiz bereits in vielen Gesetzen und Politiken verankert, jedoch sind weitere Verbesserungen anzustreben, unter anderen betreffend Ressourcennutzung und Umweltbelastung, menschenwürdige Arbeitsbedingungen, Achtung der Menschenrechte sowie die Gleichstellung der Geschlechter. Grundsätzlich verfolgt der Bundesrat die vier strategischen Stossrichtungen des Aktionsplans 2015–2019 weiter und ergänzt diese neu mit Förderungs- und Unterstützungsmassnahmen in den Bereichen Stakeholderdialog zwischen den Anspruchsgruppen sowie die Digitalisierung. Der neue Aktionsplan 2020–2023 fokussiert aufgrund der erzielten Fortschritte auf 16 relevante Massnahmen. Diese fördern vor allem die Nachhaltigkeitsberichterstattung und die Sorgfaltsprüfung auf Unternehmensebene, den Stakeholderdialog sowie die Angleichung der CSR-Instrumente der Privatwirtschaft an die OECD-Leitsätze für multinationale Unternehmen. In Abgrenzung zum Aktionsplan Wirtschaft und Menschenrechte und zum Bericht Grüne Wirtschaft, die auf Instrumente zur Achtung von Menschenrechten beziehungsweise Umwelt fokussieren, beinhaltet der CSR-Aktionsplan thematisch übergreifende Instrumente unter anderen zu den Themen Umwelt, Menschenrechte, Arbeitsbedingungen und Korruptionsprävention.

Die Schweiz ist Vertragspartei der UN-Leitprinzipien für Wirtschaft und Menschenrechte, des wichtigsten internationalen Menschenrechtsübereinkommens, und hat somit die völkerrechtliche Pflicht, Menschenrechte vor Einwirkungen Dritter, einschliesslich Unternehmen, zu schützen und dazu ihre Massnahmen in periodischen Aktionsplänen dazulegen. Entsprechend überarbeitete das Eidgenössische Departement für Wirtschaft, Bildung und Forschung (WBF) und das Eidgenössische Departement für auswärtige Angelegenheiten (EDA) unter Einbezug der externen Interessensgruppen, darunter Wirtschaftsverbände, die Zivilgesellschaft sowie die Wissenschaft, den Aktionsplan Wirtschaft und Menschenrechte für den Zeitraum 2020–2023. Er baut auf den bisher erzielten Ergebnissen auf und verfolgt das Ziel, den Schutz der Menschenrechte auch im Zusammenhang mit der wirtschaftlichen Tätigkeit von Unternehmen im In- und Ausland durch 35 Massnahmen sicherzustellen und zu verbessern. Die Massnahmen umfassen die Sensibilisierung der Unternehmen für die Einhaltung der Menschenrechte, die Stärkung der Zusammenarbeit zwischen Unternehmen und dem Staat und die Kohärenz der staatlichen Aktivitäten. Mit gezielter Sensibilisierung, Ausbildung, dem Austausch von Good Practices sowie Leitfäden und Instrumenten unterstützt der Bundesrat die Unternehmen, einschliesslich KMUs, bei der Umsetzung ihrer menschenrechtlichen Sorgfaltsprüfung und Verantwortung sowie der Zusammenarbeit in Multi-Stakeholder-Initiativen.

In der Schweiz verfolgt das SECO gemeinsam mit dem Eidgenössischen Departement für auswärtige Angelegenheiten (EDA) und anderen interessierten Stellen der Bundesverwaltung die Arbeiten auf internationaler Ebene und koordiniert die Implementierung des Aktionsplans der Schweiz zur Umsetzung der UN-Leitprinzipien für Wirtschaft und Menschenrechte auf nationaler Ebene. Bereits früher engagierte sich die Schweiz für den Schutz und die Einhaltung von Menschenrechten. Sie unterstützte beispielsweise die Arbeiten des UN-Sonderbeauftragten für Wirtschaft und Menschenrechte, John Ruggie, finanziell und personell. Aus dessen Arbeiten, die er in enger Konsultation mit Staaten, Vertreterinnen und Vertretern der Wirtschaft und der Zivilgesellschaft durchgeführt hatte, sind die UN-Leitprinzipien für Wirtschaft und Menschenrechte hervorgegangen, die der UN-Menschenrechtsrat 2011 einstimmig guthiess.

▶ **Seitenblick: WEF Competitiveness-Report zur Erholung von der Pandemie**

Welches sind die Faktoren, die günstige Voraussetzungen zu einer raschen Erholung von der Coronapandemie schaffen? Gemäss der Einschätzung des World Economic Forum (WEF) sind dies unter anderen eine ausgewogene Mischung aus verlässlichen Institutionen, sozialer und gesundheitlicher Sicherung, Investitionen in digitale Infrastruktur und Forschung sowie ein progressives Steuersystem. Die Frage der Krisenresilienz war für das WEF 2020 so zentral, dass es den «Competitiveness-Index» durch den breiter gefassten «Economic-Transformation-Readiness-Index» ersetzte. Er will aufzeigen, wie gut die einzelnen Länder auf eine digitale, umweltfreundliche und inklusive Erholung aus der Krise vorbereitet sind.

Die Schweiz schnitt bei der Qualität der öffentlichen Institutionen auf Platz zwei hinter Finnland gut ab. Auch in den Kategorien Bildung, soziale Sicherheit, Zusammenarbeit zwischen Staat und Privatwirtschaft rangierte die Schweiz in den Top sechs. Bei der Steuergesetzgebung und dem Finanzmarkt kam die Schweiz hingegen nicht über eine Mittelmassplatzierung hinaus. In dieser Kategorie bewertete das WEF ein progressives Steuersystem, Erbschaftssteuern und das Angleichen von Einkommensunterschieden mit besonders guten Noten. Topplatzierungen erreichten unter diesen Aspekten Südafrika, Japan und Korea, während sich die Schweiz in der Nähe von Italien, Griechenland, Estland und Dänemark unten auf der Rangliste einreihte. Mit Bezug auf die Stärke des Finanzmarkts setzte das WEF seinen Fokus auf die langfristige Auslegung von Investitionen, die Ethik-Standards von Unternehmen sowie die Nutzung digitaler Finanzdienstleistungen auch durch ärmere Menschen. Hier rangierte die Schweiz im unteren Mittelfeld. Mit Platz 18 erhielt die Schweiz bei ihrer Vorbereitung auf die digitale Transformation und den Umstieg auf erneuerbare Energien ebenfalls keine Bestnoten.

Das WEF nutzte für sein Ranking teilweise bestehende Datensätze, erhob jedoch auch eigene Daten. Die Länder mit einem «nordischen Modell» schnitten vergleichsweise gut ab. Ihnen sind ein gesellschaftlich liberales System, ein starkes soziales Sicherungsnetz, relativ hohe Steuern und grosszügige Unterstützung durch den Staat gemeinsam. Die Schweiz rutschte mit dem Wechsel vom «Competitiveness-Index» zum «Economic-Transformation-Readiness-Index» vom fünften auf den zwölften Platz ab. Das WEF-Ranking vermittelte den einzelnen Ländern Hinweise, in welchen Bereichen sie genauer hinschauen können und Verbesserungspotenziale brachliegen.

Verwendete Quelle: WEF, Global Competitiveness Report Special Edition 2020;
Neue Zürcher Zeitung, 17. Dezember 2020

3.3.2 Energiestrategie 2050

Nach der Reaktorkatastrophe von Fukushima, Japan, im Jahr 2011 beschlossen der Bundesrat und das Schweizer Parlament den schrittweisen Ausstieg aus der Kernenergie. Die bestehenden fünf Kernkraftwerke in der Schweiz sollen am Ende ihrer sicherheitstechnischen Betriebsdauer stillgelegt und nicht mehr ersetzt werden. Am 20. Dezember 2019 wurde das Kernkraftwerk Mühleberg als erste Anlage vom Netz genommen und wird seither zurückgebaut.

Der Ausstieg aus der Kernenergie sowie tiefgreifende Veränderungen im internationalen Energieumfeld machen einen umfassenden Umbau des Schweizer Energiesystems notwendig. Dieser Umbau soll mit der Energiestrategie 2050 vollzogen werden. Zudem soll die Strategie dazu beitragen, die energiebedingte Umweltbelastung der Schweiz zu reduzieren.

Das Energiegesetz wurde letztmals im Jahr 2017 revidiert. Es bezweckt, den Energieverbrauch zu senken, die Energieeffizienz zu erhöhen und die erneuerbaren Energien zu fördern. Die Energiestrategie 2050 verstärkt diese Stossrichtungen mit zusätzlichen Zielen. Zu der neuerlichen Revision des Energiegesetzes führte der Bundesrat vom 3. April bis zum 12. Juli 2020 eine Vernehmlassung durch. Am 11. November 2020 nahm der Bundesrat die Ergebnisse zur Kenntnis und entschied, die Vorlage zusammen mit der geplanten Revision des Stromversorgungsgesetzes zu einem Mantelerlass zusammenzufassen. Der Bundesrat beauftragte das Eidgenössische Departement für Umwelt, Verkehr, Energie und Kommunikation (UVEK), eine entsprechende Botschaft für ein Bundesgesetz über eine sichere Stromversorgung mit erneuerbaren Energien auszuarbeiten (siehe unten). Grundsätzlich beabsichtigt der Bundesrat, die Förderbeiträge für einheimische erneuerbare Energien zu verlängern und wettbewerblicher auszugestalten. Damit will er die einheimischen erneuerbaren Energien wie Sonne, Holz, Biomasse, Wind und Geothermie fördern, der Strombranche die nötige Planungssicherheit geben und die Versorgungssicherheit der Schweiz stärken. Weiter soll das neue Energiegesetz verschiedene Anreize enthalten, um den Energieverbrauch bei Gebäuden, im Verkehr und bei Elektrogeräten zu senken und die Energieeffizienz zu erhöhen.

Der Umbau des Schweizer Energiesystems kommt trotz Millionen von Förderungsgeldern aufgrund oft langwieriger rechtlicher Verfahren nur schleppend voran. Zusätzlich erschwert wird das Generationenprojekt durch Entwicklungen im europäischen Strommarkt, der von Überkapazitäten mit billigem Strom aus Kohle- und Gaskraftwerken sowie massiven Subventionen der Solar- und Windenergie getrieben wird. Diese Faktoren führen zu einem Handel von Strom zu Grenzkosten, bei denen Nachhaltigkeit und Versorgungssicherheit keinen Preis haben und damit nicht honoriert werden.

Mit Bezug auf den anvisierten Umbau schneidet die Photovoltaik am besten ab. Die Zubauten sind beachtlich. Auch die Stromproduktion aus der Verbrennung von Abfall, Holz und Biogas steigt. Bei der Wasserkraft zeigt sich das Potenzial kleiner als angenommen, auch weil die Energiegesellschaften in einem sich verändernden Umfeld während der schrittweisen Marktöffnung nicht zu grösseren Investitionen bereit sind. Gering respektive inexistent ist der Ausbau beim Wind und der Geothermie.

Nach dem Wegfall der Kernkraftwerke zeichnet sich vor allem im Winter eine Energieknappheit ab, wenn die Photovoltaik und die Wasserkraft wenig Leistung erbringen. Diese sind stark wetterabhängig und nicht bedarfsgerecht steuerbar. Das heisst, in den Winterhalbjahren muss Strom aus dem Ausland importiert werden. Abgesehen von den teuren Wasserpumpkraftwerken sind Speicherkapazitäten, die überschüssigen Strom vom Sommer in den Winter umlagern können, nicht vorhanden. Die Eidgenössische Elektrizitätskommission (ElCom) fordert deshalb mehr Produktion im Inland. Ein zusätzlicher Strombedarf zeichnet sich zudem bei der Elektromobilität und den Wärmepumpen ab.

Seit 2018 leitet die Schweiz mit der im revidierten Energiegesetz festgehaltenen kostendeckenden Einspeisevergütung in Form von Einmalvergütungen und Prämien für Grosswasserkraftwerke Subventionsgelder in das System. Diese werden über den um 2,3 Rappen pro Kilowattstunde erhöhten Netzzuschlag finanziert. Diese Subventionen waren ursprünglich bei der Verabschiedung des Gesetzes als befristet angedacht und sollten danach durch ein marktwirtschaftlich ausgerichtetes Klima- und Energielenkungssystem (KELS) abgelöst werden. Das Parlament entschied sich jedoch gegen diesen Plan. Auch wurde nicht an einem neuen Marktdesign weitergearbeitet, welches Investitionen in erneuerbare Energien und die Versorgungssicherheit rentabel machen sollte. Zwischenzeitlich wurde auf das revidierte CO_2-Gesetz verwiesen. Doch auch dieses hätte in seiner Endfassung bei einer Annahme der Vorlage durch das Schweizer Stimmvolk im Juni 2021 keine Alternative für den grünen Ausbau der Stromproduktion geboten.

Am 18. Juni 2021 verabschiedete der Bundesrat seine Botschaft zum Bundesgesetz über eine sichere Stromversorgung mit erneuerbaren Energien und konkretisierte damit die Energiestrategie 2050. Gemäss der Vorlage strebt der Bundesrat eine umfassende Elektrifizierung im Verkehrs- und Wärmesektor auf der Basis eines raschen und konsequenten Ausbaus der inländischen Stromerzeugung aus erneuerbaren Energien an. Zudem will der Bundesrat die Netz- und Stromversorgungssicherheit weiter stärken. Mit den notwendigen Änderungen im Energiegesetz und im Stromversorgungsgesetz will er Planungssicherheit schaffen und Investitionsanreize zum Ausbau der erneuerbaren Stromproduktion und zu deren Integration in den Markt geben. Konkret soll die Zahl der Solaranlagen rasch steigen. Das Energiegesetz soll neu verbindliche Zielwerte für die Jahre 2035 und 2050 enthalten. Die Zielwerte legen den angestrebten Ausbau der Wasserkraft und der anderen erneuerbaren Energien sowie die Senkung des Energie- und Elektrizitätsverbrauchs pro Kopf fest. Damit wird das Gesetz verbindlicher auf die Ziele der Versorgungssicherheit und der Klimapolitik ausgerichtet. Die bisherigen Förderinstrumente für die erneuerbare Stromproduktion, die bis Ende 2022 befristet sind, sollen – zeitlich abgestimmt auf den gesetzlichen Zielwert 2035 – verlängert und marktnäher ausgestaltet werden. Entsprechend soll das bisherige Einspeisevergütungssystem durch Investitionsbeiträge ersetzt werden. Die Beiträge an grössere Solaranlagen sollen nach wettbewerbsrechtlichen Kriterien ausgeschrieben werden. Die Beihilfe soll derjenige Anbieter erhalten, der den Strom am günstigsten produziert. Die Subventionsbeiträge für neue Grosswasserkraftwerke schliesslich sollen von 50 auf 100 Millionen Franken im Jahr erhöht werden. Anders als Dauersubventionen, bei denen die Allgemeinheit langfristige Verpflichtungen eingehen muss, senken die Investitionsbeiträge die Kosten der Anfangsinvestition für den Anlagebau. Danach lassen sie die Risiken und Chancen des Marktes beim Betreiber, der daran interessiert sein wird, sein Kraftwerk effizient und nach Massgabe der Nachfrage zu betreiben, also möglichst viel Strom zu den Verbrauchsspitzen und im Winter zu produzieren.

Die Finanzierung der Unterstützungsinstrumente in der Höhe von jährlich 215 Millionen Franken soll weiterhin über den unverändert bleibenden Netzzuschlag von 2,3 Rappen pro Kilowattstunde erfolgen. Zur Sicherung der längerfristigen Stromversorgungssicherheit auch im Winter braucht es nach den Berechnungen des Bundesrates zum angestrebten Ausbauzielwert der erneuerbaren Stromproduktion von 39 Terawattstunden bis 2050 einen zusätzlichen Zubau von 2 Terawattstunden klimaneutraler Stromproduktion bereits bis 2040, der auch in der kalten Jahreshälfte sicher abrufbar ist. Solche Anlagen, prioritär grosse Speicherkraftwerke, will der Bundesrat mit einem Winterzuschlag finanzieren. Dieser ist bereits im geltenden Stromversorgungsgesetz zur Vorbeugung gegen mögliche Versorgungssicherheitsdefizite enthalten. Bei den Stromkonsumenten werden dafür maximal 0,2 Rappen pro Kilowattstunde erhoben. Weiter soll eine strategische Energiereserve geschaffen werden, die zusätzlich zu den Mechanismen im Strommarkt gewährleistet, dass auch gegen Ende des Winters genügend Energie verfügbar ist. Um die dezentrale Stromproduktion zu stärken und die erneuerbaren Energien besser in den Strommarkt zu integrieren, schlägt der Bundesrat vor, den Strommarkt für alle Kunden zu öffnen. Parallel will er die gesetzlichen Grundlagen schaffen, um die Nutzung und den Ausbau der Stromnetze kosteneffizienter zu gestalten und ein verursachergerechteres Tarifierungssystem zu ermöglichen. Schliesslich beabsichtigt der Bundesrat, mit der Einrichtung einer einheitlichen Energiedateninfrastruktur und einem nationalen Datahub den sicheren Austausch von Daten zu gewährleisten.

Marktwirtschaftlich gesehen sind auch die neuen Investitionsbeiträge keine adäquate Lösung. Ein Ziel der Revision des Energiegesetzes müsste sein, von den Subventionen wegzukommen und ein Marktumfeld zu schaffen, in dem sich der Ausbau der erneuerbaren Energien und die Investitionen in die Versorgungssicherheit betriebswirtschaftlich lohnen. Ein Ansatz für ein entsprechendes Lenkungssystem könnte sein, ausländische, fossile Quellen zu belasten und einheimischen, erneuerbaren Strom zu begünstigen. Gleichzeitig gilt es, der flexiblen Produktion und Speicherkapazitäten einen höheren Wert zuzumessen. Zusätzliche Fortschritte beim Energieumbau können Reservekraftwerke, zum Beispiel schnell zuschaltbare Gaskraftwerke, oder die Umwandlung von Strom in lagerfähigen Wasserstoff bewirken. Schliesslich würde die Konsolidierung der heute weitverzweigten schweizerischen Strombranche Effizienzgewinne ermöglichen.

Nach dem Abbruch der Verhandlungen für ein institutionelles Abkommen mit der Europäischen Union (EU) Ende Mai 2021 geht der Bundesrat nicht davon aus, dass in nützlicher Frist ein Stromabkommen zustande kommen wird. Er beauftragte deshalb das UVEK, in Zusammenarbeit mit der Regulierungsbehörde ElCom und unter Einbezug der Netzgesellschaft Swissgrid, die kurz- bis mittelfristigen Auswirkungen auf die Netz- und Versorgungssicherheit zu analysieren und bis Ende 2021 einen entsprechenden Bericht vorzulegen.

▶ Seitenblick: Axpo investiert in Solar-Grossprojekt am Muttsee

Axpo, der Energieversorger des Kantons Basel-Stadt (IWB) und der Schweizer Discounter Denner spannen zusammen und realisieren an der Muttsee-Staumauer im Glarnerland auf 2500 Meter Höhe die grösste alpine Solaranlage der Schweiz. Das Projekt stand lange auf der Kippe, auch weil der Bund nicht gewillt ist, garantierte Abnahmepreise für erneuerbare Energie aus Grossanlagen zu gewähren. Heute sind deshalb solche Anlagen aufgrund der fehlenden Rahmenbedingungen kaum wirtschaftlich realisierbar. Zudem sprach das Bundesamt für Energie (BFE) dem Staumauervorhaben keine Förderbeiträge aus einem Topf für «Leuchtturm»-Projekte zu, da das Projekt Alpinsolar keine neuen Technologien anwendet.

Wie die Axpo im Januar 2021 bekannt gab, will der Stromkonzern das Projekt gemeinsam mit Partnern trotzdem realisieren und ein Zeichen setzen. Am Projekt beteiligen sich IWB mit 49 Prozent sowie der Discounter Denner, der gewillt ist, den alpinen Solarstrom für die kommenden zwanzig Jahre zu einem vordefinierten, über dem gegenwärtigen Marktschnitt liegenden Preis zu beziehen. Denner rückt damit seinem eigenen Ziel näher, in Zukunft nur noch nachhaltigen Strom aus erneuerbarer Quelle zu nutzen. Die Axpo montierte 5000 Solarmodule an die höchstgelegene Staumauer Europas. Ab Sommer 2021 wird dort jährlich bis zu 3,3 Gigawattstunden Strom erzeugt, womit bis zu 600 Haushalte mit erneuerbarem Strom versorgt werden können. Der hochalpine Standort begünstigt die Stromproduktion, da auf 2500 Meter Höhe die Sonneneinstrahlung stärker und die Luft dünner ist. Zudem reflektiert im Winter der Schnee das Sonnenlicht. Während in den kalten Monaten im Flachland wegen häufigem Nebel weniger Solarstrom produziert wird, spielt die Anlage gerade im Winterhalbjahr, in dem die Schweiz auf Importe angewiesen ist, ihre Vorteile aus.

Der Bund und die Stromkonzerne sind sich über geeignete Massnahmen zur Förderung der erneuerbaren Energien uneinig. Dieser Frage kommt insofern Brisanz zu, als sie eine Voraussetzung für den erfolgreichen Ausstieg aus der Kernenergie darstellt. Im Verbund mit anderen Stromkonzernen und der Dachorganisation der Wirtschaft für erneuerbare Energien und Energieeffizienz (AEE Suisse) fordert die Axpo ein neues Fördermodell für Grossanlagen. Die sogenannte «gleitende Marktprämie» soll einen garantierten Abnahmepreis für den in Grossanlagen produzierten Strom vorsehen. Sie fehlt in der aktuellen Vorlage zur Revision des Energiegesetzes. Der Bundesrat machte sich bisher für eine Verlängerung des bestehenden Subventionsregimes für erneuerbare Energien stark. Dabei soll die Vergabe von Investitionsbeiträgen an neue Kraftwerke sowie Anlagen, die erweitert werden sollen, bis 2035 verlängert werden. Der Bundesrat begründet seine bisherige Haltung unter anderem mit dem Argument, dass falls der Staat den Stromproduzenten fixe Abnahmepreise garantiere, sämtliche Marktrisiken auf die Öffentlichkeit übertragen würden.

Verwendete Quelle: Neue Zürcher Zeitung, 23. Januar 2021

3.3.3 CO_2-Gesetz

Die Schweiz hat das Pariser Klimaabkommen vom 12. Dezember 2015 am 6. Oktober 2017 ratifiziert und sich damit verpflichtet, einen Beitrag zu leisten, um den Temperaturanstieg auf unter 2 Grad Celsius im Vergleich zum vorindustriellen Niveau zu beschränken und als Konsequenz daraus die CO_2-Emissionen signifikant zu reduzieren (siehe 2.1.3 «Klimawandel»). Die Staaten sollen sich ausserdem besser an den Klimawandel anpassen und Finanzflüsse so gestalten, dass eine treibhausgasarme Entwicklung gefördert wird und die Widerstandsfähigkeit gegen die Folgen des Klimawandels steigt. Das Ziel der Schweiz ist es, bis 2050 den Ausstoss an Treibhausgasen auf netto null zu reduzieren. Im geltenden CO_2-Gesetz wurden als Zwischenziele eine Absenkung der Emissionen bis zum Jahr 2020 um 20 Prozent und bis 2030 um 50 Prozent verankert. Damit zählt die Schweiz nicht zu den ehrgeizigsten Ländern. Deutschland zum Beispiel will bis 2030 den Treibhausgasausstoss gegenüber 1990 sogar um 65 Prozent verringern. Gemäss dem im April 2021 vom

Bundesamt für Umwelt (BAFU) veröffentlichten Treibhausgasinventar ist in der Schweiz im Zeitraum zwischen 1990 und Ende 2019 bei einem Bevölkerungswachstum von 27 Prozent der Ausstoss von CO_2-Äquivalenten (CO_2e) bloss um 14 Prozent gesunken. Damit verfehlte die Schweiz beim Verkehr, bei den Gebäuden, der Industrie und der Landwirtschaft das nationale Klimaziel für 2020. Insgesamt stiess die Schweiz 2019 46,2 Millionen Tonnen CO_2e aus, rund 0,3 Millionen Tonnen weniger als 2018. Am schlechtesten schnitt der Verkehr ab, der in der Schweiz die grösste CO_2-Belastung darstellt. Bei einem Reduktionsziel von minus 10 Prozent lag der Wert rund 1 Prozent über dem Vergleichswert von 1990. Im Gebäudesektor betrug die Abnahme 34 Prozent bei einem Reduktionsziel von minus 40 Prozent gegenüber 1990. Die Industrie reduzierte ihren CO_2-Ausstoss bis Ende 2019 um 14 Prozent, wobei der Rückgang 2019 stagnierte und dies laut den Prognosen des BAFU auch für den Wert im Jahr 2020 zutreffen wird, womit die Schweiz das Reduktionsziel von 15 Prozent auch in diesem Sektor verfehlte. In der Landwirtschaft schliesslich, für welche die geltende CO_2-Gesetzgebung keine spezifischen Reduktionsvorgaben vorschreibt, gingen die Treibhausgasemissionen gegenüber dem Stand von 1990 um rund 12 Prozent zurück.

Diese Zahlen verdeutlichen die hohe Dringlichkeit der Revision des CO_2-Gesetzes aus dem Jahr 2011. Ein erster Anlauf scheiterte 2018 an der unheiligen Allianz zwischen der SVP, der die Vorlage zu weit ging, und der Linken, die sich nach Verwässerungen in der Detailberatung ebenfalls gegen den Revisionsvorschlag aussprach. Damals abgelehnt wurden ein Inlandziel bei der CO_2-Reduktion, Flugticketabgaben, ein Beitrag des Finanzsektors an den Klimaschutz sowie Lenkungsabgaben auf Treibstoffen. 2019 machte sich die Umweltkommission des Ständerats daran, den Scherbenhaufen zu sortieren und einen neuen Vorschlag für die Totalrevision des CO_2-Gesetzes zu erarbeiten. Dieser wurde nach einer intensiven Debatte und mehrmaligen Behandlung in beiden Räten, dem National- und Ständerat, in der Herbstsession 2020 vom Parlament verabschiedet und gelangte am 14. Juni 2021 zur Abstimmung vor das Schweizer Stimmvolk, nachdem im Januar 2021 von Seiten der Schweizerischen Volkspartei (SVP), verschiedenen Automobil- und Erdölverbänden sowie einzelnen Regionalgruppen der Klimajugend das Referendum gegen die Gesetzesvorlage ergriffen wurde.

▶ **Seitenblick: Aktionsplan der Schweizer Klimastreikbewegung**

Die Schweizer Klimastreikbewegung legte im Januar 2021 einen Aktionsplan zur Absenkung der Treibhausgasemissionen auf null bis zum Jahr 2030 vor. Er umfasst insgesamt 138 Massnahmen, darunter ein Verkaufsverbot von fossilem Treibstoff und fossiler Energie, ein Verbot für Verbrennungsmotoren ab 2025, die Bereitstellung von erneuerbaren Treibstoffen für den Flugverkehr, ein Verbot für Kurzstreckenflüge sowie eine Solarpflicht für geeignete Dächer. Zudem fordert der Aktionsplan den Umbau der Wirtschaft in eine Care-Gesellschaft, einschliesslich der Reduktion der Arbeitszeit pro Woche auf 24 Stunden und einer Elternzeit von einem Jahr nach der Geburt eines Kindes. Die Care-Arbeit umfasst viele bisher meist unbezahlte, jedoch oft klimafreundlichere Tätigkeiten wie Gesundheitsversorgung, Betreuung von Kindern und Gebrechlichen, Sorge für Tiere und Pflanzen, für Nahrung, für Sicherheit und Hygiene. Ziel des Plans ist es, die menschengemachte Erderwärmung auf 1,5 Grad zu beschränken, wie dies der Weltklimarat anstrebt. Voraussetzung dafür sind eine weitgehende Anpassung und Veränderung des gesellschaftlichen und wirtschaftlichen Lebens. Die Verfasser – junge Klimastreikende, Wissenschaftler und Experten aus verschiedensten Fachgebieten – halten in ihrem Plan fest, noch sei es Zeit, die Wende und das Einhalten des 1,5-Grad-Ziels und somit der zeitnahe Stopp der Treibhausgasemissionen erreichen zu können. Zudem betonen sie, ihr Aktionsplan sei technisch realisierbar und sozialgerecht umsetzbar.

Verwendete Quellen: Climatestrike Switzerland; Neue Zürcher Zeitung online, 8. Januar 2021

Das Referendumskomitee betonte, das Gesetz widerspreche den liberalen Traditionen der Schweiz, weil es zu mehr Verboten, mehr Vorschriften sowie neuen Steuern und Abgaben führe, die vor allem den Mittelstand belasten würden. Mit dem Argument, die Schweiz trage nur gerade 0,1 Prozent zum weltweiten CO_2-Ausstoss bei, zweifelte es zudem die Wirkung der vorgeschlagenen Massnahmen an. Das Schweizer Stimmvolk lehnte die Initiative mit einer knappen Mehrheit der Neinstimmen von 51,6 Prozent ab und erschütterte damit das Fundament der Schweizer Klimapolitik. Vor allem die ländliche Bevölkerung sprach sich gegen die neuen Abgaben und Lenkungsmechanismen aus, während die städtischen Zentren die Klimaschutzmassnahmen mehrheitlich befürworteten.

Kernelemente des an der Urne gescheiterten Vorschlags betrafen die Regelung der Reduktionsanteile im In- und Ausland, eine Lenkungsabgabe auf fossilen Brennstoffen wie Heizöl, Gas und Kohle, die Möglichkeit einer Befreiung von der CO_2-Abgabe auf Brennstoffe für alle Unternehmen, verschärfte CO_2-Grenzwerte für Neuwagen, eine Erhöhung des Benzin- und Dieselpreises, die Einführung einer Flugticketabgabe sowie die Errichtung eines Klimafonds. Konkret sah der abgelehnte Vorschlag vor, dass drei Viertel des Zielwerts von 50 Prozent, also 37,5 Prozent, im Inland hätten reduziert werden müssen, während 12,5 Prozent mit Emissionszertifikaten im Ausland hätten kompensiert werden können. Bei den Auslandprojekten gilt es Doppelzählungen zu vermeiden, wozu die Schweiz mit Peru, Ghana und Senegal erste bilaterale Verträge abschloss. Mit Thailand besteht eine entsprechende Absichtserklärung. Beim Heizen, das für rund einen Viertel der in der Schweiz ausgestossenen Treibhausgase verantwortlich ist, schlug die Vorlage eine Erhöhung der

CO$_2$-Lenkungsabgabe auf fossilen Brennstoffen wie Heizöl, Gas und Kohle von 120 auf 210 Franken pro Tonne vor. Vorausgesetzt, die Emissionen 2022 liegen 60 Prozent über den Emissionen von 1990, wäre die Abgabe 2024 erstmals von 96 Franken (Stand Juli 2021) auf 140 oder 145 Franken angehoben worden. Neu hätten sich alle Unternehmen von der CO$_2$-Abgabe auf Brennstoffe befreien können, was nach geltendem Gesetz nur Unternehmen mit sehr hohem Ausstoss möglich ist. Voraussetzung dafür wäre die Unterzeichnung einer Zielvereinbarung gewesen, den Ausstoss von Treibhausgasen zu vermindern. Zudem verschärfte die Vorlage den CO$_2$-Grenzwert für Altbauten. Faktisch wäre der Einbau von neuen Öl- und Gasheizungen ab 2026 untersagt gewesen. Beim Verkehr, der rund einen Drittel des CO$_2$-Ausstosses in der Schweiz verursacht, sah der Vorschlag stufenweise sinkende CO$_2$-Grenzwerte für Neuwagen analog der Regelung in der Europäischen Union (EU) auf maximal 95 Gramm CO$_2$ pro Kilometer im Durchschnitt vor. Zudem hätten die Importeure von Benzin und Diesel 90 Prozent der CO$_2$-Emissionen kompensieren müssen, davon 15 Prozent und ab 2025 20 Prozent im Inland. Die daraus resultierenden Kosten wären mit der Verteuerung des Benzinpreises um bis zu 10 Rappen bis 2024 und bis zu 12 Rappen ab 2025 auf die Autofahrer überwälzt worden. Beim internationalen Flugverkehr aus der Schweiz, der rund 10 Prozent der CO$_2$-Emissionen in der Schweiz ausmacht, sah der Vorschlag die Einführung einer Flugticketabgabe von 30 bis zu 120 Franken vor, je nach Reisedistanz und Beförderungsklasse. Auf Privatflüge wäre eine Abgabe von 500 bis 3000 Franken erhoben worden. 51 Prozent der Flugticketabgabe wären an die Bevölkerung über die Ermässigung der Krankenkassenprämien zurückverteilt worden. Als zentrales Finanzvehikel der Schweizer Klimapolitik wollte die Vorlage mit den Einnahmen aus den Lenkungsabgaben einen Klimafonds errichten, dem jährlich rund 1 Milliarde Franken zugeflossen wären. Beabsichtigt war, mit dem Geld aus dem Fonds das Gebäudeprogramm für energetische Sanierungen weiterzuführen sowie eine Vielzahl von Massnahmen und Projekten von klimafreundlichen Heizungen, Forschungsförderung in der Luftfahrt wie zum Beispiel die Entwicklung eines synthetischen Treibstoffs, Geothermie, Nachtzüge bis hin zu Initiativen zur Vermeidung von Schäden zu unterstützen.

▶ **Seitenblick: ETH Spin-off Synhelion ganz vorne mit dabei**

Die Entwicklung von neuen Treibstoffen auf Basis von Biomasse wie etwa Altöl und Fette sowie längerfristig durch die Verwendung von aus industriellen Prozessen oder direkt aus der Umgebungsluft gewonnenem CO$_2$ gelten für die Luftfahrt als Voraussetzung, um das deklarierte Ziel von Netto-Null-Emissionen bis 2050 zu erreichen. Die dafür notwendige Energie soll aus erneuerbaren Quellen insbesondere der Sonne generiert werden. Die Schweizer Firma Synhelion, ein Spin-off der Eidgenössischen Technischen Hochschule (ETH) Zürich, entwickelte eine vielversprechende Technologie, um sich im Wettlauf der Bereitstellung von synthetischen Treibstoffen als ein führender Anbieter zu positionieren. Der ETH gelang es 2019, in einer Mini-Raffinerie auf dem Dach der Hochschule aus konzentriertem Sonnenlicht und Luft flüssigen Treibstoff herzustellen. Bei der späteren Verbrennung der Treibstoffe entsteht nur so viel CO_2, wie die Anlage zuvor der Umgebungsluft entnommen hat. Synhelion setzt sich zum Ziel, 2024 die erste kommerzielle Anlage in Betrieb zu nehmen und bis 2030 ein Produktionsvolumen von rund 700 000 Tonnen pro Jahr zu erreichen. Dieses Volumen entspricht in etwa der Hälfte des Kerosinverbrauchs der Schweiz.

Entscheidend für den Erfolg der innovativen Technologie ist auch die Finanzierung der weiteren Entwicklungskosten durch Fördergelder und private Geldgeber. Ein Hemmnis ist dabei das Fehlen von Abnahmegarantien für den zukünftig hergestellten Treibstoff aus den teuren Pilotanlagen. Emissionsarme Alternativtreibstoffe sind noch fünf- bis zehnmal teurer als traditionelles Kerosin, das etwa 50 Rappen pro Liter kostet (Stand Mai 2021). Synhelion rechnet damit, bis 2030 die Herstellungskosten auf unter einen Franken pro Liter senken zu können. Weiter geht das Unternehmen davon aus, dass sich die Kosten von emissionsarmen Treibstoffen und traditionellem Kerosin bis etwa 2040 angleichen werden. In der Zwischenzeit könnten Subventionsgelder massgeblich zum Durchbruch der Technologie beitragen.

Verwendete Quellen: Synhelion, Neue Zürcher Zeitung, 17. Mai 2021

Das abgelehnte CO_2-Gesetz hätte die Klimastrategie der Schweiz (siehe 2.1.2.1 «CO_2») konkretisieren sollen. Nach dem Volksnein bleibt es vorerst unklar, wie die Schweiz ihre Klimaziele erreichen soll. Hinzu kommt, dass einzelne Elemente des bestehenden CO_2-Gesetzes befristet sind und Ende 2021 auslaufen. Das BAFU rechnet damit, dass die Schweiz ihre Emissionen im Inland bis 2030 nicht wie geplant um mindestens 37,5 Prozent gegenüber 1990, sondern nur um 23 Prozent reduzieren kann. Das sind nur 9 Prozentpunkte mehr als die Reduktion, die bereits per 2019 erreicht wurde. Zu der geplanten Reduktion im Inland von 37,5 Prozent hätte die CO_2-Vorlage noch eine Kompensation mit Auslandprojekten um 12,5 Prozent zugelassen, um das Reduktionsziel von 50 Prozent zu erreichen. Völkerrechtlich sind die Vertragsstaaten des Pariser Abkommens nicht verpflichtet, ihre Klimaschutzziele tatsächlich umzusetzen. Die Länder müssen sich lediglich mit entsprechenden Gesetzen um die Ziele bemühen und alle fünf Jahre über ihre Fortschritte berichten.

Die Ablehnung des CO_2-Gesetzes ist zudem kaum als ein prinzipielles Nein zur Schweizer Klimapolitik zu interpretieren. Auch während der Coronapandemie blieb der Klimawandel gemäss dem jährlichen Sorgenbarometer der Credit Suisse eine Hauptsorge der Schweizerinnen und Schweizer. Auf die Frage nach dem dringlichsten Problem war die häufigste Antwort nach Corona und vor der Altersvorsorge der Klimawandel. Das Nein galt somit vor allem den einzelnen Massnahmen, welche auf die individuellen Portemonnaies gedrückt hätten. Dies umso mehr als die Schweiz vom Klimawandel stark betroffen ist. In der Schweiz erhöhte sich die Durchschnittstemperatur seit 1864 um rund 2 Grad Celsius, doppelt so stark wie im weltweiten Durchschnitt. Der Temperaturanstieg wirkt sich auch auf die Schweizer Gletscher aus, sie büssten seit 1850 mehr als die Hälfte ihres Volumens ein. Gelingt es nicht, den Klimawandel zu bremsen, wird er mittel- bis langfristig hohe Kosten verursachen, welche die finanzielle Belastung durch einzelne Massnahmen bei Weitem übersteigen wird.

Einig sind sich die verschiedenen Lager, dass in einem ersten Schritt Übergangslösungen gefunden werden müssen. Kurzfristig geht es darum, die unbestrittenen Instrumente zu verlängern, die Ende 2021 auslaufen. Dazu zählen die Möglichkeit für Unternehmen, sich von der CO_2-Abgabe zu befreien, die Bereitstellung von finanziellen Mitteln für Fernwärme- und Biogasanlagen sowie die Auflage an Importeure von Benzin und Diesel, weiterhin einen Teil der CO_2-Emissionen der Treibstoffe kompensieren zu müssen. Auch die Förderung von Elektroautos, die zusätzlich von sinkenden Preisen unterstützt wird, dürfte sich ohne Gesetz realisieren lassen. Der Verband der Autoimporteure fordert darüber hinaus mehr Geld für den Ausbau des E-Ladestation-Netzes und für die Entwicklung von synthetischen Treibstoffen. Bei der CO_2-Abgabe auf Heizöl, die im Abstimmungskampf stark umstritten war, wird die Abgabe auf der Basis der bestehenden Verordnung zum CO_2-Gesetz per 2022 von 96 auf 120 Franken pro Tonne CO_2 angehoben, da das Reduktionszwischenziel von 33 Prozent bis Ende 2020 gegenüber 1990 mit 31 Prozent knapp verfehlt wurde. Die Sanierung von Gebäuden und Heizungen wird nach der Ablehnung des Gesetzes weiterhin auf Freiwilligkeit basieren. Weiter gibt es Vorstösse, einzelne umstrittene Massnahmen wie die Flugticketabgabe erneut zur Abstimmung zu bringen. Das Vorgehen mit Einzelvorlagen in Etappen soll verhindern, dass sich der Widerstand gegen einzelne Massnahmen erneut kumulieren wird.

Letztlich hängt das Erreichen der Klimaziele von der Haltung und dem Verhalten jedes einzelnen Bürgers und der Unternehmen ab. Die Geschichte zeigt auf, dass bisher kein Umweltproblem allein durch Freiwilligkeit und Marktkräfte gelöst wurde, sei dies Abwasser, Luftqualität oder das Ozonloch. Es braucht die Rahmenbedingungen, welche die Politik setzen muss, um die entscheidenden Veränderungen herbeizuführen.

▶ **Seitenblick: Erste Wasserstoff-Serien-Lastwagen auf Schweizer Strassen**

Im Oktober 2020 übergab Hyundai Hydrogen Mobility die erste Flotte von Brennstoffzellen-Lastwagen in Anwesenheit des Schweizer Solar-Flugzeug-Pioniers Bertrand Piccard, der das Schweizer Wasserstoffprojekt als Botschafter unterstützt, an deren Besteller und erste Kunden. Das Projekt ist wegweisend für einen CO_2-emissionsfreien Schwerverkehr und die Dekarbonisierung des Verkehrs.

Die Zusammenarbeit von Lastwagenherstellern, Transporteuren und Logistikern, Tankstellenbetreibern und Energieerzeugern ist bisher einzigartig. Sie ermöglicht eine Kreislaufwirtschaft, die für den Einsatz von grünem Wasserstoff in der Transportindustrie notwendig ist. Der Anfang des Projekts stellte die im Oktober 2018 vereinbarte Absichtserklärung von H2 Energy und Hyundai dar, Wasserstoff-Lastwagen aus Serienfertigung im Jahr 2020 auf Schweizer Strassen zu bringen. Das Gesamtprojekt umfasst drei Herausforderungen: Das erste Teilprojekt fokussierte auf das generelle Geschäftsmodell und die Lastwagen. Dazu gründeten die Initianten H2 Energy und Hyundai das Joint-Venture Hyundai Hydrogen Mobility. Das zweite Teilprojekt befasst sich mit der Produktion und Verteilung von grünem Wasserstoff. Hier setzt sich das Joint-Venture aus H2 Energy, Alpiq und Linde zusammen. Das dritte Teilprojekt setzte sich zum Ziel, den Förderverein H2 Mobilität Schweiz zu gründen, dem im Oktober 2020 21 an Wasserstoff interessierte Transporteure, Logistiker und Tankstellenbetreiber angehörten.

In Bezug auf die Rentabilität des Einsatzes von Wasserstoff-Lastwagen schafft in den nächsten Jahren der Erlass der Schwerverkehrsabgabe auf Fahrzeugen ohne CO_2-Ausstoss den nötigen finanziellen Anreiz. Zudem spart ein Hyundai Xcient Fuel Cell pro Jahr rund 65 Tonnen CO_2. Dies summiert sich bei den bis 2023 geplanten 1000 ausgelieferten Lastwagen auf eine Einsparung von jährlich 65 000 Tonnen CO_2 und bei den 1600 Lastwagen bis 2025 auf jährlich 104 000 Tonnen CO_2. Die kontinuierlich ansteigende Zahl von Wasserstoff-Lastwagen auf den Schweizer Strassen wird auch einen rentablen Betrieb der Wasserstoffproduktion und der Tankstellen ermöglichen. Es ist die Absicht des Fördervereins, bis 2023 ein flächendeckendes Netz an Tankstellen mit rund 80 Stationen schweizweit aufzubauen. Ein rentabler Betrieb einer Tankstelle erfordert das regelmässige Betanken von zirka zwölf Lastwagen.

Bei den Herstellern von Nutzfahrzeugen verfügte im vierten Quartal 2020 einzig Hyundai mit dem Xcient Fuel Cell über ein Serienprodukt. Der Lastwagen weist ein Gesamtgewicht von 36 Tonnen und eine Reichweite von mindestens 400 Kilometer auf. Daimler und die Volvo Group, bestehend aus Volvo Trucks und Renault Trucks, gründeten im Sommer 2020 ein Joint-Venture, um die Brennstoffzellenentwicklung mit vereinten Kräften voranzutreiben. Erste Prototypen sollen 2023 präsentiert werden. Die Serienfertigung soll zwischen 2025 und 2030 starten. Weiter arbeiten Toyota, Honda und die Nicola Motor Company, welche eine Zusammenarbeit mit Bosch und Iveco eingegangen ist, an Wasserstoff-Lastwagen-Projekten. Toyota initiierte zudem gemeinsam mit der japanischen Eisenbahngesellschaft East Japan Railway Company (JR East) und dem Zulieferer Hitachi ein Projekt mit dem Namen Hybari (Hydrogen-Hybrid Advanced Rail Vehicle for Innovation), um den Brennstoffzellenantrieb bei Schienenfahrzeugen zu realisieren. Der Testbetrieb soll im März 2022 aufgenommen werden.

Alle angeführten Brennstoffzell-Projekte sind nur dann nachhaltig, wenn auch die Produktion des Wasserstoffs mit erneuerbaren Energiequellen gespeist wird. Die erhoffte, kontinuierlich ansteigende Nachfrage wird Skaleneffekte erlauben und damit die Preise für die Brennstoffzellenmobilität senken.

Verwendete Quellen: Neue Zürcher Zeitung, 17. Oktober 2020, 2. November 2020

▶ **Seitenblick: Erste Konzepte für Wasserstoff-betriebene Flugzeuge**

Airbus gab Ende September 2020 bekannt, bis 2035 ein Passagierflugzeug auf den Markt bringen zu wollen, das CO_2-neutral fliegt. Dazu präsentierte Airbus drei Konzepte, von denen eines umgesetzt werden soll.

Ein Flugzeug mit Wasserstoff zu betreiben, ist eine grosse Herausforderung. Zwar verfügt Wasserstoff im Vergleich zu Kerosin über die dreifach höhere Energiedichte und wiegt nur ein Drittel. Allerdings benötigt Wasserstoff im Vergleich zu traditionellen Treibstoffen bis zu viermal so viel Volumen. Zudem handelt es sich bei Wasserstoff um einen sogenannten kryogenen Treibstoff: Er ist gasförmig und wird erst bei minus 253 Grad Celsius flüssig und ist nur unter hohem Druck komprimiert für Antriebe nutzbar. Wasserstoff als Antriebsquelle kann in umgerüsteten Gasturbinen, umgewandelt als elektrische Energie oder in Kombination mit CO_2 als synthetisches Kerosin eingesetzt werden.

Der erste Konzeptvorschlag im sogenannten Turbofan-Design kommt vom Aussehen her einem herkömmlichen Passagierflugzeug nahe. Abweichungen sind das fensterlose hintere Drittel des Rumpfes, dort befindet sich der Wasserstofftank, das neugeformte Seitenleitwerk sowie ein kurzer Fortsatz oben auf dem Leitwerk, er dient dem Ablassen von Gas im Falle eines Lecks. Dieser Flugzeug-Konzeptvorschlag soll über eine Kapazität von 120 bis 200 Passagiere und eine Reichweite von etwa 3700 Kilometer verfügen. Er ist also für innereuropäische Routen und keine Langstrecken konzipiert. Die Geschwindigkeit ist mit gut 800 Kilometern pro Stunde vergleichbar zum Airbus A320neo.

Der zweite Entwurf zeigt ein Turboprop-Flugzeug mit Propellerantrieb für bis zu 100 Passagiere auf Kurzstrecken. Mit 600 Kilometer pro Stunde übertrifft die Geschwindigkeit heutige Turboprops um rund 100 Kilometer pro Stunde. Wie der erste Vorschlag wird das Flugzeug mit modifizierten Gasturbinen angetrieben, ergänzt durch einen Hybridelektromotor, der aus Brennstoffzellen gespeist wird.

Beim dritten Vorschlag handelt es sich um ein disruptives Konzept, einen wasserstoffgetriebenen Nurflügler mit einem sogenannten Blended Wing Body. Flügel und Rumpf formen einen durchgehenden aerodynamischen Körper, wie er bereits von KLM und der Technischen Universität Delft mit ihrem Flying-V-Konzept vorgestellt wurde. Laut Grazia Vittadini, Technologiechefin von Airbus, ist der Nurflügler punkto Aerodynamik als eines der ausschlaggebenden Kriterien das vorteilhafteste Modell zur Integration der Wasserstofftanks.

Über die Entwicklung des Flugzeugs selber stellt die Bereitstellung der am Boden benötigten Infrastruktur für die kommerzielle Nutzung von Wasserstoff von der Produktion über die Lagerung bis zur Betankung eine weitere Herausforderung dar. Nachhaltig ist Wasserstoff als Treibstoff zudem nur, wenn er durch erneuerbare Energie aus Wind- oder Sonnenkraft hergestellt wird. Wenn auch die Konzepte keine CO_2-Emissionen verursachen, werden sie zwar deutlich besser, hingegen nicht vollständig emissionsfrei sein. Die Verbrennung von Wasserstoff wird weiterhin Wasserdampf als Auslöser von klimarelevanten Kondensstreifen am Himmel freisetzen, zudem fallen auch Stickoxide an.

Verwendete Quellen: Airbus, Neue Zürcher Zeitung, 30. September 2020, 20. Februar 2021

3.3.4 Konzernverantwortung

Im April 2015 reichte ein breit abgestütztes Komitee von über 60 Entwicklungs- und Menschenrechtsorganisationen die eidgenössische Volksinitiative «Für verantwortungsvolle Unternehmen – zum Schutz von Mensch und Umwelt» bei der Bundeskanzlei ein. Die Initiative forderte von Konzernen mit Sitz in der Schweiz die Respektierung und Einhaltung von internationalen Menschenrechts- und Umweltstandards auch ausserhalb der Schweiz. In dieser Forderung eingeschlossen waren die direkte Haftung von Schweizer Holdinggesellschaften bei Umwelt- und Menschenrechtsverfehlungen von juristisch selbständigen Gruppengesellschaften im Ausland sowie der Einbezug von Kunden und Lieferanten in die Sorgfaltsprüfungspflichten. Dabei war vorgesehen, dass Schweizer Recht auch für ausländische Vorkommnisse zur Anwendung kommt und den Unternehmen im Verletzungs- oder Schadensfall die Beweispflicht auferlegt wird, die Sorgfaltspflichten eingehalten zu haben (Umkehr der Beweislast).

Der Bundesrat beantragte dem Parlament im Herbst 2017, die Initiative ohne Gegenvorschlag zur Ablehnung zu empfehlen. Die Rechtskommissionen des Ständerats und des Nationalrats hingegen sprachen sich für die Erarbeitung eines Gegenvorschlags aus. Der Nationalrat übernahm die Kernforderungen der Initiative mit einigen Abschwächungen weitgehend. Der Ständerat schlug eine Regelung vor, die sich an die Standards in der Europäischen Union (EU) anlehnte, insbesondere allgemeine Berichterstattungspflichten für grössere Unternehmen zu Themen wie Menschenrechte, Umwelt und Korruption sowie spezielle Sorgfaltspflichten zur Gewinnung von Konfliktmineralien und Kinderarbeit. Die Einigungskonferenz des Parlaments sprach sich in der Sommersession 2020 für den milderen Gegenvorschlag des Ständerats aus, der auch vom Bundesrat befürwortet wurde. Das Initiativkomitee bezeichnete diesen Vorschlag als wirkungslos und hielt am Initiativtext fest. Die Volksinitiative und der Gegenvorschlag gelangten am 29. November 2020 zur Abstimmung vor das Schweizer Stimmvolk. Dieses lehnte die Volksinitiative trotz einer Stimmenmehrheit von 50,7 Prozent aufgrund des verfehlten Ständemehrs ab. Der Widerstand in ländlichen Gebieten und kleineren Kantonen der Deutschschweiz führten zu 14,5 gegen 8,5 Standesstimmen, welche die Initiative gegen die deutlichen Volksmehrheiten in der Westschweiz und in grossen Deutschschweizer Agglomerationen wie Zürich, Bern und Basel zu Fall brachten. Mit der Ablehnung der Volksinitiative an der Urne trat automatisch der Gegenvorschlag in Kraft. Denn der vom Ständerat lancierte Gegenentwurf beruht nicht auf einer alternativen Verfassungs-, sondern lediglich auf Gesetzesänderungen. Laut den Initianten des Gegenvorschlags zog die Schweiz mit diesen Regeln international gleich. Die neue Regelung der Konzernverantwortung auf Gesetzesstufe statuiert eine Pflicht der Unternehmen zu einer jährlichen Berichterstattung. Diese umfasst Umwelt- und Menschenrechtsfragen, soziale Themen sowie Arbeitnehmer- und Korruptionsbelange, die für eine verantwortungsvolle Unternehmenspraxis auch in Entwicklungsländern besonders relevant sind. Weiter schreiben die Gesetzesbestimmungen die Beachtung und Einhaltung von Sorgfaltspflichten der Unternehmen im Bereich der Kinderarbeit und der Konfliktmineralien vor, darunter Zinn, Tantal, Wolfram oder Gold aus Konflikt- und Hochrisikogebieten.

Die unterlegenen Befürworter der ursprünglichen Initiative befürchten, dass die Schweiz bereits in einigen Jahren wieder in Rückstand geraten wird, da auf EU-Ebene und in verschiedenen europäischen Ländern derzeit eine Verschärfung der Regeln zu den Sorgfaltspflichten und der Haftung in Sachen Umwelt und Menschenrechte diskutiert wird. In Deutschland zum Beispiel legte die Regierung im März 2021 einen Gesetzesentwurf zu den unternehmerischen Sorgfaltspflichten in Lieferketten vor. Nach der Einigung unter den grossen Parteien Ende Mai verabschiedete das deutsche Parlament im Juni 2021 das neue Lieferkettengesetz, das 2023 in Kraft treten soll. Im Vergleich zu den Schweizer Regeln geht der Gesetzesvorschlag in einzelnen Punkten wesentlich weiter. Er fordert von den Unternehmen spezifische Sorgfaltspflichten nicht nur für einzelne Bereiche wie Kinderarbeit und Konfliktmineralien, sondern generell in Sachen Umwelt und Menschenrechte. Im Unterschied zur abgelehnten Schweizer Konzerninitiative erfassen die Sorgfaltspflichten im deutschen Gesetz neben den betroffenen Firmen im Prinzip nur deren direkte Zulieferer und nicht die ganze Lieferkette, sofern keine konkreten Hinweise auf Verstösse vorliegen. Für Unternehmen mit mehr als 400 Millionen Euro Umsatz sind Geldbussen von bis zu 2 Prozent des globalen Umsatzes vorgesehen. Die verlangten Sorgfaltspflichten gelten zunächst für Unternehmen mit mehr als 3000 Mitarbeitenden. Ab 2024 sinkt die Grenze auf 1000 Mitarbeitende. Für die Schweiz wird vor allem der Inhalt der geplanten EU-Richtlinie zu den Sorgfaltspflichten der Unternehmen politisch von Bedeutung sein. Ein entsprechender Vorschlag der EU-Kommission soll bis Mitte 2021 vorliegen. Es ist davon auszugehen, dass er umfassende Sorgfaltspflichten zu Umwelt und Menschenrechten einschliesslich der Rechte von Arbeitnehmenden beinhaltet und die vorgeschlagenen Haftungsregeln nahe bei den Forderungen der verworfenen Schweizer Konzerninitiative liegen werden. So sollen Unternehmen bei Schäden grundsätzlich haften, ausser sie beweisen, dass sie alle gebotene Sorgfalt angewendet haben.

Die Referendumsfrist des vom Schweizer Parlament bereits verabschiedeten Gegenvorschlags auf Gesetzesstufe läuft im Juli 2021 ab. Im April 2021 schickte der Bundesrat seinen Entwurf zur Umsetzungsverordnung in die Vernehmlassung. Die Verordnung regelt unter anderem, welche Unternehmen von den neuen Pflichten in Sachen Kinderarbeit ausgenommen sind. Der Bundesrat schlägt eine generelle Ausnahme für Firmen vor, welche die Schwellenwerte für die Pflicht zu einer ordentlichen Revision, darunter das Erfordernis der Beschäftigung von mehr als 250 Mitarbeitenden, nicht erreichen. Zudem sieht er Ausnahmen für grössere Unternehmen mit geringen Risiken vor. Da die Vernehmlassung und damit der Erlass dieser Verordnung nicht vor 2022 abgeschlossen sein wird, ist es denkbar, dass einzelne Regeln wie die Berichterstattungspflichten schon früher in Kraft treten.

> **Seitenblick: Herkunft und Ursprung von Gold**
>
> Die Schweiz ist eine der grössten Drehscheiben für den Import und den Export von Gold. Das Land beheimatet rund 40 Prozent der weltweiten Raffineriekapazitäten. Es wird Rohgold aufbereitet, Altgold geschmolzen und das Edelmetall zertifiziert. Zudem ist die Schweiz ein bedeutender Goldhandelsplatz, so wurde 2018 Gold im Wert von rund 60 Milliarden Franken in die Schweiz importiert. Nichtregierungsorganisationen (NGOs) werfen den Schweizer Raffinerien vor, menschenrechtswidrig produziertes Gold einzuführen, und fordern strengere Kontrollen zur Herkunft des Edelmetalls.
>
> Die Eidgenössische Finanzkontrolle (EFK) nahm in ihrem Prüfungsbericht im Juni 2020 diesen Kritikpunkt auf und kündigte an, die Goldhandelsstatistiken zu erweitern, um ab 2021 die Qualität der staatlichen Kontrollen und die Transparenz im Schweizer Aussenhandel mit dem Edelmetall zu verbessern. Die neue Klassifizierung zielt darauf hin, problematische Goldlieferungen leichter aufdecken zu können. Wird Minengold aus einem Land importiert, in dem es keinen Abbau gibt, kann dies ein Hinweis auf die Herkunft aus einer Konfliktregion sein. Weiterhin muss jedoch nicht ausgewiesen werden, ob das Gold aus einer grossen, industriell betriebenen Mine oder einer Kleinbergbaumine stammt. Letztere sind besonders anfällig für Menschenrechtsverletzungen wie Kinderarbeit oder soziale Missstände.
>
> Die Verbesserung der eigenen Statistiken erfolgte auch vor dem Hintergrund der Absicht der Schweiz, international grössere Transparenz und ein harmonisiertes Kontrollsystem im internationalen Goldhandel zu schaffen. Für eine bessere zolltarifliche Unterscheidung der Goldarten setzen sich die Organisation für wirtschaftliche Zusammenarbeit und Entwicklung (OECD) und die Branchenvereinigung London Bullion Market Association (LBMA), die den ausserbörslichen Goldhandel in London organisiert und Standards publiziert, ein. Die LBMA hält die Raffinerien insbesondere an, bei ihren Meldungen nicht nur das Herkunftsland, sondern auch den tatsächlichen Ursprung des Goldes anzuführen.
>
> Im Juli 2020 sorgte ein Bericht der NGO Swissaid zu den Goldeinfuhren der Schweiz aus den Vereinigten Arabischen Emiraten beziehungsweise aus Dubai für Aufsehen und zeigte die Grenzen auch erhöhter Transparenz auf. Die Vereinigten Arabischen Emirate sind gemäss den Zahlen von LBMA nach London der wichtigste Handelspartner der Schweiz für Gold. Laut Swissaid stammt, auch wenn die Kanäle nicht mit letzter Sicherheit aufgezeigt werden können, ein grosser Teil des deklarierten, aufbereiteten Goldes mit grosser Wahrscheinlichkeit aus illegalen afrikanischen Quellen. Entsprechend sind Goldlieferungen aus Dubai mit einem hohen Risiko behaftet. In diesem Zusammenhang warf im September 2020 eine Goldbestellung im Umfang von bis zu 14,8 Millionen Franken von Swissmint, der Münzstätte des Bundes, bei der Tessiner Raffinerie Valcambi, Fragen auf. Valcambi ist Kunde der Dubaier Firma Kaloti, die unter Verdacht steht, Gold aus Konfliktregionen oder Gold, das von Kindern geschürft wurde, zu

verarbeiten. Vor diesem Hintergrund verzichten einzelne Raffinerien wie Metalor gänzlich auf die Einfuhr von Metallen aus den Vereinigten Arabischen Emiraten.

Die Better Gold Initiative (BGI), die vom Schweizer Staatssekretariat für Wirtschaft (SECO) und von der Swiss Better Gold Association (SBGA) getragen wird, fördert den nachhaltigen Abbau von Gold in Kleinstbetrieben in Entwicklungs- und Schwellenländern. Von dort stammen 15 bis 20 Prozent des weltweit abgebauten Goldes. Die Minen werden verpflichtet, an einem Programm zur Verbesserung der Umwelt- und Sozialverträglichkeit teilzunehmen. Die Kernpunkte des Programms schliessen den Verzicht auf den Einsatz von Quecksilber und die Verbesserung der Sicherheit der Mitarbeitenden mit ein.

Grössere Transparenz im Goldhandel schliesst Illegalität und Menschenrechtsverletzungen nicht aus. Sie ermöglicht jedoch verstärkt, Mutmassungen zur Herkunft und zum Ursprung des Goldes anzustellen und Unstimmigkeiten aufzudecken.

Verwendete Quellen: London Bullion Market Association; Swiss Better Gold Association; Swissaid; Neue Zürcher Zeitung, 25. September 2020 und 14. April 2021

3.3.5 Kriegsmaterial

Die Gesellschaft für eine Schweiz ohne Armee (GSoA) und die Jungen Grünen reichten im Juni 2018 die eidgenössische Volksinitiative «Für ein Verbot der Finanzierung von Kriegsmaterialproduzenten», kurz Kriegsgeschäfteinitiative, bei der Bundeskanzlei ein. Sie verlangte, dass der Schweizerischen Nationalbank (SNB), Stiftungen sowie Einrichtungen der staatlichen und beruflichen Vorsorge die Finanzierung von Kriegsmaterialproduzenten untersagt wird. Weiter forderte die Initiative den Bund auf, sich auf nationaler und internationaler Ebene dafür einsetzen, dass für Banken und Versicherungen entsprechende Bedingungen gelten. Die vorgesehene Verfassungsbestimmung definierte als Kriegsmaterialproduzenten Unternehmen, die mehr als 5 Prozent ihres Jahresumsatzes mit der Herstellung von Kriegsmaterial erwirtschaften. Von dem Finanzierungsverbot ausgenommen waren Geräte zur humanitären Entminung sowie Jagd- und Sportwaffen und deren zugehörige Munition. Als Finanzierung von Kriegsmaterialproduzenten bezeichnete die Volksinitiative die Gewährung von Krediten, Darlehen, Schenkungen und vergleichbaren finanziellen Vorteilen, die Beteiligung an Kriegsmaterialproduzenten zum Beispiel durch den Erwerb von Wertschriften sowie der Erwerb von gewissen Finanzprodukten wie kollektive Kapitalanlagen oder strukturierte Produkte, die Anteile von Kriegsmaterialproduzenten enthalten.

Der Nationalrat und der Ständerat wie auch der Bundesrat empfahlen dem Stimmvolk die Ablehnung der Initiative. Dieser Empfehlung folgte das Schweizer Stimmvolk und lehnte am 29. November 2020 die Initiative mit einem Neinstimmenanteil von 57,5 Prozent ab. In seiner Begründung zur Nein-Parole argumentierte der Bundesrat, dass sich die Schweiz in vieler Hinsicht für die Förderung von Frieden, den Schutz der Neutralität und die Erhaltung der Voraussetzungen für eine glaubwürdige Sicherheits- und Aussenpolitik engagiere. Weiter befürchtete der Bundesrat, dass ein Verbot der Finanzierung von Kriegsmaterialproduzenten vor allem negative Auswirkungen auf die Schweiz gehabt hätte. Gerade die Einrichtungen der staatlichen und beruflichen Vorsorge, namentlich die Pensionskassen und die Ausgleichsfonds der AHV/IV/EO, hätten von ihrer Anlagestrategie, die auch ethische Grundsätze berücksichtigt, absehen und in eine stark eingeschränkte Auswahl von Anlageprodukten oder Einzeltiteln investieren müssen. Je nach Anlagestrategie hätte dies zu einer ungenügenden Streuung der Anlagen und zu erhöhten Anlagerisiken geführt. Zusätzlich rechnete der Bundesrat mit grösseren Kosten aufgrund des zusätzlichen Verwaltungsaufwands. Das Verbot hätte nach der bundesrätlichen Beurteilung auch die Schweizer Finanz- und Versicherungsbranche sowie die Maschinen-, Elektro- und Metall-Industrie (MEM-Industrie) betroffen. Schliesslich erachtete der Bundesrat ein Finanzierungsverbot auf internationaler Ebene als wenig realistisch, da weder im Rahmen der Vereinten Nationen noch in anderen internationalen Gremien ein Wille für entsprechende Bestrebungen bestehe.

Während die weltweiten Militärausgaben 2020 gemäss einer Ende April 2021 veröffentlichten Mitteilung des Friedensforschungsinstituts Sipri in Stockholm, Schweden, auf insgesamt 1981 Milliarden US-Dollar anstiegen, erreichten 2019 die Umsätze für Waffen und Rüstung der 25 grössten internationalen Rüstungsunternehmen laut einem von Sipri Anfang Dezember 2020 publizierten Bericht 361 Milliarden US-Dollar. Dies entspricht einer Zunahme von 8,5 Prozent gegenüber 2018. Die Vereinigten Staaten führen die Liste bei den Militärausgaben und den grössten Händlern an, gefolgt von China.

3.3.6 Aktienrechtsrevision

In der Sommersession am 19. Juni 2020 verabschiedete das Schweizer Parlament die Revision des Aktienrechts. Einen ersten Meilenstein der Revision stellte der Vorentwurf vom Dezember 2005 dar, der unter anderem Verbesserungen bei der Corporate Governance sowie Mitspracherechte bei Vergütungsfragen vorsah. Aufgrund der 2005 lancierten Eidgenössischen Volksinitiative «gegen die Abzockerei», welche das Schweizer Stimmvolk 2013 an der Urne annahm, verzögerte sich die Gesetzesrevision. Im Sommer 2013 wies das Parlament den Entwurf aus dem Jahr 2007 an den Bundesrat zurück mit dem Auftrag, auch die Bestimmungen der Verordnung gegen übermässige Vergütungen bei börsenkotierten Aktiengesellschaften (VegüV) zu integrieren. Im November 2014 veröffentlichte der Bundesrat den Vorentwurf und im November 2016 den Entwurf.

Schwerpunkte der Revision aus Corporate-Responsibility-Sicht bilden Neuerungen bei der Generalversammlung (GV), die Überführung der VegüV-Vorschriften in das Obligationenrecht (OR), die Vertretung der Geschlechter in Verwaltungsräten und Geschäftsleitungen sowie Offenlegungspflichten für Rohstoffunternehmen.

Die Bestimmungen betreffend der Berichterstattungspflicht bei Untervertretung eines Geschlechts in den Leitungsgremien einer Gesellschaft sowie die Transparenzpflichten für Rohstoffunternehmen traten am 1. Januar 2021 in Kraft. Die übrigen Bestimmungen des revidierten Aktienrechts werden voraussichtlich 2023 in Kraft treten.

3.3.6.1 Neuerungen bei der Generalversammlung

Die Aktienrechtsrevision bezweckt die Verbesserung der Corporate Governance auch bei nicht kotierten Gesellschaften und die Modernisierung der GV durch die Zulassung von elektronischen Hilfsmitteln. Zukünftig kann eine GV auch ohne physischen Tagungsort rein virtuell durchgeführt werden, wenn diese Möglichkeit in den Statuten vorgesehen ist und der Verwaltungsrat einen unabhängigen Stimmrechtsvertreter bezeichnet (Art. 701d OR). Weiter muss der unabhängige Stimmrechtsvertreter einer kotierten Gesellschaft die Weisungen der einzelnen Aktionäre bis zum Beginn der GV vertraulich behandeln. Frühestens drei Werktage vor der GV darf er eine allgemeine Auskunft im Sinne einer Wasserstandsmeldung je über die eingegangenen Weisungen für jedes Traktandum erteilen (Art. 689c Abs. 5 OR). Zur Bekanntmachung des Geschäftsberichts genügt neu die Aufschaltung auf einer Webseite oder ein anderweitiger elektronischer Zugang. Die zwingende Auflage am Geschäftssitz entfällt dadurch (Art. 699a OR). Auch müssen die Aktionäre nicht mehr zwingend in schriftlicher Form über das Vorliegen des Geschäftsberichts informiert werden, womit rein elektronische GV-Einladungen möglich werden. Das Protokoll der GV muss den Aktionären kotierter Gesellschaften zwingend innerhalb von 15 Tagen und den Aktionären nicht kotierter Gesellschaften auf Verlangen innerhalb von 30 Tagen zugänglich gemacht werden. Bei kotierten Gesellschaften muss die Angabe der genauen Stimmenverhältnisse erfolgen (Art. 702 Abs. 5 OR).

3.3.6.2 Umsetzung der VegüV auf Gesetzesstufe

Die Bundesverfassung (BV) verpflichtet den Bundesrat, die in Art. 95 Abs. 3 BV festgehaltenen Grundsätze der Corporate Governance und Vergütung von Verwaltungsräten (VR) und Geschäftsleitungen (GL) auf Gesetzesstufe zu regeln und damit die als Übergangslösung erlassene Verordnung gegen übermässige Vergütungen bei börsenkotierten Aktiengesellschaften (VegüV) abzulösen. Das neue Aktienrecht weist dabei gegenüber der VegüV einige Verschärfungen auf.

Sämtliche externen Mandate müssen neu im Vergütungsbericht offengelegt werden (Art. 734e OR). Damit erfasst werden neu auch GL-Mandate. Die Statuten müssen zudem die Anzahl der Tätigkeiten von VR- und GL-Mitgliedern in vergleichbaren Funktionen regeln, darunter fallen hingegen nur noch Mandate in Unternehmen mit einem wirtschaftlichen Zweck (Art. 626 Abs. 2 Ziff. 1 OR).

Gesellschaften, welche die variable Vergütung prospektiv durch die Generalversammlung genehmigen lassen, müssen der GV den Vergütungsbericht im Folgejahr zur Konsultativabstimmung vorlegen (Art. 735 Abs. 3 Ziff. 4 OR). Ein allfälliger Zusatzbetrag steht dabei für Beförderungen innerhalb der GL nicht zur Verfügung (Art. 735a Abs. 1 OR). Diese Bestimmung kann GL-interne Beförderungen unter Umständen erheblich erschweren. Möglich ist hingegen, jährlich von der GV einen Zusatzbetrag explizit für solche allfälligen Beförderungen genehmigen zu lassen.

Weiterhin zulässig sind Ersatzzahlungen (Replacement Awards) für verfallene Vergütungsansprüche, die einem zukünftigen VR- oder GL-Mitglied vom bisherigen Arbeit- oder Auftraggeber zugestanden hätten, wenn er das Unternehmen nicht gewechselt hätte (Art. 735c Abs. 1 Ziff. 4 OR). Voraussetzung dafür ist ein nachweisbarer finanzieller Nachteil. Nicht mehr zulässig sind sogenannte Antrittsprämien in Zusammenhang mit der Bindung eines neuen GL-Mitglieds an den neuen Arbeitgeber und dessen Verpflichtung, andere potenzielle Stellenangebote auszuschlagen (Sign-on Bonuses oder Golden Hellos, Art. 735c Abs. 1 Ziff. 5 OR). Bei Stellenantritt garantierte Boni und andere zulässige, garantierte Zahlungen bleiben erlaubt. Weiter bleiben Karenzentschädigungen für nachvertragliche Konkurrenzverbote zulässig, wenn das nachvertragliche Konkurrenzverbot geschäftsmässig begründet und die Gesamthöhe der Karenzentschädigung auf den Durchschnitt der Gesamtentschädigung der letzten drei Jahren begrenzt ist (Art. 735c Abs. 1 Ziff. 2 OR).

Ferner sind jegliche Kontrollwechselzahlungen verboten. Neu beziehen sie sich nicht mehr nur auf konzerninterne Transaktionen, sondern auf jegliche M&A-Aktivitäten (Art. 735c Abs. 1 Ziff. 6 OR).

3.3.6.3 Vertretung der Geschlechter in Verwaltungsräten und Geschäftsleitungen

Die Geschlechtervertretung soll in Unternehmen ab einer gewissen Grösse im Verwaltungsrat mindestens 30 Prozent und in der Geschäftsleitung mindestens 20 Prozent erreichen (Art. 734f OR). Diese Richtwerte gelten für börsenkotierte Aktiengesellschaften mit Sitz in der Schweiz, die zwei von drei Kriterien – 20 Millionen Franken Bilanzsumme, 40 Millionen Franken Umsatz oder 250 Vollzeitstellen – in zwei aufeinanderfolgenden Geschäftsjahren übertreffen. Unter diese Bestimmung würden somit in der Schweiz rund 200 bis 250 Unternehmen fallen. Ihr liegt die Erkenntnis zugrunde, dass die Diversität die Arbeit und den Leistungsausweis eines Gremiums erhöht, indem sie die Meinungsvielfalt, die Risikoaversion und die Ausgewogenheit fördert.

Die Einhaltung der Richtwerte ist nicht zwingend gefordert. Vielmehr verfolgt das Gesetz einen Comply-or-Explain-Ansatz. Unternehmen, welche die Richtwerte nicht erreichen, haben im Vergütungsbericht die Gründe dafür darzulegen und Förderungsmassnahmen zu ergreifen. Somit bleibt es den Unternehmen offen, einen adäquaten und den spezifischen Bedürfnissen gerecht werdenden Frauenanteil zu wählen. Das Gesetz statuiert einzig eine Begründungspflicht.

Zurzeit erfüllen erst wenige an der SIX Swiss Exchange kotierten Unternehmen die Richtwerte, sowohl für den Verwaltungsrat als auch für die Geschäftsleitung. Das Gesetz sieht deshalb ab Inkrafttreten des neuen Artikels eine lange Übergangsfrist von fünf Jahren für die Zusammensetzung des Verwaltungsrats respektive zehn Jahren für die Geschäftsleitung vor. Erst nach Ablauf dieser Übergangsfristen setzt die Berichterstattungspflicht ein.

2020 stiessen in der Schweiz zahlreiche Frauen in Chefpositionen vor, darunter bei der Bundespensionskasse Publica, Alpiq, Hotelplan Group, Adecco Schweiz, SBB Cargo, McDonald's Schweiz, Blick-Gruppe, Jelmoli und Ikea Schweiz. 2021 traten unter anderen bei UBS Schweiz, Dormakaba und Mobiliar neue Chefinnen ihr Amt an. Die Zunahme der weiblich besetzten Spitzenpositionen unterstreicht die wachsende Anerkennung der Vorteile von gemischten Teams und die firmeninterne Förderung von Frauen. Im internationalen Vergleich schneidet die Schweiz nach wie vor unterdurchschnittlich ab. Gemäss dem European Women on Boards Gender Diversity Index liegt der Frauenanteil in den Geschäftsleitungen von Schweizer Unternehmen bei 10 Prozent. Nur gerade 2 Prozent aller Unternehmen werden von Frauen geführt. Im europäischen Vergleich liegt die Schweiz damit auf Platz 14 respektive 12 von 17 analysierten Ländern. Hemmend wirken sich die gesellschaftlich zugeschriebenen Geschlechterrollen, die beruflichen Netzwerke, von denen die Männer traditionellerweise stärker profitieren, und die immer noch schlechte Vereinbarkeit von Familie und Beruf durch familienexterne Betreuungsmöglichkeiten aus.

3.3.6.4 Transparenz bei Rohstoffunternehmen   Das revidierte Aktienrecht sieht neue Transparenzregeln für Rohstoffunternehmen vor (Art. 964a–964f OR). Damit soll das schweizerische Recht an internationale, insbesondere an die EU-Regulierung angepasst werden. Neu ist eine Berichterstattungspflicht für Unternehmen, die im Bereich der Rohstoffgewinnung tätig sind und von Gesetzes wegen der ordentlichen Revision unterstehen. Offenzulegen sind Geld- und Sachleistungen im Umfang ab 100 000 Franken pro Geschäftsjahr an staatliche Institutionen einschliesslich den von ihnen kontrollierten Abteilungen und Unternehmen. Der Bundesrat kann im Rahmen eines international abgestimmten Vorgehens die Transparenzpflichten auch auf Unternehmen ausdehnen, die mit Rohstoffen handeln (Art. 964f OR).

Die Berichterstattungspflicht findet erstmals Anwendung auf das Geschäftsjahr, das ein Jahr nach Inkrafttreten des neuen Rechts am 1. Januar 2021 beginnt, das heisst ab dem Geschäftsjahr 2022.

3.3.7 Agrarpolitik

Der Bundesrat verabschiedete im Februar 2020 die Botschaft zur Weiterentwicklung der Agrarpolitik ab 2022 (AP22+). Mit dieser Vorlage beabsichtigte der Bundesrat, den Anliegen der Bevölkerung Rechnung zu tragen und den Mehrwert der Produkte der Schweizer Landwirtschaft stärker zur Geltung zu bringen. Insbesondere wollte er die agrarpolitischen Rahmenbedingungen in den Bereichen Markt, Betrieb und Umwelt verbessern, indem die Effizienz und Wertschöpfung der Betriebe gestärkt und die Umweltbelastung sowie der Verbrauch von nicht erneuerbaren Ressourcen weiter reduziert werden.

Die Schweizer Land- und Ernährungswirtschaft pflegt die Kulturlandschaft und leistet mit der Produktion von Nahrungsmitteln einen wichtigen Beitrag zur Versorgungssicherheit der Bevölkerung. Dafür erhält sie finanzielle Unterstützungsleistungen von der öffentlichen Hand. Das sich verändernde Umfeld – zum Beispiel der Klimawandel, technologische Fortschritte oder neue gesellschaftliche Erwartungen – erfordern periodische Anpassungen bei den agrarpolitischen Rahmenbedingungen auf Gesetzesebene. Substanzielle Anpassungen erfolgten letztmals im Jahr 2013 mit der Agrarpolitik 2014–2017. Handlungsbedarf besteht insbesondere bei der Reduktion der Umweltbelastungen. Mit seiner Botschaft beantragte der Bundesrat dem Parlament, die gesetzlichen Bestimmungen per 2022 auf ein für die Ökosysteme tragbares Niveau anzupassen.

Der Vorschlag sah vor, dass der Bund der Schweizer Land- und Ernährungswirtschaft in den Jahren 2022 bis 2025 rund 13,8 Milliarden Franken zur Verfügung stellt. Dieser Betrag entspricht nominal weitgehend dem bisher geplanten Zahlungsrahmen für die Jahre 2018 bis 2021 und würde offizielle jährliche Ausgaben des Bundes für Landwirtschaft und Ernährung von rund 3,5 Milliarden Franken ergeben. Allein die jährlichen Direktzahlungen erreichen rund 2,8 Milliarden Franken. Nicht in den offiziellen Ausgaben einberechnet sind 475 Millionen Franken für Massnahmen zur Unterstützung des Absatzes landwirtschaftlicher Produkte, wozu auch Werbe- und Kommunikationskampagnen zählen. Gemäss einem 2018 erstellten Inventar von Avenir Suisse verursacht die Schweizer Agrarpolitik Kosten von insgesamt mehr als 20 Milliarden Franken, wobei diese Zahl als Minimalgrösse zu verstehen sei.

▶ Seitenblick: Hohe Subventionen für umweltbelastende, tierische Nahrungsmittel ───────────────────────────

Die Denkfabrik Vision Landwirtschaft veröffentlichte im September 2020 eine Studie, in der die Gesamtkosten der Landwirtschaft ausgewiesen werden und die aufgezeigt, wer diese trägt. Die Studie kommt zum Schluss, dass die Konsumenten nur rund die Hälfte der Kosten der Landwirtschaft übernehmen. Den Rest bezahlt der Staat, also die Steuerzahler. Die Studie geht von jährlichen Gesamtkosten für die Schweizer

Landwirtschaft von 15,9 Milliarden Franken aus. Als Grundlagen dienen der Studie offizielle Statistiken des Bundes sowie eigene Berechnungen, wobei der angeführte Betrag laut der Denkfabrik Vision Landwirtschaft mit dem Hinweis auf eine Studie von Avenir Suisse konservativ veranschlagt ist.

Aufhorchen lässt der Befund der Studie, wonach vier Fünftel der staatlichen Stützung in die tierische Produktion fliesst, welche die Natur am stärksten belastet. Die Studie folgert entsprechend, dass die Agrarsubventionen der Umwelt schaden und Bauern, die umweltgerecht produzieren, benachteiligen.

Die Produktion tierischer Nahrungsmittel macht rund die Hälfte der Kalorienproduktion aus und verursacht gut drei Viertel der Umweltbelastungen. Im Vergleich zum Anbau pflanzlicher Nahrungsmittel erhält die tierische Nahrungsmittelproduktion hingegen viermal so viele Subventionen. Die Ausgaben zur Eindämmung von Umweltschäden in Höhe von mehreren hundert Millionen Franken sind vor diesem Hintergrund blosse Schadensbegrenzung.

Die Studie hält fest, dass diese Politik im Widerspruch zu den offiziellen Zielen und Strategien des Bundes steht. Nach der Schweizer Ernährungsstrategie essen die Konsumenten zu viel Fleisch und fettreiche Milchprodukte wie Butter und Rahm anstelle von Getreideprodukten, Kartoffeln, Hülsenfrüchten und Gemüse. Weiter prognostiziert die Denkfabrik Vision Landwirtschaft, dass die Schweizer Landwirtschaft ihr Klimaziel nur erreiche, wenn weniger Fleisch und Milch produziert und der Rindviehbestand reduziert wird.

Als wesentliche Missstände identifiziert die Studie die fehlende Vollkostenrechnung, welche auch die Umweltbelastungen berücksichtigt und deren Kosten auf die Verursacher respektive Konsumenten der entsprechenden Produkte umleitet, sowie aus ökologischer und gesundheitlicher Sicht fehlgelenkte Subventionen. Diese Subventionen verteuern nachhaltige Nahrungsmittel im Vergleich zu Erzeugnissen aus konventioneller Produktion zusätzlich. Vision Landwirtschaft fordert vom Bund einen Masterplan, dessen Horizont über die vierjährigen Etappen der Agrarpolitik hinausgehe und der eng mit den Zielen des Bundes in den Bereichen Umwelt, Klima, Gesundheit und Ernährung abgestimmt ist. Konkret fordert die Denkfabrik einen Abbau von Subventionen für tierische Nahrungsmittel sowie Abgaben auf Kraftfutter, importierte Futtermittel und Pestizide.

Verwendete Quelle: Vision Landwirtschaft, Newsletter September 2020, (Keine) Kostenwahrheit in der Schweizer Nahrungsmittelproduktion

---

Die AP22+-Vorlage sah Änderungen des Landwirtschaftsgesetzes und des Bundesgesetzes über das bäuerliche Bodenrecht, des Tierseuchengesetzes sowie zum Bundesbeschluss über die finanziellen Mittel für die Landwirtschaft in den Jahren 2022 bis 2025 vor. Zudem enthielt die Botschaft zur AP22+ auch ein Massnahmenpaket als Alternative zur Trinkwasserinitiative (siehe 3.3.8.3 «Trinkwasser- und Pestizidinitiativen»). Unter anderen Neuerungen hätte im Landwirtschaftsgesetz ein verbindlicher Plan zur Reduktion der Stickstoff- und Phosphorüberschüsse um 10 Prozent bis 2025 und 20 Prozent bis 2030 festgeschrieben und im Gewässerschutzgesetz die maximal erlaubte Hofdüngerausbringung reduziert werden sollen. Weiter hätte der Verzicht auf Pflanzenschutzmittel verstärkt mit Direktzahlungen gefördert werden sollen.

Der Ständerat beschloss als erstberatender Rat in der Wintersession im Dezember 2020 die Sistierung der Agrarpolitik 2022+ und verlangt vom Bundesrat Nachbesserungen. In der Frühjahrssession im März 2021 doppelte der Nationalrat nach und stoppte die Vorlage endgültig. Vor allem von Seiten des Bauernverbandes erhob sich Kritik gegen die Vorlage. Er forderte vom Bundesrat einen neuen Überblick über die Landwirtschaft. Der neue Bericht soll ein Ausblick sein, der neben der Produktion auch die Ernährung miteinbezieht und erklärt, wie die bisherige Selbstversorgung mit weniger Pestiziden und weniger Bürokratie erhalten bleibe. Dies habe in der bisherigen Vorlage gefehlt. Hingegen stimmte der Nationalrat wie zuvor der Ständerat für die Jahre 2022 bis 2025 einem Zahlungsrahmen von knapp 14 Milliarden Franken für vier Jahre zu. Damit erreichen die jährlichen Agrar-Subventionen rund 3,5 Milliarden Franken. Unter dem Strich sagten der National- und Ständerat Ja zu einer Fortführung der Landwirtschaftssubventionen, jedoch Nein zu neuen ökologischen Auflagen. Parallel verlangte das Parlament vom Bundesrat bis 2022 einen neuen Bericht zur zukünftigen Ausrichtung der Agrarpolitik.

Die Sistierung der AP22+-Vorlage bedeutet eine Verzögerung von mehreren Jahren. Die unterlegene Minderheit betonte, dass mit der auf Eis gelegten Vorlage die Gelegenheit verpasst wurde, die Landwirtschaft auf die internationalen Entwicklungen und die ökologischen Herausforderungen der kommenden Jahre vorzubereiten. Der Bund schätzt, dass neue Landwirtschaftsreformen nicht vor 2025 in Kraft treten werden.

▶ Seitenblick: Preisabhängiger Absatz von Bio-Produkten

Eine im September 2020 veröffentlichte Untersuchung der Bundesforschungsanstalt Agroscope zeigte auf, wie Konsumentinnen und Konsumenten auf Preisveränderungen beim Fleisch reagieren. Sinkt der Preis von Biofleisch im Laden um 10 Prozent, steigen beim Rindfleisch die Verkäufe um 27 Prozent, beim Schweinefleisch sogar um bis zu 32 Prozent. Noch grösser fällt der Effekt gemäss den Berechnungen von Experten des Schweizer Tierschutzes (STS) bei einem Preisabschlag von 20 Prozent aus. Der Absatz von Rindfleisch mit Bio-Label würde um 50 Prozent wachsen, beim Schweinfleisch mit Bio-Label sogar um 60 Prozent. Bei anderen Labels wie IP Suisse wäre die Zunahme des Absatzvolumens etwas kleiner.

Der Schweizer Tierschutz folgt aus diesen Zahlen, dass die Preispolitik im Detailhandel ein Schlüssel zu mehr Tierwohl darstellt. Nach Berechnungen des STS könnten bis zu 38 000 Rinder zusätzlich tierfreundlich gehalten und vermarktet werden. Bei den Schweinen würde der Labelanteil von 33 auf 45 Prozent ansteigen. Dies entspricht rund 300 000 zusätzlichen Tieren. Umso mehr als die Margen für hochklassiges Fleisch, also im Bio- und Label-Segment, hoch sind, fordert der STS die Detailhändler zum Handeln auf. Grundsätzlich spricht sich der STS gegen eine Dumping-Preispolitik und somit für höhere Preise in der herkömmlichen Fleischproduktion aus, was ein Umstieg vieler Konsumenten auf Labelprodukte unterstützen würde. Handlungsbedarf sieht der STS vor allem bei den Discountern Denner, Aldi und Lidl. Sie verkaufen im Vergleich zu Migros und Coop deutlich weniger Qualitätsfleisch.

Der STS strebt eine Branchenlösung an und regt an, das tierfreundliche Labelfleisch preislich attraktiver zu positionieren. Die Preisdifferenz von Fleisch aus konventioneller Produktion und Labelfleisch soll sich nur noch in einer maximalen Bandbreite bewegen dürfen. Während Aldi sich einer Branchenlösung unter Einbezug der Wettbewerbskommission gegenüber offen zeigt, gibt die Migros zu bedenken, dass Margenabsprachen gegen das Kartellrecht verstossen. Auch die Stiftung Konsumentenschutz Schweiz (SKS) kritisiert das Modell und weist darauf hin, dass wenn das Fleisch verteuert werde, die Konsumenten vermehrt im Ausland einkaufen würden. Auch gemäss SKS muss beim Preis angesetzt werden, allerdings von der anderen Seite her. Die SKS weist daraufhin, dass die Bauern Maschinen und Futter überteuert einkaufen müssen, was bei einer Korrektur zu günstigeren Preisen führen würde.

Verwendete Quelle: Agroscope, Schweizer Tierschutz, Neue Zürcher Zeitung, 30. September 2020

3.3.8 Volksinitiativen

3.3.8.1 Gletscher-Initiative Die eidgenössische Volksinitiative «Für ein gesundes Klima», auch Gletscher-Initiative genannt, wurde vom Verein Klimaschutz Schweiz am 27. November 2019 nach einer Sammelperiode von wenigen Monaten mit 113 125 gültigen Unterschriften bei der Bundeskanzlei eingereicht. Die Initiative will die Ziele des Pariser Klimaabkommens, die Senkung der Treibhausgasemissionen auf netto null, in der Verfassung verankern und die Schweiz auf Klimakurs bringen. Der Bundesrat stimmt der Festschreibung des Netto-Null-Ziels bis 2050 in der Bundesverfassung grundsätzlich zu. Ihm gehen jedoch das von der Initiative geforderte faktische Verbot von Energien aus fossilen Quellen sowie die Pflicht, unvermeidbare CO_2-Emissionen zwingend und vollumfänglich im Inland zu kompensieren – zum Beispiel mittels Entzug von Treibhausgasen aus der Atmosphäre – zu weit. Er gab deshalb im April 2020 die Ausarbeitung eines Gegenvorschlags in Auftrag, welchen er Anfang September 2020 in die Vernehmlassung gab. Stellungnahmen zum Gegenvorschlag konnten bis zum 2. Dezember 2020 eingereicht werden.

In seinem erläuternden Bericht zum direkten Gegenvorschlag vom 2. September 2020 schrieb der Bundesrat, dass die Schweiz als Alpenland ein ureigenes Interesse an der Begrenzung des Klimawandels habe. Zudem würden die hohe Innovations- und Finanzkraft das Land in eine gute Ausgangslage versetzen, das Netto-Null-Ziel bis 2050 zu erreichen. Dazu sei die Abkehr von fossilen Energien unabdingbar, deren

Verbrauch heute drei Viertel der CO_2-Emissionen verursache. Ein faktisches Verbot erachtet der Bundesrat hingegen als zu einschneidend und aufgrund der unsicheren technologischen Entwicklung als unvernünftig. Er zieht es vor, eine Pflicht in der Verfassung zu statuieren, den Verbrauch von fossilen Treib- und Brennstoffen so weit wie technisch möglich und wirtschaftlich tragbar zu vermindern. Damit beabsichtigt er, der Sicherheit und dem Schutz der Menschen Rechnung zu tragen. Insbesondere sollen die Armee, Polizei oder Rettungsdienste Benzin oder Diesel bei Bedarf nutzen können. Flexiblere Vorgaben schlägt der Bundesrat auch bei der Kompensation des CO_2-Ausstosses vor. Das Potenzial für die dauerhafte Speicherung von aus der Atmosphäre entzogenen Treibhausgasen sei in der Schweiz begrenzt, weshalb er auch eine limitierte Kompensation im Ausland zulassen will. Wichtige Leitgrundsätze des Gegenvorschlages seien zudem wirtschaftliche Aspekte. Mit seinem Gegenvorschlag will der Bundesrat die Stärkung der Volkswirtschaft, die Sozialverträglichkeit sowie die Berücksichtigung der spezifischen Bedürfnisse der Randregionen und Berggebiete im Auge der Klimapolitik behalten.

Das Initiativkomitee und der Verein Klimaschutz Schweiz begrüssten den Vernehmlassungsvorschlag im Grundsatz und kündigten an, die Unterschiede zwischen Initiativtext und Gegenvorschlag eingehend zu prüfen. Nach der Ablehnung des revidierten CO_2-Gesetzes durch das Schweizer Stimmvolk im Juni 2021 erlangt die Gletscherinitiative eine neue Bedeutsamkeit, um in der Schweizer Klimapolitik Akzente zu setzen und das Erreichen der Klimaziele bis 2030 respektive 2050 trotz des Rückschlags an der Urne sicherzustellen. Die Abstimmung wird gemäss Initiativkomitee frühestens im November 2022 und spätestens im Februar 2024 stattfinden.

3.3.8.2 Biodiversitätsinitiative Die Volksinitiative «Für die Zukunft unserer Natur und Landschaft» (Biodiversitätsinitiative) wurde vom Trägerverein «Ja zu mehr Natur, Landschaft und Baukultur», welcher die Naturschutzorganisationen Pro Natura, BirdLife Schweiz, die Stiftung Landschaftsschutz und den Schweizer Heimatschutz umfasst, am 8. September 2020 mit 107 885 gültigen Unterschriften eingereicht. Mit einer Anpassung der Bundesverfassung will die Initiative den Bund und neu auch die Kantone zum Schutz und zur Schonung von Biodiversität und Landschaft verpflichten. Sie fordert dafür mehr Gelder der öffentlichen Hand.

Der Bundesrat empfiehlt den eidgenössischen Räten, die Initiative abzulehnen, und stellt ihr einen indirekten Gegenvorschlag entgegen. Wie die Initianten will der Bundesrat den Artenverlust stoppen und die biologische Vielfalt in der Schweiz stärker schützen. Die Initiative geht ihm aber zu weit. Mit dem indirekten Gegenvorschlag will der Bundesrat mittels Anpassungen im Natur- und Heimatschutzgesetz dafür sorgen, dass landesweit genügend Schutzflächen geschaffen werden, um dem Verlust von Tier- und Pflanzenarten entgegenzuwirken. Als Ziel sollen Biodiversitäts- und Schutzgebiete insgesamt 17 Prozent der Schweizer Landesfläche ausmachen. Per Ende März 2021 lag der Anteil dieser Schutzflächen bei 13,4 Prozent.

Das Ziel von 17 Prozent ist nicht neu. Der Bundesrat hatte es bereits 2012 in seiner «Strategie Biodiversität Schweiz» festgelegt. Ausserdem soll der Gegenentwurf festhalten, dass der Artenschutz im städtischen Raum und in Agglomerationen gestärkt wird. Dies kann zum Beispiel durch naturnah gestaltete Bereiche wie Grün- und Gewässerräume, Stadtwälder oder begrünte Dächer erfolgen. Zudem wurden die unbestrittenen Punkte des revidierten Jagdgesetzes, das am 27. September 2020 an der Urne scheiterte, im Gegenentwurf aufgenommen. So sollen nationale Biotope saniert, die Lebensräume von Wildtieren besser geschützt und vernetzt und Wasser- und Zugvogelreservate finanziell grosszügiger unterstützt werden.

3.3.8.3 Trinkwasser- und Pestizidinitiativen

Die eidgenössische Volksinitiative «Für sauberes Trinkwasser und gesunde Nahrung – Keine Subventionen für den Pestizid- und prophylaktischen Antibiotika-Einsatz» wurde vom politisch unabhängigen Verein «Sauberes Wasser für alle» am 18. Januar 2018 mit 113 979 gültigen Unterschriften der Bundeskanzlei übergeben. Die Initiative zielte darauf hin, dass zukünftig nur noch landwirtschaftliche Betriebe Subventionen erhalten, die pestizidfrei produzieren, die Biodiversität erhalten sowie Milch und Fleisch ohne Futtermittelimport und ohne prophylaktischen Antibiotikaeinsatz herstellen. Der Bundesrat empfahl die Ablehnung der Volksinitiative mit dem Hinweis, dass die Volksinitiative berechtigte Anliegen aufnehme, die jedoch bereits mit den geplanten agrarpolitischen Massnahmen im Rahmen der Agrarpolitik-Reform behandelt werden.

Die inhaltlich verwandte eidgenössische Volksinitiative «Für eine Schweiz ohne synthetische Pestizide» wurde am 25. Mai 2018 vom Verein Future3 mit 121 307 gültigen Unterschriften eingereicht. Sie verlangte, dass der Einsatz von synthetischen Pestiziden in der landwirtschaftlichen Produktion, in der Verarbeitung landwirtschaftlicher Erzeugnisse und in der Boden- und Landschaftspflege verboten wird. Die Initiative strebte zudem auch ein Verbot der Einfuhr von Lebensmitteln, die synthetische Pestizide enthalten oder mithilfe solcher hergestellt worden sind, an. Auch der Pestizidinitiative erteilte der Bundesrat eine Abfuhr mit dem Hinweis, dass der Bund die Anliegen der Initiative bereits mit diversen Massnahmen im Rahmen des Aktionsplans Pflanzenschutzmittel erfülle. Zudem schlage der Bund im Rahmen der Agrarpolitik ab 2022 (AP22+) weitere Vertiefungen vor, ohne aber den Handlungsspielraum für die Land- und Ernährungswirtschaft unverhältnismässig einzuschränken.

Die Initiativen standen in Zusammenhang mit den durch die Landwirtschaft nicht vollumfänglich erfüllten Umweltzielen. Der ökologische Auftrag an die Schweizer Bauern beinhaltet im Grundsatz die Erhaltung der natürlichen Lebensgrundlagen und die Förderung besonders naturnaher, umwelt- und tierfreundlicher Produktionsformen. Zur Erreichung dieser Ziele erhält die Landwirtschaft Subventionen in Milliardenhöhe (siehe 3.3.7 «Agrarpolitik»). Das Grundwasser jedoch weist zunehmende Verschmutzungen auf, die auf Rückstände aus in der Landwirtschaft verwendeten Pestiziden und Dünger sowie auf die Gülle zurückzuführen sind. Die Trinkwasser-Initiative verlangte deshalb die Haltung von radikal weniger Nutztieren. Dagegen wehrten sich die Landwirte mit dem Hinweis auf die Ernährungssicherheit vehement. Die Bauern wollen diese Themen mit der Agrarreform-Vorlage angehen, allerdings wehren sie sich in vielen Bereichen gegen klar messbare Zielvorgaben und Lenkungsabgaben im Fall des Nichterreichens der vereinbarten Ziele.

Aufgrund der weit auseinanderliegenden Positionen der verschiedenen politischen Lager arbeitete die vorberatende Wirtschaftskommission des Ständerates eine parlamentarische Initiative als Alternative für die beiden Initiativen aus. Der National- und Ständerat schliffen lange an den Formulierungen und einigten sich in der Frühjahrssession im März 2021. Gemäss der Vorlage muss der Bundesrat die Zulassung von Pflanzenschutzmitteln überprüfen, wenn in Gewässern, aus denen Trinkwasser entnommen wird, sowie in Flüssen und Seen ein Grenzwert wiederholt und verbreitet überschritten wird. Zudem soll ein verbindlicher Absenkpfad für Pestizide im Gesetz verankert werden. Die mit Pflanzenschutzmitteln verbundenen Risiken für Flüsse und Seen, naturnahe Lebensräume und als Trinkwasser genutztes Grundwasser sollen bis 2027 halbiert werden. Sollten die Risiken durch Pflanzenschutzmittel nach 2027 weiterhin nicht annehmbar sein, soll der Bundesrat einen neuen Absenkpfad definieren. Der Bundesrat erhält so die Kompetenz, besonders risikoreichen Wirkstoffen die Zulassung zu entziehen. Weiter sollen auch die Nährstoffverluste bis 2030 angemessen reduziert werden, wobei die Vorgabe von klaren Zielsetzungen in der parlamentarischen Debatte scheiterte. Die Vorlage schreibt zudem vor, dass die Hersteller und Importeure von Dünger und Futtermitteln dem Bund Daten zur Abgabe an Landwirtschaftsbetriebe melden und somit sämtliche Lieferungen offenlegen.

Die Trinkwasser- und Pestizidinitiativen selber wurden am 13. Juni 2021 vom Schweizer Stimmvolk als zu weitgreifende Vorlagen eingeschätzt und mit einem Neinstimmenanteil von 60,7 Prozent respektive 60,6 Prozent abgelehnt.

3.3.8.4 Massentierhaltungsinitiative Die eidgenössische Volksinitiative «Keine Massentierhaltung in der Schweiz» wurde vom Verein Sentience Politics initiiert und am 17. September 2019 mit 106 125 gültigen Unterschriften bei der Bundeskanzlei eingereicht. Hinter dem Volksbegehren stehen Personen aus 15 Organisationen, darunter der Fondation Franz Weber, Greenpeace und der Grünen Partei. Die Initianten heben hervor, dass die Massentierhaltung die Klimaerwärmung vorantreibt, Hunger und Wasserknappheit weltweit verschärft, Antibiotikaresistenzen verursacht und den Verfassungsgrundsatz des Tierschutzes verletzt. Heute werde der Verbrauch von Lebensmitteln aus tierischer Produktion nach wie vor grossmehrheitlich mittels industrieller Nutztierhaltung gedeckt, obwohl repräsentative Umfragen das Bedürfnis von weiten Bevölkerungskreisen nach Fleisch aus artgerechter Tierhaltung aufzeigen. Als Gründe für diese starke Diskrepanz zwischen Nachfrage und Angebot nennen die Initianten fehlendes Wissen und Bewusstsein in weiten Bevölkerungskreisen, starkes Lobbying der Fleischproduzenten sowie eine fehlgerichtete Argarpolitik und Subventionen von Seiten des Bundes.

Der Bundesrat lehnt die Massentierhaltungsinitiative ab, schickte jedoch am 12. August 2020 einen direkten Gegenentwurf in die Vernehmlassung. Wie es die Initiative vorschlägt, will der Bundesrat die tierfreundliche Unterbringung, den regelmässigen Auslauf und die schonende Schlachtung von Nutztieren in der Verfassung verankern. Zudem sieht der Gegenentwurf vor, einen Schutz des Wohlergehens für alle Tiere zu statuieren, während sich die Initiative ausschliesslich auf Tiere in der landwirtschaftlichen Tierhaltung bezieht. Der Bundesrat verzichtet hingegen darauf, private Biostandards in der Verfassung zu verankern, da diese unvereinbar mit geltenden Handelsabkommen und in der Praxis sehr schwer umsetzbar wären. Die Vernehmlassung dauerte bis am 20. November 2020. Derzeit analysiert der Bundesrat die gesamtwirtschaftlichen Auswirkungen und die Auswirkungen auf die Schweizer Landwirtschaft im Rahmen einer Regulierungsfolgeabschätzung. Die Resultate sollen in die Botschaft zur Initiative aufgenommen werden. Sollte der direkte Gegenentwurf in der Volksabstimmung angenommen werden, wird der Bundesrat dem Parlament eine entsprechende Gesetzesvorlage, wie die neue Verfassungsbestimmung ausgestaltet wird, unterbreiten. Als Grundsatz sollen alle Nutztiere regelmässigen Auslauf haben. Rinder sollen zukünftig in Freilaufställen oder in Anbindeställen mit Auslauf im Freien tagsüber gehalten werden. Schweine sollen zwingend einen eingestreuten Liegebereich erhalten. Dadurch will der Bundesrat die Widerstandsfähigkeit gegen Krankheiten stärken und den Einsatz von Medikamenten wie Antibiotika vermindern. Bei der Schlachtung soll vermieden werden, dass die Tiere Schmerz empfinden, leiden oder Angst haben.

▶ **Seitenblick: Fleischersatzprodukte auf dem Sprung zum Massenmarkt**

Konsumentinnen und Konsumenten können heute aus einer Vielzahl von pflanzenbasierten Fleischersatzprodukten auswählen. In den Regalen der Detailhändler finden sich nicht nur der Burger und pflanzenbasierte Würste des amerikanischen Start-up Beyond Meat, sondern auch zahlreiche Produkte von innovativen Schweizer Unternehmen. Darunter vertreten ist auch das Start-up Planted Foods aus Kemptthal, Schweiz, mit seinen Hühnchen-Ersatzprodukten. Weiter positionieren sich auch die Grosskonzerne in diesem Zukunftsmarkt. Vertreten sind etwa Green Mountain, eine Marke der Bell-Tochter Hilcona, mit pflanzenbasiertem Hackfleisch und Burgern oder Garden Gourmet, eine Tochtergesellschaft von Nestlé. Letztere testet seit August 2020 Coop Vuna, ein selbst entwickeltes Thunfisch-Ersatzprodukt. Auch die Fastfood-Ketten nehmen pflanzenbasierte Alternativen in ihr Angebot auf, so etwa in der Schweiz Burger King mit dem Plant-based Whopper und pflanzenbasierten Chicken-Nuggets. In Deutschland bietet McDonald's einen pflanzenbasierten Burger von Nestlé an.

Das rasant wachsende Angebot folgt dem Bedürfnis und der Nachfrage der Konsumenten nach Alternativen zum Fleisch. Dabei zeigt sich, dass die Coronapandemie diesen grossen Ernährungstrend bestätigt und den Appetit auf Fleischersatzprodukte weiter stimuliert hat. Dazu dürften auch die Corona-Cluster in Schlachthöfen beigetragen haben. Ganz allgemein hat die Pandemie das Tierwohl und die eigene Gesundheit in einen neuen Kontext gestellt. Dabei gerät die Tierhaltung immer stärker in die Kritik und ein zu hoher Fleischkonsum gilt als ungesund. Eine wachsende Gruppe von Flexitariern will deshalb den Fleischkonsum verringern, ohne ganz auf Fleisch zu verzichten. Sie sind die eigentliche Zielgruppe der Anbieter von Fleischersatzprodukten. Im Gegensatz zu den Veganern, die den Konsum tierischer Erzeugnisse prinzipiell ablehnen, fragen sie nach Alternativen, die möglichst originalgetreu nach Rind, Huhn, Schwein oder Fisch schmecken.

Im Mittelpunkt des Herstellungsprozesses von pflanzenbasierten Fleischersatzprodukten steht das sogenannte Extrusionsverfahren. Typischerweise aus Erbsen als Hauptbestandteil werden Produkte entwickelt, die in Anmutung, Geschmack und Proteingehalt gleichwertig zu Fleisch sind. Der grosse Vorteil liegt im Verzicht auf Tiere in der Nahrungskette. Er ermöglicht allen Konsumenten, einen wesentlichen Beitrag zum Klimaschutz und zur Reduktion des Land- und Wasserverbrauchs zu leisten. Gemäss einer Studie der Schweizer Finanzgesellschaft Blue Horizon verursacht ein pflanzenbasierter Burger im Vergleich zu einem konventionellen, in Europa hergestellten Rindfleisch-Burger einen Sechstel der Umweltkosten in Form von Treibhausgasemissionen und Land- und Wasserverbrauch. Die pflanzlichen Alternativen schneiden auch besser als Fleisch aus Bioproduktion ab, das relativ viel Land beansprucht.

Noch ist das Geschäft vergleichsweise klein. Die neuen Fleischalternativen, namentlich pflanzenbasierte Burger, Würste oder Pouletfleisch-Alternativen machten 2020 rund 60 Prozent des Umsatzes mit Fleischersatzprodukten im Detailhandel aus. Doch mit dem Einstieg der grossen internationalen Nahrungsmittelkonzerne wie Nestlé oder Unilever ist das Rennen um die Vormachtstellung in einem der aktuell wachstumsstärksten Massenmärkte eröffnet. Start-ups wie Beyond Meat oder das ebenfalls aus den USA stammende Unternehmen Impossible Foods leisteten mit innovativen Ansätzen Pionierarbeit. Sie stehen im Wettbewerb mit grossen Nahrungsmittelherstellern, die jahrzehntelange Expertise und Erfahrung in der Qualitätssicherung und der Verarbeitung von Proteinen aufweisen sowie zudem bereits über bestehende weltweite Vertriebs- und Marketingstrukturen verfügen. Entscheidend wird sein, wer die innovativsten Antworten auf die noch bestehenden Herausforderungen geben kann. Zum einen muss sich der Geschmack noch weiter verbessern, hier sind neue Innovationssprünge gefragt. Zudem liegt der Preis von pflanzenbasierten Alternativen in den meisten Ländern deutlich über traditionellem Fleisch. Dank neuen Produktionstechnologien und grösseren Absatzmengen sowie der erwarteten Einpreisung der Umweltkosten wie CO_2-Emissionen in konventionelles Fleisch dürfte sich dies jedoch bald ändern. Schliesslich erwächst den pflanzenbasierten Fleischersatzprodukten durch neue Technologien Konkurrenz, zum Beispiel von Fleisch, das aus Muskelzellen in Reagenzgläsern oder Bioreaktoren gezüchtet wird (In-vitro-Fleisch).

Verwendete Quellen: Neue Zürcher Zeitung, 22. Dezember 2020, 18. Mai 2021

3.3.8.5 Tierversuchsverbots-Initiative Die eidgenössische Volksinitiative «Ja zum Tier- und Menschenversuchsverbot – Ja zu Forschungswegen mit Impulsen für Sicherheit und Fortschritt» wurde von der Interessengemeinschaft Tierversuchsverbots-Initiative CH am 18. März 2019 mit 123 640 gültigen Unterschriften bei der Bundeskanzlei eingereicht. Sie fordert ein Verbot von Tierversuchen und von Forschung am Menschen. Zudem untersagt sie die Einfuhr und den Handel für sämtliche Produkte, die unter Anwendung von Tierversuchen entwickelt wurden und nach Inkraftsetzung des Verbotes auf den Markt gebracht werden. Auch verlangt sie, dass die tierversuchsfreie Ersatzforschung mindestens dieselbe staatliche Unterstützung erhält wie vormals die Tierversuche.

Der Bundesrat teilt das Anliegen der Initiantinnen und Initianten, Tierleid zu mindern, lehnt die Initiative hingegen ab, da er die geltenden Verfassungs- und Gesetzesbestimmungen für ausreichend erachtet, um Mensch und Tier zu schützen. Weiter befürchtet der Bundesrat, wie er in seiner im Dezember 2019 veröffentlichten Botschaft zur Initiative darlegt, dass ein solches Verbot massive negative Konsequenzen für die Gesundheit der Bevölkerung, die Forschung und die Wirtschaft in der Schweiz bewirkt und ausserdem den internationalen Verpflichtungen der Schweiz zuwiderläuft.

Der Nationalrat lehnte in der Frühjahrssession im März 2021 die Initiative als zu radikal ab und sagte mit klaren Mehrheiten nein zu den von Minderheiten beantragten Gegenvorschlägen. Der Ständerat folgte in der Sommersession im Juni 2021 dem Nationalrat. Damit wird die Initiative ohne Gegenvorschlag zur Abstimmung gelangen.

3.3.8.6 Fair-Preis-Initiative Die eidgenössische Volksinitiative «Stop der Hochpreisinsel – für faire Preise» (Fair-Preis-Initiative) wurde von dem gleichnamigen, von Gewerbekreisen und Konsumentenschützern initiierten Verein am 12. Dezember 2017 mit 107 889 gültigen Unterschriften bei der Bundeskanzlei eingereicht. Die Fair-Preis-Initiative will die internationale Wettbewerbsfähigkeit von Unternehmen in der Schweiz stärken und die Hochpreisinsel Schweiz bekämpfen. Dies soll unter anderem durch eine Absenkung der Schwelle der Marktbeherrschung im Kartellgesetz und insbesondere eine damit verbundene Lieferpflicht für gewisse Unternehmen erreicht werden. Parallel will die Initiative durch ein grundsätzliches Verbot des privaten Geoblockings einen diskriminierungsfreien Online-Handel gewährleisten.

Schweizerinnen und Schweizer verdienen vergleichsweise gut. Dafür müssen sie auch höhere Preise hinnehmen. Ohne den Einbezug von Liechtenstein lagen 2018 die durchschnittlichen Löhne in der Schweiz etwa doppelt so hoch wie im Mittel der Nachbarländer. Demgegenüber war das Preisniveau in der Schweiz gemäss einer im Dezember 2020 publizierten Aufstellung zur Kaufkraftparität des Bundesamts für Statistik (BFS) für das Jahr 2019 gemessen an den Gütern und Dienstleistungen für

Privathaushalte fast 55 Prozent höher als im Durchschnitt der Nachbarländer. Schweizerinnen und Schweizer mussten demnach für einen Warenkorb, der im Durchschnitt der 27 EU-Länder 100 Euro kostet, 155 Euro bezahlen. Das Preisniveau auf Stufe Bruttoinlandprodukt lag 2019 somit im Vergleich mit dem Durchschnitt der 27 EU-Länder (ohne Grossbritannien) bei 155,2 Prozent. Die Schweiz ist damit laut BFS das teuerste Land im EU-Vergleich vor Island (152,5 Prozent) und Norwegen (147,6 Prozent). Das tiefste Preisniveau hat die Türkei (44,4 Prozent). Ein besonderes Ärgernis sind die hohen Schweizer Preise für Klein- und Mittelbetriebe, die im internationalen Konkurrenzkampf stehen, aber ihren ausländischen Zulieferern deutlich mehr zahlen müssen als die ausländischen Konkurrenten.

Die Initiative bekämpft unter anderem ausländische Lieferanten, welche von Schweizer Kunden höhere Preise verlangen. Solche Preisdifferenzen können durch unterschiedliche Kosten in den Absatzmärkten und Unterschiede in der Kaufkraft begründet sein. Die Initiative verfolgt hingegen die Grundidee, wonach Schweizer Betriebe von ausländischen Zulieferern zu ausländischen Preisen ohne Preisaufschlag bedient werden sollen. Laut der Volksinitiative sollen die bisher für marktbeherrschende Unternehmen geltenden Verbote wie missbräuchliche Lieferverweigerung und Preisdiskriminierung künftig auch für «relativ marktmächtige» Unternehmen gelten. Dabei gelten laut Initiative Unternehmen oder Kunden als «relativ marktmächtig», wenn der Geschäftspartner von ihm «abhängig» ist und ihm keine vernünftige Ausweichmöglichkeit offensteht.

Der Bundesrat erachtete in seiner Ende Mai 2019 veröffentlichten Botschaft die vorgeschlagenen Massnahmen als ungeeignet und empfahl den eidgenössischen Räten die Ablehnung der Initiative. Gleichzeitig unterbreitete er einen indirekten Gegenvorschlag, der nach seiner Ansicht Teile der Anliegen der Initianten zielgerichtet und ohne volkswirtschaftlich schädliche Auswirkungen übernimmt und eine Änderung des Kartellgesetzes vorsieht.

Diesem Ansinnen folgte der National- und Ständerat. Im März 2020 beschloss der Nationalrat einen weitgehenden Gegenvorschlag. Anfang Dezember 2020 stimmte der Ständerat mit grossem Mehr einem ähnlichen Gegenvorschlag zu, der ebenfalls die Kernpunkte der Initiative bereits auf Gesetzesstufe verankert. In der Frühjahrssession im März 2021 räumte der Nationalrat die letzten Differenzen zum Ständerat aus, und das Parlament verabschiedete in der Schlussabstimmung den Gegenvorschlag und damit die Umsetzung der Hauptanliegen der Initianten, einschliesslich eines grundsätzlichen Geoblocking-Verbots. Mit der Umsetzung ihrer Anliegen durch das Parlament auf Gesetzesstufe bereits vor der Volksabstimmung erreichten die Initianten einen Achtungserfolg und zogen darauf die Initiative zurück.

3.3.8.7 Transparenzinitiative   Die eidgenössische Volksinitiative «Transparenz in der Politikfinanzierung» wurde vom Trägerverein – bestehend aus den politischen Parteien SP, Grüne, BDP, EVP, Piratenpartei, Juso, Junge Grüne, Junge BDP, Junge EVP sowie der Jugendsession, opendata.ch und Transparency International Schweiz – am 10. Oktober 2017 mit 109 826 gültigen Unterschriften eingereicht. Die Initiative verlangt, dass Parteien und Komitees ihre Finanzen transparent machen müssen. Grosse Beträge dürfen nicht anonym gespendet werden. Parteien sollen gegenüber der Bundeskanzlei ihre Rechnung und die Herkunft aller Spenden über 10 000 Franken offenlegen. Auch Personen und Komitees, die in einer Kampagne mehr als 100 000 Franken einsetzen, sollen verpflichtet werden, Grossspenden zu deklarieren. Diese Zahlen sollen vor der Wahl respektive Abstimmung publik gemacht werden.

Der Bundesrat lehnte 2019 das Begehren der Initianten ab und verzichtete auch auf die Ausarbeitung eines Gegenvorschlags. Unter anderem wies er darauf hin, dass es in der Schweiz im Gegensatz zu vielen anderen Ländern keine staatliche Parteienförderung gibt. Weiter argumentierte der Bundesrat, wenn nun die Spenden offengelegt werden müssen, erwachse daraus die Gefahr einer grösseren staatlichen Abhängigkeit. Dies gelte es zu verhindern, um das einzigartige Milizsystem der Schweiz zu bewahren. Zudem entstünden durch die Offenlegungspflicht zusätzliche administrative Aufwände und Kosten.

Während auf nationaler Ebene bisher Vorlagen für eine Offenlegung der Parteifinanzen chancenlos blieben, zeigte sich auf kantonaler Ebene der verbreitete Wunsch der Bevölkerung nach Transparenz. Die Kantone Freiburg, Schwyz und Schaffhausen stimmten der Offenlegung von Parteifinanzen auf kantonaler Ebene zu. Vor diesem Hintergrund erarbeitete der Ständerat einen indirekten Gegenvorschlag, der ursprünglich vorschlug, dass Spenden ab 25 000 Franken offengelegt werden müssen. Der Nationalrat lehnte diesen Vorschlag in der Herbstsession 2020 ab. Je nach politischem Spektrum war dieser Betrag für die einen Ratsmitglieder zu niedrig, für die anderen zu hoch. Gleichzeitig diskutierte der Nationalrat darüber, die vom Ständerat vorgeschlagene Transparenzgrenze bei politischen Kampagnen im Sinne einer Konzession an die Initianten von 250 000 auf 50 000 Franken herabzusetzen. Am Ende der Debatte scheiterte die Vorlage im Nationalrat deutlich und ging zur weiteren Beratung in den Ständerat zurück. Dieser sprach sich in der Wintersession 2020 für eine Offenlegungspflicht bei Kampagnen ab 50 000 Franken und bei Spenden ab 25 000 Franken aus. In der Frühjahrssession im März 2021 vollzog der Nationalrat bei der erneuten Diskussion der Vorlage eine Kehrtwende und schlug neu vor, dass Einzelspenden für Parteien ab einem Betrag von 15 000 Franken öffentlich gemacht werden müssen. Wenn das Gesamtbudget den Betrag von 50 000 Franken überschreitet, gilt dieses Spendenlimit zudem auch bei Abstimmungs- und Wahlkampagnen. Damit kam der Nationalrat der Forderung der Initianten stark entgegen. Der Ständerat folgte in der Sommersession 2021 den Beschlüssen des Nationalrats. Auf der Grundlage des Entgegenkommens bei der meldepflichtigen Spendengrenze zogen die Initianten im Juni 2021 ihre Volksinitiative zugunsten der Umsetzung des bereinigten Gegenvorschlags auf Gesetzesstufe zurück.

3.3.8.8 99%-Initiative Die eidgenössische Volksinitiative «Löhne entlasten, Kapital gerecht besteuern» (99%-Initiative) wurde der Bundeskanzlei von den Jungsozialisten am 2. April 2019 mit 109 332 gültigen Unterschriften eingereicht. Die Volksinitiative will Kapitaleinkommen stärker besteuern und mit dem resultierenden Mehrertrag Personen mit tiefen oder mittleren Einkommen entlasten. Die Volksinitiative fordert eine höhere Besteuerung von grossen Kapitaleinkommen. Demnach sollen Kapitaleinkommen über einem Schwellenwert bei Bund und Kantonen zu 150 Prozent gewichtet werden. Pro Franken Kapitaleinkommen würde somit bei einer Annahme der Initiative 1.50 Franken besteuert. Als Kapitaleinkommen zählen die Initianten neben Dividenden und Zinsen auch Kapitalgewinne und Mieteinnahmen, nicht aber Eigenmietwerte und Renten aus der beruflichen Vorsorge und der dritten Säule. Offen lässt der Initiativtext die Höhe des Schwellenwertes, über dem die Zusatzbesteuerung greifen soll. Die Initianten schlagen einen Schwellenwert von 100 000 Franken Kapitaleinkommen vor. Dank der Steuererhöhung für das reichste Prozent der Bevölkerung rechnen die Initianten mit Zusatzeinnahmen für den Bund von etwa 10 Milliarden Franken pro Jahr. Der Bund seinerseits wagt aufgrund von Unklarheiten bei der Umsetzung der Initiative keine Schätzung. Laut dem Initiativtext sollen die Zusatzeinnahmen für die Ermässigung der Besteuerung von Personen mit tiefen oder mittleren Arbeitseinkommen oder für Transferzahlungen zugunsten der sozialen Wohlfahrt eingesetzt werden.

Der Bundesrat empfahl in seiner am 6. März 2020 verabschiedeten Botschaft, die Initiative ohne Gegenvorschlag abzulehnen. Er sieht keinen Handlungsbedarf und erachtet im internationalen Kontext die Einkommen vor Steuern und Transferleistungen in der Schweiz als vergleichsweise gleichmässig verteilt. Er weist insbesondere auf das bereits bestehende Umverteilungsvolumen hin, namentlich Sozialtransfers, wie die AHV oder Prämienverbilligungen, sowie die progressiv ausgestalteten Einkommens- und Vermögenssteuern.

Das Schweizer Stimmvolk wird am 26. September 2021 über die Vorlage abstimmen.

3.3.8.9 Renteninitiativen Die Jungfreisinnigen reichten mit Unterstützung der Mutterpartei sowie der Jungen SVP am 16. Juli 2021 die eidgenössische Volksinitiative «Für eine sichere und nachhaltige Altersvorsorge» mit 107 049 gültigen Unterschriften bei der Bundeskanzlei ein. Die Initiative fordert eine schrittweise Erhöhung des Rentenalters in der Schweiz bis 2032 für beide Geschlechter auf

66 Jahre. Danach soll das Rentenalter pro Monat zusätzlicher Lebenserwartung um 0,8 Monate angehoben werden. Die Erhöhung soll jeweils fünf Jahre vor Anhebung bekanntgegeben werden.

Bereits am 28. Mai 2021 reichte der Schweizerische Gewerkschaftsbund (SGB) die eidgenössische Volksinitiative «Für ein besseres Leben im Alter» (Initiative für eine 13. AHV-Rente) mit 101 793 gültigen Unterschriften bei der Bundeskanzlei ein. Die Initiative fordert die Einführung einer 13. AHV-Rente, um die erste Säule und insbesondere die Rentensituation der Frauen zu stärken.

3.3.9 Selbstregulation des Finanzmarkts

Gemäss den Angaben des Bundesamts für Umwelt (BAFU) umfassen die verwalteten Vermögen in der Schweiz per Ende 2019 Finanzflüsse von knapp 7000 Milliarden Schweizer Franken. Sie stammen unter anderem von privaten Spareinlagen bei Banken, aus Versicherungskapital oder Vorsorgeeinlagen in Pensionskassen und der Alters- und Hinterlassenenversicherung (AHV). Gewinnbringende Anlagen sind grundsätzlich im Interesse der Investoren, Sparer und der Altersvorsorge. Das Investitionsverhalten der Finanzinstitute und die Allokation des Kapitals beeinflussen jedoch auch den Klimapfad und die Verträglichkeit der Finanzanlagen mit der Umwelt massgeblich. Die Allokation des Kapitals birgt nicht zu unterschätzende direkte und indirekte Steuerungsmöglichkeiten mit Wirkung über den Finanzmarkt hinaus auf sämtliche Branchen. Heutige Investitionsentscheide beispielsweise zur Energieversorgung sind mitentscheidend, wie viele Treibhausgase zukünftig emittiert werden. Als klimaverträglich können Investitionen und Finanzierungen eingestuft werden, wenn sie mit dem international vereinbarten Klimaziel, die globale Erwärmung deutlich unter 2 Grad zu halten, übereinstimmen. Gemäss dem Willen des Schweizer Parlaments soll die Umsetzung dieses Ziels vorerst durch freiwillige Massnahmen der Finanzbranche erreicht werden. Die Wirkung der freiwilligen Anstrengungen auf das Klima erfasst der Bund periodisch.

Im Rahmen der parlamentarischen Debatte zur Revision des CO_2-Gesetzes diskutierte der Nationalrat im Frühsommer 2020 einen Minderheitsantrag, der die Schweizer Banken zu einer klimafreundlicheren Ausrichtung ihrer Geschäftstätigkeit verpflichten wollte. Der Antrag von links-grüner Seite unterlag, wenn auch im bürgerlichen Lager sich die Stimmen für einsprechende Regeln mehren. Der Schweizer Finanzplatz sieht sich immer stärker mit der Forderung konfrontiert, ihre Beratungs- und Anlageangebote klimafreundlicher zu gestalten. Parallel steigt die Nachfrage nach umweltfreundlichen und sozialen Investments mit anhaltend steigender Tendenz stark an. Gemäss einer im Juni 2021 vom Branchenverband Swiss Sustainable Finance (SSF) in Zusammenarbeit mit dem Center for Sustainable Finance & Private

Wealth der Universität Zürich veröffentlichten Studie zum Schweizer Markt der Anlagefonds waren 2020 52 Prozent des verwalteten Anlagevolumens nach Nachhaltigkeitskriterien investiert. Damit übertrafen die Fonds mit nachhaltigen Investmentansätzen erstmals konventionelle Investmentfonds.

Vor dem Hintergrund dieses starken Wachstums beauftragte der Bundesrat das Finanzdepartement, klimafreundliche Auflagen zu prüfen und entsprechende Regulierungsvorschläge zu erarbeiten. Der Bericht zur Gewährleistung eines nachhaltigen Finanzplatzes, der Ende Juni 2020 veröffentlicht wurde, diskutiert 13 mögliche Massnahmen, jedoch keine konkreten Beschlüsse. Vielmehr orientiert sich der Bundesrat an marktwirtschaftlichen Lösungen und an der Subsidiarität staatlichen Handelns. Er setzt auf Transparenz und Langfristorientierung und stellt sich auf den Standpunkt, dass konkrete Regulierungen erst dann notwendig werden, wenn die Wirkung von Branchenregeln oder der Markt als solches versagen sollten. Die vorgeschlagenen Massnahmen enthalten die Einführung eines Klassifikationssystems (Taxonomie) für nachhaltige Tätigkeiten sowie von Gütesiegeln. Der Bundesrat will sich dabei auf die bereits laufenden Arbeiten in der EU abstützen (siehe 3.2.6 «Aktionsplan Sustainable Finance», Stichwort Taxonomie-Verordnung). Eine eigene Schweizer Lösung sieht er nicht vor. Weiter begrüsst der Bundesrat Vorgaben für eine Offenlegung von vergleichbaren Umwelt- und Klimainformationen für Finanzprodukte. Was Transparenzanforderungen an institutionelle Investoren in Sachen umweltverträgliche Anlagen angeht, sieht der Bundesrat keinen Regulierungsbedarf, solange die Finanzinstitute auch aus Reputationsgründen an von den Branchenverbänden erhobenen Klimaverträglichkeitsumfragen teilnehmen.

Nach geltendem Schweizer Recht müssen Finanzdienstleister gestützt auf die auftragsrechtliche Sorgfalts- und Treuepflicht (Art. 398 Abs. 2 OR) ihre Privatkunden als Teil ihrer Aufklärungs- und Informationspflicht im Rahmen eines Vermögensverwaltungsverhältnisses über die wesentlichen Klimarisiken einer vereinbarten Anlagestrategie oder Vermögensanlage informieren. Mit dem Inkrafttreten des Bundesgesetzes über die Finanzdienstleistungen (FIDLEG) hat die Aufklärungspflicht über Risiken zudem auch eine aufsichtsrechtliche Grundlage erhalten. Privatkunden sind demnach über die ihnen persönlich empfohlene Finanzdienstleistung und insbesondere über damit verbundene Risiken und Kosten umfassend aufzuklären. Unter dem Aspekt der Klimarisiken sind physische Risiken, regulatorische Risiken, Haftungsrisiken sowie Reputationsrisiken einzuschliessen. Demgegenüber ist bei Geschäften mit professionellen Kunden bloss von elementaren Aufklärungspflichten auszugehen, die in der Natur der Finanzdienstleistung respektive des angebotenen Finanzproduktes gründen. Wünscht ein Privatkunde ein «grünes» Portfolio, wird dieser Wunsch Gegenstand des Auftrags, und das Portfolio muss entsprechend nachhaltige Finanzprodukte enthalten. Der Finanzdienstleister muss dabei unter Einhaltung der gebotenen Sorgfaltspflicht gewährleisten, dass die von ihm angebotenen und empfohlenen Produkte auch grün sind.

2020 führte das BAFU und das Staatssekretariat für Internationale Finanzfragen SIF nach 2017 einen zweiten, umfassenden Test unter dem Titel PACTA 2020 (Paris Agreement Capital Transition Assessment) durch, mit dem Finanzportfolios auf ihre Klimaverträglichkeit analysiert werden. Daran konnten alle Schweizer Banken, Vermögensverwalter, Pensionskassen und Versicherungen freiwillig und anonym teilnehmen und ihre Portfolios testen lassen. Unterstützt wurde der Klimaverträglichkeitstest vom Pensionskassenverband ASIP, dem Versicherungsverband SVV, der Bankiervereinigung SBVg, dem Verband der Fonds- und Vermögensverwalter SFAMA sowie der Konferenz für Anlagestiftungen KGAST. Insgesamt liessen sich 179 Finanzinstitute freiwillig testen, mehr als doppelt so viele wie 2017. Die Umfrage deckte rund 80 Prozent der Investitionen in globale Aktien und Unternehmensanleihen, die Hälfte aller Immobilien von institutionellen Investoren sowie über Hypotheken drei Viertel der Schweizer Wohngebäude ab und vermittelte somit ein repräsentatives Bild des gesamten Schweizer Finanzmarkts.

Die im November 2020 veröffentlichten Ergebnisse des Klimaverträglichkeitstests 2020 zeigten auf, dass der Schweizer Finanzmarkt nach wie vor signifikant in die Erdöl- und Kohleförderung und deren weiteren Ausbau investiert, was den Verpflichtungen aus dem Pariser Übereinkommen, die Finanzflüsse klimaverträglich auszurichten, widerspricht. Insgesamt investierte der Schweizer Finanzplatz auch 2020 noch viermal mehr Mittel in Unternehmen, die Strom aus fossilen Quellen wie Kohle und Gas erzeugen, als in Produzenten von erneuerbarem Strom. Über die Klimaunverträglichkeit hinaus birgt eine solche Anlagepolitik auch finanzielle Risiken, wenn zukünftig fossile Energieträger aufgrund klimapolitischer Massnahmen weniger attraktiv werden. Fortschritte erzielten insbesondere diejenigen Pensionskassen und Versicherungen, die bereits am PACTA-Test 2017 teilnahmen und seither Massnahmen zu klimaverträglicheren Investitionen ergriffen haben. 2017 untersuchte der Test nur Pensionskassen und Versicherungen, 2020 wurden nun auch Banken und Vermögensverwalter mitbezogen.

Der Klimatest untersuchte insbesondere das Ausmass der Anlagen in Aktien und Unternehmensanleihen in den besonders klimabelastenden Sektoren Öl und Gas, Kohleabbau, Elektrizität, Transport (Auto, Luftfahrt, Schifffahrt) und Industrie (Stahl, Zement). Zudem wurden die Immobilien- und Hypothekenportfolios auf ihre Klimaverträglichkeit analysiert. Über die derzeitige Mittelverteilung hinaus konnten die teilnehmenden Finanzinstitute auch Angaben über ihre zukünftige Ausrichtung anführen. Laut dem Bericht verfügen über 70 Prozent der Teilnehmer über eine Klimastrategie. 30 Prozent der Finanzinstitute gaben zudem an, ihre Kunden und Versicherten zu ihren Klimapräferenzen zu befragen. Verbesserungsbedarf identifizierte die Analyse auch bei den Immobilien. 70 Prozent der Gebäude im Besitz von institutionellen Eigentümern wie Pensionskassen und Versicherungen wurden 2020 noch mit Öl oder Gas beheizt. Mit dem Ersatz fossiler Heizungen wollen die Pensionskassen in den kommenden Jahren eine Reduktion der Treibhausgasemissionen um 30 Prozent erreichen. Die nächste PACTA-Testumfrage ist für 2022 vorgesehen.

Im November 2020 kündigte zudem die Eidgenössische Finanzmarktaufsicht (FINMA) in ihrem Risikomonitor 2020 erweiterte Transparenz- und Offenlegungspflichten für Klimarisiken an. Im Rahmen ihrer Aufsichtstätigkeit und Einschätzung der Risikolage für den Gesamtsektor sowie die Beaufsichtigten schätzt die FINMA das Klima neben den anderen Hauptrisiken wie das anhaltende Niedrigzinsumfeld, eine mögliche Korrektur am Immobilien- und Hypothekarmarkt, ein ungeordneter Wegfall der Libor-Referenzzinssätze, Cyberangriffe, Geldwäschereibekämpfung und ein erschwerter grenzüberschreitender Marktzugang als weiteres langfristiges Risiko ein. Die mit den Offenlegungspflichten für klimabezogene Finanzrisiken ergänzten Rundschreiben traten per 1. Juli 2021 in Kraft. Vorerst fallen nur die grossen Banken und Versicherungsunternehmen in den Anwendungsbereich der neuen Offenlegungsregeln. Ihre Vorschriften lehnte die FINMA an die Empfehlungen der Task Force on Climate-related Financial Disclosures (TCFD) an und unterstützt damit international kompatible Offenlegungsstandards.

Der Bundesrat und die Branchenverbände hatten im Juni 2020 mit der Ankündigung, ein weltweit führender Standort für nachhaltige Finanzdienstleistungen sein zu wollen, einen hohen Anspruch verkündet. Noch ist die Schweiz mit ihrer Strategie, welche vorab auf die Selbstregulation der Branche setzt, noch nicht auf dem Weg, dieses Versprechen umzusetzen. Der Ruf nach politischen Massnahmen und Transparenzpflichten wird deshalb lauter. Ein wirksames Instrument dazu wäre der Einbezug der Umweltkosten in den Preis schädlicher Treibhausgase mittels Lenkungsabgaben. Ein anderer Ansatz verfolgt die Festlegung des zulässigen CO_2-Ausstosses, wobei der Markt mit dem Handel von Emissionszertifikaten die Preisfrage klären soll. Die Schwierigkeit in der Umsetzung solcher Massnahmen liegt allerdings im nicht vorhandenen politischen Konsens, dem Mangel von national und global akzeptierten Umweltstandards sowie grossen Unsicherheiten in der Schätzung der Umweltkosten.

▶ Seitenblick: Sustainable Finance in der Schweiz

Die Schweizerische Bankiervereinigung veröffentlichte im Juni 2020 ein Grundsatzpapier zum Thema «Sustainable Finance in der Schweiz». Darin plädiert der Verband für einen international abgestimmten Ansatz, der auf Freiwilligkeit und ökonomischen Anreizen beruht, und warnt vor einer umfassenden staatlichen Klimaregulierung des Finanzplatzes mit Verboten und Einschränkungen, welche zukunftsgerichtete Eigeninitiativen der Branche erschweren oder sogar verhindern.

Die Bankiervereinigung stellt insgesamt zehn eigene Brancheninitiativen sowie zehn konkrete Handlungsfelder zur Verbesserung der Rahmenbedingungen vor. Die Vereinigung sieht im Anlagegeschäft das grösste Potenzial für den Schweizer Finanzplatz, nachhaltige Finanzflüsse zu fördern und einen Beitrag zur Eindämmung des Klimawandels zu leisten. Ein auf Freiwilligkeit beruhender Leitfaden zur Integration von ESG-Überlegungen fordert die Banken auf, Nachhaltigkeitskriterien in den Beratungsprozess von Privatkunden einzubeziehen. In den Gesprächen sollen die Kunden nach ihren finanziellen Verhältnissen und Anlagezielen und ihrem Finanz-Know-how sowie Interesse an umwelt- und sozialverträglichen Anlagen befragt werden.

Um die Übersichtlichkeit und Vergleichbarkeit der verschiedenen Anlageinstrumente für Investoren zu erhöhen, strebt die Vereinigung zudem ein standardisiertes Kategorisierungssystem analog zu den Plänen in der Europäischen Union (EU) an. Die EU kündigte an, eine einheitliche Systematik und Klassifikation zur Beurteilung der Klimafreundlichkeit von Finanzprodukten für Anfang 2022 in Kraft zu setzen.

Das Ziel der Schweizerischen Bankiervereinigung ist es, die nachhaltig verwalteten Vermögen in der Schweiz weiter zu erhöhen. Die Bankiervereinigung sieht gemäss dem Positionspapier in der nachhaltigen Ausrichtung des Schweizer Finanzplatzes eine Chance und Top-Priorität und strebt im Bereich «Sustainable Finance» eine Rolle als international führender Hub an.

Gemäss dem Branchenverband Swiss Sustainable Finance (SSF) waren 2020 rund 1500 Milliarden Franken nachhaltig investiert, ein Wachstum von rund einem Drittel gegenüber 2019. Besonders ausgeprägt war das Wachstum bei den nachhaltigen Anlagefonds. Sie steigerten ihr Volumen um fast die Hälfte und übertrafen damit erstmals konventionelle Anlagefonds. Die nachhaltigen Mandate für private Gelder sowie Vermögen von Pensionskassen und anderen institutionellen Investoren legten um 29 respektive 15 Prozent zu. Rund ein Drittel des Zuwachses 2020 war gemäss einer Anfang Juni 2021 von SSF veröffentlichten Studie der positiven Entwicklung der Finanzmärkte im Coronajahr zuzuschreiben. Den grössten Einfluss führte die Studie auf den vermehrten Einsatz von nachhaltigen Anlagestrategien zurück. Darunter fallen auch die zahlreichen konventionellen Fonds, die 2020 in nachhaltige Produkte umgewandelt wurden. Zuflüsse von Neugeldern in bestehende Fonds waren hingegen von untergeordneter Bedeutung.

Verwendete Quellen: Schweizerische Bankiervereinigung; Swiss Sustainable Finance; Neue Zürcher Zeitung, 8. Juni 2021

Kapitel 4
Corporate Social Responsibility

Die fortschreitenden Umweltbelastungen und an vorderster Front die Folgen des Klimawandels sowie die wachsenden sozialen Ungleichheiten führen zu neuen, die Staaten weltweit bindenden internationalen Abkommen und darauf basierend zu laufend stringenteren Regularien. Parallel wächst die Sensibilisierung der Konsumenten auf die gegenwärtigen ökologischen und sozialen Herausforderungen stetig. Beide Entwicklungen beeinflussen und verändern die Werte, Geschäftsmodelle und Strategien von Unternehmen massgeblich und treiben ihre nachhaltige Ausrichtung an die neuen Marktrealitäten und Kundenbedürfnisse voran.

4.1 Spezifische Themen

4.1.1 Bekämpfung von Armut und Hunger

4.1.1.1 Armut   Ziel 1 der Sustainable Development Goals (SDGs, siehe auch 3.1.2 «UN Sustainable Development Goals») ist der Armutsbekämpfung gewidmet: Beseitigung der Armut in allen ihren Formen weltweit. Das Ziel beinhaltet die Bekämpfung extremer und relativer Armut, wobei die extreme Armut bis 2030 gänzlich überwunden werden soll. Trotz beachtlichen Erfolgen in der Armutsbekämpfung seit 1990 leben nach wie vor Hunderte Millionen Menschen in extremer Armut, davon sind ungefähr 70 Prozent Frauen. Sie sind von wirtschaftlichen und politischen Krisen, Verlust von Biodiversität und Ökosystemleistungen, Naturkatastrophen und

Gewalt besonders betroffen. Aufgrund der Coronaviruspandemie steigt die Zahl von armen Menschen wieder an. Umso mehr sind weitere Massnahmen zur Stärkung ihrer Widerstandsfähigkeit und zum Aufbau von sozialen Sicherungssystemen dringlich.

Gemäss der Weltbank ging der Anteil der Menschen, die in extremer Armut leben, von 42 Prozent im Jahr 1981 auf 10 Prozent im Jahr 2015 zurück. Trotz Bevölkerungszuwachs fiel somit die Zahl der Menschen, die ihre elementarsten Grundbedürfnisse nicht decken können, von 1,9 Milliarden im Jahr 1981 auf 737 Millionen Personen im Jahr 2015. Als extrem arm gelten nach der von der Weltbank angewendeten Definition Menschen, die mit weniger als 1.90 US-Dollar pro Tag auskommen müssen.

Kritiker, darunter der ehemalige UN-Sonderberichterstatter Philip Alston, der zur Problematik der Armutsgrenze einen Bericht verfasste, werfen der Weltbank vor, sie verwende eine viel zu niedrige, willkürliche Armutsgrenze und zeichne damit eine beschönigende Entwicklung auf. Bei einem realistischeren Grenzwert der Kosten für die minimale Bedürfnisbefriedigung von Ernährung, Kleidung und Unterkunft sei die Armut viel grösser und die Entwicklung weniger ermutigend.

Der frühere Weltbank-Ökonom Martin Ravallion, der heute an der Georgetown University lehrt, hält in seiner Stellungnahme zum Alston-Bericht fest, dass die Limite seinerzeit aus den nationalen Armutsgrenzen von fünfzehn der ärmsten Länder abgeleitet wurde und nicht willkürlich ist. Er räumt jedoch ein, dass das Existenzminimum stark vom mittleren Einkommen in einem spezifischen Land abhängig ist. Jedoch sei es wichtig, um Vergleiche zwischen verschiedenen Ländern und über die Zeit anstellen zu können, dass die Grenzwerte nicht laufend verändert würden.

Gemäss den Berechnungen der Weltbank sind die Fortschritte auch bei höheren Armutsgrenzen deutlich erkennbar, auch wenn diese auf der Zeitachse erst etwas später einsetzen. In Ostasien in Ländern wie China, Indonesien, die Philippinen oder Vietnam mit höheren Einkommen verfügten 1981 über 80 Prozent der Menschen über weniger als das Existenzminimum von 1.90 US-Dollar, dieser Anteil erreichte 2018 nur noch 1,3 Prozent. Demgegenüber liegt der Anteil der Einwohner, die in extremer Armut leben, in Ländern mit niedrigen mittleren Einkommen im subsaharischen Afrika auch heute noch bei rund 40 Prozent.

Die Entwicklung der letzten dreissig Jahre erfährt durch die Coronaviruspandemie aktuell einen Rückschlag. Die Weltbank schätzt, dass über 70 Millionen Menschen in extreme Armut zurückfallen können. Dadurch würde die Armutsquote von geschätzten 8,2 Prozent im Jahr 2019 wieder auf 8,8 Prozent ansteigen und das Ziel der Überwindung extremer Armut weiter in die Ferne rücken. Laut einem im September 2020 veröffentlichten Bericht des UN-Kinderhilfswerks UNICEF und der Hilfsorganisation Save the Children hat die Coronaviruspandemie vor allem in Ländern mit geringen oder mittleren Durchschnittseinkommen 150 Millionen Kinder zusätzlich in die Armut gestürzt. Die Verfasser des Berichts werteten Daten unter anderem zu Bildung, Gesundheitssystemen oder Ernährung in mehr als 70 Ländern aus und stellten fest, dass seit Ausbruch der Pandemie die Zahl der in Armut lebenden Kinder um 15 Prozent auf insgesamt rund 1,2 Milliarden angestiegen ist.

> **Seitenblick: Xi Jinping erklärt die absolute Armut in China für besiegt**
>
> Am 26. Februar 2021 erklärte der chinesische Staats- und Parteichef Xi Jinping die extreme Armut in China für überwunden. Er führte aus, dass er damit sein eigenes Ziel, die absolute Armut bis 2020 zu überwinden, fristgerecht erreicht habe. Dieses Ziel verkündete Xi Jinping bei seiner Machtübernahme 2012 als eines seiner grossen politischen Vorhaben. Nach seinen Angaben konnten noch 2020 und vor 2021, dem Jahr, in dem die Kommunistische Partei Chinas ihr 100-Jahr-Bestehen feiert, die letzten neun von 832 Landkreisen von der Liste der Kreise mit absoluter Armut gestrichen werden.
>
> Berichte der Weltbank bestätigen auf den ersten Blick die Fortschritte unter Xi Jinping. Gemäss der Weltbank sind seit der wirtschaftlichen Öffnung und den Reformen ab 1978 in China mehr als 850 Millionen Menschen von der Armut befreit worden. Zu den zentralen Massnahmen zählten der Ausbau des Sozialsystems sowie Umsiedlungen ganzer Dorfgemeinschaften in städtische Gebiete.
>
> Um ein differenzierteres Bild zu erhalten, ist eine genaue Prüfung der angewendeten Definitionen von absoluter Armut notwendig. China versteht unter der Überwindung der absoluten Armut, wenn sich die Menschen keine Sorge mehr um Kleidung und Nahrungsmittel machen müssen und der Zugang zur obligatorischen Schulbildung, zu medizinischer Versorgung und einer sicheren Unterkunft gewährleistet ist. Ein weiteres Kriterium ist das durchschnittliche Pro-Kopf-Einkommen. Es muss mehr als 4000 Yuan pro Jahr betragen. Da sich die Regierung auf das Durchschnittseinkommen stützt, gibt es somit immer noch viele Einzelpersonen, Familien und Gemeinden, die das Pro-Kopf-Jahreseinkommen von 4000 Yuan nicht erreichen. Dies betrifft insbesondere auch städtische Gebiete, die nicht unter das Programm der ländlichen Armutsbekämpfung fallen. Zwar unterstützt ein Sozialhilfesystem rund 15 Millionen Menschen in städtischen Gebieten. Die Hilfe ist hingegen deutlich zu klein ausgelegt, um alle Bedürftigen zu erfassen. Nach eigenen Angaben investierte der chinesische Staat in den letzten acht Jahren 1,6 Billionen Yuan in die Armutsbekämpfung. Zudem wurden mehr als 3 Millionen Parteikader in arme Dörfer entsandt. Auch grosse Online-Dienstleistungsunternehmen wie Jingdong und Alibaba beteiligten sich an den Programmen und schufen Arbeitsplätze in ländlichen Gebieten.
>
> Die Weltbank definiert ihre Grenzwerte für die absolute Armut abhängig vom wirtschaftlichen Entwicklungsstand eines Landes. Als absolute Untergrenze bestimmt sie 1.90 US-Dollar pro Tag. Die 4000 Yuan liegen über diesem Wert. Allerdings rechnet die Weltbank für Länder mit niedrigem mittlerem Einkommen mit 5.50 US-Dollar pro Kopf und Tag und China als zweitgrösste Wirtschaft der Welt fällt nach der Definition der Weltbank in diese Kategorie. Wird die 5.50-US-Dollar-Grenze angewendet, leben immer noch 373 Millionen Chinesinnen und Chinesen unter der Armutsgrenze. Das ist mehr als ein Viertel der Landesbevölkerung.

Die chinesische Regierung will den Wohlstand weiter fördern. Die bisherige nationale Behörde zur Armutsbekämpfung heisst nun Behörde zur Neubelebung ländlicher Gebiete, deren Bevölkerung zukünftig weiter unterstützt werden soll.

Verwendete Quellen: Weltbank; Neue Zürcher Zeitung, 26. Februar 2021

4.1.1.2 Hunger Ziel 2 der Sustainable Development Goals (SDGs, siehe auch 3.1.2 «UN Sustainable Development Goals») beinhaltet die Bekämpfung des Hungers und lautet: Beendigung des Hungers, Ernährungssicherheit und verbesserte Ernährung, Förderung einer nachhaltigen Landwirtschaft. Gemäss dem im Juli 2020 veröffentlichten jüngsten Welternährungsbericht der Vereinten Nationen (UN) befindet sich der Hunger weltweit auf dem Vormarsch. Zu den Herausgebern des Berichts zählen die fünf UN-Organisationen: Welternährungsorganisation FAO, Kinderhilfswerk UNICEF, Weltgesundheitsorganisation WHO, Internationaler Fonds für landwirtschaftliche Entwicklung IFAD und Welternährungsprogramm WFP. 2019 waren rund 690 Millionen Menschen unterernährt. Dies entspricht knapp neun Prozent der Weltbevölkerung. Dazu zählen auch Millionen von Kindern, die nicht genug zu essen bekommen und oft lebenslange Gesundheitsschäden erleiden.

Die Experten heben die beunruhigende Entwicklung hervor, dass die Zahl der hungernden Menschen in den letzten Jahren wächst und nicht abnimmt. Seit 2014 ist die Zahl der Notleidenden weltweit langsam angestiegen, insgesamt um knapp 60 Millionen Menschen. In den Jahren 2017 und 2018 beeinträchtigten Konflikte und extreme Klimasituationen die Ernährungssicherheit. Sie wird von den Folgen des Klimawandels, zum Beispiel Überschwemmungen und Dürren, immer stärker beeinträchtigt. Ein weiterer Grund für die Ausbreitung des Hungers ist die Zunahme von Migrationsbewegungen. Weltweit treiben zahlreiche Konflikte und Klimakatastrophen Menschen in die Flucht und berauben sie ihrer Lebensgrundlagen. Der Anstieg um rund zehn Millionen unterernährter Menschen im Jahr 2019 ist vor allem auf Wirtschaftskrisen zurückzuführen. 2020 dürften die Coronapandemie und die weitausgedehnten Heuschreckenplagen in Indien, Pakistan und Ostafrika für einen weiteren drastischen Anstieg der Notleidenden führen. Die Expertenschätzungen gehen von rund 83 bis 132 Millionen zusätzlich betroffenen Menschen aus. Zudem dürfte sich die Coronapandemie auch auf Menschen auswirken, die von akutem Hunger bedroht und zum Überleben auf humanitäre Hilfe angewiesen sind. Laut WFP könnte sich 2020 die Zahl der Bedrohten von rund 150 Millionen auf bis zu 270 Millionen fast verdoppeln, darunter viele Kinder.

Eigentlich setzten sich die Vereinten Nationen im Rahmen der Sustainable Development Goals das ambitionierte Ziel, den Hunger weltweit bis 2030 gänzlich zu bannen. Davon ist die Weltgemeinschaft aktuell weit entfernt. Um die Kehrtwende zu schaffen, ist bei den drei Hauptursachen anzusetzen: Konflikte, Klimawandel und Wirtschaftskrisen.

Mit der Vergabe des Friedensnobelpreises, dem wohl renommiertesten Preis für politische Verdienste, an das UN-Welternährungsprogramm WFP mit Sitz in Rom, Italien, setzte das Osloer Nobelpreis-Komitee im Oktober 2020 ein Zeichen und richtete die Aufmerksamkeit auf den grossen Notstand vieler Menschen vor allem in Afrika. In seiner Begründung für die Preisvergabe wies das Komitee auf den jüngsten, starken Anstieg der an Hunger leidenden Menschen hin. Seit seiner Gründung im Jahr 1961 entwickelte sich das WFP zu einem der wichtigsten Akteure im Kampf gegen den Hunger. Allein in den vergangenen fünf Jahren ist die Zahl der Begünstigten von humanitären Unterstützungsprogrammen des WFP um 20 Millionen angestiegen. 2020 unterstützte das WFP rund 100 Millionen Menschen in knapp 90 Ländern. Die rund 17 000 Mitarbeitenden verteilen jährlich etwa 15 Milliarden Mahlzeiten. Seit Jahren allerdings kämpft das WFP um ausreichende finanzielle Zuwendungen der Geberstaaten. Anfang Oktober 2020 hielt das WFP in einem Bericht fest, dass die Budgets für die durch die Coronapandemie bedingten Notmassnahmen zu weniger als einem Drittel gedeckt sind. Als Folge musste das WFP verschiedene Hilfsprogramme verkleinern oder ganz einstellen. So wurden zum Beispiel die Nahrungsportionen für rund 280 000 Südsudanesen um 30 Prozent verkleinert. Die Begründung des Osloer Komitees für die Wahl des Friedensnobelpreisträgers 2020 endet deshalb nicht zufällig mit dem Appell, dass die Arbeit des WFP zum Wohle der Menschheit ein Bestreben ist, das alle Nationen der Welt unterstützen und fördern sollten.

4.1.2 Kinderarbeit und soziale Missstände

Weltweit verrichten gemäss dem von der International Labour Organisation (ILO) sowie dem United Nations Children's Fund (UNICEF) im Juni 2021 veröffentlichten, jüngsten Berichts zur Kinderarbeit «Child Labour: Global Estimates 2020, Trends and the Road Forward» rund 160 Millionen Minderjährige Arbeiten, die schädlich sind und sie vom Schulbesuch abhalten. Besonders verbreitet ist Kinderarbeit im südlichen Afrika (▶ Abb. 17).

Kinderarbeit ist ein höchst anspruchsvolles Problem, für das es keine einfache Lösung gibt. Zu den vielseitigen Facetten zählen Armut, Diskriminierung, fehlende Schulbildung, Kultur, Traditionen, schwache Behörden, mangelnde Sanktionierung, der Zwischenhandel und Abnehmer vorab in entwickelten Ländern, für die es sehr schwierig sein kann, die Herkunft der Ware zu kontrollieren, wenn sie die Lieferkette nicht vertikal integrieren.

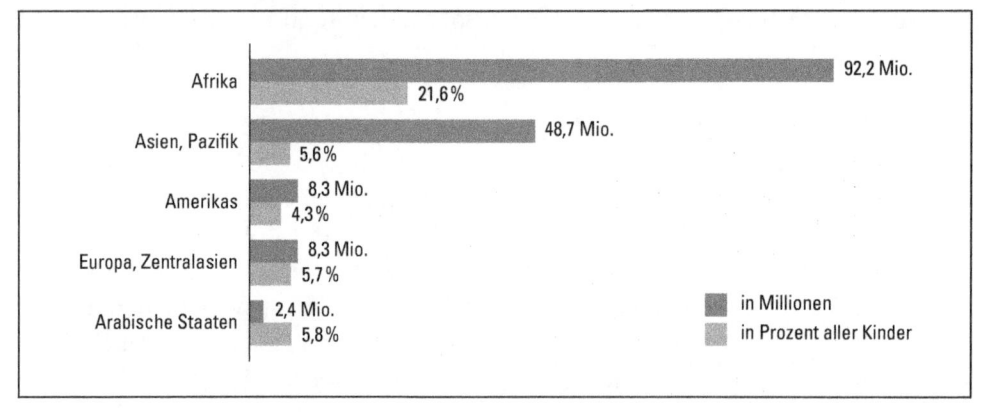

Afrika	92,2 Mio. / 21,6 %
Asien, Pazifik	48,7 Mio. / 5,6 %
Amerikas	8,3 Mio. / 4,3 %
Europa, Zentralasien	8,3 Mio. / 5,7 %
Arabische Staaten	2,4 Mio. / 5,8 %

▲ Abb. 17   Kinderarbeit weltweit
Quelle: ILO und UNICEF, Child Labour: Global Estimates 2020, Trends and the Road Forward

Weit verbreitet ist der Kinderarbeit unter anderen Ländern in Ghana und der Elfenbeinküste. Aus diesen zwei Ländern stammen 70 Prozent der weltweiten Kakaoernte. Das US-Arbeitsministerium schätzt, dass dort rund zwei Millionen Kinder in Kleinfarmen beschäftigt sind. Viele von ihnen stammen aus Mali oder Burkina Faso und wurden teilweise von ihren Eltern verstossen oder verkauft (siehe auch «Seitenblick: Schokolade» auf Seite 207). Eine Schule besuchten sie nie.

In den betroffenen Ländern sind die Regierungen in der Regel zu schwach, um wirksam gegen Kinderarbeit vorzugehen. In vielen Branchen schliessen sich Unternehmen zusammen und ergreifen eigene Massnahmen, um die Kinderarbeit in ihren Lieferketten zu bekämpfen und zu bannen. Sie unterzeichnen gemeinsame Abkommen zur Überwachung ihrer Lieferanten und zur Einhaltung von Menschrechts-, Umwelt- und Qualitätsstandards. Diese Initiativen umfassen oftmals auch Aufklärungskampagnen, Beratung, Training und Direkthilfen an die örtlichen Gemeinwesen sowie das Fördern von Diversifizierung, damit die Bauernfamilien weitere Einkommensquellen aufbauen können. Beispiele dafür sind der Roundtable on Sustainable Palm Oil, die Palm Oil Innovation Group, Responsible Minerals Initiative, Fair Cobalt Alliance oder die Global Battery Alliance. Indirekte Fortschritte bewirken auch die Erweiterung und die steigende Wahrnehmung durch die Öffentlichkeit und Konsumenten der Nachhaltigkeitsberichterstattung der Unternehmen. Mit dem Ziel, Best-Practice-Standards zu erfüllen und jährlich Fortschritte in ihrem Engagement ausweisen zu können, sind die Unternehmen motiviert, ihr ESG-Management kontinuierlich auszubauen und zu einem integrierten Bestandteil ihres Geschäftsmodells zu machen. Weiter wirken sich die Engagements von Ethik- und Qualitätslabel wie Max Havelaar und UTZ positiv aus, wenn auch die Praxis lehrt, dass Zertifizierungssysteme anfällig für Korruption sind und Missbräuche auch bei den besten Intentionen nicht völlig ausgeschlossen werden können. Max Havelaar beispielsweise verfügt über jahrzehntelange Erfahrung mit Kinderarbeit und verfolgt bei der Bekämpfung einen ganzheitlichen Ansatz. Im Zentrum steht eine Entschädigungspolitik, welche den Familien ein Leben in Würde ermöglicht. Zudem hat Max Havelaar die Erfahrung gemacht, dass Policies und Prozesse sich vor allem dann als wirksam erweisen, wenn sie nicht von aussen indoktriniert, sondern gemeinsam mit den Bauern, Familien und lokalen Gemeinschaften entwickelt werden.

Einzelne, meist Nischenanbieter von Premium-Qualitäts-Kaffee oder -Schokolade setzen auf eigens aufgebaute und betreute Lieferketten. Beispiele sind Vicafé, eine Tochter der Cola-Alternative Vivi-Kola, oder das Schweizer Start-up Choba Choba (siehe «Seitenblick: Direkthilfe an Kakaobauern im peruanischen Dschungel» auf Seite 248). Vicafé setzt sich zum Ziel, die ganze Wertschöpfungskette vom Sourcing über das Rösten bis hin zum Transport und Verkauf zu überblicken und zu kontrollieren, um gewährleisten zu können, dass der Kaffee sozial- und umweltverträglich hergestellt wird. Vicafé setzt auf persönliche und langjährige Kooperationen mit Kaffeebauern aus allen wichtigen Kaffeeregionen, die Experten des Unternehmens zwei- bis dreimal pro Jahr besuchen. Hinzu kommen regelmässige Videokonferenzen, um die Verbindung und den engen Kontakt aufrechtzuerhalten. Der enorme Aufwand schlägt sich im Preis des Spezialitäten-Kaffees nieder. Er ist bewusst hoch, dafür ohne Kinderarbeit produziert, ein Vorteil und eine Marketingstrategie, die immer mehr Konsumenten in entwickelten Ländern schätzen und bereit sind, dafür einen Mehrpreis zu zahlen.

Neben dem Kakaoanbau ist auch der Abbau des Schwermetalls Kobalt, das in Batterien von Elektroautos oder Smartphones verwendet wird, äusserst anfällig für Kinderarbeit. In einem Elektroauto werden durchschnittlich rund acht Kilogramm Kobalt verbaut. 70 Prozent des Abbaus stammt aus dem Kongo, 20 Prozent davon aus Kleinstminen, in denen Kinderarbeit weit verbreitet ist. Experten schätzen die Zahl von minderjährigen Beschäftigten auf rund eine Million, die teilweise unter prekären Bedingungen arbeiten. Diverse Konzerne aus dem Westen, darunter Glencore, bauen Kobalt wegen der Risiken nur noch industriell ab. Zudem werden die Industrieminen mit Gittern, Sicherheitsdiensten und Zutrittskontrollen abgegrenzt. Darüber hinaus werden landwirtschaftliche Kooperationen finanziell unterstützt, damit die Familien nicht auf Zusatzeinkommen ihrer Kinder angewiesen sind.

▶ Seitenblick: Schokolade

Côte d'Ivoire ist weltweit der grösste Kakaoproduzent. Rund 40 Prozent der globalen Produktion mit einem Wert von zirka 100 Milliarden US-Dollar stammen aus dem westafrikanischen Land. Über 800 000 Kleinbauern bewirtschaften jeweils einige hundert Bäume. Insgesamt gibt es in Côte d'Ivoire acht Nationalpärke, sechs Naturreservate und 231 Waldschutzgebiete. Aus diesen Gebieten stammen zwischen 30 und 40 Prozent der gesamten Kakaoproduktion im Land. Laut der UNO, die sich auf Satellitenbilder abstützt, sind in Côte d'Ivoire in den letzten fünfzig Jahren rund 90 Prozent der gesamten Waldfläche verschwunden. In den Schutzgebieten wurde allein seit der Jahrtausendwende eine Waldfläche von über 7000 Quadratkilometern abgeholzt.

Die braunen Bohnen wachsen zumeist auf illegalen Kakaoplantagen weit abseits der Hauptverkehrsachsen. Es fehlt an Wasser, Strom, Schulen und Krankenstationen, weil es sich um Orte handelt, die es laut Gesetz gar nicht geben dürfte. Die Gewinnung des Rohstoffs ist arbeitsintensiv, Kinderarbeit ist weit verbreitet. Sie werden für gefährliche Arbeiten wie zum Beispiel zum Spritzen von giftigen Pestiziden eingesetzt. Viele Kinder leben getrennt von ihren Eltern und werden von Mali und Burkina Faso aus zur Arbeit geschickt.

Als um die Jahrtausendwende bekannt wurde, dass auf den ivoirischen Kakaoplantagen bis zu einer Million Minderjährige arbeiten, versprachen die grossen Schokoladenhersteller erstmals 2001, die Kinderarbeit in ihrer Lieferkette zu beseitigen, zuerst bis 2005, dann bis 2008, dann bis 2010. Auch das neuste, bescheidenere Ziel, die Kinderarbeit bis 2020 um 70 Prozent zu verringern, wurde deutlich verfehlt. Industrievertreter weisen auf die Komplexität der Problemstellung hin und halten fest, dass Fortschritte nur erzielt werden können, wenn auch die Regierung Verantwortung übernimmt. Die Beamten sprechen von schrittweisen Verbesserungen und betonen das Mitziehen der Industrie als Voraussetzung für eine Verbesserung der Situation.

2017 verpflichteten sich dreissig der grössten Schokoladehersteller weltweit, darunter Barry Callebaut, Cargill, Nestlé oder Olam, sowie die Regierungen von Côte d'Ivoire und Ghana mit der Cocoa & Forest Initiative, die Waldrodung für den Kakaoanbau zu beenden. In Côte d'Ivoire traten zudem neue Gesetzesbestimmungen in Kraft, welche die Wälder besser schützen sollen. Weiter verpflichtete sich das Land, einen Teil der gerodeten Gebiete wieder aufzuforsten. Nach den Angaben des Waldministeriums soll bis 2030 ein Fünftel des gerodeten Waldes wiederhergestellt sein. Dieser Absicht widerspricht allerdings eine Studie von Global Forest Watch, die eine Fortsetzung und teilweise Zunahme der Abholzungen in den geschützten Gebieten beobachtet.

Waldrodungen, Kinderarbeit, extreme Armut, Korruption: Es stellt sich die Frage, wer von diesem System profitiert. Davon gibt es viele. Die ersten Profiteure sind die Kontrolleure des Waldministeriums. Sie bessern ihr Einkommen mit Schmiergeldern auf. In den illegalen Dörfern ziehen Beamte bei den kleinen Läden und Marktständen Steuern ein – obwohl es sie gar nicht geben dürfte. Der ivoirische Staat verdient so an jedem exportierten Kilogramm Kakao mit. Gäbe es die Plantagen in den geschützten Gebieten nicht, würden die Staatseinnahmen deutlich tiefer ausfallen. Viel Geld wird auch im Zwischenhandel entlang der Lieferkette bis hin zu den grossen Schokoladeproduzenten verdient.

Verwendete Quelle: Neue Zürcher Zeitung, 9. Juni 2020

4.1.3 Diskriminierungsverbot

Das Diskriminierungsverbot untersagt, Menschen aufgrund bestimmter Merkmale oder Tatsachen ungleich zu behandeln. Darin eingeschlossen sind Benachteiligungen oder Herabwürdigungen ohne sachliche Rechtfertigung. Rechtswidrige Unterscheidungsmerkmale sind insbesondere Geschlecht, Rasse, Hautfarbe, Sprache, Religion, politische oder sonstige Anschauungen, nationale oder soziale Herkunft, Zugehörigkeit zu einer nationalen Minderheit, Vermögen, Geburt oder ein anderweitiger Lebensstatus. Als Willkürverbot erfasst das Diskriminierungsverbot jegliches staatliche Handeln. Der Geltungsbereich zwischen Privaten hängt von den widerstreitenden Rechtsprinzipien der Privatautonomie und der Gewichtung der Grundrechte ab und ist in den einzelnen Staaten eng mit den vorherrschenden gesellschaftlichen Werten verbunden.

Das Diskriminierungsverbot ist ein zentraler Bestandteil der Allgemeinen Erklärung der Menschenrechte (AEMR), welche die Generalversammlung der Vereinten Nationen (UN) am 10. Dezember 1948 in Paris als rechtlich nicht bindende Resolution verkündete. 1966 wurden auf UN-Ebene die ersten beiden völkerrechtlich verbindlichen Menschenrechtskonventionen beschlossen: der Internationale Pakt über wirtschaftliche, soziale und kulturelle Rechte (UN Pakt I) sowie der Internationale Pakt über bürgerliche und politische Rechte (UN Pakt II). Die AEMR, der UN Pakt I und der UN Pakt II bilden die Internationale Charta der Menschenrechte. In der Europäischen Menschenrechtskonvention (EMRK) ist das Diskriminierungsverbot in Art. 14 und in der Schweizerischen Bundesverfassung in Art. 8 unter dem Titel Rechtsgleichheit verankert.

4.1.3.1 Gleichstellung von Frau und Mann, einschliesslich Lohngleichheit

Am 1. Juli 1996 trat in der Schweiz das Bundesgesetz über die Gleichstellung von Frau und Mann (Gleichstellungsgesetz) in Kraft. Es hat die Förderung der tatsächlichen Gleichstellung von Frau und Mann im Erwerbsleben zum Ziel und schützt Frauen und Männer vor diskriminierenden Handlungen. Es statuiert insbesondere gleiche Bedingungen für die Anstellung, Aufgabenzuteilung, Gestaltung der Arbeitsbedingungen, Entlöhnung, Aus- und Weiterbildung, Beförderung und Entlassung und schliesst unter diskriminierendem Verhalten auch sexuelle Belästigungen oder andere Verhaltensweisen aufgrund der Geschlechtszugehörigkeit mit ein, welche die Würde von Frauen und Männern am Arbeitsplatz beeinträchtigen. Darunter fallen unter anderem Drohungen, das Versprechen von Vorteilen, das Auferlegen von Zwang und das Ausüben von Druck zum Erlangen eines Entgegenkommens sexueller Art. Adressaten des Gesetzes sind öffentliche und private Arbeitgebende. Es erfasst somit Diskriminierungen in privaten und öffentlich-rechtlichen Arbeitsverhältnissen von Bund, Kantonen und Gemeinden. Das Gleichstellungsgesetz ermächtigt den Bund im Weiteren, Programmen von öffentlichen oder privaten Institutionen zur Förderung der Gleichstellung von Frau und Mann im Erwerbsleben Finanzhilfen zu gewähren. Im Gesetz verankert ist zudem das Eidgenössische Büro für die Gleichstellung von Frau und Mann, das sich für die Beseitigung jeglicher Form direkter und indirekter Diskriminierung einsetzt. Liegt ein Verstoss vor und wird dieser von der betroffenen Person glaubhaft dargelegt, obliegt es dem Arbeitgebenden zu beweisen, dass es sich um keine Diskriminierung handelt und die unterschiedliche Behandlung durch sachliche Gründe wie weniger Leistung oder geringere Qualifikation gerechtfertigt war. Ende April 2021 verabschiedete der Bundesrat zudem eine Strategie, mit deren Hilfe die Gleichstellung von Mann und Frau erreicht werden soll. Die Strategie basiert auf den vier zentralen Themen: Gleichstellung im Erwerbsleben, Vereinbarkeit von Beruf und Familie, Gewaltprävention und Bekämpfung von Diskriminierung. Bis Ende 2021 will der Bund zusammen mit den Kantonen und Gemeinden einen detaillierten Plan ausarbeiten, wie die definierten Ziele erreicht werden sollen. Die Strategie des Bundesrates erntete von Frauen- und Männerorganisationen vorab Kritik. Diese bemängelten, dass die Strategie keine zusätzlichen Gelder vorsieht und somit auch kaum neue Projekte vorschlägt. Die meisten der priorisierten Massnahmen seien zudem bereits beschlossen oder initiiert, beispielsweise die Lohngleichheitsanalysen (siehe unten) oder die Reform der Altersvorsorge (siehe 4.1.11 «Altersvorsorge» und 4.1.3.5 «Berufliche Vorsorge»).

Eine per 1. Juli 2020 in Kraft getretene Revision des Gleichstellungsgesetzes verpflichtet Firmen mit mindestens hundert Angestellten dazu, bis zum 30. Juni 2021 betriebsinterne Lohngleichheitsanalysen durchzuführen. Die Analysen müssen bis spätestens 30. Juni 2022 durch externe Revisoren oder Arbeitnehmervertreter überprüft werden. Danach haben die Unternehmen ein weiteres Jahr Zeit, um die Ergebnisse zu kommunizieren. Sanktionen gegen allfällige Verstösse sieht das Gesetz keine vor.

Laut im Februar 2021 veröffentlichten Zahlen des Bundesamts für Statistik (BFS) ist der Lohnunterschied zwischen Frauen und Männern in den vergangenen Jahren etwas kleiner geworden. Gemäss BFS betrug die Differenz 2018 im öffentlichen und privaten Sektor (Median), durchschnittlich 19 Prozent bei einem Median von 11,5 Prozent. 2008 betrug die durchschnittliche Lohndifferenz noch 16,6 Prozent. Dabei fällt der Lohnunterschied in höheren Hierarchiestufen grösser aus. Laut den Daten für 2018 besteht im obersten bis mittleren Kader ein Lohngefälle von 18,6 Prozent, in Nichtkaderfunktionen von 7,6 Prozent. Auch zwischen den Branchen bestehen Unterschiede. In der Finanzbranche liegen die Frauenlöhne durchschnittlich rund ein Drittel tiefer, im Detailhandel 17,7 Prozent und im Gastgewerbe und der Hotellerie 8,1 Prozent. Gemäss den Recherchen des BFS lassen sich 54,6 Prozent des Lohnunterschieds im öffentlichen und privaten Sektor mit objektiven Faktoren wie Anzahl Dienstjahre, Bildungsniveau, Anforderungsprofil oder Branche begründen. Als

Argumente führt das BFS an, dass Frauen generell in weniger gut bezahlten Wirtschaftszweigen tätig sind oder sie seltener Kaderfunktionen ausüben. Ein bedeutender Faktor für die unterschiedliche Lohnentwicklung dürfte die nach wie vor vorherrschende traditionelle Rollenverteilung bei Familiengründungen und das beschränkte Kinderbetreuungsangebot in der Schweiz sein. Mütter unterbrechen ihre Karriere öfter und arbeiten häufiger Teilzeit, was mit schlechteren Karrierechancen und einem tieferen Lohnwachstum verbunden ist. Die restlichen 45,4 Prozent lassen sich mit diesen Argumenten nicht erklären und sind somit potenziell diskriminierend. Bemerkenswert ist der ansteigende Trend dieser unerklärten Lohnunterschiede. Bei der Erhebung 2016 lag der Wert noch bei 44,1 Prozent und 2014 bei 42,4 Prozent. Unter dem Strich sind im privaten Sektor 8,7 Prozent der Lohndifferenz zwischen Frauen und Männern nicht erklärbar, im öffentlichen Sektor 6,7 Prozent. Zudem bestehen auch zwischen grossen und kleinen Firmen erhebliche Diskrepanzen. Bei Betrieben mit weniger als 20 Beschäftigten beträgt der unerklärte Anteil 57,5 Prozent, bei Unternehmen mit mindestens 1000 Angestellten 31,5 Prozent.

In der Europäischen Union (EU) stellte die EU-Kommission Anfang März 2021 eine neue Richtlinie vor, in welcher sie verbindliche Massnahmen zur Lohntransparenz vorschlägt. Grundlage des Vorstosses ist die Feststellung der Statistikbehörde Eurostat, dass Frauen in der EU im Durchschnitt rund 14 Prozent weniger verdienen als Männer. Die Kommission erläuterte, dass dies langfristige Auswirkungen auf die Lebensqualität von Frauen hat, deren Risiko erhöht, zu verarmen, und zu einer im Vergleich mit Männern schlechter gefüllten Vorsorgekasse führt. Gemäss der neuen Richtlinie müssen zukünftig Firmen mit über 250 Mitarbeitenden Angaben über das geschlechtsspezifische Lohngefälle von Positionen mit der gleichen Arbeit oder mit Arbeit von vergleichbarem Wert veröffentlichen. Zusätzlich sieht die EU-Kommission auch neue Instrumente zur Durchsetzung der Lohngleichheit vor, darunter ein Klageanspruch auf Schadenersatz in Form des entgangenen Gehalts inklusive Boni. Dafür ist eine Beweislastumkehr vorgesehen, das heisst, das Unternehmen muss beweisen, dass keine Diskriminierung vorlag. Halten sich die Firmen nicht an die Regeln, sollen die Mitgliedstaaten Bussen aussprechen. Schliesslich sieht die Richtlinie vor, dass Gleichstellungsbüros und Arbeitnehmervertreter Sammelklagen anstrengen können. Als nächste Schritte steht die Beratung der Richtlinie im Rat der EU-Mitgliedstaaten und im EU-Parlament bevor. Wird ein Kompromiss erzielt, haben die Mitgliedstaaten anschliessend zwei Jahre Zeit, um die Richtlinie in eigene Gesetze umzusetzen.

4.1.3.2 Gleichstellung von Behinderten Das Bundesgesetz über die Beseitigung von Benachteiligungen von Menschen mit Behinderungen (Behindertengleichstellungsgesetz) trat am 1. Januar 2004 in Kraft. Es bezweckt, Benachteiligungen von Menschen mit Behinderungen zu verhindern, zu verringern oder zu beseitigen.

Gleichzeitig setzt es Rahmenbedingungen, die es Menschen mit Behinderungen erleichtern, am gesellschaftlichen Leben teilzunehmen und selbstständig soziale Kontakte zu pflegen, sich aus- und fortzubilden und eine Erwerbstätigkeit auszuüben. Das Gesetz untersagt eine Benachteiligung von Menschen mit Behinderungen bei öffentlich zugänglichen Bauten, beim öffentlichen Verkehr, bei Wohngebäuden mit mehr als acht Einheiten und Gebäuden mit mehr als 50 Arbeitsplätzen, bei Dienstleistungen von Gemeinwesen und konzessionierten Unternehmen sowie in der Aus- und Weiterbildung. Weiter verbietet es eine Diskriminierung bei privaten Dienstleistungen. Der Anspruch auf Unterlassung und Beseitigung einer Benachteiligung besteht hingegen nicht, wenn der zu erwartende Nutzen für Behinderte in einem Missverhältnis zum wirtschaftlichen Aufwand oder zu anderweitigen Interessen steht.

4.1.3.3 Schutz der Persönlichkeit und Gesundheit
Art. 328 Schweizerisches Obligationenrecht (OR) verpflichtet die Arbeitgebenden, die Persönlichkeit des Arbeitnehmenden zu achten und zu schützen. Darin eingeschlossen ist die gebührende Rücksicht auf die Gesundheit des Arbeitnehmenden sowie die Wahrung der Sittlichkeit. Der Arbeitgebende hat somit die notwendigen Massnahmen zum Schutz von Leben, Gesundheit und persönlicher Integrität der Arbeitnehmenden zu treffen, die nach dem Stand der Technik anwendbar, den Verhältnissen des Betriebes angemessen und zumutbar sind. Über das Weisungsrecht des Arbeitgebenden gegenüber seinen Angestellten ist zudem sicherzustellen, dass nicht einzelne Mitarbeitende ausgegrenzt, belästigt oder schlecht behandelt werden. Die Schutzpflicht des Arbeitgebenden verlangt zudem die Unterbindung von Sticheleien und allen Formen des Mobbings, die erst mit genügender Intensität unter den allgemeinen Persönlichkeitsschutz von Art. 28 des Schweizerischen Zivilgesetzbuchs (ZGB) fallen.

4.1.3.4 Kündigungsschutz
Gemäss der schweizerischen Rechtsordnung sind grundsätzlich keine besonderen Gründe für eine Kündigung notwendig. Einzig das Verbot missbräuchlicher Kündigung in Art. 336 OR schränkt die Kündigungsfreiheit ein. Als missbräuchlich gilt eine Kündigung, wenn sie wegen einer Eigenschaft, welche der anderen Partei kraft ihrer Persönlichkeit zusteht, oder, weil die andere Partei ein verfassungsmässiges Recht ausübt, erfolgt. Darin eingeschlossen sind Kündigungen aus Diskriminierungsmotiven. Die einmal ausgesprochene Kündigung bleibt allerdings bestehen, sofern sich die Parteien nicht über die Fortsetzung des Arbeitsverhältnisses einigen können. Es besteht jedoch ein Anspruch auf Entschädigung, die vom Richter unter Würdigung aller Umstände festgesetzt wird und den Betrag von sechs Monatslöhnen nicht übersteigen darf.

Eine sogenannte Rachekündigung, die ohne begründeten Anlass auf eine Beschwerde wegen Diskriminierung erfolgt, kann angefochten werden. Das Gleichstellungsgesetz sieht in Art. 10 für diese Fälle einen Kündigungsschutz für die Dauer eines innerbetrieblichen Beschwerdeverfahrens, eines Schlichtungs- oder eines Gerichtsverfahrens sowie sechs Monate darüber hinaus vor. Der oder die Arbeitnehmende kann während des Verfahrens auf die Weiterführung des Arbeitsverhältnisses verzichten und eine Entschädigung geltend machen.

4.1.3.5 Berufliche Vorsorge　　In der beruflichen Vorsorge wird zwischen der obligatorischen und überobligatorischen beruflichen Vorsorge unterschieden (siehe 4.1.11 «Altersvorsorge»). Erstere ist für alle Arbeitnehmenden obligatorisch und untersteht dem Bundesgesetz über die berufliche Alters-, Hinterlassenen- und Invalidenvorsorge (BVG), womit die Versicherer an die Grundrechte gebunden sind und jegliche Ungleichbehandlung verboten ist. Auch bei der freiwilligen, überobligatorischen beruflichen Vorsorge müssen sich die Versicherer an gewisse öffentlich-rechtliche Verpflichtungen halten, darunter an das Diskriminierungsverbot aufgrund des Geschlechts. Eine kontroverse Frage betrifft die Ungleichbehandlung von weiblichen Arbeitnehmenden, wenn für sie mit dem Verweis auf die höhere statistische Lebenserwartung tiefere Rentenumwandlungssätze gelten als für ihre männlichen Kollegen. Die überwiegende Lehrmeinung erachtet eine solche Ungleichbehandlung als Verstoss gegen das verfassungsmässig geschützte Gleichbehandlungsgebot.

4.1.4　Achtung der Privatsphäre und Datenschutz

4.1.4.1 Achtung der Privatsphäre　　Der Schutz der Privatsphäre ist ein zentrales, im internationalen Recht und in der Schweizerischen Bundesverfassung verankertes Menschenrecht. Es bezweckt, die freie Entwicklung und Entfaltung der Individuen zu ermöglichen, und erfasst unter anderem die Freiheit von staatlicher Überwachung der privaten Umgebung, den Anspruch auf Achtung zwischenmenschlicher Beziehungen, zum Beispiel das Recht auf sexuelle Beziehungen, die physische und psychische Integrität, das Verfügungsrecht über den eigenen Körper, die Speicherung, Verwendung und Verwertung privater Daten (Datenschutz), die persönliche Identität, die Kenntnis der eigenen familiären Herkunft (biologische Elternschaft), das soziale Ansehen, das heisst die Ehre und der gute Ruf einer Person, sowie die Freiheit von schädlichen Immissionen, etwa durch Umweltverschmutzung oder Fluglärm.

Der Schutz der Privatsphäre ist auf internationaler Ebene in der von den Vereinten Nationen (UN) am 10. Dezember 1948 verabschiedeten Allgemeinen Erklärung der Menschenrechte (AEMR) verankert. Sie proklamiert in Art. 12, dass niemand willkürlichen Eingriffen in sein Privatleben, seine Familie, sein Heim oder seinen Briefwechsel oder Angriffen auf seine Ehre und seinen Beruf ausgesetzt werden darf. Der Schutz wurde 1966 durch den Internationalen Pakt über bürgerliche und politische Rechte (UN Pakt II) erweitert und konkretisiert. Die Europäische Menschenrechtskonvention (EMRK) erfasst den Schutz der Privatsphäre in Art. 8 und die Schweizerische Bundesverfassung hält in Art. 13 fest, dass jeder Person ein Anspruch auf Achtung ihres Privat- und Familienlebens, ihrer Wohnung sowie ihres Brief-, Post- und Fernmeldeverkehrs zukommt. Darin eingeschlossen ist auch der Schutz vor Missbrauch persönlicher Daten. Entsprechend muss der Bund die institutionellen und materiellen Voraussetzungen für die Gewährleistung des Schutzes schaffen, dazu zählen insbesondere wirksame Beschwerdemöglichkeiten und der Schutz von Daten.

Einschränkungen des Schutzes der Privatsphäre sind nur zulässig, wenn die allgemeinen Bedingungen für Eingriffe in Grund- und Menschenrechte erfüllt sind. Dazu muss eine gesetzliche Grundlage vorhanden und die Einschränkung notwendig und verhältnismässig sein, um die öffentliche Ordnung, Sicherheit oder Sittlichkeit sicherzustellen oder die Grund- und Menschenrechte anderer zu wahren. Ein Beispiel für einen legitimen Eingriff sind erkennungsdienstliche und andere Massnahmen der Polizei zur Aufklärung von Straftaten. Zu kontroversen Fragen führen insbesondere Themen wie der Schutz der Privatsphäre im Zeitalter des Internets, private Videoüberwachungen im öffentlichen Raum, Umgang mit gewalttätigen Hooligans oder die Oberservation von Sozialversicherten.

4.1.4.2 Datenschutz Die Bedeutung des Datenschutzes wächst in der zunehmend digitalen und vernetzten Informationsgesellschaft. Die Digitaltechnik und insbesondere Errungenschaften wie das Internet, E-Mail, Videoüberwachung, elektronischer Zahlungsverkehr oder Social-Media-Plattformen verleihen der Datenerfassung, -weitergabe, -verarbeitung und -analyse neue Dimensionen. Interesse an personenbezogenen Daten haben staatliche Behörden und Private. Die Sicherheitsbehörden setzen sie für die Verbrechensbekämpfung und -aufklärung ein, die Finanzbehörden nutzen Bankdaten zur Aufdeckung von Steuerdelikten, öffentlich-rechtliche und private Unternehmen erlangen dank der Vernetzung von Daten neue Möglichkeiten, das Konsumverhalten und die Bedürfnisse ihrer Kunden zu erfassen. Daraus erwachsen die Befürchtungen wie der sogenannte Gläserne Mensch, dessen Vorlieben, Präferenzen und Gewohnheiten öffentlich werden und somit seine geschützte Privatsphäre tangieren.

Entsprechend sind Personendaten im wörtlichen Sinn ein wertvolles ideelles und materielles Gut. In einer rechtsstaatlichen und demokratischen Gesellschaftsordnung stellt das informationelle Selbstbestimmungsrecht einen wichtigen Grundsatz dar. Jeder Mensch soll so weit wie möglich selber darüber bestimmen können, welche Informationen über ihn wann, wo und wem bekannt gemacht werden und zugänglich sind. Das betrifft staatliche und private Institutionen. Das Ziel des Datenschutzes ist es, dieses Selbstbestimmungsrecht zu schützen, soweit nicht begründete Interessen wie zum Beispiel die Terrorismus- und Kriminalitätsbekämpfung, der Gesundheitsschutz und die Arbeitssicherheit Einschränkungen legitimieren. Der Datenschutz soll gewährleisten, dass in jedem Fall die Verhältnismässigkeit gewahrt wird, das heisst immer nur so viele persönliche Daten wie nötig erfasst, bearbeitet und ausgewertet werden. Zudem soll den betroffenen Personen ein Auskunftsrecht zukommen, das sie darüber informiert, welche Daten über sie bearbeitet werden.

Auf internationaler Ebene existieren seit 1980 mit den «Guidelines on the Protection of Privacy and Transborder Data Flows of Personal Data» der Organisation für wirtschaftliche Zusammenarbeit und Entwicklung (OECD) international gültige Richtlinien, welche die Harmonisierung der mitgliedstaatlichen Datenschutzbestimmungen zum Ziel haben. Weiter fördern sie den freien Informationsaustausch, wirken gegen ungerechtfertigte Handelshemmnisse und tragen dazu bei, die unterschiedlichen Schutzlevels der europäischen und US-amerikanischen Datenschutzregelungen abzubauen. 1981 verabschiedete der Europarat die Europäische Datenschutzkonvention. Sie steht allen Staaten weltweit offen und weist einen völkerrechtlich verbindlichen Charakter für alle Mitgliedstaaten auf. Im Unterschied dazu sind die Datenschutzrichtlinien der Europäischen Union (EU) nur für die EU-Mitgliedstaaten verbindlich und somit im jeweiligen nationalen Recht umzusetzen. In der Schweiz ist der Datenschutz in Art. 13 der Schweizerischen Bundesverfassung verankert. Auf der Grundlage dieses Verfassungsartikels wurde das Bundesgesetz über den Datenschutz (DSG) erlassen, welches erstmals am 1. Juli 1993 in Kraft trat und mit erwarteter Geltung ab Anfang 2022 vollständig revidiert wurde. Die Totalrevision des DSG verfolgt die Ziele, die mit der rasanten technologischen Entwicklung entstandenen Schwächen zu beheben und den Entwicklungen auf der Ebene des Europarates und der EU Rechnung zu tragen. Das revidierte Datenschutzgesetz soll die Transparenz der Bearbeitung von Daten und die Kontrollmöglichkeiten der betroffenen Personen verbessern. Zugleich soll das Verantwortungsbewusstsein der für die Bearbeitung Verantwortlichen erhöht werden, beispielsweise indem sie dazu verpflichtet werden, bereits bei der Planung neuer Datenbearbeitungen die Einhaltung der Datenschutzvorschriften zu berücksichtigen. Zudem soll die Aufsicht verbessert, die Bekanntgabe von Daten in das Ausland auf der Basis von hohen, international anerkannten Schutzstandards erleichtert und die Entwicklung neuer Wirtschaftszweige im Bereich der Digitalisierung der Gesellschaft gefördert werden. Über das DSG hinaus finden sich in weiteren Bundesgesetzen Bestimmungen zum Schutz der Persönlichkeit. Das Schweizerische Zivilgesetzbuch legt zum Beispiel fest, wie im Fall von Persönlichkeitsverletzungen rechtlich vorgegangen werden kann.

Beim DSG handelt es sich um ein Rahmengesetz, das bei der Beurteilung von Daten- und Persönlichkeitsschutzverletzungen einen grossen Ermessensspielraum einräumt. Datenschutzfragen sind oft komplex und betreffen vielseitige Interessen, was in der Regel eine sorgfältige Prüfung des Einzelfalls und der Art und Weise der Datenverarbeitung notwendig macht. Dabei ist anzufügen, dass die Informationstechnologie enorme Fortschritte macht und damit immer neue Sachverhalte schafft.

Zudem hält das Sicherheitsbewusstsein vieler Datenbearbeitenden mit der technischen Entwicklung nicht Schritt. Andererseits sind viele Personen, von denen Daten bearbeitet werden, ungenügend für Fragen des Persönlichkeitsschutzes sensibilisiert und gehen mit ihren persönlichen Daten leichtfertig um.

Kontrolliert wird die Einhaltung des Datenschutzgesetzes auf Bundesebene durch den Eidgenössischen Datenschutz- und Öffentlichkeitsbeauftragten. Die Kantone sind zuständig für die Kontrolle der Einhaltung der kantonalen Datenschutzgesetze. Ein bemerkenswerter Unterschied zu den Regelungen in den meisten übrigen europäischen Ländern, wie zum Beispiel Deutschland und Österreich, stellt die über das Auskunftsrecht hinausgehende Informationspflicht der Behörden dar, welche in der Schweiz das DSG statuiert. Das heisst, werden besonders schützenswerte Personendaten oder Persönlichkeitsprofile von privaten Personen bearbeitet, dann müssen die betroffenen Personen grundsätzlich aktiv durch den Inhaber der Datensammlung informiert werden.

Die seit Mai 2018 in Kraft getretene, neue Datenschutz-Grundverordnung (DSGVO) der EU ist auch für Schweizer Unternehmen wirksam, die eine Niederlassung in der EU haben oder auf dem Gebiet der EU tätig sind. Die Verordnung regelt die Verarbeitung personenbezogener Daten durch öffentliche Stellen und private Firmen. Als personenbezogene Daten gelten alle Informationen, die sich auf eine direkt oder indirekt identifizierbare Person beziehen. Dabei kann es sich um einen Vornamen, ein Foto, eine E-Mail-Adresse, IP-Adressen oder Beiträge aus den Social Media handeln.

Die DSGVO baut die Rechte der EU-Bürger auf den Schutz ihrer personenbezogenen Daten aus. Sie nimmt die Unternehmen bei der Verarbeitung von personenbezogenen Daten verstärkt in die Pflicht. Betroffen sind auch Schweizer Firmen, die eine mit Google Analytics verknüpfte Website betreiben, auf die auch Nutzer aus dem EU-Raum Zugriff haben. So muss der Betreiber in der Datenschutzerklärung darüber informieren, dass personenbezogene Daten gesammelt und verarbeitet werden. Die DSGVO verlangt, dass die Nutzer den Unternehmen eine gültige Einwilligung zum Verarbeiten ihrer persönlichen Daten erteilen.

Der Europäische Gerichtshof (EuGH) erklärte im Juli 2020 die Datenschutz-Übereinkunft zwischen der EU und den USA für ungültig. In seiner Begründung argumentierte der EuGH, dass die Grundrechte europäischer Bürger bei in der EU erfassten Daten und deren Übertragung in die USA ungenügend geschützt seien. Der Schutz in den USA sei insbesondere nicht gleichwertig, da in den USA die nationale Sicherheit, das öffentliche Interesse und amerikanisches Recht gegenüber den Grundrechten der Personen Vorrang haben. In den USA sind die Datenschutzrichtlinien im Vergleich zur DSGVO in der EU weniger stringent. Zudem nimmt die Rechtsprechung des EuGH auch Bezug auf Affären wie der Fall Edward Snowden oder den Cambridge-Analytica-Skandal. Diese Affären zeigen das Interesse der Geheimdienste auf, Zugang zu möglichst vielen Daten zu erhalten, darunter auch Daten von Facebook wie insbesondere der Fall Edward Snowden 2013 enthüllte. Weiter fällt es den europäischen Gerichten leichter, den Schutz der Privatsphäre gegenüber anderen Prioritäten höher zu werten, weil die grossen Internet-Technologieunternehmen, welche die Daten auch für kommerzielle Zwecke nutzen, fast alle ihren Sitz in den USA haben und sie einen geringeren Bezug haben, deren Eigeninteressen zu berücksichtigen.

Zu rechtlichen Fragestellungen und potenziellen Reputationsschäden kommt es auch bei der pauschalen Auswertung von Daten durch Analyse- und Überwachungsprogramme in den USA. Gemeint sind die digitalen Spuren, welche gemeinnützige und öffentliche Institutionen, Unternehmen und Privatpersonen teilweise leichtfertig bei ihren Aktivitäten im Internet oder auch bei finanziellen Transaktionen hinterlassen. Es besteht der Verdacht, dass Internet-Giganten wie Apple, Amazon, Google, Facebook und andere persönliche Daten für die gezielte Platzierung lukrativer Werbeeinblendungen in Online-Medien oder für das Erlangen anderweitiger ökonomischer respektive politischer Vorteile nutzen.

Nachdem der EuGH das erste Datenschutz-Äquivalenz-Abkommen zwischen der EU und den USA unter dem Namen «Safe Harbor» im Oktober 2015 und nun auch das Nachfolge-Abkommen «Privacy Shield» annullierte, stehen Unternehmen in der EU, die sich bisher auf das Datenschutz-Abkommen EU-USA verlassen haben, Schutzklauseln in privatrechtlichen Verträgen als Ausweg offen. Laut dem EuGH können solche Klauseln unter gewissen Umständen den von der DSGVO geforderten Schutz bewirken. Vereinfacht ausgedrückt muss dafür den Personen, deren Daten exportiert werden, in den USA der gleiche Schutz wie in der EU gewährt werden. Konkret bedeutet dies, dass der Importeur dem Exporteur die Einhaltung der DSGVO garantieren muss.

Der Eidgenössische Datenschutzbeauftragte stellte Anfang September 2020 in einem Positionspapier fest, dass das Datenschutzniveau in den USA trotz der Gewährung von besonderen Schutzrechten für Datenübermittlungen aus der Schweiz nicht adäquat ist. Gestützt auf das DSG strich der Eidgenössische Datenschutzbeauftragte die USA von der Liste von Staaten mit angemessenem Datenschutz. Die Liste dient als Hilfsmittel für Schweizer Datenexporteure für die Umsetzung ihrer Pflicht, das vermutete Schutzniveau bei Vorliegen von Anhaltspunkten für Datenschutzrisiken im konkreten Fall zu hinterfragen und Schutzmassnahmen zu veranlassen oder im Fall von erheblichen Bedenken auf den Export der Daten gänzlich zu verzichten. Der Datenschutzbeauftragte sieht die Grundsätze der rechtmässigen Datenverarbeitung bei Datenzugriffen von US-Behörden unter anderem wegen mangelhafter Transparenz und dem Fehlen von Schutzgarantien bei Eingriffen in die Privatsphäre verletzt.

▶ **Seitenblick: Cambridge-Analytica-Skandal**

Im März 2018 erhoben Hinweisgeber und Digitalaktivisten schwere Vorwürfe gegen die Datenanalysefirma Cambridge Analytica. Das Unternehmen soll mit Russland kooperiert und 2016 in Grossbritannien die Ergebnisse des Brexit-Referendums im Sinne der Austrittsbefürworter beeinflusst sowie in den USA während der Präsidentschaftswahlen gegen die Kampagnenregeln verstossen haben. Dazu habe Cambridge Analytica Daten von 87 Millionen Facebook-Nutzern ohne deren Zustimmung genutzt und diese, auch nach der Aufforderung von Facebook, nicht gelöscht. Die Anschuldigungen, ein Unternehmen habe mithilfe persönlicher Daten von Internetnutzern Russland dabei unterstützt, demokratische Wahlen zu manipulieren, erschütterten die Öffentlichkeit.

Der im Oktober 2020 publik gewordene Untersuchungsbericht der britischen Datenschutzbehörde Information Commissioner's Office (ICO) entkräftete viele Vorwürfe, die gegen die Datenanalysefirma erhoben wurden, und relativierte den Skandal um die vermeintlich grossen Manipulationen. Die Behörde kam nach jahrelangen Untersuchungen zum Schluss, dass keine Beweise vorliegen, dass Cambridge Analytica und deren Muttergesellschaft Strategic Communication Laboratories Group Daten missbraucht hatten, um die Einflussnahme durch Russland auf politische Prozesse zu unterstützen und die Brexit-Abstimmung zu beeinflussen.

Gemäss dem Bericht des ICO entwickelte Cambridge Analytica ein Analyse-Tool, um Wähler gezielt anzusprechen. Ein Teil der Daten, welche das Unternehmen nutzte, stammte ursprünglich von einem Persönlichkeitstest, welcher der an der Universität Cambridge lehrende Psychologie-Professor Aleksandr Kogan Facebook-Nutzern anbot. Die teilnehmenden Personen stimmten der Nutzung ihrer Daten zu. Hingegen wurden auch Daten von Facebook-Nutzern ohne deren Einverständnis mit in die Entwicklung des Tools einbezogen. Der Bericht räumt ein, dass Cambridge Analytica Anstrengungen unternommen habe, die Daten zu löschen, nachdem es von Facebook 2016 dazu aufgefordert worden war. Allerdings hält der Bericht fest, dass einige Daten auch noch 2017 existierten, bevor sie gelöscht wurden. Diese Daten, wenn auch in modellierter Form, könnten somit gemäss der Untersuchung in der US-Präsidentschaftswahl 2016 genutzt worden sein, Beweise dazu würden jedoch keine vorliegen. Zudem kommt der Bericht zum Schluss, dass die angewendeten Analysemethoden in den meisten Fällen anerkannte Verfahren unter Anwendung allgemein verfügbarer Technologien gewesen seien – sogenanntes Microtargeting, eine in der Werbebranche weitverbreitete Methode, um mithilfe persönlicher Daten Konsumenten und die Nutzer gezielt anzusprechen. Noch nicht abgeschlossen sind die Ermittlungen der britischen National Crime Agency.

Verwendete Quellen: Britische Datenschutzbehörde, Neue Zürcher Zeitung, 9. Oktober 2020

4.1.5 Digitale Dienste

Die EU-Wettbewerbs- und -Digital-Kommissarin Margrethe Vestager stellte Mitte Dezember 2020 das Gesetz für digitale Dienste vor. Es regelt Nutzerrechte, Transparenz und Wettbewerbsfragen. Die EU beabsichtigt mit der Vorlage, einen Standard für die Regulierung im Datenzeitalter zu definieren, den grossen Internetkonzernen wie Google, Apple, Facebook oder Amazon Grenzen zu setzen und für mehr Wettbewerb zu sorgen. Bei Verstössen drohen den Anbietern Bussen von bis zu 10 Prozent des Umsatzes und im Extremfall die Aufspaltung.

Die Vorlage stellt einen strategischen Schwerpunkt der EU-Kommission unter dem Vorsitz von Ursula von der Leyen dar. Sie umfasst zwei Texte, das Gesetz über digitale Dienste (Digital Services Act, DSA) und das Gesetz über digitale Märkte (Digital Markets Act, DMA).

Die DSA befasst sich mit der Haftung für Online-Inhalte, die DMA zielt auf die Beschränkung der Marktmacht von Betreibern grosser Plattformen hin. Das neue Gesetz soll die Richtlinie über den elektronischen Geschäftsverkehr aus dem Jahr 2000 (E-Commerce-Richtlinie) ersetzen und Vorschriften für Online-Plattformen europaweit harmonisieren. Es hält an dem vor zwanzig Jahren festgelegten Prinzip des Haftungsausschlusses fest. Demnach können Anbieter wie Facebook grundsätzlich nicht für die von Nutzern geposteten Inhalte verantwortlich gemacht werden. Die Kommission fordert von den Plattformen hingegen neu die Einhaltung von einheitlichen Sorgfaltspflichten und die Einführung von einfachen Beschwerdeprozessen, über welche die Nutzer illegale Inhalte melden und gegen die Löschung eigener Posts vorgehen können. Was genau illegal ist, sollen je nach Thema die Mitgliedstaaten oder EU-Gesetze definieren. Upload-Filter sieht die DSA keine vor. Bei Verdacht auf schwere Straftaten müssen sich die Plattformen in Zukunft bei den Behörden melden. Ferner sollen die Nutzer mehr Wahlrechte erhalten und transparenter informiert werden. Die Vorschriften sind nach Grösse der Anbieter abgestuft. Wer mehr als 45 Millionen Nutzer erreicht, was 10 Prozent der Bevölkerung in der EU entspricht, wird einer neuen Aufsichtsbehörde unterstellt. Für die Unterstützung der Durchsetzung der Massnahmen sollen alle 27 EU-Mitgliedstaaten eine gemeinsame Koordinationsstelle einrichten. Dazu kommt ein von der Kommission geleitetes EU-Gremium, das sich aus Vertretern der nationalen Behörden zusammensetzt.

Die DMA richtet sich an die Anbieter der grössten Online-Plattformen. Zu deren Ermittlung führt das Gesetz drei quantitative Kriterien an: Umsatz, Anzahl aktiver Nutzer und die «Beständigkeit» der Marktstellung. Die Vorlage will faktisch geschlossene Systeme wie etwa Apple und den App-Store, Google und das Betriebssystem Android und Amazon mit ihrer Online-Handelsplattform unterbinden und grösseren Wettbewerb gewährleisten. So müssen diese grossen Anbieter zum Beispiel Geschäftskunden erlauben, auch ausserhalb der Plattform Verträge mit Kunden abzuschliessen, oder dürfen Nutzer nicht mehr daran hindern, vorinstallierte Apps zu löschen.

Erste Reaktionen machen deutlich, dass die Meinungen zu den beiden Vorlagen weit auseinandergehen. Die EU-Kommissarin Margrethe Vestager rechnet mit einer Dauer des legislativen Prozesses von mindestens eineinhalb bis zwei Jahren.

Die geplanten EU-Vorschriften sind für die Schweiz als Nicht-EU-Land grundsätzlich nicht anwendbar. Dennoch werden die Bestimmungen auch Auswirkungen auf Schweizer Nutzer und Unternehmen haben. In vielen Fällen wird es sich für die Tech-Konzerne nicht lohnen, die Schweiz anders als ein EU-Land zu behandeln mit der Folge, dass sie die Schweiz der Region Europa zuordnen. Entsprechend könnten zukünftig auch Schweizer Nutzer von der Möglichkeit zur Meldung und Beseitigung von illegalen Inhalten Gebrauch machen. Umgekehrt ist damit zu rechnen, dass zum Beispiel Facebook auch illegale Posts mit Schweizer Ursprung löschen wird. Andere Rechte werden den EU-Einwohnern vorbehalten bleiben, wie etwa das Einreichen von Beschwerden wegen Verstössen gegen das Gesetz bei der neuen nationalen Koordinationsstelle für digitale Dienste. Zudem wird die neue Gesetzesvorlage für Unternehmen in der Schweiz relevant sein, wenn sie Dienstleistungen in der EU anbieten. Beispiele sind der zur Migros gehörende Online-Händler Galaxus, der Ende 2018 nach Deutschland expandierte, die international tätige TX-Group-Tochtergesellschaft Doodle oder das Start-up Mycamper, das auch in Schweden Wohnmobile vermittelt. Sie werden kaum die umfassenden Regeln für grosse Plattformen, hingegen die minimalen Vorgaben der neuen Sorgfaltspflicht erfüllen müssen. Dazu gehören Informations- und Berichterstattungspflichten sowie die Benennung einer Kontaktperson und eines gesetzlichen Vertreters in einem EU-Mitgliedstaat. Zudem werden sie in den Geschäftsbedingungen offenlegen müssen, welche Prozesse, Massnahmen und Algorithmen für die Bearbeitung von Inhalten eingesetzt werden.

In der Schweiz sind im Bereich Wettbewerb keine vergleichbaren Gesetzesvorlagen geplant. Gemäss dem Staatssekretariat für Wirtschaft (SECO) wird der Gesetzgebungsprozess in der EU jedoch aufmerksam verfolgt. Grundsätzlich ist die Problematik auch dem Bundesrat bekannt. Dieser gab im November 2020 die sogenannte Lex Booking in die Vernehmlassung. Sie beabsichtigt, die Marktmacht von Buchungsportalen wie Booking.com zu beschränken.

4.1.6 Geldwäscherei

4.1.6.1 Internationale Bekämpfung Als Geldwäscherei sind Verfahrensweisen zur Einschleusung illegal erwirtschafteten Geldes respektive illegal erworbener Vermögenswerte in den legalen Finanz- und Wirtschaftskreislauf zu verstehen. Nach Schätzungen der Vereinten Nationen (UN) werden weltweit täglich bis zu 5,5 Milliarden

US-Dollar aus schmutzigen Geschäften wie Menschen-, Drogen- und Waffenhandel, illegaler Prostitution, Schmuggel oder Betrugsfällen gewaschen und in den regulären Geldkreislauf geschleust. Kriminelle Despoten, Mafia- und Drogenbosse sowie korrupte Oligarchen häufen mittels undurchsichtigen Transaktionen Vermögen an, ohne dass später die Herkunft des Geldes nachweisbar ist. Nach der Meinung von Experten ist dies nur möglich, weil die internen Bankkontrollen nicht konsequent genug sind und die Geldwäscherei- und Steuerbehörden international nicht genügend eng zusammenarbeiten und zudem über zu wenig Personal verfügen.

International hat die Groupe d'action financière (Gafi, Financial Action Task Force, FATF) erstmals 1990 einen Standard zur Bekämpfung der Geldwäscherei und der Terrorismusfinanzierung erarbeitet, der bis Mitte 2021 von weltweit über 200 Ländern anerkannt und unterzeichnet wurde, darunter auch die Schweiz. Die Gafi wurde im Jahre 1989 als eine zwischenstaatliche Einrichtung von den Ministern der G-7-Staaten mit einem befristeten Mandat ins Leben gerufen. Ihr Ziel ist die Bekämpfung jeglicher Form der Bedrohung oder des Missbrauchs der Integrität des internationalen Finanzsystems. Die 40 Gafi-Standards stellen im Sinne von sogenanntem Soft Law nicht verbindliche Empfehlungen dar, die zu ihrer Umsetzung ein formelles nationales Gesetzgebungsverfahren erfordern. Die Gafi führt periodisch Länderexamen durch, um die Umsetzung und Einhaltung der Standards zu unterstützen und zu fördern. Bei der Feststellung von Mängeln schlägt das Gafi zudem Massnahmen zur Verbesserung der Geldwäschereibekämpfung vor.

Die Kommission der Europäischen Union (EU) gab am 20. Juli 2021 bekannt, den Aufbau einer Anti-Money-Laundering Authority (AMLA) zu planen. Die neue Behörde soll bei Verstössen gegen EU-Geldwäscherei-Regeln eigenständig Finanzsanktionen verhängen können sowie die nationalen Aufsichtsbehörden koordinieren, um die Wirksamkeit von deren Massnahmen gegen die Geldwäscherei zu stärken. Das EU-Massnahmenpaket beinhaltet zudem Vorschläge für eine einheitliche Bargeldobergrenze von 10 000 Euro bei Zahlungen sowie verschärfte Vorschriften für Anbieter von Krypto-Dienstleistungen.

4.1.6.2 Regeln in der Schweiz Die Schweizer Geldwäschereibekämpfung basiert auf zwei Pfeilern. Geldwäscherei ist einerseits ein Straftatbestand gemäss Artikel 305bis des Schweizerischen Strafgesetzbuchs (StGB) und wird von den Strafbehörden geahndet. Weiter erliess der Gesetzgeber das Bundesgesetz über die Bekämpfung der Geldwäscherei und der Terrorismusfinanzierung im Finanzsektor (Geldwäschereigesetz, GwG). Es schreibt den Finanzintermediären die Einhaltung von Sorgfalts- und Meldepflichten bei ihren Kundengeschäften vor. Das GwG ist als Rahmengesetz aufgebaut und beruht auf dem Prinzip der Selbstregulierung. Die Eidgenössische Finanzmarktaufsicht (FINMA), die auch die Einhaltung der Pflichten gemäss GwG überwacht, hat zudem zum GwG eine konkretisierende Verordnung (GwV-FINMA) erlassen.

2019 legte der Bundesrat einen Vorschlag zur Verschärfung des GwG mit dem Ziel vor, die wichtigsten Empfehlungen aus dem Gafi-Länderbericht zur Schweiz aus dem Jahr 2016 umzusetzen, die Rechtssicherheit zu erhöhen und den Finanzplatz Schweiz zu stärken. Die ursprüngliche Gesetzesrevision beinhaltete eine sogenannte Beraterklausel, die im Parlament auf heftigen Widerstand stiess. Dies erstaunte insofern nicht, als rund 30 der 246 Parlamentarier Anwälte sind. Sie sollten nach dem Willen des Bundesrates zukünftig als Dienstleister im Zusammenhang mit der Gründung, Führung oder der Verwaltung von Briefkastenfirmen und Trusts dem Geldwäschereigesetz unterstellt sein. Zu den vorgeschlagenen Pflichten zählten Kundenidentifikation, Feststellung des effektiven Eigentümers, Dokumentation sowie bei begründetem Verdacht auf Delikte Meldung an die Geldwäscherei-Meldestelle (MROS). Bisher waren Anwälte und andere Berater nur dann dem Geldwäschereigesetz unterstellt, wenn sie direkt zum Beispiel auf der Basis eines Verwaltungsratsmandats über Kundengelder verfügen können.

In der Frühjahrssession im März 2020 lehnte der Nationalrat das Eintreten auf die Vorlage ab, obwohl die umstrittene Klausel nur eine von acht vorgeschlagenen Änderungen betraf. In der Herbstsession 2020 verwarf auch der Ständerat die Beraterklausel deutlich. Als Argumente führte die kleine Kammer an, der Vorschlag würde das Anwaltsgeheimnis in Frage stellen, die Geldwäschereibekämpfung funktioniere mit dem bisherigen System und der Bundesrat gehe mit seinem Vorschlag über die globalen Standards und die EU-Vorgaben hinaus. Laut den Befürwortern der Beraterklausel stand diese hingegen in Einklang mit der entsprechenden EU-Richtlinie aus dem Jahr 2015, da sich diese auch auf Tätigkeiten von rechtsberatenden Berufen erstrecke.

Auch mit Blick auf die Ausgangslage für das nächste Gafi-Länderexamen stimmte der Ständerat schliesslich einem abgeschwächten Revisionsvorschlag ohne Beraterklausel zu. Eine weitere Verwässerung betraf die Definition für «begründeten Verdacht», der laut Kritikern die Meldeschwelle im Vergleich zur heutigen Praxis erhöht. So soll erst eine Meldepflicht entstehen, wenn bei konkreten Hinweisen oder mehreren konkreten Anhaltspunkten diese aufgrund zusätzlicher Abklärungen glaubhaft gemacht oder bestätigt werden. Gegen diese Zusatzbedingung des Glaubhaftmachens oder Bestätigens erhob die FINMA Bedenken und hielt fest, dass unter einem solchen Regime das Schweizer Meldesystem ausgehöhlt werde und selbst offensichtliche Fälle wie zum Beispiel im Kontext von 1MDB, Petrobras und Fifa nicht mehr gemeldet werden müssten. Nach den Worten der FINMA kann sich die Schweiz als führender Vermögensverwaltungsstandort eine solche Bestimmung nicht leisten. Ein zweiter Knackpunkt war die Ablehnung, das Maximum von Barzahlungen im Handel mit Edelmetallen und Edelsteinen in Einklang mit den globalen Standards von 100 000 auf 15 000 Franken zu senken. Der Nationalrat beschloss im zweiten Umlauf in der Wintersession im Dezember 2020 einen Kompromissvorschlag ohne Anwaltsklausel, aber mit der ausdrücklichen gesetzlichen Verankerung der Pflichten von Finanzdienstleistern zur Identifikation der wirtschaftlich Berechtigten bei Kundengeldern. Faktisch bestanden diese Pflichten bereits bisher, hingegen stiess das Fehlen einer ausdrücklichen gesetzlichen Regelung auf Kritik. Weiter schlug der Nationalrat auch vor, die Pflicht zur periodischen Überprüfung und Aufdatierung der Kundendaten im Gesetz zu verankern. Beide Elemente zusammen ermöglichen der Schweiz gemäss der Einschätzung des Bundes die Einhaltung von zentralen Empfehlungen des Gafi. Zudem beschloss der Nationalrat auch die Senkung des Schwellenwertes für Sorgfaltspflichten im Edelmetall- und Edelsteinhandel von 100 000 auf 15 000 Franken. In der Frühjahrssession im März 2021 folgte der Ständerat dem Vorschlag des Nationalrates, womit die Revision des GwG verabschiedet werden konnte. Der Bundesrat bezeichnete den schlussendlich getroffenen Kompromiss als genügend und kündigte im Interesse der internationalen Reputation des Schweizer Finanzplatzes weitere Reformen an.

Bei der letzten Länderprüfung durch das Gafi 2016 schnitt die Schweiz im Mittelfeld mit einem durchmischten Zeugnis ab. Seither befindet sich die Schweiz auf einer Art grauer Liste von Ländern, die unter besonderer Beobachtung stehen. Unter anderem bemängelte das Gafi, dass Anwälte, Notare und Treuhänder nur sehr begrenzt dem Geldwäschereigesetz unterstellt sind. Der jüngste Gafi-Zwischenbericht vom Januar 2020 attestierte zwar Verbesserungen, doch die Schweiz verblieb auf der Beobachtungsliste. Der Bundesrat geht davon aus, dass die Schweiz das kommende Länderexamen, das für 2022 vorgesehen ist, mit dem nun revidierten GwG auch ohne Beraterklausel bestehen und von der Beobachtungsliste wegkommen wird. Doch auch international bleiben die Entwicklungen nicht stehen. Der Bundesrat geht deshalb davon aus, dass der Druck auf die Schweiz zu weiteren Reformen bestehen bleibt.

Ein aktueller Fall betrifft die Credit Suisse. Die Schweizer Bundesanwaltschaft erhob Mitte Dezember 2020 Anklage gegen die Bank, weil sie Geldwäsche einer bulgarischen Drogenschmugglerbande aufgrund von Organisationsmängeln nicht verhindert habe. Die Drogenhändler hätten unter Mithilfe einer Credit-Suisse-Kundenberaterin diese Schwachstellen von 2004 bis 2008 zum Waschen illegaler Einkünfte von insgesamt 140 Millionen Franken genutzt. Der Bankmitarbeiterin wirft die Anklage vor, Sorgfaltspflichten gemäss der Geldwäschereigesetzgebung verletzt und eine Meldung an die MROS verhindert zu haben. Die Bank habe es dadurch versäumt, die Konten rechtzeitig zu sperren, und so den bulgarischen Kriminellen ermöglicht, 35 Millionen Franken in Sicherheit zu bringen. Ein Grossteil dieser Gelder sei in der Folge von dem Drogenring, dessen Chef bereits in Bulgarien, Rumänien und Italien zu langen Freiheitsstrafen verurteilt wurde, mit Immobilienkäufen von der Schweiz aus gewaschen worden. Die Credit Suisse weist die Vorwürfe vehement zurück und zeigt sich überzeugt von der Unschuld ihrer ehemaligen Mitarbeiterin.

4.1 Spezifische Themen

Sie weist darauf hin, die Vorwürfe der Bundesanwaltschaft nähmen Grundsätze und Regeln als Massstab, welche zur damaligen Zeit gar noch nicht gegolten hätten. Nach 13-jährigen Ermittlungen der Bundesanwaltschaft wird der Verjährungsfrist von maximal 15 Jahren in diesem Verfahren eine zentrale Rolle zukommen. Ernüchternd ist dabei, dass nach jahrelangen Ermittlungen gewisse Vorkommnisse in den Jahren 2004 bis sicher 2006 bereits verjährt sein dürften, bevor sie von einem Gericht beurteilt werden.

Für grosses Aufsehen sorgte im Dezember 2020 in den Niederlanden und der Schweiz auch die Anweisung des Berufungsgerichts in Den Haag an die Staatsanwaltschaft, ein strafrechtliches Verfahren gegen Ralph Hamers, seit November 2020 CEO der UBS, aufzunehmen. Ralph Hamers leitete von 2013 bis 2020 die grösste niederländische Bank ING. Laut den Gerichtsunterlagen sollen über deren Konti zwischen 2010 und 2016 Hunderte von Millionen Euro gewaschen worden sein. Zivilrechtlich beendete ING den Fall mit einem Vergleich und zahlte 775 Millionen Euro Strafe. Der ING-Finanzchef trat in der Folge von seiner Funktion zurück, Ralph Hamers blieb im Amt. Der Vergleich löste in den Niederlanden Unmut aus und eine Beschwerde, welche zur Anweisung an die Staatsanwaltschaft führte, das Berufungsgericht anzurufen. Laut den Richtern hat Ralph Hamers zu wenig unternommen, um kriminelle Tätigkeiten innerhalb des Konzerns zu verhindern. Dadurch habe er verbotene Praktiken wissentlich in Kauf genommen. Um einen möglichen Fehler beurteilen zu können, muss hingegen zunächst geklärt werden, was Ralph Hamers von den Missständen wusste. Er selbst stellte sich auf den Standpunkt, nie Kenntnis von einer Straftat gehabt zu haben. Die Missstände ereigneten sich in einer niederländischen Gruppengesellschaft und waren nicht einmal dem für diese Gesellschaft zuständigen Geschäftsführer bekannt. Innerhalb der ING waren zwar Mängel bei der Umsetzung der Anti-Geldwäscherei-Vorschriften bekannt. Über diese informierte die Bank auch, hingegen gelangte die Geschäftsleitung des Konzerns zur Auffassung, dass keine strafbaren Handlungen vorliegen. Laut dem Berufungsgericht sandte 2014 der Ralph Hamers direkt unterstellte Leiter der Rechtsabteilung eine E-Mail an die Geschäftsleitung des Konzerns. Darin wies er in alarmierender Wortwahl auf Defizite bei den Aufsichtspflichten der Bank sowie explizit auf das Risiko einer Strafverfolgung hin, sollte die Geschäftsführung die von der internen Revisionsstelle aufgedeckten Mängel nicht dringend beheben. Darüber hinaus erstattete der Leiter der internen Revisionsabteilung Ralph Hamers monatlich Bericht. Aus dessen Mitteilungen von 2010 bis 2016 gehen laut dem Gericht verschiedene strukturelle Probleme der Bank hervor. Zu diesen zählten unter anderen das Fehlen oder die Unvollständigkeit von Risikoprofilen der Kunden, die Einstufung von politisch exponierten Personen in die falsche Risikoklasse, Mängel bei der periodischen Überprüfung des Kundenakzeptierungsprozesses, die Weiterführung respektive zu späte Beendigung der Beziehungen zu gewissen Kunden sowie ein unzureichendes System zur Überwachung von Transaktionen. Allgemein galt die interne Revisionsstelle, deren Budget in die Verantwortlichkeit von Ralph Hamers fiel, als personell unterdotiert. Darüber hinaus stellte ein Inspektionsbericht der Europäischen Zentralbank (EZB) im Juli 2015 mehrere Mängel in Bezug auf die Compliance-Funktion fest. Zudem bestrafte 2015 die niederländische Zentralbank ING Niederlande, weil sie Kunden nicht sorgfältig genug geprüft und damit gegen Vorschriften zur Bekämpfung von Geldwäsche und Terrorfinanzierung verstossen hatte. Abschliessend hielt das Berufungsgericht fest, es sei nicht blind und nehme die Emotionen und Diskussionen wahr, welche der Vergleich mit ING und das ungeschorene Davonkommen des Managements hervorgerufen hätten. Das Gericht wies auch auf die Gefahr hin, wonach ohne sorgfältige Prüfung ihrer Verantwortlichkeit Manager vermehrt versuchen könnten, hohe Bussen aus der Unternehmenskasse zu bezahlen, um einer Anklage zu entgehen. Die Staatsanwaltschaft und die Gerichte werden faktisch auch darüber befinden, ob Ralph Hamers als UBS-Chef noch tragbar ist.

4.1.6.3 **FinCEN-Files**   Ein im September 2020 veröffentlichter Bericht des Journalistennetzwerks International Consortium of Investigative Journalists (ICIJ) brachte als Folge eines Datenlecks vertrauliche Unterlagen aus dem Financial Crimes Enforcement Network (FinCEN) des US-Finanzministeriums zum Vorschein, die grosse Defizite und Versäumnisse von Seiten der Banken und Behörden in der internationalen Bekämpfung von Geldwäscherei aufzeigen.

Das New Yorker Online-Portal Buzzfeed hatte im Frühjahr 2019 Zugriff auf die Daten, welche danach vom Recherchenetzwerk ICIJ aufgearbeitet wurden. Laut dem Bericht wickelten Banken aus aller Welt trotz strengen Geldwäschereiregeln, durch die US-Behörden ausgesprochenen Verwarnungen und in den vergangenen Jahren bezahlten Bussen weiterhin Geschäfte mit hochriskanten Kunden und mutmasslichen Kriminellen ab. Für solche Kunden führten die Banken Überweisungen von Milliardenbeträgen undurchsichtiger Herkunft aus. Das Konsortium nennt verschiedene Grossbanken, darunter in alphabethischer Reihenfolge Bank of New York Mellon, Barclays, China Investment Corporation, Commerzbank, Deutsche Bank, HSBC, JP Morgan, Société Générale, Standard Chartered und State Street Corporation.

Im Zentrum der Datensammlung, die zu den detailliertesten Aufzeichnungen des US-Finanzministeriums zählt, stehen rund 2100 sogenannte Suspicious Activity Reports, welche die Banken in den Jahren 1999 bis 2017 an das FinCEN geschickt haben. Neben den FinCEN-Files erhielt das Journalistenkonsortium auch Einblick in Aufzeichnungen von Insidern und Whistleblowern, Gerichtsakten, Informationsanfragen und weiteren Quellen. Zudem interviewte das Team Hunderte von Personen, unter ihnen Experten für Finanzkriminalität, Justizbeamte und Opfer von Straftaten. An der Auswertung waren 110 Medien aus 88 Ländern beteiligt, darunter aus der Schweiz der «Tages-Anzeiger» und aus Deutschland NDR, WDR und die «Süddeutsche Zeitung». Laut dem ICIJ-Bericht kommt solchen nachträglichen Geldwäschereiverdachtsmeldungen oftmals reiner Pro-forma-Charakter zu, da die mit der Prüfung beauftragten Behörden chronisch unterbesetzt sind. Zudem tragen die mangelnden personellen Ressourcen dazu bei, dass die Behörden den fragwürdigen Transaktionen oft lange tatenlos zuschauen. Kommt hinzu, dass die Banken die verdächtigen Transaktionen nur zögerlich und teilweise mit jahrelanger Verspätung melden. Obwohl in den USA eine Meldepflicht von 30 Tagen nach Verdachtnahme gilt, zeigen die FinCEN-Files auf, dass die Meldungen im Schnitt erst nach 166 Tagen, also fast ein halbes Jahr später, erfolgen. Die Recherchen enthüllen zudem, dass verschiedene Banken Geschäfte abwickeln und Berichte erst einreichen, wenn eine Transaktion oder ein Kunde in den Medien auftaucht oder die Justiz aktiv wird. Die FinCEN-Dokumente decken bisher unbekannte Fälle von Korruption und Drogenhandel sowie neue Details zu bekannten Skandalen auf. Insgesamt umfassen sie eine Transaktionssumme von 2 Billionen US-Dollar.

Hinweise auf mögliche verdächtige Geldtransaktionen finden sich bei Schweizer Instituten, darunter in alphabethischer Reihenfolge Bank Sarasin, Bank Vontobel, Credit Suisse, Julius Bär, Pictet, Raiffeisen, UBS und Zürcher Kantonalbank. Sie betreffen laut dem «Tages-Anzeiger» mehrere hundert Verdachtsmeldungen und schliessen 2051 Transaktionen mit Zahlungseingängen von rund 3,7 Milliarden US-Dollar und Geldabgängen von rund 4,2 Milliarden US-Dollar ein. Dieses Transaktionsvolumen fällt im Vergleich zu anderen Ländern relativ gering aus.

Laut Daniel Thelesklaf, der bis im Juni 2020 Leiter der zentralen Meldestelle für Geldwäscherei beim Bundesamt für Polizei (MROS) und somit oberster Geldwäschereibekämpfer des Bundes war, kann die Schweiz nur einen geringen Anteil der Gelder abwehren, die in der Schweiz gewaschen werden. Dabei handle es sich vor allem um Kleinstfälle, etwa wenn einem Dealer neben Drogenhandel auch noch Geldwäscherei angelastet werden kann. Die grossen Geldwäscher würden hingegen häufig unangetastet bleiben. Gemäss den von Daniel Thelesklaf in einem Interview mit dem «Tages-Anzeiger» im September 2020 geäusserten Aussagen beschlagnahmten der Bund und die drei Kantone Zürich, Genf und Tessin im Jahr 2015, für welches genaue Zahlen vorliegen, zusammen 190 Millionen Franken. Im selben Jahr meldeten die Banken jedoch verdächtige Gelder in Höhe von 4,8 Milliarden Franken. Seit 2016 stiegen diese Beträge auf jährlich 12 bis 17 Milliarden Franken an. Diese Zahlen zeigen auf, dass die Schweizer Behörden nur einen kleinen Bruchteil der gemeldeten Gelder einzuziehen vermögen.

Gemäss Daniel Thelesklaf müsste, um diesen Missständen Abhilfe zu verschaffen, die Schweiz ihre Geldwäschereigesetzgebung verschärfen und griffiger ausgestalten. Bisher habe die Schweiz ausgehend vom Druck internationaler Abkommen nur das absolute Minimum umgesetzt, so zum Beispiel 1996 die Schaffung der MROS. Insbesondere bei grossen Fällen von Geldwäscherei erachtet Daniel Thelesklaf die Umkehr der Beweislast als wirksames Mittel zur Geldwäschereibekämpfung, wie sie bereits in Deutschland und England gilt. Demnach hätten die Auftraggeber von grossen Transaktionen die legale Herkunft der Gelder zu deklarieren und nicht umgekehrt die Behörden den illegalen Erwerb der Vermögen nachzuweisen – ein Vorgang, der oft an der ausbleibenden Rechtshilfe von Drittstaaten scheitert, die ihre eigenen Bürger schützen. Weiter besteht Handlungsbedarf in der internationalen Zusammenarbeit, insbesondere bei der erwähnten Rechtshilfe, im Austausch von Steuerdaten sowie generell im Bereich IT und Automatisierung von Abläufen. Schliesslich müssten anstelle der Verfolgung von Einzelfällen die Vorgehensmuster der Geldwäscher besser erforscht und unterbunden werden, um die Prävention wirksam zu verstärken.

4.1.7 Handelsabkommen und Menschenrechts- und Umweltstandards

Freier und durch Zölle unbehinderter Handel und die Achtung und Einhaltung von Menschrechts- und Umweltstandards können in vielen Regionen der Welt einen Zielkonflikt darstellen. Zudem zeigt sich bei den Abschlüssen von neuen Handelsabkommen vermehrt ein generelles Unbehagen gegenüber den Auswirkungen der Globalisierung.

Per se dienen Handelsabkommen in erster Linie wirtschaftlichen Interessen und weniger der Durchsetzung von eigenen Wertvorstellungen. Sie leisten mitunter einen wichtigen Beitrag zur Mehrung des Wohlstands und zur Bekämpfung der Armut. Dennoch erweist sich die Herausforderung, die Stärkung der Aussenwirtschaft und gesellschaftliche Anliegen und Forderungen unter einen Hut zu bringen, als ein heikler Balanceakt.

Die Schweiz verfolgt bei den Handelsabkommen im Gegensatz zum Anschluss in grossen internationalen Partnerschaften die Strategie des bilateralen Wegs. Die Abkommen werden normalerweise im Rahmen der Europäischen Freihandelsassoziation (EFTA: Schweiz, Norwegen, Island und Liechtenstein) abgeschlossen. Weiter nutzt die Schweiz die Möglichkeit, Freihandelsabkommen auch ausserhalb der EFTA abzuschliessen, wie beispielsweise im Fall von Japan oder China. Neben der EFTA-Konvention und dem Freihandelsabkommen mit der Europäischen Union (EU) verfügte die Schweiz per Ende Juli 2021 über ein Netz von 31 Freihandelsabkommen mit 41 Partnern. In unterschiedlichen Entwicklungsstadien stehen Verhandlungen zu möglichen neuen Freihandelsabkommen mit den USA, dem südamerikanischen Staatenbund Mercosur sowie mit Indonesien, Vietnam und Malaysia. Nach Abbruch der Verhandlungen zu einem Rahmenabkommen durch den Schweizer Bundesrat Ende Mai 2021 ist der Fortbestand des Freihandelsabkommens mit der EU in Frage gestellt.

Auf der supranationalen Ebene sind die Welthandelsorganisation (WTO), der Internationale Währungsfonds (IWF) und die Weltbank die zentralen Organisationen, die sich mit der Handels- und Wirtschaftspolitik von globaler Reichweite befassen. Die WTO mit Sitz in Genf, Schweiz, ging am 15. April 1994 aus dem General Agreement on Tariffs and Trade (GATT) in der Uruguay-Runde nach siebenjähriger Verhandlungszeit hervor und nahm ihre Arbeit am 1. Januar 1995 auf. Die zwei Kernaufgaben der WTO sind die Koordination der Handelspolitik der Mitgliedstaaten sowie die Streitschlichtung zwischen den Mitgliedern. Grosse internationale Handelspartnerschaften sind unter anderen der Europäische Wirtschaftsraum (EWR zwischen EU und EFTA), die transpazifische Partnerschaft (CPTPP, Comprehensive and Progressive Agreement for Trans-Pacific Partnership zwischen den elf Mitgliedern Australien, Brunei, Kanada, Chile, Japan, Malaysia, Mexiko, Neuseeland, Peru, Singapur, Neuseeland und ursprünglich den USA, auch bekannt unter dem Namen TPP11), die Regional Comprehensive Economic Partnership (RCEP, Abkommen zwischen den zehn ASEAN-Mitgliedsstaaten und fünf weiteren Staaten in der Region Asien-Pazifik), das African Continental Free Trade Agreement (AfCFTA, Abkommen zwischen 55 afrikanischen Staaten), das seit dem 1. Juli 2020 in Kraft getretene Nordamerikanische Freihandelsabkommen (USMCA, United States-Mexico-Canada Agreement als Nachfolgevereinbarung zum North American Free Trade Agreement, NAFTA) sowie die zwischen der EU und den USA geplante Transatlantische Handels- und Investitionspartnerschaft (TTIP, Transatlantic Trade and Investment Partnership).

Für grosses Aufsehen, insbesondere mit Bezug auf die Beachtung und Einhaltung von Menschenrechten, sorgte der Abschluss des Freihandelsabkommens zwischen der Schweiz und China, das am 1. Juli 2014 in Kraft trat. Die Schweiz ratifizierte das Abkommen, obwohl es keine Bestimmungen zum Schutz der Menschenrechte enthält. Somit gibt es für die Schweiz keine Garantien, dass Waren, welche in Zwangsarbeit hergestellt wurden, nicht unter begünstigten Einfuhrbedingungen auf den Schweizer Markt gelangen. Im Schweizer Parlament wurden Anträge für die Unterstellung des Abkommens unter ein fakultatives Referendum abgelehnt, obwohl die Menschrechtslage in China auch international scharf kritisiert wird. Die Hauptvorwürfe betreffen die Unterdrückung ethnischer Minderheiten, exzessive Anwendung der Todesstrafe, Zwangsarbeit für die Produktion billiger Produkte, menschunwürdige Arbeitsbedingungen und eine rigorose Zensur und scharfe Repression gegenüber den Menschenrechtsaktivisten. Mit dem Abschluss des Freihandelsabkommens gewichtete die Schweiz die Erlangung von wirtschaftlichen Vorteilen höher als die Beachtung und Durchsetzung von minimalen Standards bei Menschen- und Arbeitsrechten. Aus menschenrechtlicher Sicht stellt das Abkommen einen Rückschritt gegenüber den im Rahmen der EFTA oder bilateral abgeschlossenen Freihandelsabkommen der Schweiz dar, umso mehr als in allen schweizerischen Freihandelsabkommen der jüngeren Vergangenheit, darunter jene mit Kolumbien, der Ukraine und Hongkong, das Bekenntnis zu den Menschenrechten bekräftigt wird. In diesem Bekenntnis eingeschlossen ist die Einhaltung von international vereinbarten arbeitsrechtlichen Mindeststandards. Als solche gelten die acht Kernarbeitsnormen der Internationalen Arbeitsorganisation (ILO; siehe dazu auch 3.1.6 «ILO-Kernarbeitsnormen»). Gemeinsam mit weiteren Organisationen der sogenannten China-Plattform forderte die Menschenrechtsorganisation Public Eye, ehemals Erklärung von Bern, wiederholt griffige und verbindliche Menschenrechtsbestimmungen für das Freihandelsabkommen mit China. Dafür braucht es gemeinsame Zielvereinbarungen, effektive Monitoringmechanismen sowie Sanktionsmöglichkeiten. Angesichts der sich tendenziell vergrössernden Kluft zwischen dem Westen und China sollte die Schweiz die Chancen und Risiken der Nähe zu Peking abwägen und sich nicht scheuen, heikle Themen anzusprechen. Dazu zählen vermutete Menschenrechtsverletzungen in Xinjiang, wo gemäss Berichten der sogenannten China Cables sowie Amnesty International bis zu ungefähr einer Million Angehörige muslimischer Minderheiten, vor allem der uigurischen und kasachischen Minderheiten, unter dem Vorwand der Terrorismusbekämpfung ohne gerichtliche Verurteilung und gegen ihren Willen in Umerziehungslagern festgehalten werden, sowie der Umgang mit Hongkong oder der weitverbreitete Diebstahl von geistigem Eigentum. Anlässlich der Vorstellung der Schweizer China-Politik für die Jahre 2021 bis 2024 betonte Bundesrat Ignazio Cassis im März 2021, dass auch die Menschenrechte in allen Beziehungen mit China konsequent thematisiert werden sollen, allerdings soll dies «intra muros» geschehen, damit niemand das Gesicht verliere.

Am 7. März 2021 nahm das Schweizer Stimmvolk an der Urne das Handelsabkommen zwischen Indonesien und den EFTA-Staaten mit einer knappen Ja-Stimmen-Mehrheit von 51,6 Prozent an. Zuvor hatten die Westschweizer Bauernorganisation Uniterre und andere Organisationen mit der Parole «Stopp Palmöl» erfolgreich das Referendum gegen den Abschluss des Freihandelsabkommen ergriffen. Das Abkommen sieht nun zum Teil ab sofort oder über 5 bis 14 Jahre einen Zollabbau für viele Schweizer Exportgüter vor, darunter Maschinen, chemische Produkte, Medikamente, optische Instrumente, Uhren und Käse. Laut dem Bundesrat werden die Schweizer Exporteure mit dem Abkommen gemessen an den bisherigen Ausfuhren Zollkosten von rund 25 Millionen Franken pro Jahr sparen. Im Gegenzug verzichtet die Schweiz auf Zolleinnahmen von jährlich etwa 8 Millionen Franken. Dabei handelt es sich vergleichsweise um geringe Beträge. Auf der Liste der bedeutendsten Schweizer Handelspartner der Schweiz figurierte Indonesien im Jahr 2018 nur gerade auf Platz 47. Doch das rasch wachsende Schwellenland mit seinen rund 270 Millionen Einwohnern verfügt über grosses Potenzial, was die Bedeutung des Abkommens unterstreicht.

Bei dem Abkommen geht es nicht nur um eine rein wirtschaftliche Betrachtungsweise, sondern um eine grundsätzliche Frage zum Zusammenhang zwischen Handel und Nachhaltigkeit. In der Kritik stand der Abschluss des Handelsabkommens vor allem wegen des Palmöls, dem Hauptexportgut Indonesiens. Palmöl wird weltweit für die Herstellung von zahlreichen Produkten des täglichen Gebrauchs verwendet: in Kosmetika, in Shampoos, in Glace oder in Schokolade (siehe «Seitenblick: Palmöl» auf Seite 231). Die Beliebtheit von Palmöl ist gross. Hingegen sind auch die Probleme mit der Gewinnung von Palmöl vielfältig. Im Vordergrund stehen die Abholzung des Regenwaldes, die gefährdete Artenvielfalt, die Missachtung der Grundrechte indigener Landbesitzer und Kinderarbeit.

Das Palmöl macht nur einen geringen Anteil der Schweizer Einfuhren aus Indonesien aus. Laut Angaben des Bundes importierte die Schweiz 2019 35 Tonnen Palmöl aus Indonesien, was nur knapp 0,1 Prozent aller Palmölimporte im Umfang von rund 24 000 Tonnen ausmachte. Das Abkommen senkt die Importzölle auf indonesischem Palmöl bis zu maximal 12 500 Tonnen um 20 bis 40 Prozent. Der Handelsvertrag sieht somit mengenmässige Schutzklauseln für die Schweizer Landwirtschaft sowie Bestimmungen vor, dass nur auf der Basis von internationalen Standards nachhaltig erzeugtes Palmöl von den Zollerleichterungen profitiert. Dadurch schafft der Vertrag einen Anreiz für die indonesischen Produzenten und die EFTA-Abnehmer, sich an die Vorgaben zu halten. Die Parteien sind unter anderem verpflichtet, der Abholzung Einhalt zu gebieten, die Luft- und Wasserverschmutzung zu reduzieren und die Rechte der lokalen Gemeinschaften zu respektieren. Das Palmöl soll zudem in Containern mit einer Kapazität von maximal 22 Tonnen transportieren werden, um die Rückverfolgbarkeit entlang der Lieferketten zu erleichtern. Als massgebliche Standards gelten gemäss dem Bund zwei Modelle des Roundtable on Sustainable Palm Oil (RSPO), der International Sustainability and Carbon Certification-Standard (ISCC Plus) sowie der Standard der Palm Oil Innovation Group (POIG). Der RSPO-Standard, das global einzige Zertifizierungssystem für Palmöl, das im Markt breit aufgenommen wurde, ist unter Kritikern umstritten. Diese betonen unter anderem, dass der Standard die Abholzung nicht beenden könne, da nur die Zerstörung von besonders schützenswerten Wäldern verboten sei. Die Frage, ob dieser Mechanismus und die erstmalige Verknüpfung einer Zollvergünstigung mit Nachhaltigkeitsbedingungen für ein bestimmtes Gut die nachhaltige Palmöl-Produktion in Indonesien födert, wird somit stark von der konsequenten Umsetzung der Palmölbestimmungen abhängen.

Als Nächstes stehen die Abschlüsse der Verhandlungen über neue Handelsverträge mit dem südamerikanischen Staatenbund Mercosur sowie mit Vietnam und Malaysia bevor.

Seitenblick: Palmöl

Palmöl ist das meistproduzierte und nachgefragteste Pflanzenfett weltweit. Rund 70 Prozent wird für die Produktion von Nahrungsmitteln verwendet, der Rest wird in der Kosmetik- und der chemischen Industrie verarbeitet. In der Europäischen Union (EU) treiben über 50 Prozent des importierten Palmöls Motoren an. Im Gegensatz zur Schweiz ist es in der EU noch bis 2030 erlaubt, Palmöl in Biodiesel für Autos und Lastwagen beizumischen. Danach soll Raps- das Palmöl ersetzen.

Die weltweite Jahresproduktion von Palmöl erreicht zirka 75 Millionen Tonnen, was 10 Kilogramm pro Person weltweit entspricht. Die Nachfrage entwickelte sich in den letzten Jahrzehnten rasant. Zwischen 1990 und 2010 vervierfachte sich die Produktion. Mit dem steigenden Wohlstand in vielen Entwicklungsländern ist mit einer Fortsetzung dieses starken Wachstums auch zukünftig zu rechnen. Hauptanpflanzungsgebiete sind West- und Zentralafrika sowie Südostasien. Malaysia und Indonesien dominieren mit einem Anteil von rund 85 Prozent den Weltmarkt. Die Tropen bieten der Ölpalme intensive Sonnenbestrahlung, sie gedeiht ausschliesslich in einem engen Gürtel zwischen zehn Grad nördlicher und südlicher Breite um den Äquator. In Afrika sind weitere Ertragssteigerungen und Flächenausdehnungen möglich. In Lateinamerika drängen staatliche Mineralölkonzerne wie Petrobras in Brasilien in den Markt.

Der Markt wird mehrheitlich von grossen Agrokonzernen kontrolliert, rund die Hälfte aller Anbauflächen werden von Kleinbauern bewirtschaftet. Rund 50 Prozent der Ausdehnung auf die heutigen Anbauflächen erfolgte zulasten von tropischen Regenwäldern. Die Rodung oder das Abbrennen der Wälder erweisen sich in mehrfacher Hinsicht als problematisch. Sie verursachen den Verlust der biologischen Baumartenvielfalt zugunsten einer Monokultur. Durch das Abholzen verlieren zudem viele Tiere und andere Pflanzenarten ihren Lebensraum. Laut dem «National Geographic Magazine» starben zwischen 1999 und 2015 auf der Insel Borneo bis zu 150 000 Orang-Utans. Betroffen sind auch Tiger und eine Vielzahl von Vogelarten. Das Abbrennen der Wälder verpestet die Luft und erhöht den Treibhausgasgehalt der Luft, auch weil Regenwälder mehr CO_2 als Palmölplantagen binden.

Ölpalmen ergeben im Vergleich zu anderen Pflanzenfetten wie Soja, Raps oder Sonnenblumen einen rund dreimal höheren Ertrag. Laut Studien der Universität Wageningen, Niederlande, erreicht er im Durchschnitt weltweit 3 Tonnen pro Hektare. Die Bestwerte erreichen 12 Tonnen, wobei theoretisch weiteres Optimierungspotenzial von bis zu 18 Tonnen besteht. Die Ölpalme ist somit pro Flächeneinheit sehr ergiebig. Auch attestiert die Naturschutzorganisation WWF den geringen Einsatz von Pestiziden. Und schliesslich sichert Palmöl die Existenz vieler Kleinbauern entlang des Äquators, deren Lebensstandard sich durch die hohe Nachfrage erhöhte. Diesen Kleinbauern steht heute mehr Geld für Nahrungsmittel, Gesundheit und Bildung zur Verfügung.

Der Ersatz von Palmöl durch andere Pflanzenfette ist wenig sinnvoll. Anzustreben sind hingegen ein Aufbruch der Monokulturen und das Anlegen von Mosaiklandschaften. Integrierte Waldstücke und natürliche Vegetationsstreifen entlang von Wasserläufen bieten wildlebenden Tieren und Pflanzen den nötigen Überlebensraum und sind mit geringen Ertragseinbussen realisierbar.

2004 initiierten die grossen Palmölproduzenten und Lebensmittelhersteller gemeinsam mit dem WWF im Rahmen eines runden Tischs ein Zertifizierungsverfahren für den nachhaltigen Palmölanbau. Ziel ist es, die Zerstörung von artenreichen Tropenwäldern und insbesondere exzessive Rodungen durch illegale Brände zu begrenzen, die Einhaltung von ökologischen und sozialen Mindeststandards zu gewährleisten sowie die Nachfrage nach nachhaltigem Palmöl zu fördern. Alle fünf Jahre überarbeiten die derzeit rund 3000 Mitglieder, darunter rund 90 Unternehmen aus der Schweiz (Stand Mai 2021), in einem umfassenden öffentlichen Multi-Stakeholder-Prozess die Roundtable-on-Sustainable-Palm-Oil-Richtlinien (RSPO-Richtlinien). Das letzte Mal wurden die Prinzipien und Kriterien des Standards im November 2018 revidiert. Die Änderungen kommen der Umwelt, indigenen Gemeinschaften sowie Arbeiterinnen und Arbeitern zugute und rücken näher an die ebenfalls vom WWF mitinitiierten, deutlich strengeren Kriterien der Palm Oil Innovation Group (POIG) heran. RSPO-zertifiziertes Palmöl macht rund 20 Prozent der Weltproduktion aus.

Auch das vom Schweizer Stimmvolk im März 2021 angenommene Freihandelsabkommen mit Indonesien setzt beim Import von Palmöl auf Labels wie RSPO. Aus Indonesien stammt rund die Hälfte des weltweit gehandelten Palmöls, im Jahr 2018 waren dies rund 40 Millionen von gesamthaft 70 Millionen Tonnen. Etwas mehr als ein Fünftel der Palmöl-Konzessionen in Indonesien werden von RSPO-Mitgliedern gehalten. Auf den Konzessionsgebieten stehen Plantagen, aber auch Wald, der noch gerodet werden darf, und Flächen, die als Naturschutzgebiete erhalten werden müssen. Von diesen Flächen sind rund 80 Prozent vollständig zertifiziert, das heisst, ihre Bewirtschaftung ist an einen umfassenden Katalog von Kriterien für den Schutz der Ökosysteme gebunden. Darunter fallen ein Verbot von Brandrodung, einschliesslich der Bewirtschaftung der Felder mit Feuer, zum Beispiel um alte Ölpalmen zu entfernen. Weiter sind die Beschädigung und Rodung von unberührtem Regenwald untersagt. Schliesslich dürfen neue Plantagen nicht auf Torf angepflanzt werden. In bestehenden Plantagen sind die Bauern angehalten, Torfböden möglichst schonend zu behandeln.

Trotz der Labels verschiedener Branchen- und Umweltorganisationen ging die Waldfläche in Indonesien seit der Jahrtausendwende um rund 27 Millionen Hektaren zurück. Das ist ungefähr das Siebenfache der Fläche der gesamten Schweiz. Der Grund für die umfangreichen Rodungen des Urwalds ist der weltweit wachsende Appetit auf Palmöl. Dessen Produktionsmenge nimmt jährlich um rund 10 Prozent zu.

Satellitenaufnahmen, die von der Open-Source-Plattform Global Forest Watch des World Resources Institute sowie von RSPO selbst ausgewertet wurden, zeigen auf, dass auch auf RSPO-Anbauflächen weiterhin Brandrodungen vorkommen und neue Plantagen wichtige Ökosysteme bedrohen. Die Aufnahmen stehen stellvertretend für die fortbestehende Kluft zwischen den Ansprüchen des Umweltschutzes und der weltweit weiterhin steigenden Nachfrage nach Palmöl. Zugleich machen die Bilder deutlich, dass den Nachhaltigkeitslabeln oft die Ressourcen fehlen, um die Einhaltung der Regeln flächendeckend zu überwachen. RSPO gesteht dieses Problem ein, hält hingegen fest, dass die bisherigen Anstrengungen zu grossen Fortschritten in Bezug auf die Produktion und Verwendung von nachhaltigem Palmöl geführt haben und deshalb weiterzuverfolgen sind.

Verwendete Quellen: WEF; NZZ am Sonntag, 7. Juni 2020, Neue Zürcher Zeitung, 11. Mai 2021

4.1.8 Bepreisung von CO_2

In breiten Kreisen herrscht Einigkeit, dass die Bepreisung von CO_2 zu den effizientesten und wirksamsten Methoden zählt, den Klimawandel zu bremsen. Die Marschrichtung ist weltweit klar, immer mehr Länder führen einen CO_2-Preis ein oder erhöhen diesen, um die Wirtschaft zu einem klimafreundlicheren Verhalten zu motivieren. Gemäss der Weltbank konnte selbst die Coronapandemie der Verbreitung des Instruments nichts anhaben. Die Weltbank hält fest, dass in den entwickelten Ländern die CO_2-Preismechanismen die Produktivität und Innovation eher angetrieben und die Wettbewerbsfähigkeit gestärkt hätten. Allerdings erwächst dem Trend auch Gegenwehr, vor allem wenn, wie zum Beispiel die Ablehnung des CO_2-Gesetzes in der Schweiz aufzeigte, die CO_2-Preismechanismen der Bevölkerung nicht auch einen spürbaren Nutzen erbringen und ihre Portemonnaies belastet werden. Der Kommunikation kommt deshalb bei der Einführung neuer CO_2-Lenkungsabgaben eine Schlüsselrolle zu.

Per Frühling 2021 zählte die Weltbank 64 Preismechanismen. 2020 waren es 57 und 2010 20 CO_2-Abgaben und Emissionshandelssysteme. Mit den per Frühling 2021 bestehenden CO_2-Preismechanismen werden rund 21,5 Prozent der globalen Treibhausgasemissionen abgedeckt, mit den 20 Mechanismen von 2010 waren es nur gerade 5 Prozent. Generell beurteilen Klimaexperten die bestehenden Preismechanismen als zu wenig ehrgeizig, um genügend Wirkung zu entfalten. Die Experten erachten eine Preisspanne von 40 bis 80 US-Dollar als Untergrenze für die Erreichung der Pariser Klimaziele. Gemäss der Weltbank werden global nur rund 4 Prozent der Emissionen von einem CO_2-Preis erfasst, der über 40 US-Dollar pro Tonne CO_2-Äquivalent liegt.

Im internationalen Vergleich weist die Schweiz mit der seit 2018 geltenden CO_2-Abgabe auf fossilen Brennstoffen von 96 Franken pro Tonne CO_2 (Stand Juli 2021) hinter dem schwedischen CO_2-Preis die weltweit zweithöchste Abgabe auf. Mit dieser Abgabe deckt die Schweiz 33 Prozent der ausgestossenen Treibhausgase ab. Laut der Weltbank kommen weitere 11 Prozent dazu, weil verschiedene Schweizer Industriebetriebe am Emissionshandelssystem der Europäischen Union (EU) teilnehmen. Ab 2022 wird die Abgabe auf fossilen Brennstoffen in der Schweiz auf der Grundlage des geltenden CO_2-Gesetzes auf 120 Franken pro Tonne CO_2 ansteigen, da das Land sein Reduktionsziel von 33 Prozent bis 2020 mit 31 Prozent knapp verpasst hat (siehe auch 3.3.3 «CO_2-Gesetz»).

Seitenblick: Sauberer Treibstoff

Die dringlichen Klimaziele fordern neue Mobilitätskonzepte und insbesondere Alternativen zu fossilen Treibstoffen. Lösungsansätze für die Defossilisierung der Antriebe liegen vor. Elektroantrieb mit Wasserstoff und Brennstoffzelle oder der Antrieb mit synthetischen Treibstoffen etwa eröffnen grosse ökologische Fortschritte, sie stellen jedoch, solange die Kosten für Klimaschäden nicht auf die fossilen Energieträger umgelegt werden, aus ökonomischer Sicht kaum wirtschaftlich tragbare Konzepte dar.

Bei den Personenwagen zeichnet sich die Stossrichtung mit Hybridmodellen und batterieelektrischen Fahrzeugen deutlich ab. Weniger geeignet ist die heutige Batterietechnik für den Schwerverkehr. Zwar verkehren erste Wasserstoff-Brennstoffzellen-Lastwagen auf den Strassen (siehe «Seitenblick: Erste Wasserstoff-Serien-Lastwagen auf Schweizer Strassen» auf Seite 172), doch es bleiben noch Herausforderungen zu lösen, darunter die nachhaltige Wasserstoffherstellung aus erneuerbarer Energie, die hohen Kosten für die Brennstoffzellen sowie der flächendeckende Aufbau einer Wasserstoff-Infrastruktur.

Auch Verbrennungsmotoren lassen sich mit alternativen Treibstoffen sehr schadstoff- und CO_2-arm betreiben (siehe «Seitenblick: Porsche und Siemens Energy entwickeln E-Fuel für Verbrennungsmotoren» auf Seite 235). Als Ersatz für konventionellen Dieseltreibstoff bieten sich vor allem die sechs synthetischen Treibstoffe Wasserstoff, Methan, Methanol, Oxymethylenether (OME) sowie Fischer-Tropsch-Diesel (FT-Diesel) und Hydriertes Pflanzenöl (HVO) an. Ernüchternd ist jedoch die Kostenbilanz. Dem Preis für konventionellen Diesel von rund 0.40 Euro pro Liter ohne Steuern stehen Produktionskosten bei den alternativen Treibstoffen gegenüber, die um ein Vielfaches höher liegen: für Wasserstoff rund 0.60 bis 1.40 Euro, für Methan in der Form von LNG, Methanol und FT-Diesel etwa 1.00 bis 2.80 Euro und für OME ungefähr 1.50 bis 3.50 Euro pro Liter. Dadurch werden Transportdienstleistungen und die individuelle Mobilität sehr teuer. Eine kommerzielle Alltagstauglichkeit von synthetischen Treibstoffen ist deshalb nur unter der Durchsetzung einer nachhaltigen Kostenwahrheit fossiler Energieträger oder einer drastischen Veränderung des aktuellen Mobilitätsverhaltens realistisch.

Als einen vielversprechenden Biotreibstoff für Dieselmotoren sehen viele Fahrzeughersteller und Motorenentwickler HVO. Dieser Treibstoff lässt sich auf verschiedene Arten herstellen, etwa aus Altöl, Raps- oder Palmöl und tierischen Fetten. Die Abgase von HVO-betriebenen Motoren enthalten keine Russpartikel. So kann man sich bei der Abgasnachbehandlung auf die Absenkung der Stickoxidemissionen beschränken. Für Selbstzünder stellt auch Dimethylether (DME) eine effiziente Treibstoffalternative dar. Der Stoff wird bereits heute als Treibgas in Spraydosen und als Bestandteil von Kältemitteln in Kühlanlagen verwendet und ist kostengünstig und fast verlustfrei aus Methanol herstellbar. Ausserdem kann DME ähnlich wie Flüssiggas unter geringem Druck in günstigen Tanks gespeichert werden. DME verfügt über ausgezeichnete Emissions- und Verbrennungseigenschaften. Einer der Hauptvorteile von DME gegenüber Energiespeicherlösungen wie Batterien, Wasserstoff oder Methan ist der hohe spezifische Energieinhalt. Ausserdem lässt sich DME dank der einfachen Molekularstruktur sehr effizient aus erneuerbaren Quellen herstellen.

Auch aus der Sicht der Eidgenössischen Materialprüfung- und Forschungsanstalt (Empa) eignet sich DME als interessante Alternative für Langstreckentransporte. Anfang Juli 2020 nahm die Empa zusammen mit den Entwicklungspartnern FPT Motorenforschung AG, Arbon, Schweiz, Politecnico di Milano, Italien, und dem Schmierstoffhersteller Motorex einen Versuchsmotor in Betrieb, der Informationen über Brennverfahren, Effizienz und Umweltfreundlichkeit von DME liefern soll. Versuche mit DME unternimmt seit 2013 auch Volvo Trucks.

Verwendete Quelle: Neue Zürcher Zeitung, 5. Dezember 2020

Seitenblick: Porsche und Siemens Energy entwickeln E-Fuel für Verbrennungsmotoren

Ende Januar 2021 gab der deutsche Sportwagenhersteller Porsche seine Pläne bekannt, zusammen mit Siemens Energy in Südamerika klimaneutralen Treibstoff zu erzeugen, der mittelfristig auch die Verbrennungsmotoren von Serienfahrzeugen antreiben soll. Die beiden Partner planen den Bau einer Anlage zur Herstellung von synthetischem Treibstoff in der Region Magallanes im patagonischen Teil von Chile, wo die hervorragenden Windbedingungen genutzt werden sollen. Ab 2022 soll auf der Anlage Haru Oni Windkraft mittels Elektrolyse zur Herstellung von synthetischem Methanol genutzt werden. Damit verfolgt Porsche eine duale Strategie. Priorität kommt der Elektromobilität zu, E-Fuels sind dazu eine Ergänzung für den grossen Bestand von Porsche-Fahrzeugen, die noch während Jahren mit Verbrennungsmotor unterwegs sein werden. Die Entwicklungsbudgets von Porsche für Batterie-Fahrzeuge liegen denn auch deutlich über den rund 20 Millionen Euro, welche Porsche als Anfang in das Projekt Haru Oni investiert. Das Pilotprojekt Haru Oni wird zudem von der deutschen Regierung auf der Basis der nationalen Wasserstoffstrategie Deutschlands mit einer Anschubfinanzierung von über 8 Millionen Euro unterstützt.

Die Energiesparte von Siemens entwickelt und realisiert gemeinsam mit Porsche und einer Reihe internationaler Unternehmen das Windprojekt in Patagonien. Ziel ist die Inbetriebnahme der weltweit ersten integrierten Grossanlage zur kommerziellen Herstellung von synthetischen und klimaneutralen Treibstoffen, sogenannten E-Fuels. Um den grünen Wasserstoff herzustellen, wird Windkraft genutzt, um Wasser mittels Elektrolyse in seine Bestandteile Sauerstoff und Wasserstoff aufzuspalten. In einem zweiten Schritt wird CO_2 in einem ähnlichen Verfahren, wie es auch vom Schweizer Start-up-Unternehmen Climeworks angewendet wird (siehe «Seitenblick: Climeworks» auf Seite 69), aus der Luft gefiltert, um es anschliessend mit dem Wasserstoff zu synthetischem Methanol zu kombinieren. Der Transport des in Chile hergestellten E-Methanols soll auf dem Schiffsweg erfolgen. Die Tanker sollen, um die Energiebilanz abzurunden, ebenfalls mit dem grünen Sprit betrieben werden. Zudem soll der Treibstoff flüssig und ungekühlt transportiert werden.

Der Plan von Porsche und Siemens Energy sieht eine Pilotphase vor, in der ab 2022 rund 130 000 Liter E-Fuel hergestellt werden sollen. Bis 2024 soll das Produktionsvolumen bereits auf 55 Millionen Liter und bis 2026 auf rund 550 Millionen Liter E-Fuel pro

Jahr ansteigen. Um diesen steilen Aufbau realisieren zu können, soll das chilenische Energieunternehmen AME die Partnerschaft erweitern. Der Hauptabnehmer des grünen Treibstoffs wird Porsche sein sowie das chilenische Mineralölunternehmen Enap und das italienische Energieunternehmen Enel. Nach Ablauf der Anfangsphase sind laut Porsche auch andere Autohersteller willkommen, sich an dem Projekt zu beteiligen.

Die Anhänger der traditionellen Sportwagenmarke sollen langsam an das Thema synthetische Treibstoffe herangeführt werden. Deshalb setzt Porsche den grünen Sprit zuerst bei Fahrzeugen im Rennsport ein, später auch bei hauseigenen Test- und Geschäftswagen. Weiter drängt sich die Verwendung von E-Fuels auch bei klassischen Automobilen auf, da diese die heutigen Abgasnormen nicht mehr einhalten können. Schliesslich sollen Serienautos mit Verbrennungsmotoren eine Erstbefüllung mit synthetischem Umweltsprit erhalten.

Porsche rechnet nicht damit, dass die Anlage zu Beginn wirtschaftlich betrieben werden kann. Der Sportwagenhersteller erwartet den Break-even nach etwa zehn Jahren bei dem anvisierten Mengenziel von 550 Millionen Liter E-Fuel pro Jahr. Dank der Skalierung bis zu diesem Zeitpunkt soll der Preis des umweltverträglichen Sprits an den Tankstellen bis dann kundenverträgliche 2 Euro pro Liter erreichen.

Verwendete Quellen: Porsche; Neue Zürcher Zeitung, 31. Januar 2021

4.1.8.1 Emissionshandel

Der Emissionshandel ist ein wichtiges Instrument im Kampf gegen den Klimawandel, das sich zum Ziel setzt, Treibhausgasemissionen wie CO_2 zu möglichst geringen volkswirtschaftlichen Kosten zu senken. Das System beruht auf einer begrenzten Anzahl von ausgegebenen und zum Handel zugelassenen Zertifikaten, die zum Ausstoss einer bestimmten Menge an CO_2-Äquivalenten (CO_2e) berechtigen. Gleichzeitig müssen die Betreiber von emissionsintensiven Fabriken und Kraftwerken sowie Fluggesellschaften nach dem Cap-and-Trade-Prinzip für jede Tonne emittierte CO_2e ein gültiges Zertifikat vorlegen. Pro Jahr wird nur eine begrenzte Menge an neuen Zertifikaten ausgegeben, deren Anzahl Jahr für Jahr verringert wird. Bis 2020 betrug die jährliche Abnahme 1,74 Prozent, ab 2021 steigt die Quote auf 2,2 Prozent an. Ein Teil der Zertifikate wird den Anlagebetreibern mittels eines Effizienz-Benchmarking kostenlos zugeteilt, die übrige Menge versteigert. Von der Gratisvergabe profitieren CO_2-effiziente Unternehmen, da ihnen mehr Zertifikate zugeteilt werden, als sie für die Abdeckung ihrer Emissionen benötigen. Über die Handelsplattform können die Betreiber überschüssige Zertifikate verkaufen oder zusätzlich benötigte Zertifikate erwerben. Emissionen erhalten dadurch einen Preis. Sind für ein Unternehmen die Kosten der Vermeidung von CO_2-Emissionen tiefer als der Preis zusätzlicher Zertifikate, hat das Unternehmen einen starken Anreiz, seinen CO_2-Ausstoss zu senken.

Die Emissionsgutschriften werden in einem Emissionshandelsregister festgehalten. Das Register bildet die Basis für den Emissionshandel und den Erwerb von ausländischen Emissionsminderungszertifikaten gemäss den flexiblen Mechanismen des Kyoto-Protokolls. Europäische Unternehmen, die in das Emissionshandelssystem eingebunden sind, dürfen sich in beschränktem Umfang Bescheinigungen für Investitionen in Emissionsminderungsmassnahmen ausserhalb des EU-Raums anrechnen lassen. Die Beschränkung der Zertifikate für Emissionsreduktionen im Ausland sorgt dafür, dass die Verringerung der Treibhausgasemissionen vor allem im Inland erfolgt und nur zu Teilen im Ausland, wo die Kosten für Verminderungen in der Regel günstiger sind. Der Emissionsrechtehandel erfolgt in mehrjährigen Handelsperioden, um Schwankungen zum Beispiel infolge milder Winter mit geringerem Emissionsausstoss auszugleichen und längerfristige Investitionssicherheit zu gewährleisten. Per Ende Juli 2021 stieg der Preis für eine Tonne CO_2e einschliesslich der Verwaltungskosten, angetrieben durch die Verschärfung der EU-Klimaziele, auf über 50 Euro an, wobei mit einer weiteren kontinuierlichen Verteuerung zu rechnen ist. Verschiedene Studien gehen davon aus, dass er mindestens bei 100 Euro liegen müsste, damit die Pariser Klimaziele bis 2050 erreicht werden können.

Das Emission Trading Scheme der Europäischen Union (EU-ETS) ist das weltweit grösste Handelssystem für Emissionsrechte. Es wurde 2003 vom Europäischen Parlament und dem Rat der EU beschlossen und trat am 1. Januar 2005 in Kraft. Angestrebt wird die Verknüpfung mit weiteren Handelsplattformen, um einen liquiden, globalen Markt mit stabilen Preisen zu schaffen. Das EU-ETS schliesst neben dem stationären Sektor, wie emissionsintensive Fabriken und fossil-thermische Kraftwerke, seit 2012 auch die Luftfahrt mit ein. Seit 2013 werden die Emissionszertifikate nicht mehr von den einzelnen Staaten, sondern zentral von der Europäischen Kommission vergeben. Zuständig ist der Kommissar für Klimaschutz, in dessen Zuständigkeit auch der Europäische Green Deal fällt. Ab 2026 will die EU-Kommission auch die Emissionen des Verkehrs und von Heizungen in ein neu zu schaffendes, separates Handelssystem, eine Art «ETS light», einbeziehen. Dazu sollen die Unternehmen, die Kraftstoffe und Heizöl verkaufen, ihre Verkäufe rapportieren und für die verursachten Emissionen Zertifikate erwerben (siehe 3.2.3 «European Green Deal»).

Das Schweizer ETS in seiner aktuellen Form wurde 2013 lanciert und verpflichtete ursprünglich nur stationäre Firmen zur Teilnahme. Seit seiner Verknüpfung mit dem EU-ETS sind auch fossil-thermische Kraftwerke und die Luftfahrt einbezogen. Der Anschluss eröffnet den Schweizer Unternehmen den Zugang zum deutlich grösseren Emissionshandelsmarkt der EU. Zudem verringert er dank der Angleichung der Preise für ein Emissionsrecht Wettbewerbsverzerrungen zwischen Schweizer und europäischen Unternehmen. In der Schweiz sind grosse, treibhausgasintensive Unternehmen mit einer Gesamtfeuerungswärmeleistung von 20 Megawatt und mehr verpflichtet, am Emissionshandel teilzunehmen. Im Gegenzug werden die erfassten

Unternehmen von der CO_2-Abgabe befreit. Betroffen sind rund 50 Unternehmen mit einem gesamthaften CO_2-Ausstoss von gegen 5 Millionen Tonnen insbesondere in den Sektoren Zement, Chemie, Pharma, Raffinerien, Papier, Fernwärme oder Stahl. Mittlere Unternehmen können sich freiwillig dem Zertifikathandel anschliessen. Emittiert ein Unternehmen im gesamten Jahr mehr CO_2, als es aufgrund seiner CO_2-Zertifikate dürfte, muss es pro Tonne CO_2 eine Busse bezahlen und die fehlenden Zertifikate im Folgejahr nachreichen.

▶ **Seitenblick: Satter Gewinn dank Katalysatoreinbau?**

In der Niacin-Fabrik D29 des Chemiekonzerns Lonza in Visp, Schweiz, entwichen jährlich während fast 50 Jahren enorme Mengen von extrem klimaschädlichem Lachgas. Die Lachgas-Emissionen, die im Vergleich zu CO_2 über 300 Mal schädlicher sind, erreichten jährlich rund 600 000 Tonnen CO_2-Äquivalente. 2021 investierte der Chemiekonzern rund 12 Millionen Franken in die Sanierung der Anlage und baute einen Katalysator ein. Er neutralisiert über 98 Prozent der austretenden 1800 Tonnen Lachgas. Ab 2022 werden die Lachgas-Emissionen nur noch rund 5 Tonnen betragen.

Als Belohnung für die Sanierung wird der Bund, wie er Anfang Februar 2021 bekanntgab, dem Unternehmen in den Jahren 2022 und 2023 zwischen 700 000 und 900 000 kostenlose Emissionszertifikate zuteilen. Das Schweizer Emissionshandelssystem sieht als Anreiz für emissionsabbauende Massnahmen vor, dass ein Unternehmen so viele Emissionsrechte erhält wie im Durchschnitt der zwei vorangegangenen Jahre. Lonza kann die nicht mehr benötigten Emissionsrechte zu einem geschätzten Marktwert von rund 35 Millionen Franken, je nach der Preisentwicklung und Verfügbarkeit von Zertifikaten im Emissionshandelssystem, verkaufen. Nach Abzug der Baukosten für den Katalysator und offenen Emissionsabrechnungen dürfte somit für das Unternehmen unter dem Strich ein Profit in der Grössenordnung von rund 8 Millionen Franken resultieren.

Die Katalysator-Investition erwies sich somit für Lonza als äusserst effizient und lukrativ. Mit verhältnismässig bescheidenen Mitteln erzielte das Unternehmen eine grosse Reduktion seiner Treibhausgasemissionen. Grundsätzlich sieht das Emissionshandelssystem für solche Fälle eine Kürzung der kostenlosen Zertifikate vor. Allerdings handelt es sich bei der Niacin-Fabrik in Visp um eine europaweit einzigartige Anlage, für die Referenzgrössen fehlen, um die Vergabe der Gratis-Zertifikate einem tieferen Zuteilungsschlüssel zuzuordnen und somit ein Systemversagen abzuwenden.

Umweltverbände und -experten drängten nach der Bekanntgabe der vorgesehenen Vergabe von Zertifikaten an Lonza auf Gespräche zwischen dem Bundesamt für Umwelt (BAFU) und dem Chemiekonzern, umso mehr als das Unternehmen lange nichts unternommen habe, um die Treibhausgasemissionen der Niacin-Anlage abzusenken, und es vom BAFU bereits in den Jahren 2018 und 2019 vom Kauf von Emissionszertifikaten für das Lachgas befreit wurde.

Verwendete Quellen: BAFU; Tages-Anzeiger, 9. Februar 2021

◀

4.1.8.2 CO$_2$-Grenzausgleichssystem Die Europäische Union (EU) erachtet hohe CO$_2$-Preise und die Einführung eines Treibhausgas-Zolls als zentrale Elemente ihrer Klimapolitik. Entsprechend präsentierte die EU-Kommission Mitte Juli 2021 anlässlich der Vorstellung ihres «Fit-for-55»-Klimapaketes (siehe 3.2.3 «European Green Deal») detaillierte Pläne für ein CO$_2$-Grenzausgleichssytem. Der Mechanismus soll verhindern, dass die Produktion von CO$_2$-intensiven Gütern aus Ländern mit einer strengen Klimapolitik und hohen CO$_2$-Preisen abwandert und die Standorte entsprechend wirtschaftliche Einbussen verzeichnen. So einfach, wie die Idee sich präsentiert, so umstritten ist sie auch. Während die Befürworter von einem wichtigen Schritt zur Dekarbonisierung sprechen, sehen die Gegner darin Protektionismus und einen Anlass für neue Handelskriege. Auf alle Fälle ist die Berechnung eines Grenzausgleichs komplex und der bürokratische Aufwand gross. Zudem können allzu starke Vereinfachungen des Mechanismus zu Verzerrungen führen.

Laut ersten Entwürfen soll der Klimazoll gegenüber allen Handelspartnern mit Ausnahme der EFTA-Staaten einschliesslich der Schweiz zur Anwendung gelangen. Zudem kann die EU-Kommission Drittländer von der Abgabe ausnehmen, wenn diese in das Emissionshandelssystem der EU (ETS) integriert sind oder ein Abkommen über den Anschluss ihres Handelssystems an dasjenige der EU unterzeichnet haben. Auch diese Bedingung würde für die Schweiz zutreffen, da die EU und die Schweiz Ende 2019 ihre Emissionshandelssysteme verknüpft haben. Ziel der EU ist es, Importe so zu belasten, dass die Hersteller in der EU gleich lange Spiesse haben wie ihre Konkurrenz ausserhalb des Binnenmarktes. Noch offen ist, ob Ausfuhren im Umkehrschluss von Zuschüssen profitieren werden und was mit den im ETS bereits vorgesehenen Ausgleichsmassnahmen geschehen soll. Bisher erhielten Anlagen, welche Teil des ETS und einem erheblichen Abwanderungsrisiko ausgesetzt sind, kostenlose Zertifikate. Diese decken bei den effizientesten Produktionsbetrieben und Kraftwerken die gesamten Emissionen ab und neutralisieren die Nachteile gegenüber der ausländischen Konkurrenz. Von 2013 bis 2020 wurden 43 Prozent der Gesamtmenge an Zertifikaten gratis zugeteilt, darunter auch an Fluggesellschaften, die in diesem Zeitraum nahezu alle nötigen Zertifikate kostenlos erhielten. Einig sind sich die Institutionen, dass die Gratiszuteilung schrittweise verringert werden soll. Zudem will die EU-Kommission, um die Verknappung der verfügbaren Zertifikate und damit die Erhöhung des CO$_2$-Preises zu beschleunigen, die Gesamtmenge der jährlich ausgegebenen Zertifikate um neu 4,2 Prozent (bisher 2,2 Prozent) pro Jahr reduzieren.

Die EU-Kommission evaluierte drei mögliche Formen für den geplanten Grenzausgleichsmechanismus. Erstens eine Steuer auf gewissen importierten und im Inland hergestellten Produkten, zweitens eine Steuer oder ein Zoll nur auf Importen und drittens eine Ausweitung des ETS auf Einfuhren. Der geplante Verordnungsentwurf soll sich gemäss Insidern auf eine Abgabe nur auf Importe beschränken. Diese soll vor allem Güter treffen, bei denen das Risiko einer Abwanderung der klimabelastenden Produktion hoch ist, namentlich Stahl, Zement, Aluminium, Dünger und Elektrizität. In der Vernehmlassung wurden zudem Basischemikalien und Erdöl als weitere Kandidaten genannt. Den ausländischen Herstellern soll die Möglichkeit offenstehen, niedrigere Emissionen nachzuweisen. Zudem können sie sich im Ausland bezahlte Abgaben für CO_2 anrechnen lassen. Konkret sollen Importeure für jede Tonne CO_2, die in den eingeführten Produkten enthalten ist, ein elektronisches Zertifikat kaufen, dessen Preis sich an demjenigen des ETS orientiert. Seit Ende 2020 verdoppelte sich der ETS-Preis für eine Tonne CO_2 und stieg per Ende Juli 2021 auf über 50 Euro an. Wer sich nicht an die Vorgaben halten oder die notwendigen Informationen nicht liefern wird, soll mit einer Strafe in der Höhe des dreifachen Preises von regulären Importzertifikaten belegt werden.

Zu klären bleibt die Frage, ob das geplante Grenzausgleichssystem mit den Regeln der Welthandelsorganisation (WTO) vereinbar ist. Prinzipiell untersagen diese eine Diskriminierung zwischen Handelspartnern und eine Ungleichbehandlung von heimischen und importierten Gütern. Ausnahmen sind für bestimmte Umweltgüter vorgesehen. Kontrovers werden insbesondere Rückerstattungen bei den Exporten bei gleichzeitiger Zollbelastung von Importen beurteilt, wie sie verschiedene EU-Firmen fordern. Diese Rechtsunsicherheit könnte auch die Beschränkung der EU-Vorschläge auf die Importseite erklären. Diese Fragen werden wohl, früher oder später, vom Schiedsgericht der WTO beantwortet werden müssen.

Der neue Mechanismus hätte auch Auswirkungen auf die Schweiz. Die vom Grenzausgleich ausgenommenen EFTA-Staaten müssten sich entscheiden, wie sie sich gegenüber Drittstaaten aufstellen, um nicht als Ausweichstandort für CO_2-intensive Produkte in der EU zu dienen. Vor diesem Hintergrund reichte die Wirtschaftskommission des Nationalrats bereits im Mai 2021 eine Motion ein, die den Bundesrat beauftragt, Schritte zur Beteiligung der Schweiz am geplanten CO_2-Grenzausgleichssystem der EU einzuleiten. Zuvor verabschiedete die Aussenpolitische Kommission des Nationalrates 2020 ein Postulat mit einer Aufforderung an den Bundesrat, die Einführung von Klimazöllen zu prüfen. Der CO_2-Ausstoss der Schweiz im Verhältnis zur Bevölkerung und zur Wirtschaftsleistung ist im internationalen Vergleich gering. Hingegen importiert die Schweizer Volkswirtschaft viele CO_2-intensive Produkte und stösst dadurch mehr CO_2 im Ausland als im eigenen Land aus.

4.1.9 Kreislaufwirtschaft

Verschwendung stoppen, Abfall vermeiden, Stoffkreisläufe schliessen sind zentrale Ziele und Schlagwörter unter dem Begriff Kreislaufwirtschaft, unter dem ein regeneratives System verstanden wird, in dem der Ressourcen- und Energieeinsatz optimiert und die verwendeten Materialien möglichst effizient genutzt werden. Die primären Ansätze liegen in einem verantwortungsbewussten Konsum, einem langlebigen Design, der Instandhaltung und bei der Wiederverwertung, das heisst Rückführung des verbleibenden Abfalls in Produktionsprozesse. Das Konzept der Kreislaufwirtschaft steht dem Prinzip der Linearwirtschaft gegenüber, bei welcher der Grossteil der abgebauten Rohstoffe nach dem einmaligen, primären Gebrauch entsorgt, deponiert oder verbrannt wird. Dies führt zu Rohstoffverknappung, Emissionen und grossen Abfallmengen und damit verbundenen Umweltbelastungen.

Abfälle und Emissionen fallen unter anderem in Privathaushalten und vor allem in der Industrie, dem Bau sowie im Detailhandel an. Food Waste, ungenutzte, entweichende Wärme, Plastik, verschmutztes Wasser, Bauschutt-Deponien sind Beispiele. Der Verbrauch und die Verarbeitung von weniger Material reduzieren die Abfallmengen und den Einsatz von Energie, was wiederum die Umstellung auf eine Versorgung mit 100 Prozent erneuerbaren Energien vereinfacht. Zudem macht eine verringerte Abhängigkeit von Rohstoffen die Wirtschaft resilienter, was ihr ermöglicht, Krisen besser abzufedern.

Das Prinzip der Kreislaufwirtschaft verfolgt einen ganzheitlichen Ansatz. Er umfasst den gesamten Kreislauf von der Rohstoffgewinnung, über das Design, die Produktion und die Distribution eines Produkts bis zu seiner möglichst langen Nutzungsphase und zum Recycling. In einer Welt mit endlichen Ressourcen fördert der Ansatz Produktionsverfahren mit einem stofflichen Kreisschluss als ein weiteres Element neben dem Einsatz von energieeffizienteren Technologien zur Gewährleistung eines nachhaltigen Wirtschaftssystems. Konkrete Umsetzungskonzepte nehmen sich oft Stoffkreisläufe in der Natur zum Vorbild und zielen darauf hin, die eingesetzten Rohstoffe bei möglichst minimalen Abfällen und Emissionen kaskadisch zu nutzen.

Die Kreislaufwirtschaft-Konzepte können sehr unterschiedlich sein und stehen in engem Zusammenhang mit den spezifischen Eigenheiten der jeweiligen Branchen. Die Ansätze reichen vom Bauen mit Holz bis zur Entwicklung von neuen nachhaltigen und abbaubaren Materialien, welche mit Bezug auf ihre Anwendung über gleichwertige Eigenschaften verfügen wie ihre umweltschädlichen Pendants.

> Seitenblick: Grüner Beton

> Beton ist einer der meistverwendeten Stoffe in der Bauindustrie. Er besticht durch seine grosse Tragfähigkeit und Formbarkeit. Für die Bereitstellung von Beton wird Zement als Bindemittel benötigt, dessen Herstellung extrem energieintensiv ist. Notwendig sind hohe Temperaturen. Die riesigen Mengen von CO_2, die dabei ausgeschieden werden, beschleunigen die Klimaerwärmung. Durch die Zementherstellung gelangen jährlich rund 4,2 Milliarden Tonnen CO_2 in die Atmosphäre, rund ein Zehntel der globalen Kohlendioxidemissionen. Das ist rund drei Mal so viel, wie der gesamte Luftverkehr verursacht. Würde die Zementproduktion als ein Land eingestuft, würde er in

der Schadstoffrangliste der Klimasünder auf Rang drei hinter China und den USA aufgeführt. In der Schweiz werden jährlich rund 40 Millionen Tonnen Beton verbaut. Angesichts des grossen CO_2-Fussabdrucks von Beton wird intensiv an einer ökologischeren Alternative mit den gleichen vorteilhaften Eigenschaften geforscht.

Rund die Hälfte der bei der Herstellung verursachten Emissionen ist direkt auf die Verarbeitung des Rohmaterials zurückzuführen. Ein Viertel geht zu Lasten der Energie für den Brennvorgang. Zerkleinerter Kalkstein, Ton, Sand und Eisenerz werden in langen Drehrohröfen bei rund 1450 Grad Celsius durch eine chemische Reaktion zu Klinker verbrannt. Bei diesem Verbrennungsprozess wird viel klimaschädigendes CO_2 in die Atmosphäre freigesetzt. Der Klinker wird anschliessend mit Gips und anderen Zuschlagsstoffen zu Zement vermahlen. Das graue Pulver ist das Bindemittel, das mit Wasser und Sand zu Mörtel und zusätzlich mit Kies zu Beton vermischt wird.

An der Herausforderung, klimafreundlichere Alternativen für Zement zu entwickeln, arbeiten auch Forscher der Eidgenössischen Materialprüfungs- und Forschungsanstalt Empa. Statt schädliches CO_2 zu verursachen, soll der von der Empa erforschte, neue Ökobeton CO_2 abbauen. Möglich machen soll dies eine neuartige Mischung, welche die Beton-Branche dereinst revolutionieren könnte. Darin ersetzt ein magnesiumhaltiges Pulver den klimaschädlichen Zement. Der grosse Vorteil liegt darin, dass die Produktion des neuen Betons schädliches CO_2 aus der Luft bindet. Derzeit arbeiten die Empa-Spezialisten an der optimalen Zusammensetzung der Werkstoffe.

Das junge Cleantech-Unternehmen Neustark bietet am Markt einen ersten umweltschonenden Recycling-Beton an. Das ETH-Spin-off entwickelte eine Technologie und führte diese zur Marktreife, die aus der Atmosphäre abgeschiedenes CO_2 dauerhaft in ein Granulat aus Abbruchbeton bindet. Das derart angereicherte Betongranulat wird anschliessend zur Produktion von Frischbeton verwendet, wobei in jedem Kubikmeter Recyclingbeton mehr als 10 kg CO_2 gespeichert sind. Als eines der ersten Bauprojekte wird eine Berner Volksschule mit Neustark-Beton realisiert. Zudem haben erste Schweizer Baustoffanbieter den klimaschonenden Recyclingbeton in ihr Sortiment aufgenommen. Vollständig klimaneutral ist auch der Neustark-Beton nicht. Das Abscheiden, Verflüssigen und Transportieren des CO_2, das im Recyclingbeton gebunden wird, benötigt Energie, welche den Effekt der Emissionseinsparungen via CO_2-Einlagerung schmälert. Eine Lebenszyklusanalyse der Neustark-Prozesse zeigt hingegen einen deutlichen Klimaschutz-Fortschritt. Im Vergleich zu konventionellem Recyclingbeton spart der Neustark-Beton pro Kubikmeter Frischbeton rund 25 kg CO_2-Emissionen ein. Das Jungunternehmen arbeitet bereits an einer zweiten Generation Neustark-Beton. Die weiterentwickelte Technologie soll ab 2025 eine dauerhafte Speicherung von über 150 kg CO_2 pro Kubikmeter Beton erreichen und klimaneutral mindestens so viel CO_2 binden, wie bei der Produktion des Recyclingbeton freigesetzt wird. Der Neustark-Beton stellt ein wegweisendes Beispiel für CO_2-Speichertechnologien dar, welchen für das Erreichen der Netto-Null-Ziele der Schweiz bis 2050 entscheidende Bedeutung zukommt (siehe auch «Seitenblick: Climeworks» auf Seite 69).

Derweil verspüren die Zementhersteller den Druck von Seiten des Marktes und der Gesellschaft, ihren ökologischen Fussabdruck zu verringern. Die Zementbranche ist bereits seit Jahren bestrebt, die Umweltbelastung zu reduzieren. Seit 1990 konnten die Zementhersteller in der Schweiz ihre Emissionen um 37,5 Prozent senken. Dadurch sank der Anteil an den landesweiten CO_2-Emissionen von 7 auf 5 Prozent. Zudem gab der Zementriese Holcim, der in der Schweiz in Siggenthal (Kanton Aargau), Eclépens (Kanton Waadt) und Untervaz (Kanton Graubünden) drei Zementfabriken betreibt, im September 2020 bekannt, bis 2050 CO_2-neutral werden und seinen Kohlenstoff-Ausstoss bereits bis 2030 deutlich reduzieren zu wollen. Bis 2030 setzt sich das Unternehmen zum Ziel, die Menge an CO_2 pro Tonne Zement auf 475 Kilogramm von 561 Kilogramm im Jahr 2019 zu senken. Um das Ziel zu erreichen, beabsichtigt Holcim, den Einsatz von kohlenstoffarmem und kohlenstoffneutralem Zement zu erhöhen. Zudem will das Unternehmen 100 Millionen Tonnen Abfall nutzen, um seine Öfen zu heizen, darunter Trockenschlamm, Lösungsmittel, Plastik, Altöl, gebrauchte Autoreifen, Tiermehl und -fett sowie Abfallholz (siehe auch Fallbeispiel 5.5.4 «Holcim»).

Verwendete Quellen: Empa; SRF I, 10vor10, 17. Juli 2020; Holcim; Neue Zürcher Zeitung, 2. Oktober 2020, 27. Februar 2021, 20. Juli 2021

Als generelle Beispiele von Produktkreisläufen gelten Materialien biologischen und organischen Ursprungs, deren Überschüsse oder Rüstabfälle zur Energiegewinnung oder als Nährstoffe in der Landwirtschaft wiederverwendet oder als neue Grundrohstoffe in der Produktions- oder Bauwirtschaft eingesetzt werden können (siehe «Seitenblick: Kompostierbarer Bio-Plastik» auf Seite 56). Viele weitere Materialien können in einer Kreislaufwirtschaft idealerweise sortenrein gesammelt und rezykliert werden. Dabei lassen sich Sekundärrohstoffe von hoher Qualität, wie beispielsweise PET oder Aluminium, gewinnen, die für die Produktion neuer Waren verwendet werden können und die es erlauben, im Produktionsprozess Primärrohstoffe durch die mit Recycling und Rohstoffaufbereitung gewonnenen Sekundärrohstoffe zu ersetzen. Darüber hinaus ist das Ökodesign ein wichtiger Ansatz. Dieses zieht ökologische Überlegungen systematisch und von Beginn weg in die Planung, Entwicklung und Gestaltung von Produkten mit ein. Ökodesign baut auf Konzepten, Materialien und Bauweisen, die über den gesamten Lebenszyklus eines Produktes hinweg erlauben, möglichst wenig Ressourcen und Rohstoffe zu verbrauchen. Um die Umweltbelastung eines Produkts auch mit messbaren Kriterien darlegen zu können, sind gemeinsam mit der Entwicklung des Designs, der Produktionsplanung, der Planung der Wert- und Funktionserhaltungsmassnahmen für einen möglichst langen Lebenszyklus oder der Wiederverwertung der verwendeten Materialien respektive deren Recycling aussagekräftige Ökobilanzen zu erstellen. Dazu soll ein Produkt möglichst modular, ressourcenschonend und mit erneuerbarer Energie gefertigt werden können, langlebig und reparaturfähig sein sowie auf Materialien basieren, die trennbar, als Sekundärrohstoffe wieder verwendbar oder rezyklierbar sind. Schliesslich sollen keine oder möglichst minimale Mengen an umwelt- und gesundheitsschädlichen Chemikalien zur Fertigung oder Nutzung notwendig sein.

Der Politik fällt dabei die Aufgabe zu, Rahmenbedingungen für den schonenden Umgang mit Rohstoffen, Materialien und Gütern vorzugeben und Anreizsysteme zu schaffen, die beispielsweise im Bausektor zu einem geringeren Einsatz von Material führen und zur noch besseren Verwertung von Abfällen beitragen können. Zudem kann das Gemeinwesen innovative Geschäftsmodelle gezielt fördern, Pilotprojekte begleiten und eine Vorreiterrolle im Beschaffungswesen und der Auftragsvergabe einnehmen, zum Beispiel durch vermehrtes Mieten anstelle des Kaufs von Betriebsmitteln, Einrichtungen oder Fahrzeugen. Zudem ist das Recycling weiter voranzutreiben, unter anderem von Plastik, mit der Einführung von neuen Umweltstandards.

Auf europäischer Ebene verabschiedete die Kommission der Europäischen Union (EU) 2015 ein Massnahmenpaket zur Förderung der Kreislaufwirtschaft. Zentrale Elemente sind verschiedene Abfallrichtlinien sowie die sogenannten Ökodesign-Richtlinie. Sie schreibt unter anderem Mindestanforderungen an Haushaltgeräte wie zum Beispiel mit Bezug auf den maximalen Energieverbrauch oder deren Reparierbarkeit vor. Der Aktionsplan bildet im Rahmen des europäischen Grünen Deals (siehe 3.2.3 «European Green Deal») ein Element für eine zukunftsorientierte Agenda für ein sauberes und wettbewerbsfähiges Europa sowie für das Erreichen der angestrebten Klimaneutralität.

In der Schweiz als rohstoffarmes Land kommt der Kreislaufwirtschaft besondere Bedeutung zu. Seit den 1980er-Jahren sind Bestrebungen ergriffen worden, Kreisläufe zu schliessen. 2018 wurden beispielsweise von gesamthaft 17,5 Millionen Tonnen Rückbaumaterialien wie Beton, Kies, Sand, Asphalt und Mauerwerk knapp 12 Millionen Tonnen wiederverwertet. Bei den Siedlungsabfällen erreicht die Schweiz eine hohe Recyclingquote (siehe 2.1.2.2 «Abfälle»). Diese steht allerdings gemessen an der Wohnbevölkerung einem weltweit in kaum einem anderen Land übertroffenen, hohen Abfallberg gegenüber. Während in der Schweiz jährlich eine Abfallmenge von rund 650 Kilogramm pro Kopf in Deponien landet, werden bei den Siedlungsabfällen etwas mehr als die Hälfte der Abfälle separat gesammelt und stofflich wiederverwertet. Noch unerschlossenes Potenzial besteht insbesondere bei Textilfasern, Kunststoffen und biogenen Abfällen, bei denen zukünftig ein deutlich höherer Anteil des Materials im Kreislauf gehalten werden könnte. Das Bundesamt für Umwelt (BAFU) unterstützt die Kreislaufwirtschaft mittels Umwelttechnologieförderung und mit der Fachstelle ökologische öffentliche Beschaffung. Das BAFU engagiert sich zudem in privaten Vereinigungen zur Förderung von Kreislaufwirtschaft wie Circular Economy Switzerland, Go for Impact oder Ressourcen-Trialog. Weiter betrachtet der Bund die Kreislaufwirtschaft als Teil einer ressourcenschonenden Wirtschaft und nachhaltigen Entwicklung. Der Bundesrat bekräftigt in seiner Strategie Nachhaltige Entwicklung, dass eine ressourcenschonende Wirtschaft, welche zukünftig vermehrt Kreislaufmodelle berücksichtigt, zu einer ökologischen und wirtschaftlich nachhaltigen Entwicklung beiträgt.

Für die Förderung von Kreislaufwirtschaften spielt schliesslich das Verhalten der Beschaffungsstellen der öffentlichen Hand sowie der Konsumentinnen und Konsumenten eine bedeutende Rolle. Ihr ökologisches Bewusstsein und ihre Kaufentscheide bestimmen das Engagement der Privatwirtschaft und die Entwicklung an den Märkten entscheidend. Fragen die Endverbraucher verstärkt Produkte nach, die besonders langlebig sind, geteilt werden können und für die Wiederverwendungs- oder Recycling-Konzepte bestehen, wird sich dafür ein Angebot entwickeln.

Seitenblick: Zweites Leben von Elektroauto-Antriebsbatterien

Batterien von Elektroautos, deren Kapazität für die Fahrzeuge nicht mehr ausreicht, können als Hausspeicher für Solarenergieanlagen weiterverwendet werden. Eine im September 2020 veröffentlichte Studie des Beratungsunternehmens Boston Consulting Group zeigt auf, dass sich insbesondere Elektroauto-Antriebsbatterien eignen, einem zweiten Lebenszyklus in Privathaushalten zugeführt zu werden.

Batterien enthalten wertvolle Stoffe wie Kobalt oder Lithium, welche sie teuer machen und zugleich die Ökobilanz belasten. Es liegt auf der Hand, dass die Autohersteller und Konsumenten an einem langlebigen oder zweiten Lebenszyklus interessiert sind. Er «amortisiert» den zur Herstellung der Batterie bereits entstandenen CO_2-Ausstoss über eine längere Lebensdauer und verbessert damit die Energiebilanz entscheidend.

Beim Umgang mit älteren Batterien stehen grundsätzlich drei Optionen zur Verfügung: weiterverwenden, rezyklieren und entsorgen. Bei der Weiterverwendung können die Zellen unverändert mit neuer Steuerungselektronik und Gehäusen versehen und stationär verwendet werden. Beim Recycling werden den Batteriezellen die wertvollen Primärrohstoffe Kobalt, Mangan, Nickel und Lithium entnommen, um sie beim Bau neuer Batterien zu verwenden. Die Entsorgung in Deponien erweist sich dagegen ökologisch und sozial als problematisch und wird angesichts stringenterer Umweltnormen zunehmend mit hohen Kosten verbunden sein. Entsprechend sind die Weiterverwendung in einem Zweitleben sowie das Recycling die von der Autoindustrie favorisierten Methoden, um ausgediente Batterien einer neuen Bestimmung zuzuführen.

Die Wiederverwendung der Akkus als Second-Life-Speicher zur Zwischenspeicherung von Solarenergie stellt ein Musterbeispiel für eine ökologisch sinnstiftende und zudem lukrative Kreislaufwirtschaft dar. Die Studie geht von der Prognose aus, dass 2030 etwa 300 Millionen batterieelektrische Personenwagen weltweit in Verkehr gesetzt sind, deren Antriebsbatterien am Ende ihrer Lebenszeit im Fahrzeug wiederverwendet oder rezykliert werden müssen. Daraus könnte gemäss der Boston Consulting Group eine Kreislaufwirtschaft mit einem geschätzten Umsatzpotenzial von rund 10 Milliarden Franken entstehen.

Verwendete Quellen: Boston Consulting Group, Neue Zürcher Zeitung, 23. Januar 2021

▶ **Seitenblick: Umdenken in der Textilindustrie**

Kreislaufwirtschaft anstelle Fast-Fashion-Kollektionen heisst der neue Trend und sorgt für ein breites Umdenken in der Textilindustrie. Dieser Trend verstärkt sich vor dem Hintergrund des in den letzten Jahrzehnten beschleunigten Wandels von Kleidern von einem Gebrauchsgegenstand zu schnelllebigen Wegwerfartikeln. So wechseln heute die Modekollektionen nicht mehr saisonal viermal im Jahr, sondern innerhalb weniger Wochen. Influencer in den sozialen Netzwerken geben den Takt vor und treiben den Konsum an. Dadurch steigen die Produktionszahlen, wachsen die Marktanteile von Billigkleidern, sinkt die Durchschnittsqualität und geht die Tragedauer der einzelnen Kleidungstücke massiv zurück. Jugendliche kaufen viel mehr Kleidung als ihre Eltern, sie geben dafür aber weniger Geld aus. Trotz sinkenden Preisen blieb das Geschäftsmodell für die grossen Fast-Fashion-Konzerne wie H&M und Zara lange Zeit lukrativ. Ihnen gelang es, die neusten Trenddesigns in kürzester Zeit in die Läden zu bringen.

Die Kehrseite dieser Entwicklung ist der grosse ökologische und soziale Fussabdruck, der dieses Geschäftsmodell hinterlässt. Die Textilbranche stösst laut einem 2017 publizierten Bericht der britischen Ellen-MacArthur-Stiftung mehr CO_2 aus als die internationale Luftfahrt und die Schifffahrt zusammen. Zu den 1,2 Billionen Tonnen CO_2 pro Jahr kommen der Einsatz von Chemikalien, ein enormer Wasserverbrauch, die Belastung durch Mikroplastik und weite Transportwege hinzu. Besonders problematisch ist die Überproduktion, welche zusätzlich viel Wasser verbraucht und die Gewässer unnötig verschmutzt, sowie die Verschwendung von Kleidern. Laut Schätzungen wird über die Hälfte der Fast-Fashion-Mode innert Jahresfrist entsorgt. In vielen Fast-Fashion-Produktionsstätten herrschen zudem missliche Zustände. Der Einsturz des Dachs der Textilfabrik Rana Plaza in Bangladesch 2013 ist ein Beispiel. Neuere Berichte über den britischen Online-Modehändler Boohoo zeigen menschenunwürdige Arbeitsbedingungen auch in Europa auf.

Das Fast-Fashion-Modell, noch mehr Kleidung noch schneller zu produzieren und diese noch günstiger zu verkaufen, stösst heute an Grenzen. Zumindest in den Industrieländern ist der Markt gesättigt. Auf der Suche nach neuen Geschäftsfeldern entdecken Textilfirmen das Bedürfnis vieler Konsumenten nach nachhaltigeren Kreisläufen. Entsprechend durchleuchten die grossen Textilunternehmen vermehrt ihre Lieferketten und beachten ökologische und soziale Standards. Viele schrecken jedoch davor zurück, ihre Modelle grundlegend zu hinterfragen, und wagen den Spagat zwischen dem Kampf um das angestammte Geschäft und dem Aufbau eines nachhaltigen Wachstumssegments.

Eine glaubwürdige und konsequente Strategie verfolgt der amerikanische Hersteller von Outdoorbekleidung Patagonia. Das Unternehmen setzt auf Kreislaufwirtschaft und verwendet Rohstoffe und Materialien, die lange halten, repariert und wiederverkauft werden können. Zentral für den Geschäftsansatz von Patagonia sind das Marketing und Reputationsgewinne, welche dem Unternehmen erlauben, eine loyale Stammkundschaft aufzubauen. Vor dem Hintergrund des Trends zu nachhaltiger Bekleidung ist es das Ziel des Unternehmens, weniger, dafür aber hochwertigere Kleidung teurer zu verkaufen.

Eine konsequent umgesetzte Kreislaufwirtschaft eröffnet den Textilunternehmen neue Perspektiven, indem sie ihre Umweltbelastung minimieren, Rohstoffe schonen sowie ihre Innovationskraft und damit ihre Wettbewerbsfähigkeit erhöhen. Die Kreislaufwirtschaft setzt auf hohe Qualität der Fasern und Stoffe, sodass diese nach Gebrauch wieder gleichwertig in den Kreislauf einfliessen können. Gemäss der Studie der Ellen-MacArthur-Stiftung sind wesentliche Faktoren einer nachhaltigen Kreislaufwirtschaft die gute Qualität des Ursprungsmaterials, welche die Lebensdauer und Wiederverwendung der Kleidungsstücke erhöht, Fortschritte bei den Recyclingtechnologien sowie die Verwendung erneuerbarer Rohstoffe in der Produktion. Darüber hinaus sollen nachhaltige Geschäftsmodelle und entsprechendes Marketing den übermässigen Konsum eindämmen.

In der Schweiz treiben der Bund und die Textilbranche das Programm «Sustainable Textiles Switzerland 2030» voran. Zentrale Projekte betreffen die Bündelung der verschiedenen Initiativen und die Unterstützung von deren Umsetzung. Weiter legt das Programm grosses Gewicht auf die Innovationsförderung. Neue Technologien wie das Body-Scanning ermöglichen Massanfertigungen für den Massenmarkt. Verbunden ist damit auch ein tiefgreifender Paradigmenwechsel: Produziert wird aufgrund vorliegender Nachfrage und nicht mehr auf Zusehen, womit auch die Überproduktion und der Druck auf Rabatte entschärft werden. Vielversprechend sind auch Partnerschaften mit kleineren Unternehmen, die aus rezyklierbaren Fasern und Altkleidern hochwertige Textilien herstellen. Weiter tragen der Onlinehandel von Secondhand-Mode und die Miete von Kleidungsstücken zum längeren Tragen von Textilien bei.

Wie rasch und tiefgreifend sich der Trend zu einer nachhaltigeren Kreislaufwirtschaft in der Textilbranche durchsetzen wird, hängt auch vom Verhalten der Konsumenten ab. Kleidung ist Ausdruck von Emotionen, der Persönlichkeit und des Lifestyles ihrer Träger. Eine Abkehr von billiger Trendmode hin zum Kauf von nachhaltig und fair produzierten Kleidern hängt zudem mit gesellschaftlichen Entwicklungen, Werteinstellungen und dem individuellen Verständnis von Mode zusammen.

Verwendete Quellen: Ellen-MacArthur-Foundation, Neue Zürcher Zeitung, 20. Oktober 2020

4.1.10 Gesundheitsförderung

4.1.10.1 Betriebliche Gesundheitsförderung Die betriebliche Gesundheitsförderung umfasst Massnahmen von Arbeitgebenden, Arbeitnehmenden und der Gesellschaft zur Gewährleistung der Gesundheit und des Wohlbefindens am Arbeitsplatz. Die betriebliche Gesundheitsförderung geht von der Erkenntnis aus, dass Beeinträchtigungen der Gesundheit und des Wohlbefindens am Arbeitsplatz die Leistungsfähigkeit und Innovationskraft von Arbeitnehmenden stark einschränken. Die Massnahmen zielen auf eine Verbesserung der Arbeitsorganisation und der Arbeitsbedingungen hin, fördern eine aktive Mitarbeiterbeteiligung und bezwecken die Stärkung von persönlichen Kompetenzen sowie der Work-Life-Balance der Arbeitnehmenden. Konkret bezwecken sie, auf der Grundlage der obligatorischen Prävention für die Sicherheit und den Gesundheitsschutz am Arbeitsplatz arbeitsbedingten Erkrankungen, Unfällen und Stress vorzubeugen und Gesundheitspotenziale zu stärken.

Auf europäischer Ebene stellt die 1989 vom Europäischen Parlament und Rat verabschiedete Rahmenrichtlinie über Sicherheit und Gesundheitsschutz bei der Arbeit einen wichtigen Meilenstein dar. Sie hebt die Bedeutung des Betriebs als Handlungsfeld der öffentlichen Gesundheitsvorsorge hervor und bezeichnet gesunde und qualifizierte Mitarbeitende in sozialer und ökonomischer Hinsicht als einen zentralen Erfolgsfaktor. Die Kommission der Europäischen Union (EU) unterstützt zudem eine Initiative zum Aufbau eines europäischen Netzwerks für betriebliche Gesundheitsförderung. Die Mitglieder dieses europäischen Netzwerks sind Organisationen aus den Mitgliedstaaten und den Ländern des Europäischen Wirtschaftsraums (EWR). Auf der Basis eines kontinuierlichen Erfahrungsaustauschs identifiziert und veröffentlicht das Netzwerk Beispiele von Best-Practice-Modellen und ermutigt die Mitgliedstaaten, der betrieblichen Gesundheitsförderung einen grossen Stellenwert einzuräumen und bei politischen Entscheidungen zur Gesundheit am Arbeitsplatz mit einzubeziehen.

In der Schweiz arbeitet das Bundesamt für Gesundheit (BAG) im Rahmen des «Nationalen Programms Ernährung und Bewegung» (NPEB) mit der Schweizerischen Unfallversicherungsanstalt (SUVA) und der Organisation Gesundheitsförderung Schweiz zusammen, um Ansätze und Konzepte zur Ergreifung von strukturellen Massnahmen zur Förderung der Gesundheit am Arbeitsplatz zu entwickeln. Erste Pilotprojekte betreffen die Bewegungsförderung sowie die Bereiche Ernährung und psychische Gesundheit. Das «Nationale Programm Alkohol» unterstützt Massnahmen, die der Prävention und Früherkennung von problematischem Alkoholkonsum dienen. Unter anderen Massnahmen wurde im Rahmen dieses Programms von Sucht Schweiz, dem Blauen Kreuz und dem Staatssekretariat für Wirtschaft (SECO) eine Website entwickelt, welche die Unternehmen in einem professionellen Umgang mit alkoholbedingten Problemen unterstützt. Zudem wurde 2003 unter dem Patronat des SECO vom Schweizerischen Verband für Betriebliche Gesundheitsförderung (SVBGF) ein Netzwerk für betriebliches Gesundheitsmanagement gegründet, das den Austausch von Erfahrungen und Kenntnissen unter seinen Mitgliedern sowie die Entwicklung gemeinsamer Aktivitäten als Teil der Unternehmenspolitik und Unternehmenskultur fördert.

▶ **Seitenblick: Direkthilfe an Kakaobauern im peruanischen Dschungel**

Das Schokoladen-Start-up Choba Choba hat seinen Sitz in Bern. Seine Kakaobohnen bezieht das junge Schokoladenunternehmen aus dem rund 10 000 Kilometer entfernten Dschungel Perus im oberen Amazonasgebiet. Die Kakaoplantagen liegen im Alto-Huayabamba-Tal, drei Stunden per Boot von der nächstgelegenen Stadt Juanjui entfernt. Strassen gibt es keine. 35 Bauernfamilien liefern den Rohstoff für die Schweizer Premium-Schokolade. Die Bauern sind an Choba Choba beteiligt und wählen auch einen Vertreter in den Verwaltungsrat. Entsprechend haben sie auch ein Mitspracherecht zur strategischen Ausrichtung des weiteren Unternehmensaufbaus und insbesondere zum Preis ihres Kakaos. Er liegt rund zwei- bis dreimal über dem an der Börse üblicherweise gehandelten Wert.

Das Coronavirus traf die peruanischen Kakaobauern hart. Peru gehörte in der ersten Coronawelle weltweit zu den Ländern mit den meisten Coronatoten pro Einwohner. Auch einer der 35 Choba-Choba-Bauern starb an den Folgen des Virus. Weil sich das Virus rasant ausbreitete, stiess die medizinische Versorgung der Bevölkerung rasch an Grenzen. Die Peruaner, die es sich im Normalfall gewohnt sind, bei Krankheiten ohne Arzt auszukommen, behalfen sich mit vorhandenen Mitteln, etwa Tiermedikamenten und auch Tinkturen aus den Pflanzen des Amazonas. Trotzdem bildeten sich vor den Spitälern lange Warteschlangen, darunter auch peruanische Mitarbeitende von Choba Choba. Einlass gewährt wurde nur Patienten, die ihre Medikamente einschliesslich Sauerstoff selber mitbrachten. Derweil wurden die wenigen verfügbaren Medikamente von Händlern in grossen Mengen aufgekauft und auf dem Schwarzmarkt zu markant überhöhten Preisen an Notleidende weiterverkauft.

Um mit den eigenen Mitarbeitenden in Kontakt zu bleiben und die Bauern und ihre Familien unterstützen zu können, bauten die Schweizer Unternehmensgründer von Choba Choba, die selbst nicht mehr nach Peru reisen konnten, Internetverbindungen zu den Höfen auf. Choba Choba kaufte Medikamente, Sauerstoff, Desinfektionsmittel, Masken und verteilte diese an ihre Mitarbeitenden vor Ort. Zudem gab Choba Choba eine Zeitung heraus, um die Bauern über die Covid-Pandemie zu informieren. Die Zeitung, die per Boot an die Bauern verteilt wurde, erklärte die Regeln des Social Distancing ausführlich – ein Konzept, das den Einheimischen völlig fremd war.

Die Notlage traf die Bauern im Frühling 2020 zu dem Zeitpunkt, als die Kakaoernte richtig losgehen sollte. Trotz aller widrigen Umstände und dank der Entspannung der Pandemie in den Sommermonaten konnten die Bauern von Choba Choba die von April bis Juli dauernde grosse Kakaoernte bewältigen. Über die Hauszeitung erreichte die Familien im Alto-Huayabamba-Tal im September 2020 auch eine erfreuliche Nachricht aus der Schweiz: Der Grossverteiler Coop hat die Schokoladen von Choba Choba in das Sortiment aufgenommen. Das Unternehmen ist darüber hinaus mit weiteren Schweizer Detailhändlern im Gespräch. Um das absehbare Wachstum stemmen zu können, sucht Choba Choba im Alto-Huayabamba-Tal weitere Bauern, die dem Jungunternehmen ihren Kakao liefern.

Verwendete Quellen: SonntagsZeitung, 18. Oktober 2020; Handelszeitung, 10. Dezember 2020

4.1.10.2 Flexible Arbeitszeiten

Die Arbeit und das Privatleben unter einen Hut zu bringen, empfinden viele Arbeitnehmende als Herausforderung. Dies betrifft insbesondere erwerbstätige Eltern mit Kindern unter fünfzehn Jahren und Erwerbstätige, die sich um pflegebedürftige Familienmitglieder kümmern. Diese Personen leisten neben der Erwerbsarbeit einen bedeutenden Teil an Betreuungsarbeit in der Gesellschaft und sind deshalb auf eine gewisse Flexibilität ihrer Arbeitgebenden angewiesen. Gemäss im Februar 2021 veröffentlichten Zahlen des Bundesamts für Statistik (BFS) sind dies in der Schweiz rund 1,9 Millionen Personen oder gut ein Drittel der erwachsenen Bevölkerung.

Gemäss dem BFS zählt die Schweiz zu den europäischen Ländern mit verhältnismässig grosser Flexibilität für Arbeitnehmende mit Betreuungsaufgaben. Rund 69 Prozent der Arbeitnehmenden in der Schweiz können in der Regel Anfang und Ende der Arbeitszeit aus familiären Gründen kurzfristig verschieben. Übertroffen wird dieser Wert mit rund 70 Prozent einzig in Island und Finnland. In den Nachbarländern der Schweiz ist der Anteil deutlich tiefer und liegt in Österreich bei 49 Prozent, in Deutschland bei 38 Prozent, in Italien bei 35 Prozent und in Frankreich bei 32 Prozent. Im Umkehrschluss bedeutet dies hingegen auch, dass es knapp einem Drittel der Betroffenen in der Schweiz nicht möglich ist, die Arbeitszeit kurzfristig zu verschieben. Knapp die Hälfte muss für einen freien Tag Ferien beziehen, beispielsweise wenn das Kind krank zu Hause liegt. Zudem gibt es gemäss BFS grosse Unterschiede je nach beruflicher Stellung und Wirtschaftsbranche, wobei Führungskräfte im Vergleich beispielsweise zum Verkaufspersonal oder Handwerkern grundsätzlich bessergestellt sind. Zudem hängt die Arbeitsflexibilität mit dem Beschäftigungsgrad zusammen. Wer viel arbeitet, ist flexibler und kann die Arbeitszeit im Vergleich zu Teilzeitarbeitenden stärker selber bestimmen, wovon speziell die Männer profitieren. Von den betroffenen Schweizer Männern sind 72 Prozent Vollzeit erwerbstätig, bei den Frauen sind es nur 30 Prozent. Dies wiederum zeigt auf, dass noch immer ein Grossteil der regelmässigen Pflege- und Betreuungsaufgaben von Frauen geleistet wird. Zudem geben 28 Prozent der Schweizer Frauen an, ihre Erwerbstätigkeit wegen Kinderbetreuungspflichten während mehr als fünf Jahren zu unterbrechen. Höhere Anteile weisen in Europa nur die Slowakei, Ungarn und Tschechien aus.

Ende Juni 2021 gewährte der Bundesrat Mitarbeitenden des Bundes mit einem Jahreslohn von 110 000 Franken und mehr die Möglichkeit, ab dem 1. Juli 2021 Vertrauensarbeitszeit zu leisten. Gut zwei Drittel des Bundespersonals können damit in Eigenregie entscheiden, wie sie ihre Arbeitszeit auf den Tag und die Woche verteilen wollen. Der Entscheid erstaunte umso mehr, als sich die Landesregierung in der parlamentarischen Debatte um eine Flexibilisierung der Arbeitszeiten bis zu diesem Zeitpunkt gegen Lockerungen aussprach, welche die Einführung eines Jahresarbeitszeitmodells für Fachkräfte und Kaderangestellte in der Privatwirtschaft vorsahen. Die Kehrtwende dürfte somit auch Signalwirkung für die Privatwirtschaft haben.

4.1.10.3 **Home-Office** Home-Office, das heisst, das Arbeiten von zu Hause aus, ermöglicht Arbeitnehmenden, Teile ihres Arbeitspensums nicht am Arbeitsplatz im Betrieb zu absolvieren. Dies erlaubt ihnen, Zeit für den Arbeitsweg einzusparen, und verhilft zudem zu grösserer Flexibilität in der Alltagsgestaltung. Lange Zeit übten viele Unternehmen grosse Zurückhaltung bei der Gewährung von Home-Office-Tagen. Die Coronapandemie und die vom Virus erzwungenen Home-Office-Perioden bewirkten ein Umdenken und grosse Veränderungen in der Gestaltung der Arbeitsplatzumgebung, einschliesslich der Einrichtung der notwendigen Online-Kommunikationsinfrastruktur. Wie nachhaltig dieser Trend und das Bedürfnis der Arbeitnehmenden sich zukünftig erweisen werden, ist ungewiss. Einzelne Unternehmen wollen die Heimarbeit für immer beibehalten, andere entwickeln Konzepte für hybride Arbeitsplätze, wieder andere Firmen sind grossmehrheitlich zur alten Praxis zurückgekehrt. Dem Wunsch nach mehr Home-Office steht der Mehrwert der physischen Präsenz von Mitarbeitenden gegenüber.

Welchen Weg ein Unternehmen wählen wird, hängt auch von den Präferenzen und Aufgaben der einzelnen Mitarbeitenden, der Organisationsform und der Firmenkultur ab. Während traditionelle Arbeitsplatzkonzepte überwiegend auf das individuelle Arbeiten ausgerichtet sind, setzen neuere Modelle verstärkt auf Teamarbeit und die Nutzung des sozialen Kapitals. Die physische Präsenz bedient viele Aspekte, die für das Funktionieren von Organisationen wichtig sind. Sie fördert unter anderem die Zusammenarbeit, verbessert die Koordination und unterstützt Lernprozesse wie auch den Wissenstransfer. Das Fehlen von realen Kontakten im Home-Office kann zudem ausbleibenden gegenseitigen Ansporn, Einsamkeit, soziale Isolation und Müdigkeit verursachen. Hybride Arbeitsumgebungen zielen demgegenüber darauf hin, gleichzeitig die Interessen und Ziele von Arbeitnehmenden und Arbeitgebenden zu verwirklichen. Neue Arbeitsplatzmodelle fordern zudem auch Anpassungen bei der Führungskultur. Im Gegensatz zu einem klassischen Führungsmodell braucht es in einer agilen Organisation mit individuellen Freiheiten stärker zielorientierte Kommunikations-, Coaching- und Kontrollabläufe. Einen wichtigen Beitrag zur kooperationsfördernden Gestaltung hybrider Arbeitsplätze können Funktionen wie Human-Resource- und Facility-Management leisten, indem sie das Kollektiv und die Verbindung von Wissen und Disziplinen fördern sowie den regelmässigen physischen Austausch und gemeinsame emotionale Erlebnisse gewährleisten, die wiederum entscheidend zur Identifikation mit den übergeordneten Unternehmenszielen und zur Bildung einer den gemeinsamen Erfolg fördernden Gruppendynamik beitragen. Letztlich sind die Lebenszufriedenheit und die Motivation der einzelnen Mitarbeitenden zentral, sie bestimmen deren Leistungsfähigkeit und -bereitschaft.

Die Home-Office-Perioden während der Coronapandemie und neue Beschäftigungsformen werfen verschiedene rechtliche Fragen auf, für welche die geltenden Arbeitsgesetze in vielen Ländern weltweit keine oder nur unzureichende Antworten liefern. Insbesondere Arbeitnehmerorganisationen fordern Vorschriften zu den formalen Anforderungen an eine Home-Office-Vereinbarung sowie eine gesetzliche Regelung der Arbeits- und Ruhezeiten, des Gesundheitsschutzes sowie der finanziellen Aspekte. Konkrete Punkte betreffen die Regelung der Bereitstellung von

Arbeitsgeräten und Arbeitsmaterial, die Erreichbarkeit, eine allfällige Arbeitszeiterfassung und die Vergütung der im Home-Office anfallenden Ausgaben wie zum Beispiel Mobile- und Internetabonnemente und Stromverbrauch.

4.1.10.4 Elternzeit   Die Elternzeit ist ein zentrales Instrument der Familienpolitik und umfasst den Mutter- und Vaterschaftsurlaub sowie die Elternzeit im engeren Sinn. Der Mutter- und Vaterschaftsurlaub betrifft die Zeit direkt nach der Geburt und dient primär der Gesundheit und dem Wohlbefinden der Mutter und des Kindes sowie den berechtigten Bedürfnissen vieler Väter, die Geburt nahe mitverfolgen und die Partnerin und das Kind aktiv unterstützen zu können. Die Elternzeit im engeren Sinn, die zwischen beiden Elternteilen aufgeteilt werden kann, betrifft die Zeitperiode der Früherziehung, die in einzelnen Ländern bis zum achten Altersjahr des Kindes andauert, und bezweckt die Unterstützung von jungen Familien, die Förderung der Vereinbarkeit von Familie und Beruf sowie Beiträge zur Gleichstellung von Mann und Frau. Die Elternzeit kann sich zudem positiv auf die Gesellschaft und Wirtschaft auswirken, indem sie die Erwerbsquote und den Beschäftigungsgrad von Frauen erhöht, dem Fachkräftemangel entgegenwirkt, qualifizierte Arbeitskräfte sichert und somit dem Staat weniger Steuereinnahmen entgehen.

In der Europäischen Union (EU) regelt die 2019 erlassene Richtlinie für die Vereinbarkeit von Beruf und Privatleben für Eltern und Betreuer den Mutter- und Vaterschaftsurlaub sowie die Elternzeit. Die Richtlinie schlägt Mindeststandards vor, die von den nationalen Gesetzen in einzelnen EU-Ländern übertroffen werden. Beim Mutterschaftsurlaub sind die Meinungen geteilt, ob sich besonders lange Schutzperioden positiv auf die berufliche Entwicklung der Frauen auswirken. Kritiker argumentieren, je länger der Mutterschaftsurlaub andaure, desto länger bleibe die Arbeitnehmerin dem Arbeitsmarkt fern, was zu Schwierigkeiten bei der Wiedereingliederung und der Laufbahnentwicklung führen könne. Die Richtlinie schlägt einen einheitlichen Mutterschutz von mindestens 20 Wochen vor. Beim Vaterschaftsurlaub statuiert die Richtlinie eine obligatorische Freistellung von mindestens 10 Tagen. Grosszügig sind insbesondere die osteuropäischen Länder wie Slowenien mit 30 Tagen und 90 Prozent Vergütung des ursprünglichen Gehaltes, Rumänien mit 15 Tagen und 100 Prozent Vergütung und Bulgarien mit 15 Tagen und 90 Prozent Vergütung. Bei der Elternzeit orientiert sich die EU am schwedischen Modell, bei dem den Eltern 480 Urlaubstage zustehen, von denen mindestens 60 Tage vom Vater und mindestens 60 von der Mutter bezogen werden müssen. Grundsätzlich sehen alle EU-Länder Elternurlaube vor, wobei grosse Differenzierung und Entschädigungsunterschiede bestehen. In Deutschland beispielsweise kann ein Elternurlaub von bis zu drei Jahren bezogen werden, von denen jedoch nur 14 Wochen bezahlt sind. Neben Schweden weist Slowenien die besten Bedingungen für Eltern auf. Dort haben Vater und Mutter jeweils 130 Tage Elternurlaub bei einer Vergütung von 90 Prozent.

In der Schweiz ist der Mutterschaftsurlaub im Bundesgesetz über die Mutterschaftsentschädigung geregelt. Es trat Mitte 2005 nach längeren politischen Auseinandersetzungen in Kraft und legt die Dauer des Mutterschaftsurlaubs, der grundsätzlich mit der Geburt des Kindes beginnt, auf 14 Wochen fest. Während dieser Freistellungszeit hat die Arbeitnehmerin Anspruch auf mindestens 80 Prozent des durchschnittlichen Erwerbseinkommens vor der Geburt des Kindes. Die Mutterschaftsentschädigung wird über die Erwerbsersatzordnung (EO) finanziert und schliesst nichterwerbstätige Mütter von den Leistungen aus, weshalb die schweizerische Mutterschaftsentschädigung keiner allgemeinen Mutterschaftsversicherung gleichkommt. Kantonale Personalgesetze und verschiedene Gesamtarbeitsverträge sehen teilweise weitergehende Lösungen vor. Die meisten Kantone und eine Reihe von grösseren Arbeitgebern gewähren einen Mutterschaftsurlaub von 16 Wochen oder mehr und zahlen 100 Prozent des Lohnes. Der Kanton Genf als Spitzenreiter setzt den Mutterschaftsurlaub auf 20 Wochen fest. Manche dieser weiterführenden Regelungen sehen hingegen vor, dass zwei Wochen des Urlaubs vor der Geburt bezogen werden müssen. Zudem statuiert das Gesetz in der Schweiz einen Kündigungsschutz in den ersten 16 Wochen nach der Niederkunft. Während 8 Wochen nach der Niederkunft dürfen Frauen nicht arbeiten, danach dürfen sie bis zur 16. Woche nur mit ihrem Einverständnis beschäftigt werden.

Mit Bezug auf den Vaterschaftsurlaub stimmte das Schweizer Stimmvolk anlässlich der Volksabstimmung vom 27. September 2020 einem zweiwöchigen bezahlten Urlaub und damit der Änderung des Erwerbsersatzgesetzes mit einem deutlichen Mehr von 60,3 Prozent der Stimmen klar zu. Die neue Regelung trat am 1. Januar 2021 in Kraft. Mit der Annahme der Vorlage erhalten alle erwerbstätigen Väter das Recht auf einen zweiwöchigen Vaterschaftsurlaub, also auf zehn freie Arbeitstage. Sie können diesen Urlaub innerhalb von sechs Monaten nach Geburt des Kindes beziehen, am Stück oder verteilt auf einzelne Tage. Den Arbeitgebern ist es verboten, im Gegenzug die Ferien zu kürzen. Der Erwerbsausfall im Vaterschaftsurlaub wird entschädigt. Dabei gelten die gleichen Grundsätze wie beim Mutterschaftsurlaub. Eine Entschädigung erhalten Väter, die zum Zeitpunkt der Geburt des Kindes erwerbstätig waren, sei es als Arbeitnehmer oder als Selbstständigerwerbender. Sie müssen zudem in den neun Monaten vor der Geburt in der Alters- und Hinterlassenenversicherung (AHV) obligatorisch versichert und in dieser Zeit mindestens fünf Monate lang erwerbstätig gewesen sein. Die Entschädigung geht entweder direkt an den Arbeitnehmer oder an den Arbeitgeber, wenn dieser den Lohn während des Urlaubs weiterhin bezahlt. Wie beim Mutterschaftsurlaub beträgt die Entschädigung 80 Prozent des durchschnittlichen Erwerbseinkommens vor der Geburt des Kindes. Die Vaterschaftsentschädigung wird wie die Mutterschaftsentschädigung über die Erwerbsersatzordnung (EO) finanziert. Dafür wurde der EO-Beitragssatz ab dem 1. Januar 2021 von 0,45 auf 0,5 Prozent erhöht. Bei Arbeitnehmerinnen und Arbeitnehmern übernehmen die Arbeitgeber die Hälfte davon. Die Einführung der Vaterschaftsentschädigung führt für die EO im Jahr 2021 zu neuen Kosten von rund 230 Millionen Franken.

Die Schweiz kennt keine gesetzlich verankerte Elternzeit und liegt somit im Vergleich zu den europäischen Standards punkto Unterstützung und Förderung der Vereinbarkeit von Beruf und Privatleben junger Eltern deutlich zurück.

4.1.11 Altersvorsorge

Die Altersvorsorge umfasst die Gesamtheit aller Massnahmen, die eine Person während ihres Lebens trifft, um im Alter oder nach der Beendigung der Erwerbstätigkeit den Lebensunterhalt möglichst ohne Einschränkungen des Lebensstandards bestreiten zu können. Der Altersvorsorge dienen in der Regel erworbene Anwartschaften auf Renten oder Kapitalzahlungen und Zinsen aus angespartem Vermögen.

Die Altersvorsorge in der Schweiz beruht auf einem Drei-Säulen-System. Erstens auf der für alle Einwohner obligatorischen Alters- und Hinterlassenenversicherung (AHV), Invalidenversicherung (IV) und Erwerbsersatzordnung (EO). Die AHV erbringt Leistungen im Alter (Altersrente) oder an die Hinterlassenen (Witwen-, Witwer- und Waisenrenten). Die Leistungen sind abhängig von der Höhe des bisherigen Einkommens und der Beitragsdauer. Zweitens baut die Altersvorsorge in der Schweiz auf der für die meisten Erwerbstätigen obligatorischen beruflichen Vorsorge und drittens auf der freiwilligen, steuerlich begünstigten Selbstvorsorge für Erwerbstätige. Reichen die Einkünfte im Rentenalter oder bei Invalidität zur Existenzsicherung nicht aus, decken Ergänzungsleistungen die ausgewiesene Einkommenslücke.

Lange Zeit galt die schweizerische Altersvorsorge weltweit als Vorbild. Seit Jahren zählt die Altersvorsorge hingegen zu den grössten Sorgen der Schweizerinnen und Schweizer. Laut der Bundesverfassung sollen die Renten aus AHV und BVG im Alter die Fortsetzung des gewohnten Lebensstandards in angemessener Weise ermöglichen. Konkret wird darunter verstanden, dass das Einkommen aus der ersten und zweiten Säule nach dem Erreichen des ordentlichen Rentenalters rund 60 Prozent des letzten versicherten Lohns ausmachen sollte. Laut einer im Oktober 2020 veröffentlichten Studie des Finanzdienstleisters VZ Vermögenszentrum sinkt diese Quote (sogenannte Ersatzquote) kontinuierlich. 2002 erhielt ein 65-Jähriger mit einem Bruttolohn von rund 118 000 Franken beim Eintritt in den Ruhestand noch 62 Prozent seines früheren versicherten Lohns. 2019 betrug die Quote noch 55 Prozent. Die Lücke muss entweder mit Einsparungen oder mit Einkünften aus der privaten Vorsorge wettgemacht werden. Es ist absehbar, dass dieser Gap sich in den kommenden Jahren weiter vergrössern wird. Der Rückgang der Ersatzquote in den vergangenen Jahren ist vor allem auf die Pensionskassen zurückzuführen. Diese sahen sich gezwungen, die Umwandlungssätze als Folge der ultraniedrigen Zinsen an den Kapitalmärkten, der expansiven Geldpolitik der Zentralbanken und der hohen Verschuldung von Staaten und Unternehmen deutlich zu senken. Die Zinsen werden aller Voraussicht nach noch einige Jahre niedrig bis negativ bleiben.

Sowohl die erste wie auch die zweite Säule befinden sich in finanzieller Schieflage. Vor allem die demografische Entwicklung hat das System in den letzten Jahren aus dem Gleichgewicht gebracht. Immer mehr Rentner stehen den zahlenden Arbeitnehmenden gegenüber. Angesichts der schwindenden Ertragslage der Pensionskassen sind die derzeit gezahlten BVG-Renten oft überhöht, was zu einer milliardenschweren Umverteilung von Aktiven zu Rentnern in der zweiten Säule führt. Weitere Senkungen der Umwandlungssätze sind somit absehbar, was die Ersatzquote weiter reduzieren wird. Effektive Reformen der ersten und zweiten Säule, welche den heutigen Erwerbstätigen und zukünftigen Generationen eine ausreichende Rente im Alter sichern, sind somit längst überfällig. Weiter verschärfen die anhaltenden Negativzinsen an den Finanzmärkten und jüngst die Coronapandemie die Situation, in welcher die dritte Säule der privaten Vorsorge zunehmend an Bedeutung gewinnt. In einer Ende Mai 2020 veröffentlichten Studie des Versicherungsunternehmens Allianz zur Solidität des Altersvorsorgesystems rangiert die Schweiz international betrachtet im Mittelfeld auf Platz 23.

Der von der Coronaviruspandemie ausgelöste Wirtschaftseinbruch hat die auf dem Umlageverfahren beruhende erste Säule hart getroffen. Er sorgt für neue Löcher auf der Ertragsseite, während die Rentner unveränderte Bezüge erhalten. Bereits seit einigen Jahren sind die Rentenausgaben der AHV nicht mehr durch die regulären Einnahmen aus Lohnbeiträgen und Steuern gedeckt. Dennoch steht die AHV zurzeit dank der geschickten Anlagepolitik der AHV-Fonds-Verantwortlichen und der 2020 erstmals erhaltenen, zusätzlichen Einnahmen von jährlich 2 Milliarden Franken aus der AHV-Steuer-Vorlage, welcher das Schweizer Stimmvolk 2019 zustimmte, noch solide da. Compenswiss, der Ausgleichsfonds von AHV, IV und EO, erzielte 2020 trotz der schweren Wirtschaftskrise eine Rendite von 5,2 Prozent auf dem Vermögen der drei Sozialwerke. Für die AHV allein betrug die Rendite auf dem Anlagevermögen 4,05 Prozent. Der AHV-Fonds profitierte vor allem von der starken Erholung der Aktienmärkte in der zweiten Jahreshälfte 2020. Ohne weitere Steuereinnahmen wird die AHV jedoch die wegen der demografischen Entwicklung stark steigenden Rentenausgaben zukünftig nicht mehr finanzieren können.

Per Ende 2020 belief sich das AHV-Vermögen auf 43,7 Milliarden Franken. Davon sind allerdings 10,3 Milliarden Franken Guthaben bei der IV, das heisst Schulden der Invalidenversicherung, welche das Sozialwerk der AHV in den nächsten zehn Jahren zurückzahlen sollte. Ob die IV dies aus eigenen Mitteln schafft, ist ungewiss. Mit einem Vermögen von rund 44 Milliarden Franken verfügte die AHV

Ende 2020 nicht mehr ganz über die gesetzlich verlangten Reserven in der Höhe einer Jahresausgabe. Ohne Reformen wird das Vermögen rasch dahinschmelzen. Gemäss den Prognosen des Bundesamts für Sozialversicherungen (BSV) wird 2026 das jährliche Defizit der AHV eine Milliarde Franken erreichen und danach kontinuierlich ansteigen. 2030 wird das Umlageergebnis, die Differenz zwischen Einnahmen und Ausgaben, über 4 Milliarden Franken betragen. In den Folgejahren drohen dann noch höhere Defizite von 6 bis 8 Milliarden Franken. Ohne Reformen wird der AHV-Fonds gemäss den Schätzungen der Compenswiss-Verantwortlichen 2033 oder 2034 leer sein.

Entscheidend für eine zukünftig nachhaltige Finanzierung der AHV sind die geplanten Reformen, einschliesslich eines sozialen Ausgleichs für die Frauen, deren Rentenalter auf 65 Jahre angehoben werden soll. In der Frühjahrssession im März 2021 beriet der Ständerat über die AHV-21-Vorlage. Er sprach sich für die Erhöhung des Rentenalters von Frauen auf 65 Jahre aus. Frauen sollen in Zukunft gleich lange arbeiten wie Männer, um eine volle AHV-Rente zu erhalten. Die Erhöhung des Rentenalters soll über einen Zeitraum von vier Jahren mit vier Schritten à drei Monaten realisiert werden. Im Gegenzug sollen die ersten neun Frauen-Jahrgänge, die vom höheren Rentenalter betroffen sind, eine finanzielle Kompensation in der Höhe von bis 150 Franken im Monat erhalten. Mit der Bewilligung für diesen Ausgleich von jährlich insgesamt 430 Millionen Franken kürzte der Ständerat die vom Bundesrat vorgeschlagenen 700 Millionen Franken. Zur Finanzierung dieses Ausgleichs soll die Mehrwertsteuer um 0,3 Prozentpunkte erhöht werden, was die Konsumenten etwa 1 Milliarde Franken im Jahr kosten wird. Der Nationalrat stimmte in der Sommersession im Juni 2021 der Erhöhung des Rentenalters für Frauen auf 65 Jahre zu. Umstritten war hingegen die Kompensation. Der Nationalrat sprach sich dafür aus, nur sieben Übergangsjahrgänge zu begünstigen. Frauen, die beim Inkrafttreten der Reform 58-jährig oder älter sind, sollen gemäss dem Nationalrat einen Rentenbonus von 50, 100 oder 150 Franken im Monat erhalten. Dabei soll der Zuschlag umso höher ausfallen, je tiefer der bisherige Lohn der Frau war. Um die Finanzierung der AHV zu sichern, schlägt der Nationalrat weiter vor, die Mehrwertsteuer um 0,4 Prozentpunkte zu erhöhen. Zudem sprach er sich dafür aus, dass die Nationalbank sämtliche Einnahmen aus Negativzinsen an die AHV überweisen soll. Diese erreichten 2020 knapp 2 Milliarden Franken. Zusätzlich soll die Nationalbank rückwirkend ab 2015 alle bisherigen Einnahmen aus Negativzinsen – insgesamt rund 12 Milliarden Franken – an die AHV überweisen. Dieser Idee steht der Ständerat allerdings skeptisch gegenüber. In der Sommersession 2021 lehnte er einen Vorstoss mit demselben Ziel ab. Als Nächstes ist wieder der Ständerat an der Reihe. Im Idealfall kann das Parlament die dringende Reform noch im Jahr 2021 verabschieden. Wird dieser Fahrplan eingehalten, könnte die aufgrund der Veränderung des in der Verfassung festgeschriebenen Mehrwertsteuersatzes notwendige Volksabstimmung noch im Jahr 2022 stattfinden.

Die zweite Säule der beruflichen Vorsorge (BVG), die kapitalgedeckte Säule des Systems, zeigt sich weniger betroffen von der Coronakrise. Vielmehr profitierten die Schweizer Pensionskassen von der Geldschwemme der Zentralbanken. Gemäss der im Juni 2021 veröffentlichten Pensionskassen-Studie der zur Zürcher Kantonalbank gehörenden Investmentgesellschaft Swisscanto stiegen die Deckungsgrade der Vorsorgeeinrichtungen in der Schweiz 2020 auf den höchsten Stand in den vergangenen zehn Jahren. Bei den Kassen von privaten Arbeitgebenden erreichte der Deckungsgrad im Durchschnitt 116,1 Prozent beziehungsweise 109,2 Prozent und 87,7 Prozent bei den Einrichtungen von öffentlich-rechtlichen Arbeitgebenden mit Voll- und Teilkapitalisierung. Der Hauptgrund für die hohen Deckungsgrade sind die Anlageergebnisse. Nach dem Corona-Crash im Frühjahr 2020 erholten sich die Börsen im Zuge der grossen Rettungsprogramme der Notenbanken und Regierungen schnell und erlaubten den Schweizer Pensionskassen, für das Gesamtjahr 2020 im Durchschnitt eine Rendite von knapp 4 Prozent zu erzielen. Sie profitierten von den steigenden Aktienkursen und Immobilienpreisen und erhöhten den Aktienanteil in ihren Portfolios auf den Durchschnittsrekordwert von 32,7 Prozent, eine Steigerung von 1,1 Prozentpunkten gegenüber 2019. Zudem rechnen die Pensionskassen immer vorsichtiger und reduzieren ihre technischen Zins- sowie Umwandlungsätze, um den niedrigen Zinsen und der steigenden Lebenserwartung Rechnung zu tragen. Die wohl noch längere Zeit im ultraniedrigen bis negativen Bereich verharrenden Zinsen schmälern die Erträge der Pensionskassen und erschweren es ihnen, ihre Rentenverpflichtungen zu erfüllen. Seit Jahren werden in der zweiten Säule hohe Renten ausgerichtet. Sie basieren auf dem im Gesetz festgeschriebenen BVG-Mindestumwandlungssatz von 6,8 Prozent. Um diesen ohne Substanzverlust stemmen zu können, müssten die Pensionskassen jährlich eine Rendite auf ihren Vermögen von rund 5 Prozent erzielen. Bei dem gegenwärtigen niedrigen beziehungsweise negativen Zinsniveau ist dies wenig realistisch. Pensionskassen, die auch überobligatorische Leistungen versichern, können für das Altersguthaben insgesamt einen niedrigeren Umwandlungssatz festlegen. Laut der Studie lag der technische Zinssatz 2020, der durch den Vermögensertrag finanziert werden soll, im Durchschnitt bei den privatrechtlichen Kassen bei 1,59 Prozent und bei den öffentlich-rechtlichen bei 1,86 Prozent. Der durchschnittliche Umwandlungssatz betrug laut der Studie bei Frauen bei einem Rentenantritt mit 64 Jahren 5,46 Prozent, bei Männern 5,52 Prozent mit weiter sinkender Tendenz. Für 2025 erwarten die befragten Vertreter der Vorsorgewerke einen durchschnittlichen Umwandlungssatz von rund 5,3 Prozent. Die Reduktion des technischen Zinssatzes und des Umwandlungssatzes führt zu sinkenden Renten und entschärft die systemfremde Umverteilung von aktiven Versicherten zu Rentnern. Mitte Mai 2021 teilte die Oberaufsichtskommission Berufliche Vorsorge mit, dass sie mit einem Rückgang der Umverteilung im Jahr 2020 auf 4,4 Milliarden Franken nach 7,2 Milliarden Franken im Jahr 2019 rechne. Weiter zeigte die Swisscanto-Pensionskassenstudie 2021 auf, dass rund 25 Prozent der Pensionskassen Umwelt-, Sozial- und Governance-Kriterien (ESG-Kriterien) in ihre Anlagereglemente aufgenommen haben. Eine Vorreiterrolle beim Thema Nachhaltigkeit nehmen insbesondere die grossen Vorsorgeeinrichtungen mit verwalteten Vermögen von 500 Millionen Franken und mehr ein. 44 Prozent der grossen Kassen haben ESG-Kriterien eingeführt. Bei der Verfolgung von CO_2-Reduktionszielen weist hingegen die grosse Mehrheit aller Pensionskassen Nachholbedarf auf. Erst rund 17 Prozent der Schweizer Pensionskassen messen die CO_2-Emissionen in ihren Portfolios.

Ende November 2020 überwies der Bundesrat seine Botschaft zur Revision des BVG an die eidgenössischen Räte. Bei der Reform der beruflichen Vorsorge hat der Bundesrat den gemeinsamen Vorschlag des Arbeitgeberverbands, des Gewerkschaftsbunds sowie von Travail Suisse übernommen. Er sieht eine Senkung des Mindestumwandlungssatzes zur Berechnung der Jahresrenten von 6,8 auf 6,0 Prozent vor. Dieser Abschlag soll der Übergangsgeneration (50- bis 64-Jährige) mit einem lebenslangen Rentenzuschlag in Höhe von 100 bis 200 Franken pro Monat abgegolten werden. Zur Finanzierung der dazu notwendigen rund 2,7 Milliarden Franken soll ein zusätzlicher Lohnabzug von 0,5 Prozent bei allen Erwerbstätigen dienen. Diesem Modell stellte der Pensionskassenverband ASIP den Vorschlag gegenüber, die Altersguthaben der Neurentner durch Auflösung von Rückstellungen bei den Pensionskassen im Umfang von gesamthaft rund 1,8 Milliarden Franken um 13 Prozent aufzustocken. Anfang Februar 2021 zeigte sich die Sozialkommission des Nationalrats mit beiden Vorschlägen unzufrieden, da eine solche Revision der zweiten Säule insbesondere die Altersvorsorge von Frauen mit tiefen Einkommen nicht verbessere, und wies die Vorlage zurück an den Bundesrat mit dem Auftrag, weitere Modellrechnungen zu prüfen. Kritiker des bisherigen Vorschlags des Bundesrats bemängelten zudem die Erhöhung der Lohnnebenkosten inmitten einer Wirtschaftskrise. Die zusätzlichen Lohnbeiträge anstelle der vom Bundesrat verworfenen Alternativen einer Erhöhung des Rentenalters oder Senkung der nominalen Jahresrente führen nach den typischen Reaktionsmustern am Arbeitsmarkt zu tieferen Gehältern und einem Stellenabbau. Weiter verstärken die Rentenzuschläge für die Übergangsjahrgänge und deren Finanzierung die aufgrund der demografischen Entwicklung bestehende, hohe Umverteilung von jung zu alt. Schliesslich widerspricht die Finanzierung dem Grundprinzip der kapitalgedeckten Vorsorge, wonach jeder für sich selber spart.

Eine Motion des Zürcher FDP-Nationalrats Andri Silberschmidt bezweckte, den Bundesrat auch in der Altersvorsorge zu Nachhaltigkeit zu verpflichten und analog zum CO_2-Netto-Null-Ziel bis 2050 vorzuschreiben, dass die AHV bis ins Jahr 2050 nachhaltig und generationengerecht finanziert werden muss. Konkret würde dies heissen, dass die AHV bis im Jahr 2050 kein Umlagedefizit mehr produziert und die Beiträge mindestens so hoch sind wie die Rentenzahlungen. Der Vorstoss schlug vor, dieses Ziel je zur Hälfte durch Mehreinnahmen und Minderausgaben zu erreichen. In seiner Stellungnahme teilte der Bundesrat Anfang September 2020 die Zielsetzung der Motion und führte an, bereits die Vorlage AHV 21 sichere das Gleichgewicht bis 2030, was auch für die folgenden Jahrzehnte gelte. Skepsis äussert der Bundesrat hingegen gegenüber dem zweiten Teil des AHV-Vorstosses von Andri Silberschmidt. Laut der Regierung würde die Forderung, das Nachhaltigkeitsziel je zur Hälfte mittels Mehreinnahmen und Minderausgaben zu erreichen, den Handlungsspielraum stark einschränken und die aktuell im Parlament diskutierte AHV-21-Reform tangieren. Damit will sich der Bundesrat grössere Flexibilität beim Korrektur-Menu wahren, das grundsätzlich die Elemente Mehreinnahmen mittels Steuern, Subventionen oder Beiträge und/oder Minderausgaben mittels Rentendeckel oder Rentenaltererhöhung umfasst.

Parallel diskutiert das Parlament mit den Überbrückungsleistungen für ausgesteuerte Arbeitslose ab 60 Jahren über ein neues Sozialwerk, welches Arbeitnehmende, die lange gearbeitet haben, besser absichert. Die Überbrückungsleistungen würden den Bundeshaushalt zunächst mit rund 150 Millionen Franken pro Jahr zusätzlich und dauerhaft belasten.

4.2 Akteure und Anspruchsgruppen

Die Unternehmen stehen als Good Citizen (siehe Einleitung) in der Verantwortung, Beiträge an die Wohlfahrt der Gesellschaft, an einen nachhaltigen Umgang mit den natürlichen Ressourcen sowie an die Bewältigung sozialer Aufgaben und Herausforderungen zu leisten. Bei der Ausführung ihrer Tätigkeit und der Wahrnehmung von Verantwortung sind die Unternehmen auf Interaktionen mit verschiedenen Anspruchsgruppen angewiesen. Der Stakeholder-Value-Ansatz eignet sich, um neben dem Management, welches für die Unternehmensführung verantwortlich ist und somit das Unternehmen verkörpert, fünf zentrale Beziehungsgruppen darzustellen: Eigentümer, Arbeitnehmende, Kunden, Lieferanten und die Öffentlichkeit. Unter die Gruppe der Eigentümer fallen gemäss dem in diesem Kapitel erläuterten Modell sämtliche Kapitalgeber, das heisst neben den Aktionären auch Fremdkapitalgeber wie Banken und andere Kreditgeber. Zu den Arbeitnehmenden zählen auch Gewerkschaften, Berufsverbände und alle Gruppierungen, welche die Interessen der Beschäftigten vertreten. Der Anspruchsgruppe Kunden werden zudem auch Konsumentenschutzorganisationen zugeordnet und die Lieferanten umfassen alle Geschäftspartner, die zum Ressourceninput beitragen. Vielschichtig ist die Anspruchsgruppe Öffentlichkeit. Sie beinhaltet die Gesellschaft und insbesondere die Standort-Communities, den Staat, die Regulatoren, Verbände, Nichtregierungsorganisationen (NGOs), die Medien und alle weiteren Gruppierungen, die nicht einem anderen Stakeholder zugeordnet werden können.

Neben den Interessen der Stakeholder stehen die Interessen des Unternehmens, welche von der Unternehmensführung wahrgenommen werden. Bei der Unternehmensführung gilt es zwischen den Vertretern des Verwaltungsrats, dem die strategische Führung des Unternehmens obliegt, und der Geschäftsführung oder dem Management, das mit der operativen Umsetzung der Strategie und der Unternehmensziele beauftragt ist, zu unterscheiden. Aufgrund der unterschiedlichen Aufgaben bestehen zwischen diesen beiden Untergruppen Interessensdivergenzen. Während der Fokus des Verwaltungsrats auf die langfristige Entwicklung des Unternehmens gerichtet ist und die Vergütung des Verwaltungsrats deshalb aus Sicht einer guten Corporate Governance keine erfolgsabhängige Komponente enthält (siehe 5.1.4.2 «Struktur der Vergütungen», b. Nichtexekutive Mitglieder des Verwaltungsrats, auf Seite 304), sind die Manager zu einer zeitnahen Umsetzung der Ziele angehalten und in der Regel an einer marktgerechten und leistungsabhängigen Entlohnung interessiert. Ein weiterer wichtiger Aspekt unter den Interessen der Manager ist die berufliche Entfaltungsmöglichkeit. Unter der Prämisse des Shareholder-Value-Ansatzes war die Gewinnmaximierung lange Zeit das primäre Ziel des Unternehmens. Die Stakeholder-Theorie rückt weitere, auch nichtfinanzielle Zielgrössen in den Vordergrund, darunter insbesondere langfristige Entwicklungsperspektiven und damit ökologische und soziale Nachhaltigkeitsanliegen.

Die einzelnen Anspruchsgruppen stehen in unterschiedlichen Beziehungen zum Unternehmen und haben somit abweichende Interessen, wobei einzelne Partialinteressen deckungsgleich mit den Interessen anderer Gruppen sein können. Zudem können einzelne Personen oder Geschäftspartner auch mehreren Anspruchsgruppen zugehören. Die Hauptstandpunkte und -interessen der einzelnen Anspruchsgruppen sind:

Eigentümer
Die Aktionäre sind die Eigenkapitalgeber und somit Miteigentümer des Unternehmens. Sie verfügen über ein Stimmrecht pro Unternehmensanteil in der Generalversammlung und erwarten für ihr eingesetztes Kapital eine angemessene Rendite. Darüber hinaus sind sie an Informationen über die Entwicklung des Unternehmens und zum finanziellen und nichtfinanziellen Ausblick interessiert. Auf der Basis der statuarischen Möglichkeiten streben sie danach, den Einfluss auf das Management auszudehnen und die Unternehmensführung zu überwachen. Massgebende Aktionäre stossen dabei in der Regel auf grösseres Gehör, während das Stimmrecht von Kleinaktionären oftmals von Banken oder dem unabhängigen Stimmrechtsvertreter, dem sie Weisungen erteilen, wahrgenommen werden. 2017 etwa waren an Generalver-

sammlungen von kotierten Unternehmen in der Schweiz durchschnittlich 66 Prozent der Aktienstimmen präsent, davon 55 Prozent in der Hand von Stimmrechtsvertretern. Bei Unternehmen ohne grossen Ankeraktionär kann dieser Anteil auf bis zu 95 Prozent ansteigen. Der unabhängige Stimmrechtsvertreter darf nicht beim Unternehmen angestellt sein, für das er aktiv wird, und muss von diesem wirtschaftlich unabhängig sein. Er darf zudem keine Voten abgeben und keine Anträge stellen, selbst wenn dies von den Aktionären in ihren Weisungen verlangt wird. Insbesondere institutionelle Anleger, einschliesslich Pensionskassen, haben sich in den letzten Jahren grössere Beachtung verschafft und nehmen ihr Stimmrecht aktiv wahr. Verhalten sich die Unternehmen nicht in ihrem Sinn, suchen die Anleger das Gespräch mit dem Management und erwägen bei fortbestehender Uneinigkeit die Desinvestition ihres Engagements. Fremdkapitalgeber, wie Banken und andere Kreditgeber, sind keine Eigentümer in engerem Sinn. Vielfach vertreten sie hingegen ähnliche Interessen wie die Aktionäre und werden hier deshalb der Eigentümer-Gruppe zugeordnet. Auch die Fremdkapitalgeber sind an einer angemessenen Verzinsung ihrer Darlehen sowie einer verlässlichen Zurückzahlung ihres Geldes interessiert. Sie besitzen zwar kein Stimmrecht, trotzdem fordern sie von den Unternehmen umfangreiche Informationen, um ihre Investitionssicherheit zu gewährleisten.

Arbeitnehmende
Die Mitarbeitenden sind Know-how-Träger und ihre Fachkenntnisse sowie ihre Erfahrung sind für den Unternehmenserfolg zentral. Neben einer sicheren und gesundheitsverträglichen Arbeitsgestaltung fordern die Arbeitnehmenden eine gerechte Entlöhnung, Weiterbildungs- und Laufbahnentwicklungsmöglichkeiten sowie weitere soziale Leistungen von den Arbeitgebenden. Stichworte dazu sind flexible Arbeitszeiten und Home-Office nach Massgabe der betrieblichen Möglichkeiten, Rücksicht auf die Bedürfnisse des Privatlebens, einschliesslich der Betreuung von Kindern und bedürftigen Angehörigen, oder Beiträge an die Altersvorsorge. Weitere Wünsche betreffen die Unternehmenskultur, die Qualität der Zusammenarbeit sowie die Vielfalt in der Arbeitsorganisation und -ausführung. In grösseren Unternehmen sind die Mitarbeitenden durch Arbeitnehmervertretende in Teilen der Führungsorganisation eingebunden und können dort ihre Interessen zur Geltung bringen. In kleineren und direkt inhabergeführten Unternehmen kann sich die Interessenwahrnehmung von Arbeitnehmenden als problematisch erweisen.

Kunden
Die Kunden beziehen Waren oder Dienstleistungen von den Unternehmen und zahlen dafür einen vereinbarten Preis, um ihre Bedürfnisse zu decken. Sie generieren somit den Umsatz als Ausgangspunkt der Erfolgsrechnung des Unternehmens. Die Kunden erwarten zudem Zuverlässigkeit, hohe Qualität, umfassenden Service, effiziente und effektive Unterstützung bei der Lösung von neuen Herausforderungen sowie grosse Innovationskraft. Insbesondere Grosskunden können massgeblichen Druck auf das Management ausüben. Andererseits kann die Position der Kunden bei ausgeprägten Alleinstellungsmerkmalen der Angebote des Unternehmens schwach sein. Die Marktsituation und das Verhältnis von Angebot und Nachfrage hat somit grossen Einfluss auf das Machtgefüge zwischen einem Unternehmen und dessen Kunden. Parallel

wächst heute die Bedeutung von Konsumentenorganisationen, welche die Interessen der Kunden stärken und zur grösseren Gewichtung ihrer Standpunkte und Anliegen oft auch Social-Media-Plattformen und die klassischen Medien nutzen.

Lieferanten
Die Lieferanten stellen die zur Produktion beziehungsweise zur Erbringung der Dienstleistungen notwendigen Ressourcen bereit. Sie streben stabile und voraussehbare Absatzbeziehungen zu fairen Marktpreisen an und sind auf die Zahlungsfähigkeit und -zuverlässigkeit ihrer Geschäftspartner angewiesen. Auch in der Beziehung zwischen den Unternehmen und Lieferanten haben die Marktverhältnisse, Alleinstellungsmerkmale der Ressourcen wie deren Qualität und Zuverlässigkeit sowie die Lieferbereitschaft grossen Einfluss auf die gegenseitigen Machtpositionen. Insbesondere Lieferengpässe können zu grossen Preisausschlägen und wirtschaftlichen Einbrüchen ganzer Sektoren führen. Neuerdings erfahren ESG-Themen, auch aus Gründen einer stärkeren Wahrnehmung und Gewichtung in der Öffentlichkeit, grosse Beachtung in der Wahl und Gestaltung der Lieferketten. Von ihren Lieferanten fordern die Unternehmen die Einhaltung und Dokumentation umfangreicher ökologischer und sozialer Standards ein. Viele Grossunternehmen bekennen sich heute zudem zu Klimazielen wie dem Erreichen von Netto-Null-Treibhausgasemissionen bis 2050, wobei sie in ihren Ökobilanzen die eigenen und die in der Lieferkette anfallenden Emissionen berücksichtigen. Entsprechend verlangen die Unternehmen von ihren Zulieferern umfassende Deklarationen und Dokumentationen ihrer Anstrengungen. Klimaschonende Angebote verfügen dabei über klare Wettbewerbsvorteile.

Öffentlichkeit
Die Anspruchsgruppe Öffentlichkeit ist sehr heterogen. Über die Standort-Communities hinaus zählt zu ihr insbesondere die Gesamtgesellschaft und der Staat, der über die Behörden und Regulatoren in vielen Bereichen in die freien Marktmechanismen eingreift. Der Staat strebt grundsätzlich eine Wohlstandssteigerung für seine Bürger an, wobei ihm eine gesunde und wachsende Volkswirtschaft die nötigen Geldmittel verschafft. Der Staat ist verantwortlich für die öffentliche Sicherheit und Stabilität, stellt die Infrastruktur bereit und setzt die Rahmenbedingungen für wirtschaftliches Wachstum. Den Unternehmen gegenüber erhebt die öffentliche Hand im Gegenzug Steuern und Abgaben zur Erfüllung der vielfältigen Aufgaben. Anhand der Steuergesetzgebung kann der Staat indirekt auf die Unternehmen Einfluss nehmen. Eine zentrale und an Bedeutung wachsende Funktion in der Anspruchsgruppe Öffentlichkeit nehmen zudem Nichtregierungsorganisationen (NGOs) wie beispielsweise Menschenrechtsorganisationen, Umwelt- und Tierschutzvereinigungen ein. Sie agieren als Sprachrohr von teilweise in der Gesellschaft breit verankerten Interessensgruppen und setzen sich gezielt für deren Anliegen ein. Entsprechend verfügen sie in der Bevölkerung über grosse Mobilisierungskraft und können grossen Druck auf Unternehmen ausüben. Auch die Medien haben grossen Einfluss auf die Reputation von Unternehmen. Schliesslich zählen auch die Mitbewerber zum öffentlichen Umfeld eines Unternehmens. Vor allem in gesättigten Märkten sind die Mitbewerber am Gewinn und der Übernahme von Marktanteilen interessiert. In vielen Fällen schliessen sich die Marktteilnehmer hingegen auch zusammen, um mit gebündelten Kräften ihre gemeinsamen Interessen zu stärken.

4.3 Organisation und Werkzeuge

Corporate Social Responsibility umfasst viele Aspekte innerhalb der Ausrichtung, Organisation, Tätigkeit und Führung eines Unternehmens. Am Anfang steht die Entwicklung und Definition des Geschäftsmodells. Im Zentrum steht die Frage, welchen Marktbedürfnissen soll das Unternehmen nachkommen und wie sollen diese Bedürfnisse bedient werden? Um die wirtschaftliche Tätigkeit erfolgreich zu gestalten, muss das spezifische Angebot auf eine Nachfrage treffen. Diese Nachfrage kann bereits bestehen oder kann mittels Innovation, neuen Technologien oder gezieltem Marketing geschaffen oder vergrössert werden. Die Berücksichtigung von Alltagsbedürfnissen und Megatrends oder die Identifikation von neuen Lösungsansätzen für gesellschaftliche Herausforderungen unterstützt dabei die Erfolgschancen. Die Wahrnehmung ökologischer und sozialer Verantwortung stellt angesichts des Klimawandels und der gesellschaftlichen und wirtschaftlichen Spannungen und Umwälzungen, einschliesslich der Auswirkungen von Entwicklungen wie der Globalisierung, Digitalisierung oder den Fortschritten bei der künstlichen Intelligenz, eine grosse Herausforderung dar, für welche die heutigen Märkte eine wachsende Sensibilität zeigen. Ökologische und soziale Verantwortung können direkt im Zentrum eines Geschäftsmodells stehen oder bei dessen Umsetzung eine entscheidende Rolle spielen.

Nachhaltigkeit hat somit eine strategische und eine operative Komponente, was entsprechend auch bei der Zuordnung der Verantwortlichkeiten und in der Organisation eines Unternehmens reflektiert werden sollte. Was die Unternehmensführung anbetrifft, sollte deshalb das Thema im Verwaltungsrat, was die strategischen Aspekte anbelangt, und in der operativen Führung angesiedelt sein. Die Entwicklung und Etablierung eines unternehmensweiten Nachhaltigkeits-Managementsystems ist Aufgabe der obersten Unternehmensführung. In der Regel bezeichnen grössere Unternehmen eine zentrale Funktion, welche für die unternehmensweite Umsetzung der Nachhaltigkeitspolitik verantwortlich zeichnet und der Geschäftsleitung direkt rapportiert.

Ausgehend vom Stellenwert im Geschäftsmodell sollte die Nachhaltigkeitspolitik und deren Aspekte in der Unternehmensstrategie, in den Unternehmenszielen und im Vergütungssystem verankert sein. Zentrale Werkzeuge zur Umsetzung der Nachhaltigkeitspolitik eines Unternehmens sind regelmässige Materialitätsanalysen zur Definition und Überprüfung der relevanten Themen, ein unternehmensweites Corporate-Social-Responsibility-Managementsystem sowie die Einbindung von CSR-Aspekten in das Risikomanagement.

4.3.1 Nachhaltigkeitspolitik

Unter Nachhaltigkeitspolitik ist das Bekenntnis eines Unternehmens zu verstehen, in welchem es seine Haltung, Zielvorgaben sowie Leitlinien zu einer nachhaltigen Geschäftstätigkeit darlegt. Je nach Geschäftsmodell kann dies den Zweck der Unternehmung selbst oder zumindest die Art und Weise des Denkens und Handelns und die Wahrnehmung ökologischer und sozialer Verantwortung beim Erreichen der wirtschaftlichen Ziele betreffen. Ein zentraler Aspekt ist dabei die Berücksichtigung der Wohlfahrt und Interessen aller Anspruchsgruppen als Grundvoraussetzung für eine langfristig prosperierende Unternehmensentwicklung.

Kernpunkt der Nachhaltigkeitspolitik ist die Verpflichtung zu einer im Rahmen der gesetzlichen und regulatorischen Vorschriften sowie den anerkannten Verhaltensgrundsätzen der Branche ethisch korrekten und wirtschaftlich profitablen Geschäftsführung und -tätigkeit, wobei die Bekenntnisse auch über die gesetzlichen Vorgaben und Branchenstandards hinausgehen können. Entscheidend ist das dauerhafte In-Einklang-Bringen einer erfolgreichen Geschäftstätigkeit mit Verantwortung gegenüber der Umwelt und der Gesellschaft sowie den Interessen und Bedürfnissen aller Anspruchsgruppen. Über die Einordnung mit Bezug auf das Geschäftsmodell und die Unternehmensstrategie hält die Politik die Grundhaltung zur Nachhaltigkeit sowie die Zielvorgaben und Leitlinien für die Umsetzung in den Geschäftsfeldern fest. Die Massnahmen sollen sich an den 17 Zielen für nachhaltige Entwicklung der Vereinten Nationen orientieren (3.1.2 «UN Sustainable Development Goals») und auf die Bereiche fokussieren, bei denen ein grosses Wirkungspotenzial besteht.

4.3.2 Materialitätsanalyse

Die Materialitäts- oder Wesentlichkeitsanalyse ist ein Instrument zur Ermittlung der zentralen und für ein Unternehmen relevanten Nachhaltigkeitsthemen. Die Analyse untersucht das externe Umfeld, die eigene Tätigkeit und Organisation sowie die Bedürfnisse und Erwartungen der Anspruchsgruppen. Ziel der Untersuchung ist es, Handlungsfelder mit besonders grosser und somit effektiver Wirkung in Bezug auf die nachhaltige Ausrichtung des Unternehmens zu definieren. Im Zentrum stehen die Auswirkungen der eigenen Unternehmenstätigkeit auf die Umwelt, Gesellschaft und Wirtschaft. Um die Handlungsfelder identifizieren zu können, bilden die meisten Unternehmen eine interdisziplinäre Projektgruppe, die sich aus Vertretern des Managements, aller Unternehmensbereiche und Anspruchsgruppen zusammensetzt. Die Gruppe nimmt eine Auslegeordnung vor und schält allenfalls unter Beizug eines externen Moderators in einem oder mehreren Workshops die bedeutendsten Themenbereiche und Aktionsfelder heraus. Die Resultate werden in der Regel gewichtet

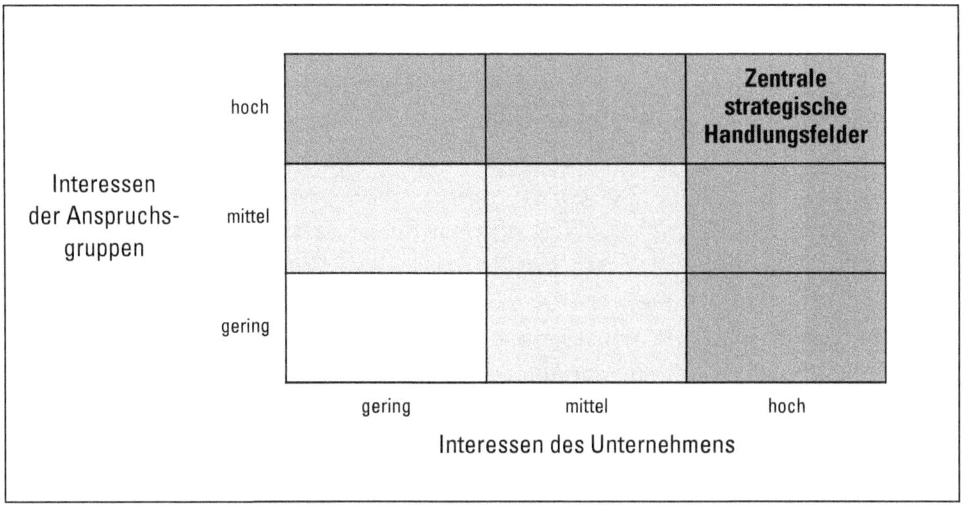

▲ Abb. 18　Materialitätsmatrix

in einer Matrix aufgezeigt, wobei die horizontale Achse die Bedeutung eines Themas für das Unternehmen und die vertikale Achse für die Anspruchsgruppen misst (◄ Abb. 18).

Beispiele von Themenbereichen aufgeteilt auf die drei Dimensionen der Nachhaltigkeit sind in ► Abb. 19 dargestellt.

Umwelt	Soziales	Wirtschaftliche Aspekte
▪ Klimaschutz ▪ Energieeffizienz und erneuerbare Energien ▪ Ressourceneffizienz ▪ Reduktion der Schadstoffe, Abfälle, Emissionen ▪ Recycling und Kreisläufe ▪ Biodiversität	▪ Menschenrechte ▪ Diversität ▪ Faire Arbeitsbedingungen und Geschäftspraktiken ▪ Compliance ▪ Datensicherheit und Schutz der Privatsphäre ▪ Korruptionsbekämpfung ▪ Arbeitssicherheit und Gesundheitsschutz ▪ Mitarbeitermotivation ▪ Ausbildung, Training und Mitarbeiterentwicklung ▪ Attraktivität als Arbeitgeber ▪ Stakeholder-Dialog ▪ Beiträge an Wohlfahrt der Gesellschaft	▪ Nachhaltige Lieferketten ▪ Neue Technologien und Digitalisierung ▪ Innovation ▪ Nachhaltige und sozial verantwortliche Preispolitik ▪ Langfristig profitable Unternehmensentwicklung ▪ Vergütung

▲ Abb. 19　Themen der Materialitätsanalyse

In einem zweiten Schritt werden für jedes definierte Thema sogenannte Key-Performance-Indikatoren (KPIs) bestimmt, kurz-, mittel- und langfristige Ziele formuliert und entsprechende Massnahmenpläne entwickelt. Die KPIs dienen dazu, die erreichten Fortschritte und den Zielerreichungsgrad zu messen.

Dem Prinzip der Materialität kommt im Nachhaltigkeitsmanagement und der -berichterstattung eine zentrale Rolle zu. Es gewährleistet einen systematischen und kritischen Dialog mit allen Anspruchsgruppen. Weiter vermittelt es die notwendigen Informationen für die Anpassung von Strategien und Geschäftsprozessen an neue Marktbedürfnisse und gesellschaftliche Erwartungen und verbessert die externe Kommunikation mittels Fokussierung auf die wichtigsten Nachhaltigkeitsthemen. Die Durchführung einer Materialitätsanalyse ist denn auch kein Einmalereignis. Vielmehr soll die Analyse in regelmässigen Abständen von wenigen Jahren wiederholt werden, um den Veränderungen im Markt, im Unternehmen selber sowie in den sich wandelnden Wertvorstellungen bei den Kunden und innerhalb der Gesellschaft gerecht zu werden.

4.3.3 CSR-Managementsystem

Das Corporate-Social-Responsibility-Managementsystem (CSR-Managementsystem) umfasst sämtliche Massnahmen, die ein Unternehmen zu seiner nachhaltigen Entwicklung, zu einem verantwortungsbewussten Umgang mit der Umwelt und den natürlichen Ressourcen sowie zum Abgleich mit den Interessen seiner Anspruchsgruppen ergreift. Inhaltlich orientiert sich das CSR-Managementsystem an den aus der Materialitätsanalyse resultierenden Nachhaltigkeitsthemen sowie den ihnen zugeordneten Key-Performance-Indikatoren (KPIs) und kurz-, mittel- und langfristigen Zielen.

Bei der Etablierung des CSR-Managementsystems geht es um die Organisation, Festlegung der Verantwortlichkeiten, Definition der zu erhebenden Daten, Bereitstellung der Ressourcen, notwendigen Betriebsmittel und Budgets, Erstellen und Überwachen von Zeitplänen, kontinuierliche Auswertung und Gewichtung der Daten bis hin zur Kontrolle, Dokumentation und Berichterstattung.

Der Massnahmenplan als Ganzes stellt die operative Umsetzung der Nachhaltigkeitspolitik dar (siehe 4.3.1 «Nachhaltigkeitspolitik») und lieferte Beiträge an die erfolgreiche Gestaltung des Geschäftsmodells und Verwirklichung der Unternehmensstrategie.

4.3.4 Abgleich mit Risikomanagement

Das Risikomanagement ist ein fortlaufender Prozess und umfasst die Risikoidentifikation, -beurteilung und -bewältigung. Es ist die Aufgabe der Unternehmensführung, die übergeordneten Ziele, Strategien und die Organisation für das Risikomanagement festzulegen (siehe 5.1.1.7 «Risikomanagement»). Im Einzelnen geht es um die Festlegung von Kriterien, nach denen die Risiken eingestuft und bewertet werden, die Methoden der Risikoermittlung, die Verantwortlichkeiten bei Risikoentscheidungen, die Bereitstellung von Ressourcen zur Risikoabwehr, die interne und externe Kommunikation über die identifizierten Risiken sowie die Qualifikation des Personals für das Risikomanagement. Weiterführende Informationen zu einem umfassenden Risikomanagement vermittelt die 2018 veröffentlichte Norm ISO 31000. Sie unterstützt Unternehmen in der Identifikation und im Umgang mit Risiken, welche die Umwelt und den eigenen Leistungsausweis gefährden können. Die in der Norm beschriebenen Grundsätze und Verfahren zum Risikomanagement gelten allgemein. Sie können in allen Bereichen, in denen Risiken existieren, angewendet werden und sind nicht auf eine spezifische Branche zugeschnitten.

Grundsätzlich wird zwischen strategischem und operativem Risikomanagement unterschieden. Das strategische Risikomanagement, auch Corporate Risk Management genannt, analysiert, beurteilt und steuert alle unternehmerischen Risiken, die aus dem Umfeld – zum Beispiel vom Markt –, der Organisation und Führung, den Geschäftsprozessen, der IT, den Finanzen oder dem Personalwesen ausgehen können. Der Hauptfokus liegt auf der erfolgreichen Umsetzung der Unternehmensstrategie. In der Regel wählen die Unternehmen einen Top-down-Ansatz und erheben eine Worst-Case-Szenario-Analyse. Das Corporate Risk Management schliesst die Lücke zwischen den Ebenen Unternehmensstrategie und operativem Risikomanagement. Letzteres analysiert die Geschäftsabläufe systematisch und zeigt laufend ihr Risikopotenzial auf. Im Fokus stehen dabei Einzelrisiken.

Wichtig ist, dass der Risikomanagementprozess stets als Regelkreis verstanden wird. Die Ergebnisse des operativen Risikomanagements sollen deshalb periodisch darauf untersucht werden, inwiefern sie auch Auswirkungen auf das strategische Risikomanagement haben können und dort Berücksichtigung finden sollten.

Ausgangspunkt eines effektiven Risikomanagements ist die Risikowahrnehmung. Corporate-Social-Responsibility-Aspekte leisten wesentliche Beiträge zur Risikoidentifikation und -beurteilung. Sie erweitern die ökonomische und betriebliche Betrachtung mit ökologischen und sozialen Gesichtspunkten und vergrössern somit das Wahrnehmungsspektrum. Die rein interne Sicht kann zudem zu einer selektiven Wahrnehmung führen und sich als unzureichend erweisen, indem wesentliche Risiken nicht auf dem Radar erscheinen. CSR-Gesichtspunkte und insbesondere der kontinuierliche Stakeholder-Dialog als Schwerpunkt stützen die Sensibilität und

Sensorik für externe und interne Risiken breiter ab. Schliesslich sollen die identifizierten Risiken nicht nur aus der wirtschaftlichen Sicht bewertet werden. Die Erweiterung um die ökologische und soziale Dimension kann die Beurteilung der Wahrscheinlichkeit eines Risikoeintritts und dessen Tragweite signifikant verändern. Klimawandel, Auflehnung gegen Menschenrechtsverletzungen oder Konsumentenboykotte dienen dazu als Stichworte.

4.4 Berichterstattung

Die Anspruchsgruppen eines Unternehmens erwarten über die finanzielle Berichterstattung hinaus volle Transparenz auch mit Bezug auf den ökologischen Fussabdruck sowie das soziale und ethische Verhalten. Umgekehrt bewirkt die gesteigerte Sensibilisierung und Gewichtung von Nachhaltigkeitsthemen in breiten Kreisen der Öffentlichkeit die verstärkte Einbindung von CSR-Aspekten in die Geschäftsmodelle und Strategien der Unternehmen. Dieser wechselseitige Prozess erfordert eine umfassende Kommunikationspolitik nach innen und aussen mit dem Ziel, den kontinuierlichen Dialog mit allen Anspruchsgruppen aufrechtzuerhalten und diese zeitnah und bedürfnisgerecht über die eigenen Tätigkeiten und Ziele zu informieren. Transparente Berichterstattung und Kommunikation unterstützen die partnerschaftliche Zusammenarbeit mit allen Anspruchsgruppen und gewährleisten die schnelle Identifikation von sich eröffnenden Interessensdifferenzen.

4.4.1 Berichterstattungspflicht

In den letzten Jahren ist die Wahrnehmung und das Interesse an Nachhaltigkeitsthemen in der Öffentlichkeit auch bedingt durch den fortschreitenden Klimawandel kontinuierlich angestiegen. Nachhaltigkeit hat sich von seinem philanthropisch geprägten Mauerblümchen-Dasein zum gesellschaftlichen Imperativ gewandelt. Immer mehr Grosskonzerne bekennen sich zu den Pariser Klimavorgaben und einem Netto-Null-Triebhausgas-Emissionsziel bis 2050. Sie verpflichten damit sich selbst und ihre Lieferketten, die sie in ihre Ökobilanzen einbinden. Parallel wertet heute eine stark wachsende Anzahl von Konsumenten Nachhaltigkeitsaspekte als ein entscheidendes Kaufkriterium. Nachhaltigkeit stellt somit für die Unternehmen längst nicht mehr nur eine Reputationsfrage dar, sondern einen zentralen wirtschaftlichen Erfolgsfaktor. Entsprechend haben die Unternehmen ihre Berichterstattung zur Nachhaltigkeit und nichtfinanziellen Themen ausgebaut. Neben den Umwelt- und Sozialaspekten zählen das Risikomanagement, die Konzernverantwortung (siehe 3.3.4

«Konzernverantwortung»), Diversität (siehe 4.1.3.1 «Gleichstellung von Frau und Mann, einschliesslich Lohngleichheit» sowie 5.1.2 «Diversität und Inklusion»), Corporate Governance (siehe Kapitel 5 «Corporate Governance») und Vergütungspläne (siehe 5.1.4 «Vergütungssysteme») zu den neueren, zentralen Berichterstattungsthemen.

In der Europäischen Union (EU) sind alle Unternehmen von öffentlichem Interesse, das heisst Firmen ab 500 Mitarbeitenden, einem jährlichen Umsatz von über 40 Millionen Euro oder einer Bilanzsumme von über 20 Millionen Euro, einschliesslich Banken und Versicherungen, verpflichtet, über ihr ökologisches und soziales Verhalten Bericht zu erstatten (siehe 3.2.4 «Richtlinie zur Nachhaltigkeitsberichterstattung»). Die geltende Richtlinie aus dem Jahr 2014 misst der Vernetzung und Darstellung der Wechselwirkungen von Informationen finanzieller und nichtfinanzieller Natur einen grossen Stellenwert zu. Ziel der Richtlinie ist es, die Unternehmen anzuhalten, ein umfassendes Bild ihrer Tätigkeiten und ihrer geschäftlichen Perspektiven aus ökonomischer, ökologischer und sozialer Sicht zu vermitteln. Pflichtinhalte der nichtfinanziellen Berichterstattung sind der Umweltschutz, die Achtung der Menschenrechte, soziale und mitarbeiterbezogene Themen, Bekämpfung von Korruption, Diversität in den Führungs- und Kontrollorganen sowie Risiken zu den Auswirkungen der Geschäftstätigkeit und Massnahmen zu deren Eindämmung. Die Richtlinie weist zudem auf die Anlehnung und Ausrichtung der Inhalte an internationale Standards wie den UN Global Compact (UNGC) oder die Global Reporting Initiative (GRI) hin. Darin eingeschlossen ist die Verfolgung des Materialitätsprinzips. Demnach sollen sich die Berichte auf die Aspekte der Unternehmensaktivität fokussieren, die einen wesentlichen Einfluss auf den Umwelt-Fussabdruck und die CSR-Performance haben. Verbreitet sind zudem Darstellungen der Beiträge der eigenen Nachhaltigkeitsbestrebungen an die 17 globalen Nachhaltigkeitsziele der Vereinten Nationen (SDGs, siehe 3.1.2 «UN Sustainable Development Goals»). Am 21. April 2021 legte die EU-Kommission einen Vorschlag zur Änderung der Corporate-Sustainability-Reporting-Richtlinie (CSR-Richtlinie) vor. Er verpflichtet eine grössere Zahl von Unternehmen, einen Nachhaltigkeitsbericht in ihren Lagebericht aufzunehmen, indem das Grössenkriterium der Anzahl Mitarbeitenden von 500 auf 250 gesenkt wird. Die geplanten Änderungen sollen ab der Berichtsperiode 2023 massgeblich sein (siehe auch 3.2.4 «Richtlinie zur Nachhaltigkeitsberichterstattung»).

In der Schweiz bestehen keine gesetzlichen Vorschriften zur Nachhaltigkeitsberichterstattung. Grundsätzlich teilt der Bundesrat die hohe Bedeutung der Nachhaltigkeitsberichterstattung für eine verantwortungsvolle Unternehmensführung und einen gesunden Finanzsektor. In einem Positionspapier sowie einem Aktionsplan 2015–2019 unterstrich er die Förderung der Transparenz und setzte sich für die Umsetzung internationaler Corporate-Social-Responsibility-Standards wie die OECD-

Leitsätze, UNGC und GRI-Standards ein. Am 18. August 2021 beschloss der Bundesrat die Eckwerte zu einer zukünftigen verbindlichen Klimaberichterstattung von grossen Schweizer Unternehmen und beauftragte das Eidgenössische Finanzdepartement zusammen mit weiteren Bundesstellen, bis im Sommer 2022 eine Vernehmlassungsvorlage zu erarbeiten. Seit dem 1. Juli 2017 publiziert die Schweizer Börse eine Liste mit den Unternehmen, die freiwillig eine Opting-in-Verpflichtung zur Veröffentlichung eines Nachhaltigkeitsberichts nach einem anerkannten internationalen Standard eingehen. Die Aufstellung umfasste Ende Juli 2021 30 Gesellschaften, davon gehören sieben Unternehmen dem SMI-Index an.

4.4.2 CSR-Reporting-Standards

Die meistbeachteten Corporate-Social-Responsibility-Reporting-Standards (CSR-Reporting-Standards) und Initiativen sind:

Global Reporting Initiative (GRI)
Global Reporting Initiative (GRI) ist eine unabhängige, internationale Organisation, die Unternehmen und anderen Organisationen eine gemeinsame globale Sprache zur Kommunikation und Berichterstattung über ihre CSR-Anstrengungen bietet. Die GRI-Standards sind das weltweit am häufigsten verwendete Rahmenwerk für die Nachhaltigkeitsberichterstattung. Mit mehr als 10 000 GRI-Anwendenden in über 100 Ländern fördert GRI die Praxis der Nachhaltigkeitsberichterstattung und ermöglicht Unternehmen, Investoren, politischen Entscheidungsträgern und der Zivilgesellschaft, diese Informationen zu nutzen, um in einen Dialog einzutreten und Entscheidungen zu treffen, die eine nachhaltige Entwicklung unterstützen. Siehe auch 3.1.9 «Global Reporting Initiative».

United Nations Global Compact (UNGC)
Als freiwillige Initiative strebt der Global Compact der Vereinten Nationen eine breite Beteiligung von Unternehmen aus den unterschiedlichsten Sektoren an. Als Teilnehmer des UN Global Compact hat ein Unternehmen Veränderungen anzugehen, damit der UN Global Compact und seine zehn Prinzipien Teil der Strategie, der Kultur und des täglichen Geschäftsbetriebs werden. Zudem verpflichten sich die Unternehmen, jährlich mit ihren Stakeholdern über Fortschritte in den Bereichen Umsetzung der zehn Prinzipien und Bemühungen zur Unterstützung gesellschaftlicher Prioritäten zu sprechen. Siehe auch 3.1.3 «UN Global Compact».

Sustainability Accounting Standards Board (SASB)
Das Sustainability Accounting Standards Board (SASB) ist eine unabhängige gemeinnützige Organisation, die Standards festlegt, um die Offenlegung finanziell wesentlicher Nachhaltigkeitsinformationen durch Unternehmen gegenüber ihren Anlegern zu steuern. Die SASB-Standards identifizieren Umwelt-, Sozial- und Governance-Themen (ESG-Themen), die für den Leistungsausweis von Unternehmen in insgesamt

77 Branchen relevant sind. SASB bietet auch Schulungen und andere Ressourcen an, welche die Verwendung und das Verständnis der Standards fördern. Die Vision von SASB ist die Schaffung von globalen Kapitalmärkten, auf denen ein gemeinsames Verständnis der Nachhaltigkeitsleistung Unternehmen und Investoren ermöglicht, fundierte Entscheidungen zu treffen, die eine langfristige Wertschöpfung sowie bessere Ergebnisse für Unternehmen und ihre Aktionäre, die Weltwirtschaft und die Gesellschaft insgesamt bewirken.

Carbon Disclosure Project (CDP)
Carbon Disclosure Project (CDP) ist eine gemeinnützige Organisation, die ein globales Offenlegungssystem für Investoren, Unternehmen und das Gemeinwesen geschaffen hat, um ihre Umweltauswirkungen zu steuern. CDP unterstützt Investoren, Unternehmen und Gemeinwesen, dringende Massnahmen zum Aufbau einer nachhaltigen Wirtschaft zu ergreifen, indem sie ihre Umweltauswirkungen messen und verstehen. Die Vision und Mission von CDP ist es, eine prosperierende Wirtschaft zu schaffen, die langfristig das Wohlergehen der Menschen und des Planeten sichert.

Science-Based Targets Initiative (SBTi)
Die Initiative Science-Based Targets (SBTi) treibt ehrgeizige Klimaschutzmassnahmen im privaten Sektor voran, indem sie es Unternehmen ermöglicht, wissenschaftlich fundierte Emissionsminderungsziele festzulegen. Die SBTi ist eine Partnerschaft zwischen CDP, dem Global Compact der Vereinten Nationen, dem World Resources Institute und dem World Wide Fund for Nature (WWF). Die SBTi ist der Hauptpartner der Kampagne «Business Ambition for 1,5 Grad Celsius», ein dringender Aufruf einer globalen Koalition von UN-Agenturen, Wirtschafts- und Branchenführern, die Unternehmen mobilisieren, um wissenschaftlich fundierte Netto-Null-Ziele im Einklang mit einer 1,5-Grad-Celsius-Zukunft festzulegen. Die Hauptziele der Science Based Targets Initiative (SBTi) sind:
- Definition und Förderung von bewährten Verfahren zur Emissionsreduzierung und Netto-Null-Zielen im Einklang mit der Klimawissenschaft;
- Angebot an Unternehmen, die wissenschaftlich fundierte Ziele im Einklang mit den neuesten Klimawissenschaften festlegen, technische Unterstützung und Expertenressourcen;
- Zusammenführung von Expertenteams, um Unternehmen eine unabhängige Bewertung und Validierung von Zielen zu ermöglichen.

Task Force on Climate-Related Financial Disclosure (TCFD)
Die Task Force on Climate-Related Financial Disclosure (TCFD) veröffentlichte im Jahr 2017 klimabezogene Empfehlungen zur Offenlegung von Finanzdaten, die Unternehmen dabei helfen sollen, bessere Informationen zur Unterstützung einer informierten Kapitalallokation bereitzustellen. Die TCFD-Offenlegungsempfehlungen sind in vier Themenbereiche gegliedert, die Kernelemente der Funktionsweise von Organisationen darstellen: Governance, Strategie, Risikomanagement sowie Metriken und Ziele. Diese Themenbereiche sollen aufeinander abgestimmt sein. TCFD unterstützt Unternehmen bei der Umsetzung der Empfehlungen und fördert Fortschritte bei der Verfügbarkeit und Qualität der Offenlegung in Zusammenhang mit dem Klimawandel.

4.4.3 Integrierte Berichterstattung

Die integrierte Berichterstattung fasst die Informationsbedürfnisse aller Anspruchsgruppen in einem Bericht zusammen und beinhaltet über die wirtschaftliche und finanzielle Berichterstattung hinaus auch weiterführende, nichtfinanzielle Themen, insbesondere ökologische, soziale und ethische Aspekte. Der Begriff wurde massgeblich durch das im August 2010 gegründete International Integrated Reporting Committee (IIRC) geprägt. Das IIRC ist eine globale Koalition von Regulatoren, Investoren, Unternehmen, Rechnungslegungsexperten, Wissenschaftlern und Nichtregierungsorganisationen (NGOs). Sie postulieren den Einbezug von nichtfinanziellen Informationen einschliesslich entsprechender Key-Performance-Indikatoren (KPIs) zur ökologischen und sozialen Verantwortung in die Berichterstattung der Jahresergebnisse. Verlangt werden weiterführende Informationen zum unternehmerischen Handeln, insbesondere darüber, wie das Geschäftsmodell, die Strategie, die interne Organisation und Governance unter konsequenter Umsetzung eines effektiven Risikomanagements zur kurz-, mittel- und langfristigen Wertschöpfung beitragen.

Die integrierte Berichterstattung bezweckt, die strategische Ausrichtung von Unternehmen in Richtung Umwelt- und Klimaschutz zu verstärken und nachhaltiges, gesellschaftlich verantwortliches Wirtschaften zu fördern. Ein integrierter Bericht soll die Zusammenhänge zwischen wirtschaftlichem Handeln und den Wirkungen auf die Umwelt und Gesellschaft erkennbar und nachvollziehbar darlegen. Mit Bezug auf die Umsetzung und Inhalte von integrierten Berichten formulierte das IIRC vier Leitprinzipen: Aufzeigen der strategischen Ausrichtung, Vernetzung der Information, Herstellung von Transparenz über die Beziehungen zu den Anteilseignern sowie die Postulate Prägnanz, Verlässlichkeit, Vollständigkeit, Wesentlichkeit, Einheitlichkeit und Vergleichbarkeit.

Der Fokus der integrierten Berichterstattung liegt klar auf der Vernetzung der Informationen. Ein anerkanntes Vorgehensraster gibt es dazu nicht. Vielmehr ist jedes Unternehmen aufgefordert, seinen individuellen Ansatz zu entwickeln. Ausgangspunkt ist auch hier das Materialitätsprinzip und eine vertiefte Auseinandersetzung mit der eigenen DNA, dem Markt- und Beziehungsumfeld sowie der Liefer- und Wertschöpfungskette.

Mit Bezug auf die Umsetzung und Einführung von integrierten Berichterstattungskonzepten sticht international betrachtet Südafrika heraus, wo integrierte Berichte für grosse, börsenkotierte Unternehmen seit 2010 verbindlich vorgeschrieben sind. In der Europäischen Union (EU) ist das Konzept vor allem bei grossen, international tätigen Konzernen mit ausgeprägter Umweltexponierung wie zum Beispiel Pharma- oder Rohstoffunternehmen verbreitet. In der Schweiz zählen unter anderen Belimo, Clariant, Geberit, Holcim, Migros, Vetropack und Waleda zu den Vorreitern.

4.5 CSR-Fallbeispiele

Die nachfolgenden Beispiele zeigen anhand von ausgewählten Unternehmen die Relevanz für die eigene Geschäftstätigkeit und die Umsetzung in der Praxis von verschiedenen Corporate-Social-Responsibility-Themen auf.

4.5.1 Adidas

Themen
- Nachhaltigkeit als zentrales Element der Wachstumsstrategie
- Verwendung von nachhaltigen Materialien
- Rezyklierung von Plastikmüll aus dem Meer
- Inklusion und Chancengleichheit
- Stärkung der Innovationsmentalität
- Klimaneutralität

Herstellung von neun von zehn Artikeln aus nachhaltigen Materialien bis 2025

Im März 2021 präsentierte Adidas seine Wachstumsstrategie bis 2025 unter dem Slogan «Own the Game». Im Zentrum der Strategie, mit der sich das Unternehmen bis 2025 zum Ziel setzt, Umsatz und Profitabilität deutlich zu steigern, Marktanteile zu gewinnen und nachhaltigen Wert für alle Stakeholder zu schaffen, stehen die Stärke der Marke Adidas, das Schaffen einzigartiger Konsumentenerlebnisse und der weitere Ausbau der Nachhaltigkeitsinitiativen des Unternehmens. Bis 2025 sollen neun von zehn Adidas-Artikeln aus nachhaltigen Materialien bestehen. Um die Strategie erfolgreich umzusetzen, plant das Unternehmen, konsequent in seine Mitarbeitenden und ein einzigartiges Arbeitsumfeld zu investieren. Weiterhin wird Adidas seine Bestrebungen fortsetzen, ein noch inklusiveres und vielfältigeres Unternehmen zu werden und Chancengleichheit für alle Beschäftigten sicherzustellen.

Nachhaltigkeit ist seit mehr als zwei Jahrzehnten ein fester Bestandteil der Adidas-Unternehmensphilosophie. Sie ist ein direkter Ausdruck des Unternehmenszwecks, durch Sport Leben verändern zu können. Zur Bekräftigung seines Bekenntnisses will das Unternehmen in den kommenden Jahren sein Nachhaltigkeitsengagement noch einmal deutlich ausbauen. Um das Ziel der Herstellung von neun von zehn Artikeln aus nachhaltigen Materialien bis 2025 erreichen zu können – 2020 waren es bereits sechs von zehn –, wird Adidas unter anderem seine Artikel in eines von insgesamt drei vom Unternehmen definierten Nachhaltigkeitskonzepten überführen. Die Artikel werden entweder aus recycelten Materialien gefertigt, kreislaufwirtschaftlich verarbeitet oder regenerative Materialien enthalten. Unter anderem produziert der Konzern Produkte aus rezykliertem Meeresplastikmüll, der Adidas zusammen mit der Organisation Parley for the Oceans weltweit an Stränden sammelt. Bereits 2024 plant Adidas, ausschliesslich rezyklierten Polyester in seinen Produkten zu verwenden. Zudem forscht das Unternehmen bereits seit einigen Jahren an komplett rezyklierbaren oder biologisch abbaubaren Materialien. Produkte aus nachhaltigen Materialien sollen zudem künftig intensiver vermarktet und Rücknahmeprogramme grossflächig ausgerollt werden.

Adidas beabsichtigt bis 2025, die Innovationsmentalität in allen Unternehmensbereichen zu stärken, um, wie bereits in der Vergangenheit mit der Boost-Technologie oder der Kooperation mit Parley for the Oceans, bahnbrechende Innovationen zu ermöglichen. Beispiele für solche Innovationen im Bereich der Nachhaltigkeit von Produkten und Prozessen sind eine vegane und eine recycelbare Version des beliebten Lifestyle-Schuhs Stan Smith und Ultraboost DNA Loop, eine Version des erfolgreichen Laufschuhs, die am Ende ihrer Lebenszeit komplett geschreddert und wiederverwertet werden kann.

Schliesslich will Adidas bis 2025 seinen CO_2-Fussabdruck pro Produkt um 15 Prozent reduzieren. Dazu arbeitet das Unternehmen intensiv mit seinen Partnern in der globalen Lieferkette zusammen, um den Energie- und Materialverbrauch zu reduzieren und vermehrt grüne Energiequellen zu nutzen. An seinen eigenen Standorten will Adidas bis 2025 klimaneutral operieren. Bis 2050 will das Unternehmen komplett klimaneutral sein.

Verwendete Quellen: Adidas, Pressemitteilung 10. März 2021; Neue Zürcher Zeitung, 11. März 2021

Unternehmensporträt (gemäss eigenen Angaben)	
Adidas ist ein durch und durch global aufgestelltes und tätiges Unternehmen, das seine Tätigkeit voll auf den Sport ausrichtet, der in jeder Kultur und Gesellschaft eine zentrale Rolle einnimmt und elementar für Gesundheit und Zufriedenheit ist. Dem Unternehmenszweck «Durch Sport können wir Leben verändern» folgend begeistert Adidas Menschen für den Sport, um sie zu vereinen und zu einer nachhaltigeren Welt beizutragen. Die fünf strategisch wichtigsten Produktkategorien sind Fussball, Running, Training, Outdoor und Lifestyle, die Hauptmärkte sind China, EMEA (Europa, Naher Osten und Afrika) und Nordamerika.	
Eckdaten 2020	
Umsatz in Mio. Euro	19 844
Gewinn in Mio. Euro	429
Börsenkapitalisierung Adidas AG per 31.12.2020 in Mio. Euro	58 110
Anzahl Mitarbeitende weltweit	62 000
Website	www.adidas-group.com

4.5.2 BMW Group

Themen
- Verankerung von CSR-Aspekten in Geschäftsmodell und Unternehmensstrategie
- Anpassung der Produktpalette an gesteigertes ökologisches Bewusstsein der Kundschaft
- Reduktion des ökologischen Fussabdrucks und der CO_2-Emissionen
- Nutzung ausschliesslich erneuerbaren Stroms
- Einbindung der Lieferkette in Nachhaltigkeitsstrategie
- Integrierte Berichterstattung

BMW Group rückt Nachhaltigkeit und Ressourcenschonung in das Zentrum der Unternehmensausrichtung

Im Juli 2020 gab der Vorstandsvorsitzende Oliver Zipse erste Details und Zielvorgaben bekannt, zu denen sich das Unternehmen für die Etappe bis 2030 verpflichtet. Die Neuausrichtung des Unternehmens beruht gemäss eigenen Angaben auf politischen, regulatorischen und gesellschaftlichen Notwendigkeiten und daraus resultierenden strukturellen Marktveränderungen. Im Zentrum der Strategie zur Reduzierung der CO_2-Emissionen und einer steigenden Ressourceneffizienz soll dabei weiterhin das Prinzip der kontinuierlichen Verbesserung stehen. Die neue Ausrichtung soll in allen Ressorts unternehmensweit verankert werden und erstmals den gesamten Lebenszyklus von der Lieferkette über die Produktion bis zum Ende der Nutzungsphase erfassen. Auch die CO_2-Emissionen aus der Herstellung von Kraftstoffen sollen mit einbezogen werden. Dabei ist es das Ziel der BMW Group, die CO_2-Emissionen über die gesamte Bandbreite bis 2030 je Fahrzeug deutlich um mindestens ein Drittel zu senken. Dies entspricht für die gesamte Flotte von 2019 produzierten gut 2,5 Millionen Fahrzeugen einer Reduktion der Emissionen von mehr als 40 Millionen Tonnen CO_2. Pro Fahrzeug soll der CO_2-Fussabdruck von 52 Tonnen auf rund 33 Tonnen zurückgehen. Mit dieser neuen Ausrichtung, der ein detaillierter Zehnjahresplan mit jährlichen Zwischenzielen zu Grunde liegt, schlägt die Gruppe einen Kurs ein, der deutlich ambitionierter als das Zwei-Grad-Ziel des Pariser Klimaabkommens ist.

Die BMW Group kündigte an, dass sie Jahr für Jahr über die Fortschritte berichten und sich an den gesetzten Zielen messen lassen will. Der jährliche Zielerreichungsgrad soll auch in die Vergütung von Vorstand und Topmanagement einfliessen. Zudem wird die BMW Group ab 2021 die finanziellen Kennzahlen, Informationen zur allgemeinen Geschäftsentwicklung und die Berichterstattung über ihre Nachhaltigkeitsziele in einem integrierten Bericht veröffentlichen. Diese Absichtserklärung vermittelt dem Thema Klimaschutz ein deutlich höheres Gewicht und ist als ein klares Zeichen der Verbindung von Geschäftsmodell und Nachhaltigkeitszielen zu werten.

Die CO_2-Emissionen ihrer eigenen Werke und Standorte will die Gruppe ausgehend von den Werten 2019 bis 2030 um 80 Prozent reduzieren (Scope 1 + 2) und übertrifft damit in diesem Bereich sogar das 1,5-Grad-Erderwärmungsziel. Wesentlicher Hebel ist dabei die Produktion, die rund 90 Prozent der Scope-1- und Scope-2-Emissionen des Unternehmens verursacht. Neben dem Bezug von 100 Prozent Strom aus erneuerbaren Quellen beabsichtigt die BMW Group, konsequent in die Optimierung ihrer Energieeffizienz zu investieren. Eine wichtige Rolle soll dabei auch die Nutzung von grünem Wasserstoff zur Energiegewinnung an geeigneten Standorten spielen. Zusätzlich wird die BMW Group ihre verbliebenen CO_2-Emissionen (Scope 1 + 2) bereits von 2021 an über die Nutzung entsprechender Zertifikate vollständig neutralisieren.

Bis 2030 sollen die CO_2-Emissionen der Fahrzeuge der Gruppe um 40 Prozent je gefahrenem Kilometer reduziert werden. Basis dafür ist die Produktstrategie mit einem massiven Ausbau der E-Mobilität. 2030 sollen insgesamt mehr als 7 Millionen elektrifizierte Fahrzeuge der BMW Group auf den Strassen unterwegs sein, davon rund zwei Drittel mit vollelektrischem Antrieb. Bereits Ende 2021 wird die BMW Group mit dem BMW i3, dem MINI Cooper SE, dem BMW iX3, dem BMW iNEXT sowie dem BMW i4 fünf vollelektrische Serienfahrzeuge anbieten. 2023 soll die Zahl der elektrifizierten

Modelle auf 25 ansteigen, davon die Hälfte vollelektrische Fahrzeuge. Bereits 2020 erreichte der Konzern mit 99 Gramm pro Kilometer die neuen Vorgaben der Europäischen Union (EU) für den CO_2-Ausstoss für die Neuwagenflotte von im Durchschnitt 95 Gramm pro Kilometer beinahe.

Die Gruppe legt zur Erreichung ihrer CO_2-Reduktionsziele auch ein grösseres Augenmerk auf die vorgelagerte Wertschöpfung, insbesondere auch auf die energieintensive Herstellung von Hochvoltspeichern. Denn ohne Gegenmassnahmen würden die CO_2-Emissionen je Fahrzeug in der Lieferkette der BMW Group durch den erhöhten Elektrifizierungsanteil bis 2030 um mehr als ein Drittel ansteigen. Vielmehr setzt sich die BMW Group zum Ziel, die CO_2-Emissionen je Fahrzeug verglichen mit 2019 um 20 Prozent zu senken. Dazu wird die Gruppe den CO_2-Footprint der Lieferkette als entscheidendes Vergabekriterium etablieren. Mit der Vorgabe von konkreten CO_2-Zielen für seine Lieferkette nimmt das Unternehmen eine Vorreiterrolle ein. Dabei fokussiert sich die BMW Group nicht nur auf die oberste Ebene ihrer Tier1-Lieferanten, sondern will das Thema Nachhaltigkeit in ihrer gesamten Lieferkette verankern. Mit ihren Zellherstellern hat die BMW Group bereits vertraglich vereinbart, dass sie bei der Produktion der fünften Generation von Batteriezellen nur noch Strom aus erneuerbaren Quellen verwenden. Das wird innerhalb der nächsten zehn Jahre zu einer Einsparung von insgesamt rund 10 Millionen Tonnen CO_2 führen. Dies entspricht in etwa der Menge an CO_2, die eine Millionenstadt wie München pro Jahr emittiert.

Auch der Umgang mit Ressourcen nimmt im Geschäftsmodell der BMW Group eine zentrale Rolle ein. Ziel der BMW Group ist es, durch mehr Transparenz in der Verwertungskette qualitativ hochwertiges Sekundärmaterial zu schaffen und die tatsächliche Weiternutzung der Rohstoffe im Kreislauf zu erhöhen. Schon heute müssen die Fahrzeuge bereits zu 95 Prozent recyclingfähig sein. Dagegen ist der Anteil an Sekundärmaterial in neuen Fahrzeugen noch vergleichsweise niedrig. Sekundärmaterial verfügt über das Potenzial, die CO_2-Emissionen gegenüber Primärmaterial deutlich zu reduzieren, bei Aluminium zum Beispiel um den Faktor 4 bis 6. Zudem ist gerade bei kritischen Rohstoffen eine Minimierung der notwendigen Neugewinnung essentiell, um Bestände zu schützen und Konfliktpotenziale zu reduzieren. Gerade mit Blick auf die Batterien von elektrifizierten Fahrzeugen mit ihren teils kritischen Rohstoffen kommt der Kreislaufwirtschaft eine entscheidende Rolle zu. Während EU-weit derzeit nur eine Recyclingquote von 50 Prozent bei Hochvoltspeichern gefordert ist, hat die BMW Group gemeinsam mit dem deutschen Recycling-Spezialisten Duesenfeld ein Verfahren entwickelt, mit dem eine Recyclingquote einschliesslich Grafit und Elektrolyte von bis zu 96 Prozent erreicht werden kann. Vor dem Recycling steht dabei noch eine Second-Life-Nutzung in Speicherfarmen wie etwa im BMW Group Werk Leipzig, Deutschland.

Verwendete Quellen: BMW Group, Presse-Information 27. Juli 2020; Neue Zürcher Zeitung, 28. Juli 2020

Unternehmensporträt (gemäss eigenen Angaben)
Die BMW Group ist mit ihren Marken BMW, MINI, Rolls-Royce und BMW Motorrad der weltweit führende Premium-Hersteller von Automobilen und Motorrädern und Anbieter von Premium-Finanz- und Mobilitätsdienstleistungen. Das BMW-Group-Produktionsnetzwerk umfasst 31 Produktions- und Montagestätten in 15 Ländern; das Unternehmen verfügt über ein globales Vertriebsnetzwerk mit Vertretungen in über 140 Ländern. Im Jahr 2020 erzielte die BMW Group einen weltweiten Absatz von mehr als 2,3 Millionen Automobilen und über 169 000 Motorrädern. Seit jeher sind langfristiges Denken und verantwortungsvolles Handeln die Grundlage des wirtschaftlichen Erfolges der BMW Group. Das Unternehmen hat frühzeitig die Weichen für die Zukunft gestellt und rückt Nachhaltigkeit und Ressourcenschonung konsequent in das Zentrum seiner Ausrichtung, von der Lieferkette über die Produktion bis zum Ende der Nutzungsphase aller Produkte

Eckdaten 2020	
Umsatz in Mio. Euro	98 990
Gewinn in Mio. Euro	3,857
Börsenkapitalisierung BMW AG per 31.12.2020 in Mio. Euro	46 667
Anzahl Mitarbeitende weltweit	120 700
Website	www.bmwgroup.com

4.5.3 BP

Themen
- Neuausrichtung der Unternehmensaktivitäten vor dem Hintergrund tiefgreifender Veränderungen im Markt und bei den Kundenpräferenzen
- Emission von Netto-Null-Treibhausgasen bis 2050

Wandel von International Oil Company zum integrierten Energieunternehmen

Anfang 2020 sorgte die Ankündigung des Erdölkonzerns BP für grosse Schlagzeilen, die CO_2-Emissionen seiner Aktivitäten bis 2050 auf null reduzieren und diejenigen seiner Produkte bis dahin halbieren zu wollen. Im August 2020 präsentierte das Unternehmen seine neue Strategie, wie es im laufenden Jahrzehnt die notwendigen wegweisenden Schritte hin zur Netto-Null-Ambition umsetzen will. Konkret beabsichtigt BP, innerhalb der nächsten zehn Jahre seine jährlichen kohlenstoffarmen Investitionen um das Zehnfache auf rund 5 Milliarden US-Dollar pro Jahr zu steigern und ein integriertes Portfolio kohlenstoffarmer Technologien aufzubauen, darunter erneuerbare Energien, Bioenergie, Wasserstoff und CO_2-Abscheidung und -Speicherung (Carbon Capture, Utilisation and Storage, CCUS). Bis 2030 will BP eine Nettokapazität für erneuerbare Energien von rund 50 Gigawatt entwickeln, eine 20-fache Steigerung gegenüber 2019, und seine Verbraucherinteraktionen auf 20 Millionen pro Tag verdoppeln, wobei BP Energiepartnerschaften mit zehn bis fünfzehn Grossstädten auf der ganzen Welt anstrebt. Im gleichen Zeitraum will BP die Anzahl Ladepunkte für Elektrofahrzeuge von 7500 auf über 70 000 ausbauen. Das Wasserstoffgeschäft soll zudem in den Kernmärkten auf 10 Prozent anwachsen. Insgesamt setzt sich BP zum Ziel, die Emissionen aus dem Betrieb bis 2030 um 30 bis 35 Prozent zu reduzieren und die mit Kohlenstoff verbundenen Emissionen bei der vorgelagerten Öl- und Gasförderung bis 2030 um 35 bis 40 Prozent zu senken. Zudem soll die Kohlenstoffintensität von Produkten, die BP verkauft, bis 2030 um mehr als 15 Prozent sinken. Mit diesen Zielen verbunden ist die Ankündigung von BP, die Öl- und Gasförderung bis 2030 gegenüber 2019 um mindestens eine Million Barrel Öläquivalent pro Tag oder 40 Prozent zurückzufahren.

Mit dem Strategiewechsel will BP gezielt in die Energiewende investieren und langfristige Werte für seine Stakeholder schaffen. Kernpunkte und Meilensteine bis 2030 als Voraussetzung, das ambitionierte Netto-Null-Ziel zu erreichen, sind die markante Erhöhung der Investitionen in kohlenstoffarme Produkte, die Umgestaltung der Mobilitäts- und Komfortangebote, die Konzentration der Öl- und Gasförderung sowie signifikante Fortschritte bei der Emissionsreduzierung. Mit der Zusammenführung seiner Kernkompetenzen strebt BP an, integrierte Energiesysteme entlang und über die gesamte Wertschöpfungskette hinweg zu schaffen, um Energiesysteme zu optimieren und umfassende Angebote für seine Kunden zu entwickeln. Der tiefgreifende Wandel und die Neuausrichtung der Unternehmensaktivitäten erfolgt vor dem Hintergrund der grundlegenden Veränderungen in den Energiemärkten in Richtung Klimaneutralität und Ressourcenschonung, angetrieben von gesellschaftlichen Erwartungen, neuen Technologien und veränderten Verbraucherpräferenzen. Dabei misst BP im Kampf gegen den Klimawandel dem laufenden Jahrzehnt entscheidende Bedeutung zu.

Verwendete Quellen: BP, Presse-Information 12. Februar 2020 und 4. August 2020; Neue Zürcher Zeitung, 5. August 2020

Unternehmensporträt (gemäss eigenen Angaben)
Die BP Gruppe ist ein international tätiges, integriertes Energieunternehmen mit grosser Reichweite auf dem weltweiten Energiemarkt. BP bietet den Menschen auf der ganzen Welt ein breites Spektrum an Energieprodukten und -leistungen an und verfügt über Niederlassungen in Europa, Nord- und Südamerika, Asien, Australien und Afrika. Es ist das Ziel von BP, die Energie für die Menschen und den Planeten neu zu definieren und bis spätestens 2050 die Treibhausgasemissionen auf netto null abzusenken. Gleichzeitig will das Unternehmen mit seinen Produkten und Dienstleistungen Beiträge an das Erreichen dieses Ziels weltweit leisten und damit das Leben der Menschen verbessern.

Eckdaten 2020	
Umsatz in Mio. US-Dollar	180 366
Gewinn/(Verlust) in Mio. US-Dollar	(20 305)
Börsenkapitalisierung per 31.12.2020 in Mrd. US-Dollar	70,5
Anzahl Mitarbeitende weltweit	63 600
Website	www.bp.com

4.5.4 Nestlé

Themen
- Klimaschutz und soziale Verantwortung als ökonomischer Erfolgsfaktor
- Beseitigung von Kinderarbeit und Achtung von Menschenrechten
- Umweltschonende Verpackungen
- Quellenwasserschutz

Investitionen in die Umwelt und Arbeitsbedingungen entlang der Lieferkette
Nestlé verfolgt mit Bezug auf den Klimaschutz und die Durchsetzung von sozialen Standards entlang seiner gesamten Wertschöpfungsketten ambitionierte Ziele und entsprechende Umsetzungsprogramme. Ende 2019 kündigte der Nahrungsmittelkonzern an, bis 2050 netto keine Treibhausgase mehr auszustossen. Die zugrundeliegenden, detaillierten Pläne zur Umsetzung dieser Ambition beziehen auch die Zulieferer wie Kaffee- oder Milchbauern mit ein. Anlässlich der Kommunikation der Jahresergebnisse 2020 im Februar 2021 verdeutlichte der Konzernchef Mark Schneider, dass die Klimaschutz-Aktivitäten in den nächsten fünf Jahren vorerst Investitionen im Umfang von rund 3,2 Milliarden Franken bedingen, hingegen langfristig Werte für sämtliche Stakeholder, einschliesslich der Aktionäre, schaffen werden. Primär vier Beweggründe sind für Nestlé ausschlaggebend, Klimaschutz und die Einhaltung und Verbesserung von sozialen Standards entlang der Wertschöpfungskette aus Überzeugung und ökonomischer Einsicht konsequent voranzutreiben. Erstens verändern sich die Präferenzen der Konsumenten, die zukünftig verstärkt klimafreundliche Nahrungsmittel nachfragen. Zweitens verschärft die Politik weltweit die Regulierungen, was mit stetig steigenden Kosten verbunden ist. Drittens wächst auf der Suche nach talentierten und motivierten Mitarbeitenden der Stellewert des ökologischen und sozialen Engagements der Arbeitgebenden. Und viertens steigt der Druck mit Bezug auf nachhaltiges Wirtschaften und soziale Verantwortung auch von Seiten der Investoren.

Bereits 2001 unterschrieb Nestlé zusammen mit weiteren Schokoladeverarbeitern wie Hershey und Mars ein Abkommen zur Eliminierung von Kinderarbeit. Als Begleitmassnahmen veränderte das Unternehmen die Entlöhnungssysteme, errichtete Schulen, initiierte Beratungszentren für die Kakaobauern und baute ein Child Labour Monitoring auf. Weiter unterstützte das Unternehmen die Familien, Geburtsurkunden für ihre Kinder als Voraussetzung für die Zulassung an Schulen zu erlangen. Bei der Wahl und Gestaltung seiner Lieferketten misst Nestlé sozialen Standards einen hohen Stellenwert zu und wertet Qualität, Umweltschutz und die Achtung von Menschenrechten als zentrale Entscheidungskriterien. Nestlé arbeitet mit verschiedenen Nichtregierungsorganisationen (NGOs), darunter Fair Labour Association, Rainforest Alliance oder die Deutsche Gesellschaft für Internationale Zusammenarbeit, partnerschaftlich zusammen und erweitert die Palette von nachhaltigen Projekten laufend. Beispiele sind der Cacoa Action Plan oder der Regenerative Agriculture Practices Plan, mit welchem Nestlé über 500 000 Bauern und 150 000 Zulieferer bei der nachhaltigen Nutzung und Bewirtschaftung der Böden sowie dem Erhalt der Biodiversität unterstützt.

Einen weiteren Schwerpunkt setzt Nestlé bei der Abfallminimierung und entwickelt in einem am Hauptsitz in Vevey, Schweiz, eröffneten Forschungsinstitut neuartige Verpackungen, welche die Umwelt weniger belasten. Ziel ist es, Verpackungen aus mehrschichtigen Laminaten zu vermeiden, da sich Verpackungen aus diversen Kunststoffarten sowie anderen Materialien wie Papier und Aluminium nicht trennen und somit fachgerecht und sortenrein entsorgen lassen. Bis 2025 will Nestlé nur noch Verpackungen verwenden, die zu 100 Prozent wiederverwertbar sind oder sich als Mehrwegverpackung für einen erneuten Gebrauch eignen. 2020 erreichte dieser Anteil bei Kunststoffverpackungen von Nestlé erst 66 Prozent.

Schliesslich engagiert sich Nestlé beim Quellenwasserschutz. Bereits 2017 erklärte das Unternehmen sein Ziel, bis 2025 alle Standorte des Nestlé-Wassergeschäfts nach dem Standard der Alliance for Water Stewardship, die den nachhaltigen Umgang mit Wasserquellen überprüft, zu zertifizieren. Am 29. Juni 2021 gab Nestlé zudem bekannt, 120 Millionen Franken in weltweit hundert Projekte zu investieren, um die Regeneration von natürlichen Wasserkreisläufen zu verbessern. Bis 2025 soll an allen 48 Standorten des Nestlé-Wassergeschäfts eine positive Wasserbilanz erreicht werden. Dies heisst, dass auf natürliche Weise mehr Wasser nachfliessen soll, als Nestlé mit seinem Wassergeschäft entnimmt. Die Ansatzpunkte dieser Projekte sind vielfältig. Über die Reduktion der Entnahmen hinaus können die Wiederaufforstung von Wäldern, die Wiederherstellung von Feuchtgebieten, die Renaturierung von Flüssen oder weniger Wasserverschwendung bei Bewässerungsanlagen in der Landwirtschaft zu einem besseren Wasserhaushalt beitragen.

Verwendete Quellen: Nestlé, Pressemeldungen 7. September 2020, 3. Dezember 2020, 12. September 2019, 30. Juni 2021; Neue Zürcher Zeitung, 19. Februar 2021, 14. April 2021, 11. Juni 2021, 30. Juni 2021

Unternehmensporträt (gemäss eigenen Angaben)
Nestlé ist das weltweit grösste Lebensmittel- und Getränkeunternehmen und seit über 150 Jahren einer sicheren und qualitativ hochwertigen Ernährung verpflichtet. Nestlé legt grossen Wert auf die Forschung und Weiterentwicklung von Lebensmitteln, Getränken und Lösungen für die Ernährungsgesundheit, um die Lebensqualität zu verbessern und zu einer gesünderen Zukunft beizutragen. Dabei misst das Unternehmen dem Schutz der Umwelt und der Förderung des Wohlbefindens der Menschen grossen Stellenwert bei. Nestlé verfügt über 2000 Marken und ist in 187 Ländern weltweit vertreten. Im Geschäftsjahr 2020 erwirtschaftete Nestlé mit 270 000 Mitarbeitenden in 376 Fabriken in 84 Ländern einen Umsatz von 84,3 Milliarden Franken.

Eckdaten 2020	
Umsatz in Mio. CHF	84 343
Gewinn in Mio. CHF	12 232
Börsenkapitalisierung Nestlé AG per 31.12.2020 in Mio. CHF	293 644
Anzahl Mitarbeitende weltweit	273 000
Website	www.nestle.com

4.5.5 Swiss Re

Themen
- CO_2-Abgabe
- Reduktion der betrieblichen CO_2-Emissionen auf Netto-Null bis 2030
- Dauerhafte Reduktion der Geschäftsreisen
- Finanzierung von Kohlenstoff-Entfernungsprojekten

Einführung einer dreistelligen internen CO_2-Abgabe pro Tonne

Im September 2020 kündigte Swiss Re, als führender Rückversicherer direkt von der Klimaerwärmung betroffen, weitere Massnahmen zur Unterstützung des Übergangs zu Netto-Null-Emissionen im Betrieb bis 2030 an, darunter die signifikante Erhöhung der internen Kohlenstoffabgabe von bisher 8 US-Dollar auf 100 US-Dollar pro Tonne ab 2021, die bis 2030 schrittweise auf 200 US-Dollar ansteigen soll. Auf der Basis 2019 mit CO_2-Emissionen von total 5,6 Tonnen je Mitarbeitenden und einer Belegschaft von 15 400 Personen weltweit erreichen die Kosten der neuen CO_2-Abgabe rund 9 Millionen US-Dollar. Die Abgabe soll die Emissionsreduzierung im Betrieb fördern und den Ausgleich der Restemissionen durch Investitionen in Kohlenstoffentfernungsprojekte finanzieren. Der Konzern gab zudem bekannt, seine Flugemissionen bis 2021 gegenüber dem Referenzwert von 2018 um 30 Prozent zu senken. Dies bedeutet, dass der pandemiebedingte Rückgang der Geschäftsreiseaktivität nicht auf das Niveau vor Covid-19 zurückkehren wird.

Swiss Re zeigt mit diesen Massnahmen als Vorreiter auf, wie Unternehmen im Kampf gegen den Klimawandel die interne CO_2-Preisgestaltung als wichtiges Instrument nutzen können, um Anreize für kohlenstoffarmes Verhalten und entsprechende Entscheide zu schaffen. Swiss Re war das erste multinationale Unternehmen, das eine dreistellige reale CO_2-Abgabe auf direkte und indirekte Betriebsemissionen einschliesslich Geschäftsreisen ankündigte. Die Ankündigungen erfolgten im Rahmen der Umsetzung der Nachhaltigkeitsstrategie und unterstreichen die Überzeugung von Swiss Re, dass die Versicherungsbranche den Klimaschutz über die blosse Einhaltung der geltenden Vorschriften hinaus vorantreiben muss und mit ihrem Risikowissen und ihren Risikotransferlösungen wichtige Beiträge an das Erreichen der Klimaziele leisten kann.

Swiss Re ist Unterzeichner des Paris Pledge for Action und Gründungspartner der von den Vereinten Nationen einberufenen Net-Zero Asset Owner Alliance, deren Mitglieder sich zum Erreichen von Netto-Null-Emissionen bis 2050 verpflichten. Was den eigenen Betrieb anbetrifft, bekennt sich die Swiss Re zu Netto-Null-Emissionen bereits bis 2030. CO_2-Emissionen, die bis dann noch nicht reduziert werden können, müssen somit durch negative Emissionen kompensiert werden, das heisst aus der Atmosphäre entfernt und dauerhaft gespeichert werden. Dies kann über natürliche Kreisläufe, technologische Ansätze wie die «Carbon Capture, Utilisation and Storage (CCUS)»-Technologie oder kombinierte Ansätze erfolgen. Das neue 10-jährige CO_2-Abgabensystem von Swiss Re sichert die erforderlichen Mittel für die Förderung dieser sich noch weitgehend in Entwicklung befindenden Kohlenstoffentfernungskonzepte und für die Skalierung der heute noch hohen Kosten der dauerhaften CO_2-Entfernung.

Verwendete Quellen: Swiss Re, Pressemitteilung 15. September 2020;
Neue Zürcher Zeitung, 16. September 2020

Unternehmensporträt (gemäss eigenen Angaben)
Die Swiss Re Group ist einer der weltweit führenden Anbieter von Rückversicherungen, Versicherungen und anderen Formen des versicherungsbasierten Risikotransfers und arbeitet daran, die Welt widerstandsfähiger zu machen. Das Unternehmen antizipiert und steuert Risiken – von Naturkatastrophen bis zum Klimawandel, von alternden Bevölkerungsgruppen bis hin zu Cyberkriminalität. Ziel der Swiss Re Group ist es, der Gesellschaft das Gedeihen und Fortschritt zu ermöglichen und neue Möglichkeiten und Lösungen für ihre Kunden zu schaffen. Die Swiss Re Group hat ihren Hauptsitz in Zürich, Schweiz, wo sie 1863 gegründet wurde, und verfügt über ein Netzwerk von rund 80 Niederlassungen weltweit. Swiss Re ist in drei Geschäftsbereiche unterteilt, von denen jeder eine eigene Strategie und eine Reihe von Zielen hat, die zur Gesamtmission des Konzerns beitragen.

Eckdaten 2020

Nettoprämien und Honorareinnahmen in Mio. US-Dollar	40 770
Gewinn/(Verlust) in Mio. US-Dollar	(878)
Börsenkapitalisierung per 31.12.2020 in Mrd. US-Dollar	26,5
Anzahl Mitarbeitende weltweit	13 189
Website	www.swissre.com

Kapitel 5
Corporate Governance

Corporate Governance definiert die Strukturen und Prozesse, durch die Unternehmen und Institutionen geleitet und kontrolliert werden. Gute Corporate Governance bezieht dem Stakeholder-Ansatz folgend das gesamte Unternehmensumfeld mit ein und zielt auf die langfristige nachhaltige Entwicklung und das Wohlergehen sämtlicher Anspruchsgruppen hin. Dabei soll eine effiziente und gleichzeitig wirksame Führungs- und Kontrollstruktur ein motivierendes und wertschätzendes Arbeitsumfeld schaffen, Befangenheit und Interessenskonflikte unter den Anspruchsgruppen minimieren, Chancengleichheit und Diversität in allen Unternehmensbereichen und Führungsstufen gewährleisten sowie die Identifikation und den Umgang mit Risiken unterstützen. Entscheidende Elemente einer guten Unternehmensführung sind die Ausrichtung der Leitungsstrukturen und der Managemententscheide an der langfristigen und nachhaltigen Wertschöpfung unter transparenter Kommunikation nach innen und aussen und dem Einbezug der Interessen sämtlicher Stakeholder.

Ausgehend von den eigenen Standpunkten, Aufgaben und Verantwortlichkeiten bestehen zwischen den unterschiedlichen Anspruchsgruppen naturgemäss Interessenkonflikte und Informationsasymmetrien. Gute Corporate Governance bezweckt in Anlehnung an die Prinzipal-Agent-Theorie und dem Checks-and-Balances-Prinzip, Delegations-, Koordinations-, Informations- und Anreizdivergenzen unter den einzelnen internen und externen Akteuren zu identifizieren und zu entschärfen. Diese treten zwischen den Kapitalgebern/Eignern (Prinzipal) und dem Management (Agent) sowie unter den weiteren Stakeholdern wie Mitarbeitende, Gewerkschaften, Lieferanten, Standortgemeinden, Anwohnenden und Konsumenten auf. Mit der Festlegung und Etablierung von Regeln im Umgang miteinander sowie der Schaffung geeigneter Anreizsysteme lassen sich die verschiedenen Standpunkte und Interessen angleichen, Wissensasymmetrien abbauen sowie der natürliche Drang nach Maximierung des Eigennutzes zugunsten des Gemeinwohls zurückbinden. Umfassende Offenlegung und Transparenz sind dabei zentrale Handlungsmaximen.

Zentrale Themen und Berichtspunkte von Corporate Governance sind die Organisationsstruktur, einschliesslich aller Gruppengesellschaften, Informationen zu den bedeutenden Aktionären, Zusammensetzung und Qualifikation des Verwaltungsrats und der Geschäftsleitung, Offenlegung von Interessensbindungen, Aufgabenteilung unter den Gesellschaftsorganen sowie zwischen dem Verwaltungsrat und der Geschäftsleitung, Vergütung von Verwaltungsrat und Geschäftsleitung, Mitwirkungsrechte der Aktionäre und der Mitarbeitenden, Revision, Informationspolitik sowie Change-of-Control- und Abwehrmassnahmen.

Zum Thema Corporate Governance im Sinne von verantwortungsbewusster Unternehmensführung und -kontrolle gibt es kein international anerkanntes, einheitliches Regelwerk. International finden die G20/OECD-Grundsätze der Corporate Governance (siehe 3.1.8 «G-20/OECD-Grundsätze der Corporate Governance») grosse Beachtung. Die vom Europäischen Parlament und Rat erlassene sogenannte Bilanzrichtlinie schreibt grossen börsenkotierten Unternehmen vor, Ausführungen zur Unternehmensführung in ihren jährlichen Lagebericht einzuschliessen. Zudem hat die Kommission der Europäischen Union (EU) im Juli 2020 eine Roadmap für eine EU-Richtlinie für Nachhaltige Unternehmensführung in die öffentliche Vernehmlassung gegeben. Stellungnahmen konnten bis zum 8. Februar 2021 eingereicht werden. Ein Legislativvorschlag zur nachhaltigen Unternehmensführung durch die EU-Kommission wird noch im Jahr 2021 erwartet. Die Initiative zielt darauf ab, den EU-Rechtsrahmen für Gesellschaftsrecht und Unternehmensführung zu verbessern. Ziel ist es, die Interessen von Unternehmen, ihren Aktionären, Managern, Stakeholdern und der Gesellschaft besser in Einklang zu bringen und Themen wie Nachhaltigkeit, Menschenrechte und Klimawandel zu stärkerer Beachtung zu verhelfen. In der Schweiz sind verschiedene Corporate-Governance-Themen im Schweizerischen Obligationenrecht (OR) geregelt, darunter die Aufgaben des Verwaltungsrats (OR 716a), Sorgfalt und Treuepflicht (OR 717), Internes Kontrollsystem (OR 728a) sowie Angaben zu Vergütungen (OR 663b[bis]). Weiter ist die Corporate-Governance-Richtlinie der Schweizer Börse SIX Swiss Exchange (SIX) massgeblich. Deren Beachtung gilt als eine Voraussetzung für die Aufrechterhaltung der Kotierung, wobei die Comply-or-Explain-Regel und Nichtoffenlegungen einzeln und substanziell zu begründen sind. Daneben dient der Leitfaden des Wirtschaftsdachverbands Economiesuisse «Swiss Code of Best Practice for Corporate Governance» als sogenanntes Soft Law und richtet sich auch an mittlere und kleine, privat gehaltene Unternehmen.

5.1 Spezifische Themen

5.1.1 Verwaltungsratsorganisation und -tätigkeit

5.1.1.1 Zusammensetzung, Unabhängigkeit und Diversität Die Zusammensetzung von Verwaltungsräten kann sich je nach Grösse des Unternehmens, Branche und Domizil stark unterscheiden. Massgebliche Kriterien sind unter anderen Unabhängigkeit, Kompetenzen und individuelle Qualifikation, Erfahrung und Branchenkenntnisse, Verfügbarkeit sowie Gender- und Diversitätsmerkmale.

Von grosser Bedeutung für die Leistung und Erfüllung der gesetzlichen Aufgaben und Pflichten ist die Ausgewogenheit in der Zusammensetzung des Gremiums. Zunächst sind nichtexekutive von exekutiven Mitgliedern zu unterscheiden. Nichtexekutive Mitglieder sind nicht in das operative Geschäft, sei dies als Geschäftsleitungsmitglied, anderweitig Beschäftigte oder Dienstleister eines Unternehmens, involviert. Ihr Engagement richtet sich im Rahmen ihrer Verwaltungsratstätigkeit auf die strategische Führung des Unternehmens und die Gestaltung und Festlegung der

---

**Empfehlungen der Kommission der Europäischen Union (EU)
für die Unabhängigkeit und Stellung als nichtexekutives Mitglied des Verwaltungsrats**
(Die Unabhängigkeit ist tangiert, wenn eines oder mehrere Kriterien zutreffen.)
- Doppelfunktion als CEO/Geschäftsführer des Unternehmens oder als Verwaltungsrat/Geschäftsführer einer Gruppengesellschaft;
- Anstellungsverhältnis zum Unternehmen oder einer Gruppengesellschaft;
- Zusätzliche Vergütung vom Unternehmen über die Entschädigung für die nichtexekutive Verwaltungsratstätigkeit hinaus. Eine solche zusätzliche Vergütung umfasst insbesondere die Beteiligung an Optionsplänen sowie weiteren erfolgsabhängigen Vergütungsprogrammen. Nicht eingeschlossen sind gewisse Beiträge an die Altersvorsorge.
- Stellung als kontrollierender Aktionär oder dessen Stellvertreter;
- Stellung als einflussreicher Vertreter einer Einrichtung, die in einer wesentlichen Geschäftsbeziehung zum Unternehmen steht. Als wesentliche Geschäftsbeziehungen gelten die Eigenschaften als Lieferant von Waren oder Dienstleistungen, einschliesslich Finanz-, Rechts- und Beratungsdienstleistungen, als bedeutender Kunde und als Vertreter einer Organisation, die bedeutende Zuwendungen von der Gesellschaft erhält.
- Stellung als Partner oder Angestellter des externen Wirtschaftsprüfers des Unternehmens oder eine mit diesem verbundene Gesellschaft;
- Stellung als Verwaltungsrat oder Geschäftsführer in einer anderen Gesellschaft, in der ein Verwaltungsratsmitglied oder Geschäftsführer der Gesellschaft eine Leitungsfunktion einnimmt.
- Überschreiten von drei Amtszeiten oder einer maximalen Amtszeit von zwölf Jahren;
- Stellung als enges Familienmitglied eines Verwaltungsrats oder des Geschäftsführers der Gesellschaft.

▲ Abb. 20 Kriterien für die Unabhängigkeit von Verwaltungsräten

damit zusammenhängenden Zielvorgaben an das operative Management. In einzelnen Ländern wie zum Beispiel in Deutschland und Österreich schreiben die Gesetze sogar vor, dass sich die Verwaltungsräte nur aus nichtexekutiven Mitgliedern zusammensetzen dürfen, womit sie eine strenge Trennung zwischen strategischer Führung und operativem Management durchsetzen. Die Anforderungen an die Unabhängigkeit eines nichtexekutiven Mitglieds des Verwaltungsrats sind in ◀ Abb. 20 dargestellt.

Die Einbindung von unabhängigen, nichtexekutiven Mitgliedern in die Verwaltungsratsgremien geht in der Unternehmenspraxis mit zahlreichen Vorteilen einher. Zu den zentralen Pluspunkten zählen die Aussenperspektive und objektive Sicht auf die Strategie, wichtige Entscheide und Kontrollprozesse, die Erschliessung von Fähigkeiten und Kenntnissen, die innerhalb des Unternehmens nicht vorhanden sind, die Vermittlungsfunktion bei Interessenkonflikten innerhalb des Gremiums und der verschiedenen Anspruchsgruppen sowie die Erweiterung der Geschäftsverbindungen und des Kontaktnetzes.

Um die Unabhängigkeit des Verwaltungsrats zu gewährleisten, sollte er mindestens zur Hälfte aus nichtexekutiven Mitgliedern zusammengesetzt sein. Dieser Anforderung kommt insbesondere grosse Bedeutung zu, wenn sich die Funktionen von Verwaltungsratspräsident und CEO in einer Person kumulieren (siehe 5.1.1.2 «Trennung der Funktionen des Verwaltungsratspräsidenten und des Vorsitzenden der Geschäftsleitung»).

Bei den grossen europäischen Unternehmen gehören den Verwaltungsräten in der Regel genügend unabhängige, nichtexekutive Mitglieder an, um Komitees mit Spezialaufgaben zu bilden. Zu diesen Ausschüssen zählen unter anderen das Corporate-Governance-, Nominations-, Prüfungs- und Vergütungskomitee. In vielen Ländern muss zumindest das Prüfungskomitee mehrheitlich aus unabhängigen Mitgliedern bestehen.

Die Grösse des Verwaltungsrats richtet sich an den spezifischen Bedürfnissen und der besonderen Situation des einzelnen Unternehmens aus. Zu viele Mitglieder beeinträchtigen die Effizienz, zu kleine Gremien können Defizite bei der Kompetenz, Vielfalt sowie Macht- und Aufgabenverteilung aufweisen, was mit Risiken für das Unternehmen und seine Minderheitsaktionäre verbunden ist. Gemäss den Richtgrössen des Stimmrechtsberaters Ethos sollen grosse, börsenkotierte Unternehmen zwischen acht und zwölf, mittelgrosse zwischen sieben und neun und kleine zwischen fünf und sieben Mitglieder umfassen. Neben der globalen Ausrichtung, die besonders bei grossen, international tätigen Unternehmen von Bedeutung ist, sollte ein Verwaltungsrat auch altersmässig gut durchmischt sein. Eine Überalterung kann Probleme bei der Nachfolge sowie der Erneuerung der Ideen und Kompetenzen wie aktuell zum Beispiel bei der Digitalisierung mit sich bringen. Um die regelmässige Erneuerung des Verwaltungsrats zu unterstützen, kennen verschiedene Gesellschaften eine Altersgrenze für Verwaltungsratsmitglieder oder eine Beschränkung der Anzahl Amtsperioden.

Äusserst unterschiedlich wird in Europa der Einbezug von Vertretenden der Arbeitnehmenden in die obersten Leitungsgremien der Unternehmen geregelt. In Deutschland stellen die Arbeitnehmervertreter 50 Prozent der Aufsichtsräte in grossen Unternehmen. In einzelnen Ländern steht den Arbeitnehmenden das Recht zu, Empfehlungen für die Ernennung bestimmter Kandidaten abzugeben. In der Schweiz bestehen dazu keine gesetzlichen Vorschriften, entsprechend selten nehmen Arbeitnehmervertretende in den Verwaltungsräten Einsitz.

In den letzten Jahren richtete sich der Fokus bei der Zusammensetzung der Verwaltungsräte verstärkt auf grössere Vielfalt und Diversität. Ein breiteres Spektrum an Perspektiven, Fähigkeiten und Wissen soll dabei die Kompetenzen des Gremiums mit Bezug auf die Unternehmensführung, Strategieentwicklung und Risikomanagement erweitern. Ein spezieller Stellenwert kommt der Durchsetzung grösserer Geschlechtervielfalt zu. Verschiedene Untersuchungen zeigen, dass grössere Vielfalt und die Erhöhung des Frauenanteils in den Veraltungsräten nicht zuletzt aufgrund tendenziell geschlechterspezifisch unterschiedlicher Grundwerte und Risikoeinstellungen zu einer effektiveren Leistungsbilanz sowie breiter abgestützten Entscheiden und Risikobeurteilungen beitragen. Die EU-Kommission legte 2012 einen Vorschlag für eine Richtlinie zur Gewährleistung einer ausgewogeneren Vertretung von Frauen und Männern unter den nichtexekutiven Aufsichtsratsmitgliedern börsennotierter Gesellschaften vor und wollte damit die herrschende Ungleichheit durch die Vorgabe eines verpflichtenden Frauenanteils von mindestens 40 Prozent beheben. Gemäss dem Vorschlag würden Sanktionen nur anfallen, wenn die Unternehmen keine Auswahlverfahren zur gezielten Förderung von Frauen einführen. Während das Europäische Parlament die Initiative der Kommission bereits im Jahr 2013 befürwortete, wird die Richtlinie nach wie vor im Europäischen Rat blockiert. Zuletzt war eine Einigung im Jahr 2015 auch am Widerstand Deutschlands gescheitert, obwohl die Bundesregierung da schon selbst eine Quote von 30 Prozent für Aufsichtsräte beschlossen hatte. Der Widerstand aus Nord- und Osteuropa richtete sich teils grundsätzlich dagegen, dass die EU in diesem Bereich tätig wird, teils gegen die explizite Quote. In der Schweiz fordert das im Juni 2020 von den Eidgenössischen Räten verabschiedete revidierte Aktienrecht in Art. 734f OR von Unternehmen ab einer gewissen Grösse, dass der Frauenanteil im Verwaltungsrat mindestens 30 Prozent und in der Geschäftsleitung mindestens 20 Prozent erreicht. Unternehmen, welche die Richtwerte nicht erreichen, haben die Gründe dafür darzulegen und Förderungsmassnahmen zu ergreifen. Zurzeit erfüllen erst wenige an der SIX Swiss Exchange kotierte Unternehmen die Richtwerte. Das Gesetz sieht deshalb ab Inkrafttreten des neuen Artikels eine lange Übergangsfrist von fünf Jahren für die Zusammensetzung des Verwaltungsrats respektive zehn Jahren für die Geschäftsleitung vor. Erst nach

Ablauf dieser Übergangsfristen setzt die Berichterstattungspflicht ein (siehe 3.3.6.3 «Vertretung der Geschlechter in Verwaltungsräten und Geschäftsleitungen»).

Get Diversity wertete im ersten Halbjahr 2021 zum zweiten Mal die Handelsregister-Daten aller Aktiengesellschaften mit über 50 Mitarbeitenden in der Schweiz aus und veröffentlichte die Ergebnisse Anfang Juni 2021 in ihrem Diversity Report Schweiz. Gemäss dem Bericht gab es per Ende Februar 2021 unter den 7656 analysierten Gesellschaften 267 Unternehmen, die im Verwaltungsrat und unter den Zeichnungsberechtigten eine 50:50-Prozent-Verteilung lebten. 20 Prozent aller untersuchten Firmen hielten die im neuen Aktienrecht postulierten Geschlechterrichtwerte für Verwaltungsräte von börsenkotierten Unternehmen von 30 Prozent bereits ein. 64 Prozent der Firmen verfügten über keine Frau in ihren Verwaltungsratsteams. 39 Prozent der Aktiengesellschaften wiesen weder im Verwaltungsrat noch bei den Zeichnungsberechtigten eine Geschlechterdurchmischung aus. Insgesamt erreichte der durchschnittliche Frauenanteil 14 Prozent in den Verwaltungsräten und 21 Prozent bei den Zeichnungsberechtigten. Bei den 231 an Schweizer Börsen kotierten Unternehmen waren 19 Prozent der Verwaltungsratssitze und 10 Prozent der Geschäftsleitungspositionen von Frauen besetzt. Gemäss Verhaltensforschern entwickelt die Vielfalt ihre volle Wirkung erst ab einem Anteil von 30 Prozent. Die Studie kam zum Schluss, dass die Arbeitskraftressourcen in den Unternehmensleitungen auch vor dem Hintergrund der bereits mehrjährigen Oberhand von Frauen bei den tertiären Bildungsabschlüssen nicht ausgewogen genutzt werden und ortete Optimierungsbedarf, umso mehr als Studien klare Vorteile von gemischten Teams aufzeigen, wie umfassendere Lösungskompetenz, relevantere Innovation und weniger blinde Flecken bei Risikoabwägungen. Der Bericht wertete Vielfalt als Indikator für eine nachhaltige, gesunde Unternehmensentwicklung.

5.1.1.2 Trennung der Funktionen des Verwaltungsratspräsidenten und des Vorsitzenden der Geschäftsleitung

Dem Verwaltungsrat und der Geschäftsleitung fallen unterschiedliche Aufgaben und Kompetenzen zu. Dem Verwaltungsrat obliegt insbesondere die strategische Ausrichtung und Führung der Gesellschaft sowie die Überwachung der Geschäftsleitung. Demgegenüber richtet sich der Fokus der Geschäftsleitung auf die operative Umsetzung der Strategie und Zielvorgaben durch den Verwaltungsrat. Vor diesem Hintergrund ermöglicht die personelle Trennung der Funktionen des Verwaltungsratspräsidenten und des CEO eine klare Zuweisung der Verantwortlichkeiten und Aufgaben. Gleichzeitig wird eine aufgabenbezogene Machtverteilung und Gestaltungsfreiheit im Unternehmen erreicht sowie die Unabhängigkeit des Verwaltungsrats von der Geschäftsleitung gewährleistet.

Die Praxis zur Ämterkumulierung Verwaltungsratspräsident/CEO variiert je nach Region und Land stark. In den USA sind Doppelmandate nach wie vor weit verbreitet, auch wenn sie insbesondere von Investorenseite zunehmend in Frage gestellt werden. In Grossbritannien und auch der Schweiz überwiegt vor allem in Grossunternehmen die Trennung der Funktionen.

Besetzt eine Gesellschaft die beiden Funktionen in Personalunion, sollte der Verwaltungsrat seine Beweggründe offenlegen und erklären. Zudem empfiehlt es sich in solchen Fällen, einen sogenannten Lead Director zu ernennen, der gewisse Aufgaben des Veraltungsratspräsidenten übernimmt und die Stellung und Rollen der nichtexekutiven Verwaltungsratsmitglieder stärkt sowie die Unabhängigkeit des Verwaltungsrats gegenüber der Geschäftsleitung gewährleistet. Zu den Aufgaben des Lead Directors, die im Corporate-Governance-Bericht der Gesellschaft festzuhalten sind, gehören unter anderen die Leistungsbeurteilung des Präsidenten/CEO, die Erstellung der Traktandenlisten der Verwaltungsratssitzungen in Zusammenarbeit mit dem Präsidenten/CEO, die Beziehungspflege zu den Investoren sowie die Führung oder Mitwirkung in wichtigen Ausschüssen wie dem Prüfungs-, Nominations- und Vergütungskomitee, um der Machtkonzentration in der Person des Präsidenten/CEO entgegenzuwirken.

5.1.1.3 Ämterkumulation

Globalisierung, Digitalisierung, dringender Handlungsbedarf im Bereich Klima- und Umweltschutz, strengere Regulierungen, Handelsbeschränkungen und hoher Wettbewerbsdruck in vielen Branchen erhöhen die Komplexität und die Anforderungen an die Tätigkeiten von Verwaltungsräten laufend. Verwaltungsräte sollten deshalb ein spezielles Augenmerk darauf richten, dass insbesondere nichtexekutive Mitglieder und Mitglieder, die Ausschüsse leiten, über genügend Zeit verfügen, sich ihren Aufgaben zu widmen. Umgekehrt sollten die Kandidaten und Mitglieder bei der Gestaltung ihrer Pensen sicherstellen, dass sie die an sie gestellten Erwartungen erfüllen können. Dazu gehört auch, dass sie alle wichtigen und Zeit beanspruchenden übrigen Verpflichtungen offenlegen und das Gremium laufend über Veränderungen informieren. Zudem bestimmt das revidierte Aktienrecht in der Schweiz neu, dass sämtliche externen Mandate im Vergütungsbericht offengelegt werden müssen. Zudem muss sich ein Verwaltungsrat bei der Annahme eines Mandats im Klaren sein, dass seine zeitliche Beanspruchung in Krisensituationen erheblich ansteigen kann und es ihm möglich sein muss, Zeitreserven für eine intensivere Beschäftigung mit der Gesellschaft freizusetzen.

Zu viele Verpflichtungen können die Leistung einzelner Verwaltungsratsmitglieder beeinträchtigen. In der Praxis empfiehlt es sich, bei der Ausschreibung und anschliessend im Ernennungsschreiben die erwartete zeitliche Beanspruchung klar festzuhalten. Weiter sollten die Präsidenten von Verwaltungsräten laufend überwachen, inwiefern die Pensen der einzelnen Mitglieder mit der erwarteten Leistung vereinbar sind.

Die Frage, wie viele Mandate eine Person auf sich vereinen kann, wird kontrovers diskutiert und hängt stark von den konkreten Umständen im Einzelfall und den übernommenen Aufgaben ab. Entscheidende Kriterien sind die Grösse, Prüfungspflicht und Kotierung der betroffenen Gesellschaft sowie die übernommene Funktion. Bestimmte Verwaltungsratsaufgaben wie die Stellung als Präsident, Lead Director oder Mitglied des Prüfungsausschusses sind mit besonders viel Arbeit und Zeitaufwand verbunden. Der Schweizer Stimmrechtsberater Ethos sprach sich in seinen Richtlinien zur Ausübung der Stimmrechte 2021 bei Verwaltungsräten ohne eigene exekutive Tätigkeit für eine maximale Anzahl von fünf Mandaten bei börsenkotierten Gesellschaften und bei Verwaltungsräten, die eine exekutive Funktion in einem Unternehmen wahrnehmen, von einem zusätzlich Mandat bei einer anderen, börsenkotierten Gesellschaft aus. Neu bestimmt das revidierte Aktienrecht, dass börsenkotierte Gesellschaften in ihren Statuten die zulässige Anzahl von zusätzlichen Mandaten in Unternehmen mit einem wirtschaftlichen Zweck ihrer Verwaltungsrats- und Geschäftsleitungsmitglieder festlegen müssen (siehe 3.3.6.2 «Umsetzung der VegüV auf Gesetzesstufe»).

5.1.1.4 Interessenkonflikte Interessenkonflikte von Mandatsinhabern entstehen bei konkurrierenden beruflichen oder persönlichen Interessen. Grundsätzlich besteht in solchen Situationen eine Befangenheit, welche die unvoreingenommene Erfüllung von Aufgaben und Wahrung der Unternehmensinteressen sowie das Treffen von objektiven Entscheiden, zum Beispiel die Beschlussfassung über eigene Honorare und Leistungsbeurteilungen, in Frage stellt. Darüber hinaus besteht eine Gefahr der bewussten oder unbewussten persönlichen Vorteilnahme zum Nachteil des Unternehmens oder Gefälligkeiten unter nahestehenden Personen. Ein Interessenkonflikt liegt auch dann vor, wenn sich die Person ethisch korrekt verhält und keine Handlungen zu Ungunsten des Unternehmens vornimmt. Die Befangenheit und Gefahrensituation bleiben bestehen und können in der Wahrnehmung von Aussenstehenden die Reputation des Unternehmens, des Gremiums und der involvierten Personen untergraben. Zudem erwachsen aus Interessenkonflikten Haftungsrisiken.

Reelle und potenzielle Interessenkonflikte sind deshalb zu meiden. Die betroffenen Mandatsträger sind von Aufgaben, bei deren Erfüllung ein möglicher Interessenkonflikt auftreten kann, zeitweise oder dauerhaft zu entbinden und die Aufgabe an ein anderes Mitglied ohne Interessenkonflikt zu übertragen. Ist der Interessenkonflikt von Dritten nicht erkennbar, hat der betroffene Verwaltungsrat von sich aus in den Ausstand zu treten und das Gremium über seine Beweggründe zu informieren.

Ein besonderer Fall eines institutionellen Interessenkonflikts sind sogenannte Kreuzbeteiligungen. Dabei besitzen zwei Gesellschaften gegenseitig Anteile am Aktienkapital des anderen Unternehmens. Bedenken erwecken zudem Geschäfte einer Gesellschaft mit deren Mehrheitsaktionär und/oder -aktionären. In Frage gestellt sind bei solchen Transaktionen insbesondere die Transparenz- und Kontrollansprüche von Minderheitsaktionären.

In der Europäischen Union regelt die 2017 umfassend revidierte Shareholder Rights Directive (SRD II) die Vermeidung von Interessenkonflikten (siehe 3.2.5 «Shareholder Rights Directive II»). In der Schweiz schreibt Art. 717 des Schweizerischen Obligationenrechts (OR) den Mitgliedern des Verwaltungsrats vor, die Interessen der Gesellschaft in guten Treuen zu wahren, was bei Vorliegen eines Interessenkonflikts zur Pflicht des betroffenen Verwaltungsratsmitglieds führt, in den Ausstand zu treten. Der «Swiss Code of Best Practice for Corporate Governance» von Economiesuisse fordert das betroffene Mitglied in Ziff. 17 auf, den Verwaltungsratspräsidenten auf den Interessenkonflikt aufmerksam zu machen. Tritt das betreffende Mitglied nach Bekanntgabe des Interessenkonflikts nicht selbst in den Ausstand, hat der Verwaltungsrat in Abwägung der Sachlage zu entscheiden.

5.1.1.5 **Transaktionen mit nahestehenden Personen**   Transaktionen mit nahestehenden natürlichen und juristischen Personen sind besonders anfällig für Interessenvermischungen und erfordern daher eine besondere Sorgfalt und Überwachung durch die verantwortlichen Organe und Gremien. Dabei gilt es darauf zu achten, dass jedes mit nahestehenden Unternehmen und Personen getätigte Geschäft unparteiisch bewertet wird und zu «arm's length» erfolgt, wie es unter den gleichen Vorgaben und Marktbedingungen auch mit Drittparteien, zu denen das Unternehmen in einer normalen Lieferanten- oder Kundenbeziehung steht, abgeschlossen würde. Neben Geschäften mit Lieferanten und Kunden fallen unter den Transaktionsbegriff auch Vermittlungsprämien, Entschädigungen für Know-how-Transfers und Forschungs- und Entwicklungsleistungen, Lizenzvereinbarungen, Finanzierungskonditionen, Garantien und Sicherheiten. Kommt es zu einem Schaden für das Unternehmen und wird dieser eingeklagt, gehen die Gerichte im Sinne einer naheliegenden Vermutung schnell davon aus, dass ein Verwaltungsratsmitglied bei einer Konfliktsituation seine eigenen Interessen beziehungsweise die Interessen einer ihm nahestehenden Person den Interessen des Unternehmens vorzieht und somit eine Verletzung der Treuepflicht durch das Verwaltungsratsmitglied und allenfalls auch durch den Gesamtverwaltungsrat vorliegt. Es empfiehlt sich somit, in Interessenkonfliktsituationen beziehungsweise bei Geschäften mit Verwaltungsratsmitgliedern oder den Verwaltungsratsmitgliedern nahestehenden Personen die formellen Ausstandsregeln einzuhalten. Dies betrifft über die Beschlussfassung oder Abstimmung hinaus auch die vorangehende Diskussion, Beratung und Willensbildung. Zudem ist es ratsam, die wesentlichen Konditionen wie die Preisbildung durch Preisvergleiche oder, falls dies nicht möglich ist, durch eine Bewertung eines externen Gutachters zu dokumentieren.

Beispiele für natürliche und juristische Personen, die einem Unternehmen nahestehen, sind in ▶ Abb. 21 angeführt.

> **Beispiele von nahestehenden natürlichen und juristischen Personen**
> (nicht abschliessend)
> - Organmitglieder des Unternehmens und anderer Gruppengesellschaften, einschliesslich des Stammhauses und assoziierter Unternehmen;
> - andere Gruppengesellschaften, einschliesslich das Stammhaus und assoziierte Unternehmen (mit Ausnahme von 100-prozentigen Beteiligungen);
> - der CEO, Geschäftsführer oder leitende Angestellte, einschliesslich aller Personen, die direkt an die Geschäftsleitung oder den CEO berichten;
> - bedeutende Aktionäre, die einen wesentlichen Einfluss auf Beschlüsse der Aktionäre, des Verwaltungsrats oder der Geschäftsleitung des Unternehmens, des Stammhauses und beherrschter oder assoziierter Unternehmen ausüben;
> - der Vater, die Mutter, die Söhne, die Töchter, der Ehemann oder die Ehefrau einer der oben genannten natürlichen Personen;
> - jedes Unternehmen und die Verwaltungsräte, Mitglieder der Geschäftsleitung und leitende Angestellte eines Unternehmens, an dem die oben aufgeführten natürlichen Personen gemeinsam oder einzeln mindestens 20 Prozent der Stimmrechte besitzen;
> - jede Person, deren Urteil oder Entscheidungen als Folge einer Vereinbarung oder Beziehung zwischen ihr und einer der oben genannten Personen beeinflusst werden könnten.

▲ Abb. 21   Nahestehende natürliche und juristische Personen

5.1.1.6 Beurteilung der eigenen Tätigkeiten und Leistungen

Eigenbeurteilungen stellen für die Verwaltungsräte eine Herausforderung dar und setzen ein hohes Mass an Offenheit und Bereitschaft voraus, die eigenen Handlungen und Leistungen kritisch zu hinterfragen. Aufgrund der Befangenheit empfiehlt sich der Beizug eines aussenstehenden Moderators. Zudem soll die Evaluierung als konstruktiver, zukunftsorientierter Prozess verstanden werden mit dem Ziel, zukünftige Herausforderungen und Fragestellungen noch effizienter und zielführender anzugehen.

Die Gestaltung eines solchen Evaluierungsprozess kann sehr unterschiedlich ausfallen und ist an die spezifischen Bedürfnisse des Gremiums und dessen Mitglieder anzupassen. Ein häufig angewendetes Konzept ist die jährliche Festlegung von eigenen Zielen unter Benennung der Key-Performance-Indikatoren (KPIs), die zur Bemessung der eigenen Leistung nach Ablauf des Geschäftsjahres dienen. Als Alternative zum Geschäftsjahr kann sich die Evaluationsperiode beispielsweise auch auf den Strategiezyklus beziehen. Sinnvoll erweist sich zudem die Formulierung von klaren Ergebnissen und Schlussfolgerungen aus der Evaluation, die in zu ergreifende Massnahmen und zukünftige Zielvorgaben einfliessen. Massnahmen aus dem Evaluationsprozess können organisatorischer und arbeitskultureller Art sein. Häufig resultieren aus den Evaluationen auch Weiterbildungsbedürfnisse oder die Erkenntnis, zusätzliche Expertise, Fachkenntnisse oder Erfahrungen in das Gremium einbinden zu wollen.

5.1.1.7 Risikomanagement Unternehmen gehen Risiken ein, um eine Rendite zu erwirtschaften. Der Verwaltungsrat ist dafür verantwortlich, dass alle Geschäftsrisiken identifiziert, bewertet und angemessen gesteuert werden. Im Rahmen seiner unübertragbaren Pflichten hat er die grundsätzliche Risikobereitschaft beziehungsweise -fähigkeit des Unternehmens bei der Verfolgung seiner Strategien festzulegen sowie ein System zur Risikoerfassung und -steuerung einzurichten. Die Elemente der Risikosteuerung müssen zu einem sinnvollen Instrumentarium zusammengesetzt werden, dessen Ausgestaltung und Intensität stark von der Komplexität, der Grösse und der Ausrichtung des Unternehmens abhängt. Zu den Aufgaben des Verwaltungsrats zählen die Zuweisung der Verantwortlichkeiten, Kompetenzen und Aufgabenverteilung zwischen dem Verwaltungsrat und der Geschäftsleitung, die Sicherstellung der Integrität des internen Finanzberichterstattungs- und Kontrollsystems und des unabhängigen, externen Prüfers sowie die Einhaltung von Gesetzen und relevanten Standards (Compliance). Zudem hat der Verwaltungsrat selber sich mit den Risiken auseinanderzusetzen, die für das Unternehmen von existenzieller Bedeutung sind. Darunter fallen Risiken bezüglich der eigenen Strategie und der Umsetzung, schwerwiegende operative Risiken, Risiken in Zusammenhang mit Compliance und dem Rechnungswesen sowie Veränderungen im Umfeld des Unternehmens.

In der Regel wird die Ausführung des Risikomanagementsystems der Geschäftsleitung anvertraut, die für das tägliche Risikomanagement zuständig ist. Dabei ist das Risikomanagement als ein strukturierter, konsistenter und kontinuierlicher Prozess im gesamten Unternehmen zu verstehen, um Gefahren, die das Erreichen der Unternehmensziele beeinträchtigen können, zu identifizieren, zu bewerten und zu steuern (▶ Abb. 22).

Risiken				
Strategie	Operations	Compliance	Rechnungswesen	Umfeld

⬇

Erfassen

⬇

Bewerten

⬇

Ergreifen von Massnahmen

⬇

Monitoring

▲ Abb. 22 Risikomanagement-Prozess

Das Risikomanagement muss auf allen Stufen der Unternehmensführung und in allen Unternehmensbereichen umgesetzt werden. Der Prozess beginnt mit der Erfassung von Risiken. Ein guter Ansatz ist die Erstellung und regelmässige Überprüfung eines Inventars in allen Führungseinheiten und Abteilungen, das die Risiken nach quantitativer Grösse und Wahrscheinlichkeit des Eintretens auflistet. Wichtig ist dabei ein Denken in Szenarien und Überlegungen zu möglichen Folgeereignissen und -risiken, um die Bandbreite der Risiken möglichst vollständig zu erfassen. Die Inventare werden dann in einem zweiten Schritt entlang der Reporting Line zusammengefasst und verdichtet, um die grössten Risiken auch dem Verwaltungsrat anzuzeigen. Die Inventare bilden zudem die Grundlage für Massnahmen zur Reduktion der Risiken wie Erhöhung der Betriebssicherheit oder des Gesundheitsschutzes, Optimierung von Prozessen, Risks Transfers einschliesslich Hedging-Strategien und Versicherungen sowie Verzicht oder Rückzug aus einzelnen Geschäftsaktivitäten. Durch die Verbindung von Risikoinventar und Massnahmenplan können die Geschäftsleitung und der Verwaltungsrat das Restrisiko beurteilen, das nach der Umsetzung der betreffenden Risikomanagementmassnahmen verbleibt. Wichtig ist ein kontinuierliches Monitoring der Risikosituationen und Überprüfung, ob die ergriffenen Massnahmen auch über die Zeit Wirkung zeigen.

Investitionen und neue Projekte sind immer mit Risiken verbunden. Deshalb ist es ratsam, Investitions- und Projektanträge immer mit einer Risikoanalyse und der Auflistung von möglichen Risiken zu ergänzen, um die Qualität des Entscheidungsprozesses zu erhöhen. Über die Auflistung hinaus sollten die Risiken auch in die Investitionsrechnung beziehungsweise Kosten-Nutzen-Analyse einbezogen werden. Häufig sind dabei Best-, Base- und Worst-Case-Szenarien sinnvoll, wobei die Projektverantwortlichen selber die Situation oft zu positiv einschätzen. Bei grossen Projekten empfiehlt sich deshalb eine Überprüfung durch ein Komitee, das sich aus Personen zusammensetzt, die nicht mit dem Projekt verbunden sind. Bei Projekten von strategischer Bedeutung kann die Prüfung auch durch den Verwaltungsrat erfolgen, der eine gewisse Distanz zur operativen Führung hat und eine kritischere Beurteilung vornehmen kann.

In der Europäischen Union werden börsennotierte Unternehmen durch die Richtlinie zur Angabe nichtfinanzieller und die Diversität betreffender Informationen verpflichtet, im Lagebericht des Geschäftsberichts relevante und wesentliche Informationen zu Risiken und Auswirkungen der Geschäftstätigkeit und Massnahmen zu deren Eindämmung offenzulegen (siehe 3.2.4 «Richtlinie zur Nachhaltigkeitsberichterstattung»). In der Schweiz schreibt der Art. 961c Abs. 2 des Obligationenrechts (OR) Unternehmen ab einer bestimmten Grösse vor, im Lagebericht Angaben über die Durchführung einer Risikobeurteilung zu machen. Viele grosse Unternehmen in der Schweiz ergänzen auch ihren Corporate-Governance-Bericht mit Informationen zum Risikomanagement.

5.1.2 Diversität und Inklusion

Diversität bedeutet Vielfalt und wird häufig zusammen mit den Begriffen Heterogenität und Unterschiedlichkeit verwendet. Im sozialen Diskurs werden mit dem Begriff Diversität individuelle, soziale und strukturelle unterschiedliche Merkmale und Gruppenzugehörigkeiten von Menschen bezeichnet wie Alter, Hautfarbe, Geschlecht, ethnische Herkunft, Religion und Weltanschauung, sexuelle Orientierung oder Behinderungen und Beeinträchtigungen. Positiv formuliert steht Diversität für einen wertschätzenden und bewussten Umgang mit gesellschaftlicher Vielfalt und postuliert Chancengleichheit und Integration.

Unternehmen, öffentlich-rechtliche Institutionen und die Zivilgesellschaft sind aufgefordert, die Stärken ihrer Mitarbeitenden und Mitglieder hervorzuheben und passende Strategien für eine vielfältige und gegenseitig bereichernde Kultur und Durchmischung der Teams und Führungsgremien zu entwickeln. In dieser Hinsicht wird Vielfalt, Meinungsvielfalt und Führungsvielfalt auch als Chance und Ressource verstanden, die sich in einem respektvollen gegenseitigen Umgang, breit abgestützten und zielgerichteten Entscheiden, umfassender Lösungskompetenz, Innovations- und Wettbewerbsvorsprüngen und dem frühzeitigen Erkennen und bewussten Umgang mit Risiken positiv auswirken.

Im Unternehmenskontext wird die Diversitätsfrage häufig mit den Themen geschlechterspezifische Durchmischung von Teams, Besetzung von Führungspositionen in den Leitungsorganen mit Frauen (siehe 3.3.6.3 «Vertretung der Geschlechter in Verwaltungsräten und Geschäftsleitungen» und 5.1.1.1 «Zusammensetzung, Unabhängigkeit und Diversität») sowie Lohngleichheit zwischen Frauen und Männern (siehe 4.1.3.1 «Gleichstellung von Frau und Mann, einschliesslich Lohngleichheit») in Verbindung gebracht. Darüber hinaus sind auch die kulturellen Aspekte von grosser Bedeutung. Beim Wandel zu grösserer Diversität und Inklusion ist ein wichtiger Aspekt, den Wert unterschiedlicher Perspektiven zu erkennen, diesen nutzbar zu machen und gegenseitig voneinander zu lernen. Eine Unternehmenskultur, die sich durch Vielfalt und Inklusion auszeichnet, bildet die Grundlage für eine wertschätzende und lösungsorientierte Zusammenarbeit sowie die Entfaltung von Kreativität und Innovation. Diese Kompetenzen können sich gerade für Unternehmen, die in wettbewerbsintensiven Märkten tätig sind oder sich in Change- und Transformationsprozessen befinden, als zentrale Erfolgsfaktoren erweisen. Motivation und eine integrative Kultur ermöglichen, alle relevanten Stimmen in einen interdisziplinären und konstruktiven Dialog zusammenzuführen und gruppenkonformes, hierarchieorientiertes Denken zu überwinden. Entsprechend entwickeln heute viele Unternehmen Programme zur Steigerung des Sinngehalts und der Vielseitigkeit der Tätigkeiten ihrer Mitarbeitenden durch Wandel und Anpassungen in den internen Abläufen und Prozessen. Ziel ist die Erhöhung des Zugehörigkeitsgefühls und der Bereitschaft der Mitarbeitenden, ihr Wissen und Know-how vollumfänglich einzubringen. Wichtig ist dabei das Setzen von klaren Zielen, an denen die Fortschritte über die Zeit gemessen werden können. Als konkrete Ziele kommen direkt diversitätsbezogene Werte wie Gender-Ausgewogenheit und Kenngrössen in Frage, auf die grössere Diversität positiv wirken kann, wie Mitarbeiterzufriedenheit und -produktivität, Patenteingaben oder Anzahl neu lancierter Produkte und Dienstleistungen.

Immer mehr Unternehmen beteiligen sich an firmenübergreifenden Programmen und Aktionen und bekennen sich in Selbstverpflichtungen, die Vielfalt und Chancengleichheit zu fördern. Um ihre Haltung mit konkreten Massnahmen zu unterlegen, erarbeiten sie interne Diversitätsrichtlinien, welche den Rahmen ihres Engagements umreissen. Eine bereits vom Gesetz geforderte Massnahme sind regelmässige Lohngleichheitsanalysen zur Überprüfung der Lohngleichheit zwischen Frauen und Männern für gleiche Arbeit (siehe 4.1.3.1 «Gleichstellung von Frau und Mann, einschliesslich Lohngleichheit»). Einzelne Unternehmen weiten dabei die Lohngleichheit über die Geschlechterfrage hinaus auch auf die Nationalität und den Migrationshintergrund, das Alter sowie Markt-Benchmarks aus. Weit verbreitet sind zudem Bestimmungen zur Einstellungs-, Weiterbildungs- und Beförderungspraxis. Ein zusätzliches Thema ist die Integration von Menschen mit Behinderungen und die Unterstützung von deren Zugang zum Arbeitsmarkt.

Ein besonderer Aspekt von gelebter Diversität und Inklusion betrifft den barrierefreien Zugang zu Gebäuden sowie Produkten und Dienstleistungen. In der Europäischen Union (EU) trat neben der Richtlinie zur Angabe nichtfinanzieller und die Diversität betreffender Informationen in den Lageberichten börsennotierter Unternehmen (siehe 3.2.4 «Richtlinie zur Nachhaltigkeitsberichterstattung») im Juni 2019 die Richtlinie des Europäischen Parlaments und des Rates über die Barrierefreiheitsanforderungen für Produkte und Dienstleistungen, der sogenannte European Accessibility Act, in Kraft. Die in der Richtlinie festgehaltenen Anforderungen sind bis im Juni 2022 von den EU-Staaten in nationales Recht überzuführen und müssen ab Juni 2025 umgesetzt und angewendet werden. Die Richtlinie verpflichtet alle Wirtschaftsakteure in der EU mit Ausnahme von Unternehmen, die weniger als zehn Personen beschäftigen und deren Jahresumsatz 2 Millionen Euro nicht übersteigt. Die Schweiz ist wie die EU Vertragspartei des Übereinkommens der Vereinten Nationen (UN) über die Rechte von Menschen mit Behinderungen. Die daraus erwachsenden Verpflichtungen und Anliegen werden im Bundesgesetz über die Beseitigung von Benachteiligungen von Menschen mit Behinderungen (Behindertengleichstellungsgesetz, BehiG) konkretisiert und umgesetzt. Das Gesetz umfasst auch Bestimmungen zur Förderung eines barrierefreien Zugangs von Gebäuden, Einrichtungen und Fahrzeugen sowie Dienstleistungen. Sie betreffen insbesondere Bewilligungen von Neu- und Umbauten sowie die Einrichtungen und Fahrzeuge konzessionierter Unternehmen und des Gemeinwesens.

5.1.3 Whistleblowing

Whistleblower sind Hinweisgeber, Enthüller oder Aufdecker, die geheime oder bisher nicht bekannte Informationen öffentlich machen oder einer Meldestelle mitteilen. Dazu zählen Missstände und Gesetzesverletzungen wie Korruption, Insiderhandel, Menschrechts- und Persönlichkeitsverletzungen, Datenmissbrauch und Verstösse gegen Umwelt-, Sozial- und Ethikstandards. Neben den Vorgängen in der Politik und bei den Behörden und in Verwaltungen sind vor allem auch die Geschäftspraktiken und Handlungen einzelner Mitarbeitenden in privaten und öffentlich-rechtlichen Unternehmen sowie Institutionen betroffen. Whistleblower geniessen in Teilen der Öffentlichkeit ein hohes Ansehen, weil sie unter Inkaufnahme von grossen persönlichen und beruflichen Risiken und Gefahren für Transparenz sorgen. Oftmals sind mit den Enthüllungen wie im Fall von geheimen Dokumenten eigene Gesetzes- oder Vorschriftsübertretungen verbunden, für die nur eine moralische Legitimität besteht. Berühmte Beispiele aus der Politik sind Julian Assange (Gründer der Enthüllungsplattform WikiLeaks/Widerhandlungen gegen US-Spionagegesetz), Chelsea/Bradley Manning (ehemalige IT-Spezialistin der US-Streitkräfte/Übermittlung geheimer Dokumente zum Irak- und Afghanistankrieg sowie zum Gefangenenlager Guantanamo an WikiLeaks), Edward Snowden (ehemaliger CIA/NSA-Mitarbeiter/Überwachungs- und Spionagepraktiken der Geheimdienste der USA und Grossbritannien) sowie Christoph Meili (Schweizerische Bankgesellschaft/Nachrichtenlose Vermögen von Holocaust-Opfern). Während die genannten Whistleblower ihre Enthüllungen persönlich vertraten, bleiben andere, auch aus Selbstschutz, im Hintergrund und werden von investigativen Journalisten oder Meldestellen gedeckt.

In der Europäischen Union (EU) schreibt die 2019 vom Europäischen Parlament und dem Europäischen Rat erlassene Richtlinie zum Schutz von Whistleblowern einheitliche Standards zur Gewährleistung eines wirksamen Hinweisgeberschutzes vor. Die Richtlinie räumt den hinweisgebenden Personen einen gewissen Schutz ein, umso mehr als sie einen wesentlichen Beitrag zur Rechtsdurchsetzung leisten. In den Verhandlungen zum Erlass dieses Rechtsakts beharrten Deutschland, Österreich, Frankreich, Italien und die Niederlande darauf, dass der Schutz nur greift, wenn der Hinweisgeber ein dreistufiges Meldeverfahren durchlaufen hat, bevor er sich an die Öffentlichkeit wendet. Die Vorschriften sind von den Mitgliedstaaten bis im Dezember 2021 in nationales Recht umzusetzen. Darunter fällt die Pflicht zur Einrichtung von Meldesystemen, die Whistleblowern sichere Kanäle eröffnen, Missstände sowohl innerhalb von Unternehmen als auch gegenüber Behörden zu melden.

Im Unternehmenskontext steht die Aufdeckung von Missständen und Fehlverhalten im eigenen Betrieb und dessen Umfeld im Vordergrund. Das Interesse der Unternehmen liegt im Schutz der Mitarbeitenden, in der Compliance mit sozialen Standards und fairen Geschäftspraktiken sowie in der Abwendung oder zumindest der Eingrenzung von Reputationsschäden. Verschiedene Unternehmen entwickeln dazu interne Verfahren, sogenannte Whistleblowing-Policies, die auch anonym genutzt werden können, um Missstände zu melden. Dabei geht es den Unternehmen nicht darum, ein Klima der gegenseitigen Bespitzelung einzuführen, vielmehr wollen sie Offenheit fördern und sicherstellen, dass Informationen über deliktisches Verhalten tatsächlich die Geschäftsleitung und gegebenenfalls den Verwaltungsrat erreichen. Allzu oft zeigte sich bei der Aufklärung von Delikten in einem Unternehmen, dass verschiedene Personen relativ früh Verdachtsmomente beobachteten, jedoch nicht den Mut hatten, diese den übergeordneten Stellen mitzuteilen. Der Möglichkeit nach Anonymität kommt grosse Bedeutung zu. Nicht selten sieht sich die Person, die Missstände anprangert, Vergeltungsmassnahmen wie Kündigung, Belästigung, Mobbing, Degradierung, Versetzung, Benachteiligung bei der Beförderung oder Verweigerung von Lohnerhöhungen ausgesetzt. Zudem droht das Risiko von Schadenersatzforderungen oder eines strafrechtlichen Verfahrens wegen Verletzung der Treue- und Geheimhaltungspflicht. Bisher fehlen im Schweizer Recht Bestimmungen zur Besserstellung von Whistleblowern weitgehend. Die im Zusammenhang mit Whistleblowing stehenden Rechtsfragen müssen anhand der bestehenden Gesetzesbestimmungen in den unterschiedlichen Rechtsgebieten wie Arbeitsrecht, Strafrecht und Datenschutzrecht beantwortet werden. Für einen effektiven Schutz von Whistleblowern wären insbesondere Bestimmungen zur Einrichtung von unabhängigen Anlaufstellen, die den Informanten Anonymität garantieren, sowie ein verbesserter Kündigungsschutz notwendig. Aufgrund der fehlenden gesetzlichen Regelung obliegt es den Schweizer Arbeitgebenden, die Prozesse für die Meldung von Missständen am Arbeitsplatz intern zu regeln und damit grössere Rechtssicherheit zur Frage der Zulässigkeit von Whistleblowing-Meldungen zu schaffen.

5.1.4 Vergütungssysteme

Generell sollen Vergütungssysteme die Interessen der begünstigten Personen an diejenigen der anderen Anspruchsgruppen, insbesondere der Aktionäre, angleichen und zu einer langfristigen Wertschöpfung beitragen. Der Fokus der Führungskräfte und der Mitarbeitenden richtet sich dabei auf eine Optimierung ihrer Einkommenssituation. Die Eigentümer einer Gesellschaft sind an den talentiertesten und bestqualifizierten Managern und Spezialisten und deren hoher Motivation interessiert, gleichzeitig richtet sich ihr Augenmerk auch auf die Eindämmung und Kontrolle der Kosten. Die Öffentlichkeit respektive die Kommunen wiederum trachten nach einer Maximierung ihrer Steuereinnahmen. Damit eine Angleichung der Interessen der unterschiedlichen Stakeholder möglich wird und die Anspruchsgruppen sich auf eine gemeinsame Lösung einigen können, hat der Verwaltungsrat auf Vorschlag des Vergütungsausschusses (wo vorhanden) der Generalversammlung im Vergütungsbericht ein Vergütungssystem zur Genehmigung zu unterbreiten. Das Vergütungssystem hat im Wesentlichen drei Themenbereiche festzulegen: Transparenz, Struktur und Höhe der bezahlten Vergütungen sowie Kompetenzen in Sachen Vergütungen.

In der Europäischen Union (EU) wird die Vergütung von Führungskräften in der vom Europäischen Parlament und vom Europäischen Rat 2017 erlassenen Richtlinie zu den Aktionärsrechten, auch Shareholder Rights Directive II genannt, geregelt. Sie verbessert die Transparenz der Vergütungspolitik und der individuellen Vergütung von Direktoren und räumt Aktionären das Recht ein, über die Vergütungspolitik und den Vergütungsbericht abzustimmen (siehe 3.2.5 «Shareholder Rights Directive II»). In der Schweiz wurde die Entschädigung von Verwaltungsräten und Geschäftsleitungen bei börsenkotierten Gesellschaften bisher von der Verordnung gegen übermässige Vergütungen bei börsenkotierten Aktiengesellschaften (VegüV) geregelt, die mit der im Juni 2020 verabschiedeten Revision des Aktienrechts in das Schweizerische Obligationenrecht (OR) in den Art. 732ff. übergeführt wird (siehe 3.3.6.2 «Umsetzung der VegüV auf Gesetzesstufe»). Die Bestimmungen legen fest, dass die Bezüge von Verwaltungsrat und Geschäftsleitung in einem Vergütungsbericht detailliert offengelegt werden und die Generalversammlung über die Entschädigung von Verwaltungsrat und Geschäftsleitung beschliesst.

5.1.4.1 Transparenz

Transparenz ist eine grundlegende Voraussetzung für das Vertrauen der Aktionäre in die Unternehmensführung. Das Vergütungssystem soll deshalb im Vergütungsbericht umfassend und verständlich beschrieben sein, damit der Nutzen und die Kosten gegeneinander abgewogen werden können.

In der Europäischen Union (EU) ist bei der Erstellung und inhaltlichen Ausgestaltung von Vergütungsberichten die Richtlinie für Aktionärsrechte zu beachten (siehe 3.2.5 «Shareholder Rights Directive II»). In der Schweiz sind börsenkotierte Gesellschaften seit dem 1. Januar 2014 mit dem Inkrafttreten der Verordnung gegen übermässige Vergütungen bei börsenkotierten Aktiengesellschaften (VegüV), die mit der Reform des Aktienrechts in das Obligationenrecht übergeführt wird, verpflichtet, einen separaten Vergütungsbericht ausserhalb des Anhangs zur Jahresrechnung vorzulegen. Der Vergütungsbericht muss von der externen Revision geprüft werden. Zwingende Inhalte sind die individuelle Vergütung der Mitglieder des Verwaltungsrats, die Gesamtvergütung für die Mitglieder der Geschäftsleitung sowie die Vergütung des höchstbezahlten Mitglieds der Geschäftsleitung, das heisst in der Regel des CEO. Weitere inhaltliche Anforderungen an den Vergütungsbericht sind in ▶ Abb. 23 aufgeführt.

Eine tabellarische Darstellung der Beträge aus den verschiedenen Komponenten und ihrer Summe erleichtert das Verständnis und erlaubt es, variable, zugeteilte Ver-

> **Inhaltliche Anforderungen an den Vergütungsbericht**
> (nicht abschliessend)
> - Detaillierte Beschreibung der Grundsätze und Mechanismen des Vergütungssystems;
> - Auflistung der einzelnen Komponenten der Vergütung: Grundsalär, Jahresbonus, langfristige Pläne, Sachleistungen, Spezialzuweisungen an die Pensionskasse
> - Darstellung der Beträge für die Gesamtvergütung und die einzelnen Komponenten für jedes Verwaltungsrats- und Geschäftsleitungsmitglied, Aktien und Optionen sind nach deren Marktwert am Zuteilungstag zu bewerten
> - Detaillierte Beschreibung aller Beteiligungspläne, mit denen Bargeld, Aktien oder Optionen zugeteilt werden. Für jeden Plan sind die wichtigsten Merkmale wie Begünstigte, Leistungsbedingungen, Zuteilungsdatum, Sperrfrist, Zuteilungspreis, zusätzliche Zuteilungsbedingungen und Finanzierungsmodus (Ausgabe neuer Aktien/Bezug von eigenen Aktien im Besitz des Unternehmens) anzugeben.
> - Auflistung der ausbezahlten Beträge für die variable, zugeteilte Vergütung, also der Jahresbonus und die Beträge aus den Leistungsplänen
> - Zusammenfassung der Vorsorgepläne für die Geschäftsleitung
> - Offenlegung der Arbeitsverträge mit den Mitgliedern der Geschäftsleitung, einschliesslich allfälliger Konkurrenzklauseln

▲ Abb. 23   Anforderungen an den Vergütungsbericht

gütungen mit der effektiv erhaltenen Vergütung in Beziehung zu setzen und somit das gute Funktionieren des Systems und die Relation zwischen Vergütung und Leistung zu verstehen.

In der Schweiz muss zudem im Anhang zur Jahresrechnung, der ebenfalls der Prüfung durch die externe Revisionsstelle unterliegt, die Anzahl der von jedem einzelnen Mitglied des Verwaltungsrats und der Geschäftsleitung gehaltenen Aktien oder Optionen aufgeführt sein. Unternehmen, die nach den International Financial Reporting Standards (IFRS) rapportieren, müssen zudem die Parameter für die Berechnung der Optionen veröffentlichen, einschliesslich Preis des Titels bei der Zuteilung, Ausübungspreis, Volatilität, risikofreier Zinssatz, erwartete Lebensdauer der Optionen und Dividendenertrag.

Darüber hinaus haben die an der Schweizer Börse kotierten Gesellschaften die Richtlinie über die Informationen zur Corporate Governance der SIX Swiss Exchange (RLCG) und den dazugehörigen Kommentar zu beachten. Die Richtlinie umfasst detaillierte Angaben zu den Informationen, die kotierte Gesellschaften in Zusammenhang mit der Festsetzung und der Ausrichtung von Vergütungen und Beteiligungsprogrammen zu veröffentlichen haben.

5.1.4.2 Struktur der Vergütungen   Die Verantwortungs-, Führungs- und Aufgabenbereiche von nichtexekutiven sowie exekutiven Verwaltungsräten und Mitgliedern der Geschäftsleitung unterscheiden sich. Während sich die nichtexekutiven Verwaltungsräte auf die strategische Führung der Gesellschaft konzentrieren, nehmen exekutive Verwaltungsräte strategische und operative Verantwortung und Aufgaben wahr. Die Mitglieder der Geschäftsleitung fokussieren ihr Engagement auf die operative Umsetzung der vorgegebenen Strategien und Ziele. Entsprechend unterscheiden sich auch die Strukturen und Anreizsysteme ihrer Entschädigungen.

Was die Höhe der Vergütungen anbetrifft, sollte der Unterschied zwischen der höchsten Vergütung und den tiefsten Löhnen begrenzt und gerechtfertigt sein. Die Löhne des Managements sollten der Grösse und Komplexität des Unternehmens entsprechen und zudem in der Bandbreite der entrichteten, durchschnittlichen Entschädigungen bei vergleichbaren Unternehmen und Positionen liegen.

a. Exekutive Mitglieder des Verwaltungsrats und Mitglieder der Geschäftsleitung
Bei der Ermittlung der Entschädigungshöhen von exekutiven Mitgliedern des Verwaltungsrats und den Mitgliedern der Geschäftsleitung empfiehlt Ethos die Beachtung von vier Grundsätzen, um die Höhe der jährlichen Gesamtvergütungen zu limitieren. Erstens soll der Maximalwert jeder Vergütungskomponente im Voraus festgelegt werden. Zweitens soll der variable Teil der Vergütung von klaren, messbaren Leistungskriterien abhängen, die zudem ausreichend anspruchsvoll sind, um die Interessen der Manager mit denjenigen der Aktionäre anzugleichen. Drittens soll der Zielwert der variablen Vergütung beim CEO das Anderthalbfache des Grundsalärs und bei den übrigen Mitgliedern der Geschäftsleitung das Grundsalär nicht überschreiten. Viertens soll beim Übertreffen der Leistungsziele die variable Vergütung nicht mehr als das Doppelte des Zielwerts betragen. Die Gesamtvergütung umfasst die Komponenten Grundsalär, Jahresbonus, langfristige Aktien- oder Optionspläne sowie Beiträge an Vorsorgeeinrichtungen.

Das Grundsalär soll den Anforderungen an die übertragenen Verantwortlichkeiten und Aufgaben der Funktion sowie den Fähigkeiten und der Erfahrung der betroffenen Personen entsprechen und in der Bandbreite der Gehälter liegen, die andere Unternehmen mit vergleichbarer Grösse, Struktur und Komplexität in derselben Peer Group an Personen in derselben Position zahlen.

Der Jahresbonus stellt den kurzfristigen variablen Teil der Vergütung dar. Er belohnt die Leistung im abgelaufenen Geschäftsjahr und ist keine fixe Vergütung, auf die ein Rechtsanspruch besteht. Die Ausrichtung eines Jahresbonus ist abhängig vom Grad der Erfüllung bestimmter Leistungsziele. Diese leiten sich aus der Unternehmensstrategie ab und sind zu Beginn der Messperiode festzulegen und im Vergütungs- oder Jahresbericht darzulegen. Die Veröffentlichung der Performanceziele kann nachträglich erfolgen, wenn es sich um vertrauliche oder gegenüber Mitbewerbern sensible Informationen handelt. Die Ziele des CEO sollen sich ausschliesslich auf Unternehmenskennzahlen auf Stufe Konzern beziehen, für dessen Ergebnisse der CEO die Gesamtverantwortung trägt. Die Ziele von anderen Begünstigten in hohen Hierarchiestufen sollen zudem individuelle Leistungskriterien umfassen, die sich auf den Erfolg der geführten Abteilung oder anderer wahrgenommener Aufgaben beziehen. Weiter sollen die finanziellen Messgrössen mit klar definierten und messbaren Kriterien zur ökologischen und sozialen Performance des Unternehmens unterlegt sein, wie zum Beispiel Kennziffern zur Senkung der Schadstoffemissionen, Abfallmanagement sowie Sicherheit am Arbeitsplatz und Schulung, Weiterentwicklung und Zufriedenheit von Mitarbeitenden. Wichtig ist, dass die Ziele auf unternehmensinterne Leistungen Bezug nehmen und nicht auf externe Entwicklungen im Markt oder an der Börse referenzieren. Wird ein Teil des Bonus in Aktien oder in Optionen geleistet, erhält dieser Teil der Vergütung einen langfristigen Charakter. Ist nach dem Ablauf der Sperrfrist die Zuteilung von zusätzlichen Aktien vorgesehen, müssen dafür zusätzliche Performanceziele formuliert werden. Allein die Blockierung der Titel über eine bestimmte Zeitspanne stellt keinen Grund für eine zusätzliche Zuteilung dar.

Langfristige Aktien- oder Optionspläne sehen die Zuteilung von Aktien oder Optionen vor, die meistens über eine bestimmte Zeitperiode gesperrt sind. Gewisse Programme sehen vor, dass der Gegenwert des mit den Aktien oder Optionen erzielten Gewinns in bar ausbezahlt wird, was allerdings die ursprüngliche Absicht, die Begünstigten am Aktienkapital zu beteiligen, untergräbt. Aktien- oder Optionspläne dienen dazu, die Interessen der Begünstigten und der Aktionäre anzugleichen. Indem die Mitglieder des Verwaltungsrats und der Geschäftsleitung Aktien des eigenen Unternehmens halten, teilen sie die Interessen der Aktionäre. Aus dieser Sicht ist es auch wünschenswert, wenn die Aktien während der ganzen Amtsdauer gehalten und nicht sofort nach dem Erwerb veräussert werden. Aktien- oder Optionspläne sind zukunftsgerichtet und in der Regel so strukturiert, dass die zukünftige und nicht die vergangene Leistung honoriert wird, wodurch sie sich auch von den Bonuszahlungen unterscheiden. Im Vergütungsbericht sind die Einzelheiten jedes Plans zu beschreiben, darunter der Kreis der Begünstigten, der dafür reservierte Kapitalanteil, die Leistungsbedingungen, die Ausübungs- und Haltebedingungen, allfällige zusätzliche Zuteilungen sowie die individuellen Ziel- oder Maximalzuteilungen. Best-Practice-Empfehlungen postulieren, dass der definitive Erwerb der Aktien oder die Ausübung der Optionen nicht nur einer Sperrfrist, die mindestens drei Jahre betragen sollte, sondern auch Leistungskriterien unterliegen. Diese Leistungskriterien sollen mit Blick auf die langfristige Wertschöpfung Bezug auf die Unternehmensstrategie nehmen. Stehen einzelnen Begünstigten mehrere Pläne offen, so sollten für jeden Plan unterschiedliche Leistungskriterien zur Anwendung kommen, um Vergütungskumulationen für dieselbe Leistung zu vermeiden. Langfristige Beteiligungspläne sind mit hohen Kosten für die Aktionäre und das Unternehmen verbunden. Um Vergütungsexzesse zu vermeiden, sollten die gruppenweiten Gesamtzuteilungen in Prozenten des Aktienkapitals und individuell in Prozenten des Grundsalärs der Begünstigten begrenzt werden.

Die Beiträge der Arbeitgebenden an Vorsorgeeinrichtungen der Geschäftsleitungsmitglieder stellen eine feste, das heisst nicht von der Leistung abhängige, jedoch zeitlich aufgeschobene Einkommensquelle dar. Diese Einkommen können umfangreich sein und deren Bedeutung stieg in den vergangenen Jahren in vielen Ländern an. Eine erhöhte Transparenz ist deshalb angezeigt. Die Beiträge an Vorsorgeeinrichtungen während des Berichtsjahres sind für alle Mitglieder der Geschäftsleitung im Vergütungsbericht individuell aufzuführen. Best-Practice-Empfehlungen postulieren darüber hinaus die jährliche Angabe der individuell aufgelaufenen Gesamtwerte.

Die Arbeitsverträge der Mitglieder der Geschäftsleitung sind integrierte und jährlich durch den Vergütungsausschuss zu überprüfende Bestandteile des Vergütungssystems. Best-Practice-Empfehlungen fordern die Beschränkung der Dauer von Arbeitsverträgen oder die Kündigungsfristen für die Mitglieder der Geschäftsleitung auf maximal ein Jahr. Ausnahmen können bei Neueinstellungen gerechtfertigt sein, um den Risiken bei einem Stellenwechsel entgegenzuwirken. In den meisten Ländern sind automatische Bonusberechtigungen, Abgangsentschädigungen und Antrittsprämien, sogenannte Golden Hellos, sowie Kontrollwechsel-Entschädigungen untersagt. Mit dem Verbot von Kontrollwechsel-Zahlungen wird vermieden, dass das Management den Verkauf des Unternehmens vorantreibt, um substantielle Vergütungen zu erhalten.

In der Schweiz sind nach dem revidierten Aktienrecht jegliche Kontrollwechselzahlungen verboten. Neu beziehen sie sich nicht mehr nur auf konzerninterne Transaktionen, sondern auf jegliche M&A-Aktivitäten (Art. 735c Abs. 1 Ziff. 6 OR). Ebenfalls nicht mehr zulässig sind sogenannte Antrittsprämien in Zusammenhang mit der Bindung eines neuen Geschäftsleitungsmitglieds an den neuen Arbeitgeber und dessen Verpflichtung, andere potenzielle Stellenangebote auszuschlagen, sogenannte Sign-on Bonuses oder Golden Hellos (Art. 735c Abs. 1 Ziff. 5 OR). Bei Stellenantritt garantierte Boni und andere zulässige, garantierte Zahlungen bleiben erlaubt. Das revidierte Aktienrecht lässt hingegen weiterhin, sofern ein finanzieller Nachteil nachgewiesen werden kann, Ersatzzahlungen, sogenannte Replacement Awards, für verfallene Vergütungsansprüche zu, die einem zukünftigen Verwaltungsrats- oder Geschäftsleitungsmitglied vom bisherigen Arbeit- oder Auftraggeber zugestanden hätten, wenn er das Unternehmen nicht gewechselt hätte (Art. 735c Abs. 1 Ziff. 4 OR). Weiter bleiben Karenzentschädigungen für nachvertragliche Konkurrenzverbote zulässig, wenn das nachvertragliche Konkurrenzverbot geschäftsmässig begründet und die Gesamthöhe der Karenzentschädigung auf den Durchschnitt der Gesamtentschädigung der letzten drei Jahre begrenzt ist (Art. 735c Abs. 1 Ziff. 2 OR; siehe zu diesem Abschnitt auch 3.3.6.2 «Umsetzung der VegüV auf Gesetzesstufe»).

b. Nichtexekutive Mitglieder des Verwaltungsrats
Die Vergütungen der nichtexekutiven Mitglieder des Verwaltungsrats soll nur fixe und somit keine variablen Komponenten enthalten, um eine Vermischung ihrer Interessen mit denjenigen der Geschäftsleitung zu vermeiden. Geteilte Interessen könnte die Unabhängigkeit und objektive Urteilsfähigkeit der nichtexekutiven Verwaltungsratsmitglieder beeinträchtigen und somit ihre Funktion als Aufsichts- und Kontrollorgan unterlaufen. Neben der Zahlung eines Fixhonorars umfassen die Entschädigungen häufig eine mit Aktien des Unternehmens abgegoltene Komponente.

Gemäss dem International Corporate Governance Network (ICGN) entspricht das Halten von Aktien des Unternehmens einem fundamentalen Prinzip und Ausdruck der Verbundenheit der nichtexekutiven Verwaltungsratsmitglieder mit dem Unternehmen, das ihr Interesse an einer langfristigen Wertschöpfung und damit die Angleichung ihrer Interessen an diejenigen des Aktionariats und der anderen Anspruchsgruppen unterstützt. Deshalb sollte der Verwaltungsrat vorschreiben, dass seine Mitglieder schrittweise ein Portefeuille mit Eigenaktien aufbauen und dieses während ihrer gesamten Mandatsdauer halten. Die Zuteilung von Optionen hingegen ist zu untersagen, da ihr spekulativer Charakter das Interesse an der kurzfristigen Aktienkursentwicklung zu Lasten des langfristigen Erfolgs antreiben könnte.

Auch das System der Vergütungen für nichtexekutive Mitglieder des Verwaltungsrats soll im Vergütungsbericht umschrieben werden. Zudem verlangt das Aktienrecht in der Schweiz neben der Anzahl neu zugeteilten Aktien die jährliche individuelle Publikation der Gesamtanzahl Eigenaktien, die von den einzelnen Mitgliedern des Verwaltungsrats gehalten werden.

5.1.4.3 **Kompetenzen bei der Festlegung der Vergütungen**   Vom Grundsatz her ist der Verwaltungsrat für das Vergütungssystem und die Festlegung der Vergütung seiner Mitglieder sowie der Mitglieder der Geschäftsleitung verantwortlich, wobei er in pflichtgemässem Ermessen die Interessen des Unternehmens wahrnehmen muss. Angesichts der mit dem Vergütungssystem verbundenen Kosten und Risiken sollten zudem die Anteilseigner in ihrer Eigenschaft als Mitbesitzer des Unternehmens mit in den Prozess einbezogen werden. Der Verwaltungsrat ernennt in der Regel aufgrund der Komplexität der Aufgabe einen Vergütungsausschuss. Dieser legt die Grundsätze und fundamentalen Mechanismen des Vergütungssystems einschliesslich der Aktien- und Optionspläne fest und legt diese dem Gesamtverwaltungsrat zur Beschlussfassung vor. Die Honorare der Mitglieder des Vergütungsausschusses wiederum werden vom Gesamtverwaltungsrat festgelegt.

In der Schweiz schreibt das revidierte Aktienrecht die Schaffung eines Vergütungsausschusses vor, dessen Aufgaben und Kompetenzen in den Statuten jeder Aktiengesellschaft aufzuführen sind und dessen Mitglieder alljährlich von der Generalversammlung gewählt werden.

Mit dem Ziel, mögliche Exzesse zu verhindern, wird in den meisten Ländern die Transparenz durch ein Aufsichtsrecht des Aktionariats über die Grundsätze und fundamentalen Mechanismen des Vergütungssystems für den Verwaltungsrat und die Geschäftsleitung börsenkotierter Unternehmen gestärkt. In der Europäischen Union (EU) erweiterte die EU-Richtlinie für Aktionärsrechte (siehe 3.2.5 «Shareholder Rights Directive II») die bestehenden nationalen Mechanismen durch neue Pflichten im Bereich der Vergütungen bei börsenkotierten Unternehmen. Die Richtlinie verankert den Grundsatz «Say on Pay», indem sie vorsieht, dass den Aktionären die Vergütungsstrategie ex ante mindestens einmal in vier Jahren bindend oder konsultativ zur Genehmigung unterbreitet werden muss. Zudem ist der Generalversammlung jährlich konsultativ ein Vergütungsbericht mit den Entschädigungen der Führungsinstanzen des Unternehmens ex post vorzulegen. In der Schweiz räumt das revidierte Aktienrecht bei kotierten Gesellschaften der Generalversammlung das Recht ein, jährlich und separat bindend über den Gesamtbetrag der Vergütungen für den Verwaltungsrat und die Geschäftsleitung abzustimmen. In der Praxis hat sich eingebürgert, dass die Generalversammlung die Vergütung prospektiv festlegt. Sowohl das Fixhonorar wie auch die Bonuszahlungen werden von der Generalversammlung für das folgende Geschäftsjahr festgelegt, wobei für die Bonuszahlungen ein Maximalbudget beschlossen wird, in dessen Rahmen der Verwaltungsrat die konkreten Zahlungen festlegen kann. Im Folgejahr werden die konkreten Zahlungen der Generalversammlung zur Konsultativabstimmung vorgelegt. Bei einzelnen Gesellschaften werden die Bonuszahlungen aber auch nachträglich für das vergangene Geschäftsjahr festgelegt.

5.2 Akteure und Hauptaufgaben

Der moderne Corporate-Governance-Begriff umfasst alle Funktionen, Strukturen und Prozesse für eine verantwortungsvolle Führung und Überwachung von Unternehmen und betrifft die gesetzlichen Führungsorgane, das heisst die Generalversammlung als Verbund aller Aktionäre, den Verwaltungsrat und die Revisionsstelle, sowie alle internen Leitungs- und Aufsichtskräfte gleichermassen. Darüber hinaus nehmen verschiedene externe Stellen, wie Stimmrechtsvertreter, Stimmrechtsberater oder ESG-Rating-Agenturen wie MSCI, Sustainalytics, S&P Global/RobecoSam oder ISS, Einfluss auf die Unternehmungsführung und -aufsicht. Um ihre Funktion umfassend wahrnehmen zu können, ist deren Unabhängigkeit vom beaufsichtigten Unternehmen und dessen Führung zentral.

Als qualifizierte Mitglieder und Good Citizen (siehe Einleitung) stehen die Unternehmen und ihre Aktivitäten immer stärker unter öffentlicher Beobachtung. An ihr ökologisches, soziales und ethisches Verhalten werden hohe Erwartungen gestellt. Das gleiche gilt in Bezug auf ihre Beiträge an die Wohlfahrt der Gesellschaft. Als Konsequenz steigen die Anforderungen an die Organmitglieder kontinuierlich an und ihr Aufgabenspektrum wird breiter. Neben der Anzahl von Themen, die in immer kürzerer Zeit zu bewältigen sind, nimmt auch deren Komplexität zu. Damit geht eine grosse Verantwortung einher, die aufgrund fortschreitender Regulierung und zunehmender Stakeholder-Ansprüche auch erhöhte Reputations- und Haftungsrisiken begründet.

Die einzelnen Akteure nehmen unterschiedliche Aufgaben und Funktionen wahr und haben deshalb zumindest teilweise abweichende Interessen. Die Akteure der Corporate Governance und ihre Rollen und Hauptaufgaben sind:

Generalversammlung

Die Generalversammlung ist das oberste Organ eines Unternehmens und trifft die wichtigsten Entscheidungen. Sie setzt sich zusammen aus den jeweils teilnehmenden Aktionären oder deren Vertretern. Es wird unterschieden zwischen der ordentlichen Generalversammlung, der ausserordentlichen Generalversammlung sowie der Universalversammlung. Die ordentliche Generalversammlung hat jährlich innerhalb von sechs Monaten nach dem Jahresabschluss stattzufinden und wird in der Regel vom Verwaltungsrat einberufen. Gemäss dem Paritätsprinzip können die der Generalversammlung vom Gesetz oder durch die Statuten zugewiesenen Aufgaben nicht auf andere Organe übertragen werden. Umgekehrt kann die Generalversammlung die Aufgaben von anderen Organen nicht an sich ziehen. Zu den zentralen Kompetenzen und Aufgaben der Generalversammlung zählen die Festsetzung und Änderung der Statuten, die Wahl der Mitglieder des Verwaltungsrats sowie der Revisionsstelle, die Genehmigung des Lageberichts, der Konzernrechnung und der Jahresrechnung sowie die Beschlussfassung über die Verwendung des Bilanzgewinns sowie die Beschlussfassung über die Gegenstände, die der Generalversammlung durch das Gesetz oder die Statuten unentziehbar vorbehalten sind.

Eine ausserordentliche Generalversammlung wird notwendig, wenn Geschäfte anstehen, die einen Beschluss der Generalversammlung erfordern und die Beschlussfassung zeitlich nicht bis zur nächsten ordentlichen Generalversammlung aufgeschoben werden kann. Sie wird vom Verwaltungsrat oder von der Revisionsstelle einberufen. Zudem können Aktionäre, die mindestens zehn Prozent des Aktienkapitals vertreten, beim Verwaltungsrat die Durchführung einer ausserordentlichen Generalversammlung verlangen.

Die Universalversammlung schliesslich ist eine Generalversammlung, an der sämtliche Aktien vertreten sind und die deshalb auch ohne ordentliche Einberufung über alle Gegenstände gültig entscheiden kann, die in den Kompetenzbereich der Generalversammlung fallen.

Verwaltungsrat

Der Verwaltungsrat ist das oberste Exekutivorgan, dem die Führung eines Unternehmens, soweit nicht die Generalversammlung zuständig ist, obliegt. Er kann die Geschäftsführung ganz oder teilweise im Rahmen der gesetzlichen und statutarischen

Kompetenzordnung an die Geschäftsleitung delegieren. Der Verwaltungsrat vertritt zudem die Gesellschaft gegen aussen. Zu den unübertragbaren Befugnissen und Aufgaben des Verwaltungsrats zählen die Ausarbeitung der Strategie und Erteilung von Weisungen an die Geschäftsleitung zu deren Umsetzung, die Festlegung der Organisation und Besetzung der Geschäftsleitung, die Ausgestaltung des Rechnungswesens, der Finanzkontrolle, der Finanzplanung und des Risikomanagements, die Aufsicht über die mit der Geschäftsleitung betrauten Personen, die Erstellung des Geschäftsberichts und Einberufung der Generalversammlung sowie gewisse Pflichten bei Unterbilanz oder Überschuldung. Auch bei einer grundsätzlichen Delegation der Geschäftsführung an die Geschäftsleitung verbleiben wesentliche Geschäftsführungskompetenzen beim Verwaltungsrat. Auch im Rahmen von Aufsicht und Compliance muss der Verwaltungsrat nicht alle Einzelaufgaben selbst ausführen, er ist jedoch dafür verantwortlich, dass das Unternehmen über entsprechende Systeme verfügt. Er ist insbesondere verantwortlich für die Etablierung und das Funktionieren eines Reporting- und Management-Informationssystems, eines internen Kontrollsystems (IKS), der internen Revision sowie der Compliance-Organisation. Der Verwaltungsrat hat die Aufsicht selber zu übernehmen, wenn es das Verhalten der Geschäftsleitung betrifft oder wenn eine existentielle Gefährdung des Unternehmens droht.

Revisionsstelle
Das Aktienrecht sieht je nach Grösse des Unternehmens verschiedene Formen der Revision vor. Publikumsgesellschaften und grosse Gesellschaften müssen eine ordentliche Revision durchführen, während sehr kleine Unternehmen von dieser Pflicht entbunden sind. Die ordentliche Revision umfasst die Prüfung der Übereinstimmung der Jahresrechnung beziehungsweise der Konzernrechnung mit den gesetzlichen Vorschriften, den Statuten und dem Regelwerk, das die Gesellschaft für die Erstellung ihrer konsolidierten Rechnung gewählt hat, die Übereinstimmung des Antrags des Verwaltungsrats betreffend Verwendung des Bilanzgewinns mit Gesetz und Statuten sowie das Vorhandensein und Funktionieren eines internen Kontrollsystems. Nach Abschluss der ordentlichen Revision erstattet die Revisionsstelle dem Verwaltungsrat einen umfassenden Bericht mit den Feststellungen zur Überprüfung der Rechnungslegung, des internen Kontrollsystems sowie Angaben zur Durchführung und zum Ergebnis der Revision. Zusätzlich gibt die Revisionsstelle der Generalversammlung einen zusammenfassenden Bericht über das Ergebnis der Revision ab, der die Grundlage für deren Entscheid über die Jahresrechnung bildet.

Publikumsgesellschaften müssen als Revisionsstelle ein staatlich beaufsichtigtes Revisionsunternehmen wählen, das in einer unabhängigen Stellung zur geprüften Gesellschaft und ihren Organen steht. So darf die Revisionsstelle dem geprüften Unternehmen keine Dienstleistungen in Zusammenhang mit der Revision oder zu prüfenden Dokumenten sowie Systemen und Prozessen erbringen.

Interne Führungs- und Aufsichtskräfte
Viele Unternehmen bewegen sich in einem stark regulierten Umfeld. Verstösse gegen Regeln wie zum Beispiel gegen Geldwäschereivorschriften oder das Kartellgesetz können zu schwerwiegenden Sanktionen führen. Die interne Organisation und Wahrnehmung der Compliance-Aufgaben hängt eng mit der Grösse des Unternehmens so-

wie der Tätigkeit und deren Komplexität zusammen. Der Verwaltungsrat kann seiner Aufsichtspflicht nachkommen, indem er einen Compliance-Beauftragten bestimmt oder sogar eine Compliance-Abteilung schafft, die den Organen und Mitarbeitenden der Gesellschaft die anwendbaren Normen durch Weisungen sowie zielgerichtete Ausbildungen und Schulungen näherbringt. Gleichzeitig überwachen die Compliance-Verantwortlichen zusammen mit den internen Revisoren die Einhaltung der anwendbaren Normen und stehen bei Problemstellungen und Fragen als Anlaufstelle zur Verfügung. Bei kleineren Unternehmen können die Compliance-Aufgaben der Controlling- oder Buchhaltungsabteilung oder einer Führungskraft mit juristischer Grundausbildung übertragen werden. Schliesslich kann die Compliance-Aufgabe auch an Dritte ausgelagert werden, wenn ein Unternehmen im Zusammenhang mit neuen Gesetzen oder neuen Verwaltungspraxen ein punktuelles Compliance-Bedürfnis hat.

Unabhängig von der konkreten Ausgestaltung der Compliance-Funktion muss hingegen sichergestellt werden, dass die mit dieser Aufgabe betrauten Personen einen direkten Zugang zum Verwaltungsrat haben, der nicht zwingend über die Geschäftsleitung erfolgt. Nur so kann eine umfassende Information des Verwaltungsrats sichergestellt werden, welche auch die Aufsicht über das Compliance-Verhalten der Geschäftsleitung einschliesst.

Stimmrechtsvertreter

Aktionären stehen verschiedene Möglichkeiten offen, ihre Rechte und insbesondere das Stimmrecht an der Generalversammlung durch Dritte vertreten zu lassen. Sie können ihre Stimme an einen anderen Aktionär, an einen Dritten, sofern die Statuten dies zulassen, oder an den unabhängigen Stimmrechtsvertreter delegieren, der von der Generalversammlung jeweils für eine Amtsdauer von einem Jahr zu wählen ist. Der unabhängige Stimmrechtsvertreter darf nicht beim Unternehmen angestellt sein, für das er aktiv wird, und muss von diesem wirtschaftlich unabhängig sein. Die Aktionäre können dem unabhängigen Stimmrechtsvertreter Weisungen erteilen, wie er für sie zu stimmen hat, hingegen darf der unabhängige Stimmrechtsvertreter keine Voten abgeben und keine Anträge stellen, selbst wenn dies von den Aktionären verlangt wird. Weiter muss der unabhängige Stimmrechtsvertreter einer kotierten Gesellschaft die Weisungen der einzelnen Aktionäre bis zum Beginn der GV vertraulich behandeln. Frühestens drei Werktage vor der GV darf er eine allgemeine Auskunft im Sinne einer Wasserstandsmeldung über die eingegangenen Weisungen für jedes Traktandum erteilen (siehe 3.3.6.1 «Neuerungen bei der Generalversammlung»).

Stimmrechtsberater

Ein Akteur, der in den letzten Jahren bei Publikumsgesellschaften stark an Bedeutung gewonnen hat, ist der Stimmrechtsberater oder Proxy Advisor. Bei börsenkotierten Unternehmen sind in der Regel ein beträchtlicher Anteil der Aktien und Stimmrechte im Besitz von inländischen und ausländischen institutionellen Anlegern, wie zum Beispiel Beteiligungsgesellschaften, Anlagefonds, Versicherungen oder Pensionskassen. Deren Anlagespezialisten verfügen oft nicht über die Ressourcen, die Traktandenlisten der Generalversammlungen ihrer Gesellschaften im Detail zu analysieren, und stützen sich bei ihrer Stimmabgabe stark auf die Empfehlung von Stimmrechtsberatern ab. So können 10 bis 30 Prozent der Stimmen an Generalversammlungen von grossen Schweizer Konzernen vom Urteil weniger internationaler Stimmrechtsberater abhängen. Allein der internationale Marktführer unter den Stimmrechtsberatern, die amerikanische Institutional Shareholder Services (ISS) mit Sitz in Rockville, Maryland, USA, kann so schätzungsweise rund 10 bis 20 Prozent der Stimmen beeinflussen. Bei der in San Francisco, USA, domizilierten Glass Lewis dürfte dieser Stimmenanteil rund 5 bis 10 Prozent und beim prominentesten Schweizer Stimmrechtsberater, der Genfer Anlagestiftung Ethos, rund 5 Prozent erreichen. Weitere einflussreiche Stimmrechtsberater in der Schweiz sind Actares, Swipra und zRating.

Von der Öffentlichkeit und den Unternehmen als kritisch werden Entscheide beurteilt, die aufgrund von Ausschlusskriterien und Checklisten ohne Rücksichtnahme auf lokale und betriebliche Besonderheiten zustande kommen. Anlass zur Kritik gibt oft auch die nicht vorhandene Möglichkeit zur Stellungnahme betroffener Unternehmen bei ablehnenden Empfehlungen an die Aktionäre. Weiter bieten die Stimmrechtsberater den analysierten Unternehmen parallel kostenpflichtige Beratungsdienstleistungen an, woraus potenzielle Interessenkonflikte entstehen können.

In der Europäischen Union (EU) sind die Stellung und Wirkungsweisen der Stimmrechtsberater in der 2017 beschlossenen Richtlinie zur Aktionärsmitwirkung verankert, die von den Mitgliedstaaten bis Ende 2019 umzusetzen war. Die Richtlinie fordert von den Stimmrechtsberatern einen Verhaltenskodex, über dessen Anwendung sie Bericht erstatten müssen. Zu erläutern sind insbesondere die Methoden, Modelle, wesentlichen Informationsquellen, die Qualitätssicherung und die Prinzipien des Dialogs mit den Gesellschaften sowie den Umgang mit Interessenkonflikten.

In der Schweiz nahm der Nationalrat in der Sommersession im Juni 2020 eine Motion des Schaffhauser Ständerats Thomas Minder an, die den Bundesrat beauftragt, eine Gesetzesänderung zur Vermeidung von Interessenkonflikten von Stimmrechtsberatern bei börsenkotierten Aktiengesellschaften auszuarbeiten. Der Ständerat unterstützte diese Motion bereits im Dezember 2019. Vorgängig erwiesen sich im Rahmen der Aktienrechtsrevision Transparenzpflichten der Unternehmen in Sachen Stimmrechtsberater sowie der Vorschlag der Schweizer Börse für Transparenzregeln in Sachen Stimmrechtsberater als nicht mehrheitsfähig. Es wurde argumentiert, die Regulierung soll die Stimmrechtsberater selber und nicht die betroffenen, börsenkotierten Unternehmen anvisieren. Erschwerend ist allerdings, dass die grossen amerikanischen Stimmrechtsberater in der Schweiz über keine Niederlassungen verfügen und somit kein direkter rechtlicher Anknüpfungspunkt vorliegt. Ein Lösungsansatz wäre, wie beim Kartellgesetz neben dem Territorialprinzip auch auf das Auswirkungsprinzip zu setzen. Ein anderer Ansatz wäre ein aufsichtsrechtliches Modell, indem Stimmrechtsberater nach dem Muster von Rating-Agenturen der Eidgenössischen Finanzmarktaufsicht (FINMA) unterstellt werden.

Rating-Agenturen
Rating-Agenturen prüfen und bewerten die Kreditwürdigkeit von öffentlich-rechtlichen Institutionen, Unternehmen und Finanzinstrumenten und nehmen eine Einstufung der Schuldnerbonität in Form eines Ratings vor, das in der Regel von AAA (beste Qualität) bis D (zahlungsunfähig) reicht. Die Prüfung erfolgt anhand standardisierter Methoden und berücksichtigt auch die Widerstandsfähigkeit gegenüber Konjunktur-

schwankungen. Rating-Agenturen müssen hohe Anforderungen an ihre Integrität, Transparenz, Verlässlichkeit und Unabhängigkeit erfüllen und benötigen eine Zulassung oder Anerkennung durch die Finanzmarktbehörden. Die grössten und bekanntesten Rating-Agenturen sind S&P Global, Moody's und Fitch.

Die sorgfältige und genaue Prüfung der Unternehmen erlaubt über die Einstufung der Kreditwürdigkeit hinaus Rückschlüsse auf die Qualität des Geschäftsmodells, der Strategie sowie die Führung und Compliance von Unternehmen. Entsprechend werden die Ratings der Agenturen und deren Erläuterungen von Aktionären, potenziellen Investoren und weiteren interessierten Kreisen als ergänzende, unabhängige Beurteilungsgrundlage beachtet. Zudem haben die Ratings direkten Einfluss auf die Bewertungen von Unternehmen an den Finanzmärkten. Weiter enthalten die Anlagerichtlinien vieler institutioneller Anleger Rating-Vorgaben mit der Konsequenz, dass Anteile an Unternehmen, die herabgestuft werden, oftmals desinvestiert werden müssen.

5.3 Organisation und Werkzeuge

Die zentralen Instrumente der Corporate Governance sind sämtliche Vorgaben und Verhaltensgrundsätze, welche die Unternehmensorganisation und -führung sowie die Aufsicht über deren Einhaltung regeln. Dazu zählen insbesondere die Statuten, das Organisationsreglement, interne Richtlinien sowie Gewohnheitsregeln und faktische Abläufe.

5.3.1 Statuten

Die Statuten stellen das Grundgesetz eines Unternehmens dar. Sie halten die grundlegenden Rechtsnormen einer Gesellschaft fest und müssen sich zwingend zu Rechtsform, Ziel und Zweck, Sitz, Eckdaten der Kapitalstruktur, Regeln zur Einberufung der Generalversammlung, Stimmrecht der Aktionäre sowie zur Organisation, einschliesslich der Organe für die Verwaltung und Revision, aussprechen. Darüber hinaus kann im Rahmen des gesetzlichen Freiraums durch die massgeschneiderte Ausgestaltung der Statuten den konkreten Bedürfnissen des jeweiligen Unternehmens Rechnung getragen werden. Dabei müssen alle Regelungen, die von der dispositiven gesetzlichen Grundordnung abweichen, in den Statuten festgehalten werden. Zudem gibt es Bestimmungen, die zu ihrer Verbindlichkeit die Aufnahme in die Statuten voraussetzen, darunter zum Beispiel Vorrechte einzelner Kategorien von Aktien oder die Ermächtigung zur Übertragung der Geschäftsführung auf einzelne Mitglieder des Verwaltungsrats oder Dritte. Die Festsetzung und Änderung der Statuten ist grundsätzlich eine unübertragbare Befugnis der Generalversammlung. Dazu genügt grundsätzlich das absolute Mehr der vertretenen Aktienstimmen, sofern nicht statutarisch oder gesetzlich ein höheres Quorum festgelegt ist.

Die Statuten legen die grundlegende Ausgestaltung und Organisation eines Unternehmens fest und strukturieren die rechtlichen Beziehungen während der Existenz der Gesellschaft zwischen den Gesellschaftern. Ein Grossteil der in der Praxis anzutreffenden Statutenbestimmungen ist fakultativer Natur. Dabei handelt es sich vor allem um Wiederholungen gesetzlicher Bestimmungen oder um Bestimmungen, die auch ausserhalb der Statuten geregelt werden könnten. Sie finden bloss der Vollständigkeit und Übersichtlichkeit halber Aufnahme in die Statuten.

5.3.2 Organisationsreglement

Das Organisationsreglement regelt die Delegation der Geschäftsführung durch den Verwaltungsrat an einzelne seiner Mitglieder oder an die Geschäftsleitung. Es wird durch den Verwaltungsrat erlassen und ordnet die Geschäftsführung, bestimmt die hierfür erforderlichen Stellen, umschreibt deren Aufgaben und regelt insbesondere die Berichterstattung. Es dient zudem als Geschäftsreglement und enthält Vorschriften über die Konstituierung des Verwaltungsrats, die Sitzungen, die Beschlussfassung, die Zeichnungsberechtigungen, den Ausstand und die Protokollführung.

Ein im vorgegebenen Rahmen von Gesetz und Statuten auf die spezifischen Bedürfnisse zugeschnittenes Organisationsreglement sorgt für Effizienz und Transparenz in der Unternehmensorganisation und -führung. Es stellt insbesondere ein zentrales Instrument zur Regelung der gegenseitigen Beziehungen und Zusammenarbeit der einzelnen Organe und der von ihnen eingesetzten Ausschüsse und Funktionsträger dar. Weiter dient es als Grundlage für das Risikomanagement und die Reduktion von Haftungsrisiken.

5.3.3 Governance-Policies

Governance-Policies sind die Steuerungsinstrumente, mit denen Institutionen und Unternehmen ihre Haltungen, Prinzipen, Verhaltensgrundsätze umschreiben und die ihnen als Anleitung sowie Grundlage bei der Aufsicht über deren Einhaltung dienen. Grundlegende Governance-Policies sind Leitlinien, Führungsgrundsätze sowie Verhaltens- und Ethikkodizes. Im engeren Sinn sind insbesondere Corporate-Governance-, Compliance-, Diversitäts-, Whistleblowing- und Vergütungsrichtlinien gemeint.

Corporate Governance
Corporate-Governance-Richtlinien fassen die Gesamtheit der auf das nachhaltige Unternehmensinteresse ausgerichteten Grundsätze zusammen, die auf allen Ebenen und Bereichen Transparenz und ein ausgewogenes Verhältnis von Führung und Kontrolle anstreben.

In der Europäischen Union (EU) gibt die Richtlinie für Aktionärsrechte den Rahmen vor (siehe 3.2.5 «Shareholder Rights Directive II»). In der Schweiz sind für börsenkotierte Unternehmen die Corporate-Governance-Richtlinien der SIX Swiss Exchange massgeblich, deren Einhaltung als Voraussetzung für die Aufrechterhaltung der Kotierung gilt. Daneben findet der Leitfaden des Wirtschaftsdachverbands Economiesuisse «Swiss Code of Best Practice for Corporate Governance» als sogenanntes Soft Law grosse Beachtung (siehe 1.3 «Corporate Governance»).

Compliance
Compliance-Richtlinien sind eine Zusammenstellung von internen, über die Einhaltung von Gesetz und Recht hinausführenden Regeln zu allgemeinen Verhaltensanforderungen, Verhalten gegenüber Mitbewerbern, Korruption, Umgang mit Einladungen, Geschenken und anderen persönlichen Vorteilen sowie zu Themen der Gleichbehandlung (nicht abschliessende Aufzählung). Die Regeln sollen sicherstellen, dass das Unternehmen und seine Handlungsbevollmächtigten integer handeln und am Markt auftreten.

Diversität
Diversitätsrichtlinien dienen der Förderung von Vielfalt, Chancengleichheit und Integration als Grundlage für eine wertschätzende und lösungsorientierte Zusammenarbeit, welche die Entfaltung von Kreativität und Innovation unterstützt. Die Richtlinien zielen darauf hin, die Stärken der Mitarbeitenden hervorzuheben und passende Modelle für eine vielfältige und gegenseitig bereichernde Kultur und Durchmischung der Teams und Führungsgremien zu entwickeln. Meinungs- und Führungsvielfalt wird dabei als Chance und Ressource verstanden, um breit abgestützte und zielgerichtete Entscheide, umfassende Lösungskompetenz, Wettbewerbsvorsprünge sowie ein frühzeitiges Erkennen und den bewussten Umgang mit Risiken anzustreben.

In der EU setzt die Richtlinie zur Angabe nichtfinanzieller und die Diversität betreffender Informationen in den Lageberichten börsennotierter Unternehmen (siehe 3.2.4 «Richtlinie zur Nachhaltigkeitsberichterstattung») Vorgaben. In der Schweiz sind verschiedene Diversitätsaspekte im Obligationenrecht geregelt (siehe 5.1.2 «Diversität und Inklusion»).

Whistleblowing
Whistleblowing-Richtlinien räumen den Mitarbeitenden eines Unternehmens die Möglichkeit ein, Verstösse oder Verdachtsmomente einer Stelle mitzuteilen, ohne dass sie dafür Nachteile befürchten müssen, falls ihr Verdacht unbegründet war. Die Richtlinien beabsichtigen, ein Klima der Offenheit zu schaffen, und wollen sicherstellen, dass Informationen über deliktisches Verhalten tatsächlich die Geschäftsleitung oder gegebenenfalls den Verwaltungsrat erreichen. Eine klare Whistleblowing-Politik, die es ermöglicht, einem Compliance-Beauftragten oder einer externen Stelle Be-

obachtungen falls gewünscht anonym mitzuteilen, unterstützt die frühe Erkennung von Fehlentwicklungen und Delikten.

In der Europäischen Union (EU) schreibt die Richtlinie zum Schutz von Whistleblowern einheitliche Standards zur Gewährleistung eines wirksamen Hinweisgeberschutzes vor (siehe 5.1.3 «Whistleblowing»).

Vergütung
Vergütungsrichtlinien fassen die Grundsätze, Struktur und fundamentalen Mechanismen des Vergütungssystems und seiner einzelnen Komponenten, einschliesslich Grundsalär, Jahresbonus, langfristige Pläne, Sachleistungen und Spezialzuweisungen an die Pensionskasse, zusammen. Die Grundsätze müssen umfassend und verständlich beschrieben sein, damit Mitarbeitende, Aktionäre und Dritte wie potenzielle Investoren oder Kreditgeber den Nutzen und die Kosten der Vergütungen gegeneinander abwägen können. Das Vergütungssystem sollte auf die spezifische Strategie des Unternehmens ausgerichtet sein, ausgewogen und konkurrenzfähig gestaltet sein, die Mitarbeitenden motivieren und das Unternehmen bei der Talentsuche als attraktiven Arbeitgeber positionieren.

5.4 Berichterstattung

Zunehmende Komplexität und Verknüpfung internationaler wirtschaftlicher Rahmenbedingungen sowie wachsende Transparenzansprüche der Öffentlichkeit stellen hohe Ansprüche an die Corporate-Governance-Berichterstattung, die sich in einem Spannungsfeld zwischen ihrer Relevanz, Verlässlichkeit, Verständlichkeit, Nachvollziehbarkeit, Ausgewogenheit und Vergleichbarkeit bewegt. Ziel des Unternehmens muss es sein, nach innen und aussen einen transparenten Einblick in die Unternehmenssituation sowie die Führungs-, Kontroll- und Aufsichtstätigkeiten nach dem «True and fair»-Prinzip zu vermitteln. Ein wesentlicher Aspekt betrifft dabei den Abbau von Informationsasymmetrien zwischen der Unternehmensführung und den Mitarbeitenden sowie gegenüber Dritten wie Geschäftspartnern, potenziellen Investoren und Kreditgebern. Mangelnde Informationsversorgung und Lücken zwischen verfügbaren und benötigten Informationen verhindern das Erkennen von Fehlverhalten und Missständen sowie die Vornahme von Risiko-Rendite-Abwägungen und damit den Abschluss von Geschäften, Verträgen oder Investitionsentscheiden.

5.4.1 Corporate-Governance-Bericht

Die Corporate-Governance-Berichte zeigen die Organisation, die Strukturen sowie die Prozesse von Institutionen und Unternehmen zur Führung, Kontrolle und Aufsicht ihrer Tätigkeiten auf. Damit vermitteln sie allen Stakeholdern ein Bild zur Art und Weise, wie das Geschäft geführt wird. Zentrale Berichtspunkte betreffen die Kapital- und Eigentümerstruktur, die Zusammenarbeit sowie die Kompetenz- und Aufgabenverteilung unter den Organen und ihren Bevollmächtigten, Massnahmen zur Einhaltung der Gesetze und guten Geschäftspraktiken, Angaben zur Revision, Umgang mit Risiken, Vergütungen sowie Transparenz und Informationspolitik.

In der Europäischen Union (EU) beinhaltet die Richtlinie für Aktionärsrechte Vorgaben zur Ausgestaltung und zu den Inhalten der Corporate-Governance-Berichte (siehe 3.2.5 «Shareholder Rights Directive II»). In der Schweiz umschreiben das revidierte Aktienrecht (siehe 3.3.6.2 «Umsetzung der VegüV auf Gesetzesstufe») und für börsenkotierte Unternehmen die Corporate-Governance-Richtlinien der SIX Swiss Exchange den Rahmen und die Inhalte der jährlich zu publizierenden Corporate-Governance-Berichte (siehe 1.3 «Corporate Governance»). Gefordert sind Angaben zu Konzernstruktur und Aktionariat, Kapitalstruktur, Verwaltungsrat (Mitglieder, Interessenbindungen, Organisation, Kompetenzen), Geschäftsleitung (Mitglieder, Interessenbindungen, Managementverträge), Entschädigungen, Beteiligungen und Darlehen, Mitwirkungsrechte der Aktionäre, Kontrollwechsel und Abwehrmassnahmen, Revisionsstelle (Amtsdauer, Honorare, Informationsinstrumente) sowie zur Informationspolitik. Die Umsetzung der Richtlinie stellt eine Voraussetzung für die Aufrechterhaltung der Kotierung dar und ist insofern bindend für an der SIX kotierte Unternehmen. Daneben findet der Leitfaden des Wirtschaftsdachverbands Economiesuisse «Swiss Code of Best Practice for Corporate Governance» als sogenanntes Soft Law grosse Beachtung.

5.4.2 Vergütungsbericht

Der Verwaltungsrat hat jährlich einen Vergütungsbericht zu erstellen, der von der externen Revision geprüft werden muss und in dem das Vergütungssystem umfassend und verständlich beschrieben wird. Der Bericht muss insbesondere eine detaillierte Beschreibung der Grundsätze und fundamentalen Mechanismen des Vergütungssystems und seiner einzelnen Komponenten enthalten. Weiter ist jeder Beteiligungsplan, mit dem Bargeld, Aktien oder Optionen zugeteilt werden, separat und unter Anführung der wichtigsten Charakteristiken zu erläutern. Zu den einzelnen inhaltlichen Anforderungen an den Vergütungsbericht siehe 5.1.4.1 «Transparenz».

In der Europäischen Union (EU) ist bei der Erstellung und inhaltlichen Ausgestaltung von Vergütungsberichten die Richtlinie für Aktionärsrechte zu beachten (siehe 3.2.5 «Shareholder Rights Directive II»). In der Schweiz setzt das revidierte Aktienrecht den Rahmen und die inhaltlichen Vorgaben zu den jährlich zu veröffentlichenden Vergütungsberichten (siehe 3.3.6.2 «Umsetzung der VegüV auf Gesetzesstufe»).

5.5 Governance-Fallbeispiele

Die nachfolgenden Beispiele zeigen anhand von ausgewählten Firmen die Relevanz für die Unternehmensführung und -kontrolle sowie die Umsetzung in der Praxis von verschiedenen Corporate-Governance-Themen auf.

5.5.1 BASF

Themen
- Vergütungssystem für Vorstandsmitglieder mit fixen und variablen Komponenten
- Berücksichtigung von Nachhaltigkeitszielen
- Aktienhaltepflicht

Beitrag an nachhaltigen Unternehmenserfolg und die Erreichung der strategischen Unternehmensziele

Die Vergütung des BASF-Vorstands (Geschäftsleitung) orientiert sich an der Grösse, Komplexität und wirtschaftlichen Lage des Unternehmens sowie an der Leistung des Gesamtvorstands. Durch ihre Ausgestaltung soll sie einen Beitrag für einen nachhaltigen Unternehmenserfolg und die Erreichung strategischer Unternehmensziele leisten. Die im Rahmen der BASF-Strategie kommunizierten langfristigen strategischen Ziele bilden dabei wichtige Leistungsgrössen für die kurzfristige und langfristige variable Vergütung und fördern so die nachhaltige Entwicklung der Gesellschaft. Die Vorstandsvergütung ist durch eine ausgeprägte Variabilität in Abhängigkeit von der Leistung des Gesamtvorstands und dem Erfolg der BASF-Gruppe gekennzeichnet. Die externe und interne Angemessenheit der Vorstandsvergütung wird von einem unabhängigen externen Gutachter in regelmässigen Abständen überprüft, wobei die DAX-Unternehmen sowie weltweit tätige Unternehmen aus dem restlichen Europa als externe Referenz dienen.

Die Vergütungen des Vorstandes setzen sich aus den Komponenten Festvergütung, Nebenleistungen, Altersversorgung, Short-Term-Incentive (STI) und Long-Term-Incentive (LTI) zusammen.

- **Festvergütung:** Sie ist eine fixe, auf das Gesamtjahr bezogene Vergütung, die in gleichen Raten ausbezahlt wird. Sie wird in regelmässigen Abständen vom Aufsichtsrat überprüft und gegebenenfalls angepasst. Die jährliche Festvergütung für ein Mitglied des Vorstands beträgt seit dem 1. Januar 2017 800 000 Euro. Der Vorsitzende des Vorstands erhält als Festvergütung den doppelten Betrag und der stellvertretende Vorsitzende des Vorstands den 1,33-fachen Betrag.
- **Nebenleistungen:** Die Mitglieder des Vorstands erhalten verschiedene, teilweise anlassbezogene Nebenleistungen. Zu den regelmässig gewährten Nebenleistungen zählen Prämien für Unfallversicherung, Transportmittel und geldwerte Vorteile durch die Zurverfügungstellung von Sicherheitsmassnahmen. Die Mitglieder des Vorstands werden zudem unter Berücksichtigung eines Selbstbehalts in die Absi-

cherung durch eine von der Gesellschaft abgeschlossene Vermögensschaden-Haftpflichtversicherung (Directors- & Officers-Versicherung) einbezogen.

- **Altersversorgung:** BASF bietet den Mitgliedern des Vorstands eine beitragsorientierte Altersversorgungszusage zur Bildung eines Altersvermögens in Form eines von der Gesellschaft gewählten Kapitalanlage-Modells an. Die Versorgungszusage beinhaltet zudem Invaliden- und Hinterbliebenenleistungen. Die Mitglieder des Vorstands können die beitragsorientierte Altersversorgungszusage abwählen und stattdessen einen Pensions-Zuschuss für die private Altersvorsorge (Pension Allowance) wählen.
- **Short-Term-Incentive (STI):** Für jedes Geschäftsjahr wird ein STI mit einer einjährigen Performance-Periode gewährt. Das STI basiert auf der Erreichung operativer und strategischer Ziele sowie der Höhe der für die Vergütung aller Mitarbeitenden relevanten Rendite auf das betriebsnotwendige Kapital (Return on Capital Employed, ROCE). Der Ist-Betrag des STI wird im Folgejahr nach der Hauptversammlung ausgezahlt. Mit dem ROCE als Leistungskriterium für die variable Vergütung wird die kurzfristige variable Vergütung direkt mit dem operativen Unternehmenserfolg verbunden und an der finanzwirtschaftlichen Zielsetzung der BASF-Gruppe, eine Prämie auf die Kapitalkosten zu erwirtschaften, ausgerichtet. Für den STI wird vom Aufsichtsrat ein Höchstbetrag festgelegt. Dieser Höchstbetrag liegt für ein Mitglied des Vorstands bei 2 000 000 Euro. Für den Vorsitzenden des Vorstands gilt als Höchstbetrag der doppelte Wert, für den stellvertretenden Vorsitzenden des Vorstands der 1,33-fache Wert. Die Auszahlung ist auf 200 Prozent des Zielbetrags begrenzt (Cap).
- **Long-Term-Incentive (LTI):** Der LTI-Plan incentiviert die Erreichung strategischer Ziele und berücksichtigt die Entwicklung der BASF-Aktie und der Dividende (Total Shareholder Return) über einen Zeitraum von vier Jahren. Das LTI wird über die Vorstandsmitglieder hinaus mit wenigen Abweichungen auch den Senior Executives der BASF-Gruppe angeboten. Die Höhe des Auszahlungsbetrags wird vom Erreichen von drei vereinbarten strategischen Zielen (Wachstum, Profitabilität, Nachhaltigkeit) und von der Kursentwicklung der BASF-Aktie zuzüglich der gezahlten Dividenden bestimmt. Die Auszahlung ist auf 200 Prozent des Zielbetrags begrenzt (Cap). Die Auszahlung erfolgt nach der Hauptversammlung im Mai nach der vierjährigen Performance-Periode.

Die Gesamtvergütung ist in Übereinstimmung mit der Empfehlung des Deutschen Corporate-Governance-Kodex (DCGK) durch die Festlegung eines Höchstbetrags (Cap) für die beiden variablen Vergütungsbestandteile STI und LTI betragsmässig begrenzt. Die Mitglieder des Vorstands sind zudem während der Laufzeit ihres Mandats verpflichtet, eine festgelegte Anzahl von Aktien der Gesellschaft zu halten. Die Anzahl der dauerhaft zu haltenden Aktien wird zu Beginn des Vorstandsmandats festgelegt und entspricht stichtagsbezogen grundsätzlich einem Wert von 150 Prozent der jeweiligen jährlichen Brutto-Festvergütung. Die Aktien sind durch die Vorstandsmitglieder aus ihren versteuerten Nettoeinkünften zu erwerben. Die Aktienhalteverpflichtung endet zwei Jahre nach der Beendigung des Mandats als Vorstandsmitglied.

Verwendete Quelle: BASF Vergütungsbericht 2020

Unternehmensporträt (gemäss eigenen Angaben)	
BASF steht für: Chemie für eine nachhaltige Zukunft. Demnach verbindet BASF wirtschaftlichen Erfolg mit dem Schutz der Umwelt und gesellschaftlicher Verantwortung. Mehr als 110 000 Mitarbeitende in der BASF-Gruppe tragen zum Erfolg der Kunden aus nahezu allen Branchen und in fast allen Ländern der Welt bei. BASF fasst sein Portfolio in sechs Segmenten zusammen: Chemicals, Materials, Industrial Solutions, Surface Technologies, Nutrition & Care und Agricultural Solutions.	
Eckdaten 2020	
Umsatz in Mio. Euro	59 149
Gewinn/(Verlust) in Mio. Euro	(1 060)
Börsenkapitalisierung per 31.12.2020 in Mrd. Euro	59,4
Anzahl Mitarbeitende weltweit	110 302
Website	www.basf.com

5.5.2 Georg Fischer

Themen
- Organisation und Unabhängigkeit des Verwaltungsrats
- Berufung eines Lead Directors, Selbstevaluierung, Ämterbeschränkung, Nachfolgeplanung

Kompetent und unabhängig

Georg Fischer misst einer guten Corporate Governance im Interesse aller Stakeholder grosse Bedeutung zu. Ein zentraler Aspekt betrifft dabei die Organisation, Zusammensetzung und Unabhängigkeit des Verwaltungsrats. Der Verwaltungsrat setzt sich in der Amtsperiode 2021/22 temporär aus sieben Mitgliedern mit fundiertem Hintergrund und Wissen, unterschiedlichen Nationalitäten, Berufserfahrungen und Fähigkeiten zusammen. An der ordentlichen Generalversammlung 2021 stellte sich ein Mitglied nach einer Amtsdauer von 16 Jahren nicht mehr zur Wiederwahl zur Verfügung. Aufgrund der anhaltenden Pandemie schob der Verwaltungsrat die Suche nach einem neuen Mitglied auf. Die Mitglieder stammen aus vier verschiedenen Ländern, zwei der 2021 amtierenden sieben Mitglieder des Verwaltungsrats sind weiblich. Bei der Wahl der Mitglieder stehen für Georg Fischer neben der Erfahrung in Führungs- und Managementfunktionen, Industrie- und Technologiemärkten, Innovation, Finanz- und Rechnungswesen, Risikomanagement und Recht auch besondere internationale Beziehungen und regionale Marktkenntnisse im Vordergrund. Der Verwaltungsrat achtet auf eine ausgewogene Berücksichtigung der Kompetenzen und der Kenntnisse, die den operativen Schwerpunkten des Konzerns, der internationalen Ausrichtung und den Anforderungen an die Rechnungslegung börsenkotierter Unternehmen Rechnung tragen. Der Verwaltungsrat von Georg Fischer beabsichtigt in den kommenden Jahren, die Kompetenzen bezüglich Innovation und Digitalisierung schrittweise zu erweitern. Alle Mitglieder des Verwaltungsrats sind nicht exekutiv tätig. Sechs Mitglieder des Verwaltungsrats sind unabhängig und ein Mitglied des Verwaltungsrats war vor weniger als drei Jahren Mitglied der Konzernleitung. Anlässlich der Generalversammlung im April 2020 wurde der ehemalige CEO, der dieses Amt bis April 2019 innehatte, zum neuen Präsidenten des Verwaltungsrats gewählt. Da die Wahrnehmung der exekutiven Tätigkeit als CEO weniger als drei Jahre zurückliegt, stuft Georg Fischer in Übereinstimmung mit den Best-Practice-Grundsätzen der Corporate Governance die Position des neuen Verwaltungsratspräsidenten nicht als unabhängig ein und ernannte deshalb einen Independent Lead Director. Zwischen den Mitgliedern des Verwaltungsrats oder den von ihnen vertretenen Unternehmen oder Organisationen und der Georg Fischer AG oder einer Konzerngesellschaft bestehen keine wesentlichen Geschäftsbeziehungen.

Der Verwaltungsrat bildet drei Ausschüsse, die er gemäss den Bestimmungen im Organisationsreglement mit der Vorbereitung der Geschäfte beauftragt: das Audit Committee, das Compensation Committee und das Nomination and Sustainability Committee. Die drei Ausschüsse bestehen aus in der Regel je drei Mitgliedern, wobei jedes Mitglied des Verwaltungsrats mindestens einem Ausschuss angehört. Die Ausschüsse sind vorberatende Organe des Verwaltungsrats und treffen keine abschliessenden Entscheide. Sie bereiten die ihnen zugewiesenen Geschäfte vor und stellen Anträge an den Gesamtverwaltungsrat. Der CEO nimmt an den Sitzungen der Ausschüsse ohne Stimmrecht teil. Die Protokolle der Ausschusssitzungen werden allen Mitgliedern des Verwaltungsrats zugestellt. Zusätzlich berichtet der jeweilige Ausschussvorsitzende mündlich an der nächsten Sitzung des Verwaltungsrats und stellt allfällige Anträge.

Der Verwaltungsrat von Georg Fischer wird monatlich umfassend über den Geschäftsgang informiert. Die Mitglieder des Verwaltungsrats erhalten den Monatsbericht, der nebst einem einführenden Kommentar die wichtigsten Kennzahlen zum aktuellen Geschäftsgang und Monatsabschluss sowie eine Vorschau auf die nächsten drei Monate und das Jahresende enthält. Diese Kennzahlen sind aufgeschlüsselt nach Konzern, Divisionen und Konzerngesellschaften. An den Verwaltungsratssitzungen präsentiert und kommentiert die Konzernleitung den Geschäftsgang und gibt eine Einschätzung für die kommenden Monate ab. Darüber hinaus legt sie dem Verwaltungsrat alle wichtigen Themen vor.

Wesentliche Merkmale der Organisation des Verwaltungsrats von Georg Fischer sind:

- **Ernennung eines Independent Lead Director:** Er stellt zusammen mit den anderen unabhängigen Mitgliedern des Verwaltungsrats eine effiziente Kontrolle und Überwachung unter Einhaltung der Best-Practice-Normen im Rahmen der Corporate Governance sicher. Der Independent Lead Director gewährleistet die strikte Einhaltung der Corporate-Governance-Richtlinien. 2020 hielt der Independent Lead Director je ein bilaterales Meeting mit den Mitgliedern des Verwaltungsrats sowie halbjährliche bilaterale Meetings mit dem CEO und dem CFO ab. Zudem nahm der Independent Lead Director an allen Meetings der drei ständigen Ausschüsse (Committees) teil.
- **Selbstevaluierung:** Der Verwaltungsrat führte 2020 eine Selbstevaluierung durch, welche unter anderem die beratenden Aufgaben der Verwaltungsratsausschüsse prüfte. Zudem stellte der Verwaltungsrat fest, dass die Zusammenarbeit zwischen dem Verwaltungsrat und der Konzernleitung von gegenseitigem Respekt, Vertrauen und Transparenz geprägt ist. Für die kommenden Jahre soll der Diversität be-

treffend Nationalität, Geschlecht und Erfahrung/Fähigkeiten in Übereinstimmung mit den Richtlinien von Investoren und Stimmrechtsberatern grosse Bedeutung beigemessen werden. Ab 2021 wird der Verwaltungsrat die Selbstevaluierung jährlich durchführen.

- **Ämterbeschränkung:** Gemäss den Statuten der Georg Fischer AG darf ein Mitglied des Verwaltungsrats maximal vier weitere Mandate als Mitglied des obersten Leitungs- oder Verwaltungsorgans von börsenkotierten Rechtseinheiten und maximal zehn weitere Mandate als Mitglied des obersten Leitungs- oder Verwaltungsorgans in nicht börsenkotierten Rechtseinheiten gleichzeitig innehaben. Darüber hinaus darf ein Mitglied des Verwaltungsrats nicht mehr als zehn Mandate innehaben, die es auf Anordnung der Gesellschaft, in Rechtseinheiten der eigenen Familie, eines Branchen- oder Berufsverbands oder einer wohltätigen Institution wahrnimmt. Mandate bei miteinander verbundenen Rechtseinheiten, die in Ausübung der Funktion als Mitglied des obersten Leitungs- oder Verwaltungsorgans einer Rechtseinheit ausgeübt werden, zählen gesamthaft als ein Mandat.
- **Nachfolgeplanung:** Bei neuen Nominierungen erstellt Georg Fischer auf der Grundlage einer Kompetenzmatrix ein Anforderungsprofil und kontaktiert in der Regel mithilfe eines externen Headhunters geeignete Kandidaten. Das Nomination Committee ist für die Aufbereitung und Erstellung des Anforderungsprofils sowie für die Vorauswahl verantwortlich. Dabei wird ein Fokus auf die Komplettierung der benötigten Kompetenzen im Verwaltungsrat, zum Beispiel Digitalisierung, gelegt. Der Präsident des Verwaltungsrats sowie weitere Mitglieder des Gremiums treffen die Kandidaten persönlich vor einem entsprechenden Wahlvorschlag.

Verwendete Quellen: Georg Fischer Medienmitteilung 3. März 2021, Georg Fischer Corporate-Governance-Bericht 2020, Finanz und Wirtschaft, 11. Juli 2020

Unternehmensporträt (gemäss eigenen Angaben)
Georg Fischer umfasst die drei Divisionen GF Piping Systems, GF Casting Solutions und GF Machining Solutions. Das 1802 gegründete Industrieunternehmen hat seinen Hauptsitz in der Schweiz und betreibt in 34 Ländern 137 Gesellschaften, davon 59 Produktionsstätten. Georg Fischer ist der bevorzugte Partner seiner Kunden für den sicheren Transport von Flüssigkeiten und Gasen, für leichte Gusskomponenten und für die Hochpräzisions-Fertigungstechnologie.

Eckdaten 2020	
Umsatz in Mio. CHF	3 184
Gewinn in Mio. CHF	116
Börsenkapitalisierung Georg Fischer AG per 31.12.2020 in Mio. CHF	4 675
Anzahl Mitarbeitende weltweit	14 118
Website	www.georgfischer.com

5.5.3 IKEA

Thema
- Diversität und Inklusion

Fair, gleichberechtigt und inklusiv

Es ist die Ambition von IKEA, eine führende Rolle bei der Förderung einer fairen und gleichberechtigten Gesellschaft einzunehmen. Das Unternehmen will dieses Ziel erreichen, indem es seine Tätigkeit noch inklusiver ausgestaltet, die Menschenrechte respektiert, Vielfalt fördert sowie menschenwürdige und sinnvolle Arbeit entlang der gesamten IKEA-Wertschöpfungsketten unterstützt. Ein besonderes Augenmerk richtet IKEA dabei auf die Rechte von Kindern, menschenwürdige Arbeit sowie integrative Arbeitsplätze, die Vielfalt und Gleichberechtigung fördern. Die Gewährleistung von menschenwürdiger Arbeit ist für IKEA analog der Definition der Internationalen Arbeitsorganisation (ILO) eng mit einem gesunden und sicheren Arbeitsplatz, Freiheit von Diskriminierung und Vereinigungsfreiheit verbunden. Weitere wichtige Aspekte sind für IKEA Arbeitsplatzsicherheit, vorhersehbare Arbeitszeiten, finanzielle Stabilität und Ausbildung. Zudem will IKEA sicherstellen, dass alle Mitarbeitenden in der gesamten Wertschöpfungskette eine Stimme haben und sich engagiert und befähigt fühlen, eine aktive Rolle an ihren Arbeitsplätzen einzunehmen. Um diese Ziele zu erreichen, bekennt sich IKEA zu drei Verpflichtungen:

- **Ein integratives Unternehmen sein:** Die IKEA-Kultur basiert auf dem Wert des Miteinanders. Deshalb bemüht sich IKEA, vielfältige und integrative Arbeitsplätze zu schaffen, an denen sich die Mitarbeitenden wohlfühlen und wo sie Gehör und Wertschätzung erhalten. IKEA legt grossen Wert auf eine faire und gleichberechtigte Behandlung aller Mitarbeitenden. Zudem respektiert das Unternehmen die individuelle Einzigartigkeit und das Recht, sich selbst zu sein, jedes Mitarbeitenden. Durch eine integrative Kultur und die Förderung von Vielfalt strebt IKEA danach, Chancengleichheit und ein Miteinander zu ermöglichen. Vielfalt und Inklusion sollen dabei das Verständnis für die Kunden erhöhen und ihnen neue, von der Vision und den Werten von IKEA ausgehende Innovationen anbieten.

- **Förderung der Gleichstellung:** Gleichberechtigung ist für IKEA grundlegend für das Erreichen der Vision, ein besseres Alltagsleben für die vielen Menschen zu schaffen. Dabei unterstützt IKEA die Ambitionen, Werte und Überzeugungen seiner Mitarbeitenden, die eine faire und gleichberechtigte Welt stärken. IKEA bekennt sich in den Unternehmen entlang der gesamten Wertschöpfungskette zur Gleichstellung der Geschlechter sowie zu den Rechten und Möglichkeiten für ältere und junge Menschen, ethnischen Gruppen, LGBTQ+-Gemeinschaften und Menschen mit Behinderungen. IKEA hat erste Schritte zur Gleichstellung der Mitarbeitenden unternommen, ist sich jedoch bewusst, dass nach wie vor grosse Ungleichheiten existieren. Entsprechend ist IKEA bemüht, zukünftig noch mehr zu tun, um die Gleichberechtigung intern zu unterstützen und zu fördern sowie zu Veränderungen auch extern in der Gesellschaft beizutragen.

- **Jeder hat das Recht auf faire Behandlung und Chancengleichheit, unabhängig von seiner ethnischen Zugehörigkeit, Rasse oder Nationalität:** IKEA verurteilt Rassismus und Vorurteile und zeigt null Toleranz gegenüber rassistischem oder diskriminierendem Verhalten. IKEA ist sich bewusst, dass der Weg noch weit ist, um Vielfalt und Gleichberechtigung in allen IKEA-Unternehmen auf allen Ebenen zu erreichen. Fortlaufende Initiativen sind:
    - *Durchsetzung von Lohngleichheit:* Der IKEA-Ansatz zur Gleichstellung der Geschlechter beinhaltet jährliche Gehaltsbewertungen mit dem Ziel, die geschlechtsspezifischen Gehaltsunterschiede zu messen. Die Massnahmen, um eine geschlechtergerechte Entlohnung zu erreichen und aufrechtzuerhalten, umfassen unter anderen die Analyse der Grundsätze zur Festlegung des Grundgehalts, aktive Bewertung und Sicherstellung der Lohngleichheit bei Einstellungen und Gehaltsüberprüfungen, Entwicklung von E-Learning-Lösungen zur geschlechtergerechten Entlohnung für Manager und Recruiter, Fortsetzung der Bekämpfung von unbewussten Vorurteilen sowie das Eintreten für eine verbindliche Lohntransparenz zur Förderung einer gerechten Entlohnung von Frauen und Männern durch Verbesserung der Berichterstattung und Rechenschaftspflicht.
    - *Förderung des Frauenanteils in Führungspositionen:* Im gesamten IKEA-Detailhandelsgeschäft erreichte 2020 bei sieben der zwölf Franchisenehmer der Anteil von Frauen in Führungspositionen mehr als 40 Prozent, wobei ein Franchisenehmer seine Läden erst im Verlauf von 2021 eröffnet und somit die Quote nicht erhoben werden konnte. Die Massnahmen zur Erhöhung des Frauenanteils in Führungspositionen umfassen unter anderen die gruppenweite monatliche Nachverfolgung der Frauenanteile sowie die Einführung eines strategischen Nachfolgeplanungsprozesses zur internen Auswahl und Entwicklung von Nachfolgern in Führungspositionen. Bei den Einzelhändlern im Nahen Osten arbeitet IKEA weiterhin aktiv daran, die Geschlechtervielfalt in ihren Möbelcentern zu erhöhen.
    - *Förderung der ethnischen Vielfalt:* Im Laufe des Geschäftsjahrs 2021 führt IKEA für die von der Ingka Group bearbeiteten Märkte eine globale Roadmap für Ethnizität, Rasse und Nationalität ein. Die Ingka Group ist eine der zwölf Franchisenehmer mit Sitz in den Niederlanden. Die Roadmap bezweckt, die multikulturelle Vielfalt innerhalb der Belegschaft und den Führungspositionen zu vergrössern.
    - *Unterstützung von Flüchtlingen und schutzbedürftigen Gruppen:* IKEA unterstützt Flüchtlinge und andere schutzbedürftige Gruppen bei der Entwicklung von Kenntnissen und Fähigkeiten, die ihnen bessere Chancen eröffnen, einen Arbeitsplatz zu finden. Im Rahmen dieser Initiative vermittelt IKEA bis 2022 an 300 IKEA-Standorten 2500 Personen eine Berufsausbildung und Sprachkenntnisse.

Verwendete Quelle: IKEA Sustainability Report FY20

> **Unternehmensporträt (gemäss eigenen Angaben)**
> Zur Inter IKEA Gruppe gehören zwölf verschiedene, regionale Franchisenehmer sowie weitere Unternehmen, die im Bereich der Entwicklung, Design und Fertigung der Produkte, der Distribution sowie der Bereitstellung von Kommunikationslösungen tätig sind. Die Holdinggesellschaft Inter IKEA Systems B.V. ist die Eigentümerin des IKEA-Konzepts und weltweite IKEA-Franchisegeberin. IKEA bietet eine breite Palette gut gestalteter, funktionaler Einrichtungsprodukte zu erschwinglichen Preisen an, die sich möglichst viele Menschen leisten können. Auf der Basis der IKEA-Vision, ein besseres Alltagsleben für die vielen Menschen zu schaffen, nimmt Nachhaltigkeit bei IKEA einen grossen Stellenwert ein mit dem Ziel, einen positiven Impact auf die Menschen, die Gesellschaft und den Planeten zu bewirken. IKEA wurde 1943 in Schweden gegründet.
>
> **Eckdaten 2020**
>
> | | |
> |---|---:|
> | Umsatz in Mio. Euro | 23 613 |
> | Gewinn in Mio. Euro | 1 731 |
> | Inter IKEA Group ist im Besitz der Interogo Foundation | |
> | Anzahl Mitarbeitende weltweit | 217 000 |
> | Website | www.inter.ikea.com |

5.5.4 Holcim

Themen
- Organisation des Verwaltungsrats
- Einführungsprogramm für neue Mitglieder, Self Assessments, Nachfolgeplanung

Unabhängig, kompetent, divers, offen

Der Verwaltungsrat von Holcim umfasst zwölf Mitglieder, die alle unabhängig sind und zuvor nicht der Geschäftsleitung des Unternehmens angehörten. Das Gremium setzt sich aus drei Frauen und neuen Männern zusammen. Über ihr Verwaltungsratsmandat hinaus stehen die Mitglieder des Verwaltungsrats in keiner wesentlichen geschäftlichen Verbindung zum Unternehmen. Holcim definiert dabei Unabhängigkeit in Übereinstimmung mit den Best-Practice-Corporate-Governance-Standards. Demnach gilt ein Mitglied des Verwaltungsrats als unabhängig, wenn es in den letzten drei Jahren nicht als Mitglied der Geschäftsleitung bei der Gesellschaft oder einer ihrer wichtigsten Gruppengesellschaften oder bei der Revisionsstelle von Holcim angestellt war und keine wesentliche direkte oder indirekte Geschäftsbeziehung zur Gesellschaft oder einer ihrer Gruppengesellschaften unterhält. Mitglieder des Verwaltungsrats mit unmittelbaren Familienangehörigen, die nicht als unabhängig qualifizieren, gelten nicht als unabhängig, ausser, die entsprechende Beziehung liegt mehr als drei Jahre zurück.

Das Organisationsreglement von Holcim wird vom Verwaltungsrat gemäss den Bestimmungen im Schweizerischen Obligationenrecht und den Statuten der Gesellschaft erlassen. Es wird mindestens alle zwei Jahre überprüft und bei Bedarf angepasst. Das Reglement legt die Organisation des Verwaltungsrats und der Geschäftsleitung fest und regelt die Aufgaben und Befugnisse der Organe der Gesellschaft. Zudem enthält das Organisationsreglement Bestimmungen zur Einberufung, Durchführung und Anzahl der Sitzungen des Verwaltungsrats und der Geschäftsleitung. Für den Fall, dass der Präsident des Verwaltungsrats nicht unabhängig ist, sieht das Organisationsreglement die Wahl eines Independent Lead Director vor. Der Verwaltungsrat ist weiter befugt, Fachausschüsse und bei Bedarf Ad-hoc-Ausschüsse für spezielle Aufgaben zu bilden. Der Verwaltungsrat von Holcim kann zudem spezielle Aufgaben oder Aufgaben im Zusammenhang mit bestimmten Funktionen vorübergehend oder dauerhaft an einen Vizepräsidenten delegieren. Der Verwaltungsrat von Holcim arbeitet, um seinen Aufgaben umfassend, kompetent und effizient nachkommen zu können, mit drei Committees mit je fünf Mitgliedern: das Audit Committee, das Nomination, Compensation & Governance Committee sowie das Health, Safety & Sustainability Committee. Deren Aufgaben sind in den Statuten sowie dem Organisationsreglement der Gesellschaft detailliert geregelt.

Weitere wesentliche Merkmale der Organisation des Verwaltungsrats von Holcim sind:

- **Einführungsprogramm für neue Mitglieder:** Neue Mitglieder des Verwaltungsrats nehmen an einem Einführungsprogramm teil, in dem sie ausführlich in die Geschäftsbereiche des Unternehmens eingeführt werden und sich mit der Organisationsstruktur, den strategischen Zielen und Plänen und anderen wichtigen Angelegenheiten im Zusammenhang mit der Führung des Unternehmens vertraut machen.
- **Bewertung der Leistung und Effektivität der Tätigkeit des Verwaltungsrats und seiner Committees:** Gemäss den Bestimmungen im Organisationsreglement der Gesellschaft führt der Verwaltungsrat jährlich Selbstbeurteilungen durch, um die Leistung und operative Effektivität des Gremiums und seiner Committees zu bewerten. Das Self-Assessment-Verfahren beinhaltet vertrauliche Feedback-Gespräche auf der Basis von anonymen Fragebögen und Einzelinterviews mit jedem Mitglied des Verwaltungsrats, die vom Präsidenten des Verwaltungsrats und dem Vorsitzenden des Nomination, Compensation & Governance Committee geführt werden. Diese Beurteilung umfasst Themen wie Grösse/Zusammensetzung des Verwaltungsrats, Qualifikationen, Sitzungszyklus, Aufgabenteilung zwischen dem Verwaltungsrat und seinen Committees, Prozesse, Governance, Sitzungen, vorbereitende Unterlagen, Effektivität, Führung und Kultur. Darüber hinaus überprüft jedes Committee die Angemessenheit seiner Zusammensetzung, Organisation und Prozesse sowie den Umfang seiner Aufgaben und bewertet die erbrachte Leistung. Die identifizierten Hauptthemen werden im Gesamtgremium zusammengefasst, adressiert und diskutiert, um die kontinuierliche Effektivität der Arbeit des Verwaltungsrats und seiner Committees zu gewährleisten und wo angezeigt zu verbessern.
- **Nachfolgeplanung:** Der Verwaltungsrat von Holcim misst der Nachfolgeplanung einen hohen Stellenwert zu. Das Nomination, Compensation & Governance Committee befasst sich regelmässig mit der Zusammensetzung des Gremiums als Ganzes und mit der Besetzung der Committees. Bei der Zusammensetzung des Verwaltungsrats achtet das Nomination, Compensation & Governance Committee auf Diversität, darunter Herkunft, Wohnsitz, Geschlecht, Alter und beruflicher Hintergrund, sowie auf weitere Faktoren, die relevant sind, um den Bedürfnissen des Verwaltungsrats zur Erfüllung seiner Aufgaben gerecht zu werden. Das Nomination, Compensation & Governance Committee berücksichtigt auch andere Tätigkeiten

und Verpflichtungen einer Person, um sicherzustellen, dass ein vorgeschlagenes Mitglied des Verwaltungsrats genügend Zeit hat, sich seiner Rolle und seinen Aufgaben als Mitglied des Verwaltungsrats von Holcim zu widmen.

Verwendete Quellen: LafargeHolcim Integrated Annual Report 2020, Chapter Governance, Risk and Compensation

---

Unternehmensporträt (gemäss eigenen Angaben)
Holcim überdenkt als weltweit führender Anbieter von Baulösungen die Bautechniken, um die Welt für alle grüner, effizienter und gesünder zu machen. Mit umweltfreundlichen Programmen wie ECOPact setzt der Konzern Kurs auf die Klimaneutralität und fördert das CO_2-reduzierte Bauen. Holcim stützt sich auf das Konzept der Kreislaufwirtschaft und steht dank Produkten wie dem ressourcenschonenden Zement Susteno weltweit an der Spitze bezüglich der Wiederverwertung von Abfall zur Energie- und Rohstoffgewinnung. Innovation und Digitalisierung stehen im Zentrum der Unternehmensstrategie. Mehr als die Hälfte der Forschungs- und Entwicklungsprojekte sind umweltschonenden Lösungen gewidmet. In mehr als 70 Ländern haben die 70 000 Mitarbeitenden in den vier Geschäftssegmenten von Holcim sich der Verbesserung der Lebensqualität verpflichtet: Zement, Transportbeton, Zuschlagstoffe und Lösungen & Produkte.

Eckdaten 2020
Umsatz in Mio. CHF	23 142
Gewinn in Mio. CHF	2 002
Börsenkapitalisierung per 31.12.2020 in Mrd. CHF	29,9
Anzahl Mitarbeitende weltweit	70 000
Website	www.holcim.com

5.5.5 UBS

Themen
- Einhaltung von Ethikstandards und konsequentes Vorgehen gegen Rechtsverletzungen und -missbräuche
- Whistleblowing-Weisung und -Verfahren

Ermutigung und Schutz vor Nachteilen
UBS ist bestrebt, hohe ethische Standards zu achten und die Voraussetzungen für deren Umsetzung innerhalb der Gruppe und im Umgang mit Kunden und Geschäftspartnern zu schaffen. UBS setzt sich insbesondere für Arbeitsplätze ein, an denen die Mitarbeitenden fair behandelt werden und an denen es für alle gleiche Beschäftigungs- und Aufstiegsmöglichkeiten gibt. Als Konsequenz duldet die UBS keine Belästigung jeglicher Art, einschliesslich sexueller Belästigung, und ergreift konsequent Massnahmen, um alle Formen von Belästigung, Mobbing, Viktimisierung und Vergeltung zu verhindern. Zahlreiche Richtlinien, Verfahren und Schulungen sowie umfassende Sensibilisierungsmaterialien ermutigen die Mitarbeitenden ausdrücklich dazu, Bedenken offen oder anonym zu äussern. Ein vom Group Head Human Resources ernannter interner Anti-Harassment-Beauftragter verschafft sich regelmässig einen unabhängigen Überblick über die verschiedenen Prozesse und Verfahren innerhalb des Unternehmens zur Verhinderung von Belästigung und sexuellem Fehlverhalten.

Im Bewusstsein, dass gegen Fehlverhalten und Rechtsmissbräuche nur vorgegangen werden kann, wenn das Unternehmen davon Kenntnis hat, führte die UBS eine Whistleblowing-Weisung und ein entsprechendes Meldeverfahren ein, welche die Mitarbeitenden in allen Geschäftseinheiten und Regionen ermutigen sollen, Bedenken zur Sprache zu bringen und Beschwerden zu melden. Als Anlaufstellen stehen den Mitarbeitenden wahlweise ihre Vorgesetzten, die Human-Resources-Employee-Relations-Stellen oder der lokale Compliance Officer zur Verfügung, um offen oder anonym eine Meldung zu erstatten, wenn sie den Verdacht hegen, dass gegen Gesetze, Reglemente, Weisungen wie zum Beispiel der Verhaltens- und Ethikkodex oder gegen relevante Branchen- und Berufsstandards verstossen wird. Zudem richtete die UBS eine unternehmensweite Whistleblowing-Hotline sowie ein Online-Formular ein, über die auch sexuelle Fehlverhalten angesprochen werden können. Das Programm soll sicherstellen, dass die im Rahmen des Whistleblowing geäusserten Bedenken untersucht werden und, falls sich die Verdachtsmomente erhärten, angemessene Massnahmen und Sanktionen ergriffen werden. Dabei legt die UBS grossen Wert auf Trainings und Schulungen, insbesondere zu neuen regulatorischen Vorgaben, damit die Mitarbeitenden und Führungskräfte über ihre Rechte und Pflichten informiert sind, die Anforderungen an ihre Tätigkeiten kennen und sich der an sie gerichteten Erwartungen mit Bezug auf ein korrektes und faires Geschäftsverhalten bewusst sind. Um der Angst der Mitarbeitenden vor möglichen Benachteiligungen entgegenzuwirken, untersagt UBS Vergeltungsmassnahmen gegen Mitarbeitende, die Bedenken melden, von denen sie vernünftigerweise annehmen können, dass es sich um einen Verstoss oder eine Verletzung handelt.

Die UBS bezieht im Rahmen des UBS Responsible Supply Chain Standard auch ihre Lieferanten bei der Einhaltung hoher Ethikstandards mit ein. Der Standard ist für direkte Lieferanten bindend und definiert die Erwartungen an sie und deren Subunternehmer. Neben der Einhaltung von Gesetzen, dem Schutz der Umwelt, der Vermeidung von Kinder- und Zwangsarbeit thematisiert er Nichtdiskriminierung, Entlöhnung, Arbeitszeiten, Vereinigungsfreiheit, menschenwürdige Behandlung, Gesundheit und Sicherheit, Anti-Korruptionsfragen und Whistleblowing-Mechanismus zur Unterstützung und zum Schutz der Mitarbeitenden.

Verwendete Quellen: UBS Group AG Geschäftsbericht 2020, UBS Sustainability Report 2020

Unternehmensporträt (gemäss eigenen Angaben)
UBS ist mit dem Hauptsitz in Zürich, Schweiz, der weltweit grösste, globale Vermögensverwalter und bietet privaten Kunden in der Schweiz sowie institutionellen und Firmenkunden weltweit umfassende finanzielle Beratung und Lösungen an. UBS ist in allen wichtigen Finanzmärkten weltweit präsent. Die operative Struktur des Unternehmens besteht aus den vier Unternehmensbereichen Global Wealth Management, Personal & Corporate Banking, Asset Management und Investment Bank sowie den Konzernfunktionen.

Eckdaten 2020	
Geschäftsertrag in Mio. US-Dollar	32 390
Gewinn in Mio. US-Dollar	6 557
Börsenkapitalisierung per 31.12.2020 in Mrd. US-Dollar	50,0
Anzahl Mitarbeitende weltweit	71 551
Website	www.ubs.com

Anhang

Abkürzungen

AAMA	Arctic Animal Movement Archive
ACEA	European Automobile Manufacturers' Association
AEE Suisse	Dachorganisation der Wirtschaft für erneuerbare Energien und Energieeffizienz
AEMR	Allgemeine Erklärung der Menschenrechte der Vereinten Nationen
AfCFTA	African Continental Free Trade Agreement
AHV	Alters- und Hinterlassenenversicherung
AIDS	Acquired Immune Deficiency Syndrome
APAS	Abschlussprüferaufsichtsstelle beim deutschen Bundesamt für Wirtschaft und Ausfuhrkontrolle
AP22+	Agrarpolitik ab 2022
ASIP	Schweizerischer Pensionskassenverband
BaFin	Deutsche Bundesanstalt für Finanzdienstleistungsaufsicht
BAFU	Bundesamt für Umwelt
BAL	Bundesamt für Landwirtschaft
BAV	Bundesamt für Verkehr
BECCS	Bioenergy with Carbon Capture and Storage, Bioenergie mit CO_2-Abscheidung und -Speicherung
BehiG	Bundesgesetz über die Beseitigung von Benachteiligungen von Menschen mit Behinderungen, Behindertengleichstellungsgesetz
BEV	Battery Electric Vehicle
BFE	Bundesamt für Energie
BFS	Bundesamt für Statistik
BGI	Better Gold Initiative
BSV	Bundesamt für Sozialversicherungen
BV	Bundesverfassung
BVG	Bundesgesetz über die berufliche Alters-, Hinterlassenen- und Invalidenvorsorge

CBD	Convention on Biological Diversity, Biodiversitätskonvention
CDP	Carbon Disclosure Project
CERES	Coalition of Environmentally Responsible Economies
CIE	International Commission on Illumination
CO_2G	Bundesgesetz über die Verminderung von Treibhausgasemissionen, CO_2-Gesetz
COP	Conference of the Parties
CoV	Coronavirus
Covid-19	Coronavirus Disease 2019
CPTPP	Comprehensive and Progressive Agreement for Trans-Pacific Partnership
CSR	Corporate Social Responsibility
CSR	Corporate Sustainability Reporting
DACCS	Direct Air Capture with Carbon Storage
DCGK	Deutscher Corporate-Governance-Kodex
DMA	Digital Markets Act, Bestandteil des geplanten Gesetzes über digitale Märkte der Europäischen Union
DME	Dimethylether
DSA	Digital Services Act, Bestandteil des geplanten Gesetzes über digitale Märkte der Europäischen Union
DSAG	Dark Skies Advisory Group der International Union for Conservation of Nature and Natural Resources
DSG	Bundesgesetz über den Datenschutz
DSGVO	Datenschutz-Grundverordnung der Europäischen Union
EAK	Europäischer Abfallartenkatalog
EDA	Eidgenössisches Department für auswärtige Angelegenheiten
EFK	Eidgenössische Finanzkontrolle
EFRAG	European Financial Reporting Advisory Group
EFTA	Europäische Freihandelsassoziation
ElCom	Eidgenössische Elektrizitätskommission
EMA	European Medicines Agency, Europäische Arzneimittel-Agentur
Empa	Eidgenössische Materialprüfung- und Forschungsanstalt
EMRK	Europäische Menschenrechtskonvention
EO	Erwerbsersatzordnung
ESG	Economic, Social and Governance; Umwelt, Soziales und verantwortungsvolle Unternehmensführung und -kontrolle
ETH Zürich	Eidgenössische Technische Hochschule Zürich
EU	Europäische Union
EU ETS	European Union Emissions Trading System, Europäisches Emissionshandelssystem
EuGH	Europäischer Gerichtshof
EWR	Europäischer Wirtschaftsraum
EZB	Europäische Zentralbank
FAO	Food and Agriculture Organization of the United Nations
FATF	Financial Action Task Force
FCKW	Fluorchlorkohlenwasserstoffe
FDA	US Food and Drug Administration
Fedpol	Bundesamt für Polizei
FIDLEG	Bundesgesetz über die Finanzdienstleistungen
FinCEN	Financial Crimes Enforcement Network des US-Finanzministeriums
FINMA	Eidgenössische Finanzmarktaufsicht

FT	Financial Times
FT-Diesel	Fischer-Tropsch-Diesel
Gafi	Groupe d'action financière, Financial Action Task Force (FATF)
GATT	General Agreement on Tariffs and Trade
GHS	Globally Harmonized System of Classification and Labelling of Chemicals, Global Harmonisiertes System für die Einstufung und Kennzeichnung von Chemikalien
GL	Geschäftsleitung
GRI	Global Reporting Initiative
GSoA	Gruppe für eine Schweiz ohne Armee
GV	Generalversammlung
GwG	Geldwäschereigesetz
GwV-FINMA	Geldwäschereiverordnung-FINMA
HIV	Human Immunodeficiency Virus
HVO	Hydrogenated oder Hydrotreated Vegetable Oils, Hydriertes Pflanzenöl
IAEA	International Atomic Energy Agency, Internationale Atomenergie-Organisation
IAU	International Astronomic Union
ICGN	International Corporate Governance Network
ICIJ	International Consortium of Investigative Journalists
ICO	Information Commissioner's Office, Britische Datenschutzbehörde
IDD	Insurance Distribution Directive der Europäischen Union
IEA	International Energy Agency, Internationale Energieagentur
IFAD	International Fund for Agricultural Development
IFRS	International Financial Reporting Standards
IIRC	International Integrated Reporting Committee
IKRK	Internationales Komitee vom Roten Kreuz
ILO	International Labour Organization
IMPEL	EU-Netzwerk Implementation and Enforcement of Environmental Law
INES	International Nuclear and Radiological Event Scale, Internationale Bewertungsskala für nukleare und radiologische Ereignisse
IPBES	Intergovernmental Science-Policy Platform on Biodiversity and Ecosystem Services, UN-Biodiversitätsrat
IPCC	Intergovernmental Panel on Climate Change, Weltklimarat
IPPNW	International Physicians for the Prevention of Nuclear War
ISCC Plus	International Sustainability and Carbon Certification
ISO	International Organization for Standardization
IUCN	International Union for Conservation of Nature and Natural Resources
IV	Invalidenversicherung
IWB	Energieversorger des Kantons Basel-Stadt
KELS	Klima- und Energielenkungssystem
KGAST	Konferenz der Geschäftsführer von Anlagestiftungen
LBMA	London Bullion Market Association
LED	Licht-emittierende Dioden
LGBTQ+	Lesbian, Gay, Bisexual, Transgender, Queer (or sometimes Questioning), and Others

MDGs	United Nations Millennium Development Goals
MERS-CoV	Middle-East Respiratory Syndrome-Coronavirus
MiFID	Markets in Financial Instruments Directive der Europäischen Union
MROS	Meldestelle für Geldwäscherei im Bundesamt für Polizei
NAFTA	North American Free Trade Agreement
NAP	Nationaler Aktionsplan 2020–2023 zur Umsetzung der UN-Leitprinzipien für Wirtschaft und Menschenrechte
NCCS	National Center for Climate Services
NFRD	Non Financial Reporting Directive, EU-Richtlinie zur Angabe nichtfinanzieller und die Diversität betreffender Informationen, CSR-Richtlinie
NGFS	Network of Central Banks and Supervisors for Greening the Financial System
NGO	Non-govermental Organization, Nichtregierungsorganisation
NHC	National Hurricane Center
NOAA	National Oceanic and Atmospheric Administration des US Department of Commerce
NPEB	Nationales Programm Ernährung und Bewegung
NZZ	Neue Zürcher Zeitung
OAPEC	Organization of Arab Petroleum Exporting Countries
OECD	Organisation for Economic Co-operation and Development
OME	Oxymethylenether
OPEC	Organization of the Petroleum Exporting Countries
OR	Schweizerisches Obligationenrecht
PACTA 2020	Paris Agreement Capital Transition Assessment 2020
PCP	Polychlorierte Biphenyle
PHEV	Plug-in Hybrid Electric Vehicle
POIG	Palm Oil Innovation Group
ppm	parts per million
RCEP	Regional Comprehensive Economic Partnership
RLCG	Richtlinie über die Informationen zur Corporate Governance der SIX Swiss Exchange
RSPO	Roundtable on Sustainable Palm Oil
SAICM	Strategic Approach to International Chemicals Management
SARS	Severe Acute Respiratory Syndrome
SBGA	Swiss Better Gold Association
SBTi	Science Based Targets Initiative
SBVg	Schweizerische Bankiervereinigung
SCNAT	Forum Biodiversität der Akademie der Naturwissenschaften Schweiz
SDGs	United Nations Sustainable Development Goals, Ziele für nachhaltige Entwicklung der Vereinten Nationen
SDSN	Sustainable Development Solutions Network
SEC	United States Securities and Exchange Commission
SECO	Staatssekretariat für Wirtschaft
SFAMA	Swiss Funds & Asset Management Association
SIF	Staatssekretariat für internationale Finanzfragen
SKS	Stiftung Konsumentenschutz Schweiz
SNB	Schweizerische Nationalbank

SOEs	State-Owned Enterprises
SRD II	Shareholder Rights Directive II der Europäischen Union
SRF	Schweizer Radio und Fernsehen
SSF	Swiss Sustainable Finance
STS	Schweizer Tierschutz
SUVA	Schweizerische Unfallversicherungsanstalt
SVBGF	Schweizerischer Verband für Betriebliche Gesundheitsförderung
SVV	Schweizerischer Versicherungsverband
TCFD	Task Force on Climate-Related Financial Disclosure
TCS	Touring Club Schweiz
TTIP	Transatlantic Trade and Investment Partnership
UN	United Nations, Vereinte Nationen
UNAIDS	Joint United Nations Programme on HIV/AIDS
UNEP	United Nations Environment Programme, Umweltprogramm der Vereinten Nationen
UNESCO	United Nations Educational, Scientific and Cultural Organization, Organisation der Vereinten Nationen für Erziehung, Wissenschaft und Kultur
UNFCCC	United Nations Framework Convention on Climate Change, Klimarahmenkonvention der Vereinten Nationen
UNGC	United Nations Global Compact
UNICEF	Ursprünglich: United Nations International Children's Emergency Fund, seit 1953: United Nations Children's Fund
UNPRI	UN Principles for Responsible Investments
UVEK	Eidgenössisches Departement für Umwelt, Verkehr, Energie und Kommunikation
VegüV	Verordnung gegen übermässige Vergütungen bei börsenkotierten Aktiengesellschaften
VR	Verwaltungsrat
WBF	Eidgenössisches Departement für Wirtschaft, Bildung und Forschung
WEF	World Economic Forum
WFP	United Nations World Food Programme, Welternährungsprogramm der Vereinten Nationen
WGMS	World Glacier Monitoring Service
WHO	World Health Organization, Weltgesundheitsorganisation
WMO	World Meteorological Organization, Weltwetterorganisation oder Weltorganisation für Meteorologie
WRI	World Resources Institute
WSL	Eidgenössischen Forschungsanstalt für Wald, Schnee und Landschaft
WTO	World Trade Organization
WWDR	World Water Development Report der Vereinten Nationen
WWF	World Wide Fund for Nature
ZGB	Schweizerisches Zivilgesetzbuch

Websites

www.bafu.admin.ch	Bundesamt für Umwelt (BAFU)
www.bav.admin.ch	Bundesamt für Verkehr (BAV)
www.bfe.admin.ch	Bundesamt für Energie (BFE)
www.bfs.admin.ch	Bundesamts für Statistik (BFS)
www.bsv.admin.ch	Bundesamt für Sozialversicherungen (BSV)
www.cdp.net	Carbon Disclosure Project (CDP)
climateanalytics.org	Climate Analytics
www.dcgk.de	Deutscher-Corporate-Governance-Kodex (DCGK)
www.efrag.org	European Financial Reporting Advisory Group (EFRAG)
en.unesco.org	United Nations Educational, Scientific and Cultural Organization (UNESCO)
www.fda.gov	US Food and Drug Administration (FDA)
www.fsb-tcfd.org	Task Force on Climate-Related Financial Disclosure (TCFD)
www.globalcarbonproject.org	Global Carbon Project
www.globalreporting.org	Global Reporting Initiative (GRI)
www.iaea.org	International Atomic Energy Agency (IAEA)
www.icgn.org	International Corporate Governance Network (ICGN)
www.iea.org	International Energy Agency (IEA)
www.ifad.org	International Fund for Agricultural Development (IFAD)
www.ifrs.org	International Financial Reporting Standards (IFRS)
www.ilo.org	International Labour Organization (ILO)
www.integratedreporting.org	International Integrated Reporting Committee (IIRC)
www.ipbes.net	Intergovernmental Science-Policy Platform on Biodiversity and Ecosystem Services (IPBES, UN-Biodiversitätsrat)
www.ipcc.org	Intergovernmental Panel on Climate Change (IPCC, UN-Klimarat)
www.iucn.org	International Union for Conservation of Nature and Natural Resources (IUCN)
www.nature.com	Fachzeitschrift «Nature Climate Change»
newclimate.org	NewClimate Institute
www.nhc.noaa.gov	National Hurricane Center (NHC)
www.noaa.gov	National Oceanic and Atmospheric Administration des US Department of Commerce (NOAA)
www.oecd.org	Organisation for Economic Co-operation and Development (OECD)
www.opec.org	Organization of the Petroleum Exporting Countries (OPEC)
public.wmo.int	World Meteorological Organization (WMO)
public.wmo.int/en/resources/united_in_science	UN-Klimabericht «United in Science 2020»
www.sasb.org	Sustainability Accounting Standards Board (SASB)
www.sciencebasedtargets.org	Science Based Targets Initiative (SBTi)
www.seco.admin.ch	Staatssekretariat für Wirtschaft (SECO)
www.sustainablefinance.ch	Swiss Sustainable Finance (SSF)
www.un.org	United Nations (UN)
www.unep.org	United Nations Environmental Programme (UNEP)
unfccc.int	United Nations Framework Convention on Climate Change (UNFCCC)
www.unglobalcompact.org	United Nations Global Compact (UNGC)
www.unicef.org	United Nations Children's Fund (UNICEF)
www.unpri.org	UN Principles for Responsible Investments (UNPRI)
www.uvek.admin.ch	Eidgenössisches Departement für Umwelt, Verkehr, Energie und Kommunikation (UVEK)

www.wfp.org	Welternährungsprogramm (WFP)
who.int	World Health Organization (WHO)
www.worldwildlife.org	World Wide Fund for Nature (WWF)
www.wsl.ch	Eidgenössische Forschungsanstalt für Wald, Schnee und Landschaft (WSL)
www.wto.org	World Trade Organiziation (WTO)

Literatur

Brökelmann Bertram, *Die Spur des Öls, Sein Aufstieg zur Weltmacht,* Berlin 2010
Cossin Didier, *High Performance Boards, Improving and Energizing your Governance,* Hoboken, New Jersey 2020
Di Falco Daniel, *Öl im Kopf,* in: NZZ Geschichte, Nr. 27, März 2020
Eckert Martin, Neuenschwander Eric, *Datenschutzrecht, Schweizerische und europäische Rechtsgrundlagen,* Zürich 2019
Eckert Martin, Teves Tamara, Lauper Romina, *Nachhaltigkeit und Finanzmarktrecht,* in: Gesellschafts- und Kapitalmarktrecht (GesKR) 3/2020
Economiesuisse, *Swiss Code of Best Practice for Corporate Governance,* Zürich 2016
Economiesuisse, *Finanzkrise: Ursache und Chronologie der Ereignisse,* dossierpolitik Nummer 11, Mai 2009
Ekardt Felix, *Theorie der Nachhaltigkeit, Ethische, rechtliche, politische und transformative Zugänge – am Beispiel von Klimawandel, Ressourcenknappheit und Welthandel,* 3. Auflage, Baden-Baden 2016
Elkington John, *Green Swans, The Coming Boom in Regenerative Capitalism,* Austin 2020
Ethos, *Richtlinie zur Ausübung der Stimmrechte, Grundsätze der Corporate Governance,* 20. Ausgabe, Genf/Zürich, Dezember 2020
Europäische Kommission, *Grünbuch Europäische Rahmenbedingungen für die soziale Verantwortung der Unternehmen,* COM (2001) 366 final, Brüssel 2001
Farber Vanina, Wuffli Peter, *The Elea Way, A Learning Journey Towards Sustainable Impact,* London 2020
Gates Bill, *Wie wir die Klimakatastrophe verhindern,* München 2021
Gericke Dieter, Müller Andreas, Häusermann Daniel, Hagmann Nina, *Neues Aktienrecht: Tour d'Horizon,* in: Gesellschafts- und Kapitalmarktrecht (GesKR) 3/2020
GetDiversity, Expertsuisse, Swiss Ladies Drive (Hrsg.), *Diversity Report Schweiz, Die Vollerhebung der Schweiz: 7656 Aktiengesellschaften mit über 50 Mitarbeitenden,* Ausgabe 4/Juni 2021
Intergovernmental Panel on Climate Change (IPCC), *Sixth Assessment Report, Climate Change 2021: The Physical Science Basis,* Genf, August 2021
Intergovernmental Science-Policy Platform on Biodiversity and Ecosystem Services (IPBES) and Intergovernmental Panel on Climate Change (IPCC), *Co-sponsored Workshop Report on Biodiversity and Climate Change,* Bonn/Genf, September 2020
International Finance Corporation, World Bank Group, *A Guide to Corporate Governance Practices in the European Union,* Washington 2015
International Labour Office (ILO) and United Nations Children's Fund (UNICEF), *Child Labour: Global Estimates 2020, Trends and the Road Forward,* New York/Genf, Juni 2021
Klose Alexander, Steiniger Benjamin, *Im Bann der fossilen Vernunft,* in: Merkur Nr. 835, Dezember 2018
Meffert Heribert, Münstermann Matthias, *Corporate Social Responsibility in Wissenschaft und Praxis: eine Bestandsaufnahme,* Arbeitspapier Nr. 186, Wissenschaftliche Gesellschaft für Marketing und Unternehmensführung e.V., Münster 2005
Müller Martin, Schaltegger Stefan, *Corporate Social Responsibility, Trend oder Modeerscheinung?,* München 2008
Pfister Christian, *Umwelt, Der Fluch der billigen Energie,* in: NZZ Geschichte, Nr. 27, März 2020
Pfister Christian, *The 1950s Syndrome and the Transition from a Slow-Going to a Rapid Loss of Global Sustainability,* in: Uekötter Frank (Hg.), The Turning Points of Environmental History, Pittsburgh 2010
Pfister Christian (Hrsg.), *Das 1950er Syndrom,* 2. Auflage, Bern 1996
Pfister Christian, Wanner Heinz, *Klima und Gesellschaft in Europa, Die letzten tausend Jahre,* Bern 2021
Rahmstorf Stefan, Schellnhuber Hans Joachim, *Der Klimawandel: Diagnose, Prognose, Therapie,* 9. Auflage, München 2019
Schenker Urs, *Verwaltungsrat in der Praxis – Rechtliche Anforderungen,* Walder Wyss Rechtsanwälte, Zürich 2015
Schweizer Bundesrat (Hrsg.), *Umwelt Schweiz 2018,* Bern 2018

Syvitski Jaia, Waters Colin N., Day John et al., *Extraordinary Human Energy Consumption and Resultant Geological Impacts Beginning around 1950 CE Initiated the Proposed Anthropocene Epoch,* in: Nature, Communications Earth & Environment, October 2020

Teichmann Fabian, *Methoden der Geldwäscherei,* 2. Auflage, Zürich 2021

Vonlanthen Christoph, Olgiati Lorenzo, *ESG in Times of Crisis and Beyond,* Ethical Boardroom, July 2020

Wanner Heinz, *Klima und Mensch, eine 12 000-jährige Geschichte,* 2. Auflage, Bern 2020

World Meteorological Organization (Hg.), *United in Science 2020 Report, A Multi-organization High-level Compilation of the Latest Climate Science Information,* Genf, September 2020

Wühle Matthias, *Mit CSR zum Unternehmenserfolg, Gesellschaftliche Verantwortung als Wertschöpfungsfaktor,* Saarbrücken 2007

Yergin Daniel, *The Quest. Energy, Security and the Remaking of the Modern World,* London 2012